NZZ **Libro**

Walter Heuer Max Flückiger Peter Gallmann

Richtiges Deutsch

Vollständige Grammatik
und Rechtschreiblehre unter Berücksichtigung
der aktuellen Rechtschreibreform

27. Auflage

Verlag Neue Zürcher Zeitung

Bibliografische Information der Deutschen Bibliothek
Die Deutsche Bibliothek verzeichnet diese Publikation
in der Deutschen Nationalbibliografie; detaillierte bibliografische Daten
sind im Internet über http://dnb.ddb.de abrufbar.

27., überarbeitete Auflage 2006
© 1990 Verlag Neue Zürcher Zeitung, Zürich

Dieses Werk ist urheberrechtlich geschützt. Die dadurch begründeten Rechte, insbesondere die der Übersetzung, des Nachdrucks, des Vortrags, der Entnahme von Tabellen, der Funksendung, der Mikroverfilmung oder der Vervielfältigung auf anderen Wegen und der Speicherung in Datenverarbeitungsanlagen, bleiben, auch bei nur auszugsweiser Verwertung, vorbehalten. Eine Vervielfältigung dieses Werkes oder von Teilen dieses Werkes ist auch im Einzelfall nur in den Grenzen der gesetzlichen Bestimmungen des Urheberrechtsgesetzes in der jeweils geltenden Fassung zulässig. Sie ist grundsätzlich vergütungspflichtig. Zuwiderhandlungen unterliegen den Strafbestimmungen des Urheberrechts.

ISBN-10   3-03823-220-3
ISBN-13 978-3-03823-220-9
www.nzz-libro.ch
NZZ Libro ist ein Imprint der Neuen Zürcher Zeitung

Inhaltsübersicht

Vorwort 19

Korrekturschema 21

Fachwörter und ihre Bedeutung 25

Die Gliederung der Grammatik 37

Aus der Lautlehre 38
    Die Vokale (Selbstlaute) 38
    Die Konsonanten (Mitlaute) 39

Wort- und Formenlehre

Grundsätzliches 42
    Das Wort 42
        Definition und Abgrenzung im Satz 42
        Flexion: Die Veränderung der Wörter 43
            Die Flexionsmerkmale 43
            Die fünf Wortarten 43
            Die Mittel der Flexion 44
            Homonymie 45

Das Verb 47
    Der Gebrauch der Verben 47
        Hilfsverben 48
        Modalverben und modifizierende Verben 48
        Vollverben 49
        Verben mit mehreren Gebrauchsweisen 50

Die Konjugationsarten 51
　Unterschiedliche Konjugation – je nach Bedeutung 53
Finite und infinite Verbformen 56
　Die finiten Verbformen (Personalformen) 56
　Die infiniten Verbformen 57
Die Zeitformen des Verbs 61
　Einfache und zusammengesetzte Zeitformen 61
　Zum Gebrauch der Zeitformen 64
Die Modusformen des Verbs 66
　Der Indikativ 66
　Der Imperativ 67
　Konjunktiv I und II 68
Die Handlungsrichtung: Aktiv und Passiv 73
　Die Bildung der Passivformen 73
　Zum Gebrauch der Passivformen 74
　Passivvarianten 75
Der Verbzusatz 76
Die grammatische Bestimmung des Verbs 79
Tabellen 80
　Übersicht über die Formen eines schwachen Verbs 80
　Die einfachen Formen von sein, haben, werden 83
　Die einfachen Formen einiger typischer starker Verben 84
　Die einfachen Formen der Verben können, müssen, dürfen,
　　mögen, wollen, sollen, wissen 86

Das Nomen 88

Das grammatische Geschlecht (Genus) 88
　Allgemeines 88
　Schwankungen im grammatischen Geschlecht 89
Die grammatische Zahl (der Numerus) 90
　Die Form des Plurals 91
　Homonyme 95
　Unterlassung der Pluraldeklination 98
Die Fallformen 100
　Die Fallendungen im Singular 100
　Die Fallkennzeichnung im Plural 105
　Die Fallformen der Eigennamen 107
Die grammatische Bestimmung des Nomens 110

Das Pronomen ... 111

Das Personalpronomen ... 113
Das Reflexivpronomen ... 115
    Das reziproke Pronomen ... 115
Das Possessivpronomen ... 116
Das Demonstrativpronomen ... 118
    der, die, das ... 118
    dieser, jener ... 119
    derselbe ... 120
    derjenige ... 120
    solcher ... 120
Der bestimmte Artikel ... 121
Das Interrogativpronomen ... 122
    wer, was ... 122
    welcher ... 122
    was für (einer) ... 123
Das Relativpronomen ... 123
    der, die, das; welcher, welche, welches ... 123
    wer, was ... 124
Das bestimmte Zahlpronomen ... 125
    eins ... 126
    Die übrigen bestimmten Zahlpronomen ... 127
Das Indefinitpronomen ... 127
Der unbestimmte Artikel ... 129
Die grammatische Bestimmung der Pronomen ... 130

Das Adjektiv ... 133

Zum Gebrauch der Adjektive ... 134
    Der attributive Gebrauch des Adjektivs ... 135
    Der nominalisierte Gebrauch des Adjektivs ... 135
    Der prädikative Gebrauch des Adjektivs ... 136
    Der adverbiale Gebrauch des Adjektivs ... 136
Deklinierte und nichtdeklinierte Formen ... 137
    Nichtdeklinierte Formen mit und ohne -e ... 137
    Die Deklinationsformen des Adjektivs ... 138
    Stark oder schwach? ... 139
Die Komparation (Steigerung) des Adjektivs ... 143
    Die Komparation der eigentlichen Adjektive ... 143
    Die Komparationsformen der Partizipien ... 145
Die grammatische Bestimmung des Adjektivs ... 146

Die Partikel 147

Die Präposition 147
Zur Stellung der Präpositionen 148
Der Fall bei den Präpositionen 148
Die Konjunktion 153
Beiordnende Konjunktionen 153
Unterordnende Konjunktionen 155
Das Adverb 156
Die Pronominaladverbien 157
Die Komparation der Adverbien 158
Die Interjektion 158
Die grammatische Bestimmung der Partikeln 159

Wortbildung: Der Bau der Wörter 161

Wortbildung durch Ableitung 161
Suffixe und Präfixe 161
Innere Ableitung 163
Wortbildung durch Zusammensetzung 163
Grundsätzliches 163
Zusammensetzungen mit und ohne Fugenelement 164
Zur Wortbildung der Fremdwörter 166
Synkope und Assimilation 166
Wichtige Fremdwortbestandteile 167

Die Satzlehre

Zum Begriff des Satzes 172

Die Bestandteile des Satzes 173

Das Prädikat 173
Die Personalform 174
Der Verbzusatz 174
Der Infinitiv 174
Partizip I und II 175
Komplexere Prädikate 175
Zur Stellung der Prädikatsteile 176

Satzglieder und Gliedteile 177
  Die Abgrenzung der Satzglieder 177
  Kern und Gliedteile 179
  Die Funktion der Satzglieder und der Gliedteile 179
  Die Form der Wortgruppen: die Wortart des Kerns 183
  Nominalgruppen 186
    Nominalgruppen im Nominativ 187
    Nominalgruppen im Akkusativ 188
    Nominalgruppen im Dativ 190
    Nominalgruppen im Genitiv 191
    Nominalgruppen mit Kongruenz im Fall 194
  Die Begleitergruppe (pronominales Attribut) 199
  Die Adjektiv- und die Partizipgruppe 199
  Die Adverbgruppe 200
  Die Präpositionalgruppe 201
  Die Konjunktionalgruppe 203
  Das Pronomen «es» 204
  Die vollständige Bestimmung des Satzes 206

Kongruenz 211
  Die Kongruenz im Fall 212
    Appositionen 212
    Wortgruppen mit «als» und «wie» (Konjunktionalgruppen) 218
  Die Kongruenz in der Person 224
  Die Kongruenz in der Zahl 225
    Die Kongruenz von Subjekt und Personalform 225
    Personalform und prädikativer Nominativ 231
  Die Kongruenz im Geschlecht 232
    Weibliche und männliche Personenbezeichnungen ... 232
    Sächliche Pronomen 234
    Das Geschlecht des Adjektivs nach «jemand», «niemand» 234

Form und Funktion der Sätze 235
  Grundbegriffe 235
    Einfache und zusammengesetzte Sätze 235
    Hauptsatz und Nebensatz 235
    Reihungen 236
    Das Satzgefüge 238

Grundmuster des deutschen Satzes ... 238
Die Satzarten (Hauptsatzarten) ... 242
    Der Aussagesatz ... 242
    Der Aufforderungssatz ... 243
    Der Fragesatz ... 243
    Der Ausrufesatz ... 245
    Der Wunschsatz ... 245
Die Nebensatzarten ... 245
    Die Form der Nebensätze ... 246
    Die Funktion (Abhängigkeit) der Nebensätze ... 251
Satzwertige Ausdrücke (Satzäquivalente) ... 253
    Ellipsen (Satzfragmente) ... 254
    Ausrufe und Anreden ... 255
Zum Aufbau des zusammengesetzten Satzes ... 255

Rechtschreibung

Unser Schriftsystem ... 260

Die Ebenen der Rechtschreibung ... 261

Buchstabenlehre ... 263

Die Prinzipien der Buchstabenschreibung ... 263
    Das Lautprinzip ... 263
    Das Stammprinzip ... 264
    Das Homonymieprinzip ... 265
Die Wortstammregeln ... 265
    Die Grundregeln ... 265
    Die Umlautregel ... 265
    Die Dehnungs-h-Regel für Verbformen ... 267
    Die 3-Buchstaben-Regel ... 267
    Ausnahmen zu den Wortstammregeln ... 268
Die Buchstabenregeln ... 269
    Die Bezeichnung der Vokallänge ... 269
    Die Verdoppelungsregeln ... 276
    Die Schreibung der s-Laute ... 279

Sonstige Schwierigkeiten der Wortschreibung 283
    Die Diphthonge ai, ei, eih; au, äu, eu 283
    Die Vokale i, y 284
    Die Konsonanten i, j, y 284
    d, t, dt, th 285
    ti, zi 286
    b, p 286
    f, v, w, ph 287
    r, rh, rrh 288
    x, chs, cks, ks, gs 288
    Zur Schreibung der Fremdwörter 289

Die Groß- und Kleinschreibung 291

Die Prinzipien der Großschreibung 291
Die Großschreibung am Satzanfang 293
    Allgemeine Regeln 293
    Werktitel, Überschriften und eingebettete Zitate 293
    Abkürzungen am Satzanfang 294
    Die Groß- und Kleinschreibung nach Doppelpunkt 294
    Die Groß- und Kleinschreibung nach der Briefanrede 295
Die Großschreibung bei Nomen und Nominalisierungen 296
    Nomen (Substantive) 296
    Verben 301
    Adjektive und adjektivische Partizipien 302
    Pronomen 309
    Partikeln 310
Die Großschreibung der Eigennamen 312
    Einfache und mehrteilige Eigennamen 312
    Adjektive in mehrteiligen Eigennamen 313
    Andere Wortarten in mehrteiligen Eigennamen 315
    Ableitungen von Eigennamen 316
Die Höflichkeitsgroßschreibung der Anredepronomen 317

Getrennt- und Zusammenschreibung 319

Die Prinzipien der Getrennt- und Zusammenschreibung 319
Zusammensetzungen mit Verben 321
    Allgemeines 321
    Verb + Verb 321
    Nomen + Verb 322

Partikel + Verb 324
Adjektiv + Verb 325
Zusammensetzungen mit Adjektiven und Partizipien 326
    Allgemeines 326
    Partikel + Adjektiv oder Partizip 328
    Nomen + Adjektiv oder Partizip 328
    Adjektiv + Adjektiv oder Partizip 329
Feste Fügungen aus Präposition und Nomen 331
Nominalisierungen 332
Ableitungen auf -er 333
    Schweizer Berge oder Schweizerberge? 333
    In den Fünfzigerjahren oder in den fünfziger Jahren? 335
Mal und -mal 335
Mehrteilige Ausdrücke aus dem Englischen 337

Die Hilfszeichen 340

Der Trennstrich 341
    Die Prinzipien der Trennung 341
    Die allgemeinen Trennregeln 342
    Die typografischen Trennregeln 345
Der Bindestrich als Ergänzungszeichen 348
Der Bindestrich als Gliederungszeichen 349
    Die Prinzipien der Schreibung mit Bindestrich 349
    Überblick 350
    Unübersichtliche Zusammensetzungen 350
    Zusammensetzungen und Ableitungen mit Eigennamen 355
    Verbindungen mit Abkürzungen, Einzelbuchstaben, Ziffern 358
Der Apostroph 360
    Die Prinzipien der Apostrophsetzung 360
    Allgemeine Regeln 361
    Der Apostroph in dichterischer Sprache 363
    Der Apostroph in umgangssprachlichen Fügungen 363
    Der Apostroph in Mundarttexten 364
Das Unterführungszeichen 364
Der Abkürzungspunkt 365
    Kurzformen: Überblick 365
    Kürzel 365
    Abkürzungen im engern Sinn 365
    Initialwörter (Buchstabenwörter) 367

Begriffszeichen ... 368
    Ziffern ... 368
    Sonstige Begriffszeichen ... 371

Die Striche ... 372
    Die Striche für «gegen» und «bis» ... 375
    Der Schrägstrich ... 376

Zur Schreibung von Eigennamen ... 378
    Straßennamen ... 379

Die Satzzeichen

Die Prinzipien der Zeichensetzung ... 382

Die Leistung der Satzzeichen ... 384

Die Satzschlusszeichen ... 386

Der Doppelpunkt ... 388

Der Strichpunkt ... 389

Der Gedankenstrich ... 390
    Der einfache Gedankenstrich ... 390
    Der doppelte Gedankenstrich ... 391
    Andere Gebrauchsweisen ... 391

Die Auslassungspunkte ... 392

Die Klammern ... 393

Die Anführungszeichen ... 395
    Funktion und Gebrauch ... 395

Die Stellung des schließenden Anführungszeichens 397
    Direkte Rede 398
    Andere Verwendungsweisen 399

Das Komma 401

Das Komma in Reihungen 402
    Grundregel 402
    Reihungen mit entgegensetzenden (adversativen) Konjunktionen 403
    Gereihte Adjektive 403
    Wiederaufnahme durch Verweiswörter 404
    Gereihte Hauptsätze (Satzverbindungen) 404
    Reihungen mit Anreden und Ausrufen 405
Zusätze 406
    Eingeschobene Sätze sowie Anreden und Ausrufe 406
    Herausgehobene Satzglieder 406
    Zusätze mit besonderen Einleitungen 408
    Appositionen 409
    Zusätze zu Nomen mit «wie» 411
    Sonstige nachgestellte Fügungen zu Nomen 412
Nebensätze 412
    Allgemeine Regeln 412
    Satzwertige Infinitivgruppen 413
    Satzwertige Partizip- und Adjektivgruppen 419
    Satzgefüge mit elliptischen Sätzen 420
    Zum Komma bei «bis», «seit» und «während» 421
    Zum Komma bei «als» und «wie» 421
    Reihungen von Satzgliedern und Nebensätzen 422
    Mehrteilige Nebensatzeinleitungen 423
Zum Komma bei «und» und «oder» 424

Stilistisches

Grammatik und Stil 428

Verwechslungen und falsche Wortwahl 430
    Vermischung von Ausdrücken und festen Wendungen 433
    Missglückte Metaphern, Stilblüten 435
    Pleonasmen 435

Doppelte Verneinung 436
Denkfehler 437
Männliche und weibliche Personenbezeichnungen 439
Dialekt und Hochsprache 441
Helvetismen 442
Der Konjunktiv in der indirekten Rede 447
Der Druckfehlerteufel und seine Widersacher 451

Häufige Fehler und Zweifelsfälle

Alles in seiner Macht stehende 456
In- und außerhalb der Stadt 456
Devisenannahme und Abgabe, Gartenbäume und -Sträucher 456
Heil Kräuter! 457
Die Intermezzis, die Lohnminimas
  und eine monatlich erscheinende Periodika 458
Ein Mann ohne Skrupeln trägt die Koffern hinunter 458
500 Jahre nach Christi 459
... unser gute Vater 460
Gedenket unserer! 460
Ein solcher Verlust reut einem sehr 461
Am Ersten jeden Monats, auf Grund welchen Gesetzes 462
Wir Freisinnige 462
Der Männerchor, an dessen diesjährigen Abendunterhaltung
  ich teilnahm... 463
Eine Tat, derer wir uns schämen müssen 464
Die maximalste Ausnützung und die optimalsten Ergebnisse 465
Die bestmöglichste Ausnützung des Raumes 465
Der Blitz hat uns erschrocken 466
Er hing die Bilder an die Wand, aber sie hängen schief 467
Wir wiegen unser Gepäck 467
Du frugst ihn, und er frägt zurück 468
In der Ferne boll ein Hund 469
Die SBB – erhöhen sie oder erhöht sie ihre Tarife? 470
Das bedeutet ein großer Schritt vorwärts –
  denn es gibt kein besserer Vorschlag 471
Montag ganzer Tag geschlossen 472
Diese Bergtour kostete mir fast das Leben 472

Der Verwaltungsrat versicherte dem Direktor sein Vertrauen 474
Wir ermangelten Lebensmittel 474
Die Zurückbindung deren übergroßen Einflusses 477
Gesucht sprachkundigen Korrespondenten 478
Unter der Stabführung von Albert Steiner,
    unseres bewährten Dirigenten 479
Auf das Staffelbödeli, jenem Nagelfluhplateau... 480
Die Bedürfnisse der Gemeinschaft als Ganzem 480
Die Erörterung des Angstproblems als solchen 481
...begab er sich als willkommenen Gast ins Bundeshaus 481
Der Vortrag von Dr. G. Künzler, früher Assistenten
    des Radiologischen Instituts 481
Der klafterweise Preis, ein öfterer Fehler 482
Nächtlicherweise 483
Die reitende Artilleriekaserne 483
Ein Luftseilbahnprojekt auf den Pilatus 484
Die sich in voller Entwicklung befindliche Industrie 485
Die gewaltete Diskussion an der stattgefundenen Sitzung 485
Die gekündigten Bühnenkünstler 486
Die nicht mehr zu erscheinenden Inserate 487
Wir beantragen die Entsprechung des Gesuches 488
Die Rüge Bundesrat Blochers 488
Aus aller Herren Länder... 489
Gegen zehntausend Kinder wurde Verkehrsunterricht erteilt 490
Er versprach an die dreißig alte Leute einen hohen Gewinn 490
Der Pfarrer und Sigrist der kleinen Gemeinde 491
Die deutsche und französische Regierung 491
Nach dem Tode seiner Frau und zwei Kinder 492
Ein Diamant von unvergleichlichem Feuer und Reinheit 493
Vom Jugendhaus und den Jugendunruhen 493
Sie wird betrogen und deshalb ihren Freund verlassen 493
Die schweizerische Uhrenindustrie, die ihre Wurzeln
    in der japanischen Konkurrenz hat 494
Eines der höchsten Ämter, das der Kanton Zürich zu vergeben hat 496
Das Städtchen gehört zu einem der bestbefestigten,
    das an der Ostgrenze des Reiches errichtet worden ist... 496
Das Gescheiteste, das du tun kannst 497
Ein Mann, mit dem ich zusammenarbeiten musste
    und nicht widersprechen durfte 498
Krüppelsätze 499

Verzweifelt umherblickend, schlotterten ihm die Knie 499
Dreimonatig und dreimonatlich 500
Scheinbar – anscheinend 501
Betreuen – betrauen 502
Zumuten – zutrauen 503
Gewohnt oder gewöhnt 503
Gesinnt oder gesonnen 504
Ein heruntergekommener Mensch kommt die Treppe hinauf 504
Aachener, Münchener, Oltener – oder Aacher, Münchner, Oltner? 505
Lie-stal oder Lies-tal, Heris-au oder Heri-sau? 506
Fribourg oder Freiburg? 510
Ein tüchtiger Ruck nach vorwärts 511
In den Ferien abwesend 511
Der selten gewissenhafte Kassier 511
Zufolge 512
Nachdem 512
Das Plusquam-Plusquamperfekt 513
...wurde mit 3536 Ja gegen 4124 Nein abgelehnt 514
In etwa 514

Wo steckt der Fehler? 515

Lösungen 535

Lösungen zu «Wo steckt der Fehler?» 565

Literatur 567

Sach- und Wortregister 571

Vorwort

Zur 27. Auflage

Die 27. Auflage trägt ein neues Kleid, das auch Ihnen – so hoffen wir wenigstens – gut gefällt, und das Buch ist zudem innen grafisch-optisch neu gestaltet worden. Der Neugestaltung wegen ist auch der Inhalt des Werks durchgehend überprüft worden: einige ärgerliche Fehler konnten dabei behoben und nötige Ergänzungen, Präzisierungen und Aktualisierungen vorgenommen werden.

Weil keine Abstriche vorgenommen worden sind, ist das Buch immer noch oder sogar in erhöhtem Maß die umfassende, kompetente Sprachschule. Sie lehrt gültig und vollständig Wort-, Formen- und Satzlehre sowie Zeichensetzung und Rechtschreibung; sie behandelt auch Stilistisches und häufig vorkommende Fehler. Seit der 25. Auflage enthält das «Richtige Deutsch» auch ein Kapitel über die Schreibweise englischer und amerikanischer Fremdwörter.

Die grammatischen Fachausdrücke orientieren sich an denen, die sich an den Schulen in den letzten Jahren durchgesetzt haben. Das Werk wendet sich an grammatisch und sprachlich interessierte Laien wie auch an die von Berufs wegen Schreibenden, an Fachleute und zukünftige Fachleute der grafischen Industrie, an Lehrende, Schülerinnen und Schüler, an Studierende. Es ist so aufgebaut, dass es auch im Selbststudium reichen Gewinn bringt.

Der Lehrstoff gewährleistet eine einwandfreie Analyse von Wortarten und Satzgliedern, ebenso von Haupt- und Nebensätzen; denn zur richtigen Zeichensetzung ist eine einwandfreie logische Analyse oft unerlässlich. Querverweise erlauben es, den Überblick zu gewinnen über die vielfältigen Zusammenhänge zwischen Wort- und Satzlehre sowie Rechtschreibung und Zeichensetzung.

Die Vorgaben der Rechtschreibreform, die heute zu großen Teilen gültig ist, in den Schulen geübt und im Druckwesen praktiziert wird, werden grundsätzlich übernommen. Doch werden oft eindeutigere Regeln gesetzt dort, wo neue Vorschriften zu unbestimmt oder sogar mehrdeutig gehalten sind. Dies gilt besonders für die Zeichensetzung und für Worttrennungen, auch für Fremdwörter, wo für Angehörige eines mehrsprachigen Landes, die ja in engem Kontakt mit andern Sprachen stehen, eine radikale Eindeutschung nicht sinnvoll wäre. Die neuesten Beschlüsse der deutschen Kultusminister vom März 2006 und der schweizerischen Erziehungsdirektoren, ebenfalls vom März 2006, sind berücksichtigt.

Wir freuen uns, wenn dieses neue Buch Ihnen neben viel konzentriertem Lehrstoff und viel Lehrreichem auch etwas Abwechslung bietet, hin und wieder sogar etwas Spaß, und dass die der Praxis entnommenen schlechten Beispiele Ihnen gelegentlich ein Schmunzeln entlocken!

Zu großem Dank verpflichtet für die grafische Gestaltung sind wir den Mitarbeitern des Ateliers Mühlberg, Basel, und Heinz Egli vom Buchverlag der Neuen Zürcher Zeitung, Zürich, für die Initiative zu einer neuen Gestaltung aber dem Verlagsleiter Hans Peter Thür; besonderer Dank gebührt der Programmleiterin Ursula Merz für die reibungslose Zusammenarbeit und sorgfältige Betreuung unserer Anliegen – und für ihr freundliches Wesen auch in hektischen Zeiten.

Zürich und Schaffhausen/Jena, im Januar 2006 *Max Flückiger, Peter Gallmann*

Aus dem Vorwort zur 22. Auflage

Wir sind versucht zu sagen, die Sprachschule «Richtiges Deutsch» brauche nicht mehr vorgestellt zu werden, so viele Wissbegierige, Sprachinteressierte und Ratsuchende kennen sie. [...] Das Buch ist 1960 zuerst unter dem Titel «Sprachschule für Schriftsetzer und Korrektoren» als Lehrmittel für die Setzerklassen der Gewerbeschulen und für die von der Zentralkommisson für das Lehrlingswesen im schweizerischen Buchdruckgewerbe [seit 1996: Paritätische Berufsbildungsstelle für visuelle Kommunikation] durchgeführten Korrektorenkurse erschienen. Gleichzeitig sollte es aber auch als Nachschlagewerk für die täglichen sprachlichen Schwierigkeiten und Zweifelsfälle in den Druckereien dienen. Aus der Erkenntnis, dass ein großer Teil der sprachlichen Fehler, mit denen man in den Druckereien zu kämpfen hat, in erster Linie Schreibfehler von Textverfassern sind, ist das Buch auch mit dem heutigen Titel «Richtiges Deutsch» vom Verlag und vom Verfasser Walter Heuer, damals Chefkorrektor der NZZ, über das Druckgewerbe hinaus einem weiteren Kreis zugänglich gemacht worden.

Der Zweck des Buches ist unverändert geblieben: ein Lehrmittel zu sein, das genau und zuverlässig über grammatisch-orthographische Erscheinungen unserer deutschen Sprache Auskunft gibt. Dass das Buch über seinen zuerst engeren Benützerkreis hinaus heute auch in Schulen gebraucht wird, in ungezählten Büros der Verwaltung und von Betrieben, dass es Redaktionen und Redaktionssekretariaten Hilfe bietet, erfüllt uns mit Dankbarkeit.

Für wertvolle Anregungen sind wir vielen Korrektoren-, Philologen- und Lehrerkollegen zu tiefem Dank verpflichtet, namentlich aber Prof. Dr. phil. Horst Sitta von der Universität Zürich, der seit der 16. Auflage auch für knifflige Fragen immer wieder zu Verfügung steht, sowie Horst Köpf, Zürich, der als einer der bewährten Fachkorrektoren der NZZ uns ebenfalls seit der 16. Auflage mit Rat und Tat unterstützt.

Zürich und Schaffhausen, im Januar 1995 *Max Flückiger, Peter Gallmann*

Korrekturschema

Allgemeines

A. *Jedes in den Text eingezeichnete Korrekturzeichen ist auf dem Rand zu wiederholen.* Die erforderliche Änderung ist rechts neben das wiederholte Korrekturzeichen zu schreiben, soeben dieses nicht (wie zum Beispiel ⊓⊔ oder ⌐) für sich selbst spricht.
B. Als *Korrekturzeichen* dienen unterschiedliche Zeichen wie: ⌐⌐ ⌐⌐ ⌐ ⌐ ⊥ ⊥ ⌐ ⊓ ⊓⊔ ⊔ ⊓ ⌐ ⌐ ⊤ ; sie müssen sich deutlich voneinander unterscheiden.
C. Eine *Korrektur* wird *rückgängig gemacht*, indem man sie ~~auf dem~~ Rand durchstreicht und unter ~~die~~ korrigierte Stelle Punkte setzt.

Wichtigste Korrekturregeln

1. *Falsche* oder *beschädigte Buchstaben* und *falsch gesetzte Wörter* werden durchgestrichen und am dem Rand richtig angegeben. Kommen in einer Zeile mehrere Fehler vor, so erhalten sie unterschiedliche Zeichen. Muss mehrmals die gleiche Korrektur angebracht werden, kann das gloichr Korrekturzeichen verwendet worden; es wird auf dem Rand entsprechend oft vor den richtigen Buchstaben oder die richtiga Buchstabengruppe ersetzt.
   Falsche Ziffern werden wie falsche Buchstaben korrigiert, doch nicht mit einem Zeichen, das einer 1 oder einer 7 gleicht.
   Bei *teilweise* falschen Wörtern braucht nur ein Wortteil oder eine Silbe durchgeführt und auf dem Rand richter gestellt zu werden.
2. *Buchstaben, Ziffern* oder *Wörter, die zu tilgen sind*, werden durchgestrichen; auf dem ~~dem~~ Rand setzt man neben das Korrekturzeichen das Tilgungszeichen ⌐ (für *deleatur*, «es werde getilgt»).
3. *Fehlende Buchstaben:* Man streicht den vorangehnden oder den olgenden Buchstaben durch und wiederholt ihn auf dem Rand zusammen mit dem fehlnden.
   Fehlendes Wort oder *mehrere fehlende Wörter* («Leiche»): Die Auslassung wird Zeichen kenntlich gemacht, und das Fehlende wird auf den Rand geschrieben. Bei größeren Auslassungen wird auf das Manuskript verwiesen, wo die betreffende Stelle zu kennzeichnen ist. Beispiel: Die Maschine bestand fast auf Mannshöhe.
   Fehlende Ziffern: Die ganze Zahl oder Zahlengruppe wird durchgestrichen. Beispiel: 746.

4. *Falsche, zu tilgende* oder *fehlende Satzzeichen*. Sie werden, wie falsche zu tilgende oder fehlende Buchstaben, angezeichnet.
5. *Verstellte Buchstaben* werden durchgestrichen und auf dem Rand richtig angegeben.
   Verstellte Wörter werden das durch Umstellungszeichen berichtigt. Die Wörter werden bei größeren Umstellungen beziffert.
   Bei *verstellten Ziffern* ist die ganze Zahl (oder die Zahlengruppe) durchzustreichen und in der richtigen Reihenfolge auf den Rand zu schreiben, zum Beispiel 2010, 193 238 958.
6. *Falsche Trennungen* werden am Zeilenschluss sowie am Zeilenanfang angezeichnet wie in Punkt 1 und 2; vgl. aber auch Punkt 7.
7. *Schlechter Zeilenfall*, unbefriedigende oder *falsche Trennung*: Gehört ein Wortteil, ein Wort oder auch eine Wortgruppe in eine andere Zeile, wird dieser umzustellende Textteil mit dem Zeichen ⌐ bzw. ¬ abgetrennt. Eine Schleife neben dem auf dem Rand wiederholten Korrekturzeichen verdeutlicht das Anhängen des Textteils. Beispiel:

   **Tote und Verletzte im Moskauer
Leninstadion**

   **Entfernung der alten
Tramgeleise im Zeltweg**

8. *Gibt es nach Streichung eines Bindestrichs* («Divis») *oder eines Buchstabens Zweifel* über die *Zusammen- oder Getrenntschreibung* der verbleibenden Teile, so wird außer dem Tilgungszeichen auf dem Rand bei Zusammenschreibung der Doppelbogen ⌒ , bei Getrenntschreibung das Zeichen ⌊ (früher: ⌊) gesetzt, zum Beispiel blendend-weiß, vor allem, horse-shoe.
9. *Ligatur* wird verlangt, indem man die fälschlich einzeln nebeneinander gesetzten Buchstaben durchstreicht und auf dem Rand mit einem Bogen darunter wiederholt, z. B. Aufl., Oeuvre. *Fälschlich gesetzte Ligaturen* werden durchgestrichen, auf dem Rand wiederholt und durch einen Strich getrennt, z. B. Auflage.
10. *Verwischte* Buchstabengruppen, zu **stark** oder zu *schwach* erscheinende Stellen sowie *schlechte Linienanschlüsse* sind zu umranden; das Zeichen wird auf dem Rand wiederholt. Umrandet werden bei Revisionsarbeiten auch Textstellen, die aus technischen Gründen unleserlich sind.
11. *Fälschlicherweise aus andern Schriften gesetzte Buchstaben* oder *Satzzeichen* werden wie falsche oder beschädigte Buchstaben durchgestrichen, auf dem Rand zudem zweimal unterstrichen.

12. *Nicht Linie haltende Stellen, schräge Zeilen* oder *andere schräge Teile* werden durch *waagrechte* parallele Striche angezeichnet.
13. *Senkrechte* parallele Striche werden verwendet, wenn *in die Mitte zu Setzendes* (teilweise) nicht in der Mitte steht. Beispiel:

> Die Schadstoffbelastung
> in der Berner Luft

14. Bei *tabellarischen Darstellungen* sind *falsche Linien durchzukreuzen*. Das Kreuz ist auf dem Rand zu wiederholen und daneben die richtige Linienstärke anzugeben, gegebenenfalls das Tilgungszeichen daneben zu setzen, wenn die Linie überflüssig ist.
15. *Andere Schrift* wird verlangt, indem man die entsprechenden Teile unterstreicht und auf dem Rand die gewünschte Schrift (fett, kursiv, Gill usw.) oder den gewünschten Schriftgrad (7 Punkt, 12 Punkt usw.) oder beides (7 Punkt fett, 12 Punkt kursiv usw.) vermerkt. Für *Sperrung* oder *Aufhebung einer Sperrung* gilt die gleiche K o r r e k t u r art.
    Betrifft die Schriftänderung einen ganzen Absatz, wird die Änderung durch einen senkrechten Strich am Rand mit entsprechender Bezeichnung verlangt.
16. Ein *fehlender Wortzwischenraum* wird mit bezeichnet (früher:), *zu enger* mit , *zu weiter* mit ; soll ein *Zwischenraum ganz wegfallen*, wird dies durch den Doppelbogen angezeigt.
17. Ein *fehlender Durchschuss* wird durch einen zwischen die Zeilen gezeichneten Strich mit nach außen offenem Bogen korrigiert, ein *zu großer Durchschuss* mit einem zwischen die Zeilen gezeichneten Strich mit nach innen offenem Bogen.
18. *Verstellte Zeilen* oder *Textstücke* werden in der richtigen Reihenfolge nummeriert:

    Von den schmalen Nadelstreifen, die meist reine Schutt-
das Olivgrün des Nadelwerks, so dass die dichten, kaum durch-
riemen sind, wachsen die Fichtenwälder braunstämmig hoch
dringbaren Forste ihre Düsternis und Strenge verlieren.
empor. Die Schneehauben, die auf allen Stämmen lasten, erhellen

Gegebenenfalls kann eine Zeile oder können mehrere aufeinander folgende Zeilen *umgestellt* werden, indem man sie seitlich mit einer Klammer umfasst, von der aus ein Pfeil zur richtigen Stelle führt:

riemen sind, wachsen die Fichtenwälder braunstämmig hoch
empor. Die Schneehauben, die auf allen Stämmen lasten, erhellen
    Von den schmalen Nadelstreifen, die meist reine Schutt-
das Olivgrün des Nadelwerks, so dass die dichten, kaum durch-
dringbaren Forste ihre Düsternis und Strenge verlieren.

19. *Ein Absatz* wird durch das Zeichen ⌐ im Text und auf dem Rand verlangt. Beispiel:

    Die ältesten Drucke sind so gleichmäßig schön ausgeführt, dass sie die schönste Handschrift übertreffen. Grenzüberschreitende Anlässe sind zwar zu begrüßen; sie bauen Hemmschwellen ab und erlauben Begegnungen mit andern Welten.

20. *Anhängen eines Absatzes oder Anhängen* einer Zeile verlangt man durch eine beide Teile verbindende Schleife. Beispiel:

    Ich hatte mich gefreut; doch die Woche ist verstrichen, und er ist nicht gekommen.
    Der ganze schöne Sommer entschwindet, ohne jede Freude für mich und ohne jeden Nutzen für ihn.

21. *Ein aufzuhebender* oder *ein zu verringernder Einzug* erhält das Zeichen ⌐ . *Rechtsbündigkeit* wird verlangt durch ⌐ . Beispiel:

    Grundsätzlich sollen Zitate durch Anführungszeichen, umfangreichere Zitate durch kleinere Schrift kenntlich gemacht werden.

22. *Fehlender* oder *zu geringer Einzug* wird durch ⌐ möglichst genau bezeichnet. Beispiel:

    Unschwer ist die Absicht des Gesetzgebers festzustellen, deutliche Quellenangaben vorzuschreiben.
    Über die unterschiedliche Angabe von Werktiteln und Verfassern informieren schon Bücher aus dem 17. Jahrhundert.

23. *Hoch* oder *tief zu stellende Buchstaben* oder *Ziffern* werden durchgestrichen und dann in richtiger Stellung neben das Korrekturzeichen geschrieben: 238-U, SO4, Art. 2quinquies. Verdeutlicht wird die Hoch- oder Tiefstellung mit ∧ oder ⌐ bzw. ∨ oder ⌐.

24. *Für unleserliche* oder *zweifelhafte Manuskriptstellen,* wenn sie noch nicht blockiert sind und sie auch der Korrektor nicht richtig stellen kann, wird mit ⊠ eine Blockade verlangt. Beispiel:

    Die Koirioli-beschleunigung ist eine Ablenkung von Windströmungen (vgl. Abb. 58 1).
    Als Blockade dienen halbfette Typen oder auffällige Zeichen wie: **XXXXX**, ●●●●● oder ♠♠♠♠.

25. *Erklärende Vermerke* setzt man – zur Unterscheidung von auszuführenden Korrekturen – in Doppelklammern. Beispiel:

    Bei dem Einbruch haben die Täter Schmuck im Wert von 30 000 Franken sowie Bargeld im Betrag von 3500 Fr. erbeutet.

Dieses Korrekturschema entspricht in großen Teilen den DIN- und SNV-Normen Korrekturzeichen; es ist aber neuster Satztechnik angepasst und entspricht der Praxis. Wir danken der Eidg. Prüfungskommission für Korrektoren und der Paritätischen Berufsbildungsstelle für visuelle Kommunikation (PBS) in Bern für ihre Mitarbeit.

Fachwörter und ihre Bedeutung

Auf den folgenden Seiten werden die wichtigeren Fachwörter dieser Grammatik kurz vorgestellt. Für genauere Erklärungen sowie für andere oder seltenere Fachwörter siehe das Sach- und Wortregister am Ende des Buches.

Abkürzung Kurzform, die beim Vorlesen in die Vollform umgesetzt wird, meist mit Abkürzungspunkt gekennzeichnet: *usw., evtl., u. U.*

Ablaut Stammvokalwechsel bei zusammengehörenden Wortformen: *trinken → trank, getrunken; Trank, Trunk.*

Ableitung Art der Wortbildung: *laden → beladen; grün → grünlich; laden → Ladung; frei → Freiheit; sprechen → Spruch; Sturm → stürmisch.*

absoluter Akkusativ Außerhalb des Satzganzen stehendes Satzglied im Akkusativ: *Den Kopf auf den Armen,* schlief die Kleine friedlich ein.

absoluter Nominativ Satzapposition; außerhalb des Satzganzen stehendes Satzglied im Nominativ: Wir schlossen vorher noch eine Versicherung ab, *eine gute Idee.*

Adjektiv Eigenschaftswort, Artwort, Wiewort; eine Wortart, deklinier- und meist auch steigerbar: *breit (breiter, am breitesten), rot, viereckig, wenig.* – Von lat. *adiectum* = das Hinzugefügte.

Adjektivgruppe Satzteil (Satzglied oder Gliedteil) mit Adjektiv als Kern: Der *über dreißig Meter hohe* Turm war von überall zu sehen. Die satzwertigen Adjektivgruppen zählen für die Kommasetzung als Nebensätze: *Über dreißig Meter hoch,* war der Turm von überall zu sehen.

Adverb Umstandswort; Unterart der Partikeln: *hier, heute, anders, umsonst, umständehalber, vielleicht, nicht.* – Von lat. *ad verbum* = zum Verb.

Adverbgruppe Satzteil (Satzglied oder Gliedteil) mit Adverb als Kern.

adverbial Inhaltlich bestimmt, z. B. nach Ort, Zeit, Grund, Art und Weise; Eigenschaft von Satzgliedern.

Adverbiale Inhaltlich bestimmtes Satzglied; Umstandsbestimmung: Das Unglück geschah *auf einer Kreuzung* (Ort), *in der Freitagnacht* (Zeit), *aus Unachtsamkeit* (Grund). – Es heißt: *das* Adverbiale; Plural: die Adverbialien.

adverbialer Akkusativ Ein Adverbiale im Akkusativ: Wir warteten *den ganzen Tag.* Wir trafen uns *letzten Freitag.*

adverbialer Genitiv Ein Adverbiale im Genitiv: *Eines Abends* kam sie zu Besuch. Wir waren *guten Mutes*. Er fehlt *unseres Erachtens* zu oft.

adverbiales Adjektiv Adjektiv, das Kern eines Adverbiales ist; Adjektiv, das sich auf ein Verb, eine Partikel oder ein anderes Adjektiv bezieht: Sie beschrieb es *genau*.

Adverbialsatz Nebensatz mit der Bedeutung eines Adverbiales: *Da es regnete*, blieben wir zu Hause. (= *Wegen des Regens* blieben wir zu Hause.)

adversative Konjunktion Entgegensetzendes Bindewort, Unterart der beiordnenden Konjunktionen: *aber, sondern, jedoch*.

Akkusativ Wenfall, 4. Fall.

Akkusativobjekt Satzglied in der Funktion eines Objekts im Akkusativ: Sie fand *den Schlüssel* wieder.

Aktiv Tatform, täterzugewandte Form: Der Handwerker *behob* den Schaden. (Gegensatz: Passiv: Der Schaden *wurde* vom Handwerker *behoben*.) – Von lat. *agere* = handeln, *activum* = das Tätige; daher Tatform.

Anredenominativ Vokativ; außerhalb des Satzganzen stehendes Satzglied im Nominativ: *Petra*, schau mal dort drüben!

Apostroph Auslassungszeichen: Das Wasser rauscht', das Wasser schwoll.

Apposition Attributive Nominalgruppe, die mit ihrem Bezugswort in der Regel im Fall übereinstimmt: Er flog nach La Paz, *der Hauptstadt von Bolivien*.

Artikel → bestimmter Artikel, unbestimmter Artikel. – Von lat. *articulus* = Glied, Teil.

Assimilation Lautangleichung, vor allem in Fremdwörtern: *inreversibel* → *irreversibel*, *synpathisch* → *sympathisch*.

Attribut Im engeren Sinn: Gliedteil, der von einem Nomen oder einem Pronomen abhängt: *hohe* Mauern; Mauern *aus Beton*, die Mauern *Jerichos*, jemand *aus Jericho*. Im weiteren Sinn zählt man auch Gliedteile zum Attribut, die von einem Adjektiv, einem Partizip oder einem Adverb abhängen. – Von lat. *attributum* = das Zugeteilte, Beigefügte.

attributiv Beifügend.

attributiver Genitiv → Genitivattribut.

attributives Adjektiv Adjektiv, das als Attribut von einem Nomen abhängt; Stellung meist vor, selten nach dem Nomen: der *blaue* Ozean, Forelle *blau*.

Attributsatz Nebensatz in der Funktion eines Attributs (im engeren Sinn): Wir durchstreiften die Wälder, *die die Stadt umgeben*. (= Wir durchstreiften die *die Stadt umgebenden* Wälder.)

Augment Präfix *ge-* beim Partizip II: kommen → *ge*kommen; tragen → *ge*tragen; machen → *ge*macht. – Von lat. *augmentum* = Zuwachs.

Ausklammerung Verlagerung von Satzgliedern hinter die Satzklammer, das heißt hinter die Prädikatsteile am Satzende. Im einfachen Aussagesatz ist dies die Stellung nach den infiniten Verbformen oder dem Verbzusatz: Sie wollte nicht *bis zum*

Ende der Veranstaltung warten. → Sie wollte nicht warten *bis zum Ende der Veranstaltung.*

Aussageweise → Modus.

Begleiter Pronomen, das einem Nomen vorangeht.

Begleitergruppe Gliedteil mit einem Begleiter als Kern; auch als pronominales Attribut bezeichnet: *dieses* Haus, *jedes* Haus, *mein* Haus, *irgend so ein* Haus.

beiordnende Konjunktion Koordinierende Konjunktion, beiordnendes (nebenordnendes) Bindewort; Unterart der Konjunktionen: *und, oder, aber, sondern.*

bestimmter Artikel Bestimmtes Geschlechtswort; Unterart der Pronomen: *der* Löffel, *die* Gabel, *das* Messer.

bestimmtes Zahlpronomen Kardinalzahl zwischen 0 und 999 999; eine Unterart der Pronomen: *eins, zwei, drei, vierzig, hundert.*

Bestimmungswort In einem zusammengesetzten Wort der zu seinem Kern hinzutretende Wortteil; im Deutschen fast immer links vom Kern: die *Haus*tür, der *Haustür*schlüssel, der *Schrauben*zieher; *butter*weich; *unter*suchen.

Buchstabenwort → Initialwort.

Consecutio temporum Zeitenfolge (in Satzgefügen).

Dativ Wemfall, 3. Fall.

Dativobjekt Satzglied im Dativ: Temperaturschwankungen schaden *dem Computer.*

Deklination Beugung, Formänderung bei Nomen, Pronomen und Adjektiv; Abwandlung in die vier Fälle: *der Tag* → *des Tag(e)s, dem Tag(e), den Tag.*

Deklinationsart Art der Formenbildung beim Nomen (s-Deklination, n-Deklination, Nulldeklination) und beim Adjektiv (stark, schwach).

demonstrativ Hinweisend. – Von lat. *demonstrativum* = hinzeigend.

Demonstrativpronomen Hinweisendes Fürwort; Unterart der Pronomen: *dieser, jener, solcher.*

Diathese → Handlungsrichtung.

Diphthong Zwielaut, Doppelvokal: *ei, ai, au, eu, äu.*

direkte Rede Wörtlich wiedergegebene Rede. Er rief: «*Ich komme gleich zurück!*»

disjunktive Konjunktion Trennendes, ausschließendes Bindewort; Unterart der beiordnenden Konjunktionen: *oder, beziehungsweise.*

Einzahl → Singular.

Ellipse Ersparung von Redeteilen; Auslassung(ssatz): *Was tun? Jetzt aber rasch!* Sie wusste kaum, *wo wehren.*

Ersatzinfinitiv Infinitiv, der in gewissen zusammengesetzten Zeitformen an der Stelle eines Partizips II steht: Er hat nicht kommen *können.* Sie hat uns kommen *sehen.*

Etymologie Lehre von der Herkunft der Wörter.

Femininum Weibliches grammatisches Geschlecht; weibliches Nomen: *die Gabel, die Zukunft, die Nacht.*

finit Beim Verb: nach Person (und dann immer auch nach Zahl, Modus und Zeit) bestimmt. – Von lat. *finitus* = begrenzt.

Finitum Finites Verb, finite Verbform; → Personalform.

flektieren Beugen; deklinieren oder konjugieren. – Von lat. *flectere* = biegen, beugen.

Flexion Beugung; Oberbegriff für Deklination und Konjugation.

Fremdwort Wort aus einer Fremdsprache, im Gegensatz zum Lehnwort noch als solches erkennbar: *Computer, Silhouette, Sympathie*.

Fugenelement Verbindungselement in Zusammensetzungen, z. B. Fugen-s (Binde-s) oder Fugen-n (Binde-n): *Sonntagszeitung, Elektrizitätswerk, fassungslos, Sonnenschirm, tatenlos*.

Funktionsverbgefüge Verbindung aus einem inhaltlich armen Verb mit einem sinntragenden Nomen: *Bezug nehmen, in Frage stellen, zum Verschwinden bringen*.

Futur I Futurum, Zukunft; eine grammatische Zeitstufe: ich warte → ich *werde warten*. – Von lat. *futurum* = zukünftig.

Futur II Futurum exactum, vollendete Zukunft, Vorzukunft; eine grammatische Zeitstufe: ich warte → ich *werde gewartet haben*.

gemischt Art der Formenbildung; eine der drei Konjugationsarten des Verbs.

Genitiv Wesfall, 2. Fall.

Genitivattribut Attribut im Genitiv: *Margrits* Freundinnen, in der Umgebung *des Dorfes*, in *dessen* Umgebung, eine Gruppe *spielender Hunde*, ein Mann *mittleren Alters*.

Genitivobjekt Ein Satzglied im Genitiv mit der Funktion eines Objekts: Wir bedürfen *deines Rates*.

Genus Grammatisches Geschlecht.

Genus Verbi → Handlungsrichtung.

Gleichsetzungsakkusativ → prädikativer Akkusativ.

Gleichsetzungsnominativ → prädikativer Nominativ.

Gliedsatz Nebensatz in der Funktion eines Satzglieds: Wir hoffen, *dass wir bald zurückkehren können*. (= Wir hoffen *auf eine baldige Rückkehr*.)

Gliedteil Erweiterung zum Kern eines Satzglieds oder eines übergeordneten Gliedteils.

Gliedteilsatz Nebensatz in der Funktion eines Gliedteils. Wir haben die Hoffnung, *dass wir bald zurückkehren können*.

Grammatik Sprachlehre. – Zu gr. *grammatike* = Buchstabenkunde.

grammatische Analyse Bestimmung der Wortformen.

Grundwort Der Kern eines zusammengesetzten Wortes, zu dem das Bestimmungswort tritt; er steht im Deutschen fast immer rechts: die Haus*tür*, der Haustür*schlüssel*, der Schrauben*zieher*, butter*weich*, unter*suchen*.

Grundzahl Kardinalzahl: *eins, zwei, drei, vierzig, hundert*. Die Grundzahlen von 0 bis 999 999 sind Pronomen (= bestimmtes Zahlpronomen).

Handlungsrichtung Unterscheidung beim Verb: entweder Aktiv (zum Beispiel: ich *suche* ihn) oder Passiv (zum Beispiel: er *wird* von mir *gesucht*). Auch als Diathese oder Genus Verbi (wörtlich: «Geschlecht des Verbs») bezeichnet.

Hauptsatz Satz, der von keinem anderen Satz abhängig ist. Oberster Teilsatz in einem Satzgefüge: *Ich sah,* dass es regnete. Sobald ich fertig bin, *komme ich vorbei.*

Helvetismus In der Schweiz als hochsprachlich anerkannter Ausdruck oder Wortgebrauch; schweizerische Spracheigentümlichkeit.

Hilfsverb Verb, das zur Bildung der zusammengesetzten Zeitformen eines andern Verbs dient: er sucht → er *hat* gesucht, er *wird* suchen, er *wird* gesucht, er *ist* gesucht *worden.*

Homonymie Gleichlautung (teilweise auch Gleichschreibung) von Wortteilen, Wörtern oder Wortgruppen unterschiedlicher Bedeutung: der *Kiefer* (Knochen), die *Kiefer* (Baum); die *Saite* (bei Instrumenten), die *Seite*; *großschreiben* (in Großbuchstaben oder mit großem Anfangsbuchstaben schreiben), *groß schreiben* (in großer Schrift schreiben).

Imperativ Befehlsform des Verbs: kommen → komm! – Zu lat. *imperare* = befehlen.

Imperfekt → Präteritum.

indefinit Unbestimmt. – Von lat. *indefinitus* = unbestimmt.

Indefinitpronomen Unbestimmtes Fürwort, unbestimmtes Zahlpronomen; Unterart der Pronomen: *irgendeiner, niemand, etwas, alle.*

Indikativ Wirklichkeitsform; ein Modus des Verbs; von ihm heben sich Konjunktiv und Imperativ ab. – Zu lat. *indicare* = bezeichnen, aussagen.

indirekte Rede Nichtwörtliche, abhängige Rede; oft eine Art Nebensatz: Er rief, *er komme gleich zurück.*

infinit Nicht nach Person, Zahl, Zeit und Modus bestimmt; Merkmal der Verbformen Infinitiv, Partizip I und Partizip II. – Von lat. *infinitus* = unbegrenzt.

Infinitiv Nennform, Grundform des Verbs: *kommen, drehen, suchen, tun, sein.*

Infinitivgruppe Wortgruppe mit einem Infinitiv als Kern. Die satzwertigen Infinitivgruppen (auch Infinitivsätze genannt) zählen für die Kommasetzung als Nebensätze: Sie hatte nicht daran gedacht, *einen Regenschirm einzupacken.* Das Kind rannte auf die Straße, *ohne auf den Verkehr zu achten.*

Infinitivsatz → Infinitivgruppe.

Initialwort Kurzform, die aus den Initialen der Ursprungswendung besteht und beim Vorlesen buchstabiert wird (darum auch Buchstabenwort): *SBB, EDV, GmbH.*

Interjektion Ausrufewort; Unterart der Partikeln: *Hallo! Aua! Nein! Danke!* – Von lat. *intericere* = dazwischenwerfen.

interrogativ Fragend. – Von lat. *interrogare* = fragen.

Interrogativpronomen Fragefürwort: *wer, was, welcher, was für ein.*

intransitiv Nichtzielend; Verb ohne Akkusativobjekt: Wir *kommen* sofort. (Gegensatz: transitiv.) – Von lat. *intransitivus* = nichtzielend.

Kardinalzahl → Grundzahl.
Kasus Grammatischer Fall. Plural Kasus mit lang gesprochenem *u*. – Von lat. *casus* = Fall. Der Nominativ gilt als der *gerade Fall* (lat. *casus rectus* = senkrechter Fall), die drei andern als *abhängige Fälle* (lat. *casus obliqui*, Singular *casus obliquus* = abgebogener, verschobener Fall).
kohärent → nichtsatzwertig.
Komma Beistrich.
Komparation Steigerung; Bildung der Vergleichsformen Positiv, Komparativ, Superlativ bei Adjektiven: *breit, breiter, am breitesten; gut, besser, am besten*.
Komparativ Höherstufe, Vergleichsform zum Ausdruck des ungleichen Grades: das *größere* Zimmer, eine *breitere* Straße. – Von lat. *comparare* = vergleichen. Der Komparativ ist die vergleichende Form.
Kompositum Zusammengesetztes Wort: *Hausdach, zuckersüß, untersuchen*.
Kongruenz Übereinstimmung in bestimmten grammatischen Merkmalen, z. B. Person, Zahl, Fall, grammatisches Geschlecht.
Konjugation Beugung, Abwandlung des Verbs: *ich komme, du kommst, er kommt, er kam, sie käme, komm!*
Konjugationsart Art der Formenbildung beim Verb: stark, schwach oder gemischt (unregelmäßig).
Konjunktion Bindewort, Unterart der Partikeln. *Beiordnende* Konjunktionen *(und, oder, aber)* verbinden *Gleichrangiges*. *Unterordnende* Konjunktionen *(dass, wenn, weil, um [um zu gehen])* leiten *untergeordnete* Teilsätze (= Nebensätze) und Infinitivgruppen ein.
Konjunktionalgruppe Wortgruppe (Satzglied oder Gliedteil), die von einer Konjunktion eingeleitet wird, z. B. *als, wie, statt, außer*.
Konjunktionalsatz Mit einer Konjunktion angeschlossener Nebensatz: Wir vermuten, *dass das Dokument echt ist.*
Konjunktiv I Möglichkeitsform I; ein Modus des Verbs: er kommt → er *komme*. – Zu lat. *coniunctum* = verbunden.
Konjunktiv II Möglichkeitsform II; ein Modus des Verbs: er kommt → er *käme*.
Konsonant Mitlaut: *p, t, k, f, s, m, r* ... (Gegensatz: Vokal).
koordinierende Konjunktion → beiordnende Konjunktion.
kopulativ Anreihend.
Kurzform Oberbegriff für Abkürzung, Kürzel und Initialwort.
Kürzel Kurzform, die wie ein gewöhnliches Wort gesprochen und geschrieben wird: *Akku* (für: *Akkumulator*), *Fax* (für: *Telefax*).
Lehnwort Aus einer andern Sprache aufgenommenes Wort, das lautlich das Gepräge eines einheimischen Wortes trägt; zum Beispiel ist *Mauer* aus lat. *murus* entlehnt, aber dem Deutschen gemäß verändert; dagegen ist *Asphalt* noch deutlich als Fremdwort zu erkennen.

Liquida Fließlaut: *r* und *l*.
Maskulinum Männliches grammatisches Geschlecht; männliches Nomen: *der Löffel, der Tisch, der Verlust.*
Mehrzahl → Plural.
modal Die Art und Weise betreffend. – Von lat. *modalis*, zu lat. *modus* = Art, Weise.
Modalverb Modal gebrauchtes Verb, von dem ein Infinitiv ohne *zu* abhängt: *Wir wollen (können, müssen, dürfen ...) bald gehen.*
modifizierendes Verb Verb, von dem ein Infinitiv mit zu abhängt: *Wir wünschen bald zu gehen.* – Von lat. *modificare* = abwandeln; zu lat. *modus* = Art, Weise.
Modus Aussageweise des Verbs: Indikativ, Konjunktiv I, Konjunktiv II oder Imperativ: *du weißt, du wissest, du wüsstest, wisse!* Mit männlichem Geschlecht: *der Modus*, Plural: *die Modi*. – Von lat. *modus* = Art, Weise.
Morphologie Formenlehre. – Von gr. *morphe* = Gestalt, Form.
Muta Stummlaut; Unterart der Konsonanten: *p, t, k, b, d, g, f.*
n-Deklination Art der Formenbildung; eine der drei Deklinationsarten des Nomens (mit Genitiv auf *-en* oder *-n*).
nebenordnende Konjunktion → beiordnende Konjunktion.
Nebensatz Teilsatz, der einem andern Teilsatz untergeordnet ist: *Sobald ich fertig bin, komme ich vorbei.* Ich ärgerte mich, *als es zu regnen anfing.*
nebensatzwertig → Infinitivgruppe, → Partizipgruppe.
Neutrum Sächliches grammatisches Geschlecht; sächl. Nomen: *das Auge, das Glück*. – Von lat. *ne utrum* = keines von beiden, d.h. weder männlich noch weiblich.
nichtsatzwertig Nichtsatzwertige Infinitive bilden mit einem übergeordneten Verb ein gemeinsames Prädikat: *Er scheint etwas später zu kommen* (einfacher Satz, Prädikat: *scheint ... zu kommen*).
Nomen Substantiv, Dingwort, Hauptwort, Namenwort, Nennwort; eine deklinierbare Wortart: *der Tag, die Mauer, das Auge.*
nominal In der Art eines Nomens; von einem Nomen bestimmt.
Nominalgruppe Satzteil mit einem Nomen, einer Nominalisierung oder einem Pronomen als Kern.
nominalisiert Wie ein Nomen gebraucht: ein Bild betrachten → das *Betrachten* eines Bildes; groß → etwas *Großes*.
Nominativ Werfall, 1. Fall.
Nulldeklination Art der Formenbildung; eine der drei Deklinationsarten des Nomens (mit endungslosem Genitiv).
Numerale → Zahlwort.
Numerus Grammatische Zahl; Singular (Einzahl) oder Plural (Mehrzahl): *das Haus, die Häuser.*

Objekt Fallbestimmtes Satzglied, das von einem Verb oder einem Adjektiv abhängt: Sie unterstützen *den Klub.* Sie helfen *dem Klub.* Sie nehmen sich *des Klubs* an. Sie kümmern sich *um den Klub.* Sie sind stolz *auf den Klub.* – Von lat. *obiectum* = das Entgegengeworfene.

Objektsatz Nebensatz in der Funktion eines Objekts: Sie ahnten, *dass sie siegen würden.* (= Sie ahnten *ihren Sieg.*)

Ordnungszahl Ordinalzahl; Unterart der Adjektive: *erster, zweiter, dritter, vierzigster, hundertster.*

Paarformel Geläufige Fügung aus zwei Teilen: *Jung und Alt, seit eh und je, Art und Weise, mit Müh und Not.* Bei Personenbezeichnungen häufig verkürzt: *Schreiber und Schreiberinnen, Schreiber/-innen, Schreiber(-innen).*

Parenthese Einschub, Schaltsatz; unabhängige Einschiebung in einen Satz: Er platzte unerwartet – *es war schon fast Mitternacht* – zur Tür herein.

Partikel Wortart, Sammelbegriff für die nicht flektierbaren Wörter. (Singular: die Partikel, Plural: die Partikeln.) – Von lat. *particula* = Teilchen.

partitiv In einer Beziehung Teil–Ganzes oder Maßbezeichnung–Gemessenes stehend.

partitive Apposition Attribut zu einer Maß- oder Mengenbezeichnung, das sich im Fall an die Maß- bzw. Mengenbezeichnung anpasst: mit einem Glas *kaltem Wasser*, eine Million *zufriedene Zuschauer.*

partitiver Genitiv Attribut im Genitiv zu einer Maßbezeichnung: mit einem Glas *kalten Wassers*, eine Million *zufriedener Zuschauer.*

partitives Attribut Entweder → partitiver Genitiv oder → partitive Apposition.

Partizip I Mittelwort I (der Gegenwart); eine infinite Verbform: *tragend, wissend, suchend, bestätigend.* – Von lat. *participium*, zu lat. *particeps* = teilnehmend. Mit dieser Bezeichnung soll ausgedrückt werden, dass Partizipien sowohl verbale als auch adjektivische Merkmale aufweisen, also an der Wortart des Verbs wie auch an derjenigen des Adjektivs teilhaben.

Partizip II Mittelwort II (der Vergangenheit); eine infinite Verbform: *getragen, gewusst, gesucht, bestätigt.*

Partizipgruppe Wortgruppe (Satzglied oder Gliedteil) mit einem Partizip als Kern: Der *von der Polizei gesuchte* Verbrecher versteckte sich im Lagerhaus. Partizipgruppen können Nebensätzen gleichkommen, man spricht dann von satzwertigen Partizipgruppen (oder Partizipialsätzen): *Von der Polizei gesucht(,)* flüchtete er ins Ausland.

Partizipialsatz, Partizipsatz → Partizipgruppe.

Passiv Leideform, täterabgewandte Form; eine Verbkonstruktion: Der Schaden *wurde* vom Handwerker *behoben.* (Gegensatz: Aktiv: Der Handwerker *behob* den Schaden.) – Von lat. *pati* = erleiden, *passivum* = das Leidende; daher Leideform.

Perfekt Vorgegenwart; eine grammatische Zeitstufe: ich suche → ich *habe gesucht*; ich gehe → ich *bin gegangen*. – Von lat. *perfectum* = vollendet.
Periode Aus Teilsätzen (kunstvoll) zusammengesetzter Satz.
Person Grammatisches Merkmal bestimmter Verbformen und Pronomen. 1. Person = Sprechender; 2. Person = Angesprochener; 3. Person = Person oder Sache, über die man spricht, Besprochener.
Personalform Finites Verb, Verbum finitum, Finitum; nach Person (und dann immer auch nach Zahl, Modus, Zeit und Handlungsrichtung) bestimmte Verbform: *wir suchten* (1. Person Plural Indikativ Präteritum Aktiv).
Personalpronomen Persönliches Fürwort; Unterart der Pronomen: *ich, du, er, sie, es; wir, ihr, sie*.
Phonetik Lautlehre.
Plural Mehrzahl: *die Häuser* (Gegensatz: Singular: das Haus).
Pluraletantum Nomen, das nur im Plural vorkommt: *die Leute, die Ferien, die Trümmer*. Es heißt: das Pluraletantum; Mehrzahl: die Pluraliatantum.
Plusquamperfekt Vorvergangenheit; eine grammatische Zeitstufe: ich suche → ich *hatte gesucht*; ich gehe → ich *war gegangen*. – Von lat. *plus quam perfectum* = mehr als vollendet.
Positiv Grundstufe; Vergleichsform des Adjektivs, von der sich Komparativ und Superlativ abheben: *groß (größer, am größten); breit (breiter, am breitesten)*. – Von lat. *ponere* = zugrunde legen; der Positiv ist die zugrunde gelegte Form.
Possessivpronomen Besitzanzeigendes Fürwort; Unterart der Pronomen: *mein, dein, sein, ihr, unser, euer*.
Prädikat Die verbalen Teile als Kern eines Satzes oder eines Teilsatzes: Du *hättest* uns trotzdem *gehen lassen sollen*. – Von lat. *praedicare* = öffentlich ausrufen.
prädikativ Eigenschaft von Satzgliedern; eng auf das Prädikat und ein anderes Satzglied bezogen.
prädikativer Akkusativ Prädikatives Satzglied im Akkusativ: Man nannte ihn *den guten Geist des Hauses*.
prädikativer Nominativ Prädikatives Satzglied im Nominativ: Sie war *der gute Geist des Hauses*.
prädikatives Adjektiv Adjektiv, das den Kern eines Prädikativs bildet; Adjektiv, das von einem Verb (z. B. *sein, werden, bleiben*) abhängt, aber sich auf ein Nomen oder Pronomen bezieht: Der Abend war (wurde, blieb) *unterhaltsam*.
Prädikativsatz Nebensatz mit der Funktion eines prädikativen Satzglieds: Sie war, *was man als den guten Geist des Hauses bezeichnen könnte*. (→ Sie war *der gute Geist des Hauses*.)
Prädikatsteil Verbform, die allein oder mit andern Verbformen zusammen das Prädikat bildet: Personalform, Infinitiv, Partizip II oder Verbzusatz.

Präfix Vorsilbe; nicht selbständig vorkommender vorangestellter Wortteil: *be*schreiben, *ent*fesseln, *miss*achten.

Präposition Vorwort, Verhältniswort; Unterart der Partikeln: *an, auf, mit, neben, für, wegen.* – Von lat. *praepositio* = Voranstellung.

präpositional Mit einer Präposition versehen.

Präpositionalattribut → Präpositionalgruppe.

Präpositionalgruppe Wortgruppe (Satzglied oder Gliedteil), die von einer Präposition bestimmt ist: Sie zählt *auf deine Verschwiegenheit.* Der Alte glaubte *an den bösen Blick. Während des Sommers* saßen wir fast täglich *im Garten.* Der Garten *hinter dem Haus* war ihr Lieblingsplätzchen.

Präpositionalobjekt → Präpositionalgruppe.

Präsens Gegenwart; eine grammatische Zeitstufe: *ich gehe, ich koche, ich denke.* – Von lat. *praesens* = gegenwärtig.

Präteritum Vergangenheit, Imperfekt; eine grammatische Zeitstufe: *ich ging, ich kochte, ich dachte.* – Von lat. *praeteritum* = vorbeigegangen, vergangen.

Pronomen Fürwort, Begleiter und Stellvertreter des Nomens; eine deklinierbare Wortart: *ich, du, unser, das, dieser, welcher, irgendeiner.*

Pronominaladverb Adverb, das funktional einem Pronomen nahe kommt: *wo, womit, worauf; da, damit, darauf.*

pronominales Attribut → Begleitergruppe.

reflexiv Rückbezüglich. – Von lat. *reflectere* = zurückbiegen, zurückwenden.

reflexives Verb Verb, das zusammen mit einem Reflexivpronomen gebraucht wird: *sich beeilen, sich umsehen, sich freuen, sich überlegen.*

Reflexivpronomen Rückbezügliches Fürwort; Unterart der Pronomen: ich setze *mich,* sie setzt *sich.*

Rektion Die Eigenschaft, den Kasus eines abhängigen Worts zu bestimmen (besonders bei Präpositionen gebrauchter Begriff).

Relativpronomen Bezügliches Fürwort; Unterart der Pronomen: Ich lese gerade das Buch, *das* du mir empfohlen hast. – Von lat. *relativum* = sich beziehend.

Relativsatz Nebensatz, der mit einem Relativpronomen (oder einem relativen Pronominaladverb) angeschlossen ist: Das Buch, *das du mir empfohlen hast,* ist wirklich spannend.

reziprok Gegenseitig, wechselseitig.

reziprokes Pronomen Eine Variante des Reflexivpronomens: Die Kinder rannten *einander* nach.

Satzapposition → absoluter Nominativ.

Satzäquivalent Satzwertiger Ausdruck, zum Beispiel: *Hinaus mit euch!*

Satzfragment → Ellipse.

Satzgefüge Zusammengesetzter Satz mit mindestens einem Nebensatz.

Satzglied Wortgruppe, die in einem einfachen Satz allein die Stelle vor der Personalform besetzen kann; hängt meist direkt vom Prädikat ab.

Satzklammer In bestimmten Formen des Satzes, darunter im einfachen Aussagesatz, stehen die Teile eines mehrteiligen Prädikats getrennt voneinander; sie bilden dann zusammen die Satzklammer: Ich *will* das Buch *lesen* (Satzklammer: *will ... lesen*).

Satzteil Wortgruppe; Bestandteil des Satzes; Oberbegriff für Satzglied, Gliedteil und Prädikatsteil.

satzwertig Den Wert eines Haupt- oder eines Nebensatzes habend; vgl. auch → Adjektivgruppe, → Infinitivgruppe, → Partizipgruppe, → Ellipse.

s-Deklination Art der Formenbildung; eine der drei Deklinationsarten des Nomens (mit Genitiv auf *-es* oder *-s*).

schwach Art der Formenbildung; eine der drei Konjugationsarten des Verbs; eine der zwei Deklinationsarten des Adjektivs.

Semikolon Strichpunkt. – Von lat. *semi* = halb und gr. *kolon* = Glied.

Singular Einzahl: *das Haus* (Gegensatz: Plural: *die Häuser*).

Singularetantum Nur im Singular vorkommendes Nomen: *die Armut, der Zorn, Gold*. Es heißt: das Singularetantum; Mehrzahl: die Singulariatantum.

stark Art der Formenbildung; eine der drei Konjugationsarten des Verbs; eine der zwei Deklinationsarten des Adjektivs.

Stellvertreter Pronomen, das ein Nomen vertritt. Stellvertreter besetzen allein den Kern einer Nominalgruppe.

Subjekt Satzglied im Nominativ, das Träger des durch das Prädikat ausgedrückten Vorgangs oder Zustands ist: *Der Apfel* fällt nicht weit vom Stamm. – Von lat. *subiectum* = das (der Aussage) Unterworfene.

Subjektsatz Nebensatz, der die Funktion des Subjekts im übergeordneten Satz einnimmt: *Was er uns berichtet hat*, scheint wirklich zu stimmen. (= *Sein Bericht* scheint wirklich zu stimmen.)

subordinierende Konjunktion → unterordnende Konjunktion.

Substantiv → Nomen.

substantiviert → nominalisiert.

Suffix Endung; selbständig nicht vorkommender nachgestellter Wortteil: du komm*st*, freud*ig*, War*nung*, Zehn*tel*.

Superlativ Höchststufe; Vergleichsform zum Ausdruck des höchsten Grades bei Adjektiven: breit → die *breiteste* Straße; groß → *am größten*. – Von lat. *superlatus* = über alle hinausgetragen; der Superlativ ist die alle überragende Form.

Synkope Abstoßen eines Vokals bei Zusammensetzungen, vor allem in Fremdwörtern: *Mono-archie* → *Monarchie*.

Syntax Satzlehre. – Von gr. *syntaxis* = Zusammenordnung.

Teilsatz Bestandteil eines zusammengesetzten Satzes.

temporal Die grammatische Zeit betreffend.

Tempus Grammatische Zeit; eine Art Veränderung des Verbs: *ich suche, ich suchte, ich habe gesucht, ich werde suchen, ich werde gesucht haben*. Das Fachwort ist sächlich: das Tempus, Plural: die Tempora. – Von lat. *tempus* = Zeit.

transitiv Zielend; Verb mit Akkusativobjekt: Sie *begrüßte die Gäste*. (Gegensatz: intransitiv.) – Von lat. *transitivus* = zielend, zu lat. *transire* = übergehen; die Handlung des Verbs geht über, zielt nach einem Gegenstand – deshalb auch die Bezeichnung *zielend* für diese Verben.

Umlaut Vokale *ä, ö, ü, äu*; Wechsel von *a, o, u, au* zu *ä, ö, ü, äu*.

unbestimmter Artikel Unbestimmtes Geschlechtswort; Unterart der Pronomen: *ein* Löffel, *eine* Gabel, *ein* Messer.

unbestimmtes Zahlpronomen → Indefinitpronomen.

unterordnende Konjunktion Subordinierende Konjunktion; Unterart der Konjunktionen; leitet einen Nebensatz oder eine Infinitivgruppe ein: Sie beeilten sich, *weil* es schon spät war. Sie beeilten sich, *um* noch den Zug zu erreichen.

Verb Tätigkeitswort, Tunwort, Zeitwort; nach Person, Zahl, Zeit und Modus veränderbare (konjugierbare) Wortart: *machen, rennen, stehen, bleiben, sein*. – Die Bezeichnung Verb geht auf lat. *verbum* = Aussage zurück, eine Übersetzung von gr. *rhêma* = Aussage. *Verbum* bedeutete daneben auch einfach «Wort».

verbal In der Art eines Verbs; von einem Verb bestimmt.

Verbum finitum → Personalform.

Verbzusatz Bestandteil des Verbs; mit einer unmittelbar folgenden Verbform meist zusammengeschrieben. Wenn eine einfache Verbform im Satz die erste oder die zweite Stelle (d.h. nach dem einleitenden Satzglied) besetzt, kommt der Verbzusatz ans Ende des Satzes zu stehen: *auf*schreiben → wir schreiben das *auf*; *fest*legen → wir legen *fest*; *wunder*nehmen → mich nimmt *wunder*; *zurück*nehmen → nehmen Sie das *zurück*!

Vergleichsformen → Komparation.

Vokal Selbstlaut: *a, e, i, o, u* (Gegensatz: Konsonant).

Vokativ → Anredenominativ.

Vorsilbe → Präfix.

Wortgruppe Einheit des Satzes, die aus einem oder mehreren Wörtern besteht.

Zahl → Numerus, → Ziffer.

Zahlpronomen → bestimmtes Zahlpronomen, → Indefinitpronomen.

Zahlwort Numerale; die Zahlwörter verteilen sich auf die Wortarten Nomen, Pronomen, Adjektiv und Partikel.

Zeit → Tempus.

Ziffer Zahlzeichen: *1, 2, 3, 4, 5 …*

Die Gliederung der Grammatik

In der Geschichte der Sprachlehre haben sich drei grundlegende Betrachtungsweisen entwickelt, um den Aufbau der Sprache zu beschreiben:

1. In der *Lautlehre* (Phonetik und Phonologie) betrachtet man die kleinsten Elemente der *gesprochenen* Sprache, die Laute. Der Lautlehre zur Seite steht die *Schriftlehre* (Graphematik), die sich mit den Grundeinheiten der *geschriebenen* Sprache befasst, also mit den Buchstaben und mit den übrigen Schriftzeichen wie Ziffern und Satzzeichen.
2. In der *Wort- und Formenlehre* (Morphologie) werden die Wörter der Sprache untersucht: ihre grammatischen Merkmale, ihr innerer Aufbau und vor allem auch ihre *Veränderbarkeit*.
3. In der *Satzlehre* (Syntax) wendet man sich dem Zusammenwirken der Wörter im einfachen und im zusammengesetzten Satz zu. Wegleitend ist dabei die Beobachtung, dass zwischen den Wörtern des Satzes unterschiedliche Arten von *Abhängigkeit* bestehen und dass sich Wörter zu *Wortgruppen* zusammenschließen, die zusammen eine grammatische Einheit bilden.

Auf den folgenden Seiten werden wir uns der Reihe nach mit der Lautlehre, der Formenlehre und der Satzlehre befassen. Die Schriftlehre kommt anschließend im Rechtschreibteil dieses Buches ausgiebig zum Zug, wobei immer wieder Querbezüge zu den anderen Betrachtungsweisen der Grammatik herzustellen sind.

In allen Kapiteln werden wir, der Zielsetzung dieser Grammatik entsprechend, das Schwergewicht auf die *formalen* Erscheinungen der Sprache legen.

Aus der Lautlehre

3 Die *Laute* sind die kleinsten Elemente der Sprache. Von der großen Anzahl von Lauten, die die menschlichen Sprechwerkzeuge bilden können, wählt jede Sprache eine begrenzte Anzahl aus, um daraus Wortteile, Wörter und Sätze aufzubauen.

Laute werden in der Schrift durch Buchstaben wiedergegeben. Aber nicht jedem Laut der gesprochenen Sprache entspricht genau ein Buchstabe in der Schrift (→ 1014). Im Folgenden geben wir die Laute – so gut es geht – mit den am häufigsten dafür stehenden Buchstaben oder Buchstabenverbindungen wieder.

Eine grundlegende Unterscheidung bei den Lauten ist diejenige zwischen *Vokalen* und *Konsonanten*.

Die Vokale (Selbstlaute)

4 Als Vokale oder Selbstlaute werden die reinen Stimmlaute bezeichnet, bei deren Bildung die Atemluft frei durch den Mund strömt.

Man unterscheidet hier näher einerseits zwischen *Grundvokalen* und *Umlauten* und anderseits zwischen *einfachen Vokalen* und *Diphthongen* (Doppelvokalen, Zwielauten). Die einfachen Vokale kann man noch weiter in *kurze* und *lange* Vokale unterteilen.

	Grundvokale	Umlaute
Einfache Vokale, kurz oder lang	a / e / i / o / u	ä / ö / ü
Diphthonge (Zwielaute)	ei (ai) / au / eu	äu

5 **Anmerkungen**
1. Die Vokale sind in der oben stehenden Tabelle mit Buchstaben wiedergegeben. Zum Verhältnis von Lauten und Buchstaben → 1012–1014.
2. Viele deutsche Wörter unterscheiden sich nur in der Länge des Vokals: Fall / fahl, Masse / Maße, (du) bist / (das) Biest, (sie) fanden / (sie) fahnden.
3. Im heutigen Hochdeutsch unterscheiden sich kurzes *e* und kurzes *ä* kaum mehr voneinander, ebenso wenig *eu* und *äu*.

4. Der Buchstabe *e* steht nicht nur für die klaren Vokale wie in *Rest* oder *stets*, sondern auch für einen Murmelvokal, der nur in unbetonten Silben vorkommt: *Straße, Lappalie, Atem, atmen, Kabel, Muster.*

Die Konsonanten (Mitlaute)

Laute, die gebildet werden, indem der Atemstrom gehemmt oder vorübergehend angehalten wird, nennt man *Konsonanten* oder *Mitlaute*. Man kann sie nach verschiedenen Gesichtspunkten einteilen; für die Zwecke dieses Buches genügt die Einteilung nach der Art der Hervorbringung und die Unterscheidung von starken (stimmlosen) und schwachen (stimmhaften) Konsonanten:

6

	Stark (stimmlos)		Schwach (stimmhaft)	
Verschlusslaute	p	(Pilz)	b	(Band)
	t	(Tochter)	d	(Dorf)
	k	(Koch)	g	(Garten)
Reibelaute	f	(Fenster)	w	(Wand)
	s, ss, ß	(Rest, Gasse, Straße)	s	(Rose)
	sch	(Schiff)	g, j	(Genie, Journalist)
	ch	(Stich, Krach)	j	(Jäger)
	h	(Hund)		
Nasenlaute			m	(Meer)
			n	(Nacht)
			ng	(Zange)
Fließlaute (Liquidä)			l	(Licht)
			r	(Reh)

Anmerkungen

7

1. Die Konsonanten sind in der oben stehenden Tabelle mit Buchstaben wiedergegeben. Zum Verhältnis von Lauten und Buchstaben → 1012–1014.
2. Verschluss- und Reibelaute fasst man auch unter der Bezeichnung *Mutä* (Singular: die Muta) zusammen (→ 1307).
3. Die stimmhaften oder stimmlosen Konsonanten, die durch *s, ss, ß* (aber nicht *sch*) wiedergegeben werden, fasst man unter der Bezeichnung *s-Laute* zusammen. Ein s-Laut steckt darüber hinaus – zusammen mit einem weiteren Konsonanten – hinter *z, tz* und *x*.
4. Der Laut, dem die Buchstabengruppe *ch* entspricht, existiert in zwei *Varianten*. Der etwas rauere, weiter hinten gesprochene Ach-Laut steht unmittelbar nach *a, o, u, au (Krach, Tochter, Buch,*

Rauch), der weiter vorn gesprochene *Ich-Laut* in allen übrigen lautlichen Zusammenhängen *(Stich, Blech, leicht, durch, manche, solche, Kleidchen)*.

5. In der Mitte und im Norden des deutschen Sprachraums und in der Folge auch in der *Standardsprache* fallen *b, d, g, s* am Silben- oder Wortende mit den starken, stimmlosen Lauten *p, t, k, s/ss/ß* in der Aussprache zusammen; Rad klingt dann beispielsweise gleich wie Rat. Man nennt diese Erscheinung *Auslautverhärtung*; in der Schreibung wird sie nicht berücksichtigt. In Süddeutschland, Österreich und der Schweiz gibt es die Auslautverhärtung nicht.

Wort- und Formenlehre

Grundsätzliches

Das Wort

Definition und Abgrenzung im Satz

8   Wörter sind die kleinsten *selbständigen* Elemente der Sprache. Sie bestehen aus einer Kette von *Lauten* oder *Buchstaben* und tragen eine *Bedeutung*.
So besteht **Frosch** aus einer Kette mit den sechs Buchstaben **f** + **r** + **o** + **s** + **c** + **h** und bezeichnet eine bestimmte Gattung Teichbewohner.

9   Diese grobe Beschreibung genügt aber noch nicht. Es gilt hier vielmehr zwischen zwei Auffassungen von «Wort» zu unterscheiden, die man im Alltag meist nicht auseinanderhält:

1. «Wörter» sind diejenigen Einheiten, die man in *Wörterbüchern* sammelt.
2. «Wörter» sind diejenigen Einheiten, aus denen man *Sätze* baut.

Dass diese beiden Auffassungen von «Wort» nicht dasselbe bedeuten, kann ein Test zeigen: Wie viele fett gedruckte «Wörter» enthalten die folgenden drei Sätze?
   Auf dem Seerosenblatt sitzen zwei **Frösche**.
   Der eine **Frosch** quakt laut.
   Das Maul des **Frosches** ist weit offen.

Man kann sagen: Nach Auffassung 1 handelt es sich dreimal um dasselbe «Wort», nach Auffassung 2 um drei verschiedene «Wörter». Den begrifflichen Unterschied, der zwischen den beiden Möglichkeiten liegt, kann man mit der Unterscheidung von *Wort* und *Wortform* fassen: Die Sätze enthalten drei Wortformen ein und desselben Wortes. Ein Wort im Sinne eines Wörterbucheintrags steht also für mehrere Wortformen. Eine davon ist jeweils die *Grund-* oder *Nennform* des entsprechenden Wortes. Bei Nomen ist das die Form des Nominativs Singular, bei Verben der Infinitiv. In Sätzen stehen genau genommen nicht Wörter, sondern Wortformen. Wenn man einen Satz bildet, wählt man von den Wortformen eines Wortes die passende aus.

Flexion: Die Veränderung der Wörter

Die Flexionsmerkmale

Die Bildung oder Veränderung der einzelnen Wortformen eines Wortes nennt man *Beugung* oder *Flexion;* die Wortformen eines Wortes kann man deshalb auch als dessen *Flexionsformen* bezeichnen. Flexionsformen unterscheiden sich voneinander in bestimmten *grammatischen Merkmalen.* Im Deutschen sind die folgenden wichtig:

10

Merkmalklasse	Einzelne Merkmale
Zahl (Numerus)	Singular, Plural
Geschlecht (Genus)	männlich, weiblich, sächlich
Person	1. Person, 2. Person, 3. Person
Fall (Kasus)	Nominativ, Genitiv, Dativ, Akkusativ
Zeit (Tempus)	Präsens, Perfekt, Präteritum, Plusquamperfekt, Futur I, Futur II
Aussageweise (Modus)	Indikativ, Imperativ, Konjunktiv I, Konjunktiv II
Handlungsrichtung	Aktiv, Passiv
Komparation	Positiv, Komparativ, Superlativ

Zu trennen ist die Flexion von der Ableitung, wo auch Wörter verändert werden (→ 502 ff.) – nur entstehen dann neue Wörter, während es sich bei der Flexion um verschiedene Formen ein und desselben Wortes handelt. Die Ableitung ist also eine Erscheinung der Wortbildung (→ 501).

11

Ableitung (Bildung neuer Wörter): Teil → teil**en**, teil**bar**, Teil**ung**, Teil**chen**, **Ur**teil, teil**weise**
Flexion (Formen desselben Wortes): Teil → (des) Teil**s**, (die) Teil**e**, (den) Teil**en**

Die fünf Wortarten

Nicht alle Wörter werden gleich verändert oder flektiert. Eine erste grobe Unterscheidung ist diejenige zwischen *Konjugation* und *Deklination,* das heißt zwischen konjugierbaren und deklinierbaren Wörtern. Kennzeichnend für die Konjugation ist die Veränderbarkeit nach der Zeit, für die Deklination die Veränderbarkeit nach dem Fall. Daneben gibt es Wörter, die weder konjugiert noch dekliniert werden können. Insgesamt kann man auf diese Art fünf Wortarten unterscheiden.
Siehe dazu das folgende Schema:

12

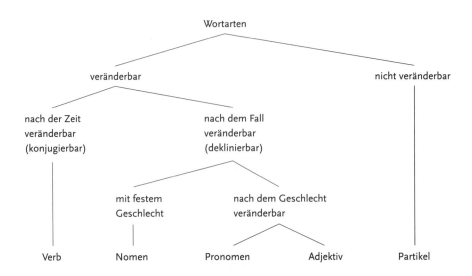

Anmerkung

Für die Unterscheidung von *Adjektiv* und *Pronomen* kann man sich an die folgenden Punkte halten:
1. Die meisten (wenn auch nicht alle) Adjektive bilden Komparationsformen (→ 326 ff.).
2. Adjektive haben zwei Deklinationsarten, die man die starke und die schwache nennt, Pronomen normalerweise nur eine, nämlich die starke.
3. Adjektive können zwischen *der, die, das* und Nomen stehen, Pronomen (ausgenommen die bestimmten Zahlpronomen wie *zwei, drei*) nicht; → 302.

Die Mittel der Flexion

13 Die Flexion bedient sich im Deutschen zweier Mittel:

1. Wörter können durch *Endungen* (Suffixe), selten durch *Vorsilben* (Präfixe) verändert werden.

Endungen (Suffixe): das Kind → die Kind**er** (Pluralendung **-er**) → den Kind**ern** (zwei Endungen: Pluralendung **-er** und Dativendung **-n**); such**en** (Grundform mit Endung **-en**) → du such**st** (Endung für die 2. Person Singular) → du such**test** (zwei Endungen: **-te** für das Präteritum und **-st** für die 2. Person Singular)

Vorsilben (Präfixe): fangen → **ge**fangen, stoßen → **ge**stoßen

14 2. Wörter können im *Wortinnern* verändert werden. Diese Art von Flexion nennt man *innere Flexion* oder innere Abwandlung. Zwei wichtige Arten sind *Ablaut* und *Umlaut*.

Beim *Ablaut* wird ein *Grundvokal* (→ 4) durch einen anderen ersetzt: 15
    wir laufen → wir l**ie**fen   du findest → du f**a**ndest
    gelingen → gel**u**ngen   zerbrechen → zerbr**o**chen

Beim *Umlaut* wird ein Grundvokal durch den entsprechenden umgelauteten ersetzt (a, o, u, au → ä, ö, ü, äu):
    die Mutter → die M**ü**tter   der Garten → die G**ä**rten
    wir wurden → wir w**ü**rden   du fandest → du f**ä**ndest

Manchmal haben die Flexionsformen überhaupt keine formalen Gemeinsamkeiten mehr. Diesen Extremfall bezeichnet man als *Suppletion:* 16
    Viele Gemeinsamkeiten: wenig → weniger
    Keine Gemeinsamkeiten (Suppletion): viel → mehr

Es gibt auch Übergänge zwischen innerer Flexion und Suppletion: 17
    Gewöhnliche innere Flexion (Ablaut): sehen → sah
    Erhebliche Änderungen auch bei den Konsonanten: gehen → ging, stehen → stand

Oft werden verschiedene Flexionsmittel miteinander kombiniert: 18
    arm → **ä**rm**er** (Umlaut + Endung)
    arbeiten → **ge**arbeite**t** (Präfix + Endung)
    bringen → **ge**bracht (Präfix + erhebliche Änderung im Wortinnern + Endung)

Manchmal werden allerdings die Unterschiede in den grammatischen Merkmalen an den Flexionsformen eines Wortes nicht direkt sichtbar, zum Beispiel bei Nomen und Pronomen:
    (der) Balken (Singular) → (die) Balken (Plural)
    (die) Wut (Nominativ) → (der) Wut (Genitiv)
    etwas (liegt auf dem Tisch) (Nominativ) → (ich suche) etwas (Akkusativ)

In solchen Fällen liegt eine Art von *Homonymie* vor (siehe das Folgende).

Homonymie

Wenn zwei (oder mehr) unabhängige Begriffe die gleiche lautliche Gestalt haben, bezeichnet man sie als *Homonyme* (Singular: das *Homonym*), die Erscheinung selbst als *Homonymie*. Man kann es auch umgekehrt ausdrücken: Man spricht von Homonymie, wenn eine lautliche Form zwei oder mehr unabhängige Bedeutungen hat. So sind die folgenden vier Wörter in gesprochener Sprache Homonyme:
    die Mine (Bergwerk), die Mine (im Bleistift), die Mine (Sprengkörper), die Miene (des Gesichts)

Wie man sieht, werden die Homonyme in der Schrift teilweise auseinander gehalten (→ 1016).

19 Homonymie gibt es auch in der *Flexion*. So kann die Endung *-er* ganz Unterschiedliches ausdrücken. Wir geben nur eine Auswahl:
    Plural beim Nomen: Feld → Felder
    Komparativ beim Adjektiv: (sie ist) schnell → (sie ist) schneller
    Kombination Singular/weiblich/Dativ beim Adjektiv: spitz → (mit) spitzer (Feder)

Eine Art von Homonymie liegt ferner bei endungslosen Flexionsformen mit unterschiedlichen grammatischen Merkmalen vor (→ 17):
    (das) Muster (Singular) → (die) Muster (Plural)

Das Verb

Verben nennt man Wörter mit den folgenden Eigenschaften:

1. Verben können nach der *Person* und nach der *Zahl* verändert werden. Wenn Verbformen nach Person und Zahl bestimmt sind, spricht man von *finiten Verbformen* oder *Personalformen*. Neben ihnen gibt es drei *infinite Verbformen*: Infinitiv, Partizip I, Partizip II.
2. Verben können nach der *grammatischen Zeit*, dem *Tempus*, verändert werden. Es gibt sechs grammatische Zeiten: Präsens, Perfekt, Präteritum, Plusquamperfekt, Futur I, Futur II.
3. Verben können nach der *Aussageweise*, dem *Modus*, verändert werden. Es gibt vier Aussageweisen: Indikativ, Imperativ, Konjunktiv I, Konjunktiv II.
4. Verben können nach der *Handlungsrichtung* verändert werden. Wir unterscheiden hier *Aktiv* und *Passiv*.

Die Bildung der Verbformen wird *Konjugation* genannt (→ 12).

Der Gebrauch der Verben

Verben stehen gewöhnlich nicht allein in einem Satz. Je nach ihrem Gebrauch verbinden sie sich mit anderen Wörtern und Wortgruppen. Man kann die folgenden Gebrauchsarten unterscheiden:

1. Hilfsverben
2. Modalverben und modifizierende Verben
3. Vollverben

Hilfsverben

22 Die drei Verben *sein, haben, werden* bezeichnet man als *Hilfsverben*, wenn sie zur Bildung der *zusammengesetzten Zeiten* oder des *Passivs* mit anderen Verbformen verbunden werden.
Susanne *ist* nach Köln *gefahren*. Susanne *wird* nach Köln *fahren*. Ich *hatte* meinen Schlüssel *gesucht*. Der Schlüssel *wird* von mir *gesucht*.

Modalverben und modifizierende Verben

23 Die Verben *wollen, sollen, müssen, dürfen, können, mögen* werden als *Modalverben* bezeichnet, wenn sie mit dem Infinitiv eines andern Verbs gebraucht werden. Sie bestimmen diesen Infinitiv näher nach Notwendigkeit, Wünschbarkeit, Möglichkeit, Unsicherheit usw.:
Die kleine Jasmin *kann* schon *schwimmen* (Fähigkeit). Diese Lösung *könnte stimmen* (Möglichkeit, Unsicherheit). Die Kinder *wollten* draußen *spielen* (Wunsch). Du *musst* einen Regenschirm *mitnehmen* (Notwendigkeit). Dieser Regenschirm *muss* von jemandem *vergessen worden sein* (Vermutung).

24 Den Modalverben kommen die *modifizierenden Verben* nahe. Im Unterschied zu den Modalverben hat der von den modifizierenden Verben abhängige Infinitiv die Partikel *zu* bei sich. In Frage kommen vor allem Verben wie *haben, scheinen, drohen, pflegen, versuchen, glauben, hoffen* (Komma: → 1576):
Diese Leute dort *scheinen* uns *zu kennen*. Die Bauruine am Bärenplatz *droht einzustürzen*. Mittwochs *pflegte* er in seine Stammkneipe *zu gehen*. Ein Architekt *hat* auch die Bauausführung *zu überwachen*.

25 **Anmerkungen**
1. Verben, von denen eine satzwertige Infinitivgruppe abhängt, zählen nicht als modifizierende Verben, sondern als Vollverben (zur Kommasetzung → 1576 ff.):
    Sie zögerte, *den Schalter zu drehen*.
2. Einen Infinitiv ohne die Partikel *zu* können auch einige weitere Verben bei sich haben, die man traditionellerweise zu den Vollverben zählt:
    Die Eltern *ließen* die Kinder draußen *spielen*. Ich *hörte* eine Fensterscheibe *klirren*. Hoffentlich *kommt* uns Tante Berta nicht *besuchen!* Ich *gehe* nachher noch *einkaufen*.
3. Bei *helfen, lernen* und *lehren* kann der Infinitiv mit oder ohne *zu* stehen:
    Elisabeth *half* mir das Bild *aufhängen*. (Oder: Elisabeth *half* mir, das Bild *aufzuhängen*.) Die Schüler *lernten* mit dem Computer *umgehen*. (Oder: Die Schüler *lernten*, mit dem Computer *umzugehen*.) Die Erfahrung *lehrte* uns vorsichtig *sein*. (Oder: Die Erfahrung *lehrte* uns, vorsichtig *zu sein*.)
4. Beim modifizierend gebrauchten Verb *brauchen* steht normalerweise ein Infinitiv mit *zu*. Das Weglassen der Partikel *zu* gilt nicht als hochsprachlich:
    Das *braucht* niemand *zu wissen*.

5. Auch das Verb *sein* kann modifizierend gebraucht werden, also einen Infinitiv mit der Partikel *zu* bei sich haben. Die Fügung als Ganzes kommt dann dem Passiv nahe (→ 86.2):
Die Fenster *sind* abends *zu schließen* (= müssen abends geschlossen werden). Die Preisschilder *sind* nicht leicht *zu entfernen* (= können nicht leicht entfernt werden).

Vollverben

Alle Verben, die nicht als Hilfsverben, Modalverben oder modifizierende Verben gebraucht werden, bezeichnet man als Vollverben. Diese kann man nach verschiedenen Gesichtspunkten näher einteilen; wir beschränken uns hier auf die Unterscheidung von *transitivem, intransitivem* und *reflexivem* Gebrauch.

26

Transitive und intransitive Verben

Verben, die ein Akkusativobjekt bei sich haben, bezeichnet man als *transitiv*. Akkusativobjekte lassen sich mit *Wen (oder was)?* erfragen (→ 644):
Sie traf *eine alte Kollegin*. Der Mensch hat *fünf Finger* an jeder Hand. Der Hund bellte *die Kinder* wach. Diese Erkenntnis bedeutet *einen großen Schritt vorwärts*. Er schlief *den Schlaf des Gerechten*.
Ich sah sofort, *dass etwas fehlte*. Sigrid aß, *was ihr vorgesetzt wurde*. (Die Nebensätze sind hier Objektsätze, → 851, 853; sie haben die Funktion eines Akkusativobjekts: *Wen oder was* sah ich sofort? *Wen oder was* aß Sigrid?)

27

Verben ohne Akkusativobjekt werden als *intransitiv* bezeichnet:
Die Katze rannte weg. Ich bedurfte eines weiterführenden Tipps. Dem Wanderer fiel ein Tannenzapfen vor die Füße. Die Fahrt dauerte *fast einen Tag*. (Kein Akkusativobjekt, sondern adverbialer Akkusativ: *Wie lange* dauerte die Fahrt? → 646.) Die Firma kämpfte *um ihren guten Ruf*. (Kein Akkusativobjekt, sondern Präpositionalgruppe mit Akkusativ: *Um wen oder was* bemühte sich die Firma? → 683.)
Sigrid aß, *als sie Hunger hatte*. (Der Nebensatz ist hier Adverbialsatz, → 851, 855; er hat also die Funktion eines Adverbiales, nicht die eines Akkusativobjekts.)

28

Anmerkung

29

Wenn transitive Verben ins *Passiv* gesetzt werden, wird das *Akkusativobjekt* zum *Subjekt* (→ 84); sie haben dann kein Akkusativobjekt mehr bei sich. Passivformen sind daher als intransitiv zu bestimmen.
Der Kommissar untersucht *den Fall* (Aktiv, transitiv). → *Der Fall* wird vom Kommissar untersucht (Passiv, intransitiv).

Reflexive Verben

30 Verben, die ein Reflexivpronomen bei sich haben, bezeichnet man als *reflexiv*. Vom Personalpronomen hebt sich das Reflexivpronomen in der 3. Person durch eine besondere Form ab: *sich;* der Fall dagegen kann an der 1. oder der 2. Person Singular abgelesen werden (*mir, dir* = Dativ; *mich, dich* = Akkusativ).

Er kam *sich* etwas merkwürdig vor. → Ich kam *mir* (Dativ) etwas merkwürdig vor. Sie fühlte *sich* unwohl. → Fühlst du *dich* (Akkusativ) unwohl?

31 Anmerkungen
1. Man unterscheidet zwischen *unecht* und *echt reflexiven Verben*. Bei den unecht reflexiven Verben kann das Reflexivpronomen durch ein Nomen ersetzt werden. Bei den echt reflexiven geht das nicht, ohne dass der Satz falsch wird oder das Verb einen anderen Sinn erhält.
   Unecht reflexiv: Er sah *sich* schon als zukünftigen Weltmeister. → Er sah *seinen Konkurrenten* schon als zukünftigen Weltmeister (→ 728). Ich kaufte *mir* einen Ring. → Ich kaufte *meiner Freundin* einen Ring.
   Echt reflexiv: sich beeilen, sich erholen, sich verirren, sich schämen, sich vornehmen.
2. Verben, bei denen das Reflexivpronomen im *Dativ* steht, haben oft auch noch ein Akkusativobjekt bei sich. Sie sind dann reflexiv und transitiv zugleich.
   Ich wusch *mir* (Dativ) *die Hände* (Akkusativ). Sie wuschen *sich die Hände*. Den Ort hatte ich *mir* größer vorgestellt. Werner kaufte *sich einen Krimi*.
3. Verben, bei denen das Reflexivpronomen im *Akkusativ* steht, bestimmen wir einfach als reflexiv. (Das Reflexivpronomen hat hier meist – vor allem bei den echt reflexiven Verben – nur eingeschränkt die typischen Eigenschaften eines Akkusativobjekts; siehe auch → 696.4.)
   Ich wusch *mich*. Sie wuschen *sich*. Er beeilte *sich*. Du verhältst *dich* ungeschickt.

Verben mit mehreren Gebrauchsweisen

32 Viele Verben sind nicht auf eine bestimmte Gebrauchsweise festgelegt. Oft haben die Verben dann je nach Gebrauch eine andere Bedeutung.

Ich *habe* nichts Neues herausgefunden (Hilfsverb zu herausfinden). Renate *hatte* keinen Regenschutz bei sich (Gebrauch als transitives Vollverb). Dieser Dreck *hat* zu verschwinden (modifizierender Gebrauch).

Die Kinder *stürzten* sich in den Sand (Gebrauch als reflexives Vollverb). Die Baumstämme *stürzten* in die Schlucht (Gebrauch als intransitives Vollverb). Die Forstleute *stürzten* die Baumstämme in die Schlucht (Gebrauch als transitives Vollverb).

Ich *möchte* dich zum Abendessen einladen (modaler Gebrauch). *Möchtest* du noch eine Tasse Tee? (Gebrauch als transitives Vollverb.)

33 Übung 1
Bei den Vollverben der folgenden Sätze ist anzugeben, ob sie transitiv, intransitiv oder reflexiv gebraucht werden. Hilfsverben sind zusammen mit dem zugehörigen Vollverb als Einheit zu betrachten. Die Sätze 11–24 enthalten neben Vollverben teilweise auch

Das Verb Wort- und Formenlehre 51

Modalverben und modifizierende Verben. Sie sind je – gegebenenfalls zusammen mit ihren Hilfsverben – für sich zu bestimmen.
■ **1** Ein Unglück kommt selten allein. ■ **2** Die Regierung in Bolivien ist gestern gestürzt worden. ■ **3** Hannes hat sich sehr für Felix eingesetzt. ■ **4** Die Party wurde ein voller Erfolg. ■ **5** Bei dieser Meldung handelt es sich offensichtlich um eine Zeitungsente. ■ **6** Die anonymen Flugblätter sorgten für einen turbulenten Wahlkampf. ■ **7** Daniela klemmte sich das Mäppchen unter den Arm. ■ **8** Die Kinder kämpften um den Ball. ■ **9** Hast du ein wenig Zeit für mich? ■ **10** Hast du mir etwas mitgebracht? ■ **11** Die Sonne scheint für alle Leut'. ■ **12** Die Einbrecher scheinen überrascht worden zu sein. ■ **13** Mit diesem Vorschlag müssen wir uns noch genauer befassen. ■ **14** Kathrin hat noch allerlei zu erledigen. ■ **15** Sei mir nicht länger böse! ■ **16** Erwin hat sich beim Handballspielen den Arm gebrochen. ■ **17** Diese Sturmnacht dürfte nicht so leicht vergessen werden. ■ **18** Beim Gedanken an die bevorstehende Operation wurde ihr übel. ■ **19** Niemand sah das Lämpchen aufleuchten. ■ **20** Du hättest das Feuer ruhig ausgehen lassen können. ■ **21** Müllers pflegen den Briefkasten nur alle drei Tage zu leeren. ■ **22** Kannst du Englisch? ■ **23** Ich gehe rasch die Zeitung holen. ■ **24** Ich könnte dir noch mehr erzählen.
Die Lösungen zu den Übungen befinden sich am Schluss des Buches.

Die Konjugationsarten

Unter den Verbformen sind drei besonders wichtig: *Infinitiv, Präteritum* und *Partizip II*. Man bezeichnet sie als *Stammformen;* die übrigen Verbformen leiten sich von ihnen ab. Präteritum und Partizip II heben sich vom Infinitiv durch *Vokalwechsel (Ablaut)* oder durch besondere *Endungen* ab. Nach der Bildung dieser Verbformen unterscheidet man drei *Konjugationsarten: stark, schwach* und *gemischt*. Die schwache Konjugation bezeichnet man auch als *regelmäßig*, die starke und die gemischte als *unregelmäßig*.

34

	Stammformen		
	Infinitiv	Präteritum	Partizip II
Schwach:	suchen	suchte	gesucht
nur t-Endungen,	legen	legte	gelegt
kein Vokalwechsel	klagen	klagte	geklagt
	trennen	trennte	getrennt
Stark:	finden	fand	gefunden
keine t-Endungen,	liegen	lag	gelegen
aber Vokalwechsel	tragen	trug	getragen
	laufen	lief	gelaufen

	Stammformen		
	Infinitiv	Präteritum	Partizip II
Gemischt:	brennen	brannte	gebrannt
t-Endungen	können	konnte	gekonnt (→ 58)
und Vokalwechsel	mögen	mochte	gemocht
	wissen	wusste	gewusst

35 **Anmerkungen**
1. Einige Verben weisen nicht nur Vokalwechsel, sondern auch Änderungen bei den Konsonanten auf.
   Starke Verben:

schneiden	schnitt	geschnitten
ziehen	zog	gezogen
gehen	ging	gegangen
stehen	stand	gestanden
tun	tat	getan

   Starkes Verb mit mehreren Stämmen (→ 98):

sein	war	gewesen

   Gemischte Verben:

bringen	brachte	gebracht
denken	dachte	gedacht

2. Einige Verben weisen Besonderheiten auf, die nicht (oder nicht nur) die Stammformen betreffen. Siehe hierzu die Tabellen → 98 *(sein, haben, werden)* und → 100 *(können, müssen, dürfen, mögen, wollen, sollen, wissen)*; ferner → 63 ff. und → 69 ff. An dieser Stelle mag ein Beispiel genügen:
   werden → du wirst (Ausfall von -d; e/i-Wechsel → 65), er wird (e/i-Wechsel, → 65), ich wurde (starkes Präteritum mit Endung *-e*)
3. Bei der Bestimmung der Konjugationsart (→ 38, 95) halten wir uns ausschließlich an die Stammformen (→ 34); die Besonderheiten anderer Konjugationsformen bleiben unberücksichtigt.

36 Manche Verben, vor allem seltener gebrauchte, werden zunehmend schwach konjugiert. Beispiele für Schwankungsfälle zwischen starker und schwacher Konjugation:

glimmen	glomm/glimmte	geglommen/geglimmt
saugen	sog/saugte	gesogen/gesaugt
weben	wob/webte	gewoben/gewebt
spalten	spaltete	gespalten/gespaltet
salzen	salzte	gesalzen/gesalzt
		Adjektivisch nur: gespalten, gesalzen

Unterschiedliche Konjugation – je nach Bedeutung

Von den im vorangehenden Abschnitt behandelten Schwankungsfällen sind Verben zu trennen, bei denen die unterschiedlichen Konjugationsformen einen Bedeutungsunterschied ausdrücken.

Stark oder gemischt	Schwach
backen/backte (buk)/gebacken Im Backofen: Er bäckt sein Brot selbst. Sie hat einen Kuchen gebacken. Das Präteritum wird meist schwach gebildet: Ich backte (veraltend: buk) einen Kuchen.	backen/backte/gebackt Zusammenkleben: Der Schnee backt zusammen. Der Schnee hat zusammengebackt.
bewegen/bewog/bewogen Innerlich bestimmen, veranlassen: Was bewog dich, deine Meinung zu ändern?	bewegen/bewegte/bewegt Fortbewegen, erregen: Das Geröll bewegte sich langsam talwärts. Sein plötzlicher Tod hat mich sehr bewegt.
bleichen/blich/geblichen Intransitiv (ohne Akkusativobjekt): Der Stoff blich an der Sonne. Nominalisiert: Der Verblichene wurde 87 Jahre alt. Aber meist: Sie waren vor Schreck erbleicht (seltener: erblichen).	bleichen/bleichte/gebleicht Transitiv (mit Akkusativobjekt; das Subjekt nennt den Verursacher oder die Ursache): Die Sonne bleichte ihre Haare.
erschrecken/erschrak/erschrocken Intransitiv (ohne Akkusativobjekt; Betroffener ist Subjekt; in Schrecken geraten): Sie erschrickt (→ 65). Wir sind fürchterlich erschrocken.	erschrecken/erschreckte/erschreckt Transitiv (mit Akkusativobjekt; das Subjekt nennt den Verursacher oder die Ursache; in Schrecken versetzen): Sie erschreckt uns. Der Lärm hat alle fürchterlich erschreckt.
gären/gor/gegoren Biologisch: Der Most gor (auch: gärte) in Eichenfässern. Wein ist gegorener Traubensaft.	gären/gärte/gegärt Übertragen (in Aufruhr geraten): Es gärte in den Volksmassen.
hängen (älter auch: hangen; → 1728)/hing/gehangen Intransitiv (ohne Akkusativobjekt): Die Bilder hingen an der Wand.	hängen/hängte/gehängt Transitiv (mit Akkusativobjekt; das Subjekt nennt den Verursacher oder die Ursache): Ich hängte die Bilder an die Wand.

Stark oder gemischt	Schwach
hauen/hieb/gehauen Mit einer Waffe (gehobener Stil): Alexander hieb den Gordischen Knoten entzwei.	hauen/haute/gehauen Schlagen, prügeln: Sie haute einen Nagel ein. Der andere haute mir eine herunter.
löschen/losch/geloschen Intransitiv (ohne Akkusativobjekt), fast nur noch bei Formen mit Präfix (Vorsilben). Das Licht erlischt. Das Lämpchen erlosch. Das Feuer ist fast erloschen.	löschen/löschte/gelöscht Transitiv (mit Akkusativobjekt; das Subjekt nennt den Verursacher oder die Ursache): Die Feuerwehr löschte den Brand. Die Vulkankatastrophe hat fast alles Leben auf der Insel ausgelöscht. Jemand hat die Daten gelöscht.
pflegen/pflog/gepflogen Nur noch in Redewendungen: Es wurden Verhandlungen gepflogen. Er pflog (auch schon: pflegte) der Ruhe.	pflegen/pflegte/gepflegt Transitiv (mit Akkusativobjekt): Er pflegte seine Freundin. Modifizierend (mit einem Infinitiv mit *zu*): Er pflegte zum Frühstück die Zeitung zu lesen.
quellen/quoll/gequollen Intransitiv (ohne Akkusativobjekt): Wasser quillt hervor (→ 65). Die Früchte quollen auf.	quellen/quellte/gequellt Transitiv (mit Akkusativobjekt; das Subjekt nennt den Verursacher oder die Ursache): Das Wasser quellt die Erbsen auf. Die Feuchtigkeit hat den Karton aufgequellt.
schaffen/schuf/geschaffen Schöpferisch tätig sein, hervorbringen: Die Künstlerin schuf ein viel beachtetes Werk.	schaffen/schaffte/geschafft Arbeiten, bewirken, erledigen, bewegen: Sie schaffte im Betrieb wieder Ordnung. Der Hauswart hatte den Abfall endlich einmal beiseite geschafft.
scheren/schor/geschoren Die Haare schneiden: Man schor den Schafen das Fell. Er wurde geschoren (auch in übertragenem Sinn).	scheren/scherte/geschert Sich um etwas kümmern (meist verneint); sich fortmachen: Dieser Vorfall scherte ihn nicht weiter. Er schert (auch: schiert) sich überhaupt nicht darum. Scher dich fort!
schleifen/schliff/geschliffen Schärfen: Wir haben unsere Küchenmesser geschliffen.	schleifen/schleifte/geschleift Schleppen, dem Erdboden gleichmachen: Sie schleifte einen schweren Sack in den Keller hinunter. Die Festung wurde geschleift.
schmelzen/schmolz/geschmolzen Transitiv (flüssig machen) und intransitiv (flüssig werden): Das Eis schmilzt (→ 65). Der Schnee schmolz. Die Sonne hat das Eis geschmolzen.	schmelzen/schmelzte/geschmelzt Nur transitiv (flüssig machen; veraltend): Die Sonne schmelzt den Schnee weg. Die Sonne hat das Eis geschmelzt.

Stark oder gemischt	Schwach
schwellen/schwoll/geschwollen Intransitiv (ohne Akkusativobjekt), zunehmen: Mein Daumen schwillt an (→ 65). Sein Arm schwoll immer mehr an.	**schwellen/schwellte/geschwellt** Transitiv (mit Akkusativobjekt; das Subjekt nennt den Verursacher oder die Ursache): Der Wind schwellt die Segel. Er schwellte die Segel.
senden/sandte/gesandt Schicken: Die Anwohner sandten einen Brief an die Behörde.	**senden/sendete/gesendet** Technisch: Das Fernsehen hat einen bemerkenswerten Spielfilm gesendet.
sieden/sott/gesotten Garen (transitiv und intransitiv): Er sott die Kartoffeln. Die Eier haben fünf Minuten gesotten.	**sieden/siedete/gesiedet** Kochend aufwallen (auch übertragen): Das Wasser siedete. Ich siedete vor Wut.
sprießen/spross/gesprossen Wachsen: Mehr als handtellergroß sind die Hüte der Pilze, die plötzlich aus dem Boden gesprossen sind.	**sprießen/sprießte/gesprießt** Stützen (meist mit Verbzusatz): Sämtliche Decken wurden abgesprießt.
stecken/stak/gesteckt Nur intransitiv (veraltend): Der Urwaldforscher stak bis zum Hals im Morast.	**stecken/steckte/gesteckt** Intransitiv und transitiv: Dieser Politiker steckte bis zum Hals im Skandal. Man steckte ihn in Untersuchungshaft.
wachsen/wuchs/gewachsen Größer werden: Der Junge wuchs ihm über den Kopf.	**wachsen/wachste/gewachst** Mit Wachs versehen: Wir wachsten unsere Ski.
wägen/wog/gewogen Transitiv (das Gewicht bestimmen; dafür meist *wiegen*): Der Zollbeamte wägt den Koffer. Er hat den Koffer gewogen. Mit *ab-* und *er-*: Wir erwägen, wieder abzureisen. Wir haben erwogen, wieder abzureisen. Wir haben alles sorgfältig abgewogen.	**wägen/wägte/gewägt** Mit *ab-* (in übertragener Bedeutung): Wir wägten (neben: wogen) Vor- und Nachteile gegeneinander ab. Die Vor- und Nachteile wurden sorgfältig abgewägt (neben: abgewogen). (Aber wörtlich meist: Wir wogen die Portionen ab.)
wiegen/wog/gewogen Transitiv (das Gewicht bestimmen) und intransitiv (ein Gewicht haben): Der Zollbeamte wiegt den Koffer. Der Koffer wiegt vierzig Kilogramm. Er wog vierzig Kilogramm.	**wiegen/wiegte/gewiegt** Schaukeln, hin- und herbewegen: Sie wiegte das Kind in den Schlaf. Der Koch wiegte den Schnittlauch. Übertragen: Die Gauner wiegten die Opfer in Sicherheit. Wir hatten uns in Sicherheit gewiegt.
weichen/wich/gewichen Sich zurückziehen: Er wich vor dem Hund. Die Flut ist gewichen.	**weichen/weichte/geweicht** Weich machen (meist zusammengesetztes Verb): Der Regen weichte den Boden auf.

Stark oder gemischt	Schwach

wenden/wandte/gewandt
  Sich richten (reflexiv): Ich wandte mich an einen Anwalt. Er wandte sich zur Flucht. In Verbindung mit Verbzusätzen (*ab-, an-, auf-, ein-, um-, zu-*) in Redewendungen, sonst eher allmählich veraltend: Sie haben sich von uns abgewandt. Sie wandte mir den Rücken zu. Sie wandte nichts ein. Wir wandten uns um (nur so). Mit Präfix *ver-* in Redewendungen, sonst veraltend: Er verwandte viel Geduld auf diese Sache.
	wenden/wendete/gewendet
	  Umkehren, umdrehen: Der Wagen wendete am Ende der Sackgasse. Das Blatt wendete sich zu unseren Ungunsten. Ich wendete die Seite. In Verbindung mit Verbzusätzen (*ab-, an-, auf-, ein-, um-, zu-*): Wir haben diese Regel noch nie angewendet. Wir haben dafür etwa drei Stunden aufgewendet. Mit Präfix *ent-, ver-:* Wir verwendeten nur erstklassiges Material. Die nächtlichen Besucher entwendeten zum Glück nichts.

38 **Übung 2**

Bei den folgenden Infinitiven sind das Präteritum und das Partizip II sowie die Konjugationsart (→ 34, 35.3) anzugeben.

■ **1** sehen ■ **2** gehen ■ **3** drehen ■ **4** wehen ■ **5** stehen ■ **6** fehlen ■ **7** empfehlen ■ **8** lassen ■ **9** veranlassen ■ **10** trinken ■ **11** schenken ■ **12** denken ■ **13** springen ■ **14** bringen ■ **15** stechen ■ **16** rechnen ■ **17** laufen ■ **18** kaufen ■ **19** mahlen ■ **20** malen ■ **21** bitten ■ **22** beten ■ **23** schreien ■ **24** leihen ■ **25** heben ■ **26** haben ■ **27** werden ■ **28** werfen ■ **29** dürfen ■ **30** kennen ■ **31** können ■ **32** tragen ■ **33** klagen ■ **34** erschrecken ■ **35** sein ■ **36** wissen ■ **37** schaffen ■ **38** senden ■ **39** tun

Finite und infinite Verbformen

Die finiten Verbformen (Personalformen)

39 Verbformen, die in einer der drei Personen des Singulars oder des Plurals stehen, nennt man *finite Verbformen* oder *Personalformen*. Person und Zahl sind dabei meist an besonderen Endungen, den *Personalendungen*, ablesbar; es gibt aber auch endungslose Personalformen:

1. Person Singular	ich such-e	ich soll	ich kam
2. Person Singular	du such-st	du soll-st	du kam-st
3. Person Singular	er such-t	er soll	er kam
1. Person Plural	wir such-en	wir soll-en	wir kam-en
2. Person Plural	ihr such-t	ihr soll-t	ihr kam-t
3. Person Plural	sie such-en	sie soll-en	sie kam-en

Finite Verbformen sind immer auch nach der *Zeit* und nach der *Aussageweise* bestimmt (→ 53 ff., → 62 ff.).

Die infiniten Verbformen

Neben den finiten bestehen drei *infinite* Verbformen, also Verbformen, die nicht nach Person und Zahl bestimmt sind: der *Infinitiv*, das *Partizip I* und das *Partizip II*. **40**

Der *Infinitiv* (auch: *Nennform, Grundform*) endet immer auf *-en* oder *-n:* **41**
suchen, rechnen, sammeln, kichern, tun, sein

Der Infinitiv verbindet sich oft mit der Partikel *zu* (→ 24 f., 44, 88, 92):
Elisabeth scheint *zu gehen*. Den Plan *zu verreisen* hatte sie schon lange gefasst.

Das *Partizip I* geht auf *-end* oder *-nd* aus: **42**
stechen → stechend; sammeln → sammelnd; brennen → brennend

Das Partizip I kann sich wie der Infinitiv mit der Partikel *zu* verbinden (zum Gebrauch → 47):
ein nicht *zu billigender* Vorschlag, die *zu ersetzende* Glühbirne

Das *Partizip II* (die 3. Stammform des Verbs; → 34) hat bei den starken Verben die Endung *-en,* sonst die Endung *-t.* Darüber hinaus ist das Partizip II meist zusätzlich mit dem Präfix *ge-* markiert, auch *Augment* genannt (→ 90). **43**
stechen → gestochen; verschwinden → verschwunden; suchen → gesucht; sammeln → gesammelt; brennen → gebrannt

Die infiniten Verbformen können im Satz unterschiedliche Aufgaben übernehmen. Die folgende Tabelle fasst die wichtigsten Gebrauchsweisen zusammen. **44**

Infinitiv	Verbaler Gebrauch	Als Teil einer zusammengesetzten Zeitform (→53): Die Sonne wird bald *untergehen*.
		Bei einem Modalverb (→23): Ich muss meinen Schlüssel *finden*.
		Bei einem modifizierenden Verb (→24): Draußen scheint jemand auf dich *zu warten*.
		Als Kern einer satzwertigen Infinitivgruppe (→840 ff., 1567 ff.): Ohne auf den Verkehr *zu achten*, rannte er los. Sie hatte gezögert, den Schalter *zu drehen*.
	Gebrauch als Nomen (nominalisiert)	(→1130 ff.) Beim *Suchen* nach dem Schlüssel stolperte ich über ein Portemonnaie.
Partizip I	Verbaler Gebrauch	Als Kern einer satzwertigen Partizipgruppe (→844 ff., 1578 ff.): Seit Stunden auf den Anschlussflug *wartend*, dösten die Passagiere in der Transithalle.
	Adjektivischer Gebrauch	Als Attribut: vor einem Nomen (attributiver Gebrauch; →45 ff., 306, 678): die *untergehende* Sonne, ein *stechender* Geruch, die *zu ersetzenden* Teile
		Als Prädikativ (prädikativer Gebrauch; →310, 678): Der Geruch war *stechend*. Die Tanne stürzte *krachend* um.
Partizip II	Verbaler Gebrauch	Als Teil einer zusammengesetzten Verbform (Zeitform, →53; Passivform, →83): Die Sonne ist *untergegangen*. Ich habe meinen Schlüssel *gesucht*. Der Schlüssel wurde wieder *gefunden*.
		Als Kern einer satzwertigen Partizipgruppe (→844 ff., 1578 ff.): Von der Polizei *gesucht*, wollte der Verbrecher so rasch wie möglich die Grenze erreichen.
Partizip II	Adjektivischer Gebrauch	Als Attribut: vor einem Nomen (attributiver Gebrauch; →48 ff., 306, 678): die *untergegangene* Sonne, der von der Polizei *gesuchte* Verbrecher
		Als Prädikativ (prädikativer Gebrauch; →310, 678): Jugendstilvasen sind immer noch sehr *gesucht*. Sie schloss *geblendet* die Augen.

Zum attributiven Gebrauch des Partizips I

Das Partizip I hat *aktivischen* Sinn und beschreibt etwas, was gerade vor sich geht oder andauert:

    die *flüsternden* Schulmädchen (= die Schulmädchen, die *flüstern*), der nach dem Bahnhof *fragende* Tourist (= der Tourist, der nach dem Bahnhof *fragt*), ein *beängstigender* Vorgang, die eifrig Notizen *machende* Reporterin

Anmerkung

    Einige Partizipien haben sich inhaltlich von dem ihnen zugrunde liegenden Verb gelöst und sind reine Adjektive geworden:
    eine *spannende* Geschichte, eine *reizende* Person, ein *vermögender* Industrieller, die *entscheidende* Sitzung, eine *rührende* Begebenheit

Bei *transitiven* Verben kann sich das Partizip I mit der Partikel *zu* verbinden. Es erhält dann die gleiche Bedeutung wie die Fügung aus *sein* und Infinitiv mit *zu* (→ 25, 86.2), das heißt, es hat *passivischen* Sinn und drückt zugleich eine Möglichkeit oder Notwendigkeit aus. In manchen Grammatiken wird das Partizip I mit *zu* als Gerundiv bezeichnet.

    die *zu ersetzenden* Teile (= die Teile, die *zu ersetzen sind;* die Teile, die *ersetzt werden müssen*); eine nicht *zu vernachlässigende* Aufgabe (= eine Aufgabe, die nicht *zu vernachlässigen ist;* eine Aufgabe, die nicht *vernachlässigt werden darf*); eine leicht *zu lösende* Aufgabe (= eine Aufgabe, die leicht *zu lösen ist;* eine Aufgabe, die leicht *gelöst werden kann*)

Von *intransitiven* und *reflexiven* Verben kann das Partizip I *nicht* mit *zu* verwendet werden. Bei zweifelhaften Fügungen ersetze man das Partizip durch einen Relativsatz: wenn darin das Verb *haben* auftaucht, liegt ein Fehler vor:

    die *zu verschwindenden* Gaffer = die Gaffer, die *zu verschwinden haben* (nicht: *sind*). Also falsch! Ebenso: die *zu erscheinenden* Anzeigen, die *sich zurückzuziehenden* Truppen (→ 1770).

Zum attributiven Gebrauch des Partizips II

Das Partizip II von *transitiven* Verben hat im Gegensatz zum Partizip I *passivischen* Sinn (→ 83 ff.). Meist drückt es einen *abgeschlossenen* Vorgang aus, bei einigen Verben auch ein *andauerndes* Geschehen:

    die *versalzene* Suppe (= die Suppe, die *versalzen worden ist*); das *abgemähte* Gras (= das Gras, das *abgemäht worden ist*); die vom Parlament *eingesetzte* Kommission (= die Kommission, die vom Parlament *eingesetzt worden ist*); der *gesuchte* Verbrecher (= der Verbrecher, der *gesucht wird*)

49 Von denjenigen *intransitiven* Verben, die ihr Perfekt mit *sein* bilden (→ 55 ff.), hat das Partizip II wie das Partizip I *aktivischen* Sinn, drückt aber im Gegensatz zu diesem einen *abgeschlossenen* Vorgang aus:

die *verblühten* Blumen (= die Blumen, die *verblüht sind*); der *gestürzte* Passant (= der Passant, der *gestürzt ist*); die lange *ausgebliebenen* Regenfälle (= die Regenfälle, die lange *ausgeblieben sind*); die schon wieder schmutzig *gewordene* Fassade (= die Fassade, die schon wieder schmutzig *geworden ist*); das über den See *geschwommene* Kind (= das Kind, das über den See *geschwommen ist*)

50 *Nicht möglich* ist der attributive Gebrauch des Partizips II bei *intransitiven* Verben, wenn sie ihr Perfekt mit *haben* bilden (→ 55 ff.). Fragwürdige Fügungen können durchschaut werden, indem man das Partizip II durch einen Relativsatz ersetzt. Wenn dann das Hilfsverb *haben* auftaucht, ist die Fügung falsch:

die *stattgefundene* Sitzung (= die Sitzung, die *stattgefunden hat*); der *abgenommene* Vorrat (= der Vorrat, der *abgenommen hat*); die lange *geblühten* Blumen (= die Blumen, die lange *geblüht haben*); der um vier Uhr *eingesetzte* Regen (= der Regen, der um vier Uhr *eingesetzt hat*) (richtig aber, da passivisch und daher mit *sein* konjugiert, → 83, 97: die zur Vorberatung der Geschäfte *eingesetzte* Kommission = die Kommission, die zur Vorberatung *eingesetzt worden ist*)

51 Anmerkungen
1. Als falsch gilt auch die attributive Verwendung des Partizips II der Verben *sitzen, liegen, stehen*, deren Perfekt normalerweise mit *haben*, in Süddeutschland, Österreich und der Schweiz allerdings oft mit *sein* gebildet wird (→ 57.1).
Also falsch: der lange auf seinem Stuhl *gesessene* Großvater, die zu lange im Regen *gestandene* Kartonschachtel; der viele Stunden an der Sonne *gelegene* Tourist.
2. Nicht möglich ist der attributive Gebrauch ferner bei den *reflexiven* Verben. Fragwürdige Konstruktionen können ebenfalls durchschaut werden, indem man das Partizip II durch einen Relativsatz ersetzt. Fehlkonstruktionen zeigen das Hilfsverb *haben*:
der sich *gesteigerte* Umsatz (= der Umsatz, der *sich gesteigert hat*: also Fehlkonstruktion). Falsch sind auch: die *sich* in voller Entwicklung *befundene* Industrie (= die Industrie, die sich in voller Entwicklung *befunden hat*); die *sich verirrten* Pfadfinder (= die Pfadfinder, die *sich verirrt haben*)
3. Einige Partizipien haben sich von ihrem zugrunde liegenden Verb gelöst und sind *reine Adjektive* geworden. Teilweise werden sie so gebraucht, wie dies bei noch verbal empfundenen Partizipien nicht möglich wäre:
eine *gespannte* Atmosphäre; ein *verrückter* Kerl; eine *verwandte* Erscheinung; eine *bekannte* Persönlichkeit; eine *ausgewogene* Mischung; ein *geborener* Lügner; das *verliebte* Mädchen (= das Mädchen, das sich *verliebt hat*); ein pflichtvergessener Mensch (= ein Mensch, der seine Pflichten *vergessen hat*); ein *gelernter* Schreiner; eine *verschwiegene* Person, ein *gedienter* Offizier (= ein Offizier, der *gedient hat*); eine verdiente Mitarbeiterin (= die sich verdient gemacht hat); ein *bewanderter* und *erfahrener* Kursleiter; die *studierten* Leute, der *Unterzeichnete* (bei Briefen: derjenige, der *unterzeichnet hat*); ein *betrunkener* Gast, ein *gestandener* Mann, die an einem kleinen Fluss *gelegene* Ortschaft

Das Verb Wort- und Formenlehre 61

Übung 3
In den folgenden Sätzen sind die falschen Fügungen herauszufinden. ▪ **1** Die schwarz gestrichenen Klötze speicherten die Sonnenwärme besser. ▪ **2** Wegen des ständig zugenommenen Straßenlärms will Familie Müller von hier wegziehen. ▪ **3** Das von allen vermisste Verbindungsstück lag unter der Werkbank. ▪ **4** Bernhard hielt den vereinbarten Termin nicht ein. ▪ **5** Wegen des vor zwei Tagen stattgefundenen Popkonzerts schmerzen mir noch immer die Ohren. ▪ **6** Die Wespen machten sich über die heruntergefallenen Birnen her. ▪ **7** Der sich unter dem Anstrich gebildete Rost fraß sich bis zur Innenwand durch. ▪ **8** Die beschädigte Kiste wurde ins Lager zurückgebracht. ▪ **9** Das sich nach längerem Rühren aufgelöste Salz färbte das Wasser gelblich. ▪ **10** Die abgebrochene Vorstellung soll nächsten Montag wiederholt werden. ▪ **11** Von der in London zusammengetretenen Außenministerkonferenz liegt erst eine dürftige Verlautbarung vor. ▪ **12** Er kramte das allzu lange in der Schublade gelegene Dossier hervor. ▪ **13** Notieren Sie die Ihnen gefallenen Modelle! ▪ **14** Die infolge der Hitze verdorbenen Früchte wurden kompostiert. ▪ **15** In Naturschutzkreisen wird die überhand genommene Unterwasserjagd verurteilt. ▪ **16** Der während dieser Zeit bestandene hohe Penizillinspiegel bewirkte eine allgemeine Schlaffheit. ▪ **17** Der vor einem Monat ausgebrochene Vulkan in Indonesien speit immer noch Asche. ▪ **18** Uns beunruhigt die seit einiger Zeit beobachtete Verrohung im Straßenverkehr. ▪ **19** Es handelt sich um einen längst fest eingelebten örtlichen Gebrauch. ▪ **20** Die aufgeregten Presseleute griffen nach den Unterlagen.

52

Die Zeitformen des Verbs

Einfache und zusammengesetzte Zeitformen

Das Deutsche besitzt sechs grammatische Zeiten. Nur ein Teil davon kann mit einfachen Verbformen ausgedrückt werden (= einfache Zeitformen); für die anderen Zeiten verwendet man Verbindungen mit den Hilfsverben *sein*, *haben* und *werden* (= zusammengesetzte Zeitformen).

53

Die folgende Tabelle zeigt, wie sich die Zeiten auf die vier Aussageweisen und auf die infiniten Verbformen verteilen. Wie man sieht, weist nur der Indikativ alle sechs Zeiten auf. Als Beispiel ist das Verb *sprechen* gewählt worden; die finiten Formen stehen in der 2. Person Singular:

	Indikativ	Imperativ
Präsens	du sprichst	sprich!
Perfekt	du hast gesprochen	—
Präteritum	du sprachst	—
Plusquamperfekt	du hattest gesprochen	—
Futur I	du wirst sprechen	—
Futur II	du wirst gesprochen haben	—
	Konjunktiv I	Konjunktiv II
Präsens	du sprechest	du sprächest
Perfekt	du habest gesprochen	du hättest gesprochen
Präteritum	—	—
Plusquamperfekt	—	—
Futur I	du werdest sprechen	du würdest sprechen
Futur II	du werdest gesprochen haben	du würdest gesprochen haben

54 **Anmerkungen**

1. Ein Perfekt kann auch zum *Infinitiv* gebildet werden, *Infinitiv Perfekt* genannt. Der einfache Infinitiv kann zur Abgrenzung als *Infinitiv Präsens* bezeichnet werden:
   Infinitiv Präsens: sprechen
   Infinitiv Perfekt: gesprochen haben
2. Im *Konjunktiv II* unterscheiden sich die Formen mit *würde* in der Bedeutung heute immer weniger von den Präsens- bzw. Perfektformen. Man kann *würde* hier als Hilfsverb zur Bildung des Konjunktivs II ansehen; entsprechend lassen sich die würde-Formen auch als Präsens- bzw. Perfektformen bestimmen.

Hilfsverb «sein» oder «haben»?

55 Ob ein Verb sich in Perfekt, Plusquamperfekt und Futur II mit dem Hilfsverb *sein* oder dem Hilfsverb *haben* verbindet, hängt von seinem Gebrauch ab. Am besten merkt man sich die kleinere Gruppe, die mit dem Hilfsverb *sein* gebraucht wird: Es handelt sich um die meisten *intransitiv* (aber nicht reflexiv) gebrauchten Verben, die eine *Orts-* oder *Zustandsveränderung* ausdrücken, ferner um das Verb *sein* selbst sowie um *bleiben*:

Mir ist ein Stein vom Herzen gefallen. Die Kinder sind gewachsen. Der Zug ist leider abgefahren. Sie ist wieder gesund geworden. Sie ist nicht sehr aufmerksam gewesen. Wir sind alle zu Hause geblieben.

Aber: Die Inflation hat wieder abgenommen. Die Schneefälle haben gegen sechs Uhr morgens eingesetzt.

Mit *haben* verbinden sich also alle übrigen Verben: 56
Reflexiv: Die Kinder haben sich ins Wasser gestürzt. Die Aufregung hat sich wieder gelegt.
Transitiv: Unsere Wohnbaugenossenschaft hat eine neue Siedlung erstellt.
Intransitiv, aber nicht in der Bedeutung einer Orts- oder Zustandsveränderung: Das Stadtfest hat dieses Jahr am 23. Juli stattgefunden. Wir haben lange auf euch gewartet.

Anmerkungen 57
1. Demgemäß sollten die Verben *stehen, sitzen, liegen* mit *haben* konjugiert werden. Im Oberdeutschen (Süddeutschland, Österreich, Schweiz) hat sich aber aus einem älteren Sprachgebrauch die Form mit *sein* erhalten:
Er ist (oder: hat) lange im Regen gestanden. Mehr als vier Monate ist (oder: hat) Fritz im Krankenhaus gelegen. Sie sind (oder: haben) zusammen in derselben Schulbank gesessen.
2. Manche Verben kommen in mehr als einer Gebrauchsweise vor (→ 32); je nachdem verbinden sie sich mit *haben* oder *sein:*
Intransitiv, Orts- oder Zustandsveränderung: Wir sind über den See geschwommen. Das Geröll ist auf die Straße gestürzt. Die Vase ist im heißen Wasser zerbrochen. Sie ist nach Stuttgart gefahren. (Auch:) Sie ist mit dem Auto gefahren. Sie ist Auto gefahren.
Intransitiv, Betonung der Tätigkeit an sich: Letztes Jahr hat er viel geschwommen.
Reflexiv: Die Kinder haben sich ins Wasser gestürzt.
Transitiv: Seine Spielsucht hat ihn ins Unglück gestürzt. Der Hund hat die Vase zerbrochen. Ich habe noch nie einen Lastwagen gefahren.
3. Mit dem Anfügen eines Verbzusatzes oder eines Präfixes (einer Vorsilbe) ändert sich oft der Gebrauch:
Die Scheune hat gebrannt. Die Scheune ist abgebrannt.
Die Blumen haben geblüht. Die Blumen sind erblüht.
Die Kinder haben lange geschlafen. Die Kinder sind sofort eingeschlafen.

Der Ersatzinfinitiv

Wenn *wollen, sollen, müssen, dürfen, können, mögen* und *brauchen* mit einem anderen 58
Verb verbunden werden (= Gebrauch als Modalverb bzw. modifizierendes Verb; → 23, 24), stehen sie statt in der Form des *Partizips II* im Infinitiv, Ersatzinfinitiv genannt:

In Verbindung mit einem Infinitiv	Sonstiger Gebrauch
Wir *haben* leider nicht *kommen können*.	Ich *hatte* das Gedicht nicht *gekonnt*.
Er *hat* nicht *kommen mögen*.	Er *hat* Barockmusik nie *gemocht*.
Sie *hat* das Glas nicht *austrinken wollen*.	Das *hat* sie nicht *gewollt*.
Du *hättest* nicht *zu rennen brauchen*.	Wir *haben* zuviel Zeit dafür *gebraucht*.

59 Möglich (aber nicht gefordert) ist der Ersatzinfinitiv auch bei *lassen, sehen, hören, spüren, helfen:*
Die Touristen haben die berühmte Stadt links liegen lassen (oder: liegen gelassen). Ich habe dich nicht kommen hören (oder: kommen gehört). Ich habe die U-Bahn unter mir durchfahren spüren (oder: durchfahren gespürt). Yvonne hat mir die Abrechnung machen helfen (oder: die Abrechnung machen geholfen).
Zur Stellung von Hilfsverb *haben* und Partizip II → 818.6.

Zum Gebrauch der Zeitformen

60 Die grammatischen Zeiten drücken keinen fixen Zeitpunkt aus. Sie sind relativ, das heißt, sie geben den zeitlichen Abstand an zwischen dem Zeitpunkt eines Geschehens und dem Zeitpunkt, zu dem darüber berichtet wird. So ist an den Zeitformen ablesbar, ob ein Geschehen vergangen ist, gerade vor sich geht oder erst zu erwarten ist.

Die wichtigsten Gebrauchsweisen (im Indikativ):

	Bedeutung	Beispiele
Präsens	Gegenwart	Deine Krawatte sitzt schief.
	Zukunft	Morgen gehen wir wieder einmal ins Kino.
	Vergangenheit, Chronik	1969: Der erste Mensch betritt den Mond.
	Vergangenheit, lebhafte Erzählung	Ich sitze friedlich auf dem Sofa, da erhebt sich vor dem Fenster ein großes Geschrei.
	Ohne Zeitbezug (allgemein gültig)	Was du schwarz auf weiß besitzt, kannst du getrost nach Hause tragen.
Futur I	Zukunft	Wir werden bald verreisen.
	Vermutung in der Gegenwart	Herbert wird jetzt an der Arbeit sein.
	Vorausschau in der Vergangenheit	1970: Noch herrschte Hochkonjunktur; aber schon drei Jahre später wird die Ölkrise ausbrechen.
	Drohender Befehl Ohne Zeitbezug	Du wirst jetzt sofort aufstehen. Wer Wind sät, wird Sturm ernten.

	Bedeutung	Beispiele
Präteritum	Vergangenheit, Vorgang	Der Wagen schleuderte, überschlug sich und krachte schließlich in einen Baum.
	Vergangenheit, Zustand	Im Mittelalter konnten die Städte nur durch die Stadttore betreten werden.
Perfekt	In der Gegenwart abgeschlossen	Heinz hat sich in letzter Zeit stark verändert (er sieht jetzt ganz anders aus).
	In der Zukunft abgeschlossen	Bis übermorgen habe ich das Zimmer gestrichen.
	In der Vergangenheit abgeschlossen	Die ägyptischen Pharaonen haben die Pyramiden zu ihrem Ruhm erbauen lassen.
	Abgeschlossen ohne Zeitbezug	Mit einer guten Ausbildung hat man schnell einen interessanten Arbeitsplatz gefunden.
	Vorzeitigkeit, oft im Nebensatz	Wer einmal im Süden gewesen ist, bekommt im Winter immer wieder Fernweh.
Futur II	In der Zukunft abgeschlossen	Bis zum Jahr 2030 wird sich die Welt stark verändert haben.
	Vermutung über etwas Abgeschlossenes	Martina ist nicht erschienen, sie wird den Termin vergessen haben. Galilei wird gewusst haben, dass er ein altes Weltbild umstürzte.
	Vorzeitigkeit (im Nebensatz)	Er wird die Wohnung räumen, sobald die Kündigung in Kraft getreten sein wird.
Plusquamperfekt	Vorzeitigkeit, oft im Nebensatz	Nachdem sie die Blumen begossen hatte, setzte sie sich in den Lehnstuhl.

Anmerkung 61

Bei der Bemühung um Kürze werden oft Präteritumsformen verwendet, wo vom Sinn her das Perfekt angemessen ist:
(Bildlegende:) Unsere Aufnahme zeigt die Überreste der Boeing 747, bei deren Absturz 123 Menschen ums Leben kamen. (Richtig wäre, da keine Vorgangsbeschreibung, sondern abschließende Feststellung: ... ums Leben gekommen sind.)

Die Modusformen des Verbs

62 | Das Verb des Deutschen verfügt über vier Aussageweisen oder Modi:
1. Indikativ (Wirklichkeitsform)
2. Imperativ (Befehlsform)
3. Konjunktiv I (Möglichkeitsform I)
4. Konjunktiv II (Möglichkeitsform II)

Die Aussageweisen machen die persönliche Einstellung des Berichtenden zu seiner Aussage deutlich. So kann durch die Aussageweisen zum Ausdruck kommen, ob eine Äußerung als Tatsache, als bloße Annahme, als Wunsch oder gar als Befehl aufzufassen ist.

Der Indikativ

Die Bildung der Indikativformen

63 Auf die Bildung der Präteritumsformen sind wir schon im Zusammenhang mit den Stammformen eingegangen (→ 34 ff.), auf die zusammengesetzten Zeitformen im Zusammenhang mit der grammatischen Zeit (→ 53 ff.). Wir wollen uns daher an dieser Stelle auf einige Besonderheiten des Indikativs Präsens beschränken.

64 1. Viele *starke* Verben zeigen in der 2. und 3. Person Singular Umlaut:

fahren → du fährst, er fährt   laufen → du läufst, er läuft
tragen → du trägst, er trägt   stoßen → du stößt, er stößt
Aber 2. Person Plural: ihr fahrt, ihr tragt, ihr lauft, ihr stoßt.

65 2. Bei anderen *starken* Verben wechselt der Stammvokal von *e* zu *i*; man spricht hier von e/i-Wechsel:

sprechen → du sprichst, er spricht   geben → du gibst, er gibt
helfen → du hilfst, er hilft   nehmen → du nimmst, er nimmt
sehen → du siehst, er sieht   empfehlen → du empfiehlst, er empfiehlt

Ähnlich: erlöschen → es erlischt; gebären → du gebierst, sie gebiert (neben: du gebärst, sie gebärt); wägen → du wiegst, er wiegt (→ 1730).
Aber 2. Person Plural: ihr sprecht, ihr helft, ihr empfehlt, ihr gebt, ihr nehmt, ihr seht.

Zu unterscheiden (→ 37):
sie erschrickt (stark, intransitiv) – sie erschreckt jemanden (schwach, transitiv)
die Flamme erlischt (stark, intransitiv) – sie löscht die Flamme (transitiv)
der Teig quillt auf (stark, intransitiv) – das Wasser quellt die Erbsen (schwach, transitiv)

Das Verb — Wort- und Formenlehre

3. Vor den Personalendungen *-st* und *-t* wird in bestimmten Fällen ein *e* eingeschoben, so nach *d* oder *t*. Wenn Umlaut oder e/i-Wechsel auftritt, unterbleibt der e-Einschub:

reden → du redest, er redet, ihr redet	arbeiten → du arbeitest, er arbeitet
laden → du lädst, er lädt	treten → du trittst, er tritt
raten → du rätst, er rät	flechten → du flichtst, er flicht
halten → du hältst, er hält	gelten → du giltst, er gilt

Aber 2. Person Plural: ihr ladet, ihr ratet, ihr haltet, ihr tretet, ihr flechtet, ihr geltet.

4. Wenn der Verbstamm auf einen s-Laut ausgeht, wird vor der Personalendung *-st* ein *e* eingeschoben (= lange Endung *-est*), oder die Personalendung verschmilzt mit dem Verbstamm (= kurze Endung). Wenn Umlaut oder e/i-Wechsel auftritt, steht fast nur noch die kurze Endung:

reisen → du reist (du reisest)	fassen → du fasst (du fassest)
reißen → du reißt (du reißest)	mixen → du mixt (du mixest)
reizen → du reizt (du reizest)	ritzen → du ritzt (ritzest)
blasen → du bläst	lassen → du lässt
stoßen → du stößt	vergessen → du vergisst

Zum Gebrauch des Indikativs

Der Indikativ ist die «gewöhnliche» Aussageweise, von der sich die anderen abheben. Er dient unter anderem für neutrale, sachliche Aussagen:

Wenn man eine Salzlauge *erhitzt*, *verdampft* das Wasser, und das Salz *bleibt* in Form von Kristallen *zurück*.

Der Imperativ

Die Bildung der Imperativformen

Der Imperativ hat kein besonderes formales Kennzeichen; die Personalendungen treten – sofern vorhanden – unmittelbar an den (gelegentlich verkürzten) Stamm:

bring!/bringe!	sammle!	fahr!/fahre!	sprich!
bringen wir!	sammeln wir!	fahren wir!	sprechen wir!
bringt!	sammelt!	fahrt!	sprecht!
bringen Sie!	sammeln Sie!	fahren Sie!	sprechen Sie!

70 Verben, die im Indikativ Präsens e/i-Wechsel haben, haben diesen auch im Singular des Imperativs. Er weist dann normalerweise keine Endung auf:

    helfen → hilf!   geben → gib!   vergessen → vergiss!

    nehmen → nimm!   empfehlen → empfiehl!   messen → miss!

71 **Anmerkungen**

1. Bei den Imperativformen ohne e/i-Wechsel ist teils die Form mit der Endung -e üblicher, teils die endungslose Form (*ohne* Apostroph; → 1368.1):
Schreib (schreibe) doch wieder einmal! Mach (mache) das Licht aus! Blas (blase) die Kerze aus! (Aber nur:) Erledige das bitte für mich! Verbessere das!
2. Eine Ausnahme mit e/i-Wechsel und Endung -e bildet der Imperativ von *sehen*, wenn er als Verweis- oder Ausrufewort gebraucht wird:
Siehe Seite 58. *Siehe*, ich klopfe an! (Aber: *Sieh* dort drüben!)
3. Zu unterscheiden (→ 37):
erschrick nicht (stark, intransitiv) – *erschreck(e)* mich nicht (schwach, transitiv)
4. Die Pluralformen des Imperativs unterscheiden sich nicht von denjenigen des Indikativs – außer beim Verb *sein*, dessen Imperativformen denen des Konjunktivs I entsprechen:
Sei bitte etwas aufmerksamer! Bitte seid bis fünf Uhr fertig! Bitte seien Sie (nicht: sind Sie) ganz ruhig! Seien Sie mir nicht mehr böse! Seien wir doch zufrieden!

Zum Gebrauch des Imperativs

73 Wenn jemand sich mit einer direkten Aufforderung an ein Gegenüber wendet, bedient er sich meist des Imperativs (der Befehlsform). Der Imperativ kommt demnach vor allem in der 2. Person Singular und Plural vor; die Pronomen *du* und *ihr* fehlen dann überwiegend; die Sätze sind dann subjektlos (→ 640). Darüber hinaus gibt es die Höflichkeitsform mit dem Pronomen *Sie* sowie die Aufforderung in der wir-Form, mit der man sich an eine Gruppe richtet, der man selber angehört:
Setz dich! Setz (du) dich doch auch! Setzt euch bitte!
Setzen Sie sich bitte! Setzen wir uns doch endlich!

Konjunktiv I und II

Die Bildung der Konjunktivformen

In der *Form* lässt sich der Konjunktiv I vom Infinitiv ableiten, der Konjunktiv II vom Präteritum. In der *Bedeutung* gehören die einfachen Formen beider Konjunktive zum Präsens (→ 53).

Infinitiv	Konjunktiv I	Präteritum	Konjunktiv II
suchen	→ er suche	er suchte	→ er suchte
finden	→ er finde	er fand	→ er fände
tragen	→ er trage	er trug	→ er trüge
sprechen	→ er spreche	er sprach	→ er spräche
lassen	→ er lasse	er ließ	→ er ließe
sein	→ er sei	er war	→ er wäre
haben	→ er habe	er hatte	→ er hätte
werden	→ er werde	er wurde	→ er würde

Zum Konjunktiv I: Im heutigen Deutsch werden nur noch diejenigen Formen gebraucht, die sich vom Indikativ unterscheiden.

74

Dies gilt für die folgenden Formen (in Klammern die Indikativformen, von denen sie sich abheben):

1. alle Formen von *sein:*
   ich sei (ich bin), du seist (du bist), er sei (er ist), wir seien (wir sind), ihr seiet (ihr seid), sie seien (sie sind);

2. die Singularformen von *wollen, sollen, müssen, dürfen, können, mögen* und *wissen* (→ 100):
   ich könne (ich kann), du könnest (du kannst), er könne (er kann); ich wisse (ich weiß), du wissest (du weißt), er wisse (er weiß);

3. die 2. und die 3. Person Singular der starken Verben mit Umlaut oder e/i-Wechsel im Indikativ:
   du fahrest (du fährst), er fahre (er fährt); du brechest (du brichst), er breche (er bricht);

4. die 3. Person aller übrigen Verben:
   er mache (er macht), er finde (er findet), er habe (er hat);

5. die 2. Person Singular und Plural aller übrigen Verben, sofern der Indikativ ohne e-Einschub gebildet wird:
   du suchest (du suchst), ihr suchet (ihr sucht). Aber nicht: du findest, ihr findet (formgleich mit dem Indikativ).

Zum Ersatz der ungebräuchlichen Formen des Konjunktivs I in der indirekten Rede → 80, 1652 f.

75 *Zum Konjunktiv II:* Die schwachen und die gemischten Verben haben beide die Endung *-te* (also wie im Präteritum), die starken die Endung *-e*. Die starken und die gemischten Verben weisen oft noch zusätzlich *Umlaut* auf.
Zum Ersatz der ungebräuchlichen Formen des Konjunktivs II → 79.

76 **Anmerkungen**

1. Manche Formen des Konjunktivs II starker Verben veralten allmählich, vor allem solche mit Stammvokal *ä* oder *ö*:
Gebräuchlich: ich nähme, ich fände, wir stünden/ständen, ich träte aus, wir lägen, ich schlüge entzwei, ich böte
Nur noch wenig gebräuchlich: ich empföhle, es schmölze, es gölte (oder: es gälte), es flösse ab, sie frören; wir bärgen (zu: bergen); ich hälfe/hülfe, er wüsche (zu: waschen)

2. Als schwach konjugiertes Verb hat *brauchen* (wie *rauchen, hauchen, glauben*) hochsprachlich im Konjunktiv II keinen Umlaut:
Wenn du rechtzeitig gekommen wärest, *brauchten* (hochsprachlich nicht: *bräuchten*) wir jetzt nicht so zu hetzen.

3. Der Konjunktiv II zu *brennen, kennen, nennen, rennen, senden, wenden* wird schwach gebildet, ist aber wenig gebräuchlich:
ich erkennte dies nicht (= ich würde dies nicht erkennen). Der Kaiser sendete am liebsten einen Boten aus (= würde am liebsten einen Boten aussenden).

Zum Gebrauch des Konjunktivs I

77 Der *Konjunktiv I* ist vornehmlich die Aussageweise der *indirekten Rede* (→ 80, 1648 ff.):
(Direkte Rede mit dem Indikativ:) Der Autofahrer behauptete: «Die Ampel *hat* auf Grün *gestanden*.»
(Indirekte Rede mit dem Konjunktiv I:) Der Autofahrer behauptete, die Ampel *habe* auf Grün *gestanden*.

Daneben findet sich der Konjunktiv I noch bei Wünschen, Aufforderungen, Anweisungen, Einräumungen und Vergleichen:
Wunsch-, Aufforderungssätze: Lang *lebe* der König! (In Kochrezepten:) Man *gebe* einen Esslöffel Honig in lauwarme Milch und *rühre* gut um ... (In mathematischen Texten:) Gegeben *seien* eine Gerade und ein Kreis ...
Einräumungssätze: Morgen machen wir den Betriebsausflug, es *sei* denn, es *regne*. Du musst diese Arbeit fertigstellen, *sei* es heute oder morgen.
In Vergleichssätzen (neben dem Konjunktiv II): Er war so müde, als *habe (hätte)* er seit Tagen nicht mehr geschlafen.

Zum Gebrauch des Konjunktivs II

Der *Konjunktiv II* dient in erster Linie zum Ausdruck der *Unwirklichkeit*, des nur Vorgestellten, Irrealen. Häufig ist er deshalb in Wunsch-, Bedingungs- und Vergleichssätzen zu finden.
Es *wäre* doch aufregend, wenn es in unsern Wäldern noch Mammuts *gäbe*. Wenn ich nur die Telefonnummer noch *wüsste!* Er rannte, wie wenn es um sein Leben *ginge*. Er rannte, als *ginge* es um sein Leben (auch Konjunktiv I: ... als *gehe* es um sein Leben).

Er wird ferner in zurückhaltenden Aussagen oder Aufforderungen gebraucht:
Ich *wüsste* eine bessere Lösung. So *müsste* es eigentlich gehen. *Könntest* du mir die Schüssel reichen? *Würdest* du mich bitte nicht dauernd unterbrechen!

Daneben kommt der Konjunktiv II in der *indirekten Rede* vor als *Ersatz* für den Konjunktiv I (→ 80, 1648 ff.):
(Direkte Rede mit dem Indikativ:) Eva und Ruth sagten: «Wir *kommen* etwas später.»
(Indirekte Rede mit dem Konjunktiv II:) Eva und Ruth sagten, sie *kämen* etwas später.

Im Konjunktiv II ist der Bedeutungsunterschied zwischen den *einfachen* Präsensformen und den ursprünglichen Futurformen mit *würde* (= würde-Formen) völlig verwischt. Die Wahl zwischen den beiden Formen ist daher keine grammatische, sondern eine stilistische Frage. Am besten hält man sich an die folgenden Empfehlungen:

1. Grundsätzlich sind die einfachen Konjunktivformen vorzuziehen.
   Wenn doch nur jemand käme und mich mitnähme!

2. Die würde-Formen ersetzen weniger gebräuchliche einfache Konjunktivformen (→ 76.1):
   Wenn mir nur jemand helfen würde! (Statt: Wenn mir nur jemand hülfe/hälfe!) Das würde ich dir nicht empfehlen. (Statt: Das empföhle/empfähle ich dir nicht.)

3. Manche Formen des Konjunktivs II unterscheiden sich nicht vom Indikativ Präteritum (→ 73). Wenn in einem Text auch aus dem Zusammenhang heraus nicht klar ist, ob es sich um Formen des Indikativs Präteritum oder des Konjunktivs II handelt, empfehlen sich die würde-Formen.

Nicht eindeutig:
Wenn wir anfingen, ließen wir es euch wissen. (Mögliche Bedeutung 1: Jedes Mal, wenn ...; mögliche Bedeutung 2, Unwirklichkeit: Wenn der Fall einträte, dass ...)
Wenn wir in die Ferien verreisten, erkundigten wir uns vorher nach den günstigsten Hotels. (Mögliche Bedeutung 1: Jedes Mal, wenn ...; mögliche Bedeutung 2, Unwirklichkeit: Wenn der Fall einträte, dass ...)

Eindeutig:
Wenn wir anfingen, würden wir es euch wissen lassen. (Oder:) Wenn wir anfangen würden, ließen wir es euch wissen. (Unschön: Wenn wir anfangen würden, würden wir es euch wissen lassen. Ausweichlösung: Sollten wir anfangen, ließen wir es euch wissen. Sollten wir anfangen, würden wir es euch wissen lassen.)
   Wenn wir in die Ferien verreisten, würden wir uns vorher nach den günstigsten Hotels erkundigen. (Oder:) Wenn wir in die Ferien verreisen würden, erkundigten wir uns vorher nach den günstigsten Hotels. (Unschön: Wenn wir in die Ferien verreisen würden, würden wir uns vorher nach den günstigsten Hotels erkundigen. Ausweichlösung: Sollten wir verreisen, ...)

Konjunktiv I und II in der indirekten Rede

80 Um den richtigen Gebrauch von Konjunktiv I und II in der indirekten Rede haben sich Grammatiker und Sprachpfleger früher oft gestritten. Heute ist man sich einig, dass man nicht von einem festen Regelsystem ausgehen kann, zumal der Gebrauch im deutschen Sprachraum von Norden nach Süden erheblich variiert. In der *Hochsprache* empfiehlt sich der folgende Gebrauch (→ 1651 f.):

1. Wo sich die Formen des Konjunktivs I von denen des Indikativs unterscheiden (→ 74), sind die Konjunktiv-I-Formen *vorzuziehen*. Formen des Konjunktivs II können leicht als Ausdruck von Unwirklichkeit missverstanden werden:
   Er sagt, mit Hilfe dieser Tabletten *komme* er wieder zu Kräften. (Eindeutig; er nimmt die Tabletten offenbar tatsächlich.)
   Er sagt, mit Hilfe dieser Tabletten *käme* er wieder zu Kräften. (Undeutlich; es könnte sein, dass er die Tabletten gar nicht nimmt.)

2. Der Konjunktiv II ist dann zu wählen, wenn eindeutige Formen des Konjunktivs I fehlen, also die Formen des Konjunktivs I mit denen des Indikativs zusammenfallen (→ 74):
   Viele meinen, mit Hilfe dieser Tabletten *kämen* sie wieder zu Kräften. (Zu undeutlich: Viele meinen, mit Hilfe dieser Tabletten *kommen* sie wieder zu Kräften.)

3. Die würde-Formen des Konjunktivs II stehen, wo die einfachen Formen ungebräuchlich sind oder missverstanden werden können (→ 74, 79):
   Es heißt, die neuen Tarife *würden* schon ab März *gelten*. (Veraltete Formen des Konjunktivs II: *gölten, gälten*; zu undeutliche Form des Konjunktivs I: *gelten*.)

Abweichungen von diesen Empfehlungen sind häufig. Sie sind aus grammatischer Sicht nur zu beanstanden, wenn Missverständnisse zu verhindern sind.

Anmerkung 81

Unter bestimmten Bedingungen kann heute in der indirekten Rede auch der *Indikativ* stehen, nämlich dann, wenn das Verb des übergeordneten Satzes im Präsens (oder Futur I) steht und der Nebensatz mit *dass, ob* oder einem Fragewort eingeleitet wird:
Der Zoll *glaubt*, dass er die Grenze nachts *überschritten hat* (neben: *habe*). Man *wird* ihn *fragen*, wo er so lange *gewesen ist* (neben: *sei*).
Aber nur: Der Zoll *glaubte* damals, dass er die Grenze nachts *überschritten habe*. Der Zoll *hatte geglaubt*, er *habe* die Grenze nachts überschritten. Man *fragte* ihn, wo er so lange *gewesen sei*. Ich *glaubte*, das Ergebnis *sei* richtig.

Übung 4 82

Die folgenden Sätze sind nach den oben stehenden Empfehlungen von der direkten in die indirekte Rede umzuformen.
■ **1** Der Postbote versicherte: «Selbstverständlich lese ich keine einzige Postkarte!» ■ **2** Der Oppositionspolitiker fragte den Journalisten verdutzt: «Wie sind Sie an diese Information gekommen?» ■ **3** Meine Freundin empfahl mir: «Schau dir den Film lieber nicht an! Du langweilst dich sonst nur zu Tode.» ■ **4** «Wir befürchten, es hat mehr als 3000 Tote gegeben», teilten die Behörden wenige Stunden nach dem Vulkanausbruch mit. ■ **5** Die Ärzte teilten gestern mit: «Der Herzpatient wird morgen das Schlimmste überstanden haben.» ■ **6** Petra fragte ihre beiden Kolleginnen: «Kommt ihr mit auf die Radtour?» ■ **7** Die Großeltern baten uns: «Schickt uns eine Postkarte!» ■ **8** Andreas schrieb aus New York: «Mir gefällt es ausgezeichnet hier. Die Leute sind kontaktfreudig, und mit dem Englischen komme ich gut zu Rande. Wenn ich mehr Geld hätte, bliebe ich noch mindestens einen Monat!» ■ **9** In der Betriebsanleitung stand: «Der Stecker muss vor dem Öffnen des Apparats unbedingt herausgezogen werden. Andernfalls besteht erhebliche Unfallgefahr.» ■ **10** «Die neuen Computer der Serie Q-3 rechnen etwa dreimal so schnell wie ihre Vorgänger der Serie Q-2», heißt es in den Unterlagen des Herstellers. ■ **11** Der Reporter fragte die Favoritin: «Wie schätzen Sie die Chancen der Amerikanerinnen ein?» ■ **12** Der World Wide Fund for Nature schreibt: «Viele Walarten sterben aus, wenn nichts gegen den maßlosen Walfang getan wird.»

Die Handlungsrichtung: Aktiv und Passiv

Die Bildung der Passivformen 83

Als Passiv bezeichnet man die Verbindung eines Partizips II mit dem Hilfsverb *werden* (→ 90, 97, 98). Diese Verbindungen heben sich von einfacheren Formen ab, die man Aktiv nennt. Aktiv und Passiv werden unter der Bezeichnung *Handlungsrichtung* zusammengefasst (andere Fachausdrücke: Diathese sowie Genus Verbi, wörtlich «Ge-

schlecht des Verbs»). Im Passiv stehen dieselben grammatischen Zeiten und Aussageweisen zur Verfügung wie im Aktiv (→ 97). Beispiele:
Indikativ Präteritum Aktiv: Ein Blitz *traf* den alten Baum.
Indikativ Präteritum Passiv: Der alte Baum *wurde* von einem Blitz *getroffen*.

Konjunktiv II Perfekt Aktiv: Fast *hätte* ein Blitz den alten Baum *getroffen*.
Konjunktiv II Perfekt Passiv: Fast *wäre* der alte Baum von einem Blitz *getroffen worden*.

Konjunktiv I Futur I Aktiv: Viele meinen, der Blitz *werde* den alten Baum *treffen*.
Konjunktiv I Futur I Passiv: Viele meinen, der alte Baum *werde* vom Blitz *getroffen werden*.

Es gibt auch entsprechende mehrteilige Infinitive:
Infinitiv (Präsens) Aktiv: Ein Blitz könnte den alten Baum *treffen*.
Infinitiv (Präsens) Passiv: Der alte Baum könnte von einem Blitz *getroffen werden*.
Infinitiv Perfekt Aktiv: Der Blitz scheint den alten Baum *getroffen zu haben*.
Infinitiv Perfekt Passiv: Der alte Baum scheint vom Blitz *getroffen worden zu sein*.

Zum Gebrauch der Passivformen

84   Die Passivformen haben meist den Zweck, den Verursacher oder die Ursache einer Handlung oder eines Vorgangs in den Hintergrund zu rücken oder ganz auszublenden. Zwischen aktiven und passiven Verbformen bestehen darum typische Unterschiede bei den Satzteilen, mit denen sie sich verbinden. Transitive Verben werden im Passiv intransitiv (→ 29): Das *Akkusativobjekt* des Aktivsatzes wird zum Subjekt des Passivsatzes, und das *Subjekt* des Aktivsatzes wird zu einer Präpositionalgruppe mit «von». Dabei ändert sich die *Handlungsrichtung*: Im Aktivsatz geht die Handlung vom Subjekt aus, im Passivsatz dagegen geht sie darauf zu.

	Täter, Verursacher, Ursache	Betroffene Person oder Sache
Aktiv	Subjekt (im Nominativ): Der Blitz traf den Baum. Frage: Wer oder was?	Akkusativobjekt: Der Blitz traf den Baum. Frage: Wen oder was?
Passiv	Präpositionalglied mit «von»: Der Baum wurde vom Blitz getroffen. Frage: Von wem?	Subjekt (im Nominativ): Der Baum wurde vom Blitz getroffen. Frage: Wer oder was?

Der Verursacher im Passiv kann je nach Zusammenhang auch weggelassen werden. Dies ist immer der Fall, wenn ihm im Aktiv das Pronomen *man* entspricht:
Aktiv: *Man* hat die Bauarbeiten rechtzeitig beendet.
Passiv: Die Bauarbeiten sind rechtzeitig beendet worden.

Wenn das Verb im Aktiv kein Akkusativobjekt aufweist (intransitives Verb; → 28), ist der Passivsatz subjektlos.
Aktiv: Man arbeitet hier auch nachts.
Passiv: Hier wird auch nachts gearbeitet.

Dativ- und Genitivobjekte bleiben im Passiv erhalten:
Aktiv: Man half *dem Unfallopfer.* Man gedachte *der Kriegsopfer.*
Passiv: Dem Unfallopfer wurde geholfen. *Der Kriegopfer* wurde gedacht.

Anmerkungen 85
1. Passivsätze werden zuweilen mit dem Pronomen *es* eingeleitet. Es handelt sich hier aber nicht um ein unpersönliches Subjekt, sondern um das Platzhalter-es, das durch Einfügen eines anderen Satzteils oder durch Umstellungen zum Verschwinden gebracht werden kann (→ 692). Das Platzhalter-es kann in Passivsätzen mit und ohne Subjekt stehen:
(Mit Subjekt:) Es wurden *drei Kisten* gebracht. → *Drei Kisten* wurden gebracht.
(Ohne Subjekt:) Es wurde leider nicht weitergearbeitet. → *Am Abend* wurde leider nicht weitergearbeitet. Weitergearbeitet wurde leider nicht.
2. Nicht alle Verben können ein Passiv bilden. Ausgeschlossen sind unter anderem: a) Verben des Bedeutungsfelds *haben* wie *bekommen, enthalten;* b) intransitive Verben, die ihr Perfekt mit *sein* bilden; c) echt reflexive Verben. Nur scherzhaft: *Er wurde gegangen.* Nur umgangssprachlich: *Jetzt wird hier geblieben! Jetzt wird sich gewaschen!*

Passivvarianten

Neben dem Passiv mit *werden* gibt es im Deutschen passivähnliche Konstruktionen, 86 die man als Passivvarianten bezeichnen kann. Dazu gehören die folgenden:

1. Als *Zustandspassiv* oder *sein-Passiv* bezeichnet man Verbindungen von *sein* mit einem (adjektivisch gebrauchten) Partizip II:
Die Räume *sind verlassen.* Die Streckenführung *ist bestimmt.*
Das Passiv mit *werden* kann solchen Formen als *Vorgangspassiv* oder *werden-Passiv* gegenübergestellt werden:
Die Räume *werden verlassen.* Die Streckenführung *wird bestimmt.*

2. Die Verbindung von *sein* und einem Infinitiv mit *zu* hat passivische und zugleich modale Bedeutung (vgl. auch → 25.5):
Die Streckenführung *ist zu bestimmen* (= muss bestimmt werden). Die Räume *sind nicht zu verlassen* (= dürfen nicht verlassen werden). Dieser Riss *ist* leicht *zu flicken* (= kann leicht geflickt werden).

3. Verbindungen von *gehören* und Partizip II sind umgangssprachlich:
Solche Schwätzer *gehören abgestellt!*

4. Bei der Verbindung von *bekommen* und Partizip II wird im Gegensatz zum normalen Passiv das *Dativobjekt* des aktiven Verbs zum Subjekt der passivischen Fügung, während das Akkusativobjekt erhalten bleibt:
>Man wies *mir* einen anderen Platz zu. → *Ich* bekam einen anderen Platz zugewiesen.

Die gleichartige Fügung mit dem Verb *kriegen* gilt als umgangssprachlich:
>Die anderen wischten *ihm* eins aus. → *Er* kriegte von den andern eins ausgewischt.

In Wortbestimmungen zählen wir nur die Verbindungen von *werden* mit Partizip II als Passiv; bei den Passivvarianten werden deren verbale Teile einzeln bestimmt.

---

87 **Übung 5**

Die folgenden Sätze sind ins Passiv zu setzen. Dabei ist darauf zu achten, dass die grammatische Zeit und die Aussageweise beibehalten werden.
■ **1** Der Verlagsleiter zog die Sekretärin ins Vertrauen. ■ **2** Seine Eltern hatten ihn als Novizen in ein Kloster gesteckt. ■ **3** In dieser Druckerei arbeitet man Tag und Nacht. ■ **4** Niemand hat den schwarzen Fleck bemerkt. ■ **5** Hat der neue Mieter die Wohnung schon bezogen? ■ **6** Den Wanderer hatte ein Stein an der Stirn getroffen. ■ **7** Man wird die Meldung wohl überall gelesen haben. ■ **8** Ein Großkonzern wird diesen Betrieb übernehmen. ■ **9** Die Konkurrenz hätte diesen Auftrag nicht besser erledigt. ■ **10** Er glaubt, man habe ihn betrogen. ■ **11** Man munkelt, die Polizei habe diesen Fall vertuscht. ■ **12** Der Torwart nannte den Schiedsrichter einen Trottel. ■ **13** Man hat meinem Gesuch entsprochen. ■ **14** Wir bedienen unsere Kunden täglich. ■ **15** Die widersprüchlichen Meldungen haben uns verunsichert.

Der Verbzusatz

88 Viele Verben sind mit einem anderen Wort zusammengesetzt. Manche dieser Zusammensetzungen sind aber nicht fest: Wenn die Personalform eines solchen Verbs an erster oder zweiter Stelle im Satz steht, wird der vordere Teil der Zusammensetzung abgetrennt und rückt an das Ende des Satzes. Man bezeichnet solche Verben als *trennbare* oder *unfest zusammengesetzte Verben*, den abtrennbaren Wortteil als *Verbzusatz*.

>Du solltest jetzt *anfangen*.   Sie *fängt* mit der Arbeit *an*.
>Wenn sie doch endlich *anfinge!*   *Fang* endlich mit der Arbeit *an!*

>Ich konnte nichts *feststellen*.   Ich *stellte* nichts *fest*.
>Als ich schließlich *feststellte*, dass ...   *Stellst* du etwas *fest*?

Das Präfix (Augment) *ge-* des Partizips II (→ 43, 90) und die Partikel *zu* beim Infinitiv (→ 92) kommen zwischen Verbzusatz und Verbstamm zu stehen:
>anfangen → sie hat *ange*fangen, sie scheint *anzu*fangen
>feststellen → sie hat *festge*stellt, sie scheint *festzu*stellen

Die Bestandteile *untrennbarer* oder *fest zusammengesetzter Verben* bleiben immer zusammen; das Präfix *ge-* des Partizips II und die Partikel *zu* stehen davor:
Er *ohrfeigte* mich. Er hat mich *geohrfeigt*. Er versuchte mich *zu ohrfeigen*.

Anmerkungen 89
1. Bei den Sätzen, in denen die Personalform des Verbs die *erste* oder *zweite Stelle* im Satz einnimmt und der Verbzusatz getrennt am Ende des Satzes steht, handelt es sich in erster Linie um *Hauptsätze*; in *Nebensätzen* steht die Personalform dagegen meist zusammen mit dem Verbzusatz *am Ende* (→ 817.3):
Hauptsatz: Niemand *fing* mit der Arbeit *an*.
Nebensatz: ... dass niemand mit der Arbeit *anfing*.
2. Manche Verbzusätze können auch am *Satzanfang* vor einer Personalform stehen; sie verhalten sich dann wie Satzglieder und werden getrennt geschrieben (→ 1210):
Zurück kam allerdings nichts (zurückkommen). *Hinzu kommt*, dass ... (hinzukommen).
Fest steht, dass ... (feststehen).

Für das Präfix *ge-* des Partizips II gelten die folgenden Regeln: 90

1. Das Präfix *ge-* bekommen alle Verben, deren einfache Personalformen auf der ersten Silbe betont werden (= Erstbetonung).

leben	ich lebe	ich habe *ge*lebt
brandmarken	ich brandmarke	ich habe *ge*brandmarkt
weissagen	ich weissage	ich habe *ge*weissagt
wetteifern	ich wetteifere	ich habe *ge*wetteifert

Aber: werden → worden (ohne Präfix im Passiv; → 97); → geworden (sonst)

2. Wenn Verben mit Erstbetonung einen Verbzusatz haben, steht dieser *vor* dem Präfix *ge-*:

ausleben	ich lebe aus	ich habe aus*ge*lebt
teilnehmen	ich nehme teil	ich habe teil*ge*nommen
gutschreiben	ich schreibe gut	ich habe gut*ge*schrieben
zurechtlegen	ich lege zurecht	ich habe zurecht*ge*legt

3. Das Präfix *ge-* fehlt, wenn die einfachen Personalformen nicht auf der ersten Silbe betont werden.

verlangen	ich verlange	ich habe verlangt
missachten	ich missachte	ich habe missachtet
unterschätzen	ich unterschätze	ich habe unterschätzt
formulieren	ich formuliere	ich habe formuliert
zurückverlangen	ich verlange zurück	ich habe zurückverlangt
nachbeziehen	ich beziehe nach	ich habe nachbezogen
ausformulieren	ich formuliere aus	ich habe ausformuliert

91 Die Partikeln *durch, wider, wieder, hinter, über, um* können mit Verben sowohl trennbare als auch untrennbare Zusammensetzungen bilden – manchmal mit ein und demselben einfachen Verb. Sie bedeuten dann aber Verschiedenes. Bei den Zusammensetzungen handelt es sich also um unterschiedliche Verben, deren Konjugationsformen in geschriebener Sprache teilweise nicht auseinandergehalten werden können. In gesprochener Sprache gilt: Die *untrennbaren* Verben werden *immer auf dem Stamm betont*, die *trennbaren* auf dem *Verbzusatz*. In den folgenden Beispielen ist das betonte Element halbfett gesetzt.

    durchgehen → Er geht noch einmal die ganze Arbeit durch.
    durch**gehen** → Er durchgeht einen seichten Graben.
    übersetzen → Wir setzen mit einer Fähre über.
    über**setzen** → Übersetzt diesen Text ins Französische!
    umfahren → Das Auto fuhr den Fußgänger um. (Der Arme ist vielleicht tot.)
    um**fahren** → Das Auto umfuhr den Fußgänger. (Der Glückliche lebt noch!)

92 Die Regeln für das Präfix *ge-* beim Partizip II und für den Infinitiv mit *zu* sind besonders zu beachten (→ 88, 90). Bei den *untrennbaren* Verben fehlt das Präfix *ge-*, die Partikel *zu* steht vor dem Infinitiv. Bei den *trennbaren* Verben stehen das Präfix *ge-* und die Partikel *zu* zwischen Verbzusatz und Verbstamm. Zur besseren Übersicht stellen wir von den obigen Beispielen die wichtigeren Verbformen zusammen:

durchgehen	er geht durch	er ist **durch**gegangen	**durch**zugehen
durch**gehen**	er durchgeht	er hat durch**gangen**	zu durch**gehen**
übersetzen	er setzt über	er hat **über**gesetzt	**über**zusetzen
über**setzen**	er übersetzt	er hat über**setzt**	zu über**setzen**
umfahren	er fährt um	er hat **um**gefahren	**um**zufahren
um**fahren**	er umfährt	er hat um**fahren**	zu um**fahren**

93 **Anmerkungen**

1. Bei einigen Verben finden sich ohne Bedeutungsunterschied getrennte und ungetrennte Formen nebeneinander:
   anerkennen → Die meisten Staaten *erkennen* die neue Regierung *an*. (Oder:) Die meisten Staaten *anerkennen* die neue Regierung.
   widerhallen → Die Rufe *hallten* im Wald *wider*. (Oder:) Die Rufe *widerhallten* im Wald.
   widerspiegeln → In seinen Werken *spiegelt* sich die Sehnsucht nach der Natur *wider*. (Oder:) In seinen Werken *widerspiegelt* sich die Sehnsucht nach der Natur.
   obliegen → Diese Aufgabe *liegt* dem Vorstand *ob*. (Oder, in der Schweiz fast nur:) Diese Aufgabe *obliegt* dem Vorstand.

2. Das Verb *überführen* hat in der Bedeutung «eine Tat nachweisen» ungetrennte Formen, in der Bedeutung «an einen anderen Ort bringen» teils getrennte, teils ungetrennte Formen, wobei die ungetrennten als stilistisch schlecht gelten:
   Nur ungetrennt: Der Kommissar *überführte* den Verdächtigen. Der Verdächtige wurde *überführt*.
   Schwankend: Ein Krankenwagen *führte* den Patienten ins Krankenhaus *über* (schlecht: ... *überführte* den Patienten ins Krankenhaus). Der Patient wurde ins Krankenhaus *übergeführt* (schlecht: *überführt*). Der Patient ist ins Krankenhaus *überzuführen* (schlecht: *zu überführen*).

Übung 6

Die falschen Verbformen der folgenden Sätze sind zu verbessern.
■ **1** Wenn ich falle, falle ich stets auf die Pfoten; ihr instinktfernen Menschen seid aber nie sicher, auf welchen Körperteil ihr fällt. ■ **2** Seine Familie beschwörte ihn, sich nicht in ein solches Abenteuer einzulassen. ■ **3** Die Kommission wird sich eine Bedenkzeit ausbeten. ■ **4** Weder Banken noch Privatleute leihten ihr das nötige Geld für die Firmengründung. ■ **5** Soll jemand herangewunken werden, so wird der Arm langsam von oben nach unten bewegt. ■ **6** Wir werden mit unseren Vorschlägen durchkommen, auch wenn ihr uns im Stich lässt. ■ **7** Sind Sie doch zufrieden, dass nicht alles noch schlimmer geworden ist! ■ **8** Ich hing meine Jacke einfach an einen Nagel. ■ **9** Es ist in der Öffentlichkeit nie bekannt worden, was die Behörden zu dieser Maßnahme bewegt hatte. ■ **10** Dieser Plan muss noch einmal sorgfältig überdenkt werden. ■ **11** Dieser Bauer flechtet seine Körbe selbst. ■ **12** Wenn das Lämpchen erlöscht, kannst du ins Mikrofon sprechen. ■ **13** Helfe ihm doch ein bisschen! ■ **14** Helfe ihm doch jemand! ■ **15** Wenn ihr alles richtig vorbereitet hättet, bräuchten wir uns nicht so abzuhetzen. ■ **16** Seit beruhigt, es wird alles klappen! ■ **17** Da habt ihr mich schön erschrocken! ■ **18** Die Kinder haben wettgeeifert, ob Sabine oder Judith höher hinaufklettern kann. ■ **19** Das Feuer glimmte nur noch schwach. ■ **20** Die Tapete war mit schwarzen Punkten durchgesetzt.

Die grammatische Bestimmung des Verbs

Bei der grammatischen Bestimmung von Verbformen ist zwischen Personalformen und infiniten Formen zu unterscheiden.

Personalformen:
 1. Gebrauch des Verbs
 2. Konjugationsart (→ 34, 35.3)
 3. Person
 4. Zahl
 5. Aussageweise
 6. Zeit
 7. Handlungsrichtung

Infinite Formen:
 1. Gebrauch des Verbs
 2. Konjugationsart
 3. Art (Infinitiv, Partizip I, Partizip II)
 4. Zeit (nur bei mehrteiligen Infinitiven; → 54)
 5. Handlungsrichtung (nur bei mehrteiligen Infinitiven; → 83)

Anmerkungen

Mehrteilige Verbformen (Verbindungen mit Hilfsverben oder mit Verbzusatz) sind als Einheit zu bestimmen, auch wenn sie im Satz getrennt stehen. Entsprechendes gilt auch für die Partikel *zu* beim Infinitiv oder beim Partizip I.

Adjektivisch gebrauchte Partizipien können wie Adjektive dekliniert werden (→ 304, 315 ff.); zum Teil bilden sie sogar Vergleichsformen (→ 332). Näheres zur Bestimmung der adjektivischen Merkmale von Partizipien → 334.

Nominalisierte Infinitive haben die grammatischen Merkmale von Nomen (sächlich, s-Deklination, meist Singular, Fall je nach Gebrauch im Satz).

96 **Übung 7**

In den folgenden Sätzen sind alle Verbformen einschließlich der adjektivisch gebrauchten Partizipien zu bestimmen. (Die Deklinations- und Komparationsmerkmale der adjektivisch gebrauchten Partizipien müssen nicht angegeben werden.)
■ **1** Wenn sie doch nur kämen! ■ **2** Die beiden seien im Dorf gesehen worden. ■ **3** Das laue Lüftchen wurde unversehens zu einem wütenden Orkan. ■ **4** Seither ist alles verbessert worden. ■ **5** Ich hätte dir gerne meine Wohnung gezeigt. ■ **6** Eveline wird die Verabredung vergessen haben. ■ **7** Sei doch nicht so empfindlich. ■ **8** Ich möchte gerne noch eine Tasse von diesem so vorzüglich duftenden Kaffee. ■ **9** Ich würde dir gerne raten, wenn ich nur mehr von der Sache verstünde. ■ **10** Im Schlaraffenland fliegen einem die gebratenen Tauben ins Maul. ■ **11** Diese Lösung kann nicht stimmen – rechne noch einmal nach! ■ **12** Das Fieber scheint abgenommen zu haben. ■ **13** Die Kinder sollten nicht noch einmal enttäuscht werden. ■ **14** Die Betriebsanleitung besagt, dass im Notfall die blinkende Taste zu drücken sei. ■ **15** Von einem Albtraum geplagt, wälzte sich Erika stöhnend im Bett herum. ■ **16** Du hättest den Hund nicht hinausgehen lassen sollen.

Tabellen

Übersicht über die Formen eines schwachen Verbs

97

		Aktiv	Passiv
Infinite Verbformen	Infinitiv Präsens	lieben	geliebt werden
	Infinitiv Perfekt	geliebt haben	geliebt worden sein
	Partizip I	liebend	
	Partizip II		geliebt
Personalformen Indikativ	Präsens	ich liebe	ich werde geliebt
		du liebst	du wirst geliebt
		er liebt	er wird geliebt
		wir lieben	wir werden geliebt
		ihr liebt	ihr werdet geliebt
		sie lieben	sie werden geliebt

Das Verb

		Aktiv	Passiv
	Perfekt	ich habe geliebt du hast geliebt er hat geliebt wir haben geliebt ihr habt geliebt sie haben geliebt	ich bin geliebt worden du bist geliebt worden er ist geliebt worden wir sind geliebt worden ihr seid geliebt worden sie sind geliebt worden
	Präteritum	ich liebte du liebtest er liebte wir liebten ihr liebtet sie liebten	ich wurde geliebt du wurdest geliebt er wurde geliebt wir wurden geliebt ihr wurdet geliebt sie wurden geliebt
	Plusquamperfekt	ich hatte geliebt du hattest geliebt er hatte geliebt wir hatten geliebt ihr hattet geliebt sie hatten geliebt	ich war geliebt worden du warst geliebt worden er war geliebt worden wir waren geliebt worden ihr wart geliebt worden sie waren geliebt worden
	Futur I	ich werde lieben du wirst lieben er wird lieben wir werden lieben ihr werdet lieben sie werden lieben	ich werde geliebt werden du wirst geliebt werden er wird geliebt werden wir werden geliebt werden ihr werdet geliebt werden sie werden geliebt werden
	Futur II	ich werde geliebt haben du wirst geliebt haben er wird geliebt haben wir werden geliebt haben ihr werdet geliebt haben sie werden geliebt haben	ich werde geliebt worden sein du wirst geliebt worden sein er wird geliebt worden sein wir werden geliebt worden sein ihr werdet geliebt worden sein sie werden geliebt worden sein
Konjunktiv I	Präsens	ich liebe du liebest er liebe wir lieben ihr liebet sie lieben	ich werde geliebt du werdest geliebt er werde geliebt wir werden geliebt ihr werdet geliebt sie werden geliebt
	Perfekt	ich habe geliebt du habest geliebt er habe geliebt wir haben geliebt ihr habet geliebt sie haben geliebt	ich sei geliebt worden du seist geliebt worden er sei geliebt worden wir seien geliebt worden ihr seiet geliebt worden sie seien geliebt worden

		Aktiv	Passiv
	Futur I	ich werde lieben du werdest lieben er werde lieben wir werden lieben ihr werdet lieben sie werden lieben	ich werde geliebt werden du werdest geliebt werden er werde geliebt werden wir werden geliebt werden ihr werdet geliebt werden sie werden geliebt werden
	Futur II	ich werde geliebt haben du werdest geliebt haben er werde geliebt haben wir werden geliebt haben ihr werdet geliebt haben sie werden geliebt haben	ich werde geliebt worden sein du werdest geliebt worden sein er werde geliebt worden sein wir werden geliebt worden sein ihr werdet geliebt worden sein sie werden geliebt worden sein
Konjunktiv II	Präsens	ich liebte du liebtest er liebte wir liebten ihr liebtet sie liebten	ich würde geliebt du würdest geliebt er würde geliebt wir würden geliebt ihr würdet geliebt sie würden geliebt
	Perfekt	ich hätte geliebt du hättest geliebt er hätte geliebt wir hätten geliebt ihr hättet geliebt sie hätten geliebt	ich wäre geliebt worden du wärest geliebt worden er wäre geliebt worden wir wären geliebt worden ihr wäret geliebt worden sie wären geliebt worden
	Futur I	ich würde lieben du würdest lieben er würde lieben wir würden lieben ihr würdet lieben sie würden lieben	ich würde geliebt werden du würdest geliebt werden er würde geliebt werden wir würden geliebt werden ihr würdet geliebt werden sie würden geliebt werden
	Futur II	ich würde geliebt haben du würdest geliebt haben er würde geliebt haben wir würden geliebt haben ihr würdet geliebt haben sie würden geliebt haben	ich würde geliebt worden sein du würdest geliebt worden sein er würde geliebt worden sein wir würden geliebt worden sein ihr würdet geliebt worden sein sie würden geliebt worden sein
Personalformen Imperativ	Präsens	liebe! lieben wir! liebt! lieben Sie!	

Die voranstehenden Tabellen zeigen die Formen eines *schwachen* Verbs, das sein Perfekt usw. mit *haben* bildet. Die entsprechenden Formen von *sein* für die mit *sein* konjugierten Verben lassen sich der anschließenden Tabelle → 98 entnehmen. Die starken und die gemischten Verben bilden ihre zusammengesetzten Formen wie die schwachen; zu den einfachen Formen einiger typischer Verben siehe Tabellen → 99, 100.

Die einfachen Formen von *sein, haben, werden*

Infinitiv	sein	haben	werden	98
Partizip I	seiend	habend	werdend	
Partizip II	gewesen	gehabt	(ge)worden (→ 90, 97)	
Indikativ Präsens	ich bin	ich habe	ich werde	
	du bist	du hast	du wirst	
	er ist	er hat	er wird	
	wir sind	wir haben	wir werden	
	ihr seid	ihr habt	ihr werdet	
	sie sind	sie haben	sie werden	
Indikativ Präteritum	ich war	ich hatte	ich wurde	
	du warst	du hattest	du wurdest	
	er war	er hatte	er wurde	
	wir waren	wir hatten	wir wurden	
	ihr wart	ihr hattet	ihr wurdet	
	sie waren	sie hatten	sie wurden	
Konjunktiv I Präsens	ich sei	ich habe	ich werde	
	du seiest	du habest	du werdest	
	er sei	er habe	er werde	
	wir seien	wir haben	wir werden	
	ihr seiet	ihr habet	ihr werdet	
	sie seien	sie haben	sie werden	
Konjunktiv II Präsens	ich wäre	ich hätte	ich würde	
	du wärest	du hättest	du würdest	
	er wäre	er hätte	er würde	
	wir wären	wir hätten	wir würden	
	ihr wäret	ihr hättet	ihr würdet	
	sie wären	sie hätten	sie würden	
Imperativ Präsens	sei!	habe!	werde!	
	seien wir!	haben wir!	werden wir!	
	seid!	habt!	werdet!	
	seien Sie!	haben Sie!	werden Sie!	

Die einfachen Formen einiger typischer starker Verben

99

Infinitiv	brechen	tragen	nehmen
Partizip I	brechend	tragend	nehmend
Partizip II	gebrochen	getragen	genommen
Indikativ Präsens	ich breche	ich trage	ich nehme
	du brichst	du trägst	du nimmst
	er bricht	er trägt	er nimmt
	wir brechen	wir tragen	wir nehmen
	ihr brecht	ihr tragt	ihr nehmt
	sie brechen	sie tragen	sie nehmen
Indikativ Präteritum	ich brach	ich trug	ich nahm
	du brachst	du trugst	du nahmst
	er brach	er trug	er nahm
	wir brachen	wir trugen	wir nahmen
	ihr bracht	ihr trugt	ihr nahmt
	sie brachen	sie trugen	sie nahmen
Konjunktiv I Präsens	ich breche	ich trage	ich nehme
	du brechest	du tragest	du nehmest
	er breche	er trage	er nehme
	wir brechen	wir tragen	wir nehmen
	ihr brechet	ihr traget	ihr nehmet
	sie brechen	sie tragen	sie nehmen
Konjunktiv II Präsens	ich bräche	ich trüge	ich nähme
	du brächest	du trügest	du nähmest
	er bräche	er trüge	er nähme
	wir brächen	wir trügen	wir nähmen
	ihr brächet	ihr trüget	ihr nähmet
	sie brächen	sie trügen	sie nähmen
Imperativ Präsens	brich!	trage!	nimm!
	brechen wir!	tragen wir!	nehmen wir!
	brecht!	tragt!	nehmt!
	brechen Sie!	tragen Sie!	nehmen Sie!

lassen	raten	gehen	tun
lassend	ratend	gehend	tuend
gelassen	geraten	gegangen	getan
ich lasse	ich rate	ich gehe	ich tue
du lässt	du rätst	du gehst	du tust
er lässt	er rät	er geht	er tut
wir lassen	wir raten	wir gehen	wir tun
ihr lasst	ihr ratet	ihr geht	ihr tut
sie lassen	sie raten	sie gehen	sie tun
ich ließ	ich riet	ich ging	ich tat
du ließest	du rietest	du gingst	du tatest
er ließ	er riet	er ging	er tat
wir ließen	wir rieten	wir gingen	wir taten
ihr ließt	ihr rietet	ihr gingt	ihr tatet
sie ließen	sie rieten	sie gingen	sie taten
ich lasse	ich rate	ich gehe	ich tue
du lassest	du ratest	du gehest	du tuest
er lasse	er rate	er gehe	er tue
wir lassen	wir raten	wir gehen	wir tuen
ihr lasset	ihr ratet	ihr gehet	ihr tuet
sie lassen	sie raten	sie gehen	sie tuen
ich ließe	ich riete	ich ginge	ich täte
du ließest	du rietest	du gingest	du tätest
er ließe	er riete	er ginge	er täte
wir ließen	wir rieten	wir gingen	wir täten
ihr ließet	ihr rietet	ihr ginget	ihr tätet
sie ließen	sie rieten	sie gingen	sie täten
lass!	rate!	gehe!	tu!
lassen wir!	raten wir!	gehen wir!	tun wir!
lasst!	ratet!	geht!	tut!
lassen Sie!	raten Sie!	gehen Sie!	tun Sie!

Die einfachen Formen der Verben
können, müssen, dürfen, mögen, wollen, sollen, wissen

100

	Infinitiv	können	müssen	dürfen
	Partizip I	(könnend)	(mögend)	(dürfend)
	Partizip II	gekonnt	gemusst	gedurft
	Indikativ Präsens	ich kann du kannst er kann wir können ihr könnt sie können	ich muss du musst er muss wir müssen ihr müsst sie müssen	ich darf du darfst er darf wir dürfen ihr dürft sie dürfen
	Indikativ Präteritum	ich konnte du konntest er konnte wir konnten ihr konntet sie konnten	ich musste du musstest er musste wir mussten ihr musstet sie mussten	ich durfte du durftest er durfte wir durften ihr durftet sie durften
	Konjunktiv I Präsens	ich könne du könnest er könne wir können ihr könnet sie können	ich müsse du müssest er müsse wir müssen ihr müsset sie müssen	ich dürfe du dürfest er dürfe wir dürfen ihr dürfet sie dürfen
	Konjunktiv II Präsens	ich könnte du könntest er könnte wir könnten ihr könntet sie könnten	ich müsste du müsstest er müsste wir müssten ihr müsstet sie müssten	ich dürfte du dürftest er dürfte wir dürften ihr dürftet sie dürften
	Imperativ Präsens			

mögen	wollen	sollen	wissen
(mögend)	wollend	(sollend)	wissend
gemocht	gewollt	gesollt	gewusst
ich mag	ich will	ich soll	ich weiß
du magst	du willst	du sollst	du weißt
er mag	er will	er soll	er weiß
wir mögen	wir wollen	wir sollen	wir wissen
ihr mögt	ihr wollt	ihr sollt	ihr wisst
sie mögen	sie wollen	sie sollen	sie wissen
ich mochte	ich wollte	ich sollte	ich wusste
du mochtest	du wolltest	du solltest	du wusstest
er mochte	er wollte	er sollte	er wusste
wir mochten	wir wollten	wir sollten	wir wussten
ihr mochtet	ihr wolltet	ihr solltet	ihr wusstet
sie mochten	sie wollten	sie sollten	sie wussten
ich möge	ich wolle	ich solle	ich wisse
du mögest	du wollest	du sollest	du wissest
er möge	er wolle	er solle	er wisse
wir mögen	wir wollen	wir sollen	wir wissen
ihr möget	ihr wollet	ihr sollet	ihr wisset
sie mögen	sie wollen	sie sollen	sie wissen
ich möchte	ich wollte	ich sollte	ich wüsste
du möchtest	du wolltest	du solltest	du wüsstest
er möchte	er wollte	er sollte	er wüsste
wir möchten	wir wollten	wir sollten	wir wüssten
ihr möchtet	ihr wolltet	ihr solltet	ihr wüsstet
sie möchten	sie wollten	sie sollten	sie wüssten
			wisse!
			wissen wir!
			wisst!
			wissen Sie!

Das Nomen

101 Als *Nomen* oder *Substantive* bezeichnet man Wörter mit den folgenden grammatischen Eigenschaften:

1. Sie haben ein festes *grammatisches Geschlecht* (Genus).
2. Sie stehen entweder im Singular oder im Plural, das heißt, sie sind nach der *grammatischen Zahl*, dem *Numerus*, bestimmt.
3. Sie stehen immer in einem der vier *Fälle* oder *Kasus*, mit anderen Worten gesagt, sie sind *fallbestimmt*.

Das grammatische Geschlecht (Genus)

Allgemeines

102 Jedes Nomen ist auf ein bestimmtes *grammatisches Geschlecht* oder *Genus* festgelegt, das heißt, es ist entweder *männlich* (ein *Maskulinum*), *weiblich* (ein *Femininum*) oder *sächlich* (ein *Neutrum*).

Das grammatische Geschlecht ist am Nomen selbst nicht erkennbar, sondern nur an seinen Begleitern oder Stellvertretern, ferner an vorangestellten Adjektiven. Aber auch bei diesen Wörtern ist das Geschlecht nur im Singular erkennbar – die Pluralformen der begleitenden Wörter sind für alle drei Geschlechter gleich. Die folgende Tabelle zeigt Nomen mit dem bestimmten Artikel als Begleiter:

	Singular (Einzahl)		Plural (Mehrzahl)	
Männlich	der Mann	der Rand	Männer	Ränder
Weiblich	die Frau	die Wand	die Frauen	die Wände
Sächlich	das Kind	das Land	Kinder	Länder

103 **Anmerkungen**

1. Kein grammatisches Geschlecht lässt sich bestimmen bei Nomen, die nur im Plural vorkommen (sogenannte Pluraliatantum, → 107): die Leute, die Trümmer.
2. Das grammatische Geschlecht ist vom *natürlichen Geschlecht*, dem *Sexus*, zu unterscheiden. Genus und Sexus lassen sich nur bei Personenbezeichnungen aufeinander beziehen – aber keineswegs immer direkt (dazu eingehender → 773, 1629).

Schwankungen im grammatischen Geschlecht

Bei manchen Nomen geben die Wörterbücher mehr als ein Geschlecht an. Oft ist dann eines der Geschlechter auf eine bestimmte Region des deutschen Sprachraums oder auf eine Fachsprache beschränkt. In der folgenden Auswahl sind Nomen zusammengestellt, bei denen die Wahl des Geschlechts zuweilen Mühe bereitet. Wenn eine Variante nicht allgemein hochsprachlich ist, ist dies angegeben.

Abscheu, der (seltener: die) (trotz: die Scheu)
Achtel → -tel, -stel
Angel, (nur) die
Aquädukt, der/das
Ar, das/der (schweiz.: die Are)
Bleistift, (nur) der
Bonbon, der/das (österr., schweiz. nur: das)
Bündel, (nur) das
Butter, (nur) die
Dessert, (nur) das
Dschungel, der (selten: das)
Durcheinander, (nur) das
Ecke, die (österr. und in geografischen
    Eigennamen auch: das Eck;
    vgl. auch: das Dreieck, das Viereck usw.)
Efeu, (nur) der
Fahne, (nur) die
Ferse, (nur) die
Festival, das
Filter, der/das
Gaudi, das (bayrisch, österr.: die)
Gelee, das/der
Geschwulst, (nur) die
Giraffe, (nur) die
Gischt, der/die
Grieß, (nur) der
Harz (Absonderung im Holz), (nur) das
Hehl, das/der (in: kein[en] Hehl daraus
    machen)
Hektar, das/der (schweiz.: die Hektare)
Joghurt/Jogurt, der/das
Kader, der (schweiz. zur Bezeichnung der
    Gruppe nur: das Kader)
Käfig, (nur) der
Kalkül, der/das (mathematisch nur: der)
Kamin, der (offene Feuerstelle; für Schornstein:
    das Kamin)

Kartoffel, (nur) die
Kies, (nur) der
Knäuel, der/das
Koffer, (nur) der
Kupfer, (nur) das
Lineal, (nur) das
Liter, der/das (schweiz. nur: der)
Malaise, die (schweiz.: das)
Maß, das (bayrisch und österr. als Flüssigkeits-
    maß: die Maß/Mass)
Match, das/der (schweiz. nur: der)
Meteor, der (fachsprachlich auch: das)
Meter, -meter → 125
Null, (nur) die
Pack (Paket), der (schweiz. auch: das)
Partikel, die/das (in der Physik häufig: das;
    → 1713)
Primat (Vorrang), der/das
Prozent, (nur) das
Pult, (nur) das
Radar, der/das
Radio, das (süddeutsch, schweiz. für
    das Empfangsgerät auch: der)
Raster, der (fachsprachlich auch: das)
Reis (zum Essen), (nur) der
Rückgrat, das (nur so; trotz: der Grat)
Scherbe, die (süddeutsch, österr. und schweiz.
    sowie fachsprachlich für gebrannten Ton:
    der Scherben)
Schlamassel, der (schweiz. meist, österr. nur:
    das)
Schnake (Stechmücke), (nur) die
Schnecke (Weichtier), (nur) die
Schublade, (nur) die
Schürze, die (seltener: der Schurz)
Sellerie, der/die
Servitut, das (schweiz. auch: die)

Set, der/das
Sims, der/das
Socke, die (nur landschaftlich auch: der Socken; aber meist Plural: die Socken)
Soda, die/das (Getränk nur: das)
Sofa, (nur) das
Spalt, der (und: die Spalte)
Spitze (spitzes Ende), (nur) die
Stachel, (nur) der
-stel, das (schweiz. meist: der) (Bruchzahlen, zum Beispiel Hundertstel)
Taxi, das (norddeutsch auch: die Taxe)
-tel, das (schweiz. meist: der) (Bruchzahlen, zum Beispiel Viertel, Achtel)
Traktat, der/das
Tunnel, der (süddeutsch und österr. auch: das Tunell)
Viadukt, der/das
Virus, das (außerfachsprachlich auch: der)
Wachs, (nur) das
Wade, (nur) die
Wirrwarr, (nur) der
Zehe, die (auch: der Zeh)

105 Von Wörtern mit schwankendem Geschlecht zu trennen sind gleich lautende Wörter unterschiedlicher Bedeutung (Homonyme), die durch das Geschlecht auseinandergehalten werden können; → 123–127.

Die grammatische Zahl (der Numerus)

106 Nomen stehen entweder im *Singular* (in der Einzahl) oder im *Plural* (in der Mehrzahl). Das heißt, sie sind nach der *grammatischen Zahl*, dem *Numerus*, bestimmt. Die Singularform ist die «gewöhnliche» Form des Nomens, von der sich die Pluralform abhebt.

107 Manche Nomen kommen nur im Plural vor. Ein solches Nomen nennt man *Pluraletantum* (Mehrzahl: *die Pluraliatantum*). Bei diesen Nomen lässt sich kein grammatisches Geschlecht feststellen (→ 103.1).

Personenbezeichnungen: die Eltern (nur in der Naturwissenschaft auch im Singular: der/das Elter), die Gebrüder, die Geschwister, die Leute (→ 122)

Sachbezeichnungen: die Finanzen, die Aktiven, die Passiven, die Spesen, die Einkünfte, die Debitoren, die Alimente, die Kosten, die Unkosten, die Effekten, die Personalien, die Ferien, die Daten (in der Informatik; eigentlich Plural von: das Datum, = «das Gegebene»); die Masern, die Röteln, die Pocken; die Spaghetti, die Spirituosen, die Trümmer, die Gliedmaßen, die Ränke, die Umtriebe, die Shorts

Geografische Eigennamen: die Alpen, die Azoren, die Anden, die Tropen, die Vereinigten Staaten von Amerika, die USA

Anmerkungen 108

1. Bei Nomen, die etwas Zählbares ausdrücken, gibt der Plural normalerweise eine Vielheit gleichartiger Einheiten an:
   die Menschen, die Steine, die Berge, die Reisen, die Ideen, die Gedanken
2. Nomen, die etwas Nichtzählbares ausdrücken, stehen gewöhnlich im Singular, so Stoffbezeichnungen:
   das Wasser, der Beton, das Fleisch, der Sand
   Wenn Stoffbezeichnungen trotzdem in den Plural gesetzt werden, drückt der Plural nicht eine Vielheit von Einzelstücken, sondern von Unterarten oder Sorten aus (Sortenplural). Oft lassen sich solche Plurale nur durch Umschreibung bilden (→ 121):
   inländische Weine (= inländische Weinsorten); die Sande (= Sandarten); verschiedene Fleischsorten (nicht: verschiedene Fleische)
3. Manche Nomen stehen je nachdem für etwas Zählbares oder etwas Nichtzählbares:
   Die Kinder fischten sich einige lange Hölzer heraus (zählbar; gemeint: Holzstücke). Auf dem See trieb viel Holz (Gebrauch als Stoffbezeichnung).

Die Form des Plurals

Zur Kennzeichnung des Plurals bedient sich das Deutsche teils bestimmter Endungen, teils des Umlauts. Als Pluralendungen kommen vor: *-e, -er, -en, -n, -s*. Oft werden Endungen und Umlaut miteinander kombiniert. Manchmal freilich bleibt der Plural am Nomen unbezeichnet und kann nur am Artikel oder sonst aus dem Zusammenhang erkannt werden (endungsloser Plural). 109

	Ohne Umlaut	Mit Umlaut
Ohne Endung	der Balken → die Balken das Muster → die Muster der Stummel → die Stummel das Gefüge → die Gefüge	der Nagel → die Nägel die Tochter → die Töchter das Kloster → die Klöster der Garten → die Gärten
Mit Endung	der Tag → die Tage das Feld → die Felder die Karte → die Karten das Auto → die Autos	der Stab → die Stäbe die Frucht → die Früchte der Wald → die Wälder das Haus → die Häuser

Anmerkungen 110

1. Bei manchen Nomen gibt es Pluralformen mit und ohne Umlaut:
   der Kasten → die Kasten/Kästen, der Bogen → die Bogen/Bögen, der Schluck → die Schlucke/Schlücke, der Herzog → die Herzoge/Herzöge, der General → die Generale/Generäle; der Admiral → die Admirale/Admiräle
2. Zum Plural von Nomen, die auf *-er* oder *-el* enden, siehe → 1709–1713.

Die Pluralformen der Fremdwörter

111 Bei Fremdwörtern kommen die gleichen Pluralendungen vor wie bei deutschen Wörtern. Darüber hinaus haben aber auch fremde Pluralbildungen Eingang in die deutsche Sprache gefunden:

das Visum → die Visa; der Modus → die Modi; das Genus → die Genera; der Kibbuz → die Kibbuzim

Oft wurden fremde Pluralbildungen durch deutsche ersetzt – aber nicht immer vollständig. Man spricht von einem gemischten Plural, wenn zwar statt der fremden Endung eine deutsche Endung (meist -en) angefügt worden ist, andere Eigenarten der fremden Pluralbildung aber erhalten geblieben sind:

Wegfall des Wortausgangs: der Rhythmus → die Rhythmen; das Album → die Alben; die Villa → die Villen; die Praxis → die Praxen.

Stammerweiterung: der Embryo → die Embryonen (→ 112); das Prinzip → die Prinzipien; das Adverb → die Adverbien; das Klima → die Klimate (→ 116).

Betonungswechsel: der Radiator → die Radiatoren; der Charakter → die Charaktere.

Stärkere Änderungen im Stamm: der Kaktus → die Kakteen (→ 117); der Atlas → die Atlanten (→ 126); die Apsis → die Apsiden.

112 Oft sind mehrere Pluralbildungen nebeneinander zu beobachten:

das Thema → die Themata (fremder Plural), die Themen (Mischplural), die Themas
das Konto → die Konti (fremder Plural), die Konten (Mischplural), die Kontos
die Pizza → die Pizze (fremder Plural), die Pizzen (Mischplural), die Pizzas
der Embryo → die Embryonen (Mischplural), die Embryos
das Mineral → die Mineralien (Mischplural), die Minerale
der Ballon → die Ballons (bei französischer Aussprache von -on), die Ballone

113 Falsch sind doppelte Plurale. Dieser Fehler entsteht, wenn an eine fremde Pluralendung noch ein Plural-s angefügt wird:

die Thematas (richtig: Themata, Themas oder Themen; →112); die Intermezzis (richtig: Intermezzi oder Intermezzos); die Spaghettis (richtig: Spaghetti); die Periodikas (richtig: die Periodika; Singular: das Periodikum; → 115; 1707)

114 Bestimmte Gruppen von Fremdwörtern bereiten erfahrungsgemäß immer wieder Schwierigkeiten. In der folgenden Zusammenstellung sind einige Problemfälle aufgeführt:

115 1. ...um → ...en, ...a

das Museum → die Museen; das Monstrum → die Monstren (selten: die Monstra); das Individuum → die Individuen; das Spektrum → die Spektren; das Gremium → die Gremien; das Ministerium → die Ministerien das Maximum → die Maxima; das Periodikum → die Periodika; das Korrigendum → die Korrigenda; das Separatum → die Separata; das Visum → die Visa (selten: die Visen); das Maskulinum → die Maskulina; das Femininum → die Feminina

2. ...*ma* → ...*mas, ...men, ...mata, ...mate*

Es sind nicht immer alle Formen möglich: das Thema → die Themas, die Themen, die Themata; das Komma → die Kommas, die Kommata (veraltet); das Paradigma → die Paradigmen, die Paradigmata; das Schema → die Schemas, die Schemata (sowie, aber wegen Gleichheit mit anderem Wort nicht zu empfehlen: die Schemen); das Trauma → die Traumen, die Traumata; das Klima → die Klimas (fachsprachlich auch: die Klimate; Mischplural auf -*e*)

3. ...*us* → ...*usse, ...en* sowie fremde Bildungen

Deutscher Plural auf -*e* (mit Verdoppelung von *s*): der Omnibus → die Omnibusse; der Sozius → die Soziusse; der Pfiffikus → die Pfiffikusse; der Zirkus → die Zirkusse; der Globus → die Globusse (auch: die Globen); der Diskus → die Diskusse (auch: die Disken); der Konus → die Konusse (auch: die Konen).

Mischplurale auf -*en* (unter Wegfall von -*us*): der Rhythmus → die Rhythmen; der Radius → die Radien; das (der) Virus → die Viren; der Kubus → die Kuben; der Zyklus → die Zyklen; der Organismus → die Organismen, der Pleonasmus → die Pleonasmen (ebenso alle übrigen auf -*ismus, -asmus*).

Einzelfall: der Kaktus → die Kakteen (aber auch: die Kaktusse).

Fremde Pluralformen: der Stimulus → die Stimuli, der Famulus → die Famuli, der Modus → die Modi, der Bonus → die Boni, der Terminus → die Termini; der Lapsus → die Lapsus (das *u* wird im Plural lang gesprochen), der Kasus → die Kasus (das *u* wird im Plural ebenfalls lang gesprochen); das Tempus → die Tempora, das Genus → die Genera.

4. ...*ar* → ...*are*

der Jubilar → die Jubilare; der Kommissar → die Kommissare; der Notar → die Notare; der Bibliothekar → die Bibliothekare.

Ausnahme: der Barbar → die Barbaren

5. ...*or* (betont) → ...*ore*; ...*or* (unbetont) → ...*oren*

Nomen mit betontem ...*or*: der Maj**o**r → die Maj**o**re; der Mete**o**r → die Mete**o**re; der Ten**o**r (Sänger) → die Ten**ö**re (Einzelfall mit Umlaut; dieses Wort ist zu unterscheiden von Tenor = Sinn, Gehalt).

Bei Nomen mit unbetontem ...*or* im Singular verlagert sich die Betonung im Plural: der Kor**ö**ktor → die Korrekt**o**ren; der D**o**ktor → die Dokt**o**ren; der Radi**a**tor → die Radiat**o**ren; der J**u**nior → die Juni**o**ren; der **Au**tor → die Aut**o**ren.

Nomen mit schwankender Aussprache: der Tumor → die Tumoren (außerfachsprachlich auch: der Tumor → die Tumore); der Monitor → die Monitoren/die Monitore; der Motor/Motor → die Motoren (selten, weniger gut: die Motore); der Pastor → die Pastoren (regional auch: der Pastor → die Pastore, die Pastöre).

120 6. ...*y* → ...*ies*, ...*ys*

Fremdwörter auf ...*y* stammen meist aus dem Englischen und haben dort eine Pluralform auf ...*ies*. Dieser fremde Plural wird im Deutschen nur in Zitaten oder dergleichen gebraucht, zum Beispiel: Grand Old Ladies. Sonst wird an den Ausgang ...*y* einfach ein *s* angehängt: ...*ys*. Beispiele: die Lady → die Ladys; das Baby → die Babys; die Party → die Partys; das Hobby → die Hobbys; das Pony → die Ponys; der Gully → die Gullys.

Manche Wörter haben im Englischen Nebenformen, die ebenfalls ins Deutsche gelangen können: der Teeny → die Teenys, neben: der Teenie → die Teenies; der (schottische) Whisky → die Whiskys; neben: der (irische, amerikanische) Whiskey → die Whiskeys.

Umschreibungen

121 Einige Nomen können keinen Plural bilden. Wenn man sie pluralisch gebrauchen will, muss man zu Ersatzformen greifen:

> der Bau (Gebäude, → 126) → die Bauten (zu: die Baute; im Singular außerhalb der Schweiz ungebräuchlich)
> der Betrug → die Betrügereien (zu: die Betrügerei)
> das Erbe → die Erbschaften (zu: die Erbschaft)
> die Polizei → die Polizeikorps (zu: das Polizeikorps); auch etwa: die Polizeien
> der Rat (Hinweis, → 126) → die Ratschläge (zu: der Ratschlag)
> der Regen → die Regenfälle (zu: der Regenfall)
> der Streit → die Streitigkeiten (zu: die Streitigkeit; im Singular wenig gebräuchlich); daneben auch schon: die Streite
> das Unglück → die Unglücksfälle (zu: der Unglücksfall); daneben auch etwa: die Unglücke
> das Verhalten → die Verhaltensweisen (zu: die Verhaltensweise)
> die Werkstatt → die Werkstätten (zur Nebenform: die Werkstätte)
> der Zank → die Zänkereien (zu: die Zänkerei)

Einige Zusammensetzungen mit *-mann* umschreiben den Plural mit *-leute;* daneben stehen oft schon regelmäßige Bildungen mit *-männer:*

> der Bergmann → die Bergleute (oder: die Bergmänner), der Fuhrmann → die Fuhrleute (oder: die Fuhrmänner), der Hauptmann → die Hauptleute, der Landmann → die Landleute, der Landsmann → die Landsleute; der Zimmermann → die Zimmerleute

Da die Zeiten vorbei sind, wo man unter *Leuten* nur die *Männer* verstand, bilden neuere **122**
Zusammensetzungen mit *-mann* den Plural regelmäßig.
der Biedermann → die Biedermänner, der Milchmann → die Milchmänner, der Schutzmann → die Schutzmänner, der Vordermann → die Vordermänner, der Dienstmann → die Dienstmänner (aber historisch für Hörige: die Dienstleute), der Hampelmann → die Hampelmänner

Neben diesen Formen auf *-mann* stehen solche mit *-frau* (mit dem Plural *-frauen*). Die Zusammensetzungen mit *-leute* meinen dann beide Geschlechter:
der Fachmann → die Fachmänner; die Fachfrau → die Fachfrauen. Und: die Fachleute (= Fachmänner und Fachfrauen).
Ebenso: der Geschäftsmann (→ die Geschäftsmänner), die Geschäftsfrau (→ die Geschäftsfrauen), die Geschäftsleute; der Feuerwehrmann (→ die Feuerwehrmänner), die Feuerwehrfrau (→ die Feuerwehrfrauen), die Feuerwehrleute

Homonyme

Homonyme sind Wörter, die sich in der Bedeutung unterscheiden, aber die gleiche **123**
Form haben (→ 18). Manche Homonyme lassen sich immerhin über das Geschlecht und/oder die Pluralbildung auseinanderhalten. Im Folgenden sind einige leicht verwechselbare Homonyme dieser Art zusammengestellt (→ 124–127).

Gleichlautende Nomen, die sich nur im *Geschlecht* unterscheiden: **124**

die Erkenntnis	(Einsicht)	die Erkenntnisse
das Erkenntnis	(Gerichtsurteil, fachsprachlich)	die Erkenntnisse
der Gefallen	(in: einen Gefallen tun)	
das Gefallen	(in: kein Gefallen finden)	
der Kristall	(Stoffform)	die Kristalle
das Kristall	(geschliffenes Glas)	die Kristalle
der Moment	(Augenblick, Zeitpunkt)	die Momente
das Moment	(Umstand, math. Produkt)	die Momente
der (das) Pack	(Paket) (→ 104)	die Packe, die Päcke, die Packs
das Pack	(Pöbel)	

Die Pluralform *Packs* findet sich vor allem in Zusammensetzungen:
die Sechserpacks, die Multipacks usw.

der See	(Binnengewässer)	die Seen
die See	(Meer, Sturzwelle)	die Seen

| der/das Service | (Kundendienst; im Tennis) | die Service(s) |
| das Service | (Tafelgeschirr) | die Service(s) |

| der Teil | (eines Ganzen) | die Teile |
| das Teil | (Einzelstück, Element) | die Teile |

Zusammensetzungen mit -teil sind auf ein Geschlecht festgelegt: der Vorteil, das Abteil, der Anteil usw.

| der Tessin | (Fluss) | |
| das Tessin | (schweizerischer Kanton) | |

| der Verdienst | (Einkommen) | die Verdienste |
| das Verdienst | (Recht auf Anerkennung) | die Verdienste |

125 Homonymie zeigt sich auch bei der Wortfamilie mit *Meter* und *-meter* (der Plural lautet jeweils gleich wie der Singular):
1. *Maße:* der/das (schweizerisch nur: der) Meter, Millimeter, Kilometer
2. *Messgeräte:* das Barometer, das Chronometer, das Hygrometer, das Manometer, das Thermometer, das Typometer (nichthochsprachlich teilweise auch männlich, zum Beispiel: der Chronometer)
3. *Personenbezeichnung:* der Geometer
4. *Sonstige:* der Parameter, der Hexameter (Versmaß), der Perimeter (schweizerisch für: Umfeld; vgl. aber daneben als medizinisches Messgerät: das Perimeter)

126 Gleichlautende Wörter, die sich nur im *Plural* unterscheiden:

| der Atlas | (Kartenwerk) | die Atlanten, die Atlasse |
| der Atlas | (Stoffart) | die Atlasse |

| die Bank | (Finanzinstitut) | die Banken |
| die Bank | (Sitzgelegenheit) | die Bänke |

| der Bau | (Tierbehausung) | die Baue |
| der Bau | (Gebäude) | die Bauten (→ 121) |

der Block	(Klotz)	die Blöcke
der Block	(Papier, Gebäude)	die Blocks, die Blöcke
der Block	(politische Einheit)	die Blöcke (seltener: Blocks)

| der Bund | (Vereinigung) | die Bünde |
| der Bund | (Zusammengebundenes) | die Bunde (und: Bund, → 129) |

| der Druck | (Druckerzeugnis) | die Drucke |
| der Druck | (Pressung) | die Drücke |

das Gesicht	(Antlitz)	die Gesichter
das Gesicht	(Erscheinung)	die Gesichte
der Hahn	(im Hühnerhof)	die Hähne
der Hahn	(in der Technik)	die Hähne, die Hahnen
die Mutter	(Gebärerin)	die Mütter
die Mutter	(Schraubenteil)	die Muttern
der Ort	(Ortschaft)	die Orte
das Ort	(mathematisch, bergmännisch)	die Örter
der Rat	(Personen, Institutionen)	die Räte
der Rat	(Ratschlag)	die Ratschläge (→ 121)
der Rest	(allgemein)	die Reste
der Rest	(schweiz.: Lebensmittel, Stoff)	die Resten
der Rest	(Schnittwaren)	die Rester
der Strauß	(Vogel)	die Strauße
der Strauß	(Blumen; Kampf)	die Sträuße
das Tuch	(einzeln)	die Tücher
das Tuch	(Tuchart)	die Tuche
das Wasser	(Wassermassen)	die Wasser
das Wasser	(Wasserarten)	die Wässer
das Wort	(Einzelwort)	die Wörter
das Wort	(Aussage)	die Worte

Zusammensetzungen mit *-wort* sind überwiegend auf *eine* Pluralform festgelegt: die Vorwörter, die Sprichwörter, die Schlussworte, die Stichwörter (auch: Stichworte)

der Zins	(Kapitalertrag)	die Zinsen (Bankzinsen)
der Zins	(oberdeutsch: Miete)	die Zinse (Mietzinse)

Gleichlautende Nomen, die sich im *Geschlecht* wie auch im *Plural* unterscheiden: **127**

der Band	(Buch)	die Bände
das Band	(Stoffstreifen)	die Bänder
das Band	(Fessel)	die Bande
die Band	(Musikgruppe)	die Bands
die Bande	(Einfassung, Gruppe)	die Banden
der Bauer	(Landwirt)	die Bauern
das/der Bauer	(Käfig)	die Bauer

| der Flur | (Korridor) | die Flure |
| die Flur | (Feld) | die Fluren |

| der Gehalt | (Inhalt) | die Gehalte |
| das Gehalt | (Einkommen) | die Gehälter |

| der Kiefer | (im Gesicht) | die Kiefer |
| die Kiefer | (Baum) | die Kiefern |

| der Otter | (Säugetier) | die Otter |
| die Otter | (Schlange) | die Ottern |

| der Schild | (Schutz) | die Schilde |
| das Schild | (Tafel) | die Schilder |

128 **Übung 8**

Bilden Sie zu den folgenden Nomen die Pluralformen:

■ 1 Ader ■ 2 Akkumulator ■ 3 Album ■ 4 Allee ■ 5 Aroma ■ 6 Ass ■ 7 Band ■ 8 Bank ■ 9 Bar ■ 10 Bergmann ■ 11 Betrug ■ 12 Bett ■ 13 Bistum ■ 14 Boot ■ 15 Brunnen ■ 16 Bus ■ 17 Computer ■ 18 Deck ■ 19 Direktor ■ 20 Diskus ■ 21 Erkenntnis ■ 22 Erratum ■ 23 Fachmann ■ 24 Feder ■ 25 Fenster ■ 26 Firma ■ 27 Floß ■ 28 Flur ■ 29 Fürst ■ 30 Gehalt ■ 31 Geist ■ 32 Gelage ■ 33 Genus ■ 34 Globus ■ 35 Hobby ■ 36 Horn ■ 37 Hotel ■ 38 Isolator ■ 39 Jubilar ■ 40 Kamera ■ 41 Kammer ■ 42 Käse ■ 43 Kiefer ■ 44 Koffer ■ 45 Kommissar ■ 46 Konsul ■ 47 Korridor ■ 48 Korrigendum ■ 49 Kugel ■ 50 Lapsus ■ 51 Lok ■ 52 Major ■ 53 Maler ■ 54 Meistern ■ 55 Modus ■ 56 Museum ■ 57 Muskel ■ 58 Nachbar ■ 59 Not ■ 60 Periodikum ■ 61 Pfiffikus ■ 62 Pfosten ■ 63 Pluraletantum ■ 64 Pony ■ 65 Posten ■ 66 Prinzip ■ 67 Radius ■ 68 Rat ■ 69 Reichtum ■ 70 Rhythmus ■ 71 Schatten ■ 72 Schild ■ 73 Segel ■ 74 Senior ■ 75 Skrupel ■ 76 Sockel ■ 77 Spektrum ■ 78 Stachel ■ 79 Stau ■ 80 Steuermann ■ 81 Strahl ■ 82 Streit ■ 83 Strudel ■ 84 Tal ■ 85 Tasche ■ 86 Tat ■ 87 Tumor ■ 88 Turm ■ 89 Uhu ■ 90 Ungar ■ 91 Vater ■ 92 Versäumnis ■ 93 Vetter ■ 94 Villa ■ 95 Visum ■ 96 Werkstatt ■ 97 Wochenende ■ 98 Wort ■ 99 Wurm ■ 100 Zeichen

Unterlassung der Pluraldeklination

129 Maßbezeichnungen

Pluralische Maß- und Mengenbezeichnungen mit *männlichem* oder *sächlichem* Geschlecht haben in Verbindung mit dem *Gemessenen* gewöhnlich dieselbe Form wie im *Singular* (Unterlassung der Pluraldeklination):

zwei *Glas* Bier, drei *Fass* Wein, fünf *Bund* Schnittlauch, ein Boot mit neun *Mann* Besatzung, einige *Schluck* Wasser, zwanzig *Blatt* Papier, acht *Kilogramm* Zucker, fünf *Liter* Benzin, zehn *Meter* Seil, drei *Kubikmeter* Erde, drei *Pfund* Rüben, zwei *Dutzend* Eier

Weibliche Maßbezeichnungen erhalten Pluralendungen:
zwei *Tassen* Kaffee, drei *Schachteln* Konfekt, einige *Tafeln* Schokolade, sieben *Ellen* Bannerseide, drei *Schiffsladungen* Kohle

Anmerkungen 130
1. Wenn männliche und sächliche Nomen ohne das Gemessene stehen, bleibt der Plural ebenfalls unbezeichnet. Wenn aber die Funktion der Maßbezeichnung in den Hintergrund tritt, sind auch Formen mit Pluralendung möglich:
Der Graben ist 20 *Fuß* breit. Das Paket wog 10 *Kilo*. Wir tranken alle zwei *Glas* (neben: zwei *Gläser*). Der Kapitän hatte fünf *Mann* (neben: fünf *Männer*) unter sich.
2. Formen mit Pluralendungen finden sich zuweilen sogar, wenn das Gemessene nicht weggelassen ist, vor allem bei Behälterbezeichnungen:
Dort stehen drei *Fässer* Wein (neben: drei *Fass* Wein). Er trank zwei *Gläser* Punsch (neben: zwei *Glas* Punsch). Der Händler lieferte drei *Säcke* Mehl (neben: drei *Sack* Mehl).

Währungs- und Münzbezeichnungen

Währungs- und Münzbezeichnungen *männlichen* und *sächlichen* Geschlechts haben im Plural gewöhnlich dieselbe Form wie im Singular (Unterlassung der Pluralkennzeichnung); bei seltener gebrauchten Währungen sind aber auch Formen mit Pluralendungen anzutreffen: 131

hundert Franken, fünf Euro, drei Pfund, acht Dollar, tausend Yen; zwanzig Pesos (auch: zwanzig Peso), fünfzig Cruzeiros (auch: fünfzig Cruzeiro)
(Frühere Währungen:) hundert Schilling, zehn Pfennig, dreißig Francs

Weibliche Währungsbezeichnungen haben Pluralendungen:
dreißig Kronen, 800 Rupien
(Frühere Währungen:) hundert Drachmen, 500 Peseten (Pesetas), 1000 Lire

Anmerkungen 132
1. Auch *männliche* und *sächliche* Währungsbezeichnungen erhalten die Pluralendung, wenn sie ohne Zahlwort stehen:
Die Klassen schicken diese Euros dann an Hilfsprojekte. Wir haben unsere Dollars gewechselt. Er hat alle seine Pfunde ausgegeben.
Nach einer reinen Präposition sind aber auch endungslose Formen möglich:
Der Betrag wurde in Euro (oder: in Euros) ausbezahlt. Diese Waren sind nur gegen Dollar (oder: gegen Dollars) zu haben. Die Preise sind in kenianischen Schilling (oder: in kenianischen Schillingen) angegeben. Die Gebühren werden in Rubel (oder: in Rubeln, mit Dativ-Plural-n; → 148) zum Tageskurs bezahlt.

2. Die *weibliche* vormalige Währungsbezeichnung DM (D-Mark, Deutsche Mark) hat als Ausnahme von der Regel keine Pluralendung:
Ich zahlte siebzig D-Mark (Deutsche Mark). Der Betrag wurde in D-Mark (in Deutschen Mark) ausbezahlt. (Nur scherzhaft: Sie hat alle ihre Märker ausgegeben.)

133 Übung 9

Korrigieren Sie, sofern nötig!
■ **1** Die Verhaftung der Anführer hat der Aufstandsbewegung den Rückgrat gebrochen. ■ **2** In diesem italienischen Restaurant bekommt man nicht nur Pizzas und Spaghettis. ■ **3** Eine Periodika bedeutet für jede Druckerei ein regelmäßiges Verdienst. ■ **4** Am Ende der Jubilarenfahrt erhielten die Jubilare vom Direktor eine goldene Uhr. ■ **5** Fachzeitschriften geben wichtige Artikel oft auch als Sonderdrucke oder Separatas heraus. ■ **6** Für ihre Gäste hat Vroni Schilling ihren Lieblingsservice aus dem Schrank geholt. ■ **7** Viele Geschwüre und Tumore lassen sich bei rechtzeitigem Erkennen heilen. ■ **8** Die Demonstranten schützten sich mit Schutzschildern vor den Gummigeschossen. ■ **9** Wegen eines Druckfehlers musste die Zeitung ein Korrigenda erscheinen lassen. ■ **10** Das Reis war noch immer nicht gar, und der Dessert müsste längst fertig sein. ■ **11** Die Visas müssen mindestens drei Monate vor Antritt der Reise beantragt werden. ■ **12** Die Terroristen zeigten keine Skrupeln und schossen erbarmungslos in die Menge.

Die Fallformen

134 Nomen stehen immer in einem der vier *Fälle* oder *Kasus:* Nominativ (Werfall), Genitiv (Wesfall), Dativ (Wemfall), Akkusativ (Wenfall). Nomen sind also *fallbestimmt.*

Der Kasus eines Nomens lässt sich nur zum Teil an besonderen Fallendungen erkennen. Wo sie fehlen, muss der Fall aus dem Zusammenhang erschlossen werden, beispielsweise aus der Form der Begleiter des Nomens, vor allem aus der Form des *bestimmten* oder des *unbestimmten Artikels.*

Die Fallendungen im Singular

135 Nicht alle Nomen erhalten dieselben Kasusendungen. Es lassen sich vielmehr drei Formenreihen oder *Deklinationsarten* erkennen, die sich an der Form des *Genitivs Singular* auseinanderhalten lassen.

	Nomen mit endungs-losem Genitiv → Nulldeklination	Nomen mit s-Genitiv (Endung -s oder -es) → s-Deklination	Nomen mit n-Genitiv (Endung -n oder -en) → n-Deklination
Nominativ	die Luft	der Baum	der Student
Genitiv	der Luft	des Baum(e)s	des Studenten
Dativ	der Luft	dem Baum(e)	dem Studenten
Akkusativ	die Luft	den Baum	den Studenten
Nominativ	die Tasche	das Segel	der Rabe
Genitiv	der Tasche	des Segels	des Raben
Dativ	der Tasche	dem Segel	dem Raben
Akkusativ	die Tasche	das Segel	den Raben

Zur *Nulldeklination* gehören alle weiblichen Nomen (außer Personennamen, → 152). Nomen der Nulldeklination sind nicht nur im Genitiv, sondern auch im Dativ und im Akkusativ endungslos.

Zur *s-Deklination* gehören die Mehrheit der männlichen und alle sächlichen Nomen. Der *Genitiv* geht auf -s oder -es aus. Nur bei Nomen, die die lange Genitivendung *-es* haben können (→ 136 ff.), findet sich im *Dativ* zuweilen noch die Endung *-e* (Dativ-e).

Zur *n-Deklination* gehört nur ein Teil der männlichen Nomen. Diese bilden nicht nur den Genitiv, sondern auch den Dativ und den Akkusativ (sowie den Plural) mit der Endung *-en/-n*.

Besonderheiten der s-Deklination

Im Genitiv gibt es eine lange Endung *-es* und eine kurze Endung *-s*. Unter bestimmten Bedingungen steht überhaupt keine Endung; es liegt dann ein Übergang zur Nulldeklination vor.

136

Für Nomen, die auf einen *s-Laut* ausgehen, gilt:

1. Nomen *deutscher* Herkunft haben die lange Endung *-es*. Entsprechendes gilt für *Fremdwörter*, sofern sie auf eine *betonte* Silbe ausgehen:
    des Glases, des Fußes, des Witzes, des Reizes, des Juxes
    des Komplexes, des Kompromisses, des Proporzes, des Hospizes

2. Bei Fremdwörtern, die auf eine *unbetonte* Silbe mit einem *s-Laut* ausgehen, kann das Genitiv-s nicht angefügt werden. Sie stehen auch ohne Apostroph, der Genitiv ist also endungslos:
    des Journalismus, des Rhythmus, des Radius, des Genus, des Mythos, des Präsens
    Aber bei Nomen auf einen sch-Laut: des Gulaschs, des Finishs, des Prestiges

3. Bei *eingebürgerten* Nomen fremder Herkunft findet sich aber auch die lange Genitivendung *-es*:

des Atlasses (oder: des Atlas), des Indexes (oder: des Index), des Rhinozerosses (oder: des Rhinozeros), des Omnibusses (nur noch so)

137 Für die übrigen Nomen gilt:

1. Die kurze Genitivendung *-s* steht bei Nomen mit einem unbetonten Wortausgang wie *-e, -en, -er, -el, -em, -ling, -lein, -chen*:

des Bodens, des Meißels, des Atems, des Neulings, des Kirchleins, des Türmchens

2. Sonst sind sowohl die lange als auch die kurze Endung korrekt:

des Geistes (des Geists), des Fleisches (des Fleischs), des Ausgangs (des Ausganges), des Vortritts (des Vortrittes)

138 **Anmerkungen**

1. Das Genitiv-s fehlt zusehends bei Nomen, die Eigennamen nahe kommen oder aus Eigennamen entstanden sind:
Bezeichnungen für Wochentage und Monate: am Vorabend des 1. Mai(s), am Abend jenes denkwürdigen Mittwoch(s); im Laufe des Dezember(s), in der Mitte des letzten Januar(s).
Bezeichnungen für Kunststile: die schönsten Kirchen des Barock(s), die Kunst des Rokoko(s).
Sprachbezeichnungen: der Wortschatz des heutigen Deutsch(s), die Grammatik des modernen Griechisch(s).
Sachbezeichnungen: die Leistung des Diesel(s), das Vorwort des Duden(s).

2. Bei Initialwörtern lässt man das Genitiv-s häufig aus grafischen Gründen weg (→ 1380):
die Höhe ihres IQ, der Parkplatz des Pkw, die Ergebnisse des EKG (nicht zu empfehlen: des IQs, des Pkws, des EKGs)

3. Nomen stehen in der Regel nur dann im Genitiv, wenn ihnen ein Wort vorangeht, das den Fall anzeigt, zum Beispiel ein Artikel, ein anderes Pronomen oder ein Adjektiv. Wenn ein Nomen allein steht, das heißt kein fallanzeigendes Wort bei sich hat, wird eine *Ersatzkonstruktion* mit einem *anderen Fall* gewählt (→ 1742). Bei Nomen der s-Deklination steht dann entsprechend nicht die Genitivform mit der Endung *-es/-s*, sondern eine andere, gewöhnlich *endungslose* Fallform. An dieser Stelle mögen Beispiele genügen:
Präpositionalgruppen (→ 412): abzüglich *Rabatt* (Dativ; der Genitiv ist kaum mehr üblich: abzüglich *Rabatts*).
Lockere Apposition (→ 712): das Büro Heinz Kellers, *Abteilungsleiter* der Inserateabteilung (Nominativ; der Genitiv ist kaum mehr üblich: das Büro Heinz Kellers, *Abteilungsleiters* der Inserateabteilung).
Enge Apposition (partitives Attribut; → 717): der Genuss einer Tasse Kaffee (Nominativ; unmöglich: der Genuss einer Tasse Kaffees).
Satzteile mit *als* oder *wie* (→ 730): Herberts Arbeit als *Nachtwächter* (Nominativ; nicht mehr möglich: Herberts Arbeit als *Nachtwächters*).

Besonderheiten der n-Deklination

Nomen der n-Deklination haben immer einen Plural, der gleich lautet wie der Genitiv Singular:
- der Student → des Studenten, die Studenten
- der Rabe → des Raben, die Raben
- der Bayer → des Bayern, die Bayern
- der Ungar → des Ungarn, die Ungarn
- Ausnahme: der Herr → des Herrn, *aber:* die Herren

Bei männlichen Nomen besteht oft Unsicherheit, ob sie die Fallformen nach der s- oder nach der n-Deklination bilden. Am besten merkt man sich die kleinere und daher auffälligere Gruppe, die *Nomen der n-Deklination*. Wichtig sind vor allem eine Reihe von *fremden Personen- und Sachbezeichnungen* mit typischen Wortausgängen:

-e	Psychologe, Biologe, Geologe; Pädagoge, Demagoge
-ant	Laborant, Intrigant, Lieferant, Konsonant (Ausnahme: Leutnant)
-ent	Dirigent, Präsident, Koeffizient (Ausnahmen: Orient, Kontinent)
-ast	Fantast, Gymnasiast, Enthusiast (Ausnahmen: Kontrast, Ballast u. a.)
-ist	Pessimist, Tourist, Solist, Garagist, Materialist
-at	Kandidat, Advokat, Automat (schwankend: Thermostat; →141.1). *Ausnahmen*: Apparat, Primat, Senat, Episkopat und einige weitere abstrakte Nomen lateinischer Herkunft. *Zu unterscheiden:* der Magistrat → des Magistrats (Behörde, Verwaltung)/der Magistrat → des Magistraten (schweizerisch: Inhaber eines bedeutenderen öffentlichen Amts).
-et	Poet, Komet, Planet (schwankend: Magnet; →141.1)
-it	Favorit, Bandit, Satellit, Eremit, Metropolit (Ausnahme: Profit)
-ot	Patriot, Pilot, Despot, Idiot, Zypriot
-graf	Typograf, Biograf, Fotograf, Paragraf (zu *ph/f* →1091)
-nom	Astronom, Agronom, Ökonom (Ausnahme: Metronom)

Anmerkungen

1. Bei Wörtern deutscher Herkunft findet sich die n-Deklination nur noch bei Bezeichnungen für *Lebewesen* (Menschen, Tiere); männliche und sächliche *Sachbezeichnungen* bilden dagegen ihre Formen nach der s-Deklination. Fremde Sachbezeichnungen mit n-Deklination zeigen darum die Tendenz, ebenfalls in die s-Deklination hinüberzuwechseln. Oft ändert sich dabei auch die Pluralbildung:
   der Thermostat → des Thermostaten/Thermostats (Plural: die Thermostaten/Thermostate); der Magnet → des Magneten/Magnets (die Magneten/Magnete)
2. Schwankungen finden sich aber auch bei einigen deutschen Personenbezeichnungen (ebenfalls teilweise mit Auswirkung auf den Plural):
   der Nachbar → des Nachbars/Nachbarn (Plural: die Nachbarn); der Bauer → des Bauers/Bauern (die Bauern); der Oberst → des Obersts/Obersten (die Oberste/Obersten), der Untertan → des Untertans/Untertanen (die Untertanen)

3. Achtung: Fremdwörter auf -ar und -or bilden ihre Fallformen nach der s-Deklination:
der Jubilar → des Jubilars (dem Jubilar, den Jubilar; Plural: die Jubilare); der Kommissar → des Kommissars
der Korrektor → des Korrektors (dem Korrektor, den Korrektor; Plural: die Korrektoren); der Senator → des Senators; der Autor → des Autors; der Junior → des Juniors
Ausnahme: der Barbar → des Barbaren (Plural: die Barbaren)
4. Wörter auf -an gehen ebenfalls nach der s-Deklination:
der Kumpan → des Kumpans (Plural: die Kumpane), der Scharlatan → des Scharlatans (die Scharlatane), der Grobian → des Grobians (die Grobiane), der Waran → des Warans (die Warane), der Fasan → des Fasans (die Fasane/Fasanen)
Ausnahme: der Veteran → des Veteranen (die Veteranen)
Schwankend (vgl. Punkt 2): der Untertan → des Untertans/Untertanen (die Untertanen)

Mischung von s- und n-Deklination

142   Bei einer kleinen Gruppe von Nomen vermischen sich Formen der s- und der n-Deklination:

Nominativ	der Haufe(n)	das Herz	der Buchstabe
Genitiv	des Haufens	des Herzens	des Buchstaben(s)
Dativ	dem Haufen	dem Herzen	dem Buchstaben
Akkusativ	den Haufen	das Herz	den Buchstaben

143   **Anmerkungen**
1. Wie Haufe(n) werden noch dekliniert: der Gedanke(n), der Glaube(n), der Friede(n), der Name(n), der Same(n), der Funke(n), der Wille(n), ebenso deren Zusammensetzungen wie: der Aberglaube(n), der Unwille(n) usw. Im Nominativ ist teils die Form auf -e, teils die auf -en gebräuchlicher.
2. Medizinisch finden sich bei *Herz* zuweilen Formen nach der s-Deklination: die Verpflanzung eines *Kunstherzes* (neben: eines *Kunstherzens*), eine Operation am *Herz*. Allgemeinsprachlich sind aber nur die in der Tabelle aufgeführten Formen gebräuchlich. Dies gilt insbesondere bei übertragener Bedeutung: Ihm liegt etwas am *Herzen*. Sie hat es sich zu *Herzen* genommen. Mir ist ein Stein vom *Herzen* gefallen. Das ist eine Sache des *Herzens*.
3. Mit Tendenz zur Bedeutungsunterscheidung: *der Fels* (Gestein), *des Felses* (wenig üblich), *dem Fels, den Fels;* neben: *der Fels/Felsen* (Felsblock), *des Felsens* (älter: *des Felsen*), *dem Felsen, den Felsen.*

Wegfall der Endungen -en und -n

144   Im gewöhnlichen Sprachgebrauch setzt sich immer mehr die Regel durch, dass Nomen der n-Deklination im Singular nur noch dann die Fallendung -en/-n tragen, wenn zusätzlich auch ein vorangehendes Wort den Fall anzeigt, zum Beispiel ein Artikel, ein anderes Pronomen oder ein Adjektiv. Diese Regel gilt schon weitestgehend

bei Paarformeln, bei Präpositionen und bei Appositionen. Bei Dativ- und Akkusativobjekten sowie bei Satzteilen mit *als* und *wie* (Konjunktionalgruppen) wird hingegen noch oft an der Endung *-en/-n* festgehalten, auch wenn dem Nomen kein fallanzeigendes Wort vorangeht. Endungslosigkeit kann aber auch hier nicht mehr als falsch bezeichnet werden.

Ohne vorangehendes fallanzeigendes Wort	Mit vorangehendem fallanzeigendem Wort
Paarformeln: Der Naturschutz hilft *Mensch* und Tier; das Verhältnis zwischen Arzt und *Patient*	Der Naturschutz hilft dem Menschen und dem Tier; das Verhältnis zwischen dem Arzt und seinem Patienten
Nach Präpositionen: gemäß *Paragraf* 98, ein Orchester ohne *Dirigent*, der Rücktritt von Albaniens *Präsident(en)*	gemäß dem Paragrafen 98, ein Orchester ohne eigenen Dirigenten, der Rücktritt des albanischen Präsidenten
Apposition (→ 712): ein Interview mit Bush, *Präsident* der USA	ein Interview mit Bush, *dem Präsidenten* der USA
Dativ-, Akkusativobjekt: Man stellte mich Prof. Zehnders *Assistent(en)* vor. (Zeitungstitel:) Indien startet *Satellit(en)*.	Man stellte mich Prof. Zehnders *neuem Assistenten* vor. Man stellte mich *dem Assistenten* Prof. Zehnders vor. Indien startet *einen Satelliten*.
Satzteile mit *als/wie* (→ 735): Als *Assistent(en)* waren ihm die Verhältnisse in der Klinik bekannt.	Als *langjährigem Assistenten* waren ihm die Verhältnisse in der Klinik bekannt.

Anmerkung 145

Wenn der Titel *Herr* vor einem Personennamen steht, erhält er auch ohne vorangehendes fallanzeigendes Wort im Genitiv, Dativ und Akkusativ die Endung *-n* (→ 708):
Die Darstellung *Herrn* Wylers (Genitiv) überzeugte uns. Bitte besprechen Sie das mit *Herrn* Wyler (Dativ). Wenden Sie sich an *Herrn* Wyler (Akkusativ). Der Bote brachte ein Schreiben für *Ratsherrn* Fidel Anton Zurlauben (Akkusativ).

Die Fallkennzeichnung im Plural

Im Plural gibt es nur für den Dativ eine besondere Fallendung, nämlich *-n*, genannt Dativ-n (oder Dativ-Plural-n). Diese Endung wird bei Nomen angefügt, die im Nominativ Plural auf *-e, -el* oder *-er* ausgehen. Die übrigen Nomen erhalten im Dativ Plural keine besondere Fallendung. 146

Mit Dativendung -n			Ohne Dativendung -n	
Nominativ	die Kräfte	die Muster	die Balken	die Bären
Genitiv	der Kräfte	der Muster	der Balken	der Bären
Dativ	den Kräften	den Mustern	den Balken	den Bären
Akkusativ	die Kräfte	die Muster	die Balken	die Bären
Nominativ	die Nägel	die Kinder	die Tests	die Visa
Genitiv	der Nägel	der Kinder	der Tests	der Visa
Dativ	den Nägeln	den Kindern	den Tests	den Visa
Akkusativ	die Nägel	die Kinder	die Tests	die Visa

Wegfall des Dativ-n

147 Das Dativ-n darf in bestimmten Maßkonstruktionen fehlen, und zwar je nachdem bei der Maßbezeichnung selbst oder beim Gemessenen, das heißt beim Nomen nach der Maßbezeichnung.

148 1. Maßbezeichnungen männlichen und sächlichen Geschlechts bleiben vor dem Gemessenen meist in der Singularform (→ 129). Entsprechend bekommen sie dann auch nicht das Dativ-Plural-n. Dies gilt grundsätzlich auch für Maßbezeichnungen auf *-er* und *-el*, bei denen der Plural allerdings nur im Dativ zu erkennen ist:
    Dativ, Singularform: mit drei *Hektoliter* Säure (wie: mit drei *Fass* Säure)

Daneben können die Maßbezeichnungen auf *-er* und *-el* aber auch als Pluralformen aufgefasst werden; sie erhalten dann das Dativ-n:
    Dativ, Pluralform: mit drei *Hektolitern* Säure (wie: mit drei *Fässern* Säure)

Beide Varianten sind korrekt. Dies gilt auch für die folgenden Beispiele:
    eine Wand von drei *Meter(n)* Höhe, ein Kreis von zwanzig *Zentimeter(n)* Umfang, ein Stadtteil mit zwei *Drittel(n)* Ausländern

Wenn das Gemessene fehlt, finden sich ebenfalls Formen mit und ohne Dativendung. Beide Varianten sind korrekt:
    eine Felsmasse von 1000 *Kubikmeter(n)*, in einem Abstand von drei *Meter(n)*, eine zu zwei *Drittel(n)* gefüllte Flasche.

2. Das Dativ-n darf ferner bei allein stehenden Nomen hinter einer Maßbezeichnung fehlen, besonders wenn die Maßbezeichnung im Singular steht (partitive Apposition, → 718, 719).

Ohne vorangehendes fallanzeigendes Wort	Mit vorangehendem fallanzeigendem Wort	149
mit einem Paar *Schuhe(n)*, aus zwei Kilogramm *Äpfel(n)*, aus einer Schachtel *Eier(n)*, mit einem Dutzend *Kinder(n)*	mit einem Paar neuen *Schuhen*, aus zwei Kilogramm roten *Äpfeln*, aus einer Schachtel frischen *Eiern*, mit einem Dutzend lebhaften *Kindern*	

Anmerkungen 150
1. Wenn das Gemessene ein fallanzeigendes Wort bei sich hat, kann es auch – unabhängig vom Fall der Maßbezeichnung – in den Genitiv gesetzt werden (partitiver Genitiv, → 715):
mit einem Paar neuer Schuhe, aus zwei Kilogramm roter Äpfel, mit einem Dutzend lebhafter Kinder
2. Außerhalb der genannten Fügungen mit Maßbezeichnungen darf das Dativ-n nicht fehlen. Dies gilt auch dann, wenn dem Nomen kein Wort vorangeht, das den Fall anzeigt (siehe auch → 1774):
Der Zirkusbesuch gefiel *Kindern* und *Erwachsenen*. Auf Roms *Dächern* bleibt der Schnee nicht lange liegen. Ich bestellte Eis mit *Früchten*. Die Reporterin führte ein Gespräch mit B. Klober und M. Zehnder, *Begründern* der Integraltherapie.

Übung 10 151
In den folgenden Sätzen sind die falschen Deklinationsformen der Nomen zu verbessern.
■ **1** Europas Wälder droht der Tod, wenn nichts gegen die Luftverschmutzung getan wird. ■ **2** Mit Hilfe dieses Satellits erhoffen sich die Astronomen neue Erkenntnisse über den größten Planet unseres Sonnensystems, den Jupiter. ■ **3** Die Raumtemperatur wird mit einem Thermograf gemessen. ■ **4** Viele Hunde sind des Hasen Tod. ■ **5** Diesem Paragraf lässt sich unschwer entnehmen, dass solche Handlungen strafbar sind. ■ **6** Einem erfahrenen Korrektoren dürfen so auffallende Lapsus nicht entgehen. ■ **7** Die nächsten Wochenende verbringen wir wie immer in den Bergen. ■ **8** Der Fahrer des Omnibus wurde von einem entgegenkommenden Lastwagen geblendet. ■ **9** Als umsichtigem Präsident stand es ihm zu, den Stichentscheid zu fällen.

Die Fallformen der Eigennamen

Eigennamen ohne Artikel

Personen- und Tiernamen sowie viele geografische Eigennamen (Ortsnamen, Landesnamen) werden hochsprachlich ohne Artikel gebraucht. Nomen dieser Art erhalten nur im Genitiv eine Fallkennzeichnung, und zwar die kurze Endung *-s* der s-Deklination: 152

Giselas Zimmer, *Müllers* bissiger Hund, *Goethes* gesammelte Werke, die Psychologie *Jungs*; *Bellos* Lieblingsspeise, *Hansis* fröhliches Gezwitscher; die Bevölkerung *Russlands*, die Atombombenversuche *Frankreichs* im Pazifik, *Hamburgs* Geschäftsstraßen, das Ortsbild *Ludwigsburgs*

153 Das Genitiv-s kann allerdings nicht an Eigennamen gefügt werden, die auf einen s-Laut (geschrieben: *-s, -ss, -ß, -z, -tz, -x*) ausgehen. Stattdessen setzt man einen Apostroph (→ 1365):

Klaus' unerwartete Heirat, *Tobias'* neueste Pläne, *Sokrates'* große Weisheit, *Beatrix'* Wohnung, die Philosophie *Leibniz', Günter Grass'* Romane; die Einladung an *Pirmasens'* Bürgermeister, auf *Caracas'* Plätzen

154 Aber Genitiv-s bei Eigennamen auf einen sch-Laut:

Frischs neuere Werke, in Herrn *Pomenischs* Büro, *Jürg Jenatschs* Pläne, der Fressnapf Kater *Mikeschs; Garmischs* Parkanlagen

155 Die Kennzeichnung des Genitivs *unterbleibt,* wenn Eigennamen, die üblicherweise ohne Artikel stehen, den *Artikel* oder ein anderes Pronomen als *Begleiter* erhalten (Unterlassung der Falldeklination). Ein Begleiter steht vor allem, wenn der Eigenname mit einem Attribut erweitert ist, zum Beispiel mit einem Adjektiv:

die Ausreden *des* faulen Walter, die erfolgreichen Erfindungen *des* jungen Edison, die große Weisheit *des* Sokrates, die Streiche *unseres* Peter; die Bevölkerung *des* alten Russland, die Museen *des* heutigen Paris

Anmerkungen

1. Bei Personennamen auf einen s-Laut, vor allem solchen deutscher Herkunft, kann man statt des Genitivapostrophs auch die ältere Endung *-ens* anfügen:
   Hansens Braut, in *Franzens* Abwesenheit, aus *Maxens* Unterlagen, *Schmitzens* dicke Zigarre, Hans *Sachsens* Reimkunst, *Straußens* Walzer; man gedachte *Leibnizens*
2. Bei *fremden Personennamen* geht mit der Unsicherheit über ihre Aussprache oft auch eine Unsicherheit über die Bildung des Genitivs einher:
   Galbraiths Unternehmungen (wegen der Nähe des englischen *th* zu unserem *s* auch: *Galbraith'* Unternehmungen); *Gonzalez'* Wahlsieg (trotz Aussprache von *z* wie englisches *th* nur so); *Kurylowicz'* linguistische Forschungen (trotz Aussprache von *cz* als *tsch* im Polnischen seltener: *Kurylowiczs* linguistische Forschungen); *Eanes'* Präsidentschaft (trotz Aussprache des auslautenden *s* als *sch* im Portugiesischen nur so); *Wallace'* Kandidatur (das Schluss-e ist stumm); *Florences* Kleid (wenn das Schluss-e gesprochen wird, sonst: *Florence'* Kleid); *Dumas'* Werke (das auslautende *s* ist im Genitiv hörbar!); *Georges* Besuch (vom englischen Namen *George*), *Georges'* Besuch (vom französischen Namen *Georges*)
3. Manche Bezeichnungen für *Verwandte* oder *Bekannte* können in familiärer Sprache wie artikellose Personennamen behandelt werden:
   Vater saß vor dem Fernseher. Gib *Onkel* das Händchen! Wir bewunderten *Mutters* neues Kleid. Früchte aus *Nachbars* Garten schmecken besser als die eigenen.
   Aber als gewöhnliches Nomen (mit Artikel): der *Mutter* neues Kleid (Nulldeklination), Früchte aus dem Garten des *Nachbarn/Nachbars* (n- oder s-Deklination; → 141.2)
4. Zur Deklination *mehrteiliger Personennamen* und von Verbindungen aus *Titel und Personenname* → 706 ff. Zum *Ersatz* des Genitivs nach Präpositionen → 412, in Appositionen → 709.

Andere Eigennamen

Eigennamen *mit dem bestimmten Artikel* werden üblicherweise wie gewöhnliche Nomen dekliniert. Bei männlichen und sächlichen Eigennamen aus anderen Sprachen kann das Genitiv-s aber fehlen (Unterlassung der Falldeklination; Übergang zur Nulldeklination). Als Beispiele seien Flussnamen angeführt:

die Wasserführung des Rheins (nur so), die Staudämme des Nils (seltener: des Nil), die Überquerung des Jangtsekiang(s), die Wasserfälle des Kongo(s), die Erforschung des Amazonas (bei fremden Eigennamen auf einen s-Laut nur noch endungslos)

156

Werktitel sind eigentlich Zitate: Man spricht über eine Zeitung, ein Buch, ein Theaterstück, ein Bild, eine Plastik oder ein Musikstück, indem man seinen Titel (seine Überschrift) zitiert. Sie werden daher normalerweise mit Anführungszeichen, seltener mit Kursivschrift gekennzeichnet (→ 1533); das erste Wort des Titels wird großgeschrieben (→ 1107). Werktitel sind grundsätzlich zu deklinieren; wenn der einleitende Artikel in der Form verändert wird, ist er aus der Anführung zu nehmen (→ 1108):

der Leitartikel in der «Zeit» (Originaltitel: «Die Zeit»), die Auflage des «Landboten» (Originaltitel: «Der Landbote»), in Schillers «Räubern», die Aufführung des «Zerbrochenen Kruges»; eine Figur aus dem «Richter und seinem Henker» von Dürrenmatt; in Lessings «Nathan dem Weisen». Die erste Realisierung der Idee entstand mit «Zwölf horizontalen und zwölf vertikalen Progressionen».

157

Anmerkungen

158

1. Wenn Werktitel nach einem Gattungsbegriff stehen, werden sie nicht dekliniert:
   in der Zeitung «Die Zeit»; in Schillers Werk «Die Räuber»; eine Szene aus der Komödie «Der zerbrochene Krug»; Dürrenmatts Kriminalroman «Der Richter und sein Henker»; Lessings Werk «Nathan der Weise»; das bahnbrechende Bild «Zwölf horizontale und zwölf vertikale Progressionen»
2. Vor allem nach Präpositionen müssen heute nichtdeklinierte Formen auch ohne vorangehenden Gattungsbegriff als korrekt betrachtet werden. Sie lassen sich damit erklären, dass die Gattungsbezeichnung zwar weggelassen worden ist, aber hinzugedacht wird:
   eine Figur aus «Der Richter und sein Henker» von Dürrenmatt; in Lessings «Nathan der Weise». Die erste Realisierung der Idee entstand mit «Zwölf horizontale und zwölf vertikale Progressionen».
3. Werktitel ohne Nomen oder mit satzartigen Fügungen bleiben unverändert:
   die Verteilung des «Erwachet!»; die Wirkung von «Im Westen nichts Neues»; der Druck des «Allzeit bereit!»; die Bilder des «Berg frei»; die Rechtschreibprinzipien in Augsts «Deutsche Rechtschreibung mangelhaft?»

Die grammatische Bestimmung des Nomens

159 Beim Nomen können die folgenden Merkmale bestimmt werden:

1. Feste Merkmale: grammatisches Geschlecht, Deklinationsart
2. Veränderliche Merkmale (je nach Gebrauch im Satz): Zahl, Fall

Bei Nomen, die nur im Plural vorkommen (Pluraliatantum; → 103, 107), lässt sich weder das grammatische Geschlecht noch die Deklinationsart bestimmen. Man ersetzt daher die Angabe von Zahl, Geschlecht und Deklinationsart durch die Angabe «Pluraletantum».

160 **Übung 11**

In den folgenden Sätzen sind die Nomen zu bestimmen:
■ **1** Adler fangen keine Fliegen. ■ **2** Was kümmerts den Mond, ob ihn die Hunde anbellen? ■ **3** Feuer im Herzen gibt Rauch im Kopf. ■ **4** Kleider machen Leute. ■ **5** Des Glückes Gefährte ist der Neid. ■ **6** Keine Rose (ist) ohne Dornen.

Das Pronomen

201 Pronomen oder Fürwörter haben die folgenden Eigenschaften:
1. Sie werden als *Begleiter* oder *Stellvertreter* eines Nomens gebraucht.
2. Sie sind nach der *Zahl*, dem *Geschlecht* und dem *Fall* veränderbar (deklinierbar).
3. Sie lassen sich nach ihrer Aufgabe im Satz in *zehn Unterarten* einteilen.

202 Zu Punkt 1: Pronomen werden als *Begleiter* oder *Stellvertreter* eines Nomens (oder einer Nominalgruppe) gebraucht.

Gebrauch als Begleiter	Gebrauch als Stellvertreter
Die Schüler haben *den* Ball gesucht.	Sie haben *ihn* gesucht.
Irgendein guter Kollege kann dir sicher weiterhelfen.	*Irgendeiner (irgendjemand)* kann dir sicher weiterhelfen.
Manche Leute kaufen *alle* Waren im Shopping-Center ein.	*Manche* kaufen *alles* im Shopping-Center ein.
Hat Claudia *diese* erfreuliche Nachricht schon erfahren?	Hat Claudia *dies* schon erfahren?

203 Zu Punkt 2: Pronomen sind *deklinierbar*, das heißt, sie sind nach dem *Fall* und der *Zahl* veränderbar. Außerdem sind sie im Gegensatz zu den Nomen meist auch nach dem *Geschlecht* veränderbar, allerdings nur im Singular; im Plural haben sie für alle drei Geschlechter dieselbe Form. Wenn Pronomen ein Bezugsnomen haben, übernehmen sie von diesem die Zahl und das Geschlecht, als Begleiter auch den Fall (= Kongruenz in Zahl, Geschlecht und Fall).

Singular				Plural			
der	dieser	welcher	Mann				Männer
die	diese	welche	Frau	die	diese	welche	Frauen
das	dieses	welches	Kind				Kinder

Die Deklinationsendungen der Pronomen stimmen weitgehend mit den starken Deklinationsendungen der Adjektive überein (zum Genitiv → 1719).

Pronomen: dies*er* Kaffee, dies*e* Milch, dies*es* Wasser
Adjektiv: heiß*er* Kaffee, heiß*e* Milch, heiß*es* Wasser

Eigene Deklinationsformen haben Personal- und Reflexivpronomen.

204 Zu Punkt 3: Die Pronomen werden nach ihrer Aufgabe im Satz in *zehn Unterarten* eingeteilt. Die folgende Tabelle zeigt die wichtigsten Pronomen des Deutschen, nach Unterarten geordnet. Dabei ist zu beachten, dass manche Formen in mehr als einer Unterart vorkommen (siehe auch → 262):

205

Bezeichnung	Form	Aufgabe im Satz (mit Beispielen)
Personalpronomen	ich – wir du – ihr er, sie, es – sie	Stellvertreter von Personen und Sachen: *Ich* stelle *dich ihr* nachher noch vor. Die Tasche war so voll, dass *sie* beinahe platzte. Unpersönliches «es» (→ 688 ff.): *Es* regnet. Wie geht *es* Rita?
Reflexivpronomen	mich, mir – uns dich, dir – euch sich einander	Stellvertreter, der sich auf das Subjekt bezieht: Ich wasche *mich*. Ich wasche *mir* die Hände. Sie beeilt *sich*. Bei einem Wechselverhältnis kann man das reziproke (gegenseitige) Pronomen *einander* verwenden: Sie halfen *einander*.
Possessivpronomen	mein – unser dein – euer sein – ihr	Steht normalerweise als Begleiter vor einem «Besitztum» und gibt dessen «Besitzer» an: in *meiner* Mappe, für *ihren* Freund. Gebrauch als Stellvertreter: Grüß mir die *Deinen*!
Demonstrativpronomen	der, die, das dieser – jener derjenige derselbe solcher	Hinweisender Begleiter oder Stellvertreter. Vor allem als Begleiter immer betont: Es passierte an *jener* Kreuzung, an *derselben* Kreuzung. *Dies* ist ein guter Einfall.

Bezeichnung	Form	Aufgabe im Satz (mit Beispielen)
Relativpronomen	der, die, das welcher wer, was	Leitet eine bestimmte Art Nebensatz ein (= Relativsatz). Relativsätze beziehen sich auf ein Element im übergeordneten Satz: Das ist das Buch, *das (welches)* ich dir empfohlen habe. *Wer* Wind sät, wird Sturm ernten. (= Derjenige, *der* Wind sät, wird Sturm ernten.)
Bestimmter Artikel	der, die, das	Unbetonter Begleiter des Nomens; gibt an, dass das Nomen schon bekannt (bestimmt) ist: *der* Mond, *die* Sonne, *das* Haus gegenüber.
Interrogativpronomen	wer, was welcher was für (einer)	Fragepronomen, leitet einen Fragehauptsatz oder einen Fragenebensatz ein: *Was* brauchen wir noch? Wir fragten uns, *was* wir noch brauchten. Uns war nicht klar, *was* wir noch brauchten.
Unbestimmter Artikel	ein, eine, ein	Unbetonter Begleiter des Nomens; gibt an, dass das Nomen noch nicht bekannt (bestimmt) ist: *eine* Frucht, *ein* roter Apfel, *ein* gutes Werk.
Bestimmtes Zahlpronomen	ein, zwei, drei, vier, fünf…	Grundzahlen von 0 bis 999 999; Begleiter oder Stellvertreter, der eine abgezählte (bestimmte) Menge angibt: Mit *einem* Auge kann man schlechter Distanzen schätzen als mit *zweien*.
Indefinitpronomen	man, jemand, etwas, nichts, alles, jeder, mancher …	Begleiter oder Stellvertreter für eine Person oder eine Sache, die nicht genau bekannt ist: Du hast noch *etwas* Farbe an der Hand. Du hast noch *etwas* in den Haaren. Das ist nicht *jedermanns* Geschmack.

Das Personalpronomen

Das Personalpronomen kommt nur als Stellvertreter vor. Wir unterscheiden drei Personen:

Die *1. Person* steht für den Sprechenden: *ich, wir.*
Die *2. Person* steht für den Angesprochenen: *du, ihr.*
Die *3. Person* bezeichnet den «Besprochenen», das heißt die Person oder die Sache, über die man spricht: *er, sie, es; sie.*

207 Eine Besonderheit des Deutschen ist es, dass man zur *höflichen Anrede* nicht die Pronomen der 2. Person, sondern diejenigen der 3. Person Plural braucht – auch wenn man nur eine einzelne Person anspricht: *Sie* (→ 1175).

208 Die folgende Tabelle zeigt die Formen des Personalpronomens.

	1. Person		2. Person	
	Singular	Plural	Singular	Plural
Nominativ	ich	wir	du	ihr
Genitiv	meiner	unser	deiner	euer
Dativ	mir	uns	dir	euch
Akkusativ	mich	uns	dich	euch

	3. Person			
	Singular			Plural
	männlich	weiblich	sächlich	
Nominativ	er	sie	es	sie
Genitiv	seiner	ihrer	seiner	ihrer
Dativ	ihm	ihr	ihm	ihnen
Akkusativ	ihn	sie	es	sie

209 **Anmerkungen**

1. Das Personalpronomen *es* kennt auch Gebrauchsweisen, in denen es kein Stellvertreter ist. Beispiele: *Es* regnet (unpersönliches Subjekt). *Es* fehlen drei Teile (Platzhalter). Mich freut *es*, dass du kommst (Verweis auf Nebensatz). Einzelheiten → 688 ff.
2. Die Genitivformen stehen nur bei *Verben* und *Adjektiven*, die ein *Genitivobjekt* bei sich haben, sowie bei *Präpositionen*, die den Genitiv verlangen: Wir bedurften *ihrer* noch. Die Kolleginnen waren *seiner* überdrüssig. Statt *seiner* kam Monika. Vor *Nomen* stehen *Possessivpronomen* (→ 214): mit *ihrer* Freundin, aus *seiner* Wohnung.
3. Neben den Genitivformen *meiner, deiner, seiner* kommen in festen Wendungen noch ältere Formen ohne -*er* vor: Vergiss *mein* nicht! Im Plural gelten nur die Formen ohne zusätzliches -*er* als richtig: Zum Glück nahm sich jemand *unser* an (→ 1717).
4. Die Genitivformen bilden mit den Präpositionen *wegen* und *um ... willen* feste Verbindungen: meinetwegen, deinetwegen, seinetwegen, ihretwegen, unsertwegen (unseretwegen, unsretwegen), euertwegen (euretwegen); um meinetwillen, um deinetwillen usw.
5. Zum Ersatz von Fügungen aus Präposition und Personalpronomen durch Pronominaladverbien → 426 ff.
6. Zur Kurzform *s* von *es* (mit/ohne Apostroph) → 1364, 1366.

Das Reflexivpronomen

Das Reflexivpronomen ist eng mit dem Personalpronomen verwandt. Seine Besonderheit liegt darin, dass es sich auf das *Subjekt* des jeweiligen Satzes oder Teilsatzes bezieht. Eine besondere Form hat nur die 3. Person Singular und Plural im Dativ und Akkusativ: *sich*. 210

Akkusativ   *Dativ*
er/sie/es wäscht *sich*   er/sie/es wäscht *sich* die Hände
sie waschen *sich*   sie waschen *sich* die Hände

Sonst werden die gleichen Formen wie beim Personalpronomen gebraucht:
Akkusativ   *Dativ*
ich wasche *mich*   ich wasche *mir* die Hände
du wäschst *dich*   du wäschst *dir* die Hände
wir waschen *uns*   wir waschen *uns* die Hände
ihr wascht *euch*   ihr wascht *euch* die Hände

Anmerkungen 211
1. Das Reflexivpronomen kann sich in einigen Fügungen auch auf andere Satzteile als das Subjekt beziehen: *Danielas* Wut auf *sich* selbst war groß. Ich ließ *den Freund* zuerst einmal von *sich* erzählen. Die tröstenden Worte halfen *ihr* zu *sich* selbst zurück.
2. In Infinitivgruppen ist das Bezugswort bisweilen sinngemäß zu ergänzen: Es ist nötig, *sich* vorher anzumelden (= dass *man sich* vorher anmeldet).

Das reziproke Pronomen

Dem Reflexivpronomen nahe steht das reziproke (gegenseitige) Pronomen *einander*. Es 212
drückt ein Wechselverhältnis aus. In vielen Fällen kann das gewöhnliche Reflexivpronomen oder das reziproke Pronomen stehen:
     Sie bewarfen *sich* mit Schneebällen. Sie bewarfen *einander* mit Schneebällen.

Wo durch das Reflexivpronomen Zweideutigkeit entsteht, muss es durch *einander* ersetzt oder mit dem Adjektiv *gegenseitig* ergänzt werden.
     Unklar: Wir nahmen uns vor, *uns* nicht mehr zu ärgern. Sie wuschen *sich* den Rücken.
     Eindeutig: Wir nahmen uns vor, *einander* nicht mehr zu ärgern. (Oder: Wir nahmen uns vor, *uns* nicht mehr *gegenseitig* zu ärgern.) Sie wuschen *einander* den Rücken. (Oder: Sie wuschen *sich gegenseitig* den Rücken.)

Das reziproke Pronomen verbindet sich mit Präpositionen zu Adverbien:
     Wir wussten bis vor kurzem nichts *voneinander*. Die Hunde rannten *aufeinander* zu. Ich stellte die Bücher *nebeneinander*. Ich machte die Gäste *miteinander* bekannt.
     Ebenso: aneinander, gegeneinander, übereinander, auseinander, durcheinander usw.

213 **Übung 12**

In den folgenden Sätzen sind Personal- und Reflexivpronomen nach Person, Zahl, Geschlecht (nur bei der 3. Person Singular) und Fall zu bestimmen:
■ **1** Ich habe euch von ihnen schon erzählt. ■ **2** Du mischst dich da in Dinge ein, die dich nichts angehen! ■ **3** Herr Müller, bitte beeilen Sie sich! ■ **4** Ich freute mich über deinen Brief. ■ **5** Dein Brief freute mich. ■ **6** Es trieb uns in die Natur. ■ **7** Die Kinder wuschen sich und putzten sich die Zähne. ■ **8** Die Hautärzte empfehlen, sich nicht allzu lange an die Sonne zu legen. ■ **9** Sandra bedauert es, dass sie euch verpasst hat. ■ **10** Ihr habt ihr doch versprochen, dass ihr es für euch behaltet! ■ **11** Ich und du, wir verstehen uns doch wirklich gut! ■ **12** Mein Ärger über mich selbst verrauchte schließlich wieder. ■ **13** Uns zieht es im Sommer ans Wasser. ■ **14** Ruh dich ein wenig aus!

Das Possessivpronomen

> Das *Possessivpronomen* oder *besitzanzeigende Fürwort* drückt ein Besitzverhältnis aus: Es steht als Begleiter bei einem Nomen, dem «Besitztum», und verweist auf dessen «Besitzer».

215 Die Begriffe «Besitzer» und «Besitztum» sollten allerdings nicht zu wörtlich genommen werden, wie die folgenden Beispiele zeigen:
mein Buch (Besitz im eigentlichen Sinn), *dein* Vater (familiäre Beziehung), *unser* Betrieb (Zugehörigkeit – auch wenn man keineswegs «Besitzer» im wörtlichen Sinn ist!), *ihre* Beobachtungen (Subjektsverhältnis: *sie* beobachteten etwas), *seine* Verhaftung (Objektsverhältnis: man hat *ihn* verhaftet)

Zu jedem Personalpronomen gehört ein Possessivpronomen, dessen *Stamm* den *Besitzer* ausdrückt:

		Singular	Plural
1. Person		ich → mein	wir → unser
2. Person		du → dein	ihr → euer
3. Person	männlich	er → sein	
	weiblich	sie → ihr	sie → ihr
	sächlich	es → sein	

Die Merkmale des *Besitztums* zeigen sich meist an den *Endungen:* 216
Frau Müller sucht *ihren* Hausschlüssel
Stamm *ihr-* (→ Besitzer) = 3. Person, Singular, weiblich
Endung *-en* (→ Besitztum) = Singular, männlich, Akkusativ

Die folgende Tabelle zeigt die Deklinationsformen der Possessivpronomen *mein* und 217
unser (grammatische Merkmale des Besitzers: 1. Person Singular und Plural); die
übrigen Possessivpronomen werden gleich dekliniert.

Besitzer	Besitztum				
	Fall	Singular			Plural
		männlich	weiblich	sächlich	
1. Person Singular	Nom.	mein Löffel	meine Gabel	mein Messer	meine Leute
	Gen.	meines Löffels	meiner Gabel	meines Messers	meiner Leute
	Dat.	meinem Löffel	meiner Gabel	meinem Messer	meinen Leuten
	Akk.	meinen Löffel	meine Gabel	mein Messer	meine Leute
Plural	Nom.	unser Löffel	unsere Gabel	unser Messer	unsere Leute
	Gen.	unseres Löffels	unserer Gabel	unseres Messers	unserer Leute
	Dat.	unserem Löffel	unserer Gabel	unserem Messer	unseren Leuten
	Akk.	unseren Löffel	unsere Gabel	unser Messer	unsere Leute

Anmerkungen 218
1. Die Endungen des Possessivpronomens entsprechen denjenigen des Demonstrativpronomens *dieser* (→ 224). Der männliche Nominativ Singular und der sächliche Nominativ/Akkusativ Singular sind allerdings beim Gebrauch als Begleiter endungslos. Wenn kein Nomen folgt, erscheinen aber auch hier Endungen. In diesem Gebrauch geht dem Possessivpronomen zuweilen der bestimmte Artikel voran; es wird dann wie ein Adjektiv dekliniert (schwache Deklination, → 316, 318; zur Schreibung beim Gebrauch als Stellvertreter → 1150). Außerdem kommt hier auch eine erweiterte Form mit der Ableitungsendung *-ig* vor. Es finden sich also nebeneinander: *mein* Buch → *das ist meines (meins) / das meine / das meinige.*
2. Bei den deklinierten Formen von *unser* und *euer* gibt es Nebenformen mit Ausfall von unbetontem *e:* für *unseren / unsren / unsern* Garten; aus *euerem / eurem / euerm* Garten; nach *unserer / unsrer* Meinung; *euere / eure* Meinung.
3. Im gehobenen Sprachgebrauch finden sich nichtdeklinierte Formen in Verbindung mit den Verben *sein, werden, bleiben* (prädikativer Gebrauch): Diese Tasche ist *mein.*

219 **Übung 13**

Bestimmen Sie die Possessivpronomen in den folgenden Sätzen nach den grammatischen Merkmalen von Besitzer und Besitztum.
■ **1** In unserem Wohnblock leben drei Katzen. ■ **2** Dein Tipp hat mir sehr geholfen. ■ **3** Yvonne streitet mit ihren Brüdern. ■ **4** Bitte reichen Sie Ihre Offerte schriftlich ein. ■ **5** Meine Stereoanlage ist schon wieder kaputt. ■ **6** Liselottes Zeichnung gefällt mir besser als deine. ■ **7** Grüß mir die Deinigen!

220 **Übung 14**

Der Genitiv des Personalpronomens wird leicht mit dem Possessivpronomen verwechselt (→ 209.2). Finden Sie heraus, ob es sich bei den kursiv gesetzten Wörtern um ein Personalpronomen oder ein Possessivpronomen handelt, und bestimmen Sie ihre grammatische Form.
■ **1** Wir bedürfen *Ihrer* Hilfe. ■ **2** Da mir die beiden Begleiter lästig wurden, versuchte ich, mich *ihrer* zu entledigen. ■ **3** Das ist er *seiner* Freundin schuldig. ■ **4** Kaum wurden wir *seiner* ansichtig, verschwand der Hirsch in einem Dickicht. ■ **5** Leih mir bitte deinen Filzstift, *meiner* ist schon eingetrocknet. ■ **6** Man rief nach Arbeitskräften, doch statt *ihrer* kamen Menschen.

Das Demonstrativpronomen

221 Das *Demonstrativpronomen* oder *hinweisende Fürwort* zeigt auf etwas Bestimmtes, grenzt vom Übrigen ab. Es kann als Stellvertreter und als Begleiter gebraucht werden.

Beispiele:
Diese Tür führt auf den Hof. In *jenem* Gebäude ist die Werkstatt. Sie haben beide *denselben* Beruf. *Der* Spruch hat uns gerade noch gefehlt! Sie wohnt mit Renate und *deren* Freundin zusammen. Hast du noch mehr *solche* Samen? Er hilft nur *denjenigen*, von denen er etwas erwarten kann.

der, die, das

222 Die folgende Tabelle zeigt die Formen des Demonstrativpronomens *der, die, das*. Als Begleiter ist *der, die, das* immer stark betont. Beim Gebrauch als Stellvertreter werden im Genitiv sowie im Dativ Plural *Langformen* gebraucht:

Das Pronomen — Wort- und Formenlehre

	Singular			Plural
	männlich	weiblich	sächlich	
Nominativ	der Mann	die Frau	das Kind	die Leute
Genitiv	des Mannes	der Frau	des Kindes	der Leute
Dativ	dem Mann	der Frau	dem Kind	den Leuten
Akkusativ	den Mann	die Frau	das Kind	die Leute
Nominativ	der	die	das	die
Genitiv	**dessen**	**deren/derer**	**dessen**	**deren/derer**
Dativ	dem	der	dem	**denen**
Akkusativ	den	die	das	die

Anmerkungen   223
1. Zum Gebrauch der Genitivformen *dessen, deren* und *derer* → 322, 1723, 1724, 1750.
2. Neben den langen Genitivformen finden sich in der älteren Literatur und in Sprichwörtern auch kurze Formen: Wes Brot ich ess, *des* Lied ich sing.
3. Zum Ersatz von Fügungen aus Präposition und Demonstrativpronomen durch Pronominaladverbien → 426 ff.
4. Beachte auch: dessentwegen, derentwegen, um derentwillen usw. (ähnlich → 209.4).

dieser, jener

Das Pronomen *dieser* verweist auf das Nähere, *jener* auf das Fernere. Die folgende Tabelle zeigt die Deklinationsformen von *dieser*. Das Pronomen *jener* wird gleich dekliniert.   224

	Singular			Plural
	männlich	weiblich	sächlich	
Nominativ	dieser Mann	diese Frau	dieses Kind	diese Leute
Genitiv	dieses Mannes	dieser Frau	dieses Kindes	dieser Leute
Dativ	diesem Mann	dieser Frau	diesem Kind	diesen Leuten
Akkusativ	diesen Mann	diese Frau	dieses Kind	diese Leute

Anmerkungen   225
1. Zur sächlichen Form *dieses* im Nominativ/Akkusativ gibt es eine Kurzform *dies*, die vor allem als Stellvertreter gebraucht wird: *Dies* ist eine gute Idee. Nimm *dies*! Mir behagt *dies* Wetter (üblicher: *dieses* Wetter).
2. Zum männlichen und sächlichen Genitiv des Singulars → 1719.

derselbe

226 Das Pronomen *derselbe* gibt eine Identität des einzelnen Dings oder Wesens an, gelegentlich auch der Gattung oder der Art. Es ist eine Zusammenrückung aus dem bestimmten Artikel *der, die, das* und *selb-*. Es werden beide Bestandteile dekliniert; die Endungen von *selb-* entsprechen denen des schwachen Adjektivs (→ 316).

	Singular			Plural
	männlich	weiblich	sächlich	
Nominativ	derselbe	dieselbe	dasselbe	dieselben
Genitiv	desselben	derselben	desselben	derselben
Dativ	demselben	derselben	demselben	denselben
Akkusativ	denselben	dieselbe	dasselbe	dieselben

227 **Anmerkungen**
1. Das Vorderglied *der, die, das* kann mit einer Präposition verschmelzen (wie der bestimmte Artikel, → 232). Es finden sich so nebeneinander: Es geschah *in demselben* Augenblick. Es geschah *im selben* Augenblick. Man beachte die Getrennt- und Zusammenschreibung!
2. Mit *-ig* erweiterte Formen sind veraltet: *derselbige, dieselbige, dasselbige*.
3. Die Formen *selbst* und *selber* sind Partikeln (Adverbien).

derjenige

228 Das Pronomen *derjenige, diejenige, dasjenige* kann als verstärktes *der, die, das* aufgefasst werden. Es steht oft, wenn ein Relativsatz, ein Genitiv oder eine Präpositionalgruppe folgt:
Dieser Kellner bedient nur *diejenigen* Gäste freundlich, die ihm ein Trinkgeld geben. Dies ist nicht mein Buch, sondern *dasjenige* meines Kollegen. *Diejenigen* aus eurer Klasse sind auch eingeladen.

Derjenige ist wie *derselbe* eine Zusammensetzung mit *der, die, das*. Auch hier werden beide Bestandteile dekliniert, das Hinterglied *-jenig-* ebenfalls wie ein schwaches Adjektiv (→ 316).

solcher

229 Das Pronomen *solcher* wird traditionell zu den Demonstrativpronomen gezählt. Es wird aber wie ein Adjektiv stark und schwach dekliniert (→ 315 ff.); daneben kommt auch die endungslose Form *solch* vor (ohne Apostroph!). Häufig steht es vor oder nach dem unbestimmten Artikel *ein*:

Stark: ein *solches* Gewicht, mit *solcher* Geschwindigkeit, aus *solchem* Material.
Schwach: eines *solchen* Gewichts, mit einer *solchen* Geschwindigkeit.
Endungslos: *solch* ein Gewicht, in *solch* einer Art, aus *solch* hartem Material.

Der bestimmte Artikel

Als *bestimmten Artikel* bezeichnet man das Pronomen *der, die, das,* wenn es vor einem Nomen steht und keine hinweisende Funktion hat. Es drückt dann aus, dass das Nomen allgemein bekannt ist oder aus dem Vorangehenden (oder Folgenden) hinreichend *bestimmt* ist.

230

Der bestimmte Artikel *der, die, das* wird gleich dekliniert wie das entsprechende Demonstrativpronomen in begleitender Stellung (→ 222). Da sich seine Formen sehr deutlich unterscheiden, kann man an ihnen das Geschlecht des folgenden Nomens gut ablesen. Von dieser Eigenschaft leitet sich die deutsche Bezeichnung *Geschlechtswort* ab.

231

	Singular			Plural
	männlich	weiblich	sächlich	
Nominativ	der Mann	die Frau	das Kind	die Leute
Genitiv	des Mannes	der Frau	des Kindes	der Leute
Dativ	dem Mann	der Frau	dem Kind	den Leuten
Akkusativ	den Mann	die Frau	das Kind	die Leute

Da der bestimmte Artikel nur *schwach betont* ist, haben sich mit Präpositionen verschmolzene Formen entwickelt:
 Verschmelzungen mit *dem:* am (= an dem), beim, im, vom, zum. Schriftsprachlich weniger üblich: hinterm, vorm, überm, unterm.
 Verschmelzungen mit *der:* zur (= zu der).
 Verschmelzungen mit *das* (ohne Apostroph!): ans (= an das), ins, aufs, ums, durchs, fürs. Schriftsprachlich weniger üblich: vors, hinters, unters, übers.
 Verschmelzungen mit *den,* in der Schriftsprache nicht üblich: hintern (= hinter den), vorn, übern, untern.

232

Das Interrogativpronomen

233 Das *Interrogativpronomen* leitet Fragesätze ein (daher auch die Bezeichnungen Fragepronomen, Fragefürwort), ferner Ausrufesätze.

Beispiele:
Fragesatz (Fragehauptsatz, direkter Fragesatz) (→ 822 ff.): *Wer* ist gekommen? In *welchem* Haus wohnst du? *Was für einen* Unsinn hat er dir diesmal erzählt?
Indirekter Fragesatz (Fragenebensatz) (→ 833, 1507, 1565): Sie fragte, *wer* gekommen sei. Ich weiß nicht, in *welchem* Haus du wohnst. Ich hätte gern erfahren, *was für einen* Unsinn er dir diesmal erzählt hat.
Ausrufesätze (→ 826): *Wer* wüsste das nicht! *Was für einen* Unsinn er wieder erzählt!

wer, was

234 *Wer* und *was* werden nur als Stellvertreter gebraucht.

	Frage nach Personen	Frage nach Sachen
Nominativ	wer	was
Genitiv	wessen	wessen
Dativ	wem	(was)
Akkusativ	wen	was

235 **Anmerkungen**
1. Nicht alle Fragewörter sind Pronomen. Wörter wie *wo, wann, wie, warum, wozu, womit, worauf* gehören zu den Adverbien (Pronominaladverbien; → 426 ff.).
2. Die sächliche Dativform *was* kommt nur nach Präpositionen vor: *Mit was* beschäftigst du dich? Hochsprachlich sind hier fragende Adverbien (Pronominaladverbien) vorzuziehen: *Womit* beschäftigst du dich? (→ 428)
3. In Zitaten aus der älteren Literatur kommt im Genitiv anstelle der Langform *wessen* noch die Kurzform *wes* vor: *Wes* Geistes Kind bist du?

welcher

236 Das Pronomen *welcher, welche, welches* sondert etwas Einzelnes aus Gleichartigem aus. Es wird wie *dieser* dekliniert (→ 224, 1719):
Welches Buch hast du genommen? An *welchem* Tag kommt sie?

237 **Anmerkung**
In Ausrufesätzen stehen zuweilen endungslose Formen: *Welch* ein Unglück! *Welch* hübsches Kleid! (Oder: *Welches* hübsche Kleid!)

was für (einer)

Dieses Pronomen fragt nach einer Beschaffenheit oder Eigenart: 238
Aus *was für einem* Material besteht dieses Kleid? *Was für einer* bist du?

Anmerkungen 239
1. Dieses Pronomen gilt bei der Bestimmung der Wortarten als *ein* Wort. Das Glied *ein* fehlt (wie der unbestimmte Artikel) bei Nomen, die Nichtzählbares bezeichnen, zum Beispiel bei Stoffbezeichnungen, sowie im Plural: *Was für* Fleisch soll ich einkaufen? Mit *was für* Leuten hast du gesprochen?
2. Beim Gebrauch als Stellvertreter muss *welcher* angehängt werden, wenn *ein* fehlt: Mit *was für welchen* hast du gestern gesprochen?
3. Der Bestandteil *was* kann getrennt stehen: *Was* hast du *für einen* Eindruck? (Neben: *Was für einen* Eindruck hast du?) *Was* sind denn *für* Leute gekommen? (Neben: *Was für* Leute sind denn gekommen?)

Das Relativpronomen

> Relativpronomen leiten Nebensätze ein, sogenannte Relativsätze (→ 832). Das 240
> Relativpronomen bezieht sich auf ein Wort oder eine Wortgruppe des übergeordneten Satzes, manchmal auch auf den übergeordneten Satz als Ganzes.

Bezug auf Wort oder Wortgruppe:
Das ist *alles*, **was** du tun kannst.
Ich gebe dir *einen Klebstoff*, **der** wirklich hält.

Bezug auf den übergeordneten Satz als Ganzes:
Sie ist doch noch gekommen, **was** mich freut.

der, die, das; welcher, welche, welches

Der, die, das und das etwas schwerfälligere *welcher, welche, welches* sind austauschbar 241
(außer im Genitiv):
Das ist ein Klebstoff, *der* wirklich hält. → Das ist ein Klebstoff, *welcher* wirklich hält.
Politiker, *die* die Wahrheit sagen, sind selten. → Politiker, *welche* die Wahrheit sagen, sind selten.

242 *Welcher* wird wie *dieser* dekliniert (→ 224, 1719). Das Relativpronomen *der, die, das* hat dieselben Formen wie das gleichlautende Demonstrativpronomen beim Gebrauch als Stellvertreter. Man beachte auch hier die Langformen *dessen, deren* und *denen* (→ 222). Zum Gebrauch der Genitivformen *dessen* und *deren* → 1723, 1724, 1750, ferner → 322.

wer, was

243 Die Relativpronomen *wer* und *was* werden wie das gleich lautende Interrogativpronomen dekliniert (→ 234). Sie beziehen sich oft auf eine nicht ausgefüllte Stelle im übergeordneten Satz. Man kann sie dann durch *derjenige, der* oder *das, was* ersetzen:
Wer andern eine Grube gräbt, fällt selbst hinein.
→ *Derjenige,* **der** andern eine Grube gräbt, fällt selbst hinein.
Was ich im Alltag so brauche, kaufe ich im Laden um die Ecke ein.
→ *Das,* **was** ich im Alltag so brauche, kaufe ich im Laden um die Ecke ein.

244 Das Relativpronomen *was* steht außerdem in den folgenden Fällen:

1. nach Indefinitpronomen und Zahladjektiven:
Das ist *alles,* **was** ich dir anbieten kann. Sie hat ihm *etwas* geschenkt, **was** er wirklich brauchen kann (→ 1793). Das *Einzige,* **was** er in den Ferien getan hat, war Schlafen. Es gibt nur *weniges,* **was** sie noch nicht versucht hat.

2. nach Superlativen und Ordnungszahlen:
Das ist *das Schönste,* **was** ich je erlebt habe. *Das Zweite,* **was** ich dir erzählen möchte, ist sehr vertraulich.

3. bei Bezug auf den ganzen übergeordneten Satz (sogenannter weiterführender Relativsatz):
Er hatte mir ein Geschenk mitgebracht, **was** mich wirklich überrascht hat.
Der Index beträgt 156 Punkte, **was** einen neuen Höchststand bedeutet.

245 **Anmerkungen**
1. In manchen Sprichwörtern tritt anstelle der Langform *wessen* noch die Kurzform *wes* auf: Wes Brot ich ess, des Lied ich sing.
2. Einen Relativsatz einleiten können auch bestimmte Adverbien (Pronominaladverbien), zum Beispiel *da, wo, womit, worauf* (→ 426 ff.). Zum Ersatz von Fügungen aus Präposition und *was* durch solche Adverbien → 428.

Übung 15

246

Im folgenden Text sind die Relativpronomen zu bezeichnen. Außerdem sind die Kommas zu ergänzen.

Die Sinnesorgane der Räuber gehören zum Faszinierendsten was man aus dem Tierreich kennt. Der Kopf eines tüchtigen Jägers dessen Beute andere Tiere sind ist mit Sinnesorganen vollgestopft. Die Katze ist eine solche Jägerin. Das Vorderste auf das wir bei ihr stoßen sind die Schnurrhaare. Sie zeigen der Katze zum Beispiel die Breite eines Spaltes an durch den sie gehen will. Die Nase hat bei der Katze nicht die Bedeutung die sie beim Hund hat. Wichtiger sind die Ohren mit denen sie sogar eine Maus hören kann die durch einen unterirdischen Gang läuft. Die Flut der Sinnesdaten welche die verschiedenen Sinnesorgane der Katze liefern wird im Gehirn gleich «online» verarbeitet. Dabei taucht im Bewusstsein des Räubers nur auf was im gegebenen Moment wesentlich ist. Katzen sehen nachts viel besser als wir. Das Geheimnis dieser Nachtaugen lässt sich teilweise auf eine Art Spiegel zurückführen der sich hinter dem Katzenauge befindet. Dieser Spiegel wirft Licht das die Sehzellen schon einmal durchlaufen hat noch einmal zurück. Es hat so die Chance noch einmal wahrgenommen zu werden. Wer das weiß wundert sich nicht mehr über das bekannte Aufleuchten der Katzenaugen im Scheinwerferlicht. Als Raubtier das seine Beute manchmal im Sprung erwischt muss eine Katze Distanzen schätzen können. Deshalb liegen ihre beiden Augen vorn am Kopf sodass sich ihre beiden Sehfelder überlappen. Aus den kleinen Unterschieden die das linke und das rechte Bild im Auge aufweisen errechnet das Gehirn die räumliche Tiefe. Das ist die gleiche Methode mit der wir Menschen Distanzen schätzen. Wer auf einem Auge schlecht oder gar nicht sieht hat darum beim Distanzschätzen mehr Mühe als ein Normalsichtiger.

Das bestimmte Zahlpronomen

Als *bestimmte Zahlpronomen* bezeichnet man *Pronomen*, die einen *bestimmten Zahlbegriff* ausdrücken. Man erkennt sie leicht daran, dass sie sich auch in Ziffern schreiben lassen. Im Deutschen sind dies die Grundzahlen (Kardinalzahlen) von 0 bis 999 999.

247

Anmerkungen

248

Einen bestimmten Zahlbegriff können auch andere Wortarten ausdrücken; man kann hier ganz allgemein von «bestimmten Zahlwörtern» sprechen. Neben den bestimmen Zahlpronomen sind die folgenden «bestimmten Zahlwörter» zu erwähnen:
1. Nomen (= bestimmte Zahlnomen):
 die Million, die Milliarde, das Dutzend, das Paar; die Eins, die Zwei, die Zehn (→ 1152); das (der) Drittel, Zehntel, Hundertstel (Bruchzahlen; → 104; aber auch → 1125); ein Sechser im Lotto, der Zehner (Ableitungen von Grundzahlen auf -*er*; → 1228)

2. Adjektive (= bestimmte Zahladjektive):
Ordnungszahlen (Ordnungszahladjektive): erster, zweiter, zehnter
Vervielfältigungszahlen (Vervielfältigungszahladjektive): zweifach, fünffach, tausendfach (→ 1359);
einmalig, dreimalig
Bruchzahl: ein halber Liter
3. Adverbien (= bestimmte Zahladverbien):
erstens, zweitens, drittens, achtens; einmal, zweimal, achtmal, hundertmal (→ 1230).
4. Keinen bestimmten Zahlbegriff geben Ableitungen von Grundzahlen auf *-erlei* an; diese gehören zu den Indefinitpronomen und sind eine Art Gattungszahlwörter (→ 255): zweierlei, dreierlei, tausenderlei

eins

249 Von den bestimmten Zahlpronomen verfügt nur *eins* über eine vollständige Deklination:

	Stark		
	männlich	weiblich	sächlich
Nominativ	ein Tag	eine Nacht	ein Jahr
Genitiv	eines Tages	einer Nacht	eines Jahres
Dativ	einem Tag	einer Nacht	einem Jahr
Akkusativ	einen Tag	eine Nacht	ein Jahr

250 **Anmerkungen**
1. Die Deklination von *ein* entspricht dem Possessivpronomen (→ 217). Wie bei diesem werden die endungslosen Formen beim Gebrauch als Stellvertreter durch solche mit Endungen ersetzt:
Es fehlt nur *ein* Schüler. → Es fehlt nur *einer.*
Der Pirat hat nur noch *ein* Auge. → Er hat nur noch *eines (eins).*
2. Daneben kann *ein* auch wie ein Adjektiv *nach einem Begleiter* oder nach einem *vorangestellten Genitiv* stehen. Es wird dann wie ein *Adjektiv* stark oder schwach dekliniert (→ 315 ff.): das *eine* Auge des Piraten, des Piraten *eines* Auge, sein *eines* Auge.
3. Beim Zählen und bei Nachstellung wird die Form *eins* gebraucht: *eins, zwei, drei* ...; die Nummer *eins,* der Staatsfeind Nummer *eins,* auf Platz *eins.*
4. Endungslose Formen von *ein* stehen über die in der Tabelle angegebenen Fälle hinaus in Fügungen wie: in *ein* und derselben Nacht (selten: in *einer* und derselben Nacht); nach *ein* bis zwei Tagen; um (bis, seit, vor, nach ...) *ein* Uhr; in *ein* Viertel aller Fälle (neben: in *einem* Viertel aller Fälle).

Die übrigen bestimmten Zahlpronomen

Bei den übrigen bestimmten Zahlpronomen finden sich Fallendungen nur noch bei *zwei* bis *zwölf* (ohne *sieben*); sonst bleiben sie endungslos.

251

1. Der *Dativ* kann die Endung *-en* tragen, wenn kein Nomen folgt:
   Zwei Leute haben die Kiste nicht bewegen können, jetzt versuchen wir es mit *drei (en)*. Mit diesen *drei(en)* sollte es klappen. Wir kamen zu *dreien*, zu *fünfen* (oder: zu *dritt*, zu *fünft*). Feste Wendungen: auf allen *vieren* kriechen, zu *vieren* nummerieren.

2. Bei *zwei* und *drei* steht im *Genitiv* die Endung *-er,* wenn ihnen kein stark dekliniertes Wort vorangeht:
   Mit Endung: während *zweier* Stunden, der Erfolg *dreier* Fahrerinnen.
   Aber endungslos: während dieser *zwei* Stunden; der Erfolg der *drei* Fahrerinnen.

3. In festen Wendungen findet sich im *Nominativ* und im *Akkusativ* zuweilen die Endung *-e:*
   Endlich konnte sie wieder einmal alle *viere* von sich strecken. Alle *neune*!

Das Indefinitpronomen

> *Indefinitpronomen* oder *unbestimmte Zahlpronomen* sind *Pronomen*, die eine *unbestimmte Zahl* von Personen oder Sachen bezeichnen; sie drücken also einen unbestimmten (nicht in Ziffern schreibbaren) Zahlbegriff aus. Einige werden nur als Stellvertreter gebraucht, andere treten sowohl als Begleiter wie auch als Stellvertreter auf.

252

Anmerkungen

253

1. Einen unbestimmten Zahlbegriff können auch andere Wortarten ausdrücken; man kann hier ganz allgemein von «unbestimmten Zahlwörtern» sprechen.
   Unbestimmte Zahladjektive (→ 303):
   viel Zeit (*mehr* Zeit; die *meiste* Zeit, am *meisten* Zeit), *wenig* Geld (*weniger* Geld, das *wenigste* Geld, am *wenigsten* Geld), *zahlreiche* Leute, *unzählige* Tage, *verschiedene* (*verschiedenste*) Arten, *einzelne* Menschen, das *einzige* Haus, die *einen* Kinder, die *anderen* Kinder
   Unbestimmte Zahladverbien:
   oft, mehrmals
2. Bei der Abgrenzung der Indefinitpronomen von den *unbestimmten Zahladjektiven* kann in Zweifelsfällen eine *Artikelprobe* helfen: Zahladjektive können wie alle Adjektive zwischen Artikel und Nomen stehen, Indefinitpronomen nicht:

viele Leute → die vielen Leute
Artikel möglich, also Zahladjektiv.
manche Leute → die manchen Leute?
Unmöglich! Also Indefinitpronomen.

254 Nur als *Stellvertreter* werden die folgenden Indefinitpronomen gebraucht:

Form	Bemerkungen
etwas, irgendetwas; nichts, gar nichts	Fallbestimmt, aber äußerlich immer endungslos. Mit Apposition: *etwas* Fleisch, *etwas* Neues, *nichts* Neues.
jemand, irgendjemand; niemand, gar niemand	Genitiv: jemandes, niemandes. Dativ und Akkusativ können Endungen haben, müssen aber nicht: jemand(em), jemand(en); niemand(em), niemand(en). Mit Apposition: jemand Neues, mit niemand anderem (anders) (→ 781).
jedermann	Genitiv: jedermanns. Sonst endungslos.
man	Dativ und Akkusativ werden ersetzt durch *einem, einen* (→ 1718): *Man* freut sich über so etwas. So etwas freut *einen*. So etwas gefällt *einem*.
irgendwer, wer; irgendwas, was	Sie hat *wen* vorbeischleichen sehen. Er hat *was* vergessen. Deklination: wie das entsprechende Interrogativpronomen (→ 234).
meinesgleichen, deinesgleichen, seinesgleichen, ihresgleichen ...; unsereins	Fallbestimmt, aber immer endungslos: Das kannst du mit *deinesgleichen* machen, aber nicht mit uns. Das ist nichts für *meinesgleichen*. Das ist nichts für *unsereins*.
unsereiner	Deklination wie *ein* (→ 249): *Unsereinen* träfe dabei der Schlag.

255 Sowohl als *Begleiter* wie auch als *Stellvertreter* können die folgenden Indefinitpronomen verwendet werden:

Form	Bemerkungen
einige, etliche, mehrere; sämtliche; irgendwelche, welche	Diese Indefinitpronomen werden grundsätzlich wie das Demonstrativpronomen *dieser* dekliniert (→ 224, 1719).

Form	Bemerkungen
alle, manche	Deklination wie *dieser* (→ 224, 1719); daneben gibt es auch endungslose Formen: *all* mein Geld, *manch* junger Mensch.
jeder, jeglicher, jedweder	Deklination wie *dieser* (→ 224, 1719), nach dem unbestimmten Artikel wie ein Adjektiv stark oder schwach (→ 324): jedes Buch, in jedem Buch; ein jedes Buch, in einem jeden Buch.
beide	Deklination wie *dieser* (→ 224, 1719). Daneben kann dieses Wort auch wie ein Adjektiv nach dem bestimmten Artikel oder einem anderen Begleiter stehen; es wird dann wie ein Adjektiv dekliniert: Mir kommen *beide* (= alle zwei) bekannt vor. Mir kommen *die beiden* (= die zwei) bekannt vor.
ein, irgendein, kein	Deklination wie Possessivpronomen (→ 217): kein, keines, keinem ...
ein wenig, ein paar, ein bisschen	Fallbestimmt, aber immer endungslos.
genug, genügend	Fallbestimmt, aber immer endungslos.
allerhand, dergleichen	Fallbestimmt, aber immer endungslos.
Ableitungen auf *-erlei*	Fallbestimmt, aber immer endungslos. Ableitungen von Grundzahlen (Gattungszahlwörter): einerlei, fünferlei, hunderterlei ...; andere Ableitungen: derlei, solcherlei, vielerlei, allerlei ...

Der unbestimmte Artikel

Wenn das Pronomen *eins* unbetont vor einem Nomen steht, ist seine ursprüngliche Aufgabe verblasst, eine genaue Mengenangabe zu machen. Es dient dann in erster Linie dazu, etwas Einzelnes als *unbestimmt* zu kennzeichnen; von da die Bezeichnung *unbestimmter Artikel*. **256**

Der unbestimmte Artikel wird im Gegensatz zum bestimmten Zahlpronomen *eins* nicht als Ziffer geschrieben.

Der unbestimmte Artikel wird wie das entsprechende Zahlpronomen *eins* dekliniert (→ 249; nur starke Formen): **257**

	Stark		
	männlich	weiblich	sächlich
Nominativ	ein Tag	eine Nacht	ein Jahr
Genitiv	eines Tages	einer Nacht	eines Jahres
Dativ	einem Tag	einer Nacht	einem Jahr
Akkusativ	einen Tag	eine Nacht	ein Jahr

258 **Anmerkungen**

1. Entsprechend seiner Herkunft steht der unbestimmte Artikel bei Nomen im Singular, die etwas *Zählbares* ausdrücken; im Plural steht bei Unbestimmtheit kein Artikel:
ein Hund bellt. → *Hunde* bellen. *Ein Biber* baut *einen Damm*. → *Biber* bauen *Dämme*.
2. Ebenso wenig steht der unbestimmte Artikel bei Nomen, die etwas *Nichtzählbares* ausdrücken, so bei Stoffbezeichnungen:
Dieser Ring ist aus *Gold* gefertigt. Dazu braucht es *Mut*. Die Engländer pflegen *Gemüse* ohne *Salz* zu kochen.
Wenn solche Nomen dennoch mit dem unbestimmten Artikel stehen, wird damit nicht ein Einzelding, sondern eine *Unterart* oder *Sorte* ausgedrückt (= Sortenlesart):
Sellerie ist *ein gesundes Gemüse* (= eine gesunde Art Gemüse). Kupfersulfat ist *ein Salz* (= eine *Sorte* Salz).
Oder es liegt die Portionenlesart vor:
Anna trank *ein Bier*, Otto *einen Kaffee* (= ein Glas Bier, eine Tasse Kaffee).

Die grammatische Bestimmung der Pronomen

259 Pronomen werden nach den folgenden Merkmalen bestimmt:

1. Unterart
2. Person (nur bei Personal-, Reflexiv- und Possessivpronomen)
3. Zahl
4. Geschlecht (nur im Singular bzw. in der 3. Person Singular; → 203)
5. Fall

Zu einem Überblick über die Unterarten des Pronomens → 205, 262.

260 **Anmerkungen**

1. Die Pronomen *wer, irgendwer, jemand, irgendjemand, niemand, jedermann, man* (und einige weitere Indefinitpronomen) beziehen sich *inhaltlich* zwar auf männliche und weibliche Personen; *grammatisch* sind sie jedoch immer männlich (vgl. auch → 1631).
2. Beim *Possessivpronomen* ist zu beachten, dass daran sowohl die Merkmale des Besitzers als auch diejenigen des Besitztums zum Ausdruck kommen (→ 216).

Übung 16

Bestimmen Sie alle Pronomen nach ihren grammatischen Merkmalen.

■ **1** An ihren Früchten sollt ihr sie erkennen! ■ **2** Das sind nicht die schlechtesten Früchte, an denen die Wespen nagen. ■ **3** Es ist nicht alles Gold, was glänzt. ■ **4** Jeder sieht durch seine eigene Brille. ■ **5** Wenn einer eine Reise tut, so kann er was erzählen. ■ **6** Wenn zwei das Gleiche tun, ist es nicht immer dasselbe. ■ **7** Sie hat von ihrer Schwester ohne deren Einwilligung das Fahrrad ausgeliehen. ■ **8** Und willst du nicht mein Bruder sein, so schlag ich dir den Schädel ein. ■ **9** Manch einer rauft den toten Löwen am Bart, der ihn lebend nicht anzusehen wagte. ■ **10** Keiner ist blinder als derjenige, der nicht sehen will. ■ **11** Was für einen Eindruck hast denn du? ■ **12** Enthaltsamkeit ist das Vergnügen an Sachen, welche wir nicht kriegen (Wilhelm Busch). ■ **13** Ist der Ruf erst ruiniert, lebt es sich ganz ungeniert (Wilhelm Busch). ■ **14** Ein jedes Tierchen hat sein Pläsierchen. ■ **15** Er denkt zu viel; solche Leute sind gefährlich (Shakespeare). ■ **16** Wer einmal lügt, dem glaubt man nicht, und wenn er auch die Wahrheit spricht. ■ **17** Was ist das? In der Jugend geht es auf vier Beinen, in der Lebensmitte auf zweien und im Alter auf dreien. ■ **18** Wenn endlich einmal Gras über eine Sache gewachsen ist, so kommt sicher irgendein Kamel und frisst es wieder weg!

Übersicht über die Unterarten der Pronomen:

Personalpronomen

ich	mir	mich
du	dir	dich
wir	uns	
ihr	euch	
er	ihm	ihn
sie	ihr	sie
es	ihm	es
sie	ihnen	sie

Reflexivpronomen

mir	mich
dir	dich
uns	
euch	
sich	
einander	

Possessivpronomen

mein
dein
unser
euer

sein
ihr
sein
ihr

Demonstrativpronomen

dieser
jener
derselbe
derjenige
solcher

der, die, das

Interrogativpronomen

wer, was
welcher

was für (ein)

Bestimmter Artikel

der, die, das

Relativpronomen

wer, was
welcher

der, die, das

Best. Zahlpronomen

ein, eine, ein

zwei, drei, vier ...
zehn, elf, zwölf ...
zwanzig, dreißig ...
einunddreißig ...
hundert ...
tausend ...
hunderttausend ...
999 999

Unbestimmter Artikel

ein, eine, ein

man	irgendein
jedermann	irgendwelche
jemand	kein
niemand	alle
nichts	sämtliche
etwas	beide

ein bisschen
ein wenig
ein paar

Indefinitpronomen

ein, eine, ein

einige
etliche
manche
allerlei
mancherlei
dreierlei
unsereiner
deinesgleichen
genug

Das Adjektiv

Adjektive haben die folgenden grammatischen Eigenschaften: | 301

1. Sie können *dekliniert* werden, und zwar nach dem *Fall, nach Zahl* und *Geschlecht* (Genus). Beispiele für die Deklination nach dem Geschlecht:
Männlich (Maskulinum): *heißer* Kaffee
Weiblich (Femininum): *heiße* Milch
Sächlich (Neutrum): *heißes* Wasser
2. Bei jedem Adjektiv gibt es zwei Arten von Deklinationsendungen; die einen nennt man *stark*, die anderen *schwach*:
Stark: ein *heißer* Kaffee
Schwach: der *heiße* Kaffee
3. Die meisten Adjektive kennen eine *nichtdeklinierte* Form:
Der Kaffee ist *heiß*. Sie trank den Kaffee *heiß*. Sie liebt Tennis *heiß*.
4. Die meisten Adjektive können *Vergleichsformen* bilden, das heißt, sie können gesteigert (kompariert) werden:
der *heiße* Kaffee – der *heißere* Kaffee – der *heißeste* Kaffee
Der Kaffee ist *heiß – heißer – am heißesten*.

Von den Pronomen und den Partikeln unterscheiden sich Adjektive nicht nur in der Art ihrer Veränderbarkeit, sondern auch darin, dass sie zwischen dem bestimmten Artikel *der, die, das* und einem Nomen stehen können (attributiver Gebrauch; → 306). Bei Zweifelsfällen kann man das für Proben verwenden (Artikelprobe): | 302
Adjektive: der *heiße* Kaffee, der *vordere* Eingang, die *vielen* Vögel
Aber Partikel (Adverb; → 425.2): der Eingang *vorn* (unmöglich: der *vorne* Eingang)
Aber Pronomen (Indefinitpronomen; → 253): *manche* Vögel (unmöglich: die *manchen* Vögel)

(Die bestimmten Zahlpronomen können allerdings ebenfalls zwischen Artikel und Nomen stehen: die *sieben* Zwerge; → 250.2, 251.2.)

Viele Adjektive drücken *Eigenschaften* aus (deshalb die Bezeichnung *Eigenschaftswort*): | 303
der *rote* Ball, der *viereckige* Klotz, der *saftige* Sonntagsbraten, der *steile* Abhang, ein *unangenehmer* Geruch, eine *freundliche* Person

Zahladjektive sind Adjektive, die einen *bestimmten* (in Ziffern schreibbaren; → 248) oder einen *unbestimmten Zahlbegriff* ausdrücken (→ 253).

Bestimmte Zahladjektive (darunter Ordnungs- und Vervielfältigungszahlen; vgl. auch → 248): *der erste (zweite, dritte)* Tag; der *einfache (zweifache, dreifache)* Betrag, sein *einmaliges (zweimaliges, dreimaliges)* Erscheinen

Unbestimmte Zahladjektive: *viel (mehr, am meisten)* Zeit, *wenig (weniger, am wenigsten)* Geduld, *zahlreiche* Flecken, *unzählige* Löcher, *verschiedene (verschiedenste)* Tiere

304 Partizipien können weitgehend wie Adjektive gebraucht werden:

der *kreischende* Rabe, die *versalzene* Suppe, die *grölende* Menge, die *entschwundene* Hoffnung, die *umgebaute* Wohnung

Sofern in den nachstehenden Ausführungen nicht anders angegeben, gelten die grammatischen Eigenschaften der Adjektive immer auch für die adjektivisch gebrauchten Partizipien.

Zum Gebrauch der Adjektive

305 Beim Adjektiv (und bei den adjektivisch gebrauchten Partizipien) können vier Gebrauchsweisen unterschieden werden:

1. attributiv: der *heiße* Kaffee
2. nominalisiert: Ich brauche jetzt etwas *Heißes.*
3. prädikativ: Die Stimmung ist *heiß.*
4. adverbial: Sie liebt diesen Film *heiß.*

Der attributive und der nominalisierte Gebrauch kommen bei sämtlichen Adjektiven vor. Beim prädikativen und beim adverbialen Gebrauch bestehen dagegen oft Beschränkungen, meist auf Grund der Bedeutung der jeweiligen Adjektive. Beispiele:

Nur attributiver Gebrauch: der *vordere* Eingang

Nur attributiver und prädikativer Gebrauch: Das ist eine *mögliche* Entwicklung. Diese Entwicklung ist *möglich.*

Nur attributiver und adverbialer Gebrauch: Gib uns unser *tägliches* Brot. Diese Zeitung erscheint *täglich.*

Wenn sich ein Wort nur prädikativ oder adverbial, nicht aber attributiv verwenden lässt, liegt kein Adjektiv vor, sondern eine Partikel (ein Adverb) (→ 302, 425.2):

Seine Mühen waren *umsonst.* Sie hat sich *umsonst* bemüht.

Zu satzwertigen Adjektiv- und Partizipgruppen → 844 ff.

Der attributive Gebrauch des Adjektivs

| Man spricht von *attributivem* Gebrauch, wenn ein Adjektiv (oder ein adjektivisches Partizip) bei einem *Nomen* steht und dieses näher bestimmt. | 306 |

Normalerweise werden attributive Adjektive *dekliniert* (→ 315 ff.):
ein *netter* Mensch, *angenehme* Leute, *unsichere* Zeiten, in einer *schmalen* Gasse, von einem *freundlichen* Passanten, aus *hartem* Gestein; ein *blühendes* Geschäft, das *abgerissene* Gebäude

Anmerkungen 307
1. Gewisse *unveränderbare* Wörter können wie attributive Adjektive *zwischen Begleiter und Nomen* stehen (→ 302). Streng genommen müssten sie wegen ihrer Unveränderbarkeit den Partikeln zugeordnet werden (→ 12); es hat sich aber eingebürgert, sie zu den Adjektiven zu zählen: Man hat uns eine *prima* Unterhaltung geboten. Er trug eine *tipptopp* Bundfaltenhose. Dieser Laden verkauft nur *original* englische Stoffe.
Ableitungen von geografischen Eigennamen auf *-er*: die *Genfer* UNO-Konferenz, der *Kölner* Dom (→ 1225).
Farbwörter, zum Teil von fremdsprachigen Nomen abstammend: eine *rosa* Tulpe, mit einer *mauve* Jacke, der Preis der *lila* Vorhänge, ein Fahrrad mit *oliv* Rahmen, ein Schreiben auf *chamois* Papier, aus *creme* Stoffen, ein gestreiftes Hemd mit *uni* Krawatte. Manche dieser Farbwörter werden allerdings schon dekliniert, treten also zu den normalen Adjektiven über: mit *beiger* Bluse (neben: mit *beige* Bluse), aus *orangen* Stoffen (nur noch selten: aus *orange* Stoffen). Gelegentlich wird auch zusammengeschrieben: auf Chamois-Papier, aus Cremestoffen.
2. Manchmal bleiben auch sonstige attributive Adjektive ohne Deklinationsendungen: *Klein* Ilse, ein *vollgerüttelt* Maß an Pflichten, ein *unnütz* Leben, mit *viel* Honig. In einigen Fällen wird zusammengeschrieben: Altbundeskanzler Schröder (aber schweizerisch: alt Bundesrat Ogi).
3. Von attributivem Gebrauch spricht man auch, wenn Adjektive einem Nomen nachgestellt sind (→ 1564). Sie bleiben dann oft undekliniert:
Alle Kinder, *große* und *kleine*, sind herzlich eingeladen.
Der Boxer, hundert Kilo *schwer* und *schwitzend*, betrat den Ring. Es war einmal ein Mädchen, *schön* und *wunderbar*.
Forelle *blau*, mein Onkel *selig*, Whisky *pur*; Hänschen *klein*, Röslein *rot* (poetisch)

Der nominalisierte Gebrauch des Adjektivs

| Wenn Adjektive (oder adjektivische Partizipien) Nomen vertreten, die im Text gar nicht genannt werden, kommen sie selbst einem Nomen (Substantiv) nahe. Man bezeichnet sie dann als *nominalisiert* oder *substantiviert*. | 308 |

Nominalisierte Adjektive werden grundsätzlich wie attributive Adjektive dekliniert (→ 315 ff., 324 f.). Zur Groß- und Kleinschreibung → 1133 ff.

Beispiele für nominalisierte Adjektive:
Ein *Fremder* steht vor der Tür. Sie hat etwas *Bemerkenswertes* erlebt. Trag doch heute Abend wieder einmal dein *Rotes!* Wir sollten alles *Trennende* vergessen. Wir gratulierten dem *Überraschten* herzlich.

309 **Anmerkung**

Nominalisierte Adjektive sind zu unterscheiden von attributiven Adjektiven, bei denen ein Nomen zur Vermeidung einer Wiederholung eingespart worden ist (→ 1140):
Die *Großen* fressen die *Kleinen* (nominalisiert). Die *großen* Fische fressen die *kleinen* (attributiv, zu ergänzen: *Fische*).

Der prädikative Gebrauch des Adjektivs

310 Von prädikativem Gebrauch eines Adjektivs (oder Partizips) spricht man, wenn es wohl bei einem Verb steht, sich aber auf ein Nomen oder ein Pronomen bezieht.

Meist ist das Bezugswort bzw. die Bezugswortgruppe das Subjekt oder das Akkusativobjekt. Prädikative Adjektive werden *nicht dekliniert:*
Bezug zum Subjekt: *Der Spion* war *unvorsichtig. Die Schachtel* lag *leer* auf dem Kasten. *Der Hund* suchte *schnuppernd* den Knochen. *Dieser Mann* gilt als *korrupt*.
Bezug zum Akkusativobjekt: Seine Erfolge machten *den Spion* schließlich *unvorsichtig.* Ich brachte *die Schachtel* wieder *leer* zurück. Der Politiker hält *den Zeitungsbericht* für *beleidigend*.

Der adverbiale Gebrauch des Adjektivs

311 Wenn sich ein Adjektiv (oder ein Partizip) auf ein *Verb*, eine *Partikel* oder ein anderes *Adjektiv* bezieht, spricht man von adverbialem Gebrauch.

Adverbiale Adjektive werden nicht dekliniert.
Adverbiale Adjektive bei Verben: Am Strand lasen wir *eifrig* Krimis. Der Richter behandelte die Demonstranten *zuvorkommend*. Er warf den Ball 40 Meter *weit*.
Bei Partikeln: *Hoch* oben sahen wir einen Luftballon (zum Adverb *oben*). *Kurz* nach der Ankunft hatten wir schon ein Hotel gefunden (zur Präposition *nach*). *Kurz nachdem* wir angekommen waren, fanden wir auch schon ein Hotel (zur Konjunktion *nachdem*).
Bei Adjektiven: Heute weht ein *durchdringend* kalter Wind. Die Fahrzeugkolonne kam *erstaunlich* schnell vorwärts. Das ist ein *ganz* wichtiges Ergebnis.

Anmerkung

In manchen Sprachen, zum Beispiel im Französischen, Italienischen und im Englischen, kann das Adjektiv im Gegensatz zum Deutschen nicht oder nur eingeschränkt adverbial gebraucht werden. An seine Stelle treten Adverbien, die mit besonderen Endungen (französisch -*ment*, italienisch -*mente*, englisch -*ly*) von den entsprechenden Adjektiven abgeleitet werden.

Übung 17

Adjektive und adjektivisch gebrauchte Partizipien (einschließlich der Nominalisierungen) sind nach ihrem Gebrauch zu bestimmen.

■ **1** Deine Krawatte sitzt schräg! ■ **2** Als wir ganz oben auf dem Berg waren, sahen wir tief unten die winzig kleinen Autos über die gewundenen Straßen flitzen. ■ **3** Auch im großen Supermarkt konnten wir nichts Brauchbares für unsere neue Wohnung finden. ■ **4** Der schwarze Filzschreiber macht so dicke Striche, weil du viel zu stark drückst. ■ **5** Der gelbliche Rauch, der ununterbrochen aus dem hohen Kamin quoll, roch süßlich. ■ **6** Nachdem es tagelang geschneit hatte, waren alle Alpenübergänge geschlossen. ■ **7** Kurz vor dem Abflug quetschte sich noch ein dicklicher Manager auf den schmalen Sitz neben mir. ■ **8** Das Mäuschen verkroch sich rasch in eine enge Spalte, als es die samtenen Pfoten mit den scharfen Krallen erblickte. ■ **9** Das Sandwich, das mir die unfreundliche Kellnerin auf den mäßig sauberen Tisch knallte, war steinhart und knochentrocken. ■ **10** Der Weg führte fast senkrecht über einen glitschigen Hang zu einer alten Mühle hinunter. ■ **11** Michaela fand den von der Kritik in höchsten Tönen gelobten Film äußerst langweilig. ■ **12** Auch als sie älter wurde, blieb Vera dem erholsamen Radwandern treu. ■ **13** Die älteren Geschwister wollten ohne die jüngeren spielen. ■ **14** Die Chefin kommt später, da sie vorgängig noch allerlei Dringliches erledigen muss. ■ **15** Bohnen darf man nicht roh essen, da sie ungekocht einen schwer verdaulichen Stoff enthalten.

312

Deklinierte und nichtdeklinierte Formen

Adjektive (und adjektivische Partizipien) werden je nach Gebrauch dekliniert oder nicht dekliniert. Deklinierte Formen haben immer Deklinationsendungen, nichtdeklinierte sind endungslos:
   Nicht dekliniert: Der Graben ist *tief.* Wir gruben ziemlich *tief.*
   Dekliniert: ein *tiefer* Graben, eine *tiefe* Schlucht, ein *tiefes* Loch.

313

Nichtdeklinierte Formen mit und ohne -*e*

Bei manchen Adjektiven gibt es nichtdeklinierte Formen mit und ohne auslautendes -*e*. Dieses -*e* ist keine Endung, sondern ist zum Stamm zu zählen. Teils ist die längere, teils die kürzere Variante gebräuchlicher:

314

Sie waren sehr *müde/müd*. Die Gegend war sehr *öde/öd*. Seid uns nicht mehr *böse/bös*! Der Tag war sehr *trübe/trüb*. Dieses Gehäuse ist sehr *solide/solid*. Die Betriebsanleitung war nicht sehr *präzise/präzis*.

Die Deklinationsformen des Adjektivs

315 Deklinierte Adjektive sind veränderbar nach der *Zahl*, nach dem *Geschlecht* (nur im Singular) und nach dem *Fall*. Wenn sie vor einem Nomen stehen (attributiver Gebrauch), übernehmen sie diese Merkmale vom Nomen. Man spricht daher von der *Übereinstimmung* oder *Kongruenz* des Adjektivs mit dem Nomen.

Jedes Adjektiv kann zwei Arten von Deklinationsendungen tragen: *schwache* und *starke*. Man spricht hier von den *Deklinationsarten* des Adjektivs.

316 Die *schwache* Deklination verfügt nur über die Endungen *-e* und *-en*:

	Singular			Plural
	männlich	weiblich	sächlich	
Nom.	der frische Käse	die frische Milch	das frische Brot	die frischen Sachen
Gen.	des frischen Käses	der frischen Milch	des frischen Brotes	der frischen Sachen
Dat.	dem frischen Käse	der frischen Milch	dem frischen Brot	den frischen Sachen
Akk.	den frischen Käse	die frische Milch	das frische Brot	die frischen Sachen

317 Die *starke* Deklination verfügt über die Endungen *-e*, *-en*, *-em*, *-er*, *-es*. Diese Endungen entsprechen bis auf den männlichen und sächlichen Genitiv Singular den Endungen vieler Pronomen, zum Beispiel denen von *dieser* (→ 224, 1719).

	Singular			Plural
	männlich	weiblich	sächlich	
Nom.	frischer Käse	frische Milch	frisches Brot	frische Sachen
Gen.	frischen Käses	frischer Milch	frischen Brotes	frischer Sachen
Dat.	frischem Käse	frischer Milch	frischem Brot	frischen Sachen
Akk.	frischen Käse	frische Milch	frisches Brot	frische Sachen

Stark oder schwach?

Die Verteilung der Deklinationsendungen wird von der folgenden einfachen Regel gesteuert:

1. Ein Adjektiv erhält eine *schwache* Deklinationsendung, wenn ihm ein *Begleiter* (ein Artikel oder ein anderes Pronomen) mit einer *starken* Endung vorangeht.
2. In allen übrigen Fällen werden Adjektive *stark* dekliniert.

318

Anders gesagt: Wenn der *Begleiter* den Fall mit einer *starken* Endung anzeigt, genügt beim *Adjektiv* die *schwache* Endung. Wenn ein *endungsloser* Begleiter vorangeht oder *gar kein* Begleiter, muss das Adjektiv selbst mit einer *starken* Endung den Fall anzeigen.

Starker Begleiter → schwaches Adjektiv	Endungsloser oder gar kein Begleiter → starkes Adjektiv
ein**es** *kleinen* Mannes	ein *kleiner* Mann
welch**es** *kluge* Kind	welch *kluges* Kind
manch**em** *armen* Teufel	manch *armem* Teufel
mein**em** *treuen* Freund	mein *treuer* Freund
unser**es** *guten* Vaters	unser *guter* Vater
da**s** *helle* Licht	*helles* Licht

Mehrere gleich gerichtete Adjektive haben gleiche (parallele) Deklination, gleichgültig, ob sie durch Komma getrennt sind oder nicht:
    bei *warmem, trockenem* Wetter; mit *frischem grünem* Salat; von *gutgelagertem, altem weißem* Wein; nach *langer, schwerer* Leidenszeit

319

Nach einer *bloßen* Präposition ohne folgenden Begleiter wird das Adjektiv stark dekliniert. Ist die Präposition aber mit dem Artikel *verschmolzen*, weist das Adjektiv schwache Endungen auf:

320

Verschmelzung von Artikel und Präposition → schwaches Adjektiv	Bloße Präposition → starkes Adjektiv
in**s** *kalte* Wasser	in *kaltes* Wasser
i**m** *kalten* Wasser	in *kaltem* Wasser
bei**m** *starken* Schneefall	bei *starkem* Schneefall
zu**r** *guten* Musik	zu *guter* Musik

Zur Deklination nach starken Pronomen und Zahladjektiven

321 Nach einem *starken Pronomen* ist *schwache* Deklination des Adjektivs zu erwarten (→ 318), nach einem *starken Zahladjektiv* hingegen *starke* (parallele) Deklination (→ 319). Von dieser klaren Regelung wird aber öfter abgewichen, sodass oft Unsicherheit besteht, ob ein folgendes Adjektiv stark oder schwach dekliniert werden soll. In den nachstehenden Tabellen sind die üblichen Gebrauchsweisen zusammengestellt.

322 Die Deklination nach *starken* Pronomen:

alle	*Nur* schwach: alles weiße Mehl, alle bösen Geister, der Ertrag aller guten Jahre
keine	*Nur* schwach: keine besseren Nachrichten
sämtliche	Schwach: sämtliche vorhandenen Bücher (stark nicht zu empfehlen: sämtliche vorhandene Bücher)
beide	Schwach: beide überlebenden Matrosen, die Wirkung beider getroffenen Maßnahmen (stark nicht zu empfehlen: beide überlebende Matrosen, die Wirkung beider getroffener Maßnahmen)
manche	Im Singular nur schwach: mancher junge Student; im Plural schwach oder stark: manche jungen Studenten, manche junge Studenten
welche	Schwach: welches freie Land, welche freien Journalisten (stark nicht zu empfehlen: welches freies Land, welche freie Journalisten)
irgendwelche	Schwach oder stark: irgendwelches neue Material, irgendwelches neues Material
etliche, etwelche	Stark: etliche früh blühende Pflanzen (schwach nicht zu empfehlen: etliche früh blühenden Pflanzen)
solche	Im Singular stark: mit solchem italienischem Essig (schwach nicht zu empfehlen: mit solchem italienischen Essig); im Plural stark oder schwach: solche italienische Teigwaren, solche italienischen Teigwaren
einige	Stark: mit einigem hartnäckigem Einsatz, für einige alte Freunde (schwach nicht zu empfehlen: mit einigem hartnäckigen Einsatz, für einige alten Freunde)
mehrere	Stark: mehrere abbruchreife Häuser, der Einsatz mehrerer kräftiger Handwerker (schwach nicht zu empfehlen: mehrere abbruchreifen Häuser, der Einsatz mehrerer kräftigen Handwerker)
zweier, dreier	Nach den Genitiven *zweier* und *dreier* werden Adjektive überwiegend stark dekliniert: der Bau zweier hoher Häuser, wegen dreier schwerer Unfälle (schwach nicht zu empfehlen: der Bau zweier hohen Häuser, wegen dreier schweren Unfälle)

dessen, deren	Nach den nicht weiter veränderbaren Genitiven *dessen* und *deren* des Demonstrativ- und des Relativpronomens *der, die, das* werden Adjektive ausschließlich stark dekliniert (→1723): für die Schulkinder und deren jüngere Geschwister (falsch: ... und deren jüngeren Geschwister); der Verein, an dessen siebentem Jahrestag ich teilnahm (falsch: an dessen siebenten Jahrestag, an dessem siebenten Jahrestag)
ich, wir, du, ihr	Stark: ich armer Kerl, mir armem Kerl, für uns treue Fans; im Nominativ Plural aber überwiegend schwach (→ 721, 1720 ff.): wir treuen Fans (oder: wir treue Fans)

Die Deklination nach *starken* Zahladjektiven: 323

viel	Stark: mit vielem hellem Licht, der Import vieler tropischer Früchte (schwach nicht zu empfehlen: mit vielem hellen Licht, der Import vieler tropischen Früchte)
wenig	Stark: wenige kleine Kinder (schwach nicht zu empfehlen: wenige kleinen Kinder)
andere	Stark: die Behebung anderer schwerer Schäden (schwach nicht zu empfehlen: die Behebung anderer schweren Schäden)
verschiedene	Stark: verschiedenes älteres Material, die Verwirklichung verschiedener guter Ideen (schwach nicht zu empfehlen: verschiedenes ältere Material, die Verwirklichung verschiedener guten Ideen)
folgende	Im Singular überwiegt die schwache, im Plural die starke Form: folgendes beweiskräftige Aktenstück, folgende zweifelhafte Aussagen

Nominalisierte Adjektive

Nominalisierte Adjektive und Partizipien werden grundsätzlich wie attributive Adjektive dekliniert: 324

Starker Begleiter → schwaches nominalisiertes Adjektiv	Endungsloser oder gar kein Begleiter → starkes nominalisiertes Adjektiv
dem *Schönen* zugetan sein	*Schönem* zugetan sein
alles *Gute*	allerlei *Gutes*
der *Angestellte*	ein *Angestellter*
die *Delegierten* aus Bern	Kölns *Delegierte*

325 **Anmerkungen**
1. Nominalisierte Adjektive werden nach einem starken attributiven Adjektiv grundsätzlich parallel, also ebenfalls stark, dekliniert (→ 319). Abweichungen finden sich vor allem bei Nominalisierungen, die sich inhaltlich vom zugrunde liegenden Adjektiv mehr oder weniger gelöst haben:
   sein boshaftes Innere (neben: sein boshaftes Inneres), mit Claudias neuem Bekannten (neben: mit Claudias neuem Bekanntem), von gepflegtem Äußeren (neben: von gepflegtem Äußerem) Aber doch meist: die Lage armer Verwandter (nicht: die Lage armer Verwandten), die Rechte ausländischer Gesandter (nicht: die Rechte ausländischer Gesandten), ein geschlossenes Ganzes (nicht: ein geschlossenes Ganze); verehrte Anwesende!
2. Einige männliche Wörter, die nicht mehr als nominalisierte Adjektive empfunden werden, sind zu Nomen geworden; sie bilden ihre Formen nach der n-Deklination:
   Es wurde ein Dissident (nicht: ein Dissidenter) verhaftet. Ebenso: ein Synodale, ein Konventuale, ein Spiritual(e), ein Pyromane, ein Kleptomane.
   Auch schon: Ein Invalide (neben: ein Invalider) muss um vieles kämpfen. Am Kongress nahmen hundert Invaliden (neben: hundert Invalide) teil.
3. Ein Spezialfall mit umgekehrtem Vorzeichen ist *der Beamte*. Obwohl ausschließlich als Nomen gebraucht, hat dieses Wort immer noch adjektivische Deklinationsendungen:
   ein Beamter, der Beamte, des Beamten; tüchtige Beamte, diese Beamten
4. Einige weibliche Wörter schwanken noch zwischen nominaler und adjektivischer Deklination: mittels einer Gerade (adjektivisch: mittels einer Geraden), der Abstand zweier Geraden (adjektivisch: der Abstand zweier Gerader). Ähnlich: die Horizontale, die Vertikale, die Konstante. Ferner: das Absingen der Internationale (nur noch nominal).
5. Bei Farb- und Sprachbezeichnungen ist zwischen adjektivisch deklinierten Nominalisierungen und eigentlichen Nomen zu unterscheiden:
   Nominalisierte Farbadjektive: Er redete ins *Blaue*. Sie trug ihr kleines *Schwarzes*.
   Farbnomen (s-Genitiv, Plural endungslos): Die Wirkung dieses *Blaus* ist erfrischend. Dieses *Schwarz* wirkt gar nicht düster. Diese beiden *Grün* vertragen sich nicht.
   Nominalisierte Sprachadjektive (für die jeweilige Sprache gemeinhin): Das *Deutsche* hat sich seit Luther noch ziemlich verändert. Sie kennt sich im *Englischen* gut aus.
   Sprachnomen (für eine besondere Ausprägung der Sprache; Genitiv auf -s oder endungslos): Ihr *Deutsch* hat einen französischen Akzent. Das *Englisch* des fünfzehnten Jahrhunderts ist schwer verständlich.
6. Nach Personalpronomen werden nominalisierte Adjektive stark, im Nominativ Plural auch schwach dekliniert (→ 322, 1720 ff.):
   Singular, männlich: ich Armer, mir Armem, mich Armen
   Singular, weiblich: du Arme, dir Armer, dich Arme
   Plural: wir Liberale (oder: wir Liberalen), mit uns Liberalen, für uns Liberale (Akkusativ; nur stark)

Die Komparation (Steigerung) des Adjektivs

Außer der Deklination ist beim Adjektiv eine weitere Formveränderung zu beobachten, die man als *Steigerung* oder *Komparation* (wörtlich: *Vergleich*) bezeichnet. Die Komparationsformen ermöglichen es, den verschieden hohen Grad der gleichen Eigenschaft von zwei oder mehr Personen oder Dingen auszudrücken.

Es gibt drei Komparationsformen: Der *Positiv* (die *Grundstufe*) ist die neutrale Grundform; von ihr heben sich die beiden anderen ab: der *Komparativ* (die *Höherstufe*) und der *Superlativ* (die *Höchststufe*):

326

Komparationsform	Beispiel
Positiv	Petra ist so groß wie Liselotte.
Komparativ	Roger ist größer als Petra und Liselotte.
Superlativ	Andreas ist am größten von allen.

Anmerkungen
1. Wenn Komparative keinen vergleichenden Satzteil mit *als* bei sich haben, beziehen sie sich oft auf den Gegenbegriff:
Sie führten ein *längeres* Gespräch. (Gemeint ist nicht ein Gespräch, das länger als ein anderes langes ist, sondern das länger als ein kurzes ist.) Ebenso: ein *älterer* Herr, eine *größere* Anschaffung.
2. Manche Adjektive bilden auf Grund ihrer besonderen Bedeutung keine Komparationsformen: tot, dreiteilig, rechtwinklig, maximal (→ 1725).
Dies gilt insbesondere auch für vergleichende und verstärkende Zusammensetzungen: steinhart (= hart wie ein Stein), rabenschwarz (= schwarz wie ein Rabe), pickelhart (= ganz hart), nigelnagelneu (= völlig neu).

327

Die Komparation der eigentlichen Adjektive

Der Komparativ wird mit der Komparationsendung *-er*, der Superlativ mit der Komparationsendung *-st* (oder *-est*) ausgedrückt:

328

Positiv	Komparativ	Superlativ
schön	schöner	am schönsten
dunkel	dunkler	am dunkelsten
breit	breiter	am breitesten
weiß	weißer	am weißesten

329 Bei einem Teil der Adjektive mit einsilbigem Stamm weisen der Komparativ und der Superlativ Umlaut auf:

Positiv	Komparativ	Superlativ
alt	älter	am ältesten
rot	röter	am rötesten
jung	jünger	am jüngsten

Weitere Beispiele:
Immer mit Umlaut: arm, dumm, kalt, klug, krank, kurz, lang, scharf, warm.
Mit oder ohne Umlaut: bang, blass, fromm, gesund, glatt, karg, krumm, nass, schmal.
Nie mit Umlaut: brav, dunkel, falsch, flach, froh, gerade, hohl, klar, mager, plump, rund, schlank, stolz, stumpf, tapfer, toll, trocken, wohl, zahm, zart.
Nie Umlaut haben außerdem alle Adjektive mit *au* im Stamm: blau, genau, grau, lau, laut, lauter, rau, schlau.

330 Einige Adjektive zeigen mehr oder weniger starke Unregelmäßigkeiten:

Positiv	Komparativ	Superlativ
gut	besser	am besten
hoch (der hohe)	höher	am höchsten
nah	näher	am nächsten
groß	größer	am größten
viel	mehr	am meisten
wenig	minder	am mindesten
	weniger	am wenigsten

331 **Anmerkungen**
1. Im Superlativ gibt es gewöhnlich nur Formen mit Deklinationsendung. Den nichtdeklinierten Formen von Positiv und Superlativ im prädikativen und adverbialen Gebrauch (→ 310, 311) entsprechen kleinzuschreibende Fügungen mit *am* (→ 1141):
Sie war (rennt) *schnell, schneller, am schnellsten*. Sie kletterte *hoch, höher, am höchsten*. Barbara blieb *lange, länger, am längsten*.
2. Bei einigen Adjektiven gibt es immerhin endungslose Superlative; meist drücken diese aber nicht den höchsten Grad in einem Vergleich aus, sondern nur allgemein einen hohen Grad:
Dieser Raum muss *gründlichst* gereinigt werden. Das ist eine *höchst* eigenartige Idee. Judith müsste *längst* hier sein. Das Seil muss *möglichst* straff gespannt sein.
3. Ableitungen von Superlativen auf *-ens* zählt man zu den Adverbien: Sie bleibt *höchstens* drei Tage. Wir haben uns *bestens* unterhalten.

Die Komparationsformen der Partizipien

Adjektivisch gebrauchte Partizipien können Komparationsformen bilden, wenn ihre ursprüngliche, verbale Bedeutung verblasst ist und sie ganz als Adjektive empfunden werden:

aus *berufenerer* Feder, *verlockendere* Versprechungen, die *glänzendste* Leistung, die *schreiendsten* Farben, die *bewährtesten* Kräfte, die *maßgebendste* Meinung, die *erbittertsten* Feinde, *widersprechendste* Gerüchte, die *gesuchteste* Briefmarke

Aber nicht: das *lachendere* Mädchen (sondern allenfalls: das *lauter lachende* Mädchen), die *versalzenere* Suppe (allenfalls: die *stärker versalzene* Suppe); die unseren Erfahrungen *widersprechendsten* Gerüchte (sondern allenfalls: die unseren Erfahrungen *am meisten widersprechenden* Gerüchte), die von den Philatelisten *gesuchteste* Briefmarke (sondern allenfalls: die von den Philatelisten *am meisten gesuchte* Briefmarke).

332

Verbindungen aus Adjektiv und Partizip können unterschiedlich eng sein. Dies wirkt sich auf die Art der Steigerung sowie auf die Getrennt- und Zusammenschreibung aus.

333

1. Wenn das Partizip noch in seiner verbalen Bedeutung empfunden wird, erhält das Adjektiv die Komparationsformen. Man schreibt das Adjektiv dann getrennt, ausgenommen reine Superlative (ohne *am, aufs* usw.).

Max ist heute *gut* gelaunt. Er ist *besser* gelaunt als gestern. Gabriela ist heute *am besten* gelaunt von allen. Thekla machte sich *best*gelaunt an die Arbeit.

Ebenso: gut versorgt, tief besorgt, hell leuchtend, viel beschäftigt, viel verlangt, übel riechend, hoch verschuldet (aber: *best*versorgt, *meist*verlangt, *höchst*verschuldet).

2. Wenn die verbale Bedeutung nicht mehr empfunden wird, bildet das Partizip selbst die Komparationsformen. Man schreibt dann zusammen:

Bernhard hatte hoch*fliegende* Pläne. Er hatte hoch*fliegendere* Pläne als Kurt. Er trat seine neue Stelle mit den hoch*fliegendsten* Plänen an.

Ebenso: bei wohl*schmeckendster* Kost, mein Hoch*verehrtester*.

3. Oft sind beide Bildungsweisen anzuerkennen. Im Positiv ist dann Getrennt- oder Zusammenschreibung zuzulassen:

Die Vorwürfe waren *schwer* wiegend (schwer*wiegend*). Mir wurden noch nie *schwerer* wiegende (schwer*wiegendere*) Vorwürfe gemacht. Daniela hatte die *am schwersten* wiegenden (schwer*wiegendsten*) Vorwürfe erhoben.

Ebenso: weit gehend (weitgehend), weit tragend (weittragend), tief gefühlt (tiefgefühlt).

4. Unzweifelhaft falsch sind jedoch doppelte Komparationsformen (→ 1726):

die *schwerstwiegendsten* Vorwürfe (richtig: *schwerstwiegenden* oder *schwerwiegendsten*), der *tiefstgefühlteste* Dank (richtig: *tiefgefühlteste* oder *tiefstgefühlte*), der *besteingerichtetste*

Betrieb (richtig: *best*eingerichtete), die *höchstgelegensten* Siedlungen (richtig: die *höchstgelegenen* Siedlungen)

Entsprechendes gilt auch für Zusammensetzungen mit dem Adjektiv *möglich:* der *höchstmöglichste* Ausnützungsgrad (richtig: *höchst*mögliche).

Die grammatische Bestimmung des Adjektivs

334 Adjektive und adjektivisch gebrauchte Partizipien können nach den folgenden grammatischen Merkmalen bestimmt werden:

1. Komparation: Positiv, Komparativ, Superlativ
2. Deklinationsart: stark, schwach
3. Zahl: Singular, Plural
4. Geschlecht (nur im Singular): männlich, weiblich, sächlich
5. Fall: Nominativ, Genitiv, Dativ, Akkusativ

Bei nichtdeklinierten Adjektiven entfallen die Punkte 2–5. Adjektivische Partizipien werden gleich bestimmt wie gewöhnliche Adjektive. (Zu den verbalen Merkmalen → 95.)

335 **Übung 18**

In den folgenden Sätzen sind die Komparations- und Deklinationsmerkmale aller Adjektive und adjektivisch gebrauchten Partizipien zu bestimmen. Es sind auch adjektivisch deklinierte Nominalisierungen zu berücksichtigen. (Die verbalen Merkmale der Partizipien sind nicht anzugeben.)

■ **1** Das Bessere ist der Feind des Guten. ■ **2** Wir machten gute Miene zum bösen Spiel. ■ **3** Am siebten Tage sollst du ruhn. ■ **4** Der Kluge fährt im Zuge. ■ **5** Nichts wird so heiß gegessen, wie es gekocht ist. ■ **6** Geteiltes Leid ist halbes Leid. ■ **7** Kleine Diebe hängt man, die großen lässt man laufen. ■ **8** Stille Wasser gründen tief. ■ **9** Je schwerer die Last, desto leichter wirft man sie ab. ■ **10** Leere Tonnen geben großen Schall. ■ **11** Auch der schönste Schmetterling war einmal eine unscheinbare Raupe. ■ **12** Eine Hand wäscht die andere. ■ **13** Den Letzten beißen die Hunde. ■ **14** Jede Mutter hält ihr Kind für das schönste. ■ **15** Der Hund ist des Menschen liebster Freund.

Die Partikel

In der Wortart Partikel fassen wir die *unveränderlichen*, also weder deklinierbaren noch konjugierbaren Wörter zusammen. Nach ihrer Aufgabe im Satz unterscheiden wir die folgenden vier Unterarten:

1. *Präpositionen:* Sie bilden mit einer abhängigen Wortgruppe zusammen eine Präpositionalgruppe. Der Fall der abhängigen Wortgruppe wird dabei von der Präposition bestimmt.
2. *Konjunktionen:* Sie verbinden Wörter, Wortgruppen oder Sätze.
3. *Interjektionen:* Dies sind Ausrufewörter, die außerhalb von ausgebauten Sätzen stehen.
4. *Adverbien:* In dieser Restgruppe fasst man alle übrigen Partikeln zusammen.

401

Die Präposition

Präpositionen stehen nie allein im Satz; von ihnen hängt vielmehr immer eine *Wortgruppe* ab. Diese kann aus mehreren Wörtern bestehen oder auch aus einem Einzelwort (es liegt dann eine «1-Wort-Gruppe» vor). Der *Fall* der Wortgruppe wird *von der Präposition bestimmt.* Präposition und abhängige Wortgruppe bilden zusammen eine *Präpositionalgruppe* (→ 403, 682).

402

Inhaltlich drücken Präpositionen *Verhältnisse* und *Beziehungen* aus:
    Er wohnt *in* Mailand (Ort). Sie muss *in* der Nacht arbeiten (Zeit). Der Ring ist *aus* Gold (Beschaffenheit). Sie schrieb *mit* dem Bleistift (Mittel). Dieses Geschenk ist *für* dich (Zweck, Bestimmung). Die Wiesen wurden *wegen* der Trockenheit gelb (Grund). Er kümmerte sich *um* die Gäste (betroffene Person; → 684).

Zur Stellung der Präpositionen

403 Die meisten Präpositionen sind *vorangestellt,* das heißt, sie stehen *vor* der abhängigen Wortgruppe. Es gibt aber auch nachgestellte Präpositionen:

Vorangestellt: Präpositionalgruppe = *Präposition* + abhängige Wortgruppe

Beispiele: *während* des Essens, *für* meinen Kollegen, *mit* Zucker, *hinter* der Tür

Nachgestellt: Präpositionalgruppe = abhängige Wortgruppe + *Präposition*

Beispiele: meiner Freundin *zuliebe,* des großen Andrangs *halber*

404 Anmerkungen
1. Manche Präpositionen können *vor-* oder *nachgestellt* werden:
nach meiner Meinung / meiner Meinung *nach; wegen* des schlechten Wetters / des schlechten Wetters *wegen*
2. Es gibt auch *zwei-* und *dreigliedrige* Präpositionen:
Vorangestellt: *bis vor* die Haustür, *bis zum* Freitag.
Umklammernd: *von* Anfang *an, vom* Fenster *aus, um* des Friedens *willen.*
3. Gewisse Präpositionen können mit dem bestimmten Artikel *verschmelzen* (→ 232):
im (= in dem), ins (= in das), zum (= zu dem), zur (= zu der), fürs (= für das), unters (= unter das)

Der Fall bei den Präpositionen

405 Die Präpositionen bestimmen den *Fall* der Wortgruppen, die von ihnen abhängen. Dies kann der Genitiv, der Dativ oder der Akkusativ sein – nie aber der Nominativ.

Die Eigenschaft, einen bestimmten Fall zu fordern, wird auch *Rektion* genannt. Man sagt, eine Präposition *regiere* einen Fall.
innerhalb → Genitiv: innerhalb des Waldes
aus → Dativ: aus dem Wald
durch → Akkusativ: durch den Wald

406 Anmerkung
Präpositionen stehen manchmal auch bei Wörtern, die nicht nach dem Fall bestimmt sind, zum Beispiel bei *Adverbien* und *Adjektiven* (→ 683):
Bei Adverbien (Adverbgruppen): von oben, nach unten, seit gestern, bis übermorgen.
Bei Adjektiven (Adjektivgruppen): über kurz oder lang, aus nah und fern.

Präpositionen mit dem Akkusativ

Den Akkusativ verlangen: 407
à, betreffend, durch, für, gegen, je (je angebrochenen Behälter; auch als *Adverb* mit dem Nominativ: je angebrochener Behälter), ohne, per (per ersten Juni), pro (pro verkauften Kubikmeter), sonder (= «ohne», veraltet: sonder allen Zweifel, sonder Zahl), um, via, wider

Präpositionen mit dem Dativ

Den Dativ verlangen: 408
ab (→ 414), aus, außer (→ 420.2), bei, entgegen (vor- oder nachgestellt), entsprechend (vor- oder nachgestellt), fern (auch: fern von), gegenüber (vor- oder nachgestellt), gemäß (vor- oder nachgestellt), mit, mitsamt, nach (auch nachgestellt), nahe, nächst, nebst, samt, seit, vis-à-vis (vis-à-vis dem Bahnhof), von, von ... an, von ... auf, von ... her, zu (auch nachgestellt oder klammernd: dem Ausgang zu, nach den Bergen zu), zuleide (nachgestellt), zuliebe (nachgestellt), zuwider (nachgestellt)

Präpositionen mit dem Akkusativ und dem Dativ

Einige Präpositionen stehen mit dem *Dativ*, wenn sie eine *Ruhelage* ausdrücken (Frage: 409
Wo?), aber mit dem *Akkusativ*, wenn sie eine *Bewegung*, eine *Richtung* angeben (Frage: Wohin?). Man bezeichnet sie auch als Wechselpräpositionen.

	Ruhelage → Dativ	Bewegung, Richtung → Akkusativ
an	Das Bild hängt an der Wand.	Ich hänge das Bild an die Wand.
auf	Die Taube sitzt auf dem Dach.	Die Taube fliegt auf das Dach.
in	Die Kinder schwimmen im See.	Die Kinder springen in den See.
hinter	Wir standen alle hinter ihm.	Wir stellten uns alle hinter ihn.
neben	Was steht neben der Tür?	Was stellst du neben die Tür?
über	Nebel lag über dem See.	Das Boot fuhr über den See.
unter	Die Katze saß unter dem Tisch.	Die Katze rannte unter den Tisch.
vor	Ich stand vor dem Fenster.	Ich trat vor das Fenster.
zwischen	Der UNO-Beobachter befand sich zwischen den Fronten.	Der UNO-Beobachter geriet zwischen die Fronten.

Präpositionen mit dem Genitiv

410 Zahlreiche Präpositionen verlangen den *Genitiv*. Viele von ihnen gehören der Papier- und Amtssprache an.

411 Zu beachten ist allerdings, dass Nomen im heutigen Deutsch meist nur noch dann im Genitiv stehen, wenn zugleich ein vorangehendes Wort den Genitiv kenntlich macht, zum Beispiel ein Artikel, ein anderes Pronomen oder ein Adjektiv (→ 1742, 1745). Dies gilt auch für den Genitiv nach Präpositionen. Wenn ein fallanzeigendes Wort fehlt, wird je nach Präposition auf den Dativ oder auf eine Fügung mit *von* plus Dativ ausgewichen. Bei Nomen im Singular sind aber auch noch Genitivformen möglich. In der folgenden Liste ist in Klammern angegeben, wo der Anschluss mit *von* üblich ist.

abseits (von)	infolge (von) inklusive	unfern (→ 414)
abzüglich	inmitten (von)	unterhalb (von)
angesichts	innerhalb (von)	unweit (von)
anhand (von)	innert (schweiz., westösterr.)	vermöge
anlässlich	jenseits (von)	vermittels(t)
anstatt (→ 420.2)	kraft	voll (von)
anstelle, an Stelle (von)	links (von)	voller
	mangels	vonseiten, von Seiten
aufgrund, auf Grund (von)	mittels	von ... wegen
aufseiten, auf Seiten (von)	namens	während (→ 414)
außerhalb (von)	nördlich (von)	wegen (→ 414)
ausschließlich	oberhalb (von)	westlich (von)
behufs	östlich (von)	zeit (zeit seines Lebens)
beiderseits (von)	punkto	zugunsten, zu Gunsten (von)
betreffs	rechts (von)	zuhanden (von),
bezüglich	seitens	aber: zu Händen (von)
dank (→ 414)	seitlich (von)	zulasten, zu Lasten (von)
diesseits (von)	statt (→ 420.2)	zuungunsten,
eingangs	südlich (von)	zu Ungunsten (von)
einschließlich	trotz (→ 414)	zuzüglich
exklusive	um ... willen	zwecks
halber (nachgestellt)	unbeschadet	
hinsichtlich	ungeachtet	

Ersatz des Genitivs bei Nomen im Singular: Der Wechsel von Genitiv und Dativ ist erkennbar bei Nomen der s-Deklination (Genitiv mit Endung -es/-s).   412

Mit fallanzeigendem Wort	Ohne fallanzeigendes Wort
wegen *des* Umbaus geschlossen mangels *genügenden* Einkommens abzüglich *des* üblichen Skontos einschließlich *des* nötigen Verpackungsmaterials	wegen Umbau(s) geschlossen mangels Einkommen(s) abzüglich Skonto(s) einschließlich Verpackungsmaterial(s)
anstelle *des* Holzes zugunsten *des* Bruders und *der* Schwester westlich *des* Dorfes	anstelle von Holz zugunsten von Bruder und Schwester westlich von Köln (oder: westlich Kölns; weniger gut: westlich Köln)

Ersatz des Genitivs bei Nomen im Plural: Der Dativ ist meist am Dativ-n erkennbar (→ 146):   413

Mit fallanzeigendem Wort	Ohne fallanzeigendes Wort
mangels *eindeutiger* Beweise mittels *dieser* Schnüre während *dreier* Jahre wegen anhaltender Schneefälle	mangels Beweisen mittels Schnüren während vier Jahren wegen Schneefällen
anhand *der* Papiere inmitten *ihrer* Freunde infolge *vieler* Streitigkeiten zugunsten *unserer* Nachbarn	anhand von Papieren inmitten von Freunden infolge von Streitigkeiten zugunsten von Nachbarn

Schwankende Rektion

Bei einigen Präpositionen kann mehr als ein Fall stehen, ohne dass dies mit einem Bedeutungsunterschied verbunden wäre (Gegensatz: → 409). Es liegt also schwankende Rektion vor.   414

ab	Gewöhnlich Dativ, bei Zeitangaben auch Akkusativ: ab *dem* dritten Stockwerk, ab *drittem* Januar (weniger gut: ab *dritten* Januar), ab fünf *Jahren* (weniger gut: ab fünf *Jahre*).

außer	Gewöhnlich Dativ, in festen Wendungen Genitiv: außer *Landes*. Die Präposition wird selten auch bei Bewegungsverben gebraucht; dann steht der Akkusativ: etwas außer *den* Zusammenhang stellen. Zum Gebrauch als Konjunktion → 420.2.
binnen	Genitiv oder Dativ: binnen *dreier* Jahre, binnen *drei Jahren*.
bis	Akkusativ: bis *folgenden* Freitag. In der Apposition zu artikellosen Nomen Akkusativ, weniger gut auch Dativ: bis Mittwoch, *den* 3. Mai (weniger gut: bis Freitag, *dem* 3. Mai; dafür lieber: *bis zum* Freitag, *dem* 3. Mai); bis Mailand, *dem* Zentrum der Lombardei (besser: *bis nach* Mailand, *dem* Zentrum der Lombardei; oder auch: bis Mailand, Zentrum der Lombardei).
dank	Genitiv oder Dativ. Der Dativ als der ursprünglichere Fall (vgl.: *jemandem* danken) ist vorzuziehen: dank *seinem* festen Auftreten (neben: dank *seines* festen Auftretens). Vgl. auch *trotz!*
entlang	Vorangestellt: Dativ, selten Genitiv: Entlang *dem* Damm (Entlang *des* Damms) wachsen Büsche. Nachgestellt Akkusativ, selten Dativ: *Den* Damm entlang (oder: *Dem* Damm entlang) wachsen Büsche.
längs	Genitiv, seltener Dativ: längs *des* Flusses (oder: längs *dem* Fluss).
laut	Genitiv oder Dativ: laut *dieses* Gesetzes, laut *diesem* Gesetz.
ob	Dativ, bei Begründungen auch Genitiv: Sie erschraken ob *des* Blitzes (oder: ob *dem* Blitz). Die Präposition *ob* ist veraltet.
trotz	Genitiv oder Dativ. Der Dativ als der ursprünglichere Fall (vgl: *jemandem* trotzen) ist vorzuziehen: trotz *allem*, trotz *dem* schlechten Wetter (neben: trotz *des* schlechten Wetters). Vgl. auch *dank!*
unfern	Im Gegensatz zu *fern* meist Genitiv, seltener Dativ oder von + Dativ: unfern *seines* Hauses (oder: unfern *seinem* Haus, unfern von *seinem* Haus).
während	Genitiv: während *vieler* Monate. In der weniger gehobenen Sprache auch Dativ: während vielen *Monaten*. − Der Dativ ist hochsprachlich korrekt, 1. wenn dem Nomen kein fallanzeigendes Wort vorangeht (→ 411 ff.): während *fünf Monaten*; 2. bei Schreibung in Ziffern: während *3 Tagen* (aber: während *dreier Tage*).
wegen	Genitiv: *dieses Vorfalls* wegen, wegen *dieser Vorfälle*. Weniger gehoben bei Voranstellung der Präposition auch Dativ: wegen *diesem Vorfall*, wegen *diesen Vorfällen*. − Der Dativ ist allgemein korrekt, wenn kein fallanzeigendes Wort vorangeht (→ 411 ff.): wegen *solcherlei Vorfällen*.
zufolge	Vorangestellt Genitiv, nachgestellt Dativ: zufolge *eines* Irrtums, *einem* Irrtum zufolge.

Die Partikel   Wort- und Formenlehre   153

Der Fall nach mehreren Präpositionen

Zwei Präpositionen, die verschiedene Fälle fordern, können ohne Bedenken vor demselben Wort stehen, sofern der Fall nicht erkennbar ist: **415**
    mit oder ohne Salz, mit oder gegen uns

Wenn der Fall erkennbar ist, richtet man sich nach der näheren Präposition. Besser ist es freilich, das Nomen oder Pronomen zu wiederholen:
    vor und während des Krieges (besser: vor dem Krieg und während des Krieges), während und nach dem Krieg (besser: während des Krieges und nach dem Krieg; während des Krieges und danach), mit oder gegen ihn (besser: mit ihm oder gegen ihn)

Die Konjunktion

Konjunktionen sind Partikeln, die Wörter, Wortgruppen und Teilsätze verbinden. Man unterscheidet zwei Untergruppen: **416**

1. Die *beiordnenden* Konjunktionen verknüpfen grammatisch gleichrangige Sätze und Satzteile.
2. Die *unterordnenden* Konjunktionen verknüpfen *Nebensätze* mit dem übergeordneten Satz.

Beiordnende Konjunktionen

Beiordnende Konjunktionen sind Partikeln, die *Gleichrangiges* miteinander verbinden. Dies können Einzelwörter, Wortgruppen oder Sätze sein: **417**

Anreihende (kopulative) Konjunktionen	und, auch, wie (auch), sowie, sowohl ... als / wie auch, weder ... noch, nicht nur ... (sondern) auch
Ausschließende (disjunktive) Konjunktionen	oder, entweder ... oder, beziehungsweise, respektive
Entgegensetzende (adversative) Konjunktionen	aber, zwar ... aber, sondern, doch, jedoch; statt, anstatt, außer
Begründende (kausale) Konjunktionen	denn, nämlich
Vergleichende Konjunktionen	wie, als, denn

418 Die beiordnenden Konjunktionen *als, wie, statt, anstatt, außer* bilden mit den Wörtern, bei denen sie stehen, eine *Konjunktionalgruppe* (→ 685–686):

Konjunktionalgruppe = **Konjunktion** + abhängige Wortgruppe

419 Beispiele:
Als gute Rechnerin bemerkte sie den Fehler sofort. **Statt** *am Samstag* reiste er schon am Freitag ab. Ich habe mich geärgert *wie* noch selten.

Für Vergleiche mit *als* und *wie* gilt: Bei Gleichheit steht *wie*, bei Ungleichheit *als*.
Gleichheit: Sie ist gleich groß *wie* ihre Schwester. Die Stimmung war ebenso gut *wie* am Vorabend.
Ungleichheit: Sie ist größer *als* ihre Schwester. Die Stimmung war ganz anders *als* am Vorabend.

In festen Wendungen findet sich allerdings *als* auch für Gleichheit:
Ich komme so schnell *als* möglich (neben: so schnell *wie* möglich).

Die Konjunktion *als* steht außerdem in Konjunktionalgruppen, die keinen Vergleich im engeren Sinn ausdrücken:
Yvonne arbeitet *als Grafikerin*. Die Schüler verwendeten den Radiergummi *als Wurfgeschoss*. Der Rücktritt vom Posten *als Juniorentrainer* fiel Herbert schwer.

Zur Vermeidung von zweimaligem *als* steht *denn*:
Man muss ihn eher als einen Angeber *denn als* einen Betrüger betrachten.

420 **Anmerkungen**
1. Wenn die Konjunktionen *als* und *wie* mit einem *Verb* verbunden sind, gelten sie nicht als beiordnende, sondern als *unterordnende* Konjunktionen. Sie leiten dann Nebensätze (Konjunktionalsätze, satzwertige Infinitivgruppen) ein (→ 422 f., 1587 f.):
Die Wolken wichen schneller, *als wir zu hoffen wagten*. Er dozierte, *als hätte er einen ganzen Hörsaal vor sich*. *Als ich zurückkam*, war es schon Nacht. Er hatte nichts Besseres vor, *als den ganzen Abend fernzusehen*.
2. Die Partikeln *statt, anstatt* und *außer* werden auch als *Präpositionen* verwendet (→ 408, 410). (Zum Gebrauch als unterordnende Konjunktionen → 422 f.)
Man gab ihm Ratschläge *statt seinen Lohn* (Konjunktion). Man gab ihm Ratschläge *statt seines Lohns* (Präposition mit dem Genitiv). Jeder wusste es *außer er selbst* (Konjunktion). Jeder wusste es *außer ihm selbst* (Präposition mit dem Dativ).
3. Manche Adverbien erfüllen eine ähnliche Leistung wie die Konjunktionen. Zu den Adverbien rechnet man gewöhnlich Partikeln, die in einem einfachen Aussagesatz allein vor der Personalform stehen (→ 616, 680):
Nicht allein, also Konjunktion: Doch Brigitte *wusste* es genauer.
Allein, also Adverb: Doch *wusste* es Brigitte genauer.

Im Folgenden sind die wichtigsten konjunktionsähnlichen Adverbien aufgeführt:
a) *Anreihend:* außerdem, bald ... bald, dann, desgleichen, ebenso, einerseits ... anderseits, einesteils ... andernteils, endlich, ferner, halb ... halb, sodann, teils ... teils, zudem.
b) *Entgegensetzend:* allein, allerdings, dagegen, dennoch, doch, gleichwohl, hingegen, indessen, jedoch, nichtsdestoweniger, sonst, vielmehr.
c) *Folgernd:* daher, darum, deshalb, deswegen; also, demnach, folglich, mithin, somit.
4. Viele Konjunktionen gehen mit anderen *feste Kombinationen* ein (→ 417); Ähnliches gilt auch für bestimmte Adverbien. Es ist darauf zu achten, dass dem ersten Teil einer solchen Kombination auch die richtige Fortsetzung folgt. Falsch sind daher:
Er hat zu seinem Fest *sowohl* die Verwandtschaft *und* seine Kollegen eingeladen. (Richtig: ... *sowohl* seine Verwandtschaft *als/wie auch* seine Kollegen eingeladen.) Mit ihrer Erfindung hatte sie *teils* Erfolg. (Das Adverb *teils* kommt nur als Paar *teils – teils* vor. Richtig daher: Mit ihrer Erfindung hatte sie *teils* Erfolg, *teils* nicht. Oder aber: Mit ihrer Erfindung hatte sie *teilweise* Erfolg.)

Unterordnende Konjunktionen

Unterordnende Konjunktionen leiten *Nebensätze* ein, die sogenannten *Konjunktionalsätze* (→ 830, 842).

421

Nebensätze kommen nur in zusammengesetzten Sätzen vor; sie sind immer einem anderen Teilsatz untergeordnet (→ 803). Unterordnende Konjunktionen kennzeichnen also im Gegensatz zu den beiordnenden Konjunktionen *Nichtgleichrangiges*. An der Konjunktion kann die Art der Beziehung des Nebensatzes zum übergeordneten Satz abgelesen werden:
Es freut mich, *wenn* du kommst (angenommener Fall). Es freut mich, *dass* du kommst (tatsächlicher Fall).
Onkel Gustav hüstelt, *da* er wieder Zigarre raucht (Begründung). Onkel Gustav hüstelt, *obwohl* er nie etwas raucht (Gegengrund). Onkel Gustav hüstelt, *wenn* er eine Zigarre raucht (Bedingung). Onkel Gustav hustet so stark, *dass* er die Zigarre weglegt (Folge).

Die folgenden unterordnenden Konjunktionen leiten Nebensätze mit Personalform (→ 830) ein; man spricht hier von *Konjunktionalsätzen:*

422

als, außer, bevor, bis, da, damit, dass (anstatt dass, auf dass, außer dass, kaum dass, ohne dass, statt dass), ehe, falls, indem, je, nachdem, ob (als ob), obgleich, obschon, obwohl, seit, seitdem, sobald, sodass (auch: so dass), sofern, solange, sooft, soviel, soweit, während, weil, wenn (auch wenn, außer wenn, wenn auch, wie wenn), wenngleich, wie, wiewohl, zumal.
Er fuhr weiter, *ohne dass* er sich um den Verletzten gekümmert hätte. Ihr seid alt genug, *dass* ihr das wissen könnt. *Anstatt dass* er die Datenbank fütterte, machte Felix Computerspielchen. *Je* länger Sabine in Schweden war, desto (umso) besser gefiel es ihr dort.

423 Andere unterordnende Konjunktionen leiten *nebensatzwertige Infinitivgruppen* ein. Es liegt dann eine konjunktionale Infinitivgruppe vor. Der Infinitiv hat immer die Partikel *zu* bei sich (→ 842):

um, ohne, statt, anstatt, außer, als
Der Autofahrer fuhr weiter, *ohne* sich um den Verletzten zu kümmern. Ihr seid alt genug, *um* das zu wissen. *Anstatt* die Datenbank zu füttern, machte Felix Computerspielchen.

Gelegentlich stehen unterordnende Konjunktionen auch bei *Partizipgruppen*: *Obwohl* halb verhungert, warteten alle artig auf das Essen.

Das Adverb

424 | Als *Adverbien* bezeichnen wir alle jene Partikeln, die *innerhalb des Satzes* stehen und sich nicht eindeutig den *Präpositionen* oder den *Konjunktionen* zuordnen lassen. |

Damit haben wir aber nur bestimmt, was Adverbien *nicht* sind. Eine positive Beschreibung ist schwieriger. Immerhin können wir feststellen: Adverbien beschreiben häufig die *Umstände* eines Geschehens, darum die deutsche Bezeichnung *Umstandswort*:
Die Katze war noch *draußen* (Ort). Die Veränderung fiel mir *sofort* auf (Zeit). Lea fehlt *krankheitshalber* (Grund). Ich kenne den Lösungsweg *ansatzweise* (Art und Weise).

Adverbien stehen oft bei Verben (lateinisch *ad verbum* heißt denn auch: *beim Verb*). Sie finden sich aber auch bei anderen Wörtern:
Sie trifft *heute* ein (bei einem Verb). Das ist eine *heute* selbstverständliche Einrichtung (bei einem Adjektiv). Die Sitzung *heute* war langweilig (bei einem Nomen).

425 **Anmerkungen**
1. Adverbien sind zu trennen von *nichtdeklinierten,* adverbial gebrauchten *Adjektiven* (→ 311 ff.), die in anderer Stellung sehr wohl Deklinationsformen aufweisen. Im Zweifelsfall macht man eine Artikelprobe (→ 302): Der Apfelbaum blüht *schön* (→ die *schönen* Blüten). Der Großvater raucht *stark* (→ der *starke* Raucher). Die Mutter ist *selten* zu Besuch (→ der *seltene* Besuch).
2. Hingegen zählen Ableitungen von Adjektiven und Partizipien mit den Endungen *-s* oder *-ens* zu den Adverbien: anders, eilends, zusehends, vergebens, erstens, zweitens, nächstens, bestens.
3. Zu den Adverbien gehören auch Wörter, die inhaltlich Adjektiven nahe kommen, im Gegensatz zu diesen aber nicht zwischen Artikel und Nomen stehen können (→ 307):

freiwillig → eine freiwillige Arbeit : möglich, also Adjektiv

umsonst → eine umsonste Arbeit : unmöglich, also Adverb

4. Adverbien können *Zahlwörter* näher bestimmen. Einige Partikeln, die sonst als *Präpositionen* gebraucht werden, kennen diese Verwendungsweise ebenfalls. Da sie dann keinen Fall fordern, sind sie als *Adverbien* zu betrachten (→ 1775).
Gewöhnliche Adverbien: Es kamen *etwa (ungefähr, fast, beinahe)* hundert Leute.
Aus Präpositionen entstandene Adverbien: Es kamen *gegen (über, bis zu)* hundert Leute.

Die Pronominaladverbien

Manche Adverbien kommen in ihrem Gebrauch Pronomen nahe: Sie können wie Pronomen als *Stellvertreter* eines Worts oder einer Wortgruppe auftreten. Man spricht daher von *Pronominaladverbien*.   426

Demonstrative Adverbien:
da, hier, dort, dann, so, umso, desto, darauf, hierauf, daran, daher, hierher, darum, deshalb, deswegen, danach, demzufolge, diesbezüglich ...
Der Eingang ist *dort*. Die Aufgabe kann nur *so* gelöst werden.

Interrogative (fragende) und relative Adverbien:
wo, wohin, woher, wann, wie, wieso, warum, weshalb, weswegen, wonach, wofür, worauf ...
(Interrogativer Gebrauch:) *Wie* schreibt man dieses Wort?
(Relativer Gebrauch:) Mir gefällt die Art, *wie* sie mit ihren Kolleginnen umgeht.

Indefinite Adverbien, mit *irgend-* von den vorangehend gezeigten abgeleitet:
Sie ist *irgendwohin* verschwunden. Wir werden uns *irgendwann* wiedersehen. Du wirst das schon *irgendwie* lösen.

Die aus *da-/dar-* oder *hie-/hier-* und einer Präposition zusammengesetzten Adverbien können Präpositionalgruppen mit einem Demonstrativ- oder Personalpronomen ersetzen, wenn diese sich auf eine Sache beziehen: 427
Sie hat keine Zeit *dafür/hierfür* (weniger gut: *für das;* unmöglich: *für es*). *Darauf* (weniger gut: *Auf das*) habe ich nicht geachtet. Das ist ein ausgezeichneter Schlagbohrer; *damit/hiermit* (neben: *mit dem/mit ihm*) habe ich schon die größten Löcher gebohrt. Vielen Dank für deine Blumen, ich habe große Freude *daran* (neben: *an ihnen*).
Ähnlich: Mach dir *deswegen* (hochsprachlich nicht: *wegen dem*) keine Sorgen!

Die aus *wo-/wor-* zusammengesetzten Adverbien ersetzen Präpositionalgruppen mit dem Interrogativ- und Relativpronomen *was:*   428
Womit (weniger gut: *Mit was*) beschäftigt sich Nora? Das ist alles, *worauf* (weniger gut: *auf was*) ich mich stützen kann.
Ähnlich: *Weswegen* (nicht: *Wegen was*) hat sie gefehlt?

429 Das relative Adverb *wo* (älter auch *da*) kann eine Präpositionalgruppe mit *örtlicher* oder *zeitlicher* Bedeutung ersetzen:

Wir besuchen den Ort, *wo* (oder: *in dem*) ich aufgewachsen bin. Es geschah zur Stunde, *wo/da* (oder: *in der*) die Geister erwachten. Das ist eine Arbeit, *wo* (oder: *bei der*) Sorgfalt nicht zum Selbstzweck wird.

430 Anmerkungen
1. Vorwärts weisende Demonstrativpronomen werden gewöhnlich nicht ersetzt:
    Er interessiert sich vor allem *für das*, was ihn nichts angeht. Sie beschäftigt sich *mit dem*, was in der Welt passiert.
2. Die Adverbien mit *wo-/wor-* können auch Präpositionalgruppen mit einem anderen Relativpronomen als *was* ersetzen, sofern sie sich auf eine Sache beziehen:
    Das sind lauter Aufgaben, *wofür* (üblicher: *für die*) ein Spezialist in Anspruch genommen werden muss.
3. Nur mundartlich ist der Gebrauch von *wo* für einfaches *der, die, das*:
    Du kannst das Schreibzeug nehmen, *wo* (hochsprachlich: *das*) auf dem Tisch liegt.

Die Komparation der Adverbien

431 Adverbien sind als Partikeln weder konjugierbar noch deklinierbar. Eine kleine Anzahl kann immerhin Komparationsformen bilden. Viele Formen sind unregelmäßig, zum Teil auch von Adjektiven übernommen.

Ich hätte *gerne* eine Tasse Kaffee, am *liebsten* einen Espresso. Hättest du *lieber* einen Tee?

Die Preise werden schon *bald* wieder steigen, sicher *eher (früher)*, als man denkt.

Er fehlt *oft*, und zwar *öfter (häufiger, mehr*; als eigentlicher Komparativ nicht: *öfters)*, als dem Chef lieb ist. Er fehlt von allen *am öftesten (häufigsten, meisten)*.

Zum Gebrauch des Komparativs *öfter* siehe auch → 1759.

Die Interjektion

432 Als *Interjektionen* oder *Ausrufewörter* bezeichnen wir Partikeln, die vornehmlich oder ausschließlich *außerhalb von ausgebildeten Sätzen* stehen und im Grunde genommen selbständige Äußerungen darstellen (→ 863):

Interjektionen im Gespräch: Ja! Jawohl! Nein! Doch! Bitte! Danke! Servus! Grüezi! Adieu! Tschau! (Ciao!) Tschüs! Halt! Stopp! Marsch! Pst! He! Hallo!

Interjektionen als Ausdruck von Empfindungen: Hurra! Juchhe! Heißa! Ei! Bravo! Pfui! Ach! Oh! O weh! Ah! Hahaha! Potz! Hu! Hui! Iiiiii! Ätsch! Aha! Hm! Brrr!

Tier- und Geräuschnachahmungen: Muh! Miau! Wauwau! Quak! Kikeriki! Knacks! Trara! Kling, klang! Piff, paff! Klipp, klapp! Plumps! Blabla!

Es gibt auch eine Art *Pseudo-Interjektionen,* die ein Geräusch oder eine Äußerung nur indirekt wiedergeben und sich vor allem in bestimmten Textgattungen, zum Beispiel in Comics, finden:
Kreisch! Seufz! Heul! Schluchz! Knatter! Polter! Hechel! Stöhn! Lechz!

Man beachte, dass in Ausrufen nicht nur Interjektionen stehen können, sondern auch Nomen, Pronomen, Adjektive und Verben (Imperative, Infinitive). Näheres → 863.

Die grammatische Bestimmung der Partikeln

Partikeln werden nach ihrer *Unterart,* das heißt nach ihrer Aufgabe im Satz, bestimmt; man unterscheidet also zwischen *Präpositionen, Konjunktionen, Adverbien* und *Interjektionen.* Außerdem ist zu beachten: 433

1. Bei *Präpositionen* ist der *Fall* anzugeben, den sie im jeweiligen Satz verlangen.
2. Bei *Verschmelzungen* aus Präposition und Artikel sind beide Teile zu bestimmen.
3. Bei *Konjunktionen* ist anzugeben, ob sie *bei-* oder *unterordnend* verwendet werden.
4. *Komparationsformen* von Adverbien sind zu bestimmen, sofern es sich um einen *Komparativ* oder einen *Superlativ* handelt. (Wenn ein Positiv vorliegt, muss dies nicht angegeben werden.)

Anmerkung 434

Verbzusätze bestimmen wir mit den zugehörigen Verbformen als Einheit; dasselbe gilt auch für die Partikel *zu* beim Infinitiv oder beim PartizipI (→ 95).

Übung 19 435

In den folgenden Sätzen sind die kursiv gesetzten Wörter grammatisch zu bestimmen. Ausschlaggebend für die Unterart ist der Gebrauch im jeweiligen Satz. Achtung: Unter den kursiv gesetzten Wörtern finden sich auch Verbzusätze und die Partikel *zu* beim Infinitiv oder beim Partizip I.
■ **1** Wir schauten den Vögeln *zu.* ■ **2** Sie schrieb den Brief *mit* grüner Tinte. ■ **3** Du musst die Sauce rühren, *bis* sie warm geworden ist. ■ **4** Es kamen *über* hundert Zuschauer. ■ **5** Ich schüttete Zucker *statt* Salz an die Teigwaren. ■ **6** Das Krokodil war *zu* träge, *um* die Augen *zu* mehr *als* einem Spalt *zu* öffnen. ■ **7** Sie kannte *als* Taxifahrerin alle Abkürzungen und Schleichwege. ■ **8** *Da* kannst du *noch* lange warten! ■ **9** *Ja,* das hätten wir eigentlich wissen müssen. ■ **10** Ich wühlte *in* der Schublade, *doch* ich fand den Zettel *nicht.* ■ **11** *Doch,* ihr habt *schon* Recht! ■ **12** Sarah sah *zum* Fenster *hinaus.* ■ **13** Die Nacht *über* schliefen wir *am*

Seeufer. ■ **14** Das Turnier findet *trotzdem* statt. ■ **15** Der Zirkus gastiert *hier noch bis* Donnerstag. ■ **16** *Gegen* diese Mannschaft habt ihr *durchaus* eine Chance! ■ **17** Die Tour war anstrengender, *als* wir gedacht hatten. ■ **18** Der Himmel ist *ja* ganz schwarz geworden! ■ **19** Doris keuchte, *da* sie die ganze Strecke gerannt war. ■ **20** Dem Ausgang zu wurde es *wieder* heller. ■ **21** Mit der Straßenbahn bist du schneller *in* der Innenstadt *als mit* dem Auto. ■ **22** Statt *zuerst* die Anleitung *zu* lesen, begann ich *sofort*, die Teile zusammenzusetzen. ■ **23** Der Wind warf das Baugerüst *um*. ■ **24** *In* der Kabine haben *bis* 20 Leute Platz. ■ **25** *Ohne zu* zögern, griff er *zu*. ■ **26** *Ohne* Zögern nannte sie die richtige Antwort. ■ **27** Die Milch lief *über*. ■ **28** *Statt* des erwarteten Sonnenscheins erlebten wir *nur* Regen. ■ **29** Das ist *mit* ein Grund *für* den Erfolg. ■ **30** Ich hatte *weder* die Zeit noch die Geduld *dafür*.

436 **Übung 20**

In den folgenden Sätzen sind sämtliche Wörter zu bestimmen, das heißt, es sind die Wortart und die grammatischen Merkmale anzugeben. Dabei schreibt man am besten Wort für Wort untereinander und daneben die grammatische Bestimmung. Zusammengesetzte Verbformen sind immer als Einheit zu bestimmen, auch wo sie im Satz voneinander getrennt sind.

■ **1** Entgegen der ursprünglichen Absicht reisten der Vorstand und einige Mitglieder sowie deren Begleiter und Begleiterinnen schon während des früheren Vormittags ab. ■ **2** Als Musikerin freute sie sich am subtilen Spiel des Posaunisten. ■ **3** Einerseits weiß ich darüber kaum Bescheid, anderseits geht mich die Sache gar nichts an. ■ **4** Für diese Aktion fehlten ihnen weder Geld noch tatkräftiger Beistand. ■ **5** Würde uns ein solcher Vorschlag gemacht, stimmten wir alle ohne Zögern zu. ■ **6** Ich habe sie, seit sie nicht mehr an der Langstraße wohnt, nur noch selten und seit zwei Monaten überhaupt nicht mehr gesehen. ■ **7** Die Zeit, innerhalb deren ihr das Problem erledigen müsst, scheint reichlich kurz bemessen zu sein. ■ **8** Seine stichelnden Bemerkungen dürften ihr kaum entgangen sein.

Wortbildung: Der Bau der Wörter

Viele Wörter unserer Sprache lassen sich nicht weiter zerlegen, während andere deutlich aus mehreren Teilen bestehen. Im Folgenden wollen wir zeigen, wie aus einfachen Wörtern und sonstigen Elementen neue Wörter gebildet werden. Wir werden auf zwei Verfahren näher eingehen:

501

1. Wortbildung durch Ableitung
2. Wortbildung durch Zusammensetzung

Zur Bildung von Kurzformen → 1374 ff.

Wortbildung durch Ableitung

Suffixe und Präfixe

Ein wichtiges Mittel, neue Wörter zu bilden, ist das Anfügen unselbständiger Elemente. Die sogenannten *Suffixe* werden *hinten am Wortstamm* angefügt.

502

Setzt man beispielsweise das Suffix *-chen* oder *-lein* an ein Nomen, so entsteht eine sogenannte Verkleinerungsform (auch *Diminutiv* genannt, von lat. *diminuere* = verkleinern):
    Bild → Bildchen; Schloss → Schlösschen; Schlüssel → Schlüsselein; Bach → Bächlein

Zuweilen mit Verkürzung des Stamms:
    Garten → Gärtlein; Blume → Blümchen

Ähnlich «verkleinert» das Suffix *-el* die Bedeutung eines Verbs:
    tropfen → tröpfeln; lachen → lächeln; husten → hüsteln; kranken → kränkeln

503 Das Ableitungssuffix *-er* hat eine ganze Reihe von Funktionen:
Bei *Verben* bezeichnet es den Täter: retten → Retter; begleiten → Begleiter; schreiben → Schreiber. Oder das Mittel: bohren → Bohrer; fernsehen → Fernseher. Oder die Tätigkeit: sich versprechen → Versprecher; ausrutschen → Ausrutscher.

Bei *Sachbezeichnungen* kann es (zum Teil in Variation mit *-ler;* → 1640f.) denjenigen bezeichnen, der mit der Sache zu tun hat: Garten → Gärtner; Wissenschaft → Wissenschafter/Wissenschaftler; Gewerkschaft → Gewerkschafter/Gewerkschaftler; Eisenbahn → Eisenbahner.

Bei *geografischen Eigennamen* bezeichnet es die Einwohner (→ 1808): die Schweiz → die Schweizer. Daneben können solche Ableitungen auch als Adjektive gebraucht werden (→ 1225ff.): die Schweiz → die Schweizer Berge.

Bei *Grundzahlwörtern* bezeichnet es eine Sache, deren Besonderheit eine bestimmte Menge oder Nummer ist: zehn → der Zehner. Daneben treten solche Ableitungen als Teile von Zusammensetzungen auf (→ 1228): die Zehnergruppe, die 10er-Gruppe.

504 Mit dem Suffix *-in* werden weibliche Personenbezeichnungen gebildet:
Setzerin, Typografin, Polygrafin, Diplomatin, Stadträtin, Genossin, Vertreterin, Schreiberin, Journalistin, Studentin, Assistentin, Ärztin, Pfarrerin, Professorin, Dekanin, Rektorin, Matrosin, Kanzlerin, Offizierin (→ 1626ff.)

Anmerkungen
1. Wenn die männliche Personenbezeichnung auf *-erer* ausgeht, wird vor dem Suffix *-in* meist ein *-er* weggelassen; daneben kann *-erer* wenigstens teilweise auch zu *-rer* verkürzt werden:
Zauberer → Zauberin (Zaubrerin); Verhinderer → Verhinderin (Verhindrerin); Verbesserer → Verbesserin; Kassierer → Kassiererin (neben Kassier → Kassierin)
2. Man vermeide es, bei Zusammensetzungen auf *-mann* das Suffix *-in* anzuhängen. Hier sind Zusammensetzungen mit *-frau* vorzuziehen (→ 122). Vgl. die folgenden Verbindungen von männlichen und weiblichen Berufsbezeichnungen:
Fachmann → Fachfrau (nicht: Fachmännin); Geschäftsmann → Geschäftsfrau; Kameramann → Kamerafrau; Gewährsmann → Gewährsfrau; Staatsmann → Staatsfrau; Ratsherr → Ratsfrau; Ombudsmann → Ombudsfrau.
3. Die Endung *-in* wird bei geschlechtsneutralen Begriffen nicht gebraucht:
das Kind, das Mündel, die Geisel, die Kraft (die Fachkraft, die Hilfskraft usw.), die Person (die Vertrauensperson), das Mitglied, der Starrkopf, das Hinkebein, der Störenfried.

505 Andere Suffixe:
Gnade → gnäd**ig**, dulden → duld**sam**, heute → heut**ig**, retten → Rett**ung**, blau → bläu**lich**, frei → Frei**heit**, heiter → Heiter**keit**, Lack → lack**ieren**

506 Die *Präfixe* werden *vor dem Kern des Wortes* angefügt; sie sind das Gegenstück zu den Suffixen. Einige Beispiele:

laden → **bel**aden, glücklich → **un**glücklich, Erfolg → **Miss**erfolg, Sprache → **Ur**sprache, schreien → **Ge**schrei

Innere Ableitung

Eine andere Möglichkeit der Ableitung besteht darin, die Form eines Stammes in seinem *Innern* zu verändern. | 507

Die wichtigsten Mittel dafür sind *Ablaut* und *Umlaut* – diese Art von Stammveränderung ist uns schon in der Formenlehre begegnet (→ 14).
Ablaut: pfeifen → Pfiff, trinken → Trank/Trunk, sprechen → Spruch, gießen → Guss.
Umlaut: Trost → trösten, Mast → mästen, Kampf → kämpfen, fallen → fällen.

Die Wortbildung mit Präfixen und Suffixen wird oft durch Ablaut und Umlaut *verstärkt*, wie zum Teil schon bei den Verkleinerungssuffixen sichtbar wurde. Weitere Beispiele für solche Kombinationen: | 508
Trank → **Ge**tränk, Angst → ängst**lich**, schwellen → **Ge**schwulst, sprechen → Sprache

Wortbildung durch Zusammensetzung

Grundsätzliches

Neue Begriffe können auch durch das Zusammenfügen von ursprünglich selbständigen Wörtern entstehen. Die so entstandenen Einheiten nennt man *Zusammensetzungen* oder *Komposita* (Singular: *das Kompositum*, zu lat. *compositum* = zusammengesetzt). | 509

Das Deutsche nutzt diese Möglichkeit der Wortbildung sehr weitgehend; seine Möglichkeiten der Zusammensetzung sind fast unbegrenzt. Es können Wörter aller Wortarten zusammengefügt werden: | 510

Nomen	+ Nomen	Tisch + Platte → Tischplatte
	+ Adjektiv	Blut + arm → blutarm
	+ Verb	Teil + nehmen → teilnehmen
	+ Partikel	Berg + ab → bergab
Pronomen	+ Nomen	sechs + Eck → Sechseck
	+ Partikel	des + wegen → deswegen
Adjektiv	+ Nomen	schnell + Zug → Schnellzug
	+ Adjektiv	tief + traurig → tieftraurig
	+ Verb	hoch + stapeln → hochstapeln
	+ Partikel	weit + hin → weithin

Verb	+ Nomen	turnen + Lehrer → Turnlehrer
	+ Adjektiv	tragen + fähig → tragfähig
Partikel	+ Verb	auf + stehen → aufstehen
	+ Nomen	links + Partei → Linkspartei
	+ Adjektiv	über + groß → übergroß
	+ Pronomen	trotz + dem → trotzdem
	+ Partikel	oben + auf → obenauf

511 Hauptbestandteil einer *einfachen Zusammensetzung* ist immer das zweite Glied, weshalb man es *Grundwort (Gw.)* nennt. Da das Grundwort durch das vorangesetzte Wort näher bestimmt wird, heißt dieses bestimmende Wort *Bestimmungswort (Bw.)*:

Andenken*jäger*   geistes*schwach*   tot*lachen*   vier*fach*
Bw. Gw.   Bw. Gw.   Bw. Gw.   Bw. Gw.

512 Bei einer *mehrfachen Zusammensetzung* ist entweder das Grundwort selbst schon eine Zusammensetzung (Gold-bergwerk) oder das Bestimmungswort (Schulhaus-bau) oder beide zugleich (Bodensee-schifffahrt).

513 Ableitung und Zusammensetzung können kombiniert werden:
fünf + Seite + -ig → fünfseitig; blau + Auge + -ig → blauäugig
früh + auf + stehen + -er → Frühaufsteher; Staub + saugen + -er → Staubsauger

Zusammensetzungen mit und ohne Fugenelement

514 Viele Zusammensetzungen bestehen aus einem nichtdeklinierten Nomen als Bestimmungswort, das ohne irgendeine Änderung vor das Grundwort gesetzt wird:
Haus + Herr → Hausherr; Bruch + sicher → bruchsicher; Garten + Bau → Gartenbau; Steuer + frei → steuerfrei

515 Manchmal fällt das Schluss-e des Bestimmungswortes weg:
Sprache + Wissenschaft → Sprachwissenschaft; Schule + Reise → Schulreise

Bei andern Zusammensetzungen weist aber das bestimmende Nomen ein Fugenelement auf. Oft handelt es sich dabei um ursprüngliche Flexionsendungen (Genitiv- oder Pluralendung):

-es/-s: Siegespreis, Tageslicht, liebestoll, Lebensbereich
-er: Büchertisch, Kleiderladen, kinderfreundlich
-en/-n: Menschenfreund, Seitenlage, Korrespondentenbericht, sonnenarm
-e: Badezimmer, Schweinefleisch

Am meisten Schwierigkeiten ergeben sich bei den Zusammensetzungen mit dem sogenannten *Fugen-s* oder *Binde-s*. Wo in Zusammensetzungen ein Fugen- oder Binde-s zu setzen ist und wo nicht, ist nicht einfach zu sagen. Tatsächlich ist denn auch keiner der vielen Grammatiker, die sich mit diesem Gegenstand befasst haben, in befriedigender Weise damit fertig geworden. Vor allem aber muss der immer wieder unternommene Versuch, den *Genitiv als Kriterium* für die Setzung des Binde-s festzulegen, als gescheitert gelten. Es dürfte in der Sprachlehre kaum ein Gebiet geben, auf dem sich die lebendige Sprache derart unbekümmert über jede grammatische Logik hinwegsetzt wie hier. Schon wenige Beispiele, bei denen der Sprachgebrauch als fest bezeichnet werden kann, dürften genügen, um dies zu beweisen:

Rindsbraten – Rinderbraten – Rindfleisch
Berichtsperiode – Berichterstattung
Lehrerstochter – Lehrerwohnung

516

Was an *festen Regeln* aus dem herrschenden Gebrauch abzuleiten ist, kann in wenige Sätze zusammengefasst werden:

517

1. Mit Fugen-s schreiben sich männliche und sächliche Bestimmungswörter auf *-tum*, meist auch auf *-ing* und *-ling:*
Irrtumsvorbehalt, Wachstumsgrenzen, Heringsfang, Lehrlingsabteilung

2. Das Fugen-s haben weibliche Nomen auf *-heit, -keit, -schaft, -ung, -ut, -ion, -tät*. Dass diese Nomen ein Fugen-s aufweisen, fällt auf, weil weibliche Nomen im Genitiv ja kein -s haben (→ 135):
Sicherheitsventil, Unbedenklichkeitsbescheinigung, Eigenschaftswort, achtungsvoll, Armutszeugnis, aktionsfähig, Kapazitätserhöhung

3. Mit Fugen-s schreiben sich Wörter, die selbst schon zusammengesetzt sind:
Allerweltsmann (aber: Weltmann), Weihnachtsfest (neben: Nachtfest, aber auch: Seenachtfest), vorschriftsgemäß (aber: schriftgemäß)

4. Ohne Binde-s bleiben weibliche Wörter auf *-e* und weibliche Einsilbler:
Weiherede, hitzebeständig, Notlösung, notdürftig, Tatbeweis, Machtprobe, machtbesessen (aber Ausnahme: Liebesnest, Liebesbeweis, Liebesdienst)

5. Auf das Binde-s ist besonders zu achten, wo Formen mit und ohne Binde-s nebeneinander bestehen, aber mit unterschiedlicher Bedeutung:
Landmann (Bauer, Mann vom Lande) / *Landsmann* (Mann von der gleichen Gegend, vom gleichen Staat)
Landgemeinde (Gemeinde auf dem Lande) / *Landsgemeinde* (in gewissen Kantonen Versammlung der Stimmbürger und -bürgerinnen zu Wahlen und Abstimmungen)

Landrecht (noch in einigen Kantonen der Schweiz statt: Bürgerrecht; sonst historisch) / *Landesrecht* (Recht des Landes, Staates, oder in Deutschland Recht der Länder im Gegensatz zum Bundesrecht)

Sommerzeit (Vorverlegung der Stundenzählung während des Sommers; auch: Jahreszeit) / *Sommerszeit* (Jahreszeit)

518 Diese Regeln umfassen nur einen Teil der vorkommenden Fälle. Daneben muss von Fall zu Fall auf den vorherrschenden Sprachgebrauch abgestellt werden, wobei dem persönlichen Ermessen oft ein gewisser Spielraum gewährt wird. In Zweifelsfällen freilich mag das logische Verhältnis entscheiden, in dem die beiden Bestandteile zueinander stehen:

Wo ein Genitivverhältnis vorliegt, setze man eher mit, sonst eher ohne Fugen-s. So würden wir *Auslandswährungen* (= Währungen des Auslands), dagegen *Auslandwert* (= Wert im Ausland) schreiben. Ähnlich: *Auslandhilfe* (= Hilfe an das Ausland) und *Auslandshilfe* (= Hilfe des Auslands), *Auslandschulden* (= Schulden im Ausland) und *Auslandsschulden* (= Schulden des Auslands).

Zur Wortbildung der Fremdwörter

Synkope und Assimilation

519 Viele Fremdwörter sind *Zusammensetzungen* oder *Ableitungen mit Präfix*. Dass dies oft nicht so leicht erkennbar ist, hängt unter anderem mit zwei lautlichen Erscheinungen zusammen: mit der *Synkope* und mit der *Assimilation*. Mit diesen Lautregeln werden viele «ungewöhnliche» Trennungen der traditionellen und auch der neuen Rechtschreibung besser verständlich (→ 1311–1314).

520 *Synkope:* Der auslautende Vokal des Bestimmungswortes oder des Präfixes fällt vor einem folgenden Vokal weg.

Beispiele:
Antarktis (aus: ant[i]- und -arktis); Trennung: Ant-arktis
Monarch (aus: mon[o]- und -arch); Trennung: Mon-arch (neu auch: Mo-narch)
Psychiater (aus: psych[o]- und -iater); Trennung: Psych-ia-ter (neu auch: Psy-chi-a-ter)

521 *Assimilation:* Der auslautende Konsonant des Präfixes wird an einen folgenden Konsonanten angeglichen.

Beispiele:
Ad-simulation → Assimilation (dieses Fachwort ist sein eigenes Beispiel!), ad-firmativ → affirmativ, ad-gressiv → aggressiv, ad-klimatisieren → akklimatisieren, ad-nullieren → annullieren, Ad-position → Apposition, ad-rogant → arrogant, Ad-tribut → Attribut Kon-position → Komposition, kon-pliziert → kompliziert, kon-rupt → korrupt

Wichtige Fremdwortbestandteile

In der folgenden Liste sind wichtige Fremdwortbestandteile mit Beispielen zusammengestellt. In heikleren Fällen haben wir auch die Trennung angegeben, und zwar diejenige nach Wortbestandteilen (etymologische Trennung); diese Trennungen sind weiterhin gültig. Wo die Regeln von 2006 auch das Trennen nach Sprechsilben erlauben, haben wir dies in Klammern und kursiv beigefügt. Wenn die Trennung nach Sprechsilben unseres Erachtens zu schlecht lesbaren Wortbildern führt, haben wir die betreffenden Angaben allerdings weggelassen.

a-, an-	(gr.) Verneinungselement, entsprechend unserem *un-*: Apathie, Atheist, An-alphabet, an-organisch, an-onym *(ano-)*, An-archie, An-ämie *(Anä-)*
a-, ab-	(lat.) weg: Aversion, Ab-erration, Ab-itur *(Abi-)*
ad-	(lat.) zu, bei, an: Adverb, Adjutant, Ad-renalin, ad-optieren (→ 521)
-agoge	(gr.) (Ver-)Führer: agogisch, Päd-agog(e) *(Pä-da-)*, Dem-agog(e) *(De-ma-)*
akro-	(gr.) hoch, spitz: Akrobat, Akropolis, akrozephal
-algie	(gr.) Schmerz: Neur-algie *(Neu-)*, Dent-algie *(Den-)*, Nost-algie *(Nos-)*
ana-, an-	(gr.) an, auf, hinauf, zurück: Anabaptist, Analogie, Ana-mnese *(-nese)*, An-ek-dote
ante-	(lat.) vor, voraus: antedatieren, antediluvianisch, Anteludium, Antezedent
anthropo-	(gr.) Mensch: Anthropologie, Phil-anthrop *(Phi-)*, Mis-anthrop *(Mi-)*
anti-	(gr.) gegen: Antipathie, Anti-christ, Ant-arktis, Ant-onym *(An-to-)*, Ant-agonismus *(An-ta-go-)*
-arch	(gr.) Herrscher: Mon-arch *(Mo-)*, Patri-arch
-archie	(gr.) Herrschaft: Mon-archie *(Mo-)*, Olig-archie *(Oli-)*, Hier-archie *(Hie-)*
-ark	(gr.) genügend: aut-ark *(au-)*, Aut-arkie *(Au-)*
auto-	(gr.) selbst: Autodidakt, Automobil, Aut-opsie *(Au-)*, auto-chthon *(-thon)*
bi-	(lat.) zweifach: bisexuell, Bikarbonat, Biennium, bilateral, Bimetall
bio-	(gr.) Leben: Biologie, Biochemie, Bio-grafie, Biogenese
chiro-	(gr.) Hand: Chiro-praktor, Chiromant, Chir-urg *(Chi-)*
chrono-	(gr.) Zeit: Chronometer, Chronologie, chronologisch, syn-chron, dia-chron
daktylo-	(gr.) Finger: Daktylo-grafie, Daktylo-skopie
de-	(lat.) von – herab; weg: Deduktion, Debatte, De-klination, de-struktiv
demo-	(gr.) Volk: Demo-kratie, demo-grafisch, Dem-agog(e) *(De-ma-)*

des-	(lat.-frz.) weg: Des-information, des-orientiert, des-infizieren, des-illusioniert, Des-inter-esse *(Des-inte-)*
di-	(gr.) zweifach: Dilemma, di-ploid *(dip-)*, Di-phthong *(Diph-)*
dia-, di-	(gr.) durch, hin-: Dia-gramm, Dia-phragma, Diar-rhö, Dia-gnose *(Diag-)*, Di-özese *(Diö-)*
dis-, di-	(lat.) auseinander, entsprechend den deutschen Präfixen ent- und zer-: Disharmonie, Dis-kriminierung, Dis-tribution, Dis-torsion, dislozieren, disjunktiv, Dilatation, Dimension. *Assimiliert:* Differenz, diffus
dys-	(gr.) schlecht, misslich: Dys-enterie *(Dy-)*, dysfunktional, Dyskalkulie
ek-	(gr.) aus: Ek-lipse, Ek-stase *(Eks-)*, An-ek-dote
en-	(gr.) in: En-gramm, En-tropie, en-klitisch. *Assimiliert:* Empathie
epi-	(gr.) auf, bei: Epidermis, Epigonen, Epilog, Epi-gramm, Epizentrum, Epi-skop *(Epis-)*, Epi-skopat *(Epis-)*, epi-skopal *(epis-)*, eph-emer *(ephe-)*
-ergie	(gr.) Wirkung: All-ergie *(Al-)*, Syn-ergie *(Sy-)*, Ener-gie
eu-	(gr.) wohl, gut: euphonisch, Euphemismus, Euphorie, Euthanasie, Eu-rhythmie, Eugen, eutektisch, Eu-phrosine *(Euph-)*
ex-, e-	(lat.) aus: Ex-trakt, Ex-plosion, Export, Exminister (hier ex = ehemals), ex-akt, Ex-amen *(Exa-)*, Ex-emplar, ex-erzieren, Emigrant, Emission, Eruption
extra-	(lat.) außerhalb: extravagant, Extrablatt, Extrapost
-gen	(gr.) geboren, bewirkend: autogen, homogen, heterogen, eugenisch, Eugen
geo-	(gr.) Erde: Geo-grafie, Geo-logie, Geo-metrie
-graf	(gr.) Schreiber: Geograf, Paragraf, Polygraf, Grafologie (f/ph → 1091)
-gramm	(gr.) Geschriebenes: Steno-gramm, Auto-gramm, Epi-gramm, Grammatik
hämo-	(gr.) Blut: Hämo-globin, Hämozyt, Hämor-rhoiden (daneben mit Wegfall des zweiten o: Hämor-riden), Leuk-ämie *(Leu-kä-)*, Ur-ämie *(Urä-)*
hekto-	(gr.) hundert: Hektoliter, Hekt-are *(Hek-)*
hemi-	(gr.) halb: Hemi-sphäre *(Hemis-)*, Hemi-stichium *(Hemis-)*, Hemi-plegie
hetero-	(gr.) anders: heterosexuell, heterogen, heteropolar, hetero-troph
hippo-	(gr.) Pferd: hippomobil, Hippo-drom, Hipp-iatrik *(Hip-)*
homo-	(gr.) gleich: homosexuell, homogen, hom-onym *(ho-mo-)*
homöo-	(gr.) ähnlich: Homöo-pathie, homöo-therm
hydro-	(gr.) Wasser: Hydromechanik, hy-draulisch *(hyd-)*, hydrieren, Hydrologie
hygro-	(gr.) feucht: Hygrometer, Hygro-skop *(-kop)*, hygrophil
hyper-	(gr.) über: hypersensibel, Hypertonie, Hyper-ämie, Hyperthermie
hypo-	(gr.) unter: Hypothek, Hypotonie, Hypothese, Hypo-stase *(Hypos-)*
-iater	(gr.) Arzt: Psych-iater *(Psy-chia-)*, Hipp-iater *(Hip-pia-)*, Päd-iater *(Pä-dia-)*
ideo-	(gr.) Anschauung, Idee: Ideologie, Ideo-gramm
idio-	(gr.) eigen: idiomorph, Idiom, Idiot, Idiotikon, Idio-syn-krasie
in-	(lat.) nicht, un-: in-aktiv, in-transitiv, in-offensiv, indefinit, infinit. *Assimiliert:* illegal, irregulär, immens, impotent, ignorieren

in-	(lat.) in, hinein: Injektion, In-flation, In-trada, In-itiale *(Ini-)*, In-itiative *(Ini-)*. *Assimiliert:* Illusion, immanent, impulsiv, Import, illustriert
infra-	(lat.) unterhalb: Infrarot, Infraschall, Infrastruktur
inter-	(lat.) zwischen: Interpunktion, Interlaken, Inter-aktion, Intervention, international, Intervall, Inter-esse *(Inte-)*, inter-essant *(inte-)*
intra-	(lat.) innerhalb, hinein: intravenös, intramuskulär
intro-	(lat.) hinein: introvertiert, introspektiv, Intro-itus *(-tus)*
iso-	(gr.) gleich: iso-chromatisch, iso-chron, Iso-glosse, Isobaren
kako-	(gr.) schlecht, übel: Kakofonie, Kakodämon
kata-	(gr.) herab: Katapult, Katakombe, Katarakt, Kata-strophe, Kat-ion *(Ka-ti-)*
kon-, ko-	(lat.) mit, zusammen: Kontakt, Konsens, Konfektion, Kon-gress, Kopilot, Ko-agent, Ko-alition *(Koa-)*, Kohärenz. *Assimiliert:* Komponist, Kompanie, Kom-plex, Kollision, Kommando, Kor-re-spondent *(Kor-res-)*
konter-	(lat.) gegen: Konter-admiral, Kontertanz
kontra-	(lat.) gegen: kontra, kontraproduktiv, kontradiktorisch, Kontrabass
krypto-	(gr.) versteckt: Krypta, Krypto-gramm, Kryptogamen, Kryptokommunist
litho-	(gr.) Stein: Litho-grafie, Neo-, Paläolithikum, Chrysolith
-log	(gr.) Wort: Katalog, analog, Log-arithmus *(Lo-ga-)*
-loge	(gr.) Lehrer, Kundiger: Geologe, Meteorologe
-logie	(gr.) Lehre, Kunde: Geologie, Biologie, Psychologie, Theologie
meta-	(gr.) mit, nach, um: Metaphysik, Metamorphose, Meta-these, Metapher, Met-onymie *(Me-to-)*, Meta-stasen *(Metas-)*
-meter	(gr.) Maß, Messer: Kilometer, Typometer, Chronometer, Barometer, Perimeter, Parameter, Hexameter, Hygrometer (Geschlecht → 125)
mikro-	(gr.) klein: Mikro-skop *(-kop)*, Mikrobiologie
mono-	(gr.) allein, einzeln: Monopol, monopolistisch, Monotheismus, Monogramm, Monolog, Mon-arch *(Mo-)*, Mon-okel *(Mo-no-)*
morpho-	(gr.) Form, Gestalt: Morphologie, amorph, anthropomorph
nekro-	(gr.) tot: Nekropolis, Nekrolog, Nekrose
neo-	(gr.) neu: Neoliberalismus, Neopositivismus, Neolithikum
neuro-	(gr.) Nerv: Neurologe, Neur-algie *(Neu-)*, Neur-asthenie *(Neu-ras-)*
-nom	(gr.) gesetzlich: autonom, Agronom, Astronomie
ob-	(lat.) gegen: Objekt, Ob-late, Ob-struktion, ob-ligatorisch, observieren
-onym	(gr.) Name: an-onym *(ano-)*, syn-onym *(sy-no-)*, Pseud-onym *(Pseu-do-)*
ortho-	(gr.) gerade, richtig: Ortho-grafie, Orthopädie, orthodox, orthogonal
pädo-	(gr.) Kind: pädophil, Päd-agoge *(Pä-da-)*, Päd-iater *(Pä-dia-)*
paläo-	(gr.) alt: Paläo-logie, Paläo-lithikum
pan-	(gr.) alle, alles: Pantheismus, Pan-orama *(Pa-no-)*, pan-optisch *(pa-nop-)*
para-	(gr.) neben, vorbei: Parahotellerie, paradox, Para-graf, Para-psychologie, par-allel *(pa-)*, Par-allaxe *(Pa-)*, Par-enthese *(Pa-)*, Par-odie *(Pa-)*

per-	(lat.) durch: Perforation, perfekt, permanent, per-oral
peri-	(gr.) um – herum: Peripherie, Peri-ode *(Pe-rio-de)*, Peri-odontitis *(Pe-rio-)*
philo-	(gr.) lieb, -freund: Philosophie, Philharmonie, frankophil, lipophil, hydrophil, Phil-anthrop *(Phi-lan-, Phi-lanth-)*, Phil-atelie *(Phi-)*
phono-	(gr.) Stimme, Ton: Phonetik, Phonologie; Telefon, Mikrofon, Grammofon (zur Schreibung mit ph/f → 1091)
poli-	(gr.) Stadt, städtisch: Poli-klinik, Akropolis, Metropole
poly-	(gr.) viel: polyvalent, Polygamie, polygonal, Polymer
post-	(lat.) nach: Post-skriptum, post-glazial, post-operativ, Postposition
prä-	(lat.) vor: Präposition, Präparat, prähistorisch, prä-gnant *(präg-nant)*
pro-	(gr./lat.) vor, für: Produkt, Prothese, pro-gressiv, Prozent, Pro-spekt *(Pros-)*
pseudo-	(gr.) falsch: Pseudokrupp, pseudowissenschaftlich, Pseud-onym *(Pseu-do-)*
psycho-	(gr.) Seele: Psychologie, Psychopath, Psychose, Psych-iater *(Psy-chia-)*
-pter	(gr.) Flügel: Heliko-pter *(-ter)*, Hemi-pteren *(-teren)*, Homo-pteren *(-teren)*
re-, red-	(lat.) zurück, wieder: Reaktion, Reproduktion, Re-daktion, red-undant *(re-)*
se-	(lat.) beiseite: separat, Se-gregation *(Seg-)*
-skop	(lat.) Seher: Tele-skop *(-kop)*, Mikro-skop *(-kop)*, Demo-skopie *(-ko-pie)*
-sophie	(gr.) Weisheit: Philosophie, Sophistik, Anthroposophie
-sphäre	(gr.) Kugel, Hülle: Atmo-sphäre *(Atmos-)*, Hemi-sphäre *(Hemis-)*
stereo-	(gr.) fest, starr; räumlich: Stereofonie, Stereometrie, stereotyp
sub-	(lat.) unter: Subjekt, Submission, Sub-stanz, sub-altern, sub-skribieren. *Assimiliert:* Sup-plikation, Surrogat
super-	(lat.) über: Superlativ, Super-intendent, superklug
syn-	(gr.) mit, zusammen: Syntax, Synthese, Syn-onym *(Sy-)*, Syn-ode *(Sy-)*, Synergie *(Sy-)*, Syn-agoge *(Sy-)*. *Assimiliert:* Symphonie (Sinfonie), Sympathie, Symmetrie, symmetrisch, Sym-ptom *(Symp-)*
tele-	(gr.) fern: Television, Tele-skop *(-kop)*, Telepathie, Tele-graf
-thek	(gr.) Ablage: Videothek, Diskothek, Theke, Apotheke, Bibliothek
thermo-	(gr.) warm: Thermometer, Thermodynamik, Thermo-stat *(Thermos-)*
trans-	(lat.) hinüber, jenseits: trans-alpin, Trans-aktion, Trans-port, Trans-parent, trans-ponieren, Tran-spiration *(Trans-)*, tran-szendent *(trans-)*
ultra-	(lat.) jenseits: ultraviolett, Ultraschall, ultramontan
vita-	(lat.) Leben: vital, Vit-amin *(Vi-ta-)*

Die Satzlehre

Mit den Gesetzen der Zusammenfügung einzelner Wörter zu einem Ganzen befasst sich die Satzlehre oder Syntax. Die Betrachtung der Wortarten und der Wortformen hat schon in den vorausgehenden Kapiteln vielfach in das Gebiet der Satzlehre übergreifen müssen, da zwischen der Wort- und Formenlehre und der Satzlehre ein enger Zusammenhang besteht. Die Verwendung der einzelnen Wortformen kann ja nur aus dem Satzzusammenhang erklärt werden.

Zum Begriff des Satzes

602 Was ist eigentlich ein «Satz»? In Grammatiken finden sich Beschreibungen wie: der Satz sei «die gewöhnlichste Form für den sprachlichen Ausdruck eines Gedankens», er entstehe dadurch, «dass man von einem Gegenstand etwas aussagt», er enthalte «ein vollständiges Urteil» und bestehe «mindestens aus Subjekt und Prädikat». Alle diese Definitionen werden indessen der lebendigen Sprache kaum gerecht. Erzeugt diese doch häufig genug Sätze, die keiner dieser Definitionen genügen:

«Hinaus!» – «Was hinaus?» – «Fort, fort!» – «Wieso auch?» – «Du Schuft, gemeiner!» – «Ruhig, ruhig! Nur nicht so aufgeregt!» – «Kein Wort mehr. Sonst ...»

Solche Stellen finden sich bei modernen Autoren so gut wie bei Klassikern, und nicht etwa bloß in der direkten Rede. Die Beispiele zeigen, dass Einzelwörter und Wortgruppen Gedanken ausdrücken können, ohne ein «vollständiges Urteil» zu enthalten, dass es satzwertige Fügungen gibt, denen Subjekt, Prädikat oder beides fehlt (→ 859 ff.). Was wir im Folgenden also über den «Satz» aussagen, gilt nur für die zwar weitaus häufigste, aber eben nicht einzige Form des Satzes: für den sogenannten *ausgebildeten Satz*.

603 Als *ausgebildete Sätze* bezeichnen wir Sätze, deren Kern eine *Personalform* enthält, das heißt eine nach Person und Zahl bestimmte Verbform (→ 39), und bei denen keine notwendigen sonstigen Glieder fehlen.

Beispiele:
Die Direktorin zeigte uns den Betrieb. Jolanda gießt die Zimmerpflanzen. Du hättest den Hund nicht hinausgehen lassen dürfen.

Die kürzesten Sätze, die dieser Definition genügen, sind Imperativsätze (Befehlssätze) (→ 821): Komm! Verschwindet! Fang an!

Die Bestandteile des Satzes

Sätze sind nicht bloße Aneinanderreihungen von Einzelwörtern. Die Wörter schließen sich darin vielmehr zu größeren Einheiten zusammen. In einem ersten Schritt kann man wie folgt unterscheiden: | **604**

> 1. Das *Prädikat* bestimmt den Aufbau des Satzes. Es besteht aus einer oder mehreren *Verbformen*, den *Prädikatsteilen*. Von diesen Verbformen hängen direkt oder indirekt alle anderen Bestandteile des Satzes ab.
> 2. Eine *Wortgruppe* ist eine Einheit des Satzes, die aus einem oder mehreren Wörtern besteht. Jede Wortgruppe hat einen *Kern;* Wortgruppen mit nur einem einzigen Wort bestehen nur aus dem Kern.
> 2.1. *Satzglieder* sind Wortgruppen, die in einem einfachen Aussagesatz allein die Stelle vor der Personalform einnehmen können.
> 2.2. *Gliedteile* sind Wortgruppen, die im Inneren eines Satzgliedes neben dem Kern auftreten und diesem untergeordnet sind.

Das Prädikat bezeichnet man nicht als Wortgruppe, da die Prädikatsteile im Satz häufig getrennt voneinander stehen (→ 613, 816 ff.).

Das Prädikat

Das Prädikat besteht aus einer oder mehreren Verbformen, den Prädikatsteilen. | **605**
Als Prädikatsteile treten auf:

1. die Personalform
2. der Verbzusatz
3. der Infinitiv
4. das Partizip II und (eingeschränkt) das Partizip I

Von den Verbformen des Prädikats hängen direkt oder indirekt alle übrigen Teile des Satzes ab. Insbesondere bestimmt das Prädikat weitgehend die *Art und die Anzahl der Satzglieder,* die der Satz enthält. Man sagt darum, dass das Prädikat den Kern des Satzes bildet.

Die Personalform

606 Die Personalform ist die nach Person und Zahl bestimmte Form eines Verbs (→ 39 ff.) und bildet den *Kern* des Prädikats. In einer besonderen Beziehung steht die Personalform zum Subjekt (→ 639): Zum Ausdruck kommt dies in der Übereinstimmung (Kongruenz) in Person und Zahl zwischen Subjekt und Personalform (→ 737 ff., 742 ff.):

Eine Schwalbe macht noch keinen Sommer.
Zwei Schwalben machen noch keinen Sommer.

Der Verbzusatz

607 Als Verbzusatz bezeichnet man Elemente, die mit dem Infinitiv zusammengeschrieben werden, von Personalformen aber getrennt stehen können (→ 88; 1207–1215):

Der Zug fährt bald *ab* (abfahren). Fällt hier nie ein Stein *herunter* (herunterfallen)? Nimmst du am Spiel auch *teil* (teilnehmen)? Wir schreiben ihnen den Betrag *gut* (gutschreiben). Die Firma schrieb mir den Betrag *gut* (gutschreiben). Sabine legte sich wieder eine reichlich faule Ausrede *zurecht* (zurechtlegen).

Der Infinitiv

608 Infinitive (→ 40) bilden häufig zusammen mit einer Personalform das Prädikat eines Satzes. Der Infinitiv hat dann oft die Partikel *zu* bei sich, so insbesondere, wenn er von einem modifizierenden Verb abhängt (→ 24, 41).

Ich *werde* dir noch davon *berichten.* Frau Kübler *lässt* ihren Hund oft frei *laufen.* Ich *sehe* mich morgen schon wieder den ganzen Tag an der Schreibmaschine *sitzen.* Die Sendung *soll* unterdessen im Zollfreilager *liegen.*

Das Ergebnis *scheint zu stimmen.* Die Teilnehmer *haben* nichts *zu befürchten.* Diese Fenster *sind* von außen schlecht *zu reinigen.*

Infinitive mit *zu* können auch *ohne Personalform* die Funktion des Prädikats übernehmen, sie bilden dann den Kern einer *Infinitivgruppe* (→ 840 f.):

Wir planten zuerst, zwei Nächte im Zelt *zu verbringen.* Ziel des Versuchs war es, zusätzliche Daten *zu erhalten.* Um das *auszurechnen,* brauche ich einen Taschenrechner. Die Möglichkeit, den Kauf wieder rückgängig *zu machen,* haben wir wahrgenommen.

Anmerkungen 609

1. In Betriebsanleitungen, Rezepten, Anweisungen usw. finden sich Fügungen in der Funktion von Hauptsätzen, deren Prädikat nur aus einem Infinitiv (ohne *zu*) besteht. Man spricht hier auch von *verbalen Wortketten* (→ 862.1):
Bitte abends Fenster *schließen*. Vor dem Öffnen des Geräts unbedingt den Netzstecker *ziehen*. Das Eiweiß schaumig *schlagen* und unter die Sauce *geben*.
2. Nicht zu den Prädikatsteilen zählen *nominalisierte Infinitive*. Diese bilden vielmehr den Kern einer *Nominalgruppe* (→ 635). Zur Großschreibung → 1130 ff. Beispiele:
Das Aufstellen des Zeltes dauerte einige Zeit. Wir verloren mit *Auspacken* und *Aufstellen* des Zeltes viel Zeit.

Partizip I und II

Wie der Infinitiv kann das *Partizip II* (nicht aber das Partizip I) zusammen mit einer Personalform das Prädikat bilden. Es handelt sich dann gewöhnlich um zusammengesetzte Zeitformen oder Passivformen (→ 44, 53 ff., 83 ff.): 610
Der Kreditschwindler *hat* seine Tricks *gestanden*. Der Mond *ist untergegangen*. Computerkurse *werden* gut *besucht*. Die defekten Teile *sind ausgetauscht worden*.

Sowohl das Partizip I als auch das Partizip II können ohne Personalform das Prädikat einer *Partizipgruppe* bilden (→ 44, 844):
Er machte sich wieder an die Arbeit, über den Chef laut *fluchend*. Von ihrer Verlegerin *bedrängt*, machte die Autorin Konzessionen ans Massenpublikum.

Anmerkungen 611

1. Partizipien können *wie Adjektive* gebraucht werden; es liegen dann *Partizipgruppen* in der Funktion von Satzgliedern oder Gliedteilen vor (→ 44, 304–311, 678).
Verbaler Gebrauch: Die Verlegerin *hatte* die Autorin *bedrängt*. Die Autorin *wurde* von ihrer Verlegerin *bedrängt*.
Adjektivischer Gebrauch: Die von ihrer Verlegerin *bedrängte* Autorin machte Konzessionen ans Massenpublikum. Die Autorin fühlte sich von ihrer Verlegerin *bedrängt*.
2. Nominalisierte Partizipien bilden den Kern von Nominalgruppen (→ 635):
In diesem Hotel steigen *viele Durchreisende* ab. *Das Gesuchte* lag in einer Schublade.

Komplexere Prädikate

Die genannten Möglichkeiten können auch miteinander kombiniert werden. Es entstehen dann komplexe Prädikate aus drei, vier, ja sogar fünf Verbformen: 612
Wir *sind* rechtzeitig *informiert worden* (Personalform + Partizip II + Partizip II). Ohne die Quellen *überprüft zu haben* (Partizip II + Infinitiv), *wollte* der Redaktor die Meldung *abdrucken lassen* (Personalform + Infinitiv + Infinitiv). Mit deiner Erfahrung *hättest* du

nicht *überrascht worden sein dürfen* (Personalform + Partizip II + Partizip II + Infinitiv + Infinitiv).

Zur Stellung der Prädikatsteile

613 Wie schon aus den oben stehenden Beispielen hervorgegangen ist, stehen die Prädikatsteile oft getrennt voneinander. Die gewöhnlichste Form des Satzes, der *einfache Aussagesatz*, weist die folgende Gliederung auf (zu Sätzen mit anderer Gliederung → 816 ff., 829 ff.):

Satzglied Personalform übrige Satzglieder übrige Verbformen

An der Spitze steht *ein* einzelnes Satzglied (→ 616), dann folgt die Personalform an zweiter Stelle. Die übrigen Prädikatsteile (Infinitive, Partizipien, Verbzusätze), sofern vorhanden, stehen am Ende des Satzes:

Ich kaufe im Laden um die Ecke etwas Gemüse.
Ich kaufe im Laden um die Ecke etwas Gemüse ein.
Ich gehe im Laden um die Ecke etwas Gemüse einkaufen.

---

614 **Übung 21**

In den folgenden Sätzen sind die Prädikatsteile zu bestimmen. Dabei ist jeweils anzugeben: 1. die Art der Verbform (Personalform; Infinitiv, Partizip I, Partizip II), 2. die grammatische Zeit (außer bei einfachen infiniten Verbformen), 3. die Handlungsrichtung (Aktiv oder Passiv). Zusammengesetzte Verbformen – auch solche mit abgetrenntem Verbzusatz – sind als Einheit zu bestimmen (→ 95).
▪ **1** Aus der Ritze wuchs ein chinesischer Kaiserbaum. ▪ **2** Die Milch wurde sauer. ▪ **3** Die Frage war gewissenhaft geprüft worden. ▪ **4** Die Musik brachte mich ins Träumen. ▪ **5** Such dir etwas Passendes aus! ▪ **6** An diesem Resultat gab es nichts zu rütteln. ▪ **7** Ich werde euch aufräumen helfen. ▪ **8** Otmar sah den Zug gerade noch abfahren. ▪ **9** Der Brief war mit dem besten Willen nicht mehr zu finden. ▪ **10** Du sprichst ein großes Wort gelassen aus. ▪ **11** Der versickerte Bach tritt nach fünf Kilometern in einer riesigen Quelle wieder zutage. ▪ **12** Die Angelegenheit wird inzwischen erledigt worden sein. ▪ **13** Damals befand sie sich in einer Zwangslage. ▪ **14** Am Sonntag werden wir baden gehen. ▪ **15** Die Stadt wird den Bau bald in Angriff nehmen. ▪ **16** Ohne mit der Wimper zu zucken, log der Kerl uns an. ▪ **17** Der Pfeiler droht einzuknicken. ▪ **18** Vorsichtig um sich blickend, wechselte die verdächtige Gestalt auf die andere Straßenseite hinüber. ▪ **19** Du hättest auf Andrea warten sollen. ▪ **20** Der Panzeroberst stellte den General kalt. ▪ **21** Dem starken Wind schutzlos ausgeliefert, begannen die Jugendlichen bald zu frieren. ▪ **22** Ohne ausreichend informiert worden zu sein, musste ich mich an die neuartige Arbeit machen. ▪ **23** Edith hatte sich rechtzeitig nach dem Fahrplan erkundigt. ▪ **24** Schließ den Apparat noch nicht an!

Satzglieder und Gliedteile

615 Der Satz enthält außer dem Prädikat gewöhnlich noch weitere Bestandteile. Man spricht hier allgemein von Wortgruppen: Eine *Wortgruppe* ist eine Einheit des Satzes, die aus einem oder mehreren Wörtern besteht.

Man unterscheidet zwei Arten von Wortgruppen: *Satzglieder* und *Gliedteile*. Bei ihrer Bestimmung geht man wie folgt vor:

1. Mit der *Verschiebeprobe* werden die *Satzglieder* ermittelt (→ 616).
2. Anschließend ist der *grammatische Kern* des Satzglieds zu bestimmen. Satzglieder haben immer einen Kern. Manchmal bestehen sie *nur* aus dem Kern, manchmal enthalten sie außer dem Kern weitere, ihnen untergeordnete Wortgruppen, die *Gliedteile*. Auch Gliedteile weisen immer einen *Kern* auf, und sie können ihrerseits ihnen untergeordnete Gliedteile enthalten (→ 619).
3. Satzglieder und Gliedteile können nach der *Form* näher bestimmt werden. Wichtig ist hier vor allem die *Wortart ihres Kerns*. Es ergibt sich dann die folgende Einteilung (→ 634–686):
– Nominalgruppen (Kern: Nomen, Pronomen oder Nominalisierung)
– Adjektiv- und Partizipgruppen
– Adverbgruppen
– Präpositionalgruppen
– Konjunktionalgruppen
4. Satzglieder und Gliedteile können nach der *Art*, wie sie *von anderen Bestandteilen des Satzes abhängen*, bestimmt werden; man spricht hier von ihrer *Funktion*. Man unterscheidet hier wie folgt (→ 620–633):
– Ergänzungen (Subjekt und Objekte)
– Prädikative
– Adverbialien
– Attribute

Die *Funktion* wird vor allem bei den *Nominalgruppen* berücksichtigt.

Die Abgrenzung der Satzglieder

616 Bei der Bestimmung der Teile des Satzes geht man nach dem Grundsatz vor: *Vom Großen zum Kleinen*. Man beginnt dabei mit den *Satzgliedern*. Man kann sie mit einer Probe voneinander abgrenzen, der *Umstell-* oder *Verschiebeprobe*:

> Als Satzglieder gelten diejenigen Wortgruppen, die in einem einfachen Aussagesatz allein die Stelle vor der Personalform, das Vorfeld (→ 816), einnehmen können.

Dies trifft zum Beispiel auf «Ein Forschungsteam» im folgenden Satz zu:
Ein Forschungsteam untersuchte in den letzten Monaten wegen des Tannensterbens sorgfältig einen breiten Waldstreifen.

Der Satz enthält aber noch weitere Satzglieder. Mit der Verschiebeprobe untersuchen wir, welche Satzglieder vor die Personalform gesetzt werden können:
In den letzten Monaten untersuchte ein Forschungsteam wegen des Tannensterbens sorgfältig einen breiten Waldstreifen.
Wegen des Tannensterbens untersuchte ein Forschungsteam in den letzten Monaten sorgfältig einen breiten Waldstreifen.
Sorgfältig untersuchte ein Forschungsteam in den letzten Monaten wegen des Tannensterbens einen breiten Waldstreifen.
Einen breiten Waldstreifen untersuchte in den letzten Monaten wegen des Tannensterbens ein Forschungsteam sorgfältig.

617 Resultat: Es liegen fünf Satzglieder vor, nämlich:
ein Forschungsteam , in den letzten Monaten , wegen des Tannensterbens , sorgfältig , einen breiten Waldstreifen

Anmerkungen
1. Die Verschiebeprobe führt nur dann zu einem klaren Ergebnis, wenn die Prädikatsteile ihre normale Stellung einnehmen (→ 613). Sätze mit anderer Stellung der Prädikatsteile (→ 820.2) sind für die Verschiebeprobe nötigenfalls umzuformen:
Einen so breiten Waldstreifen *untersucht hat* das Forschungsteam noch nie.
→ Einen so breiten Waldstreifen *hat* das Forschungsteam noch nie *untersucht*.
2. Wenn das Subjekt oder das Akkusativobjekt an die Satzspitze gestellt wird, können Indefinitpronomen und Zahladjektive (zuweilen auch andere Adjektive) zurückbleiben. Man behandelt solche Fügungen auch in getrennter Stellung als ein einziges Satzglied:
Sie kennt viele Leute.   → Viele Leute kennt sie.
  → Leute kennt sie viele.
Die umgekehrte Abfolge – mit dem abgetrennten Pronomen oder Adjektiv an der Spitze – ist ausgeschlossen:
Nicht: → Viele kennt sie Leute.
3. Zu *es* als Platzhalter und als Satzglied → 688 ff. Zu Reflexivpronomen als Satzglied → 696.4. Zu *nicht* als Satzglied → 696.5.

Die Bestandteile des Satzes　　　　　　　　　　　　　　　　　Die Satzlehre　179

Übung 22　　　　　　　　　　　　　　　　　　　　　　　　　　　　618
In den folgenden Sätzen sind die Satzglieder dem Umfang nach zu bestimmen.
▪ **1** Die Zeitung brachte das Porträt des Nobelpreisträgers am folgenden Tag. ▪ **2** Das spannende Interview mit dem Trainer über die Siegesaussichten der Nationalmannschaft hat eine junge, begabte Volontärin geführt. ▪ **3** Nicht unerwartet klagte die Politikerin das Boulevardblatt des Rufmordes an. ▪ **4** Die Recherche brachte leider nur wenig verwertbares Material zum Chemieskandal auf den Tisch. ▪ **5** Die Journalistin nahm das Gespräch mit dem als heikel bekannten Stadtrat vorsichtigerweise mit einem Tonbandgerät auf. ▪ **6** Gründe für einen eingehenderen Artikel waren genug vorhanden. ▪ **7** Am Sonntag wird die Mannschaft aus Japan eintreffen. ▪ **8** Die Zeitungen erschienen letzten Freitag wegen des Druckerstreiks verspätet. ▪ **9** Setz diesen Artikel auf die Frontseite!

Kern und Gliedteile

Alle Satzglieder haben einen *Kern*. Einfache Satzglieder bestehen *nur* aus dem　　619
Kern:

　　Satzglied = Kern　　　　Beispiel: Postkarten freuen mich

Umfangreichere Satzglieder enthalten außer dem Kern weitere Wortgruppen, die vom Kern *abhängen,* ihm *untergeordnet* sind. Man spricht hier von *Gliedteilen*. Diese können dem Kern vorangehen oder folgen:

　　Satzglied = Gliedteil Kern oder Kern Gliedteil

　　oder Gliedteil Gliedteil Kern Gliedteil usw.

Beispiel:
Susannes romantische Postkarte aus Venedig hat mich gefreut.

Auch Gliedteile haben immer einen Kern; auch sie können neben dem Kern wieder Gliedteile enthalten, können also weiter ausgebaut werden.

Die Funktion der Satzglieder und der Gliedteile

Nach der *Funktion* oder *Art der Abhängigkeit* unterscheidet man die folgenden　　620
Satzglieder und Gliedteile:

1. Ergänzungen: Subjekt und Objekte
2. Prädikative
3. Adverbialien
4. Attribute

Ergänzungen: Subjekt und Objekte

621 Ergänzungen hängen von *Verben* oder von *Adjektiven* ab. Das Verb oder das Adjektiv legt dabei fest, in welchem *Fall* die Ergänzung steht (bei Präpositionalgruppen: welche Präposition zu wählen ist).

In den folgenden Beispielen weist die Ergänzung mit dem Nomen *Igel* je nach Verb eine unterschiedliche Form auf:
Ergänzung im Nominativ (Subjekt): Ines tut *der Igel* leid.
Ergänzung im Akkusativ (Akkusativobjekt): Ines pflegt *den Igel*.
Ergänzung im Dativ (Dativobjekt): Ines hilft *dem Igel*.
Ergänzung im Genitiv (Genitivobjekt): Ines nimmt sich *des Igels* an.
Ergänzung in Form einer Präpositionalgruppe: Ines kümmert sich *um den Igel*.

Beispiele für Ergänzungen bei Adjektiven:
Ergänzung im Akkusativ (Akkusativobjekt): Herbert ist *den Lärm* gewohnt.
Ergänzung im Dativ (Dativobjekt): Herbert ist *dem Lärm* nicht zugetan.
Ergänzung im Genitiv (Genitivobjekt): Herbert ist *des Lärms* überdrüssig.
Ergänzung in Form einer Präpositionalgruppe: Herbert ist zornig *über den Lärm*.

Zu Nebensätzen in der Funktion von Subjekt und Objekt → 851 ff.

Prädikative

622 Prädikative sind Wortgruppen, die eine Art doppelten Bezug aufweisen: Einerseits hängen sie von einem Verb oder einem Adjektiv ab, anderseits beziehen sie sich eng auf eine andere fallbestimmte Wortgruppe. Bei Bezug auf das Subjekt liegt ein *Subjektsprädikativ* vor, bei Bezug auf ein Objekt ein *Objektsprädikativ*.

Beispiele:
Prädikativ: **Korrektorin**
Abhängig von: *wird* (Prädikat)
Bezug auf: Angelika (Subjekt)

Angelika *wird* **Korrektorin**.

Prädikativ: **als kluge Debattiererin**
Abhängig von: *bekannt*
Bezug auf: Bea (Subjekt)

Bea ist **als kluge Debattiererin** bekannt.

Prädikativ: **für vernünftig**
Abhängig von: *halte* (Prädikat)
Bezug auf: diesen Vorschlag
(Akkusativobjekt)

Ich *halte* diesen Vorschlag **für vernünftig**.

Zu *Nebensätzen* in der Funktion von Prädikativen → 854.

Adverbialien

623 Was ein Satz ausdrückt, vollzieht sich unter bestimmten *Umständen;* diese Umstände auszudrücken ist die Aufgabe der *Adverbialien*.

Häufig hängen Adverbialien von *Verben, Adjektiven* oder *Partikeln* ab:

Renate *wohnt* in Marbach. Renate ist in Marbach *wohnhaft*.

Renate war in Marbach *zugegen*.

624 Adverbialien können sich aber auch auf den ganzen Satz beziehen. Dies gilt zum Beispiel für Satzglieder, die den Inhalt des Satzes bewerten:
Das Gerät war *leider* defekt. Das Triebwerk ist *nach aller Wahrscheinlichkeit* wegen eines Materialschadens abgebrochen.

625 Man pflegt die Adverbialien nach ihrer Bedeutung in vier Gruppen einzuteilen:

1. das Adverbiale des Ortes
2. das Adverbiale der Zeit
3. das Adverbiale des Grundes
4. das Adverbiale der Art und Weise

626 1. Das Adverbiale des Ortes lässt sich erfragen mit: *Wo? Woher? Wohin?*
Der Besen stand *in einer Ecke*. Sie wohnt jetzt *gegenüber*. Diese *aus der Türkei* stammenden Trauben schmecken sehr süß. Das Fahrzeug bewegte sich *nach vorn*.

627 2. Das Adverbiale der Zeit ist erfragbar mit: *Wann? Seit wann? Bis wann?*
Die Runde trifft sich *abends*. Wir wohnen *seit drei Jahren* in dieser Wohnung. Die *seit Ende April* leer stehende Wohnung ist endlich vermietet worden.

628 3. Das *Adverbiale des Grundes* gibt einen Grund, einen Zweck, aber auch einen (unzureichenden) Gegengrund an. Ferner rechnet man Bedingungen und Folgen zum Adverbiale des Grundes. Erfragbar ist es mit: *Warum? Weshalb? Wozu? Trotz welchen Umständen? Mit welcher Folge? Unter welcher Bedingung? In welchem Fall?*
Sie fehlt *krankheitshalber*. Sie zeigte mir eine Fotografie des *wegen eines Tumors* früh Verstorbenen. Der *trotz einigen Regenschauern* gelungene Ausflug führte uns zu einem alten Kloster. *Zur Wahrung des Amtsgeheimnisses* besteht Schweigepflicht. Die Korrektur wurde *ungeachtet der Terminschwierigkeiten* sachgerecht durchgeführt. *Zum Entsetzen der Passagiere* überwältigten die Meuterer den Kapitän. Auch du wirst *bei guter Vorbereitung* die Prüfung bestehen.

629 4. Das *Adverbiale der Art und Weise* lässt sich mit *Wie?* erfragen:

Dieses Messer schneidet *scharf.* Der Sieger erreichte das Ziel *in körperlich guter Verfassung. Jauchzend* umtanzten sie das Freudenfeuer. Dieser Apparat funktioniert *ohne Strom.* Sie rannte *wie von Sinnen* weg. Er benahm sich *wie ein Clown.* Annemarie schreibt *mit der linken Hand.*

630 **Anmerkungen**

1. Zum Adverbiale der Art und Weise gehören auch Ausdrücke, die ein *Maß* angeben: eine räumliche Erstreckung, eine Zeitdauer, eine Wiederholung, ein Gewicht usw. Sie können ebenfalls mit *Wie?* erfragt werden: Wie weit? Wie lange? Wie oft? Wie viel? Teilweise lassen sich diese Ausdrücke zugleich auch anderen Unterarten des Adverbiales zuordnen, vor allem den Adverbialien des Ortes und der Zeit:

Georgette warf den Ball *etwa vierzig Meter* weit. Die Sendung dauert *ungefähr drei Stunden.* In den Sahelländern regnet es *selten.* Erwin rannte *dreimal* um den Sportplatz. Das Spezialkabel kostete *fast 90 Franken.* Der Boxer wiegt *hundert Kilogramm.* Jasmin hat *genug* gearbeitet.

2. Die Einteilung der Adverbialien in nur vier Bedeutungsgruppen wird der sprachlichen Vielfalt nicht gerecht. Es ist daher ein bloßer Notbehelf, wenn man traditionellerweise alle Adverbialien, die nicht eindeutig in eine der drei anderen Klassen fallen, dem Adverbiale der Art und Weise zuordnet. Dies gilt auch für die folgenden Adverbialien, die sich nur schlecht oder gar nicht mit *Wie?* erfragen lassen (vgl. auch → 624):

Sie haben die Mühen *vergebens* auf sich genommen. Sie verteidigten sich *bis zum letzten Atemzug. Aller Wahrscheinlichkeit nach* wird der Fehler wieder auftreten. Sie hatte *klugerweise* ein Verlängerungskabel mitgenommen. Diese Lösung ist *unseres Erachtens* zu teuer. Ich nehme *gern* noch ein zweites Stück Kuchen. *Statt eines Mittagessens* nahmen wir einen kleinen Imbiss zu uns. *Wenigstens* ist euch der erste Teil der Arbeit geglückt! *Fast* hätte ich den Brief liegen lassen!

Attribute

631 Der Begriff *Attribut* wird in einem engen und in einem weiten Sinn gebraucht. In diesem Buch halten wir uns an den *engen* Sinn. Man kann dann definieren:

| Attribute sind *Gliedteile,* die von einem *Nomen* oder *Pronomen* abhängen. |

Funktional können sie Objekten, Adverbialien oder Prädikativen entsprechen. Man pflegt hier aber meist nicht weiter zu unterscheiden (vgl. aber → 730).

Attribute zu Nomen: *fröhliche* Leute; die *umgestürzte* Tanne; das Haus *gegenüber;* Petras Ideen; die Wohnung *meines Bruders;* der Weg *nach dem Dorf;* die Angst *vor der Dunkelheit;* die Verurteilung *als Mörder;* Hardy Schnulz, *der bekannte Operettensänger;* ein Glas *frisches Wasser* (ein Glas *frischen Wassers*); die Stadt *Bern.*

Attribute zu Pronomen: alle *aus unserer Klasse;* etwas *Neues,* du *dummer Kerl!*

Im *weiten* Sinn fallen auch Gliedteile, die von einem Adjektiv, einem Partizip oder einem Adverb abhängen, unter den Begriff des Attributs. Solche Gliedteile können meist in formal gleiche Satzglieder umgewandelt werden:
 der *viele Früchte* tragende Baum → Der Baum trägt *viele Früchte*.

632

Im zweiten Satz handelt es sich bei *viele Früchte* um ein Akkusativobjekt (→ 644); man könnte daher den entsprechenden Gliedteil im ersten Satz als *attributives Akkusativobjekt* bezeichnen.

633

Gliedteile, die von *Präpositionen* und *Konjunktionen* abhängen (→ 683, 685), werden *nicht* als Attribute bezeichnet.

Die Form der Wortgruppen: die Wortart des Kerns

Für die Form von Satzgliedern und Gliedteilen ist die *Wortart des grammatischen Kerns* von ausschlaggebender Bedeutung. Wenn man Wortgruppen nach diesem Gesichtspunkt näher bestimmt, ergibt sich die folgende Einteilung:

634

1. Nominalgruppe (Kern: Nomen, Nominalisierung oder als Stellvertreter gebrauchtes Pronomen)
2. Begleitergruppe (pronominales Attribut; Kern: als Begleiter gebrauchtes Pronomen)
3. Adjektivgruppe, Partizipgruppe
4. Adverbgruppe
5. Präpositionalgruppe
6. Konjunktionalgruppe

Wir halten uns im Folgenden in erster Linie an diese formal ausgerichtete Grobeinteilung der Wortgruppen. Bei den *Nominalgruppen* werden wir als weitere Gesichtspunkte den *Fall* sowie die *Funktion* (Abhängigkeit) mit einbeziehen. Siehe dazu den folgenden Überblick (→ 635).

Satzglieder und Gliedteile							
Einteilung nach der Wortart des Kerns	Nominalgruppe	Begleitergruppe (pron. Attribut)	Adjektivgruppe Partizipgruppe	Adverbgruppe	Präpositionalgruppe		Konjunktionalgruppe
Fall	im Nominativ	im Akkusativ	im Dativ		im Genitiv		mit Kongruenz im Fall
Funktion (Abhängigkeit)							
Ergänzung	Subjekt	Akkusativobjekt	Dativobjekt		Genitivobjekt		
Prädikativ							präd. Nom. / Akk.
Adverbiale		adverbialer Akk.			adverbialer Gen.		
Attribut (im engern Sinn)					Genitivattribut		Apposition
innerhalb Präpositionalgruppe		(Nominalgruppe im Akkusativ)	(Nominalgruppe im Dativ)		(Nominalgruppe im Genitiv)		
innerhalb Konjunktionalgruppe							(Nominalgruppe im N/A/D/G)
außerhalb des ausgebauten Satzes	Anredenominativ						

Gruppe	Funktion	Beispiel
Nominalgruppe	Subjekt	*Eine **Schwalbe*** macht noch keinen Sommer.
	Anredenominativ	*Lieber **Markus!** Sehr geehrte Frau Frey! Sie da*, kommen Sie!
	Akkusativobjekt	Anja sucht *den **Schlüssel.*** Die Kinder bauten *einen **Sandturm.***
	Adverbialer Akkusativ	Am liebsten läge ich *den ganzen **Tag*** an der Sonne.
	(Nominalgruppe im Akkusativ bei einer Präposition)	Wir saßen um *den runden **Tisch.*** Anna wartet auf *den **Bus.***
	Dativobjekt	*Dem **Bergsteiger*** wurde schwindlig. Das Haus gefällt *mir*.
	(Nominalgruppe im Dativ bei einer Präposition)	Sie fragte nach *dem **Weg.***
	Genitivobjekt	Ines nahm sich *des **Igels*** an. Ich bin *des langen **Wartens*** müde.
	Adverbialer Genitiv	*Eines **Abends*** sahen wir ein Reh in unserem Garten.
	Genitivattribut	der Eingang *des **Hauses**,* ein Rudel *hungriger **Wölfe***
	(Nominalgruppe im Genitiv bei einer Präposition)	Er arbeitet während *des **Winters*** in Arosa.
	Prädikativer Nominativ	Das Fest wurde *ein voller **Erfolg.*** Hanna ist *Journalistin.*
	Prädikativer Akkusativ	Der Stürmer nannte den Schiedsrichter *einen **Trottel.***
	Apposition	Rita Troxler, *die neue **Direktorin**,* zeigte den Betrieb. Ich löschte den Durst mit einem Glas *kaltem **Wasser.***
	(Nominalgruppe bei einer Konjunktion)	Er gilt als *guter **Redner.*** Man behandelte mich wie *einen **Fremden.*** Als *erfahrenem **Laboranten*** fiel ihm der Geruch sofort auf.
Begleitergruppe (pronominales Attribut)		Da kommt *unsere* Katze. Es waren *etwa tausend* Zuschauer.
Adjektivgruppe, Partizipgruppe		Der Graben war einen Meter *tief.* Er trug eine *allzu auffällige* Krawatte. Der *fast tausend Seiten umfassende* Band liegt vor.
Adverbgruppe		Der Bericht lag *ganz unten. Vielleicht* scheint *heute* Abend die Sonne. Das Haus wird *dort* abgerissen.
Präpositionalgruppe		Wir saßen *um den Tisch. Während des Winters* arbeitet er in den Bergen. Der Zeiger bewegte sich *nach unten.*
Konjunktionalgruppe		Man behandelte mich *wie einen Fremden.* Ich schätze diesen Vorschlag *als* sinnvoll ein. *Wie immer* kam ihr ein rettender Gedanke.

Nominalgruppen

636 Nominalgruppen sind Satzglieder oder Gliedteile, deren Kern aus einem *Nomen*, einer *Nominalisierung* oder einem *Pronomen* besteht. Sie stehen immer in einem der vier Fälle, sie sind also *fallbestimmt*.

Nominalgruppen können aus einem bloßen Nomen, das heißt bloß aus dem Kern, bestehen:

Anna hasst **Desserts.**

Das Nomen kann aber auch erweitert sein, das heißt, die Nominalgruppe kann außer dem Kernnomen weitere, von diesem abhängige Wortgruppen (Gliedteile) enthalten:

Werners jüngere **Schwester** hasst süße **Desserts.**

Die Stelle des Nomens können auch *Nominalisierungen* einnehmen, das heißt wie Nomen gebrauchte Formen anderer Wortarten.

Anna hasst **Süßes.**   Anna hasst frühes **Aufstehen.**

Ferner können als Stellvertreter gebrauchte *Pronomen* den Kern einer Nominalgruppe bilden:

Anna hasst **das.**

637 **Anmerkungen**
1. Wenn man über einen sprachlichen Ausdruck redet, erscheint er im Satz oft als Kern einer Nominalgruppe, teilweise sogar mit Artikel. Es liegt dann eine Art Nominalisierung vor. Mit Anführungszeichen oder Kursivschrift kann man anzeigen, dass ein Zitat vorliegt (→ 1532). Auf Großschreibung wird meist verzichtet (→ 1129; zur Großschreibung des Anfangs zitierter Sätze siehe aber → 1107, von Werktiteln → 1108).
Die Schweizer sprechen das «ch» eher rau aus. Füg hier noch ein *vielleicht* ein! Sein ständiges «Take it easy» ging uns auf die Nerven. Bei «von» steht der Dativ. Spät ist immer noch besser als nie. Doch geliehen ist noch nicht gestohlen. Nach dem Spiel ist vor dem Spiel.
(Werktitel:) In der Zeitung stand, «Nicht ohne meine Tochter» sei ein Bestseller geworden.
2. Pronomen, die in einer Nominalgruppe dem Nomen als *Begleiter* vorangehen und mit ihm in Fall, Zahl und Geschlecht übereinstimmen (→ 203), bezeichnet man als *Begleitergruppe* oder auch als pronominales Attribut (→ 677). Beispiele: *meine* Schwester, *dieses* hohe Haus, *irgendwelche* lästigen Beschwerden.
Der *bestimmte* und der *unbestimmte* Artikel werden allerdings nicht berücksichtigt; man rechnet sie zum Kern der Nominalgruppe (→ 696.1): *ein* hohes *Haus, das* hohe *Haus*.

Nominalgruppen im Nominativ

Nachstehend werden die folgenden Nominalgruppen näher behandelt: **638**
- das Subjekt
- der Anredenominativ

Im Nominativ können außerdem stehen:
- der prädikative Nominativ (→ 659)
- die Apposition (→ 664, 703 ff.)
- Nominalgruppen im Innern von Konjunktionalgruppen (→ 685, 722 ff.)

Das Subjekt

> **Form:** Die gewöhnlichste Form des Subjekts ist die einer *Nominalgruppe im* **639**
> *Nominativ*, auch *Subjektsnominativ* genannt. Das Subjekt lässt sich mit *Wer (oder was)?* erfragen.
>
> **Abhängigkeit:** Ergänzung, die von einer Personalform abhängt. Die Personalform stimmt dabei in der Person und in der Zahl mit dem Subjekt überein (Kongruenz; → 737 ff., 742 ff.).

Beispiele:
Der Kater jagte dem Wollknäuel nach. *Der Wagen* wäre beinahe entgleist. Ihr fehlte vor allem *ein guter Einfall*. Zum Schluss wurde den Absolventen *das Diplom* übergeben. *Schwarzes* steht dir wirklich ausgezeichnet! *Eine Unbekannte* soll ihm den Brief übergeben haben. Nun war *kein Zurück* mehr möglich.

Anmerkungen **640**
1. Zum Pronomen *es* als Subjekt → 688 ff.
2. Zitierte Ausdrücke (→ 636.1) können auch als Subjekt auftreten:
   Bekanntlich ist «dass» eine Konjunktion. «Günstig» ist nicht immer dasselbe wie «billig». Einmal ist keinmal.
3. Zu Nebensätzen in der Funktion des Subjekts → 852.
4. Nicht jeder Satz hat ein Subjekt – das Deutsche kennt auch subjektlose Sätze:
   Mir graut vor der Zukunft. Uns ist hier recht wohl. Den Touristen wurde auf dem Fernsehturm schwindlig. Freitags wird bei uns nur bis 16.15 Uhr gearbeitet (subjektloses Passiv, → 85).
5. Bei Imperativsätzen (Befehlssätzen) fallen die Subjekte *du* und *ihr* meist weg:
   Gib (du) mir mein Buch zurück! Geht (ihr) jetzt nach Hause!

Der Anredenominativ

641 **Form:** Nominalgruppe im Nominativ. Kern sind vor allem Personennamen, Personenbezeichnungen und Anredepronomen.

Abhängigkeit: Der Anredenominativ ist eine *unabhängige* Nominalgruppe im Nominativ, die *außerhalb des ausgebauten Satzes* steht.

Beispiele:
Lieber Stefan! Monika! Sehr geehrter Herr Müller! Liebe Mutter! Sehr geehrte Frau Präsidentin! *Du,* sag das nicht noch einmal!

Zu Wortgruppen, die außerhalb ausgebauter Sätze stehen, vgl. auch → 863.

642 **Übung 23**

In den folgenden Sätzen ist das Subjekt zu bestimmen – sofern vorhanden.
■ **1** Auf dem Parkplatz stehen ganz hinten seit Monaten zwei völlig verrostete Wracks. ■ **2** Wer kommt da die Treppe herauf? ■ **3** Dem Händler fehlten zwei Ersatzteile. ■ **4** Nach einer Woche war am Gebäude von den Sturmschäden nichts mehr zu sehen. ■ **5** Was enthält diese Tasche? ■ **6** Petra hat das merkwürdige Messergebnis zuerst bemerkt. ■ **7** Petra ist das merkwürdige Messergebnis zuerst aufgefallen. ■ **8** Wer Sorgen hat, hat auch Likör. ■ **9** Jetzt ist aber genug gearbeitet! ■ **10** Barbara beschäftigte ganz anderes. ■ **11** Werner liegt Hasten und Rennen nicht. ■ **12** Plötzlich ertönte hinter mir ein lautes «Die Fahrausweise bitte!». ■ **13** Kühl ist nicht dasselbe wie kalt. ■ **14** Nach dem dritten Stück Schokoladekuchen wurde Christine übel. ■ **15** Füllen Sie bitte dieses Formular aus! ■ **16** Das Treppenhaus frisch streichen zu lassen, wäre schon längst sinnvoll gewesen. ■ **17** Gegen Abend ist mit Gewittern zu rechnen. ■ **18** Lasst das Geschirr nur stehen! ■ **19** Mich beunruhigte vor allem, dass die Arbeit erst halb fertig war. ■ **20** Gelb steht Rolf wirklich gut. ■ **21** Uran abgebaut wird hier seit den Fünfzigerjahren. ■ **22** Esthers Leidenschaft ist das Schachspiel. ■ **23** Rita schmeckt Süßes nicht besonders. ■ **24** Die Nachbarn störten vor allem die tiefen Basstöne.

643 ### Nominalgruppen im Akkusativ

Nachstehend werden die folgenden Nominalgruppen näher behandelt:
– das Akkusativobjekt
– der adverbiale Akkusativ

Im Akkusativ können außerdem stehen:
– der prädikative Akkusativ (→ 661)
– die Apposition (→ 664, 703 ff.)
– Nominalgruppen im Innern von Präpositionalgruppen (→ 683)
– Nominalgruppen im Innern von Konjunktionalgruppen (→ 685, 722 ff.)

Die Bestandteile des Satzes Die Satzlehre

Das Akkusativobjekt

Form: Nominalgruppe im Akkusativ, die sich mit *Wen (oder was)?* erfragen lässt.

Abhängigkeit: Ergänzung, die von einem Verb, seltener von einem Adjektiv abhängt.

Akkusativobjekte zu Verben (transitive Verben; → 27):
Renate kämmt *ihr Haar*. *Dieses Buch* habe ich schon gelesen. Die Mutter hat mir *einen Pullover* gestrickt. Es gibt noch *einen anderen Weg*.

Akkusativobjekte zu Adjektiven:
Ich bin *die schwere Arbeit* nicht mehr gewohnt. *Diesen Dienst* ist er mir schuldig.

Anmerkungen
1. Manche Nominalgruppen im Akkusativ können mit dem Verb eine inhaltliche Einheit bilden; man spricht hier auch von *Funktionsverbgefügen*. Obwohl sich solche Wortgruppen schlecht mit *Wen (oder was)?* erfragen lassen, zählen wir sie der Einfachheit halber zum Akkusativobjekt. Zur Schreibung siehe → 1210 (sowie → 1217–1219, 1224).
Er nahm auf den gestrigen Vorfall *Bezug*. Wir legen *großen Wert* auf Selbständigkeit. Für unsere Forschungen zeigen die Medien im Allgemeinen *kein Interesse*. – Ähnlich: Bescheid geben, Abbruch tun, Genüge tun, Folge leisten, Einspruch erheben, Anteil nehmen, Fußball spielen, Auto fahren, Rücksicht nehmen.
2. Zu Reflexivpronomen im Akkusativ → 696.4.
3. Zum unpersönlichen *es* als Akkusativobjekt → 688 ff.
4. Zum Passiv von Verben mit Akkusativobjekt → 84.
5. Zu Verben mit zwei Akkusativobjekten → 1739.

Der adverbiale Akkusativ

Form: Nominalgruppe im Akkusativ. Der adverbiale Akkusativ lässt sich im Gegensatz zum Akkusativobjekt nicht mit *Wen (oder was)?* erfragen, sondern nur mit *Wie? Wo? Wann?*

Abhängigkeit: Der adverbiale Akkusativ ist ein Adverbiale, das von einem Verb, einem Adjektiv oder einer Partikel, selten von einem Nomen abhängt. Es drückt meistens ein *Maß* aus: eine räumliche oder zeitliche Erstreckung, eine Wiederholung, ein Gewicht oder einen Preis.

Angabe eines räumlichen, zeitlichen oder sonstigen Maßes auf die Frage *Wie? (Wie weit? Wie lange? Wie oft? Wie viel?)*:
Die Astronauten hielten sich *einen Monat* im Weltall auf. Sie ist *den ganzen Abend* weggeblieben. Der Polizist ging *einen Schritt* vor. Der Koffer wog *zwanzig Kilogramm*. Zwei Stück kosten *einen Franken* (→ 1738).

Angabe einer Lage, eines Orts auf die Frage *Wo?*:
Die Schüler sind *den schmalen Weg* hinaufgekraxelt. Der Bauer rollte den Baumstamm *den Abhang* hinunter.

Zeitangaben auf die Frage *Wann?* können durch Präpositionalgruppen mit *am* ersetzt werden:
Susanne ist *letzten Freitag* (= am letzten Freitag) zurückgekehrt. Wir treffen uns *Montag, den 25. April* (= am Montag, dem 25. April). (Als Attribut zu einem Nomen:) Das Aufstiegsspiel *nächsten Samstag* (= am nächsten Samstag) wird spannend sein.

647 **Übung 24**

In den folgenden Sätzen sind die Akkusativobjekte und die adverbialen Akkusative herauszusuchen und zu bestimmen.
■ **1** Draußen sah man den Großvater nur noch selten. ■ **2** Pfeilschnell fuhr Nora den Zielhang hinunter. ■ **3** Seit dem letzten tödlichen Unfall auf dieser Kreuzung ist es kaum ein Jahr her. ■ **4** Ich hörte die Nachbarin die Abfallsäcke die Treppe hinuntertragen. ■ **5** Der umgestürzte Kran war dreißig Meter hoch. ■ **6** Die badenden Kinder schien das schmutzige Wasser nicht zu stören. ■ **7** Die ganze Woche hat er wie ein Pferd gearbeitet. ■ **8** Die Aufträge erledigten wir jeweils rasch. ■ **9** Die Sitzung dauerte fünf Stunden. ■ **10** Anita ließ sich die Haare rot färben. ■ **11** Was hat Alfred dir gesagt? ■ **12** Rolf führte Christoph in die Geheimnisse des Kerzenziehens ein. ■ **13** Das Paket wog etwa 500 Gramm. ■ **14** Auf gute Beratung lege ich Wert. ■ **15** Bei diesem Gerät empfiehlt sich eine Reparatur ganz sicher. ■ **16** Die neuen Messergebnisse stellen die bisherigen Annahmen in Frage. ■ **17** Rings um den Platz gaben prächtige Platanen den Spaziergängern Schatten. ■ **18** Wasch dich und putz dir die Zähne! ■ **19** Der Käufer legte das Geld bar auf den Tisch. ■ **20** Die Mutter ließ Manuela letzten Monat ihre kleine Schwester jeden Tag eine halbe Stunde die Französischwörter abfragen.

648 **Nominalgruppen im Dativ**

Nachstehend wird die folgende Nominalgruppe im Dativ näher behandelt:
– das Dativobjekt

Im Dativ können außerdem stehen:
– die Apposition (→ 664, 703 ff.)
– Nominalgruppen im Innern von Präpositionalgruppen (→ 683)
– Nominalgruppen im Innern von Konjunktionalgruppen (→ 685, 722 ff.)

Das Dativobjekt

Form: Nominalgruppe im Dativ, mit *Wem (oder was?)* erfragbar.

Abhängigkeit: Das Dativobjekt ist eine Ergänzung, die von einem Verb oder einem Adjektiv abhängt. Außerdem steht es bei den Adverbien *zu, allzu, genug*.

649

Dativobjekte zu Verben:
Es nahte *ihm* der rächende Engel. Der Junge gleicht *seiner Mutter*. Der Onkel erzählte *den Kleinen* die Geschichte vom bösen Wolf. *Den Schülern* grauste vor dem kalten Wasser. Die Lehrerin verband *der Schülerin* die Hand.

Dativobjekte zu Adjektiven:
Die Fans blieben *der Mannschaft* treu. *Den Behörden* war die Adresse nicht bekannt. *Einigen Zuschauern* wurde übel.

Dativobjekte zu Adverbien:
Die Musik war *den meisten Gästen* zu laut (allzu laut). *Dem Efeu* war es in der Ecke hell genug.

Zu Reflexivpronomen im Dativ → 696.4.

Nominalgruppen im Genitiv

Nachstehend werden die folgenden Nominalgruppen im Genitiv behandelt:
- das Genitivobjekt
- der adverbiale Genitiv
- das Genitivattribut

650

Im Genitiv können außerdem stehen:
- die Apposition (→ 664, 703 ff.)
- Nominalgruppen im Innern von Präpositionalgruppen (→ 683)
- Nominalgruppen im Innern von Konjunktionalgruppen (→ 685, 722 ff.)

Zu Einschränkungen im Gebrauch des Genitivs → 1742 ff.

Das Genitivobjekt

Form: Nominalgruppe im Genitiv, mit *Wessen?* erfragbar.

Abhängigkeit: Ergänzung, die von einem Verb, einem Adjektiv oder einem Adverb abhängt.

651

Genitivobjekte zu Verben:
Wir bedürfen *deines Rates*. Der Raubritter bemächtigte sich *des Kaufmanns*.

Genitivobjekte zu Adjektiven und Adverbien:
Sie war *des Sieges* nicht mehr so gewiss. Wir waren *des langen Wartens* überdrüssig.

652 Anmerkungen

Das Genitivobjekt verliert immer mehr an Boden. Es ist nachgerade zum Kennzeichen des gehobenen und feierlichen oder des altertümelnden Stils geworden. Sonst wird es je länger, je mehr durch andere Satzglieder, vor allem durch das Akkusativobjekt oder durch Präpositionalgruppen, ersetzt. Wir haben im Folgenden die wichtigeren Verben und Adjektive zusammengestellt, die noch ein Genitivobjekt haben.

1. Intransitive Verben mit einem Genitivobjekt:
   Normalerweise mit Genitivobjekt: bedürfen (selten auch mit Akkusativobjekt), entraten, ermangeln, gedenken, harren.
   Gelegentlich mit Genitivobjekt, meist aber mit Akkusativobjekt: begehren, entbehren, genießen.
   Gelegentlich mit Genitivobjekt, meist aber mit Präpositionalgruppe (Präposition in Klammern): achten (auf), lachen (über), spotten (über).
   Genitivobjekt nur noch in festen Wendungen: *eines natürlichen Todes* sterben, *seines Amtes* walten, *des Glaubens* leben, *der Hoffnung* leben, *der Ruhe* pflegen.

2. Reflexive Verben mit einem Genitivobjekt:
   Normalerweise mit Genitivobjekt: sich annehmen, sich bedienen, sich (eines Rechts) begeben (= auf ein Recht verzichten), sich bemächtigen, sich befleißigen, sich brüsten, sich entäußern, sich enthalten, sich entledigen, sich entschlagen, sich erbarmen, sich erwehren, sich rühmen, sich vergewissern, sich entsinnen.
   Gelegentlich mit Genitivobjekt, meist aber mit Präpositionalgruppe (Präposition in Klammern): sich erinnern (an), sich schämen (über, wegen).
   Genitivobjekt nur noch in festen Wendungen: sich *des Lebens* freuen.

3. Transitive Verben mit einem Akkusativ der Person und einem Genitiv der Sache:
   Normalerweise mit Genitivobjekt: Man beraubte ihn *seiner Barschaft*. Die Zeugen beschuldigten (bezichtigten) den Mann *des Diebstahls*. Dies enthebt mich *aller Pflichten*. Die Polizei überführte (verdächtigte) ihn *des Raubes*. Eine Aktionärin hat die Firma *des Betruges* angeklagt. Der Verwaltungsrat versicherte den Direktor *seines Vertrauens* (→ 1741).
   Gelegentlich mit Genitivobjekt, meist aber mit Präpositionalgruppe: Der Richter entband ihn *des Eides* (oder: *von dem Eid*).
   Genitivobjekt fast nur noch in festen Wendungen: jemanden *eines Besseren* belehren, jemanden *keines Blickes* würdigen, jemanden *des Landes* verweisen, jemanden *seines Amtes* entheben.

4. Genitivobjekte bei Adjektiven und Adverbien:
   ansichtig, bar, bedürftig, beflissen, bewusst, eingedenk, fähig (auch Präpositionalgruppe mit *zu*), frei (meist Präpositionalgruppe mit *von*), froh (meist Präpositionalgruppe mit *über*), gewärtig, gewiss, geständig, gewahr (auch mit Akk.), habhaft, inne, kundig, ledig, mächtig, müde, satt (auch mit Akk., in der Bedeutung «gesättigt» nur noch mit *von*), sicher, teilhaftig, überdrüssig (auch mit Akk.), verdächtig, verlustig, voll (meist Präpositionalgruppe mit *von*), würdig

Zu unterscheiden:
Diese Sache ist *einer genaueren Betrachtung* wert (in der Bedeutung von «würdig» mit Genitiv). Das Resultat war *den großen Aufwand* wert (= lohnte den Aufwand, mit Akk.). Dieses Gebäude ist *keinen Franken* wert (in der Bedeutung «einen [Geld-]Wert haben» mit adverbialem Akkusativ). Dieser Fürst war *vieler Verbrechen* schuldig (in der Bedeutung «Schuld tragen» mit Genitiv). Er blieb mir *den Betrag* schuldig (= schuldet mir immer noch den Betrag, Akk.).

Der adverbiale Genitiv

> **Form:** Nominalgruppe im Genitiv, im Gegensatz zum Genitivobjekt nicht mit *Wessen?* erfragbar.
>
> **Abhängigkeit:** Adverbiale, das von einem Verb oder einem Adjektiv abhängt; teilweise bezieht es sich auch auf den ganzen Satz.

653

Beispiele:
Gemessenen Schrittes begaben sie sich zur Kirche. Das wirst du *eines Tages* bereuen! *Meines Erachtens* geht das nicht. Ernst war wieder einmal *schlechter Laune*. Ich bin *seiner Meinung*. Sie ist *der Überzeugung*, dass ...

Anmerkung 654
Einfache Wortformen auf -s (ohne vorangehendes dekliniertes Wort, zum Beispiel Artikel) sind keine Nomen, sondern Adverbien. Sie sind daher nicht als adverbiale Genitive, sondern als Adverbgruppen zu betrachten (→ 680):
Sie sprachen *abends* oft lange miteinander. Ich musste schon *tags darauf* gehen.

Das Genitivattribut (der attributive Genitiv)

> **Form:** Nominalgruppe im Genitiv, meist mit *Wessen?* erfragbar.
>
> **Abhängigkeit:** Attribut, das von einem Nomen abhängt.

655

Nachgestellte Genitivattribute:
 die Ideen *Petras*, die neuen Kleider *des Kaisers*, der Eingang *des Hauses*, die Erfindung *der Eisenbahn*, der Koffer *des Reisenden*, eine große Anzahl *hungriger Möwen*, eine Million *begeisterter Zuschauer*, die Kunst *des Fotografierens*, der größte Kopfbahnhof *der Welt*

Vorangestellte Genitivattribute:
 Petras Ideen, *des Kaisers* neue Kleider, *der Welt* größter Kopfbahnhof

Anmerkungen 656
Beim Genitivattribut findet man unter anderem die folgenden Gebrauchsweisen:
1. Der *partitive Genitiv* steht nach Maß- und Mengenbezeichnungen. Er wird heute zunehmend durch die Apposition oder durch Präpositionalgruppen bedrängt (→ 715):

eine Million *zufriedener Kunden* (Ersatz durch Apposition: eine Million *zufriedene Kunden*); eine Tasse *duftenden Kaffees* (Ersatz durch Apposition: eine Tasse *duftender Kaffee*; Ersatz durch Präpositionalgruppe: eine Tasse *mit duftendem Kaffee*)

2. Der *Genitiv des Besitzes* oder *possessive Genitiv* drückt nicht nur Besitzverhältnisse, sondern auch ganz allgemeine Beziehungen aus:
das Haus *meiner Eltern* (Besitz), der Bruder *meines Vaters* (Zugehörigkeit), der Arbeitsplatz *meiner Schwester*

3. Wenn von einem Verb ein Nomen abgeleitet wird (= Verbalnomen), wird das Subjekt dieses Verbs zum *Subjektsgenitiv*:
Der Gefangene floh. → die Flucht *des Gefangenen*
Die Lerche trillert. → das Trillern *der Lerche*

4. Entsprechend wird das Akkusativobjekt eines (aktiven) Verbs zum *Objektsgenitiv*:
Man baut *die Straße*. → der Bau *der Straße*
Man genehmigte *die Abrechnung*. → die Genehmigung *der Abrechnung*

5. Genitiv- und Dativobjekte lassen sich nicht in Objektsgenitive verwandeln (→ 1772).

657 **Übung 25**

In den unten stehenden Sätzen sind herauszusuchen und zu bestimmen: Dativobjekte, Genitivobjekte, adverbiale Genitive und Genitivattribute.

■ **1** Angelikas Beschreibung der Landschaft war so genau, dass ich sie wie wirklich vor Augen hatte. ■ **2** Die Polizei ist der Auffassung, dass die Einhaltung der Verkehrsvorschriften keine Sache des Beliebens ist. ■ **3** Solche Pflanzen sollten nicht zu lange der Nässe ausgesetzt werden. ■ **4** Die Autorin dieses Buches lebt in Kanadas äußerstem Norden. ■ **5** Sein Traum war die Überquerung der Antarktis mit einem Hundeschlitten. ■ **6** Anita begleitete Cornelia und deren Freundin bis zum Eingang des Wohnhauses. ■ **7** Die Fürstin entnahm der Schatulle einen glitzernden Ring. ■ **8** Georg sucht in Basel und dessen näherer Umgebung nach einer Wohnung. ■ **9** Meines Erachtens ist es unwichtig, wessen Vorschlag verwirklicht wird – die Hauptsache ist, wir kommen dem Ziel des ganzen Unternehmens endlich näher. ■ **10** Die Geistheilerin will über die Kunst des Gedankenlesens verfügen. ■ **11** Ich bin verspätet, weil ich noch einer alten Bekannten begegnet bin. ■ **12** Der Schulleiter nahm sich dieser heiklen Sache nur widerwillig an. ■ **13** Die Reiseleiterin war guten Mutes, dass wir die nächste bewohnte Siedlung noch vor Anbruch der Dunkelheit erreichen werden. ■ **14** Die Zeitung enthielt sich jeglichen Kommentars und beschränkte sich auf die Wiedergabe der amtlichen Mitteilung. ■ **15** Helen gab ihrer Sucht nach und rauchte hastig eine Zigarette. ■ **16** Hoffentlich treffen wir uns eines Tages wieder. ■ **17** Der Zug verkehrt samstags einige Minuten später.

Nominalgruppen mit Kongruenz im Fall

658 Bestimmte Nominalgruppen richten sich im Fall nach einem Bezugswort oder genauer einer Bezugswortgruppe. Man spricht hier von *Kongruenz* (Übereinstimmung) im Fall. Nachstehend werden die folgenden Nominalgruppen mit Kongruenz im Fall näher behandelt:

- der prädikative Nominativ
- der prädikative Akkusativ
- die Apposition

Kongruenz im Fall weisen außerdem auf:
- Nominalgruppen im Innern von Konjunktionalgliedern (→ 685, 722 ff.)

Der prädikative Nominativ

Form: Nominalgruppe im Nominativ, die sich mit *Wer (oder was)?* erfragen lässt.

Abhängigkeit: Der prädikative Nominativ hängt von einem Verb ab und bezieht sich gleichzeitig auf das Subjekt; es handelt sich also um ein *Prädikativ* mit *Subjektsbezug* (→ 622). Dass er wie das Subjekt im Nominativ steht, ist auf *Kongruenz* zurückzuführen. Der prädikative Nominativ steht vor allem bei den Verben *sein, werden* und *bleiben,* ferner bei *scheinen, heißen* und *dünken.*

659

Beispiele:
Emil ist (wird, bleibt) *ein Detektiv.* Der Filmemacher hieß *Fassbinder.* Dieses Prinzip ist ein *gutes* (= *ein gutes Prinzip*). Katja war *die Erste.* Daniel sagt, er sei *es* nicht gewesen. Philipp dünkt mich *ein Taugenichts.* Philipp wird *ein Taugenichts* genannt (→ 662.1).

Anmerkung

Ein prädikativer Nominativ kann auch bei *Infinitiv- und Partizipgruppen* stehen, die kein Subjekt aufweisen; das Subjekt ist hier hinzuzudenken. Das Subjekt erscheint, wenn die Wortgruppen in einen einfachen Satz umgewandelt werden.
Prädikativ als Teil einer Infinitivgruppe:
Die Berufsberaterin empfahl dem Ratsuchenden, **technischer Kaufmann** zu werden. (→ Umformprobe: *Er* wurde **technischer Kaufmann**.)
Prädikativ als Teil einer Partizipgruppe:
Die Polizei sprach mit dem **Zeuge** des Unfalls gewordenen Straßenarbeiter. (→ Umformprobe: *Er* wurde **Zeuge** des Unfalls.)

660

Der prädikative Akkusativ

Form: Nominalgruppe im Akkusativ. Der Fall lässt sich meist nur schlecht mit der Frage *Wen (oder was)?* nachweisen.

Abhängigkeit: Der prädikative Akkusativ hängt von einem Verb ab und bezieht sich gleichzeitig auf das *Akkusativobjekt;* es handelt sich also um ein *Prädikativ* mit *Objektsbezug* (→ 622). Dass er wie das Objekt im Akkusativ steht, ist auf *Kongruenz* zurückzuführen. Der prädikative Akkusativ steht häufig bei *finden, nennen, schimpfen, schelten, heißen.*

661

Beispiele:

Alle fanden das Fest *einen tollen Erfolg*. Die Regierung nannte die Kapitalflucht *den Staatsfeind Nummer eins*. Der Trainer schalt den Torwart *einen Faulenzer*. Die Leute hießen ihn *den Bärentöter*. Sie tauften das Büblein *William Arthur Philip Louis*.

662 Anmerkungen

1. Wenn Verben mit einem prädikativen Akkusativ ins *Passiv* gesetzt werden, wird das Akkusativobjekt zum Subjekt. Das Prädikativ bezieht sich entsprechend auf das Subjekt, der prädikative Akkusativ wandelt sich also zum prädikativen Nominativ:
Der Trainer schalt *den Torwart* **einen Faulenzer**. → *Der Torwart* wurde **ein Faulenzer** gescholten. Die Leute hießen *ihn* **den Bärentöter**. → *Er* wurde **der Bärentöter** geheißen.

2. Wahrnehmungsverben wie *sehen, hören* sowie die Verben *lassen, lehren* und *heißen* können ein Akkusativobjekt mit einem Infinitiv (kurz: Akkusativ mit Infinitiv) bei sich haben: Wir hörten *den Kuckuck rufen*. Die Ärztin ließ *den Patienten eintreten*. Wenn es sich bei diesem Infinitiv um Verben wie *sein, werden, bleiben* handelt, bezieht sich deren Prädikativ nicht auf das Subjekt des übergeordneten Verbs, sondern auf das Akkusativobjekt. Das Prädikativ sollte also grundsätzlich wie das Objekt im Akkusativ stehen. Doch gilt heute auch der Nominativ als korrekt:
Die Leute sahen *ihn* allmählich **einen Fachmann** werden (oder: **ein Fachmann** werden). Lass *mich* nicht **einen verwunschenen Prinzen** bleiben (oder: **ein verwunschener Prinz** bleiben)! Gott lässt *es* heute **einen schönen Tag** werden (oder: **ein schöner Tag** werden). Er lehrte *ihn* **einen Freund** des Volkes sein (oder: **ein Freund** des Volkes sein). Das wärmende Sonnenlicht verleiht dem Klima erstaunliche Milde und lässt *einen Gang* entlang der felsigen Nordküste der Insel Bornholm **einen fast mediterranen Spaziergang** werden (oder: **ein fast mediterraner Spaziergang** werden).

663 Übung 26

In den folgenden Sätzen sind herauszusuchen und zu bestimmen: Subjekt, Akkusativobjekt, prädikativer Nominativ und prädikativer Akkusativ.

▪ **1** Dies ist nur ein kleiner Schritt für einen Menschen, aber ein gewaltiger Sprung für die Menschheit (Neil Armstrong, vom Mond aus 1969). ▪ **2** Sie schalt mich lachend einen Schmeichler. ▪ **3** Ein schäbiges Kamel trägt immer noch die Lasten vieler Esel. ▪ **4** Diese Programmversion stellt keine Verbesserung dar. ▪ **5** Die schreckensvollste Seite, die der Fanatismus jeder Art darbietet, ist die Intoleranz (Friedrich von Gentz). ▪ **6** Die Biologen nennen diese Bakterie Staphylokokkus. ▪ **7** Diplomaten sind Leute, die man auf Reisen schickt, um zum Wohle ihres Landes zu lügen (Wotton, 1651). ▪ **8** Es ist ein großer Vorteil im Leben, wenn man die Fehler, aus denen man lernen kann, möglichst frühzeitig macht (Churchill). ▪ **9** In der Schweiz gibt es wieder Luchse. ▪ **10** Aus dem linden Lüftchen wurde allmählich ein heftiger Sturm. ▪ **11** Ihre Tochter tauften sie Leonie. ▪ **12** Pünktlichkeit ist die Höflichkeit der Könige (Ludwig XVIII.). ▪ **13** Christine will Schauspielerin werden. ▪ **14** Für den Klub bildete Müller eine unerlässliche Stütze. ▪ **15** Fremde Fehler haben wir vor Augen, eigene im Rücken (marokkanisches Sprichwort).

Die Apposition

Form: Nominalgruppe, die sich im Fall gewöhnlich nach dem Wort richtet, von dem sie abhängt (Kongruenz im Fall).
Als *lockere Apposition* bezeichnet man Zusätze, die ihrem Bezugswort folgen und von diesem mit Komma abgesetzt sind.
Die *enge Apposition* steht teils vor, teils nach ihrem Bezugswort und ist von diesem nicht mit Komma abgesetzt.

Abhängigkeit: Attribut, das von einem Nomen oder einem Pronomen abhängt.

664

Die Regeln für die Kongruenz im Fall bei der Apposition weisen viele Besonderheiten und Ausnahmen auf; wir behandeln sie daher in einem gesonderten Abschnitt; → 703 ff. Zur Zeichensetzung → 1557 ff.

Die *lockere Apposition* ist immer nachgestellt:
    Rita Troxler, *die neue Direktorin,* führt uns durch den Betrieb. Wir bauen mit Holz, *dem vielseitigsten natürlichen Baustoff.* In zwei Transporten brachten die Träger alles Material ins Biwak II, *den zentralen Stützpunkt der Expedition.* Am Mittwoch, *meinem freien Tag,* könnten wir uns treffen. Die Eier des Stegosaurus, *eines wehrhaften Pflanzenfressers,* lagen bei den Skelettresten. Im Schnellzug, *einem deutschen ICE,* war genug Platz.

665

Zur lockeren Apposition rechnet man üblicherweise auch einige mit Komma abgesetzte Zusätze, die man als Verkürzungen umfangreicherer Attribute auffassen kann. Eine Fallbestimmung ist hier meist nicht sinnvoll:
    John Carstairs, *New York* (= aus New York), eröffnete die Tagung. Helmut Furter, *CVP* (= Mitglied der CVP), kritisierte die Ausgabenpolitik des Bundes.

666

Unter der Bezeichnung *enge Apposition* werden recht verschiedenartige Attribute zusammengefasst. Wir zählen die wichtigsten auf. Die in den Punkten 1 und 2 genannten engen Appositionen sind *vorangestellt,* die übrigen sind *nachgestellt:*

667

1. Bei *mehrteiligen Eigennamen* ist der letzte Bestandteil der Kern, die übrigen Namensteile sind enge Appositionen (→ 706 f.)
    Johann Sebastian Bach, *Conrad Ferdinand* Meyer, *Reineke* Fuchs

668

2. *Titel, Berufs- und Verwandtschaftsbezeichnungen* sind enge Appositionen, wenn sie ohne Artikel vor einen Personennamen treten (→ 708):
    Frau Stadträtin Huber, *Herr* Müller, *Tante* Berta, *Onkel* Gustav, *Schreinermeister* Fritz Holzmann, *Prinz* Eugen, *Fürst* von Metternich

669

670 3. Wenn *Titel, Berufs- und Verwandtschaftsbezeichnungen* den bestimmten Artikel (oder ein anderes Pronomen) bei sich haben, bilden sie den Kern der Fügung; der Personenname folgt als Apposition (Genaueres → 709):

der Bäckermeister *Brodmann*, die Vizepräsidentin *Magdalena Weber*, meine Tante *Frieda*, unser Abteilungsleiter *Bernhard Sandmann*

671 4. Ebenso sind auch andere Fügungen zu bestimmen, bei denen nach einer Gattungsbezeichnung mit Artikel ein *Eigenname*, eine *Nummer* oder ein *Zitat* (ein zitiertes Einzelwort oder auch ein ganzer Satz) steht:

die Stadt *Bonn*; der Kanton *Bern*; das Kaufhaus *Vilan*; das Parfüm *Penetrant*; das Jahr *2007*; der Schnellzug *IC 386*; die Partikel *und*; das Sprichwort «*Hunde, die bellen, beißen nicht*»

672 5. Einen Sonderfall von enger Apposition bilden *Beinamen* mit dem bestimmten Artikel. Die Beinamen gelten als Namensbestandteile und werden daher nicht mit Komma abgetrennt (→ 1558; zur Deklination → 706):

Wilhelm *der Eroberer*, Fipps *der Affe*, Ludwig *XIV.* (= Ludwig *der Vierzehnte*)

673 6. Enge Appositionen können *nach einem Personalpronomen der ersten* oder *der zweiten Person* stehen (zur Deklination nominalisierter Adjektive → 721):

ich *armer Mann*, wir *Europäer*, mit uns *strebsamen Leuten*, du *frecher Kerl*

674 7. Enge Appositionen können ferner *nach einigen Indefinitpronomen* stehen (zum grammatischen Geschlecht der nominalisierten Adjektive → 781):

jemand *Neues*, niemand *Angenehmes*, etwas *Geld*, nichts *Schönes*

675 8. Nach einer Maß-, Mengen- oder Sortenbezeichnung folgt das *Gemessene* oder das *näher Bezeichnete* meist als enge Apposition. Wegen der Verwandtschaft mit dem partitiven Genitiv (→ 715) spricht man auch von *partitiver Apposition:*

zwei Liter *Milch*, mit hundert Mann *Besatzung*, ein Dutzend *rote Farbstifte*, ein Hauch *linde Frühlingsluft*, eine Art *Elefant im Porzellanladen*

676 9. Zur engen Apposition zählen schließlich noch Fügungen, die man als Verkürzungen (Ellipsen) von Fügungen mit Genitiv oder mit Präpositionen auffassen kann. Eine Fallbestimmung ist meist nicht sinnvoll:

die Affäre *Missbach* (= die Affäre *um Herrn Missbach*), die Villa *Müller* (= die Villa *des Herrn Müller*), die Anfrage *Gasser* (= die Anfrage *von Frau Gasser*), die Universität *Heidelberg* (= die Universität *in Heidelberg*), die Besprechungen *Arafat–Weizman* (= die Besprechungen *zwischen Arafat und Weizman*), die Autobahn *Basel–Hamburg* (= die Autobahn *von Basel nach Hamburg*)

Die Begleitergruppe (pronominales Attribut)

Form: Pronomen, das einem Nomen als *Begleiter* vorangeht (→ 202).

677

Abhängigkeit: Aus der Sicht der Satzlehre sind die Begleiter Gliedteile (→ 619). Man spricht dann von einer *Begleitergruppe* oder auch von einem pronominalen Attribut (→ 631)

Beispiele:
 meine Schwester; *dieses* hohe Haus; *irgendwelche* Leute; *etwa tausend* Teilnehmer (bestimmtes Zahlpronomen *tausend* als Kern der Begleitergruppe, näher bestimmt vom Adverb *etwa*; vgl. Adverbgruppe, → 680, 1775)

In der Satzanalyse gibt man die *Artikel* nicht eigens an, das heißt, man rechnet sie zum Kern der Nominalgruppe (→ 696.1).

Die Adjektiv- und die Partizipgruppe

Form: Wortgruppe mit einem Adjektiv oder einem adjektivisch gebrauchten Partizip als Kern.

678

Abhängigkeit: 1. Beim Gebrauch als *Prädikativ* hängen Adjektiv- und Partizipgruppen von einem Verb ab und beziehen sich auf das Subjekt oder auf das Akkusativobjekt. 2. Als *Adverbialien* beziehen sie sich auf ein Verb, ein Adjektiv oder eine Partikel (oder auch auf den ganzen Satz). 3. Als *Attribute* hängen sie von einem Nomen ab.

Beispiele:
 Gebrauch als Prädikativ: Der Graben war *tief*. Der Graben war *einen Meter tief*. Isabel wurde *zornig*. Der Hase war vom Scheinwerfer *geblendet*. Ich fand den Roman *ziemlich langweilig*.
 Gebrauch als Adverbiale: Der Braten roch *verführerisch*. Das Lämpchen leuchtete *ganz schwach*. Die Sonne brannte *stechend*. Helen wird *sicher* kommen.
 Gebrauch als Attribut: Er trug zum *dezenten* Anzug eine *allzu auffällige* Krawatte. Er trug das *zwei Kilogramm schwere* Paket zur *nahen* Post. Die Sonne brannte auf die *am Strand dösenden* Touristen. Das *ausgelaufene* Öl ist versickert.

In der Satzanalyse vernachlässigen wir diese Unterscheidungen, → 695; vgl. aber Wortlehre, → 305. Zu Adjektiv- und Partizipgruppen in Präpositional- und Konjunktionalgruppen → 683, 686.

679 **Anmerkungen**
1. Partizip- und Adjektivgruppen gelten in bestimmten Verwendungsweisen als *Nebensätze*, man spricht dann von *satzwertigen Partizipgruppen* (→ 844 ff.) oder *satzwertigen Adjektivgruppen* (→ 850.2) (zur Zeichensetzung → 1578 ff.):
   Mit dem Schwanz wedelnd, bettelte der Hund um ein Stück Wurst. *Vom Scheinwerfer geblendet*, blieb der Hase stehen. Er zuckte, *obwohl völlig überrumpelt*, mit keiner Wimper. *Vom Sonnenbaden schon ganz rot*, rieb er sich endlich mit Sonnencreme ein.
2. *Nominalisierte* Adjektive und Partizipien sind Kerne von *Nominalgruppen* (→ 635):
   Weißt du *etwas Genaueres*? *Der Gesuchte* versteckte sich im Keller. Sie tat *alles in ihrer Macht Stehende*.

Die Adverbgruppe

680 **Form:** Wortgruppe mit einem Adverb als Kern.

Abhängigkeit: Adverbgruppen hängen gewöhnlich von einem Verb, einem Adjektiv oder einem anderen Adverb ab (oder beziehen sich auf den ganzen Satz). Sie können aber auch als Attribute bei einem Nomen stehen.

Beispiele:
Gebrauch als Adverbiale: *Vielleicht* scheint *heute* die Sonne. Der Bericht lag *ganz unten*. Anna kommt *eine Stunde vorher*. Wir trafen uns *abends* (→ 654). Er legte sich *darauf* (→ 426 ff., 684.1).

Gebrauch als Attribut: Das Haus *dort* wird abgerissen. Die Sitzung *vorhin* war nicht gerade spannend.

Gebrauch als Objekt (Pronominaladverbien; → 426 ff., 684.1): Ich habe *damit* gerechnet. *Woran* hast du gedacht? *Hiervon* hat sie noch nie gesprochen.

In der Satzanalyse (→ 695) vernachlässigen wir die Unterscheidung nach der Art der Abhängigkeit. Zu Adverbgruppen in Präpositional- und Konjunktionalgruppen → 683, 686.

681 **Anmerkungen**
1. Zum Adverb *nicht* als Satzglied → 696.5.
2. Die Begriffe *Adverbgruppe* und *Adverbiale* sind auseinanderzuhalten. Wenn man eine Wortgruppe als *Adverbiale* bezeichnet, gibt man deren *Funktion* an: Es handelt sich um Umstandsangaben, die von einem Verb, einem Adjektiv, einer Partikel oder vom ganzen Satz abhängen (→ 623). Wenn man die Wortgruppe als *Adverbgruppe* bezeichnet, bestimmt man sie nach der Form, das heißt nach dem *grammatischen Kern*, der dann immer ein Adverb ist.

Die Präpositionalgruppe

Form: Eine Präpositionalgruppe besteht aus einer Präposition und der von ihr abhängigen Wortgruppe. Die Präposition steht meistens vor, manchmal auch nach der abhängigen Wortgruppe (→ 403). Daneben gibt es auch zweiteilige und umklammernde Präpositionen (→ 404).

682

Präpositionalgruppe = **Präposition** + abhängige Wortgruppe

Präpositionalgruppe = abhängige Wortgruppe + **Präposition**

Die von der Präposition abhängigen Wortgruppen sind als Gliedteile zu bestimmen (→ 604, 619). Der Form nach handelt es sich meist um Nominalgruppen; deren Fall wird dabei von der Präposition bestimmt (→ 405 ff.). Bei manchen Präpositionen kommen aber auch andere Wortgruppen vor.

Abhängigkeit: Präpositionalgruppen können auftreten: 1. als Adverbiale, 2. als Objekt (= Präpositionalobjekt), 3. als Prädikativ (mit Bezug zum Subjekt oder zum Objekt), 4. als Attribut.

In der Satzanalyse (→ 695) vernachlässigen wir bei Präpositionalgruppen die Unterscheidung nach der Art der Abhängigkeit.

Präpositionen mit Nominalgruppen:

683

Präposition mit Nominalgruppe im Akkusativ: Die Leute warten *auf den Bus*. Sie klebte einen Zettel *an die Tür*. Alle hielten den Bankier *für einen Ehrenmann*. Die Unterlagen *für den Vortrag* sind fertig. Die Brücke *über den Rhein* wird neu gestrichen.

Präposition mit Nominalgruppe im Dativ: Die Jugendlichen übernachteten *unter einer Brücke*. *Vor dem Einseifen* muss man sich nass machen. Der Hund wurde *zu einer reißenden Bestie*. Die Sendung befasst sich *mit der Wirtschaftskriminalität*. Ihrer Freundin *zuliebe* schwieg sie. Das Geschäft *an der Kreuzung* ist geschlossen.

Präposition mit Nominalgruppe im Genitiv: *Des Schneetreibens wegen* kam der Bus nur langsam vorwärts. Wir wohnen *außerhalb der Stadt*. Der Stadtteil *jenseits des Flusses* ist mit der Straßenbahn zu erreichen.

Präpositionen mit Adjektiv-, Partizip- oder Adverbgruppen:
Präposition + Adjektivgruppe: Sie halten *durch dick und dünn* zusammen. Die Firma erhob Anklage *gegen unbekannt*. Man wollte uns *für dumm* verkaufen.
Präposition + Partizipgruppe: Ich halte diesen Streit *für abgeschlossen*.
Präposition + Adverbgruppe: *Seit gestern früh* regnet es ständig. Der Fahrstuhl *nach oben* ist besetzt. Ich halte seine Anstrengungen *für vergebens*.

Schließlich kann eine Präpositionalgruppe ihrerseits eine Präpositionalgruppe enthalten. Am häufigsten findet sich dies, wenn bei Präpositionen der Genitiv durch *von* + Dativ ersetzt wird (→ 411):

> innerhalb von Stunden   anstelle von Holz

Sonst sind Präpositionalgruppen, die unmittelbar von einer Präposition abhängen, eher selten:
> Dieser Apparat stammt von vor dem Krieg.

684 Anmerkungen
1. Fügungen aus Präposition und Pronomen werden teilweise durch *Pronominaladverbien* ersetzt (→ 426 ff.); es handelt sich dann um reine *Adverbgruppen* – je nachdem in der Funktion von Objekten, Adverbialien oder Attributen (→ 680).
Worauf wartest du? Der Bus kam *deswegen* nur langsam vorwärts. Die Erinnerung *daran* war schmerzlich.
2. Wenn eine Präpositionalgruppe als Objekt oder als Prädikativ von einem Verb oder einem Adjektiv abhängt, ist die Wahl der Präposition nicht frei. Meist ist nur eine bestimmte Präposition möglich, zum Beispiel: *mit* etwas rechnen, *auf* etwas zählen (siehe die nachstehende Liste). Zuweilen gibt es zwar mehrere Möglichkeiten – so kann man beispielsweise *über* oder *von* etwas reden –, doch ist mit der Wahl einer anderen Präposition oft ein Bedeutungsunterschied verbunden:
Ich freue mich *auf* den Sommer. / Ich freue mich *über* den Sommer.
Er klagte *über* seinen Vater. / Er klagte *um* seinen Vater. / Er klagte *gegen* seinen Vater.
Wichtigere Kombinationen:

an	hindern, leiden, zunehmen, erinnern, denken, glauben, zweifeln, sich wenden, sich rächen, sich versündigen, sich gewöhnen (→ 1804); arm, krank
auf	beruhen, bestehen, vertrauen, verfallen, hoffen, zählen, vertrösten, warten, sich verlassen; begierig, stolz, erpicht, gespannt
für	ausgeben, halten, kämpfen, plädieren, sich einsetzen; brauchbar, passend
gegen	kämpfen, auftreten, protestieren, sich auflehnen, sich sträuben, sich wehren, sich verteidigen; freundlich, hart
in	(sich) verwandeln, sich irren, sich teilen, sich finden; gewandt, tüchtig, erfahren
mit	kämpfen, geizen, rechnen, übereinstimmen, sich brüsten, sich begnügen, sich behelfen; einverstanden, zufrieden, versehen
nach	hungern, dürsten, schreien, streben, fragen, trachten, forschen, verlangen, sich sehnen, riechen; begierig, hungrig, durstig
über	herrschen, siegen, zürnen, weinen, klagen, frohlocken, urteilen, sprechen; froh, zornig, ergrimmt, erbost
um	kämpfen, weinen, klagen, wissen, werben, bitten, streiten, sich bemühen, sich kümmern, sich handeln; besorgt, verdient
von	befreien, sich erholen, denken, sprechen, erfahren, stammen, abhängen, wissen, abhalten, leben, ausruhen, trennen; entzückt, fern, frei, abhängig
vor	schützen, behüten, erschrecken, fliehen, sich fürchten, sich hüten, sich ängstigen, sich schämen
zu	machen, raten, ermahnen, gereichen, beglückwünschen; fähig, geeignet

Die Konjunktionalgruppe

Form: Eine Konjunktionalgruppe besteht aus einer Konjunktion und der von ihr abhängigen Wortgruppe:

> Konjunktionalgruppe = Konjunktion + abhängige Wortgruppe

Die von der Konjunktion abhängigen Wortgruppen sind als Gliedteile zu bestimmen (→ 604, 619). Der Form nach handelt es sich oft um Nominalgruppen; deren Fall richtet sich dabei meist nach einem Bezugswort (Kongruenz im Fall; → 722 ff.). Daneben kommen aber auch andere Wortgruppen vor.

Abhängigkeit: Konjunktionalgruppen treten als Adverbialien, als Prädikative (mit Bezug zum Subjekt oder zu einem Objekt) sowie als Attribute auf.

685

In der Satzanalyse (→ 695) vernachlässigen wir bei Konjunktionalgruppen die Unterscheidung nach der Art der Abhängigkeit.

Eine Konjunktionalgruppe können einleiten: a) die vergleichenden Konjunktionen *als* und *wie* (→ 417, 419), b) die entgegensetzenden Konjunktionen *statt, anstatt* und *außer* (→ 417).

686

Konjunktion plus Nominalgruppe: Die Zeitung stellte Barbara **als** *Volontärin* ein. **Wie** *den meisten Brasilianern* machte Paulo die Inflation zu schaffen. Alle wussten es **außer** *er selbst*. Sie nahm die Tablette nur einmal **statt** *jede Stunde*.

Konjunktion plus Adjektiv- oder Partizipgruppe: Der WWF lehnte den Bericht **als** *allzu schönfärberisch* ab. Ich betrachte diesen Versuch **als** *misslungen*. Ich rannte **wie** *blind* gegen eine Stange. Sabine fühlte sich **wie** *ausgelaugt*. **Statt** *blau* strich sie die Tür rot an. **Statt** *rasiert* kam er mit einem Siebentagebart.

Konjunktion plus Adverbgruppe: **Wie** *schon allzu oft* habe ich wieder mein Portemonnaie vergessen. Der Zug verkehrt täglich **außer** *samstags*.

Konjunktion plus Präpositional- oder Konjunktionalgruppe (!): **Wie** *im letzten Jahr* gibt es viele Äpfel. Sie verdient jetzt ebenso viel **wie** *als Sekretärin*.

Übung 27

In den folgenden Sätzen sind die kursiv gesetzten Nominalgruppen näher zu bestimmen. (Bei Nominalgruppen innerhalb von Präpositional- und Konjunktionalgruppen genügt die Angabe des Falls.)

■ **1** *Dieses Buch* gefällt mir nicht. ■ **2** Haben Sie *diesen Bericht* schon gelesen? ■ **3** Therese ist sich *keines Fehlers* bewusst. ■ **4** Manfred empfand diese Behandlung als *Ungerechtigkeit*. ■ **5** Morgen wird wohl wieder *schönes Wetter* sein. ■ **6** Die Leute wurden des *langen Wartens* müde. ■ **7** «Zum Schloss? Gehen Sie über *die Brücke*, dort hat es dann Wegweiser!» ■ **8** Während *der ganzen Sitzung* kaute er an einem Bleistift. ■ **9** Knapp *zwei Meter* vor dem Abgrund blieb der Wagen stehen. ■ **10** Wegen *eines Unfalls* war der Gotthardtunnel ge-

687

sperrt. ■ **11** Für *dieses Anliegen* haben die wenigsten Verständnis. ■ **12** Dafür gibt es leider *keine bessere Lösung!* ■ **13** Sie sehnte sich nach *etwas mehr Verständnis*. ■ **14** Kümmern Sie sich um *Ihre Angelegenheiten!* ■ **15** Astrid blieb *eine Woche* weg. ■ **16** Diese Orchidee blüht nur in *der Nacht*. ■ **17** Ich hängte ein Bild an *die Wand*. ■ **18** *An der Wand* wuchs ein Efeu. ■ **19** Ein Efeu wuchs *die Wand* hinauf. ■ **20** Die Zuschauer mussten außerhalb *der Abschrankung* bleiben. ■ **21** Der lange Heimweg war für uns *kein Vergnügen*. ■ **22** Anderer Meinung waren allerdings die Experten. ■ **23** *Die Nachbarn* störte die laute Musik zum Glück nicht. ■ **24** Diese Brücke wird *eines Tages* einstürzen. ■ **25** *Christine* stach der eigenartige Geruch sofort in die Nase. ■ **26** Der Referentin fehlten *ein paar Unterlagen*. ■ **27** Die klassische Musik diente ihr als *Beruhigungsmittel*. ■ **28** Petra ist *ihres Freundes* überdrüssig. ■ **29** Wir betrachten diese Erfindung als *einen Fortschritt*. ■ **30** Der Apfel fällt nicht weit *vom Stamm*. ■ **31** Margrit will *Korrektorin* werden. ■ **32** Der Großvater erzählt von *der guten alten Zeit*. ■ **33** Den Kranken ärgert *die Fliege an der Wand*. ■ **34** Die neue Straße soll *zwölf Meter* breit werden. ■ **35** Viele Hunde sind *des Hasen* Tod. ■ **36** Karl verdient sich *seine Ferien* selbst.

Das Pronomen «es»

688 Das Pronomen *es* weist einige Besonderheiten auf, die es rechtfertigen, ihm einen eigenen Abschnitt zu widmen. Dieses Pronomen kann sein:

1. Stellvertreter eines Nomens
2. unpersönliches Subjekt oder Objekt
3. Verweiswort (Korrelat)
4. Platzhalter

689 1. Das Pronomen *es* kann *Stellvertreter* für ein Nomen sein:
Subjekt: (*Ein Kind* trat auf mich zu. →) *Es* fragte mich nach dem Weg. (*Dieses Fachbuch* ist lehrreich. →) *Es* enthält viele Abbildungen. Mir gefällt *es* sehr gut.
Akkusativobjekt: (Das ist *ein gutes Buch*. →) Ich habe *es* an einem Abend gelesen.
Prädikativer Nominativ: Armin ist noch nicht *Ingenieur*, er wird *es* erst.

690 2. Bei bestimmten Verben kann das Pronomen *es* als sogenanntes *unpersönliches Subjekt* auftreten. Es ist dann nicht Stellvertreter eines Nomens, kann also nicht durch ein Nomen ersetzt werden:
Mir gefällt *es* hier. *Es* regnete die ganze Nacht. In Westeuropa gibt *es* keine wilden Bären mehr. *Es* treibt uns immer wieder in die Natur. Ihm geht *es* ausgezeichnet. *Es* hat vorhin an die Tür geklopft. *Es* wird Abend. Jetzt ist *es* aber Zeit!

Einige Verben haben ein unpersönliches *es* als Akkusativobjekt:
Wie hältst du *es* mit der Religion? Sie trieben *es* allzu bunt. Er hat *es* nur auf rasches Geldverdienen abgesehen.

3. Das Pronomen *es* kann als *Korrelat* oder *Nebensatzplatzhalter* auf einen folgenden Nebensatz (zum Beispiel einen Konjunktionalsatz oder eine Infinitivgruppe) verweisen. Es liegt dann eine Abhängigkeit *Prädikat* → *Korrelat* → *Nebensatz* vor (→ 851). Korrelate zu Subjektsätzen:

Es hat mich geärgert, *dass mir der Spiegel zerbrochen ist* (Konjunktionalsatz). Mich hat *(es)* geärgert, *dass mir der Spiegel zerbrochen ist*. – Aber ohne *es* bei Voranstellung des Nebensatzes: *Dass mir der Spiegel zerbrochen ist*, hat mich geärgert.

Es gefällt mir, *den ganzen Tag an der Sonne zu liegen* (Infinitivgruppe). Mir gefällt *es*, *den ganzen Tag an der Sonne zu liegen*. – Aber ohne *es* bei Voranstellung des Nebensatzes: *Den ganzen Tag an der Sonne zu liegen*, gefällt mir (→ 1576).

Korrelate zu Objektsätzen:

Ich bedaure *(es)*, *dass ich nicht teilnehmen kann*. Ich bedaure *(es)*, *nicht teilnehmen zu können*. – Ohne *es* bei Voranstellung: *Dass ich nicht teilnehmen kann*, bedaure ich sehr.

4. Von den vorgenannten Gebrauchsweisen ist das *Platzhalter-es* zu trennen. Das Platzhalter-es hängt nicht vom Prädikat ab. Es kann nur an der ersten Stelle im Satz stehen (im Vorfeld, → 816 ff.; darum auch als *Vorfeldplatzhalter* bezeichnet). Es nimmt diese Stelle ein, wenn sie nicht durch ein anderes Satzglied besetzt ist, und *verschwindet*, sobald wir das Subjekt oder ein anderes Satzglied dorthin rücken. Das Platzhalter-es kann also nicht verschoben werden:

Es ist ein schreckliches Unglück geschehen. → *Ein schreckliches Unglück* ist geschehen. *Auf dem Autobahndreieck* ist ein schreckliches Unglück geschehen.

Es kann dir geholfen werden. → *Dir* kann geholfen werden (subjektloses Passiv, → 85).

Anmerkungen

1. Wenn das Pronomen *es* Akkusativobjekt ist, kann es nicht am Satzanfang stehen; man zählt es aber dennoch als Satzglied: Ich habe *es* erfahren. Unmöglich: → *Es* habe ich erfahren.
2. Als Korrelate für Objektsätze kommen bei bestimmten Verben auch *Adverbien* vor (sogenannte Pronominaladverbien, → 426 ff., 851). Diese Verben können meist anstelle des Nebensatzes auch ein Objekt in Form einer Präpositionalgruppe haben (→ 684.1): Ich rechne *damit*, dass sie ankommt. (Vgl. daneben: Ich rechne *mit ihrer Ankunft*.)
3. In der Satzanalyse (→ 695) bestimmen wir das Korrelat-es je nachdem als Subjekt oder als Akkusativobjekt, die Korrelat-Pronominaladverbien als Adverbgruppen. Das Platzhalter-es bezeichnen wir einfach als «Platzhalter».

694 **Übung 28**

In den folgenden Sätzen ist zu bestimmen, ob das Pronomen *es* als Subjekt oder als Akkusativobjekt (je stellvertretend oder unpersönlich), als Verweiselement (Korrelat) oder als Platzhalter gebraucht ist.

■ **1** Stört es Sie, dass ich rauche? ■ **2** Erika ließ es sich schmecken. ■ **3** Es warten noch mindestens zehn Leute vor dem Schalter. ■ **4** Tief aus dem Schacht tönte es hohl herauf. ■ **5** Das Kätzchen miaut schon eine halbe Stunde; lässt es denn niemand herein? ■ **6** Bei diesem Gerät handelt es sich um einen Fehlerstromschutzschalter. ■ **7** Mich freut es, dass ihr doch noch kommen könnt. ■ **8** Das Lämpchen flackert; es sollte wohl ausgewechselt werden. ■ **9** Mir gefällt es in London. ■ **10** Nadja hielt es in Bangkok nicht lange aus. ■ **11** Es lag ein Fluch über dem Tal. ■ **12** Es schneite und regnete durcheinander. ■ **13** In der Antarktis gibt es keine Eisbären. ■ **14** Ich brachte das Päckchen zur Post, damit es noch vor dem Wochenende ankommt. ■ **15** Die Fußballfans trieben es allzu bunt. ■ **16** Ich finde es gut, dass wir wieder einmal zusammenkommen. ■ **17** Es wurde mir plötzlich übel. ■ **18** Jetzt reicht es mir aber langsam! ■ **19** Es fiel zum Glück kein einziger Schuss. ■ **20** Es war nicht einfach, die Eltern vom Schulversuch zu überzeugen. ■ **21** Es fehlten ihr nur ein paar Tausendstelsekunden bis zum Weltrekord.

Die vollständige Bestimmung des Satzes

695 Wir verfügen jetzt über die Voraussetzungen, Sätze auf ihre Bestandteile hin zu untersuchen. Wir möchten dies am folgenden Beispielsatz zeigen:

Ein jedes Jahr größere Erfolge einheimsender Schauspieler suchte letzthin den noch nicht lange an der Bühne unserer kunstfreudigen Stadt tätigen Direktor auf.

Bei der Satzanalyse gehen wir in vier Schritten vor.

Schritt 1: **Prädikatsteile suchen.**

Es liegt ein Prädikat mit zwei Bestandteilen vor, nämlich Personalform und Verbzusatz: *suchte ... auf.*

Schritt 2: **Umfang der Satzglieder bestimmen.**

Mit der Verschiebeprobe erweisen sich die folgenden drei Einheiten als Satzglieder:
ein jedes Jahr größere Erfolge einheimsender Schauspieler
letzthin
den noch nicht lange an der Bühne unserer kunstfreudigen Stadt tätigen Direktor

Schritt 3: **Art der Satzglieder bestimmen.**

Wir halten uns dabei an die im vorangehenden Teil (→ 635–686) dargestellte Einteilung. Das erste Satzglied erweist sich als Nominalgruppe im Nominativ (Kern: *Schauspieler*), die sich nach dem Gesichtspunkt der Abhängigkeit noch genauer als

Subjekt bestimmen lässt. Das zweite Satzglied, *letzthin*, besteht nur aus einem einzigen Wort, es handelt sich also um eine Wortgruppe, die nur aus ihrem Kern besteht. Da es sich um ein Adverb handelt, bezeichnen wir das Satzglied als *Adverbgruppe*. Beim dritten Satzglied liegt eine Nominalgruppe im Akkusativ vor (Kern: *Direktor*), die sich genauer als *Akkusativobjekt* bestimmen lässt.

Schritt 4: **Untergeordnete Wortgruppen (Gliedteile) bestimmen.**

Beim zweiten Satzglied, *letzthin,* sind wir am schnellsten fertig: es besteht nur aus dem Kern. Bei den anderen hängen hingegen vom Kern noch Gliedteile ab. Beim Vorgehen hält man sich an den Grundsatz: Vom Großen zum Kleinen.

Das Kernnomen des ersten Satzglieds, *Schauspieler*, hat den unbestimmten Artikel bei sich: *ein*. Die Artikel zählen nicht als eigenständige Gliedteile, sondern werden dem zugehörigen Nomen zugeordnet (→ 677, 696.1). Als Kern des Subjekts bestimmen wir also genauer: *ein Schauspieler*. Das Kernnomen ist außerdem mit einer Partizipgruppe erweitert: *jedes Jahr größere Erfolge einheimsender*. Diese besteht aus dem Kern *einheimsender* und einer Nominalgruppe im Akkusativ, nämlich einem Akkusativobjekt: *jedes Jahr größere Erfolge*. Dieses wiederum lässt sich in seinen Kern *Erfolge* und eine Adjektivgruppe *jedes Jahr größere* zerlegen. Und die Adjektivgruppe schließlich ist aus dem Kern *größere* und einer Nominalgruppe im Akkusativ, genauer einem adverbialen Akkusativ, aufgebaut, nämlich *jedes Jahr*. Das Indefinitpronomen *jedes,* das dem Nomen *Jahr* als Begleiter vorangeht, bezeichnet man als Begleitergruppe oder pronominales Attribut (→ 677, 696.1). Grafisch lässt sich dies alles so darstellen:

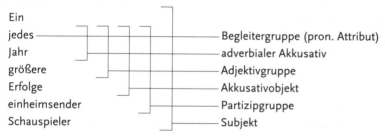

Das Kernnomen *Direktor* des dritten Satzglieds, des Akkusativobjekts, hat den bestimmten Artikel *den* bei sich, der mit zum Kern zählt (→ 677, 696.1). Als Kern des Akkusativobjekts ist also genauer *den Direktor* zu bestimmen. Daneben hat das Objekt ein umfangreiches Attribut bei sich. Dessen Kern ist das Adjektiv *tätigen*, es bildet zusammen mit der Adjektivgruppe *noch nicht lange* und der Präpositionalgruppe *an der Bühne unserer kunstfreudigen Stadt* eine Adjektivgruppe. Die Präpositionalgruppe besteht aus der Präposition *an* und der Nominalgruppe *der Bühne unserer kunstfreudigen Stadt,* deren Kern *der Bühne* im Dativ steht (→ 683). Schließlich ergibt sich das folgende Bild:

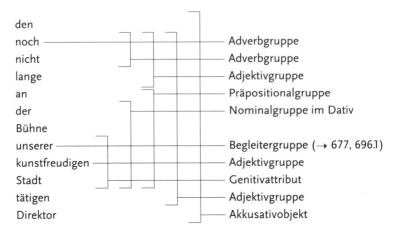

Solch schwerfällige Wortgruppen gehören zwar nicht zu den Kennzeichen des guten Stils. Doch ist es wichtig, dass man auch verwickeltere Gefüge dieser Art klar durchschauen und zerlegen kann, da sich syntaktische Fehler nur auf diese Weise sicher erkennen und nachweisen lassen.

696 **Anmerkungen**

Über das vorangehend Gesagte hinaus sind noch einige Konventionen zu beachten:
1. *Pronomen*, die einem Nomen als *Begleiter* vorangehen und mit ihm in Fall, Zahl und Geschlecht übereinstimmen (→ 203), bezeichnet man als *Begleitergruppen* oder pronominale Attribute (→ 677). Beispiele: *dieses* dicke Buch, *mein* Buch, *irgendwelche* Bücher, *irgend so ein* Buch.
Der *bestimmte* und der *unbestimmte Artikel* werden allerdings nicht berücksichtigt; man rechnet sie zum Kern der Nominalgruppe: *ein Buch, das dicke Buch*.
2. *Nominalgruppen* innerhalb von *Präpositional- und Konjunktionalgruppen* werden in der Satzanalyse nur nach ihrem Fall bestimmt. Sie werden dann je nachdem als Nominalgruppe im Nominativ, Genitiv, Dativ oder Akkusativ bezeichnet.

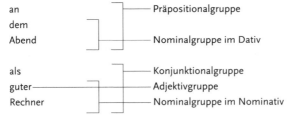

3. *Verschmelzungen aus Präposition und Artikel* wie *am, beim, zur* (→ 232) behandeln wir wie einfache Präpositionen:

Die Bestandteile des Satzes   Die Satzlehre

4. Reflexivpronomen, die zu einem reflexiven Verb gehören, zählen je nach ihrem Fall als Akkusativ- oder als Dativobjekte. Dies gilt auch, wenn sie bei *echt reflexiven* Verben stehen (→ 31). Sie haben hier allerdings nur eingeschränkt die typischen Eigenschaften von Objekten; so können sie beispielsweise nicht durch Nomen ersetzt werden.
Reflexivpronomen als Akkusativobjekte: Ich sah *mich* im Spiegel. Sie kümmerte *sich* um das Organisatorische. Er beeilte *sich.*
Reflexivpronomen als Dativobjekte: Ich kaufte *mir* ein Taschenbuch. Ich überlegte *mir* das Ganze noch einmal. Sie nahm *sich* nichts anderes vor.
5. Einige Adverbien, darunter die Verneinung *nicht*, können nicht allein an die Satzspitze gestellt werden; sie zählen aber dennoch als Satzglieder (nämlich als Adverbgruppen):
Ich habe den Artikel *nicht* gelesen. (Unsinnig: *Nicht* habe ich den Artikel gelesen.) Das musst du *eben* später erledigen. (Unsinnig: *Eben* musst du das später erledigen.)
6. Wenn *Konjunktionen* nicht den Kern einer Konjunktionalgruppe bilden (→ 685), bezeichnet man sie einfach mit ihrer Wortart. Dabei ist zwischen *bei-* und *unterordnenden Konjunktionen* zu unterscheiden (→ 416 ff.).
Beiordnende Konjunktionen: Ursula *und* Sandra diskutieren über einen Film. Der Film war lange, *aber* spannend.
Unterordnende Konjunktionen: Ich bedaure, *dass* ich den Film verpasst habe. *Wenn* der Westwind bläst, zieht es durch alle Ritzen. *Ohne* aufzusehen, sprach er weiter.
7. Wenn die Unterordnung der Wortgruppen grafisch zum Ausdruck kommt, kann auf die ausdrückliche Angabe *Gliedteil, Attribut* oder *attributiv* verzichtet werden (ausgenommen: Genitivattribut).

Übung 29   697
In den folgenden Sätzen sind die Prädikatsteile und die Satzglieder näher zu bestimmen. (Gliedteile im Innern der Satzglieder sind nicht zu berücksichtigen.)
■ **1** Die Enttäuschung über die Niederlage steckte der Mannschaft in den Knochen. ■ **2** Aus dem kleinen Mädchen war unterdessen eine selbstbewusste junge Dame geworden. ■ **3** Wegen des tiefen Lohns kündigte Peter schließlich auf Ende April. ■ **4** Als Polygrafin erkannte sie das schlechte Layout sofort. ■ **5** Die erboste Nachbarin hat aus dem Fenster einen Guss Wasser auf die bellenden Hunde geschüttet. ■ **6** Zum Lesen bedient sich der Großvater einer Lupe. ■ **7** Der Direktor ließ ein riesiges Porträt des Firmengründers über seinem Sessel aufhängen. ■ **8** Dem Kopfweh konnten die Tabletten nicht abhelfen. ■ **9** Die Zeitungen nannten den Unternehmer einen gewissenlosen Mafiaboss. ■ **10** Eines Tages sahen wir ein Reh in unserem Garten äsen. ■ **11** Es wehte eisig kalt durch die Ritzen in den Wänden. ■ **12** Markus rasiert sich nur jeden fünften Tag. ■ **13** Seit gestern Abend regnet es ständig. ■ **14** Der Fahrer verließ sich auf die alte Karte. ■ **15** Bis zum Freitag sollte der Entwurf fertig sein. ■ **16** In diesem Restaurant speist man wie ein Fürst. ■ **17** Es kamen nur etwa dreißig Leute in die Vorstellung. ■ **18** Der Untersuchungsrichterin wurde der Fall immer klarer.

698 **Übung 30**

Die folgenden Sätze sind vollständig zu bestimmen. Die Unterordnung der Wortgruppen ist wie im vorangehenden Muster (→ 695) grafisch zum Ausdruck zu bringen. Zusammengehörende Prädikatsteile werden mit Strichen verbunden.

▪ **1** Auf diese Bank von Stein will ich mich setzen. ▪ **2** Eine solche Tat hätte ihm niemand zugetraut. ▪ **3** Dieser Mühe sind wir nun für alle Zeiten enthoben. ▪ **4** Den Katzen liegt der Drang zum Jagen im Blut. ▪ **5** Meinem Freund, dem Maler, ist letzten Sonntag ein schreckliches Unglück zugestoßen. ▪ **6** Der Sturm heute Morgen hat zahlreichen Bäumen die Wipfel abgebrochen. ▪ **7** Der Weltausstellung in Sevilla wird man sich noch lange Zeit erinnern. ▪ **8** Diese Pflanze, 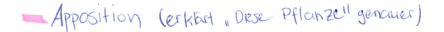eine Orchidee aus dem tropischen Regenwald Brasiliens, blüht während nur einer Nacht. ▪ **9** Eine Stimme in meinem durch die Ereignisse aufgewühlten Innern hielt mich von dem Vorhaben ab. ▪ **10** Nach einigen Wochen schon war er des Geschenks überdrüssig. ▪ **11** Peters Koffer wog fast hundert Kilogramm. ▪ **12** Das ist eine völlig ungiftige Schlange aus unseren einheimischen Wäldern und Sümpfen. ▪ **13** Solche Meldungen bringen Zeitungen leider nur ziemlich selten. ▪ **14** Schnellen Schrittes wurde das letzte Wegstück zurückgelegt. ▪ **15** Ein kleines, aber unscheinbares Teilchen fehlte mir noch. ▪ **16** Am 14. April ist das Gesetz vom neuen Rat verabschiedet worden. ▪ **17** Es schlängelte sich ein kleines Bächlein durchs Tal. ▪ **18** Die Ärztin konnte den Patienten nach drei Wochen bangem Warten wieder für gesund erklären. ▪ **19** Vom Fenster aus kann ich den Arbeitern auf dem Bauplatz gegenüber beim Verputzen der Mauern zusehen.

← Apposition (erklärt „Diese Pflanze" genauer)

Die Bestandteile des Satzes Die Satzlehre 211

Kongruenz

Wenn zwei Satzteile (Wörter, Wortgruppen) in einer engeren Beziehung zueinander stehen, *übernimmt* der eine Satzteil häufig vom anderen bestimmte *grammatische Merkmale*. Die beiden Satzteile *stimmen* dann in den betreffenden Merkmalen *überein*. Diese Erscheinung wird als *Übereinstimmung* oder *Kongruenz* bezeichnet. Kongruenz kann den *Fall*, die *Person*, die *Zahl* und das *Geschlecht* betreffen. 701

Die folgende Tabelle gibt einen Überblick über die Kongruenz im Deutschen:

Art der Kongruenz	Betroffene Merkmale	Behandlung im Buch	Beispiele
Nomen → **Pronomen als Begleiter**	Fall Zahl Geschlecht	→ 203	**der** Kaffee, **die** Milch, **das** Wasser; **dieser** Mann, **diese** Frau, **dieses** Kind; mit **diesem** Kind
Nomen → **Pronomen als Stellvertreter**	Person Zahl Geschlecht	→ 203 → 737–741 → 780	Meine Freundin und ich haben **uns** getäuscht. Das Kind weint, weil **es seinen** Teddybären verloren hat. Das sind die Leute, **deren** Hund dauernd kläfft.
Nomen → **attributives Adjektiv**	Fall Zahl Geschlecht	→ 315	**kalter** Kaffee, **kalte** Milch, **kaltes** Wasser; mit **kaltem** Wasser
Subjekt → **Personalform**	Person Zahl	→ 737–741 → 742–771	Ich **kenne** dieses Buch. Du **kennst** dieses Buch. Viele Leute **kennen** dieses Buch. Eine große Anzahl Leute **kennt** dieses Buch.
Prädikativer Nominativ → **Personalform**	Zahl	→ 772	Das **sind** doch Übertreibungen!
Subjekt → **prädikativer Nominativ**	Fall (Zahl) (Geschlecht)	→ 659 f. → 662 → 773–779	Peter ist **ein scharfsinniger Denker.** Petra ist **eine scharfsinnige Denkerin.**

Art der Kongruenz	Betroffene Merkmale	Behandlung im Buch	Beispiele
Akkusativobjekt → *prädikativer Akkusativ*	Fall (Zahl) (Geschlecht)	→ 661 f → 773–779	Ich finde *Peter* **einen scharfsinnigen Denker**. Man nennt *Petra* **eine scharfsinnige Denkerin**.
Nomen oder Pronomen → *Nominalgruppe bei «als» und «wie» (Konjunktionalgruppe)*	Fall (Zahl) (Geschlecht)	→ 722–735	*Frau Müller* arbeitet **als Ärztin**. *Der Schraubenzieher* dient mir **als feiner Meißel**. Ich verwende *den Schraubenzieher* **als feinen Meißel**. Die Verwendung *des Schraubenziehers* **als feiner Meißel** erwies sich als ganz praktisch.
Nomen oder Pronomen → *Apposition*	Fall (Zahl) (Geschlecht)	→ 703–721 → 781–782	Ich konnte mich mit *Ursula Koster*, **der Direktorin dieses Betriebs**, unterhalten. Mit *einer Schüssel* **kaltem Wasser**, der Preis *eines Kilogramms* **Fleisch**; mit **Herrn** *Müller*; ich **armer** *Kerl*; jemand **Unbekanntes**.

Die Kongruenz im Fall

702 Wir behandeln auf den folgenden Seiten Appositionen (→ 703–721) sowie Nominalgruppen bei «als» und «wie» (Konjunktionalgruppen) (→ 722–735).

Appositionen

703 Appositionen sind *Nominalgruppen,* die als *Zusatz* bei einem Nomen oder einem Pronomen stehen. *Lockere* Appositionen werden mit Komma abgetrennt, *enge* nicht. Zu einem Überblick über die einzelnen Unterarten der Apposition → 664 ff., zur Zeichensetzung → 1557 ff.

> Als *Grundregel* kann man sich merken: Die Apposition stimmt mit ihrem Bezugswort im Fall überein.

Diese Grundregel wird allerdings durch zwei Erscheinungen relativiert:

> 1. *Nomen der s-* und der *n-Deklination* sind gewöhnlich endungslos, wenn ihnen kein dekliniertes Wort vorangeht, das den Fall anzeigt (Artikel, anderes Pronomen oder Adjektiv).
> 2. *Artikellose Eigennamen* sind endungslos, wenn sie die Stelle einer Apposition einnehmen. Dies gilt auch, wenn die Eigennamen nach der Grundregel im Genitiv stehen sollten.

704

705

Wir gehen auf den folgenden Seiten auf die schwierigeren Anwendungen dieser Regeln näher ein.

Mehrteilige Personennamen

Wenn mehrteilige Personennamen (mehrere Vornamen, Fügungen aus Vor- und Geschlechtsnamen) ohne den Artikel oder ein anderes fallanzeigendes Wort stehen, erhält der *letzte* Namensteil im Genitiv die Endung -s, die andern Namensteile gelten als vorangestellte Appositionen und bleiben undekliniert (→ 705):

706

Fred *Alders* Vortrag, die Regierungszeit *Gustav Adolfs*, *Gajus Julius Cäsars* Kalenderreform

Der Personenname erhält überhaupt kein Genitiv-s, wenn er als Ganzes eine Apposition bildet (→ 705):

Der Vortrag des Direktors, *Fred Alder*, beendete die Veranstaltung.

Ganz ohne Endung bleibt der Personenname auch, wenn ihm ein Artikel oder ein anderes dekliniertes Wort vorangeht (→ 154):

die Kalenderreform *des Julius Cäsar*, der Vortrag *unseres Fred Alder*

Nachgestellte *Beinamen* mit dem bestimmten Artikel, zum Beispiel Regentenzahlen, werden immer dekliniert; die übrigen Namensteile werden nach den obigen Regeln behandelt:

der Moskauer Besuch Elisabeths II. (lies: *der Zweiten*), die Ehefrauen des berüchtigten Heinrich VIII. (lies: *des Achten*), die Beschäftigung mit Karl *dem Großen*, die Siege Wilhelms *des Eroberers*

Entsprechend: die Streiche des frechen Fipps *des Affen* (Nominativ: Fipps der Affe).

Anmerkungen

707

1. Die Regel für das Genitiv-s gilt auch für Geschlechtsnamen mit Präposition, einschließlich der unechten Adelsprädikate. Auch hier wird das Genitiv-s dem letzten Namensteil angefügt: der Grundbesitz *Josef ab Ibergs*, die Wahlkampagne *Dieter von Wartburgs*, die Werke *Johann Wolfgang von Goethes*.
2. Hingegen gelten in Namen echt adeliger Personen Fügungen mit *von* nicht als Namensbestandteile im engeren Sinn, sondern als Herkunftsbezeichnungen; der Namensbestandteil vor

der Fügung mit *von* erhält dann das Genitiv-s: die Kriege *Rudolfs von Habsburg*, die Minnelehre *Hartmanns von Aue*.

3. Bei Voranstellung der Namensfügung ist aber auch die Deklination der Herkunftsbezeichnung möglich, ebenso allgemein bei fremdsprachigen Namen: *Rudolf von Habsburgs* Kriege (neben: *Rudolfs von Habsburg* Kriege); *Leonardo da Vincis* Erfindungen, die Erfindungen *Leonardo da Vincis*.

4. Beinamen mit dem bestimmten Artikel werden auch nach einem endungslosen Personennamen dekliniert (→ 709): die Niederlage des Burgunderherzogs *Karl des Kühnen*; die Verschwendungssucht des Sonnenkönigs *Ludwig XIV.* (lies: *des Vierzehnten*).

Titel und Personennamen

708 Unter einem Titel werden im Folgenden nicht nur Anredewörter wie *Herr* oder *Frau* verstanden, sondern auch Berufs- und Verwandtschaftsbezeichnungen wie *Architekt* oder *Tante*.

Wenn einem solchen Titel *kein Artikel* oder sonst ein dekliniertes Wort vorangeht, wird er grammatisch wie ein Namensteil behandelt: Er ist als *vorangestellte Apposition* zu bestimmen und erhält *keine Fallendung* (→ 705):

die Absichten *Präsident* Bushs, die Weisungen *Direktor* Gerhard Reifs, *Frau Professor* Verena Meyers Rektoratszeit, das Geschenk *Onkel* Alfreds, die Gesetze *König* Konstantins, die Verschwendungssucht *König* Ludwigs XIV. (lies: des Vierzehnten)

Der Titel *Herr* erhält (entgegen → 704) im Genitiv, Dativ und Akkusativ die Endung *-n* auch ohne vorangehendes fallanzeigendes Wort:

für *Herrn* Sauter, *Herrn* Theodor Schmids Büro, *Herrn* Prof. Dr. E. Gülland (Briefanschrift), *Ratsherrn* Fidel Anton Zurlaubens Gemach

709 Wenn vor einem Personennamen ein Titel *mit einem Artikel* oder sonst einem Pronomen steht, wird nur der Titel dekliniert. Der Personenname wird zur nachgestellten Apposition und bleibt unverändert (→ 705). Je nach Sinn handelt es sich um eine *enge* Apposition (ohne Komma) oder um eine *lockere* Apposition (mit Komma; → 1557 ff.):

Enge Apposition: die knusprigen Brote des Bäckermeisters *Horn*, die Pläne des Architekten *Rust*, mit unserem neuen Praktikanten *Theo Müller*, die Verdienste des berühmten Professors *A. Zeller*, der Antrag der Delegierten *Heidi Reber*. Doch allein des chemischen Tüftlers *Henri Nestlé* einwandfreies Produkt setzte sich durch.

Lockere Apposition: die Vorschläge des neuen Abteilungsleiters der Offsetdruckerei, *Kurt Hangartner*, zur Regelung der Arbeitszeit; nach den Darlegungen des juristischen Beraters der City-Vereinigung, *Dr. Peter Karlen*, zu den Ladenöffnungszeiten.

Anmerkungen 710

1. Wie *Herr* werden gelegentlich noch die Titel *Kollege* und *Genosse* behandelt:
mit *Genossen* R. Gerow (häufiger: mit *Genosse* R. Gerow), die Ausführungen *Kollegen* Heberles (häufiger: *Kollege* Heberles)
2. Titel, die grammatisch als *nominalisierte Adjektive* oder *Partizipien* zu bestimmen sind, werden auch ohne Artikel dekliniert. Allerdings ist dieser Gebrauch eher selten:
ein Gespräch mit *Stadtverordnetem* Stubinger, *Delegierter* Gertrud Islers Einwände
3. Wenn mehrere Titel mit einem einleitenden Pronomen vor dem Personennamen stehen, wird nur der erste dekliniert; die übrigen Titel werden also wie Namensteile behandelt. Ist einer der Titel *Herr*, wird dieser zusätzlich dekliniert:
die Rede unseres *Stadtverordneten* Studienrat Etter, die Tochter des verstorbenen *Professors* Dr. W. Müller, die Rede unseres *Herrn Großratspräsidenten* Advokat Peter Geiser, die Rede unseres *Großratspräsidenten Herrn* Advokat Peter Geiser
4. Zum Teil wird auch der erste Titel nach einem Artikel oder sonst einem Pronomen als Namensteil aufgefasst, sodass er dann endungslos bleibt. Dies ist insbesondere beim Titel *Doktor* der Fall:
die Praxis des *Doktor* Vögeli (seltener: des *Doktors* Vögeli), die Untersuchungen unseres *Doktor* Salm, die Tochter des verstorbenen *Prof. Dr.* (lies: *Professor[s] Doktor*) Walter Mühletaler
Aber ohne Namen nur: die Vorschriften des *Herrn Doktors*, das Rezept des *Doktors*.

Nachgestellte Titel

Ein Titel (→ 708) kann einem Personennamen als *lockere Apposition* folgen. Der Personenname wird nach den oben stehenden Regeln dekliniert. Auch der Titel wird dekliniert, wenn ihm der Artikel oder ein anderes Pronomen vorangeht (→ 703): 711

die Korrespondenz F. Meiers, *des Chefs* der Verwaltung; die Aufgaben Hans Nötzlis, *seines Stellvertreters*; mit Herrn Erich Zuber, *einem Lieferanten* unserer Firma; ohne Heinrich Schneider, *jenen Parteiveteranen*; veranlasst durch Dr. A. Blaser, *den früheren Assistenten* des Instituts; die Dokumentation Leo Spichtigs, *des Technischen Direktors* der Druck AG; die Botschaft Monsignore Cevellis, *des Gesandten* des Papstes; die vorzeitige Entlassung von B. Olsen, *dem Hauptangeklagten* in jenem Mordprozess

Wenn es sich beim Titel um ein *Nomen ohne vorangehendes fallanzeigendes Wort* handelt, bleibt er endungslos (→ 704): 712

ein Gespräch mit E. Haupt, *Jurist* in der Wirtschaftsdirektion; die Abschlussprüfung K. Rebers, *Student* an der ETH Zürich; gerichtet an Dr. Fritz Erne, *Diplomat* bei der UNO; ein organisatorisches Glanzstück Herrn Stephan Dovés, *Leiter* der Korrekturabteilung

Deklinierte Formen finden sich zuweilen noch zur Vermeidung von Missverständnissen:
der Bruder J. Moschs, *Lokomotivführers* bei der Südostbahn. (Die nichtdeklinierte Berufsbezeichnung könnte fälschlich auf den Bruder bezogen werden.)

713 **Anmerkungen**

Der Sprachgebrauch schwankt teilweise in den folgenden Fällen:
1. Dem Titel geht kein Pronomen voraus, wohl aber ein Adjektiv oder Partizip, oder der Titel selbst enthält ein Adjektiv oder ein Partizip:
veranlasst durch Dr. A. Blaser, *ehemaligen Assistenten* des Instituts (weniger gut: durch Dr. A. Blaser, *ehemaliger Assistent* ...); die Dokumentation Leo Spichtigs, *Technischen Direktors* der Druck AG (weniger gut: Leo Spichtigs, *Technischer Direktor* ...); das Interview mit Momper, *Regierendem Bürgermeister* von Berlin (weniger gut: mit Momper, *Regierender Bürgermeister* ...)
2. Dem Titel geht kein Pronomen voraus, der Titel selbst ist aber ein nominalisiertes Adjektiv oder Partizip:
die Botschaft Monsignore Cevellis, *Gesandten* des Papstes (weniger gut: Monsignore Cevellis, *Gesandter* des Papstes); die Sitzung mit Liselotte Doggwiler, *Delegierter* unserer Abteilung (weniger gut: mit Liselotte Doggwiler, *Delegierte* ...); die vorzeitige Entlassung von B. Olsen, *Hauptangeklagtem* in jenem Mordprozess (weniger gut: von B. Olsen, *Hauptangeklagter* ...); mit Otto Schily, «*Grünem*» der ersten Stunde (weniger gut: mit Otto Schily, «*Grüner*» der ersten Stunde); begrüßt von Jakob Sager, *Abgeordnetem* der Region Seeland (weniger gut: von Jakob Sager, *Abgeordneter* ...)
Stilistisch ist es freilich besser, in Fügungen dieser Art den Artikel zu setzen, was auch die Frage der Deklination eindeutig klärt (→ 709).

Datumsangaben

714 Bei Verbindungen von Wochentag und Datum ist das Datum als *lockere Apposition* anzusehen, die im gleichen Fall wie der Wochentag zu stehen hat:
Apposition zu einer Präpositionalgruppe im Dativ: Wir werden *am Freitag, dem 26. August,* in Lissabon eintreffen.
Apposition zu einem adverbialen Akkusativ: Wir werden *Freitag, den 26. August,* in Lissabon eintreffen.

Fügungen der obigen Art werden gelegentlich vermischt:
Wir werden *am Freitag, den 26. April* in Lissabon eintreffen.

Diese Mischbildung wird von manchen als *Reihung* (Präpositionalglied plus adverbialer Akkusativ) interpretiert und als korrekt angesehen. Nach der Datumsangabe steht dann entsprechend kein Komma (→ 1562). Wir empfehlen, diese Konstruktion nicht zu verwenden.

Maßbezeichnungen und Gemessenes

An eine Maß- oder Mengenbezeichnung kann das Gemessene (oder Gezählte) im Deutschen auf dreierlei Weise angeschlossen werden:

1. Das Gemessene steht im Genitiv; man spricht hier von einem *partitiven Genitiv* (→ 656). Bedingung für diesen Anschluss ist, dass dem Gemessenen oder Gezählten ein fallanzeigendes Wort vorangeht (→ 1742, 1744):
   ein Glas *roten Weins,* Zehntausende *begeisterter Zuschauer*
   Aber nicht mehr: ein Glas *Weins*
2. Das Gemessene wird mit einer Präposition angeschlossen:
   ein Glas *mit rotem Wein,* Zehntausende *von begeisterten Zuschauern*
   Hierher kann man auch den präpositionsartigen Gebrauch von *voll* und *voller* stellen (Anschluss: mit Dativ oder Genitiv, bei *voll* auch mit *von* + Dativ):
   ein Glas *voll Wein,* ein Glas *voll rotem Wein* (oder: *voll roten Weins*); eine Truhe *voll von Schmuck,* eine Truhe *voller Schmuck*
3. Das Gemessene folgt als enge Apposition; man spricht hier auch von einer *partitiven Apposition:*
   ein Glas roter Wein, Zehntausende begeisterte Zuschauer

715

Wenn man den Anschluss mit der partitiven Apposition wählt, sind die folgenden Regeln zu berücksichtigen:

716

1. Wenn das Gemessene aus einem *Nomen* mit einem *deklinierten Adjektiv* oder *Partizip* besteht, stimmt es mit der Maß- oder Mengenbezeichnung im Fall überein (→ 703):
   eine Gruppe *junge Leute,* ein Dutzend *aufmerksame Zuhörer,* der Raub von fünf Barren *reinem Gold,* mit elf Flaschen *destilliertem Wasser,* die Zubereitung von fünf Kilo *gekochten Kartoffeln,* der Verbrauch von fünf Dutzend *schwarzen Filzstiften,* mit drei Schachteln *frischen Eiern;* ein Kleid aus fünf *Meter(n)* rotem Seidenstoff (→ 148)

Hier ist immer auch der partitive Genitiv möglich:
   eine Gruppe *junger Leute,* mit drei Schachteln *frischer Eier*

2. Wenn das Gemessene aus einem *bloßen Nomen* im *Singular* ohne vorangehendes Adjektiv besteht, bleibt es unverändert (→ 704):
   der Preis eines Kilogramms Fleisch, der Preis zweier Kilogramm Fleisch; der Genuss einer Tasse Kaffee; die Wirkung eines Glases Wein; das Gewicht eines Blatts Papier

717

3. Wenn das Gemessene aus einem *bloßen Nomen* im Plural besteht, erhält es heute überwiegend ebenfalls keine Fallendung mehr. Dies gilt vor allem, wenn die *Maßbezeichnung* im *Singular* steht. Sichtbar wird dies im Dativ, wo eigentlich die Dativendung *-n* zu erwarten wäre (→ 147 ff.):

718

mit nur einem Paar *Schuhe* (seltener: mit nur einem Paar *Schuhen*); mit einer Schachtel *Eier* (seltener: mit einer Schachtel *Eiern*)

Aber bei Nomen mit Adjektiv nur:
  mit einem Paar *sauberen Schuhen*, mit einer Schachtel *frischen Eiern* (oder aber mit Genitiv: mit einem Paar *sauberer Schuhe*, mit einer Schachtel *frischer Eier*)

719 4. Wenn Maßbezeichnung *und* Gemessenes im *Plural* stehen, so kann das Dativ-n beim Gemessenen ebenfalls fehlen, sofern diesem kein Adjektiv vorangeht. Die Version mit Dativ-n wird hier allerdings vorgezogen:
  mit drei Paar *Schuhen* (seltener: mit drei Paar *Schuhe*); mit zehn Schachteln *Eiern* (seltener: mit zehn Schachteln *Eier*), eine Reisegruppe aus zwei Drittel(n) Rentner(n) (zur Deklination der Maßbezeichnung → 148)

Wenn dem Gemessenen ein Adjektiv vorangeht, ist nur die Form mit Dativ-n korrekt:
  mit drei Paar *sauberen Schuhen*, mit zehn Schachteln *frischen Eiern* (oder aber mit Genitiv: mit einem Paar *sauberer Schuhe*, mit zehn Schachteln *frischer Eier*)

720 5. Wenn das Gemessene aus einem nominalisierten Adjektiv oder Partizip besteht, stimmt es im Fall mit der Maßbezeichnung überein:
  ein Auflauf mit einem Pfund *Gehacktem*, mit einer Unmenge *Süßem und Salzigem*, aus einer Million *Erwachsenen* (oder mit Genitiv: aus einer Million *Erwachsener*)

Zur Deklination des Adjektivs nach Personalpronomen

721 Attributive und nominalisierte Adjektive in engen Appositionen werden *stark* dekliniert (→ 716, 720). Dies gilt auch für enge Appositionen nach Personalpronomen:
  ich *armer* Kerl, mir *armem* Kerl, mich *armen* Kerl; ich *arme* Frau, mir *armer* Frau; du *Dummer*; für euch *liebe* Menschen (Akkusativ), mit euch *lieben* Menschen (Dativ); für uns *Liberale* (Akkusativ), mit uns *Liberalen* (Dativ)

Einzig im *Nominativ Plural* überwiegen schwache Formen (→ 1720):
  wir *treuen* Steuerzahler (oder: wir *treue* Steuerzahler); wir *Liberalen* (oder: wir *Liberale*); ihr *lieben* Menschen (oder: ihr *liebe* Menschen)

Wortgruppen mit «als» und «wie» (Konjunktionalgruppen)

722 Nominalgruppen können bei den Konjunktionen *als* und *wie* stehen; sie bilden mit diesen zusammen eine *Konjunktionalgruppe* (→ 685). Sie beziehen sich meist auf eine andere Wortgruppe und übernehmen dann deren Fall (= Kongruenz im Fall). Man spricht hier von einer *Bezugswortgruppe* oder auch einfach von einem *Bezugswort*. Als Grundregel lässt sich formulieren:

| Nominalgruppen bei *als* und *wie* stimmen mit ihrem Bezugswort im Fall überein. | 723

Bezug auf eine Wortgruppe im Nominativ: 724
Er arbeitet **als Grafiker**. *Der Oppositionsführer* ist **als guter Redner** bekannt. *Der Sprecher* des Konzerns konnte **als guter Werbefachmann** die Pressevertreter schnell überzeugen. *Diese Erfindung* wird **als ein Schritt** in die Zukunft betrachtet. *Du* **als Sportlerin** kannst doch gewiss Treppen steigen! *Dieser Stuhl* wackelt weniger **als jener**.
Wie die meisten Italiener kocht auch *Giuseppe* mit Olivenöl. *Er* begegnete ihr **wie ein Fremder**. *Richard* trampelte **wie ein Nilpferd** durchs hohe Gras. *Unser Fernsehturm* ist nicht so hoch **wie der Eiffelturm**.

Bezug auf eine Wortgruppe im Akkusativ: 725
Die Massenmedien bezeichnen *den Oppositionsführer* **als einen guten Redner**. Der Literaturkritiker beschrieb *das Buch* **als ein liebloses Machwerk**. *Diese Erfindung* betrachtet er **als einen Schritt** in die Zukunft. Ohne *Stefan* **als einen ehemaligen Pfadfinder** hätten wir die Höhle nie gefunden. Nora kennt *Berlin* besser **als ihren Heimatort**.
Die Leute behandelten *den Dichter* **wie einen Verrückten**. Verwenden Sie *diesen Superklebstoff* **wie gewöhnlichen Leim**! Die Kommissarin hatte *Nerven* **wie Drahtseile**. Michaela fand *den zweiten Teil* der Serie mindestens so gut **wie den ersten**.

Bezug auf eine Wortgruppe im Dativ: 726
Als gutem Redner fiel *ihm* der Kontakt mit der Presse leicht. *Frau Müller* übertrug man **als tüchtiger Ärztin** verantwortungsvolle Operationen. **Als erster Bergsteigerin** gelang *Gabi Hartmann* die Bezwingung des Mount Roban. Mit *Nikotinwasser* **als biologischem Insektenvertilgungsmittel** wirst du die Blattläuse gewiss los! *Norbert* gefiel der Krimi besser **als seinen Kollegen**.
Wie den meisten Brasilianern machte *ihm* die Inflation zu schaffen. Er begegnete *ihr* **wie einer Fremden**. *Dem Letzten* steht ebenso gut **wie dem Ersten** ein besonderer Applaus zu.

Bezug auf eine Wortgruppe im Genitiv: 727
Der Rat *Anton Farners* **als eines erfahrenen Chemikers** kam ihnen zustatten. Die Großmutter entsinnt sich *ihrer Jugend* besser **als der letzten zehn Jahre**. Die Angreifer bemächtigten sich *der Hafenstadt* **als wichtigsten Zugangs** zum Landesinnern.
Die Expeditionsteilnehmer ermangelten *der Nahrungsmittel* nicht so sehr **wie des Wassers**. Die Gäste bedienten sich *des Lachses* fast so gierig **wie des Kaviars**.

Wortgruppen mit «als» bei reflexiven Verben

728 Nominalgruppen mit *als* beziehen sich bei reflexiven Verben auf das Reflexivpronomen, wenn dieses mit *Wen?* erfragt werden kann, also noch als Akkusativobjekt empfunden wird (= unecht reflexiver Gebrauch; → 31, 1757); entsprechend stehen sie dann im Akkusativ:

Er sieht *sich* schon **als zukünftigen Weltmeister.** (→ Frageprobe: *Wen* sieht er schon **als zukünftigen Weltmeister?**) Er stellt *sich selbst* **als den Retter** der Stadt dar. (→ *Wen* stellt er **als den Retter** der Stadt dar?)

Wenn das Reflexivpronomen aber keine richtige Objektsfunktion mehr hat (= echt reflexiver Gebrauch; → 31, 1757), wird die Nominalgruppe mit *als* auf das Subjekt bezogen und steht im Nominativ:

Er erwies sich **als einfühlsamer Pianist.** Er bewährte sich **als treuer Sachwalter.**

Schwankend (mit Tendenz zum Nominativ): Der Minister empfiehlt sich **als konzilianter** (und: **konzilianten**) **Unterhändler.** Huber zeigte sich **als guter** (und: **guten**) **Ratgeber.** Er verkleidete sich **als rußgeschwärzter** (und: **rußgeschwärzten**) **Kaminfeger.**

Wortgruppen mit «als» zu Genitivattributen

729 Wenn sich eine Nominalgruppe mit *als* auf ein Genitivattribut bezieht, steht sie nach der allgemeinen Regel ebenfalls im Genitiv:

Mit Hilfe *seines Onkels* **als (eines) tüchtigen Landwirts** schaffte er den Umbau. Die Absage *Karls* **als (seines) besten Freundes** tat ihm weh.

730 Genitivattribut und Nominalgruppe mit *als* können aber auch gemeinsam von einem übergeordneten Nomen abhängen. Die Nominalgruppe mit *als* bezieht sich dann in der Art eines Prädikativs auf das Genitivattribut; es liegt dann ein prädikativartiges Attribut vor. Die Nominalgruppe steht dann heute normalerweise im Nominativ, und zwar unabhängig vom Fall des übergeordneten Nomens. Diese Art Fügung tritt vor allem auf, wenn das übergeordnete Nomen von einem Verb abgeleitet ist (= Verbalnomen):

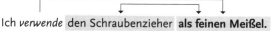

Ich *verwende* den Schraubenzieher **als feinen Meißel.**

Prädikativ: als feinen Meißel
Abhängig von: *verwende* (Prädikativ)
Bezug auf: den Schraubenzieher (Akkusativobjekt)

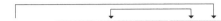

die *Verwendung* des Schraubenziehers **als feiner Meißel**.

Attribut in der Art eines Prädikativs (→ 631): als feiner Meißel
Abhängig von: *die Verwendung*
Bezug auf: des Schraubenziehers (Genitivattribut)

Das Genitivattribut kann in solchen Fügungen auch durch ein *Possessivpronomen* ersetzt werden, gelegentlich sogar ganz fehlen:
  Mit der Existenz *Belizes* **als souveräner Staat** hat sich Guatemala abgefunden (mit Possessivpronomen: mit *seiner* Existenz **als souveräner Staat**). Wir freuten uns über *Gudruns* Anstellung **als technische Zeichnerin**. Gudrun freute sich über *ihre* Anstellung **als technische Zeichnerin** (auch ohne Genitivattribut oder Possessivpronomen: Gudrun freute sich über die Anstellung **als technische Zeichnerin**). Die Leistungen *Brandts* **als sozialdemokratischer Parteivorsitzender** sind wiederholt gewürdigt worden (mit Possessivpronomen: *seine* Leistungen **als sozialdemokratischer Parteivorsitzender**). Die Einvernahme *der Radfahrerin* **als unverdächtige Zeugin** brachte neue Erkenntnisse (mit Possessivpronomen: *ihre* Einvernahme **als unverdächtige Zeugin**).

Fügungen dieser Art kommen auch bei weiteren Nomen vor:
  In *seiner* Eigenschaft **als Vorsitzender** des Kirchentages hat Willy Rechsteiner auf diesen Sonderfall aufmerksam gemacht. Der Rücktritt vom Posten **als Vorsitzender** fiel ihm nicht leicht. *Seiner* Funktionen **als Beamter** wurde er enthoben. Wegen *ihres* Rufs **als tüchtige Geschäftsfrau** erhielt sie die Stelle einer Generaldirektorin. *Seine* Pflichten **als Erster Vorsitzender** hat er vernachlässigt. *Vroni Schillings* Bekanntheit **als tüchtige Fotografin** öffnete ihr bei vielen Prominenten die Tür.

Zuweilen sind freilich zwei Auffassungen möglich:
  Wie → 729: der Wert *des Parlaments* **als einer Stätte der gegenseitigen Annäherung**
  Wie → 732: der Wert *des Parlaments* **als eine Stätte der gegenseitigen Annäherung**

Zusätze mit «wie»

Zusätze (Attribute) mit *wie* können oft als verkürzte Vergleichssätze aufgefasst werden, also als eine Art Ellipse. Dementsprechend sind oft zwei Formen vertretbar: Der Fall kann nach dem Bezugswort gewählt werden (= Kongruenz) oder nach der angenommenen Vollform des Vergleichssatzes. Im Allgemeinen wird die Übereinstimmung mit dem Fall des Bezugswortes vorgezogen, vor allem wenn Missverständnisse möglich sind. Zur Kommasetzung → 1563.

Beispiele:
  Fall gleich wie Bezugswort (Kongruenz): *Einem Fachmann **wie dir** hätte das nicht passieren dürfen.*

Fall wie im ausgebauten Vergleichssatz: Einem Fachmann **wie du** (= wie du einer bist) hätte das nicht passieren dürfen.

Fall gleich wie Bezugswort (Kongruenz): Betrachte ihn doch als *einen Menschen* **wie dich und mich.**

Fall wie im ausgebauten Vergleichssatz: Betrachte ihn doch als einen Menschen **wie du und ich** (= wie du und ich es sind).

Fall gleich wie Bezugswort (Kongruenz): Dabei wurden Todesurteile gefällt wegen *eines Verbrechens* **wie Mordes, bandenmäßigen Raubes** usw.

Fall wie im ausgebauten Vergleichssatz (wohl üblicher): Dabei wurden Todesurteile gefällt wegen eines Verbrechens **wie Mord, bandenmäßiger Raub** usw. (= wie Mord und bandenmäßiger Raub es sind).

Wortgruppen mit «als» und «wie» bei Infinitiven und Partizipien

734 Wenn eine Wortgruppe mit *als* oder *wie* Bestandteil einer *Infinitivgruppe*, einer *Partizipgruppe* oder einer entsprechenden *Adjektivgruppe* ist, steht sie im *Nominativ*, sofern sie sich bei Umformung der ganzen Fügung in einen einfachen Satz auf das *Subjekt* bezieht.

Der Berufsberater empfahl dem Ratsuchenden, wieder **als technischer Laborant** zu arbeiten. (→ Umformprobe: *Er arbeitet* **als technischer Laborant**.) Claudine bat ihren Freund, **als guter Verlierer** die Nerven zu behalten. (→ *Er behielt* **als guter Verlierer** die Nerven.) Sandra bat ihren Freund, sich **wie ein Gentleman** zu benehmen. (→ *Er benahm sich* **wie ein Gentleman;** → 728.)

Die Pressekonferenz fand ohne den **als neuer Vorsitzender** gewählten Fritz Dalber statt. (→ Umformprobe: *Fritz Dalber* wurde **als neuer Vorsitzender** gewählt.) Ich sprach mit dem **als Repräsentant** der Firma in Spanien wirkenden Juan Moser. (→ *Juan Moser wirkt* **als Repräsentant** der Firma in Spanien.) Sie versuchte, ihren **wie ein Irrer** lachenden Freund zu beruhigen. (→ *Er lachte* **wie ein Irrer**.) Ich lernte die Gattin des **als Agronom** tätigen Hans Külling kennen. (→ *Hans Külling ist* **als Agronom** tätig.) Und schon wieder ist ein neues Buch von dem **als leichtgewichtiger Vielschreiber** bekannten Autor erschienen. (→ *Der Autor ist* **als leichtgewichtiger Vielschreiber** bekannt.)

Nomen der n-Deklination in Wortgruppen mit «als» und «wie»

735 Nomen der n-Deklination haben immer eine Fallendung, wenn ihnen ein fallanzeigendes Wort (Artikel, anderes Pronomen, Adjektiv) vorangeht (→ 144). Dies gilt auch für Wortgruppen mit *als* und *wie*, wenn sie sich auf ein Wort im Dativ oder Akkusativ beziehen:

Man legte *ihm* **als unerfahrenem Praktikanten** (falsch: **als unerfahrenem Praktikant**) nur einfachere Arbeiten vor. **Als vielgereistem Geologen** kam *ihm* die Gesteinsformation merkwürdig vor. Vera bezeichnete *ihren Freund* **als einen Phantasten.**

Hingegen sind Nomen der n-Deklination heute meist endungslos, wenn ihnen kein fallanzeigendes Wort vorangeht (→ 144). Das Nomen hat dann die gleiche Form wie im Nominativ. Bei Wortgruppen mit *als* und *wie* kommen aber im Dativ und im Akkusativ Formen mit Fallendung noch oft vor, vor allem, wenn das Bezugswort vorangeht:

Das Bezugswort geht voran: Vera bezeichnete *ihren Freund* **als Phantasten** (seltener: **als Phantast**). Ohne *Georg* **als Spezialisten** für heikle Gespräche (seltener: **als Spezialist** für heikle Gespräche) hätten wir unser Projekt bei der Stadt nie durchgebracht. Das Problem verursachte sogar *ihm* **als Juristen** (seltener: **als Jurist**) einiges Kopfzerbrechen.

Das Bezugswort steht danach: **Als Studenten** (oder: **als Student**) hatte *den Wissenschafter* vor allem die Philosophie fasziniert. **Als Praktikanten** (oder: **als Praktikant**) fehlte *dem Neuling* noch die Erfahrung. **Als Geologen** (oder: **als Geologe**) kam *ihm* die Gesteinsformation merkwürdig vor.

Übung 31

736

Die folgenden Sätze sind – wo nötig – zu verbessern.

■ **1** Als Nachfolger seines Vaters, einem der Gründer, wurde er zum Vorsitzenden gewählt. ■ **2** In zwei Transporten brachten die Träger ein umfangreiches Material ins Biwak II, dem zentralen Stützpunkt der Expedition. ■ **3** Er hat diese Aufgabe mit der Vorstellungskraft, dem Mut und der Entschlossenheit angepackt, die seine Laufbahn als einem unserer größten Wirtschaftsführer ausgezeichnet haben. ■ **4** Bei dem als Überzähliger ausgeschiedenen Fahrer handelt es sich um den ehemaligen Landesmeister. ■ **5** Die ägyptische Regierung gab die Verhaftung von Achmed Hussein, des Führers der Sozialisten, bekannt. ■ **6** Zusammen mit A. Bodmer, ehemaliger Leiter der Abteilung für Städtebau, übernahm er die Aufgabe ... ■ **7** Durch die Aufnahme Südkoreas als vollberechtigtes Mitglied wäre diese Voraussetzung erfüllt. ■ **8** Daraufhin versuchte der Bund selbst Strafen anzudrohen, wofür ihm als bloßer Inhaber von Verpflichtungen jede Kompetenz fehlt. ■ **9** Moser hatte den als amtlichen Verteidiger bestellten Dr. Stolze noch nie gesehen. ■ **10** Mit Georges Stäubli, Präsident der Prüfungskommission, war das Vorgehen vereinbart worden. ■ **11** Je mehr der Mensch die Natur vermenschlicht, desto mehr entfernt er sich von ihr als ästhetischen Gegenstand. ■ **12** Als Außenstehender lässt mich meine liberale Überzeugung zu einer andern Schlussfolgerung kommen. ■ **13** Nahezu einstimmig widersetzten sich die Anwesenden der Einführung des Arabischen als einzige Unterrichtssprache. ■ **14** Unter den als Frostschutzmitteln verwendeten organischen Flüssigkeiten scheiden die einwertigen Alkohole von vornherein aus. ■ **15** Präsident Clinton hat als Nachfolger John R. Steelman, ein Mitarbeiter Wilsons, ernannt. ■ **16** Im gleichen Jahre wählte ihn der Stadtrat als Vorsitzender der Stadtwerke. ■ **17** Pfarrer Kaiser aus Kirchdorf gedachte des Verstorbenen als Christ, Bürger und Soldat, während Jan Pezolt seine Tätigkeit als Anwalt würdigte. ■ **18** Über Hans Knappertsbusch als Dirigent des «Parsifal» und der «Meistersinger» kann kaum Neues ausgesagt werden. ■ **19** Die Kontrolle über Südpersien, dem Standort der Ölfelder ... ■ **20** Die Brandmarkung des australischen Premierministers als einen politischen Analphabeten konnte nur bei Massen Beifall finden, die ... ■ **21** Im Auftrag des Stadtrates sprach der Direktor der Berufsschule über die Text-Bild-Integration als eines wichtigen Teils der Berufsausbildung. ■ **22** Das neue Werk Borkenaus darf als interessanten Versuch in dieser Richtung bezeichnet werden. ■ **23** Als ein realer Faktor für die Verteidigung des Westens nennen die Engländer nur den Atlantikpakt. ■ **24** Sie beraubte Jugoslawien der Stadt Triest, dem natürlichen Hauptausfuhrhafen. ■ **25** Der Halunke gebärdete sich vor der Öffentlichkeit als wohlmeinenden Helfer. ■ **26** Das Erste, was er sah, war die Sonne, die schon tief stand und Marta wie einen Heiligenschein umgab. ■ **27** Das war die Frage, die mich als denkender Mensch und Christ am meisten bewegte. ■ **28** Man sah in ihm den Kronprinzen der Volkspartei, dem als maßgebenden Repräsentanten der westlichen Bundesländer eines Tages die Leitung der Partei zufallen müsse.

Die Kongruenz in der Person

737 In der Person müssen übereinstimmen:

1. Subjekt und Personalform
2. Subjekt und Reflexivpronomen
3. Subjekt und Possessivpronomen

Diese drei Arten von Kongruenz kommen alle im folgenden Beispiel vor:
1. Pers. Ez.: *Ich habe mich* an *meine* Kindheit erinnert.
2. Pers. Ez.: *Du hast dich* an *deine* Kindheit erinnert.
3. Pers. Ez.: *Er (sie, es) hat sich* an *seine (ihre, seine)* Kindheit erinnert.
1. Pers. Mz.: *Wir haben uns* an *unsere* Kindheit erinnert.
2. Pers. Mz.: *Ihr habt euch* an *eure* Kindheit erinnert.
3. Pers. Mz.: *Sie haben sich* an *ihre* Kindheit erinnert.

Wenn ein Satz kein Subjekt enthält (→ 640.4), steht die Personalform in der 3. Person Singular:
Mir *wurde* übel. Bis in die Morgenstunden *wurde* getanzt und gelacht.

Nicht selten erscheinen grammatisch verschiedene Personen gleichzeitig als Subjekte. Es gelten dann die folgenden Regeln:

738 1. Wenn die Subjekte mit einer anreihenden (kopulativen) Konjunktion wie *und* verbunden sind, steht die Personalform im Plural, und zwar geht die erste Person der zweiten und die zweite der dritten vor. Zur Verdeutlichung wird oft das Personalpronomen *wir* oder *ihr* beigefügt:

Ich und *du(, wir) müssen* ihm helfen. *Du* und *Fritz(, ihr) seid* im gleichen Rang. *Ihr* und *eure Eltern(, ihr) werdet* darin wohnen.

Wenn als Subjekte eine 2. und eine 3. Person genannt werden, kann die Personalform allerdings auch in der dritten Person Plural stehen:
Ihr und *eure Eltern werden* darin wohnen.

2. Wenn von mehreren Subjekten das erste eine dritte Person ist, steht als *vorausgehendes* Reflexivpronomen allgemein *sich:* 739

Nach dem Verlust des Vaters versprachen *sich die Schwester* und *ich* gegenseitigen Beistand. (Aber, regelgemäß:) Nach dem Verlust des Vaters versprachen *die Schwester* und *ich uns* gegenseitigen Beistand.

3. Wenn ein Relativpronomen sich auf ein Personalpronomen der ersten oder der zweiten Person oder auf die höfliche Anrede *Sie* bezieht, wird das betreffende Personalpronomen im Relativsatz wiederholt. 740

Das zeige ich nur euch, *die ihr* meine Freundinnen *seid*. Das sagen ausgerechnet Sie, *die Sie* doch lange Zeit genau das Gegenteil vertreten haben! Was kann ich tun, *der ich* selber hilflos *bin?*

Die Auslassung des Personalpronomens ist auch möglich; dann stehen Relativpronomen und Prädikat in der dritten Person:

Das zeige ich nur euch, die meine Freundinnen *sind*. Das sagen ausgerechnet Sie, *der* doch lange Zeit genau das Gegenteil vertreten *hat!* Was kann ich tun, *der* selber hilflos *ist?* (Schiller)

4. Für die folgenden Fälle gelten die Regeln der Kongruenz in der Zahl: Verbindungen mit ausschließenden Konjunktionen (→ 758); verneinte Subjekte (→ 743); Subjekte, die teils vor, teils nach der Personalform stehen (→ 745). 741

Die Kongruenz in der Zahl

Die Kongruenz von Subjekt und Personalform

Grundregel: Subjekt und Personalform stimmen in der grammatischen *Zahl* überein (= Kongruenz in der Zahl). Mehrere Subjekte im Singular gelten dabei als Plural. 742

Beispiele:
Eine Schwalbe *macht* noch keinen Sommer. Zwei Schwalben *machen* noch keinen Sommer. Eine Schwalbe und ein Mauersegler *machen* noch keinen Sommer.

Diese Grundregel ist noch zu präzisieren.

743 1. Wenn eines der Subjekte *verneint* ist, richtet sich die Personalform nur nach dem näher liegenden:

Das *hat* nicht der böse Max auf dem Gewissen, sondern seine Brüder. Sein Fleiß, nicht glückliche Umstände *haben* ihn vorwärtsgebracht. Die Journalisten und nicht der Fotograf *liefert* die verzerrten Gesichtszüge eines unbequemen Politikers der Schadenfreude der Menge aus. Dieser dort(,) (und) nicht du *bist* schuld daran. Du, nicht dieser dort *ist* schuld daran. Nicht dieser dort, (sondern) du *bist* schuld daran.

Dieser Regel widerspricht keineswegs Goethes Satz: «Ein alt Gesetz, nicht ich, gebietets dir.» Die verneinte Nominalgruppe ist hier durch Kommas deutlich vom Rest des Satzes abgetrennt.

744 2. Nach dem näher liegenden Subjekt richtet sich die Personalform ferner, wenn die *Subjekte durch andere Satzglieder deutlich getrennt* sind:

Unter der Eiche *lag* der tote Hausierer und rings verstreut seine armseligen Habseligkeiten. (Unter der Eiche *hatte* der tote Hausierer gelegen und ...) Was *helfen* ihm die Wissenschaften und was die Kunst? (Was *hilft* ihm die Kunst und was die Wissenschaften?)

745 3. Wenn die Subjekte *teils vor, teils nach der Personalform* stehen, richtet sich die Personalform nach dem vorangehenden Subjekt:

Der Spaßmacher *lachte*, die Zuschauer ebenfalls. Drei Kühe *verbrannten* und ein Pferd. Ein Pferd *verbrannte* und drei Kühe. Das Meer *gehorcht* ihm und die Länder. Wenn du geholfen *hättest* und dein Freund. Wusste er, ob ihr zu spät gekommen *seid* oder sie?

746 4. Bei *mehreren Subjekten* und *mehreren mehrteiligen Prädikaten* beziehen sich die Personalformen auf ihre zugehörigen Subjekte. Die Einsparung einer Personalform ist in der Regel nur möglich, wenn die einzusparende in der Konjugationsform mit der nichteingesparten übereinstimmt.

Bei dem Überfall *wurde* eine Person getötet und *wurden* drei verletzt. Zu jener Zeit *wurde* mehr Getreide angebaut und *(wurde)* mehr Holz verarbeitet. – Aber nicht: Wenn du geholfen und ihr ihn unterstützt *hättet* ... Sondern: Wenn du geholfen *hättest* und ihr ihn unterstützt *hättet* ...

Erscheint im Satz jedoch ein Hilfsverb in der 3. Person *Plural*, so kann ein Hilfsverb in der 3. Person *Singular* weggelassen werden:

Die Teppiche *wurden* zusammengerollt und der Schrank weggeräumt. Nach dem Essen *werden* die Geschenke verteilt und ein Lied gesungen. Als die Musik verklungen und die Kerzen verlöscht *waren* ... – Aber nicht: Bei dem Überfall *wurden* eine Person getötet und *(wurden)* drei verletzt.

747 5. Sind die aneinander gereihten Subjekte *Infinitive,* wird die Personalform im Allgemeinen in den Singular gesetzt:

Bei ihm *fand* Jammern, Heulen und Wehklagen taube Ohren. Betteln und Hausieren *war* damals durchaus noch üblich. Auf Pirsch gehen und sich in Feld und Wald nach Belieben tummeln *ist* wundervoll. Die Grenze nach den Vereinigten Staaten heimlich zu überschreiten und dem Gesetz zuwiderzuhandeln, *brachte* uns immer eine Befriedigung besonderer Art.

6. In subjektlosen Sätzen steht das Verb in der 3. Person Singular (→ 737). **748**

Verbindungen mit beiordnenden Konjunktionen

Wenn von mehreren Subjekten eines im Plural steht, steht in der Regel auch die Personalform im Plural. *Zweifelsfälle ergeben sich meist, wenn alle Subjekte im Singular stehen.*

Und. Anreihend.

1. Die Personalform steht in der Regel im Plural: **749**
   Die Stickerei, Samt, Taft und Spitze *herrschten* bei dieser Modeschau vor.

2. Bezieht sich aber bei mehreren Subjekten die Personalform deutlich auf *jedes* **750** *einzelne,* steht die Personalform im Singular:
   Für das Jahr 2007 *wurde* Stephan Dové als Vorsitzender und Fritz Meier als Kassier gewählt. ... wobei Leipzig 3 Punkte und Maastricht 8 Punkte *erhält*. Im Jahr 2004 *stieg* der Export um 8 % und der Import um 7 %. Der Himmel und allenfalls Margarethe von Trotta *mag* wissen, was es mit dem Titel ihres vierten Spielfilms auf sich hat.

Dies gilt auch, wenn die Subjekte nacheinander in Erscheinung treten:
   Der eine und der andere *wird* sich vielleicht noch melden. Und ein Arm und ein glänzender Nacken *wird* bloß (Schiller).

3. Wenn mehrere Nomen im Singular mit einem gemeinsamen Artikel oder einem **751** gemeinsamen Attribut zusammengefasst werden, gelten sie als Einheit, also als einfaches Subjekt. Die Personalform steht daher im Singular:
   Ihr nie versiegender Frohsinn und Humor *war* für alle eine Quelle der Kraft. Auf der andern Seite *schießt* die Missstimmung und Beunruhigung von neuem üppig empor. Die Art und Weise seines Auftretens *missfällt* uns.

4. Als Einheit können auch Fügungen empfunden werden, bei denen überhaupt kein **752** Artikel oder Attribut steht:
   Salz und Brot *macht* Wangen rot. Wind und Wetter *schreckt* ihn nicht ab.
   In manchen Fällen sind freilich zweierlei Auffassungen möglich: So schreibt beispielsweise Schiller: «... wo Starkes sich und Mildes *paarten*», während bei Geibel zu lesen steht: «Das Antlitz, drin sich Ernst und Milde *paart.*»

753 5. Nur der Singular ist üblich bei formelhaften Wortpaaren:
Alt und Jung *strömte* herbei. Bei ihm *war* Hoch und Niedrig zu Gast. Gleich und Gleich *gesellt* sich gern. Wenn um den Ofen Knecht und Herr die Hände *reibt* und *zittert*, wenn Stein und Bein vor Frost *zerbricht* ... (E. M. Arndt).

754 *Sowie; wie.* Anreihend. Personalform in der Regel im Plural:
Der südliche Teil der Stadt *sowie* der östliche Stadtrand *litten* stärker unter den Beschießungen.

755 *Sowohl – als/wie (auch).* Anreihend. Meist steht die Personalform im Plural; der Singular ist aber auch möglich.
Sowohl die Papier- *als auch* die Druckindustrie *plädierten* entschieden für die Nutzung dieses Wissensvorsprungs. In den Hoffnungsläufen auf dem Rotsee *sind sowohl* der belgische Zweier ohne Steuermann *wie* der Skiffier Daniel Winkler ausgeschieden.

756 *Nicht nur – (sondern) auch; (nicht) – sondern.* Anreihend. Bei der Verbindung singularischer Subjekte steht die Personalform meist im Singular:
Nicht nur Deutschland, *auch* die Schweiz *bietet* reichlich Anschauungsunterricht für diese These. Im 18. Jahrhundert *wurde nicht nur* der Obst-, Kraut- und Milchhandel, *sondern auch* der Weinhandel, *ja sogar* die Versteigerung auf dieser Brücke abgehalten. *Nicht nur* der deutsche Wirtschaftsminister, *auch* der amerikanische Staatssekretär *hatte* Vorbereitungen für die Sitzung im November getroffen. Nicht etwa die korrekte Erfüllung der Bürgerpflicht, sondern die Suche nach dem jungen Mann *stand* im Mittelpunkt des Interesses.

757 *Weder – noch; nicht – noch.* Anreihend, verneint. Singular und Plural der Personalform sind möglich. Wenn ein Subjekt im Plural steht, steht in der Regel auch die Personalform im Plural.
Weder Wolle *noch* Baumwolle *kommt/kommen* in Frage. *Weder* er *noch* sein Nachfolger *nahmen* ihre Verantwortung wahr. Es *werden weder* Donner *noch* Blitz *noch* Zauberei ihn verletzen (Goethe). Dennoch *erschwerte weder* Regen *noch* Sonnenschein den festlichen Auftakt. *Nicht* ihr Hinweis auf das Verwerfliche seiner Tat *noch* die Höhe der angedrohten Strafe *vermochte(n)* ihn umzustimmen.

Oder; entweder – oder; beziehungsweise.

758 1. Bei der Verbindung singularischer Subjekte werden diese Konjunktionen in der Regel ausschließend gebraucht; die Personalform steht dann im Singular.
Gustav oder seine Familie *sollte* benachrichtigt werden. *Sollte* beispielsweise der Bundesfinanzminister oder der Hamburger Finanzsenator, die beide überdurchschnittliche Kenntnisse besitzen, sich dem Bankenkonsortium zur Verfügung stellen ... Dafür *haftet* entweder der Präsident oder der Sekretär. Entweder *kommt* mein Vater oder mein

Bruder. Doch die allmähliche Annäherung bzw. Angleichung der Flüchtlinge an die Kultur unseres Landes *bedeutet* oft zugleich eine Entfremdung gegenüber ihrem Ursprungsland.

2. Steht eines der Subjekte im Plural, richtet sich die Personalform nach dem zunächst stehenden Subjekt. 759

Mir schien, als *hätte* der Torwart oder die Verteidiger nicht genügend aufgepasst. (Aber: Mir schien, als *hätten* die Verteidiger oder der Torwart nicht genügend aufgepasst.) Die Geheimhaltungspflicht bezieht sich auch auf Schriftstücke, die entweder die Angestellten in Erfüllung ihrer Arbeitspflicht oder der Auftraggeber als Kunde des Arbeitgebers *anfertigt*.

3. Das näher liegende Subjekt gibt auch bei Subjekten unterschiedlicher Person den Ausschlag: 760

Er oder ich werde das Haus verlassen. Entweder haben wir oder ihr den Preis gewonnen. ... ob ich oder du sollst dienen den Geiern zum Mahl (Chamisso).

4. Wenn statt *oder* auch *und* stehen könnte (einschließendes *oder*), kann *oder* als anreihende Konjunktion empfunden und die Personalform in den Plural gesetzt werden: 761

Dein Lehrer oder ein Berufsberater *können* dir da helfen. Ein Schweinskotelett oder ein Schnitzel *enthalten* etwa 500 kcal.

Fügungen mit Sammel- und Maßbezeichnungen

Schwankend, wenn auch nicht ganz frei ist die Personalform des Verbs, wenn vor einem Nomen im Plural eine Sammelbezeichnung im Singular als Kern des Subjekts steht, wie *Anzahl, Menge, Reihe, Haufen, Schar, Hälfte, Viertel, Zehntel*. Hier kann die Personalform im Singular oder im Plural stehen, je nachdem, ob der Nachdruck mehr auf dem Sammelbegriff oder auf den darin enthaltenen Einzelwesen liegt. 762

Eher Singular: Ein Rudel Wölfe *stürzte* sich auf die Beute. In Nachbars Obstgarten *schwärmte* ein Volk Bienen aus. Das Dutzend Bleistifte *kostet* drei Franken. Die Abstimmungen erfolgen geheim, sofern ein Viertel der anwesenden Mitglieder dies *verlangt*. Etwa ein Zehntel der Befragten hat schon Rückenschmerz *erlebt*.

Eher Plural: Eine Anzahl Wölfe *suchten* am Waldrand nach Beute (einzeln, nicht als geschlossene Schar). Am Fest *sind* mir eine Reihe bekannter Gesichter begegnet (nämlich eins nach dem andern; sie sind nicht gleichzeitig in Erscheinung getreten).

Singular oder Plural: Es *ist* (oder: *sind*) eine ganze Reihe solcher Arbeiten veröffentlicht worden. Eine Menge Bücher *wurde* (oder: *wurden*) verkauft. Dazu *kommt* (oder: *kommen*) eine Fülle von Eindrücken anderer Art. Eine Masse von Zuschauern *war* (oder: *waren*) aufmarschiert. Ein Großteil dieser Bauten *erfüllt* seinen Zweck (oder: *erfüllen* ihren Zweck) immer noch. Fast die Hälfte der Kinder *wird* (oder: *werden*) mit dem Auto zur Schule gebracht.

Nur der Plural der Personalform ist korrekt, wenn die Sammelbezeichnung selbst im Plural steht:

Drei Stapel Papier *lagen* auf dem Tisch bereit. Drei Viertel des Betrages *werden* sofort fällig. Die letzten drei Achtel der Strecke *waren* schnell zurückgelegt.

763 Bei Maß- und Mengenbezeichnungen *mit genauer Zahl* wie *Kilogramm, Grad, Prozent* richtet sich die *Personalform* in der Hochsprache nach der *Maßbezeichnung*, und zwar unabhängig davon, ob das Gemessene im Singular oder im Plural nachfolgt oder auch ganz fehlt:

Maßbezeichnung im Singular: *Ein Gramm* Paprika *reicht* aus. *Ein Kilogramm* Äpfel *genügt* für den Schlankheitstag. *Ein Pfund* dieser fadenlosen Bohnen *muss* noch gekauft werden. Nur *1 Prozent sprach* sich für den Alternativvorschlag aus.

Maßbezeichnung im Plural: *60 Kilo* Fleisch *entsprechen* dem Ertrag eines Normalschweins. *80 Prozent* der Noten *bestanden* aus Scheinen zu 50 Dollar. *20 % Strom werden* exportiert. In Murmansk *herrschten* letzte Woche *35 Grad. Fünf Euro sind* zuwenig. *11 Meter sind* zu lang.

Wenn es sich bei der Zahl vor der Maßbezeichnung um einen Dezimalbruch handelt, steht die Maßbezeichnung (und entsprechend auch die Personalform) im Plural:

Die 1,86 Millionen Tonnen Stahl *machten* die Handelsbilanz positiv. *0,1 Liter entsprechen* ungefähr 90 Gramm.

Sonderfälle

764 *Es:* Wenn das am Satzanfang stehende *es* als bloßer Platzhalter dient (→ 692), hat es keinen Einfluss auf die Personalform:

Es sind noch *Einkäufe zu* erledigen. (= *Einkäufe sind* noch zu erledigen.) *Es ergaben* sich daraus höhere *Temperaturen* im Mittelmeerraum. (= Daraus *ergaben* sich höhere *Temperaturen* im Mittelmeerraum.)

765 *Je ein(e) + Nomen* als Subjekt: Die Personalform steht im Singular, denn gemeint ist jedes Ding einzeln:

Je ein Formular für die Volkszählung *wurde* allen Haushaltungen abgegeben.

766 *Wenig, genug* als Subjekt: Die Personalform steht im Plural, wenn ein pluralisches Wort ergänzt werden kann:

Wenig/genug (Leute) fanden sich ein. *Der Worte sind genug* gewechselt (Goethe). Aber: *Wenig fehlte* mir zum großen Lottotreffer.

Nichts, anderes, mehr, weniger + als mit einem Nomen: Die als-Fügung gilt als Attribut; die Personalform steht also grundsätzlich im Singular. Dies gilt insbesondere, wenn die Personalform direkt *vor* dem *als* eingefügt ist. Wenn die Personalform *nach* einem pluralischen als-Attribut steht, kann sie im Singular oder im Plural stehen:

Denn *mehr als eine Frau ließ* sich diese Benachteiligung nicht gefallen. Sie betrachtete die Tür, hinter der *nichts lag als einige Bretter. Anderes als leere Worte stand/standen* ihm nicht zur Verfügung.

Präpositionalgruppe als Attribut: Enthält das Subjekt eine Präpositionalgruppe als Attribut, richtet sich die Personalform korrekterweise nach dem Kern des Subjekts (vgl. aber Fügungen mit Maß- und Mengenbezeichnungen; → 762 ff.): 768
    Der Vater mit seinen drei kleinen Kindern *wohnte* trotzdem weiter allein in dem Haus. Herzlich *grüßt Walter* mit Sigrid. (Aber: ... *grüßen* Walter *und* Sigrid.)
    Ebenso: *Keines* von den Kindern (der Kinder) *überlebte* die Flammenhölle. *Niemand* von ihnen *dachte* daran. *Jeder* von den Anwesenden (der Anwesenden) *hielt* ein Glas in der Hand.

Lockere Apposition: Folgt dem Subjekt eine lockere Apposition in einem anderen Numerus, richtet sich die Personalform korrekterweise nicht nach der Apposition, sondern nach dem Kern des Subjekts: 769
    Die dritte Stufe der Rakete, letztes Antriebsaggregat und Kapsel, *wird* erst frei, wenn ... *Die Klasse,* Schüler verschiedenen Alters, *trug* viel zum guten Gelingen bei.

Werktitel: Wenn ein angeführter pluralischer Werktitel den Artikel bei sich hat, steht die Personalform gewöhnlich ebenfalls im Plural: 770
    «Die Räuber» sind mit großem Erfolg aufgeführt worden. «Die Kraniche des Ibykus» zeigen deutliche Züge der klassischen Gesinnung. – Aber eher Singular: «Der Richter und sein Henker» ist von Dürrenmatt.

Wenn der Artikel fehlt, steht die Personalform gewöhnlich im Singular:
    «Fahrraddiebe» war der dritte große Film de Sicas. «Romeo und Julia» wurde an drei Abenden nacheinander aufgeführt.

Rechenaufgaben, Uhrzeit: Die Personalform steht im Singular: 771
    Drei mal drei *ist (macht, gibt, ergibt)* neun. *Fünf* und *fünf ist* zehn. (Aber: *Fünf Liter* und *fünf Liter sind* zehn Liter.) 11 Uhr *ist* vorüber.

Personalform und prädikativer Nominativ

Die Personalform des Verbs richtet sich in der Zahl grundsätzlich nach dem Subjekt (→ 742). Das gilt allgemein auch für Fügungen mit einem prädikativen Nominativ im Singular: 772
    Die Appenzeller *sind* ein lustiges Völkchen. Zwei Schülerinnen *hießen* Soraya. Etwa ein Drittel der diesjährigen Bewerber *werden* Beamte/*wird* Beamter (→ 762). Hundert Franken *waren/war* (→ 763) früher viel Geld.

Wenn aber der prädikative Nominativ im Plural steht, wird die Personalform in jedem Fall in den Plural gesetzt:

Eine englische Meile *sind* 1609 Meter. Das *sind* seine einzigen Kleider. Welches *sind* seine Gründe? Die Hälfte *waren* Anfänger. Eine große Anzahl unserer Abonnenten *sind* Amateurfotografen. Mehr als ein Drittel von ihnen *waren* Schwarze. Etwa ein Drittel der Bewerber *werden* Beamte.

Die Kongruenz im Geschlecht

Weibliche und männliche Personenbezeichnungen

773 Im Deutschen gibt es bei den *Nomen* zwei Arten von Personenbezeichnungen.

Die erste, kleinere Gruppe benennt Personen beiderlei Geschlechts, unabhängig vom grammatischen Geschlecht des Nomens. Diese Nomen werden also *geschlechtsneutral* gebraucht:
 der Mensch, eine Person, die Fachkraft, das Individuum, das Mitglied, ein Kind
 die Eltern, die Geschwister, die Leute (→ 107)

Bei einer zweiten Gruppe von Nomen haben sich unterschiedliche *männliche* und *weibliche* Formen herausgebildet (vgl. auch → 504, 1626):
 der Freund – die Freundin, ein Nachbar – eine Nachbarin, der Professor – die Professorin, der Chef – die Chefin, der Kollege – die Kollegin

774 Unterschiedliche Formen gibt es auch bei *Pronomen* und nominalisierten *Adjektiven* – aber nur im Singular. Die Pluralformen sind geschlechtsneutral (→ 203, 315):
 Singular: jeder – jede, mancher – manche, der Einzelne – die Einzelne, ein Angestellter – eine Angestellte, der Kranke – die Kranke
 Im Plural: alle; die Einzelnen, die Angestellten, die Kranken

775 Wenn sich Personenbezeichnungen aufeinander beziehen, unterliegen sie teilweise der Kongruenz im Geschlecht. Allerdings ist hier vieles eine Sache des *Stils* (→ 1626 ff.). Einige *grammatische* Regeln haben sich immerhin herausgebildet. Sie sind insbesondere bei prädikativen Nominativen, Appositionen und Konjunktionalgruppen mit *als* oder *wie* zu beachten.

1. Wenn sich Personenbezeichnungen auf *weibliche* Personen beziehen, wird grundsätzlich die weibliche Form gewählt:
 Frau Stadler ist *die Chefin* dieses Betriebs. Tanja ist *eine gute Polygrafin*. Daniela hatte *als gute Rechnerin* das Ergebnis zuerst herausgefunden. Inge wurde *Zeugin*, wie das Wasser durch den Damm brach. Frau Hertig, *Pressesprecherin* der Firma, gab uns nähere Auskunft. Die *Abteilungsleiterin*, Gerda Jetzler, legte den Urlaubsplan vor. Frau Huber ist die dienstälteste *Angestellte* in unserem Betrieb.

2. Bei Bezug auf *männliche* Personen stehen die männlichen Formen: **776**
Herr Stadler ist *Chef* dieses Betriebs. Daniel hatte *als guter Rechner* das Ergebnis zuerst herausgefunden.

3. Die männlichen Formen finden sich darüber hinaus auch, wenn mit einer Personenbezeichnung eine *Funktion* oder die Zugehörigkeit zu einer *Gruppe* ohne Rücksicht auf die Geschlechterzusammensetzung gemeint ist (geschlechtsneutrale Verwendung; siehe hierzu aber auch → 1626 ff.):
Tanja ist *Polygraf*; sie arbeitet als *Polygraf*. Der Beruf *des Polygrafen* hat Tanja seit je fasziniert. Frau Dr. Seibert war *der erste Arzt*, der diese Operation gewagt hat. Daniela hatte *als bester Rechner* der Klasse das Ergebnis zuerst herausgefunden.

Männliche Formen für weibliche Personen werden aber zunehmend *vermieden:*
Tanja ist *Polygrafin*; sie arbeitet als *Polygrafin*. Frau Dr. Seibert war *die erste Ärztin*, die diese Operation gewagt hat. Daniela hatte *als beste Rechnerin* der Klasse das Ergebnis zuerst herausgefunden.

Wenn auch aus dem Zusammenhang nicht klar ist, ob ausschließlich weibliche Personen gemeint sind oder nicht, greift man zu Umschreibungen mit Paarformeln:
Daniela hatte *als Beste unter den Rechnerinnen und Rechnern* der Klasse das Ergebnis am schnellsten herausgefunden.

4. Bei einigen wenigen *Titeln* wird noch die männliche Form gebraucht, wenn sie nach **777**
Frau stehen:
Frau *Dr.* (lies: *Doktor*) Ehrensberger, Frau *Direktor* Theiler, Frau *Professor*, Frau *Staatsminister* Hildegard Stamm
Die weiblichen Formen setzen sich aber immer mehr durch: Frau *Bundesrätin* Dreifuss, Frau *Botschafterin* Kirkpatrick.
Wenn *Frau* fehlt, werden nur noch die weiblichen Formen gebraucht: *Bundesrätin Dreifuss, Justizministerin* Helen Bösterud, *Botschafterin* Kirkpatrick; *die Doktorin* der Rechte J. Ehrensberger; *unsere Direktorin* P. Theiler; *die Justizministerin* Helen Bösterud; *die* ehemalige englische *Premierministerin,* Margaret Thatcher; *Bundeskanzlerin* Merkel.

5. Auch in der *Anrede* setzen sich die weiblichen Formen durch. Der Personenname **778**
fehlt hier gewöhnlich:
Sehr geehrte Frau *Regierungsrätin* (Stocker), Frau *Rechtsanwältin*, Frau *Ministerin*
Aber noch meist: Sehr geehrte Frau *Doktor*. Guten Tag, Frau *Direktor*! Auf Wiedersehen, Frau *Professor*!

6. Wenn sich eine Personenbezeichnung auf eine grammatisch weibliche *Sach-* **779**
bezeichnung, zum Beispiel die Bezeichnung einer *Institution,* bezieht, kann die männliche oder die weibliche Form gewählt werden:

Noch ist die Armee *Herr* (oder: *Herrin*) der Lage. In solchen Fällen tritt die Regierung selber als *Gesetzgeber* (oder: als *Gesetzgeberin*) auf. Große Gewerkschaften sind teilweise selber *Arbeitgeber* (oder: *Arbeitgeberinnen*). Diese Holdinggesellschaft, schon heute *Besitzer* (oder: *Besitzerin*) mehrerer großer Firmen, will noch weitere Betriebe erwerben. Die Morgenröte ist *der Bote* (oder: *die Botin*) des Tages.

Bei Bezug auf männliche und sächliche Nomen steht meist die männliche Form:
Das Buch – *der Freund* für stille Stunden. Dieser Betrieb ist *Besitzer* zweier Bagger. (Doch auch:) Eine *Königin* unter den Bieren.

Sächliche Pronomen

780 Sächliche Pronomen können sich auch im Sinne einer Sammelbezeichnung auf Personen beziehen:
Nach der Explosion rannte *alles* weg. Bitte *alles* aussteigen!

In Fügungen mit Prädikativen können sich sächliche Pronomen nicht nur auf Personen, sondern auch auf Sachbezeichnungen aller Geschlechter beziehen.
Bezug auf Personen: *Das* ist meine Schwester. *Welches* ist deine Schwester? Da kommt ein älterer Herr (eine ältere Dame), *es* ist mein Großvater (meine Großmutter). *Was* will Manuela einmal werden? Als *was* willst du dich verkleiden? Jemand hat die Scheibe eingeschlagen, aber Lilo sagt, sie sei *es* nicht gewesen.
Männliche oder weibliche Formen können hier unhöflich wirken: *Der (dieser)* ist mein Bruder. *Die (diese)* ist meine Schwester.
Bezug auf Sachen: *Welches* ist der höchste Berg Europas? *Dies* ist ein entscheidender Vorteil. New York ist die größte Stadt der USA und wird *es* auch bleiben.

Das Geschlecht des Adjektivs nach «jemand», «niemand»

781 Nominalisierte Adjektive nach den Indefinitpronomen *jemand* und *niemand* enden im Nominativ und Akkusativ auf *-es*. Es handelt sich um ursprüngliche männliche Genitive, die heute als sächliche Nominative bzw. Akkusative empfunden werden. Männliche Formen gelten als nicht ganz hochsprachlich:
Das ist *jemand Bemerkenswertes* (nicht: *Bemerkenswerter*). Sie hat *niemand Hilfreiches* (nicht: *Hilfreichen*) getroffen. Seither habe ich eigentlich nie mehr *jemand Rechtes* (nicht: *Rechten*) kennen gelernt.

782 Statt der deklinierten Form *anderes* (Dativ: *anderem*) kann auch die unveränderliche Form *anders* stehen:
Da musst du *jemand anderes/anders* fragen. Ich tausche mit *niemand anderem/anders*!

Form und Funktion der Sätze

Grundbegriffe

Wir betrachten im Folgenden *ausgebildete Sätze,* das heißt Sätze, die mindestens eine Personalform enthalten (→ 603). Zu satzwertigen Fügungen ohne Personalformen → 609.1, 862 ff.

801

Einfache und zusammengesetzte Sätze

Sätze können aus einem einzigen oder auch aus mehreren Teilsätzen bestehen.

802

Unter einem *einfachen Satz* versteht man einen Satz, der aus nur einem einzigen Teilsatz besteht. Solche «einfachen» Sätze können ohne weiteres umfangreiche Satzglieder enthalten, vgl. das zweite Beispiel:
  Der Großvater hüstelt.
  Der mehr als achtzig Jahre alte und im Allgemeinen über eine robuste Gesundheit verfügende Großvater leidet wieder einmal an einem nicht besonders beunruhigenden, aber dennoch nicht zu verharmlosenden hartnäckigen Lungenproblem.

Von einem *zusammengesetzten Satz* spricht man, wenn dieser aus *mehreren Teilsätzen* besteht. Man unterscheidet hier zwischen zwei Arten: der *Satzverbindung* (→ 807) und dem *Satzgefüge* (→ 813):
  Satzverbindung: Der Großvater raucht seine Zigarren, und Fritzchen spielt mit dem vollen Aschenbecher.
  Satzgefüge: Die Mutter sah, dass Fritzchen mit dem Aschenbecher spielte.

Hauptsatz und Nebensatz

Es gibt zwei Arten von Teilsätzen: Hauptsätze und Nebensätze.

803

> Ein *Hauptsatz* ist ein Teilsatz, der *keinem* anderen Teilsatz untergeordnet ist.
> Ein *Nebensatz* ist ein Teilsatz, der von einem anderen Teilsatz abhängt, diesem *untergeordnet* ist.

804 Nebensätze 1. Grades sind direkt dem Hauptsatz untergeordnet. Im folgenden Beispiel ist der Hauptsatz gerade, der Nebensatz kursiv gesetzt:
Die Mutter sah, *dass Fritzchen mit dem Aschenbecher spielte.*

Nebensätze 2. Grades sind einem Nebensatz 1. Grades untergeordnet, Nebensätze 3. Grades einem Nebensatz 2. Grades (und so weiter); Näheres → 864 ff. In den folgenden Beispielen ist der Hauptsatz gerade, der Nebensatz 1. Grades kursiv und der Nebensatz 2. Grades fett und kursiv gesetzt:
Die Mutter schimpfte, *als sie sah,* ***dass Fritzchen mit dem Aschenbecher spielte.***
Als sie sah, ***dass Fritzchen mit dem Aschenbecher spielte,*** schimpfte die Mutter.

805 Die Definition für Hauptsätze trifft auch auf den einzigen Teilsatz einfacher Sätze zu (→ 801): er ist keinem anderen Teilsatz untergeordnet. Einfache Sätze sind also immer Hauptsätze.

Zur Einteilung der Hauptsätze → 819, zur Einteilung der Nebensätze → 828 ff.

Reihungen

806 Als *Reihung* bezeichnet man es, wenn Sätze oder Wortgruppen der gleichen Art *mehrfach* vorkommen. Zwei besondere Formen von Reihung sind die *Satzverbindung* und der *zusammengezogene Satz*.

Die Satzverbindung

807 Wenn *vollständige Hauptsätze* gereiht werden, spricht man von einer *Satzverbindung* (oder Satzreihe).

Die Hauptsätze könnten dann je auch für sich allein stehen, also durch einen Punkt voneinander getrennt werden (zur Zeichensetzung → 1548):
Der Großvater hüstelt, aber er raucht trotzdem seine Zigarren.
Der Großvater raucht seine Zigarren, und Fritzchen spielt mit dem vollen Aschenbecher.

808 Eine besondere Art von Satzverbindung liegt vor, wenn in einen Hauptsatz ein anderer Hauptsatz als *Parenthese (Schaltsatz)* eingefügt wird:
Fritzchen spielt – *man glaubt es kaum* – schon wieder mit dem Aschenbecher.
«Der Aschenbecher», *rief die Mutter,* «gehört auf den Tisch!»

Eine *Nebensatzverbindung* (Nebensatzreihe) ist eine Reihung vollständiger Nebensätze gleichen Grades (→ 865). Wenn die Nebensätze mit *und* oder mit *oder* verbunden sind, steht zwischen ihnen kein Komma (→ 1544, 1566):
    Den Großvater ärgert, *dass der Fernseher den ganzen Tag läuft und dass Fritzchen schon wieder mit dem Aschenbecher spielt.*

809

Der zusammengezogene Satz

Wenn man in einer Reihung von ursprünglich vollständigen Sätzen *gemeinsame Teile* nur *einmal* setzt, spricht man von zusammengezogenen Sätzen.

810

Zur Zeichensetzung → 1594 ff. Beispiele:
    Am Sonntagnachmittag pflegt die Familie fernzusehen und der Großvater seine Zigarren zu rauchen. (Ursprünglich als Satzverbindung: Am Sonntagnachmittag pflegt die Familie fernzusehen, und am Sonntagnachmittag pflegt der Großvater seine Zigarren zu rauchen. Gemeinsame Elemente: *am Sonntagnachmittag, pflegt.*)
    Der Großvater hüstelt, aber raucht trotzdem seine Zigarren. (Ursprünglich: Der Großvater hüstelt, aber der Großvater raucht trotzdem seine Zigarren. Gemeinsamer Bestandteil: *der Großvater.*)

Durch das Weglassen gewisser Bestandteile und den Zusammenzug des Rests in *einen* Satz kommen meist Satzglieder oder Gliedteile der gleichen Art mehrfach vor.
    So enthält der erste der oben stehenden Sätze zwei Subjekte (die Familie, der Großvater) sowie zwei Infinitive als Prädikatsteile (fernzusehen, zu rauchen).

Es gibt auch *zusammengezogene Nebensätze* (→ 866):

811

    Der Großvater ärgert sich darüber, *dass Fritzchen ständig den Fernseher einschaltet oder mit dem Aschenbecher spielt.* (Ursprünglich: Der Großvater ärgert sich darüber, dass Fritzchen ständig den Fernseher einschaltet oder dass Fritzchen mit dem Aschenbecher spielt. Gemeinsame Teile: *dass, Fritzchen.*)

Zusammengezogene Sätze, die als verkürzte Reihung *ganzer Sätze* zu verstehen sind, und Sätze mit gereihten *Satzgliedern* oder *Gliedteilen* lassen sich nicht streng voneinander unterscheiden, da sie sich meist beide in Satzverbindungen umwandeln lassen:

812

    Der Großvater raucht *Zigarren und Zigarillos* (= Der Großvater raucht *Zigarren,* und der Großvater raucht *Zigarillos*).

Bei manchen Reihungen von Wörtern oder Wortgruppen freilich ist die Umwandlung in eine Satzverbindung nicht ohne weiteres möglich:
    Sabinchen und Fritzchen streiten miteinander. Fritzchens Hose war *gelb und grün* gestreift.

Das Satzgefüge

813 | Ein Satzgefüge ist ein zusammengesetzter Satz, der mindestens aus einem Haupt- und einem Nebensatz besteht. |

Das folgende Beispiel besteht aus einem Hauptsatz und einem (kursiv gesetzten) Nebensatz:

Wenn der Großvater raucht, muss er ständig hüsteln.

Es gibt aber auch weitaus komplexere Satzgefüge (→ 868):

Wenn ein Autofahrer die Zeit, die man normalerweise braucht, um die ganze Strecke zurückzulegen, um mehr als 30 Minuten unterschreitet, so bedeutet dies nichts anderes, *als dass er durchschnittlich mindestens 20 Kilometer pro Stunde zu schnell gefahren ist und damit zu den rücksichtslosen Rasern gezählt werden muss, denen der Führerschein so schnell wie möglich abzunehmen ist.*

814 Nebensätze können dem Hauptsatz (oder dem übergeordneten Nebensatz) vorangehen, in ihn eingeschoben sein oder ihm folgen (→ 818.5). Das folgende Beispiel besteht aus einem Hauptsatz und einem (kursiv gesetzten) Nebensatz:

Weil Fritzchen den Aschenbecher ausgeleert hat, ist die Mutter zornig geworden.

Die Mutter ist, *weil Fritzchen den Aschenbecher ausgeleert hat,* zornig geworden.

Die Mutter ist zornig geworden, *weil Fritzchen den Aschenbecher ausgeleert hat.*

Wenn der Nebensatz eingeschoben ist, besteht der Hauptsatz aus zwei Teilen.

815 Anmerkungen

1. Nach einem vorangestellten Nebensatz beginnt der Hauptsatz normalerweise mit der Personalform (→ 814). Bei einigen Typen pflegt allerdings zwischen Nebensatz und Personalform noch ein Satzglied zu stehen (→ 818.5):

   Was auch immer geschieht, ich bleibe bei dir.

   Mögen seine Gründe andere überzeugen, den Chef überzeugen sie nicht.

2. Zur Wortstellung innerhalb von Nebensätzen → 829 ff.

Grundmuster des deutschen Satzes

816 Die unterschiedlichen Formen der deutschen Sätze lassen sich auf ein gemeinsames *Grundmuster* zurückführen. Es ist geprägt von der sogenannten *Satzklammer.* Diese ist bestimmt für das *Prädikat* (oder für unterordnende Konjunktionen; siehe unten). Es ergibt sich so der folgende Aufbau mit Vorfeld, Mittelfeld sowie linker und rechter Satzklammer:

| Vorfeld | linke Satzklammer | Mittelfeld | rechte Satzklammer |

    Satzklammer

Die ersten zwei Stellen, das Vorfeld und die linke Satzklammer, sind zahlenmäßig festgelegt: Dort steht je nach Satzart entweder *ein* oder *kein* Satzglied, *eine* oder *keine* Verbform. Die übrigen Stellen sind zahlenmäßig nicht begrenzt.

Nach der Stellung der *Personalform* kann man drei *Satzformen* unterscheiden: 817

1. Sätze mit Personalform an *zweiter* Stelle
2. Sätze mit Personalform an *erster* Stelle
3. Sätze mit Personalform an *letzter* Stelle

Zu 1. In Sätzen mit *Personalform an zweiter Stelle* steht im Vorfeld genau *ein* Satzglied, darauf folgt die Personalform des Prädikats; diese besetzt also die linke Satzklammer. Im Mittelfeld stehen – sofern überhaupt vorhanden – die übrigen Satzglieder und in der rechten Satzklammer die übrigen Prädikatsteile (infinite Verbformen und der Verbzusatz).

| 1 Satzglied | Personalform | übrige Satzglieder | übrige Prädikatsteile |

    Satzklammer

Beispiele:
  Susanne liest.
  Susanne legt das Buch weg.
  Susanne legt das Buch auf den Tisch.
  Susanne will das Buch auf den Tisch legen.
  Welches Buch hätte Susanne auf den Tisch legen sollen?

Das Vorfeld ist nicht für das Subjekt reserviert, es können auch andere Satzglieder dort stehen (→ 616):
  Das Buch hätte Susanne auf den Tisch legen sollen.
  Wohin hätte Susanne das Buch legen sollen?

Zu 2. In Sätzen mit *Personalform an erster Stelle* gibt es kein Vorfeld, die Satzglieder stehen also alle im Mittelfeld:

    Satzklammer

Beispiele:
> **Liegt** das Buch auf dem Tisch?
> **Leg** das Buch auf den Tisch!
> **Lass** das Buch auf dem Tisch **liegen!**

Zu 3. Sätze mit *Personalform an letzter Stelle* sind gewöhnlich *Nebensätze*. (Es gibt allerdings auch Nebensätze mit Personalform an erster und zweiter Stelle; → 831, 835 ff.) Man kann hier zwei Unterarten unterscheiden:

a) Bei der einen Unterart ist die linke Satzklammer mit einer *unterordnenden Konjunktion* besetzt (Konjunktionalsatz; → 831). Es gibt kein Vorfeld; die Satzglieder stehen alle im Mittelfeld zwischen der linken und der rechten Satzklammer:

Unterordnende Konjunktion alle Satzglieder **alle Prädikatsteile**
|_____|
                     Satzklammer

Beispiele:
> (Ich ärgere mich, ...) *weil* das Buch auf dem Tisch **liegt.**
> (Ich sehe, ...) *dass* Susanne das Buch auf dem Tisch **liegen lässt.**

b) Bei der anderen Unterart enthält das Vorfeld ein Satzglied mit einem besonderen Pronomen, nämlich einem Relativ- oder einem Interrogativpronomen (oder einem entsprechenden Adverb; → 426). Es liegt dann je nachdem ein Relativsatz (→ 832) oder ein indirekter Fragesatz (Fragenebensatz) (→ 833) vor. Beispiele mit Relativsätzen:
> (Das ist das Buch, ...) *das* Susanne auf den Tisch **gelegt hat.**
> (Das ist das Buch, ...) auf *dessen* letzter Seite ich den Hinweis **fand.**
> (Das ist der Ort, ...) *wo* ich das Portemonnaie **fand.**

Beispiele mit indirekten Fragesätzen:
> (Ich frage mich, ...) *was* ich zuerst **lesen soll.**
> (Ich frage mich, ...) *welches* Buch ich Anna morgen **schenken soll.**

Die linke Satzklammer fehlt gewöhnlich, das heißt, alle Prädikatsteile befinden sich in der rechten Satzklammer. Interrogativsätze mit der unterordnenden Konjunktion *dass* in der linken Satzklammer sind im Süden des deutschen Sprachraums gelegentlich anzutreffen, gelten aber als nicht hochsprachlich:

> (Ich frage mich, ...) *welches* Buch **dass** ich Anna morgen **schenken soll.**
> |_____|
>   Satzklammer

Anmerkungen 818

1. Zuweilen werden Satzglieder nachgestellt; sie kommen dann hinter die rechte Satzklammer zu stehen. Man spricht hier von *Ausklammerung*, bei der Satzgliedstelle nach der Satzklammer von *Nachfeld*.
   Normalstellung: Verwundert **sah** sie sich *in der unbekannten Gegend* **um.**
   Ausgeklammert: Verwundert **sah** sie sich **um** *in der unbekannten Gegend.*
   Mit Personalform an letzter Stelle:
   Normalstellung: **Als** er endlich mit der Arbeit **begann,** ...
   Ausgeklammert: **Als** er endlich **begann** mit der Arbeit, ...

2. Zur Hervorhebung kann man ein Satzglied in ein «Vorvorfeld» stellen. Meist wird es dann mit einem Pronomen oder einem Adverb im Vor- oder Mittelfeld wieder aufgenommen. Zwischen Vorvorfeld und Vorfeld steht ein Komma:
   Diesem Kerl, ich **werde** *dem* nie mehr etwas **ausleihen!**
   Diesem Kerl, *dem* **werde** ich nie mehr etwas **ausleihen!**
   Am Brunnen vor dem Tore, *da* **steht** ein Lindenbaum.
   Es können aber auch eigenständige Satzglieder im Vorvorfeld stehen, etwa kommentierende Ausdrücke oder Anredenominative. Auch hier steht zwischen Vorvorfeld und Vorfeld ein Komma:
   Einverstanden, ich **melde** mich bis Donnerstag.
   Anna, ich **habe** hier etwas für dich!

3. *Beiordnende* Konjunktionen, die sich auf den ganzen folgenden Satz beziehen, stehen vor dem eigentlichen Vorfeld. Sie bilden aber kein eigenes Feld:
   Und Fritzchen **will** schon wieder mit dem Aschenbecher **spielen.**
   Aber der Großvater **raucht** trotzdem seine Zigarren.
   In Sätzen ohne Vorfeld stehen solche beiordnende Konjunktionen unmittelbar vor der linken Satzklammer:
   Doch **als** Fritzchen schon wieder den Aschenbecher **ausleerte,** ...
   Und **vergiss** den Zettel nicht!

4. Ins Vorfeld können auch Prädikatsteile gestellt werden: Infinitive, Partizipien und manche Verbzusätze (→ 1207), allein oder zusammen mit Satzgliedern. Personalformen stehen hingegen nie im Vorfeld. Die Voranstellung von Prädikatsteilen dient der Hervorhebung. Das folgende Beispiel zeigt einen Hauptsatz mit normaler Stellung der Prädikatsteile in linker und rechter Satzklammer:
   Nur Thomas **hat** die Lösung **herausgefunden.**
   Mit Partizip im Vorfeld, allein und mit einem Satzglied:
   Herausgefunden hat die Lösung nur Thomas.
   Die Lösung **herausgefunden hat** nur Thomas.
   Verbzusatz im Vorfeld (zur Getrenntschreibung → 1208), allein und mit einem Satzglied (Verb: *hereinkommen*):
   Herein kam niemand.
   Zur Tür **herein kam** niemand.

5. Nebensätze verhalten sich zum übergeordneten Satz wie Satzglieder, das heißt, sie können in dessen Vor-, Mittel- oder Nachfeld stehen (vgl. auch → 814):
   Als sie den Hund sah, **rannte** die Katze sofort **weg.**
   Die Katze **rannte,** *als sie den Hund sah,* sofort **weg.**
   Die Katze **rannte** sofort **weg,** *als sie den Hund sah.*

Im Vorfeld (→ oben, Punkt 2) erscheinen Nebensätze nur in besonderen Fällen (vgl. auch → 815.1):

Dass Otto auch noch kommt, damit haben wir nicht gerechnet.
Was auch immer sie sagt, ich glaube ihr nicht.

6. Wenn in der rechten Satzklammer mehrere Prädikatsteile stehen, halten diese eine bestimmte Reihenfolge ein. Insbesondere steht die Personalform gewöhnlich ganz rechts. Diese Normalreihenfolge wird durchbrochen, wenn zwei oder mehr *Infinitive* (auch Ersatzinfinitive, → 58f.) zusammenkommen. Die Prädikatsteile mit besonderer Stellung sind kursiv gesetzt.

Mit Personalform am Satzende:
... weil er nicht **hat** kommen können.
... weil sie den Hund nicht **hat** bellen hören.
(Aber mit dem Partizip II:) ... weil sie den Hund nicht bellen *gehört hat*.
... weil sie den Hund nicht *wird haben* bellen hören.
(Aber mit dem Partizip II:) ... weil sie den Hund nicht bellen *gehört haben wird*.

Mit Personalform an zweiter Stelle:
Sie **wird** gestern nicht *haben* kommen können.
Sie **wird** den Hund *haben* bellen hören.
(Aber mit dem Partizip II:) Sie **wird** den Hund bellen *gehört haben*.

Die Satzarten (Hauptsatzarten)

819 Nach der Art der Stellungnahme zum Geschehen und zur Absicht des Sprechers unterscheiden wir fünf *Arten von Hauptsätzen*, kurz *Satzarten* genannt:

1. Aussagesatz
2. Aufforderungssatz
3. Fragesatz
4. Ausrufesatz
5. Wunschsatz

Die einzelnen Satzarten unterscheiden sich voneinander nicht nur in der *Funktion*, sondern zumindest teilweise auch im *Aufbau*.

Der Aussagesatz

820 **Funktion:** Der *Aussagesatz* dient der einfachen Mitteilung, der Behauptung oder der Erzählung.

Form: Die Personalform nimmt die zweite Stelle im Satz ein. Das Vorfeld ist mit genau einem Satzglied besetzt (→ 616, 817.1):

| 1 Satzglied | Personalform | übrige Satzglieder | übrige Prädikatsteile |

Beispiele:
> Fritzchen spielt schon wieder mit dem vollen Aschenbecher.
> Fritzchen leert schon wieder den Aschenbecher aus.
> Fritzchen hat den Aschenbecher schon wieder ausgeleert.

Der Aufforderungssatz

Funktion: Der *Aufforderungssatz* soll zu einer Tätigkeit oder einem Verhalten veranlassen. Eine strengere Unterart davon ist der Imperativsatz (Befehlssatz).

Form: Eine eindeutige Struktur hat nur der Imperativsatz. Das Verb nimmt hier in der Form des Imperativs die linke Satzklammer ein. Ein Vorfeld fehlt gewöhnlich, ist aber nicht gänzlich ausgeschlossen.

Personalform Satzglieder **übrige Prädikatsteile**

821

Imperativsatz (Befehlssatz), Normalfall ohne Vorfeld:
> **Nimm** Fritzchen den Aschenbecher **weg!**

Imperativsatz mit Vorfeld (selten):
> Das Fenster **lass** bitte offen!

Sonst können Sätze, die sinngemäß eine Aufforderung ausdrücken, ganz unterschiedliche Strukturen haben:
> Würden Sie bitte das Fenster schließen? Das Fenster wird jetzt geschlossen! Fenster zu!

Der Fragesatz

Der Fragesatz dient zur Ermittlung von Sachverhalten, die dem Sprecher nicht bekannt sind. Er wird zur Unterscheidung vom indirekten Fragesatz oder Fragenebensatz (→ 833) auch als *direkter Fragesatz* oder *Fragehauptsatz* bezeichnet.

822

Der Entscheidungsfragesatz

Funktion: *Entscheidungsfragen* wollen einen Sachverhalt *als Ganzes* klären und können mit einem bloßen Ja oder Nein beantwortet werden.

Form: Die Personalform nimmt die linke Satzklammer ein; die Satzglieder stehen alle danach im Mittelfeld (→ 817.2):

Personalform alle Satzglieder **übrige Prädikatsteile**

823

Beispiele:
Raucht der Großvater wieder Zigarren?
Hat der Großvater wieder Zigarren **geraucht?**

Gelegentlich kommen auch andere Formen vor. Das folgende Beispiel sieht wie ein ursprünglicher Nebensatz aus, der zu einem Hauptsatz verselbständigt worden ist:
Ob der Großvater wieder Zigarren **geraucht hat?**

Der Ergänzungsfragesatz

824 **Funktion:** Bei der *Ergänzungsfrage* ist *ein Teil des Sachverhalts* nicht klar, man fragt dann mit einem Fragewort nach einer Person, einer Sache oder nach einem Umstand.

Form: Im Vorfeld steht ein Satzglied mit einem Fragewort; die Personalform steht in der linken Satzklammer (→ 817.1):

Satzglied mit Fragewort **Personalform** übrige Satzglieder übrige Prädikatsteile

Fragewort ist ein Interrogativpronomen (→ 233) oder ein entsprechendes Adverb (Pronominaladverb; → 426 ff.):
Was **hast** du denn hier **ausgeleert?**
Welcher Idiot **hat** den Aschenbecher **ausgeleert?**
Warum **hüstelt** der Großvater?

Auch hier kommen zuweilen andere Formen vor (vgl. → 823 und 833):
Warum der Großvater wohl wieder **hüstelt?**

825 **Anmerkung**
Rhetorische Fragen sehen wie Entscheidungs- oder Ergänzungsfragen aus. Der Sprecher äußert sie aber meist nur, um sich seine Meinung bestätigen zu lassen; sie kommen also *Aussagesätzen* nahe. Daneben gibt es auch rhetorische Fragen, die als mehr oder weniger direkte *Aufforderungen* aufzufassen sind:
Hüstelt der Großvater nicht schrecklich? (= Der Großvater hüstelt wirklich schrecklich.)
Was machst du da mit dem Aschenbecher? (= Lass den Aschenbecher liegen!)

Der Ausrufesatz

Der Ausrufesatz ist in der Funktion mit dem Aussagesatz, in der Form mit dem Fragesatz verwandt. **826**

> **Funktion:** Der Ausrufesatz enthält eine Aussage, die mit innerer Anteilnahme geäußert wird.
>
> **Form:** Die Wortstellung im Ausrufesatz entspricht derjenigen von Fragesätzen (Entscheidungs- oder Ergänzungsfragesätzen; → 823, 824).

Beispiele:
> Ist das aber ein Qualm hier!
> Was raucht denn der Großvater da wieder!
> Was hat denn der Großvater da wieder geraucht!

Manchmal weisen Ausrufesätze auch die Abfolge auf, wie sie für indirekte Fragesätze (Fragenebensätze) typisch ist (→ 833):
> Wie der Großvater wieder hüstelt!

Der Wunschsatz

Ähnlich wie beim Aufforderungssatz (→ 821) kann Sätzen, die einen Wunsch zum Ausdruck bringen, keine bestimmte Satzform zugeordnet werden. Der Übergang zu den Aussage- und den Aufforderungssätzen ist fließend. **827**

> **Funktion:** Ausdruck eines Wunsches.
>
> **Form:** unterschiedlich.

Beispiele:
> Hätte der Großvater doch nicht so viel geraucht!
> Wenn der Großvater doch nicht so viel geraucht hätte!
> Der Großvater möge doch etwas weniger rauchen!

Die Nebensatzarten

Nebensätze lassen sich – ähnlich wie Satzglieder und Gliedteile – nach zwei Gesichtspunkten einteilen: nach der *Form* und nach der *Funktion (Art der Abhängigkeit)*. **828**

Die Form der Nebensätze

829 Man unterscheidet die folgenden Nebensatzformen:

1. Konjunktionalsatz (Konjunktionalnebensatz)
2. Relativsatz (Relativnebensatz)
3. indirekter Fragesatz (Fragenebensatz, Interrogativnebensatz)
4. uneingeleiteter Nebensatz
5. satzwertige Infinitivgruppe
6. satzwertige Partizipgruppe

Bei dieser Einteilung spielen die folgenden Merkmale eine Rolle:

1. die *Stellung der Personalform* (meist an letzter Stelle; vgl. aber → 831, 835) – oder auch das Fehlen der Personalform (satzwertige Infinitivgruppe, satzwertige Partizipgruppe);

2. die *Nebensatzeinleitung*: unterordnende Konjunktion (Konjunktionalsatz, teilweise auch satzwertige Infinitiv- und Partizipgruppe), Satzglied mit Relativpronomen (Relativsatz) oder Interrogativpronomen (indirekter Fragesatz) – oder auch das Fehlen einer besonderen Einleitung (uneingeleiteter Nebensatz).

Der Konjunktionalsatz (Konjunktionalnebensatz)

830 Im Konjunktionalsatz steht am Anfang, in der linken Satzklammer, eine *unterordnende Konjunktion*. Am Satzende, in der rechten Satzklammer, befinden sich *sämtliche Verbformen* des Prädikats, also auch die *Personalform*. Alle übrigen Satzglieder stehen dazwischen, also im Mittelfeld:

unterordnende Konjunktion alle Satzglieder alle Prädikatsteile

Beispiele:
Der Großvater hüstelt, **weil** *er zu viele Zigarren raucht.*
Wenn *der Großvater raucht*, muss er oft hüsteln.
Der Qualm war so dicht, **dass** *man kaum mehr bis zur Tür sehen konnte.*
Der Großvater raucht, **obwohl** *er ständig hüsteln muss*, mit Hochgenuss seine Zigarren.
Fritzchen quengelte, **bis** *der Großvater den Fernseher einschaltete.*
Ob *im Fernsehen «Raumschiff Enterprise» kommt*, wusste der Großvater nicht.

831 Bei vergleichenden Nebensätzen mit der bloßen Konjunktion *als* folgt die Personalform allerdings unmittelbar auf die Konjunktion:
Der Großvater hüstelte, **als** *hätte er Asthma bekommen.* (= Der Großvater hüstelte, **als ob** *er Asthma bekommen hätte.* Er hüstelte, **wie wenn** *er Asthma bekommen hätte.*)

Der Relativsatz (Relativnebensatz)

In Relativsätzen steht am *Anfang* (im Vorfeld) ein Satzglied *mit einem Relativpronomen* (→ 240) oder einem entsprechenden Adverb (relatives Pronominaladverb; → 426 ff.). Die *Prädikatsteile* stehen wie beim Konjunktionalsatz alle *am Ende* in der rechten Satzklammer, einschließlich der Personalform:

832

| Satzglied mit **Relativpronomen** | übrige Satzglieder | alle Prädikatsteile |

Beispiele:
Der Großvater, *der (welcher) Zigarren raucht*, hüstelt wieder.
Der Großvater raucht Zigarren, *von deren Qualm die ganze Stube eingenebelt wird*.
Der Aschenbecher, *mit dem (welchem) Fritzchen gespielt hatte*, lag auf dem Boden.
Wer *Fritzchen kennt*, weiß von seiner Vorliebe für volle Aschenbecher.
Wo *ein Raucher ist*, ist auch ein Aschenbecher.
Fritzchen sucht etwas, **womit** *er spielen kann*.

Der indirekte Fragesatz (Fragenebensatz)

Der *indirekte Fragesatz* (oder *Fragenebensatz, Interrogativnebensatz*) ist wie der Relativsatz aufgebaut, nur dass am Anfang ein Fragewort steht, das heißt ein *Interrogativpronomen* oder ein entsprechendes Adverb (interrogatives Pronominaladverb; → 426):

833

| Satzglied mit **Fragewort** | übrige Satzglieder | alle Prädikatsteile |

Beispiele:
Die Mutter möchte wissen, **wer** *schon wieder den Aschenbecher ausgeleert hat*.
Fritzchen fragt, **warum** *der Großvater so gern Zigarren raucht*.
Der Arzt erkundigte sich, **wie viele** *Zigarren der Großvater täglich raucht*.
Weißt du, **mit welchem Zug** *Barbara ankommt?*

Anmerkungen 834
1. Als indirekte Fragesätze sind auch Sätze mit *ob* anzusehen. Diese sind also Konjunktionalsatz und indirekter Fragesatz zugleich:
   Der Großvater fragte, **ob** *ihm jemand Feuer geben könne*.
2. Zu indirekten Fragesätzen mit Konjunktion *dass* siehe → 817.3.

Der uneingeleitete Nebensatz

Beim uneingeleiteten Nebensatz gibt es zwei Unterarten, die sich in der *Stellung der Personalform* unterscheiden:

835

1. der uneingeleitete Nebensatz mit Personalform an *zweiter* Stelle
2. der uneingeleitete Nebensatz mit Personalform an *erster* Stelle

836 Die erste Unterart des uneingeleiteten Nebensatzes sieht wie ein Aussagehauptsatz aus (→ 820, 817.1); die Personalform steht also nach dem Satzglied am Anfang des Satzes an *zweiter* Stelle. Im Gegensatz zum Aussagehauptsatz stehen solche Nebensätze allerdings häufig im *Konjunktiv I* (→ 80, 1648 ff.). Davon abgesehen, sind sie von Hauptsätzen nur durch ihre *Abhängigkeit* zu unterscheiden:

| 1 Satzglied | Personalform | übrige Satzglieder | übrige Prädikatsteile |

837 Uneingeleitete Nebensätze dieser Art hängen meist von einem Verb (seltener Adjektiv) des Sagens, Meinens oder Denkens ab. Es handelt sich dann um eine Form von *indirekter Rede*. Solche Nebensätze lassen sich meist durch einen Konjunktionalsatz mit *dass* ersetzen:

Die Mutter meint, *der Großvater hüstle wegen seiner Zigarren.* (= Die Mutter meint, dass der Großvater wegen seiner Zigarren hüstle.)

Ich bin sicher, *der Großvater hüstelt wegen seiner Zigarren.*

Er pflege täglich nur vier Zigarren zu rauchen, versicherte der Großvater.

In der Zeitung stand, *Zigarren seien gar nicht gesund.*

Der Großvater teilt die Meinung, *er hüstle wegen seiner Zigarren,* gar nicht.

838 **Anmerkungen**
1. Die Beziehung zwischen den Teilsätzen kann sich lockern. So ist im zweiten der folgenden Beispiele der Satz mit dem Verb des Sagens als eine Art Schaltsatz (Parenthese, → 808) in die indirekte Rede eingeschoben; beide Teilsätze sind daher als Hauptsätze zu bestimmen. Die indirekte Rede steht auch hier im Konjunktiv I (→ 80, 1648 ff.):
Satzgefüge (Haupt- und Nebensatz): Liselotte meinte begeistert, *das alles komme ihr wie ein Märchen vor.*
Satzverbindung (Hauptsatz mit eingeschobenem Hauptsatz): *Das alles komme ihr,* meinte Liselotte begeistert, *wie ein Märchen vor.*
2. Oft stehen ganze Abschnitte in indirekter Rede. Dabei steht der ankündigende Hauptsatz meist nur beim ersten Satz der indirekten Rede, oder er fehlt überhaupt, wie beispielsweise im folgenden Abschnitt aus C. F. Meyers «Jürg Jenatsch». Dass indirekte Rede vorliegt, ist dann nur am Konjunktiv erkennbar:
Was den gelehrten Herrn Doktor *angehe,* so *wolle* er ihm nicht zu nahe treten, aber für mutig *halte* er ihn nicht, wenigstens einer gewissen Feme gegenüber, von der man *munkle.* Er *könne* seine Quellen hier nicht nennen; aber er *müsse* glauben, es *sei* im Lande ein Geheimbund errichtet mit Statuten, die sie den Kletten- oder Kettenbrief nennen – wahrscheinlich, um das feste Ineinandergreifen und Zusammenhalten der Bundesglieder zu bezeichnen. Auf Verrat *stehe* der Tod. Er *wolle* nun nicht behaupten, dass der Doktor ein Glied dieser Kette *sei,* aber dass er sich vor diesen Banditen sträflich *fürchte,* das *sei* mehr als wahrscheinlich.
Wir bestimmen nur solche Sätze als *Nebensätze,* die vom übergeordneten Satz bloß durch ein Komma getrennt sind (→ 1595); die anderen zählen als *Hauptsätze.*

3. Die *direkte Rede* ist in ihrer inneren Struktur als eigenständiger Satz (Hauptsatz) anzusehen. Wenn sie von einem Verb des Sagens oder Denkens abhängt, verhält sie sich diesem gegenüber aber wie ein uneingeleiteter Nebensatz:
Liselotte meinte begeistert: «Das alles kommt mir wie ein Märchen vor.»
Auch hier kann sich aber die Beziehung zum Satz mit dem Verb des Sagens oder Denkens lockern (Satzverbindung mit Schaltsatz):
«Das alles kommt mir», meinte Liselotte begeistert, «wie ein Märchen vor.»

Bei der zweiten Art des uneingeleiteten Nebensatzes steht die *Personalform* am *Anfang* in der linken Satzklammer, die übrigen Prädikatsteile befinden sich am *Satzende* in der rechten Satzklammer, die Satzglieder dazwischen im Mittelfeld:

   Personalform alle Satzglieder übrige Prädikatsteile

839

Inhaltlich drücken uneingeleitete Nebensätze dieses Typs oft eine *Bedingung* oder eine *Einräumung* aus; sie lassen sich dann durch wenn-Sätze ersetzen:
Hätte *der Großvater nicht so viel geraucht,* würde er wohl nicht dauernd hüsteln. (= **Wenn** *der Großvater nicht so viel geraucht* **hätte,** würde er nicht dauernd hüsteln.)
Der Großvater wäre sicher gesünder, **hätte** *er nicht so viel geraucht.* (= Der Großvater wäre sicher gesünder, **wenn** *er nicht so viel geraucht* **hätte.**)
Sind *Zigarren auch nicht gesund,* so sind sie wenigstens genussreich. (= **Wenn** *Zigarren auch nicht gesund* **sind,** so sind sie wenigstens genussreich.)

Die satzwertige Infinitivgruppe (Infinitivsatz)

Wortgruppen, die einen Infinitiv mit *zu* als Kern aufweisen, können Nebensätzen nahe kommen. Man spricht hier deshalb von satzwertigen *Infinitivgruppen* oder auch von *Infinitivsätzen*. Infinitivgruppen haben die Besonderheit, dass ihr *Prädikat* nur aus einem *Infinitiv* mit der Partikel *zu* besteht, eine *Personalform* also *fehlt*. Und weil keine Personalform vorhanden ist, können satzwertige Infinitivgruppen auch *kein Subjekt* haben.
Die Satzglieder stehen vor dem Infinitiv:

   Satzglieder Infinitiv

Am Anfang können unterordnende Konjunktionen stehen (= konjunktionale Infinitivgruppe):

   Unterordnende Konjunktion Satzglieder Infinitiv

Zur Zeichensetzung → 1567 ff.

840

Infinitivgruppen ohne Konjunktion:
Die Mutter zögerte, *den Fernseher* **einzuschalten.**
Der Großvater verbot Fritzchen, *mit dem vollen Aschenbecher* **zu spielen.**
Den ganzen Tag **fernzusehen,** fand der Großvater langweilig.

841

842 Bei Infinitivgruppen finden sich die unterordnenden Konjunktionen *um, ohne, statt, anstatt, außer* und *als* (→ 423):

Der Großvater raucht nie Zigarren, **ohne** ständig **zu hüsteln.**
Statt miteinander **zu reden,** starrte die ganze Familie in den Fernseher.
Die Familie hatte nichts Besseres vor, **als** *den ganzen Tag in den Fernseher* **zu starren.**

843 **Anmerkungen**
1. Nicht jeder Infinitiv mit *zu* bildet den Kern einer satzwertigen Infinitivgruppe. Es gibt auch Infinitive mit *zu*, die in das Prädikat des übergeordneten Satzes integriert sind:
   Der Großvater scheint wegen seiner Zigarren so *zu hüsteln* (einfacher Satz, Prädikat: *scheint ... zu hüsteln*).
   Für die Zeichensetzung gilt: Grundsätzlich werden nur satzwertige Infinitivgruppen mit Komma abgetrennt. Näheres → 1567 ff.
2. Es gibt Fügungen mit einem Infinitiv ohne *zu* in der Funktion von Hauptsätzen (→ 862.1). Man kann sie als *hauptsatzwertige Infinitivgruppen* bezeichnen; üblicher ist allerdings der Ausdruck *verbale Wortketten:*
   Bitte umblättern. Nach Gebrauch reinigen und fetten.

Die satzwertige Partizipgruppe (Partizipialsatz)

844 Partizipgruppen (→ 678 f.) kommen in bestimmten Verwendungsweisen Nebensätzen nahe; man spricht dann von *satzwertigen Partizipgruppen* (oder auch von *Partizipialsätzen, Partizipsätzen*). Kern einer Partizipgruppe kann ein *Partizip I* oder ein *Partizip II* sein. Das Partizip zählt in satzwertigen Partizipgruppen als Prädikat. Satzwertige Partizipgruppen haben also wie die satzwertigen Infinitivgruppen ein *Prädikat ohne Personalform*, und sie weisen wie diese auch *kein Subjekt* auf.

Der Aufbau der Partizipgruppen (siehe aber auch → 845):

| Satzglieder | Partizip |

Zur Zeichensetzung → 1578 ff.

Beispiele:
Einmal **eingeschaltet,** lief der Fernseher den ganzen Tag.
Fritzchen spielte mit dem Aschenbecher, *die Asche überall* **verstreuend.**

845 Präpositionalgruppen zu Partizipien stehen oft *nach* dem Partizip (Ausklammerung; → 818.1):

Geschmückt *mit vielen Blumen,* sah der Dorfbrunnen wirklich romantisch aus. (= *Mit vielen Blumen* **geschmückt,** sah der Dorfbrunnen wirklich romantisch aus.)

846 Gelegentlich werden Partizipgruppen von *unterordnenden Konjunktionen* eingeleitet:
Obwohl *ständig etwas* **hüstelnd,** raucht der Großvater seine Zigarren mit Genuss.

Partizipgruppen beziehen sich grundsätzlich auf das *Subjekt* des übergeordneten Satzes. Wenn diese Regel nicht beachtet wird, entstehen fehlerhafte Sätze wie:
Eingerahmt von den Darbietungen unserer Stadtmusik, hielt Pfarrer Schaffner eine feierliche Ansprache. *Dem Boden der nächsten Umgebung entsprossen, in tiefen Kellern ruhend und reifend,* bewahren wir dem einheimischen Wein unsere Anhänglichkeit. *Durch Rotationsdruck angefertigt,* sind wir in der Lage, das Buch zu einem Spottpreis zu liefern. *Verzweifelt umherblickend,* schlotterten ihm die Knie (→ 1796 ff.).

847

Partizipgruppen dieser Art lassen sich zum Beispiel verbessern, indem man sie in Nebensätze mit eigenem Subjekt umwandelt:
Während er verzweifelt herumblickte, schlotterten ihm die Knie.

Korrekt ist es allerdings auch, wenn Partizipgruppen einem *beliebigen Nomen* als *nachgetragenes Attribut* folgen:
Man brachte die Kiste, *vom Feuer schon stark angesengt,* noch rechtzeitig ins Freie.

848

Und auch die freie Verwendung des Partizips, die keinen deutlichen Bezug auf einen anderen Bestandteil des Satzes erkennen lässt, ist möglich:
Das vorausgeschickt, kann doch festgestellt werden ...

849

Anmerkungen

850

1. Einfache Partizipien gelten für die Zeichensetzung nicht als Nebensätze, sondern als Satzglieder; entsprechend steht kein Komma (→ 1578):
   Hüstelnd raucht der Großvater seine Zigarren.
   In der Satzanalyse bezeichnet man sie einfach als Partizipgruppen (ohne die zusätzliche Kennzeichnung «satzwertig»; vgl. auch → 678).
2. Adjektivgruppen können Partizipgruppen nahe kommen. Man spricht in solchen Fällen auch von *satzwertigen Adjektivgruppen:*
   Von der Sonne schon ganz rot, rieb er sich endlich mit einem Sonnenschutzmittel ein. Schließlich haben beide, *mit den Bedingungen endlich zufrieden,* den Vertrag unterschrieben. *Stolz auf ihr Zeugnis,* rannte Ruth sofort nach Hause.
3. Zu elliptischen Wortgruppen mit eingespartem Partizip → 862.4.

Die Funktion (Abhängigkeit) der Nebensätze

Nebensätze verhalten sich zum übergeordneten Satz meist wie Satzglieder oder Gliedteile; sie werden dann auch *Gliedsätze* bzw. *Gliedteilsätze* genannt. Nach der *Funktion* oder der *Art der Abhängigkeit* unterscheidet man:

851

1. Subjektsätze
2. Objektsätze
3. Prädikativsätze
4. Adverbialsätze
5. Attributsätze

Wenn man die Nebensätze in entsprechende Satzglieder oder Gliedteile umformt, wird die Funktion bzw. Art der Abhängigkeit deutlich.

Zum Teil deutet im übergeordneten Satz ein *Pronomen* oder ein *Pronominaladverb* als sogenanntes *Korrelat* auf den Nebensatz (siehe auch → 691, 693.2):

Sie hatte nicht *daran* gedacht, *dass Peter in den Ferien war.* Walter bedauert *es, dass Anna fehlt. Hat man einmal angefangen, so* fällt einem die Arbeit leicht.

852 Subjektsätze:

Wer regelmäßig Zeitung liest, kennt dieses Problem.
→ *Regelmäßige Zeitungsleser* kennen dieses Problem.
Dass es so herauskommen würde, war zu erwarten.
→ *Dieses Resultat* war zu erwarten.
Ob Yvonne teilnimmt, steht noch nicht fest.
→ *Die Teilnahme von Yvonne* steht noch nicht fest.

853 Objektsätze:

Ich kaufe, *was ich zum Kochen brauche,* im Laden um die Ecke ein.
→ Ich kaufe *die Lebensmittel* im Laden um die Ecke ein.
Sie fürchtete sich davor, *im Dunkeln heimgehen zu müssen.*
→ Sie fürchtete sich *vor dem Heimweg im Dunkeln.*
Dieser Sieg bedeutet, *dass die Mannschaft sicher aufsteigen wird.*
→ Dieser Sieg bedeutet *den sicheren Aufstieg der Mannschaft.*

854 Prädikativsätze:

Das ist, *was ich dir zu sagen habe.*
→ Das ist *alles Wesentliche.*
Sie blieb, *wie sie immer gewesen ist.*
→ Sie blieb *ganz dieselbe.*

855 Adverbialsätze:

Wenn es stürmt, müssen die Boote im Hafen bleiben.
→ *Bei Sturm* müssen die Boote im Hafen bleiben.
Um diesen Apparat zu öffnen, brauchst du einen Schraubenzieher.
→ *Zum Öffnen dieses Apparats* brauchst du einen Schraubenzieher.

856 Attributsätze:

Die Nachricht, *dass Karl im Sterben lag,* traf uns wie ein Schlag.
→ Die Nachricht *von Karls Sterben* traf uns wie ein Schlag.
Der Koffer, *der in der Bankhalle stand,* enthielt eine Bombe.
→ Der Koffer *in der Bankhalle* enthielt eine Bombe.

Form und Funktion der Sätze   Die Satzlehre

Es gibt aber auch Nebensätze, die sich nur schwer oder gar nicht in Satzglieder oder Gliedteile umwandeln lassen und daher nicht als Gliedsätze oder Gliedteilsätze anzusehen sind.

Beispiele:
Der Lautsprecher krächzte, *sodass das Publikum kaum ein Wort verstand.*
Tobias ist, *um es einmal so zu sagen,* ein schräger Vogel.
Hierher gehören auch die weiterführenden Relativsätze (→ 244.3):
Amanda ist doch noch gekommen, *was uns freut.* Die Festplatte war voll, *womit ich wirklich nicht gerechnet habe.*

Übung 32

In den folgenden Sätzen sind die Nebensätze – sofern vorhanden – zu unterstreichen und nach ihrer Form zu bestimmen. Außerdem sind die Kommas zu ergänzen:
■ **1** Ob es auf andern Planeten Lebewesen gibt ist nicht bekannt. ■ **2** Von seinen Plänen begeistert riss er alle mit. ■ **3** Wir gehen nicht an den See verschlechtert sich das Wetter noch mehr. ■ **4** Fähigkeiten nehmen zu je länger man eine Tätigkeit ausführt. ■ **5** Er gab das Geld aus als wäre er ein Millionär. ■ **6** Dabei hat er nicht mehr Geld als alle andern auch. ■ **7** Der Versuch den Tresor zu knacken ist den Einbrechern misslungen. ■ **8** Wir vermuten dass anderswo noch günstigere Offerten einzuholen sind und fordern Sie auf eine Nachkalkulation zu machen. ■ **9** Mir gefällt die Art wie sie mit ihren Kolleginnen umgeht. ■ **10** Soviel ich weiß will Robert Technopolygraf werden. ■ **11** Mag er auch Recht haben ich kann mich seiner Meinung nicht anschließen. ■ **12** Sie feierten bis der Morgen graute und verbrachten den ganzen Sonntag im Bett. ■ **13** Ist das Haus abgebrannt kommt die Spritze zu spät. ■ **14** Der Laborant hat zwei Reagenzgläser verwechselt sodass das Institut in die Luft flog. ■ **15** Ein klarer Entscheid über die Investitionen ist umso dringlicher als die alten Anlagen immer reparaturanfälliger werden. ■ **16** Wie schon letzten Sommer will Astrid nach Sizilien fahren. ■ **17** Den ganzen Tag von Terminen gehetzt wollte der Disponent am Abend nur noch absolute Ruhe. ■ **18** Als bekannt wurde dass mit der Erfindung sehr viel Geld zu verdienen war wurde die Ingenieurin sofort mit Angeboten überschwemmt. ■ **19** Statt dem Kunden alle Vor- und Nachteile offen zu sagen vermied es der Verkäufer konkreter zu werden. ■ **20** Hat sie auch kein Geld so hat sie gute Ideen. ■ **21** Beim Versuch abzuhauen liefen ihr zwei Kolleginnen über den Weg.

Satzwertige Ausdrücke (Satzäquivalente)

Manche Fügungen haben zwar den Wert eines Satzes, entsprechen aber in ihrer Form nicht einem ausgebildeten Satz (→ 603). Man spricht dann von *satzwertigen Ausdrücken* oder *Satzäquivalenten*. Dazu gehören insbesondere Ausdrücke, die keine Personalform enthalten. Die sogenannten *Ellipsen* oder *Satzfragmente* lassen sich immerhin als Verkürzungen vollständiger Sätze verstehen; bei anderen satzwertigen Ausdrücken, zum Beispiel Anreden und Ausrufen, ist dies nicht möglich.

Ellipsen (Satzfragmente)

860 Als *Ellipsen* (oder *Satzfragmente*) werden satzwertige Fügungen bezeichnet, die sich als Verkürzungen vollständiger Sätze erklären lassen.

Oft ist das Subjekt, das Prädikat oder gar beides zu ergänzen.
Kaum zu glauben! (Das ist *kaum zu glauben!*) Nie wieder Krieg! (Es soll *nie wieder Krieg* geben!) *Fort!* (Ich will / Du sollst *fort*gehen!) *Wohin?* (*Wohin* soll ich gehen?) *Dort in den Wald.* (Es geht *dort in den Wald.*) *Zu mir, zu mir, Kinder!* (Kommt *zu mir, Kinder!*) *Heute geschlossen.* (Das Geschäft ist *heute geschlossen.*) *Italien in Führung!* (*Italien* ist *in Führung!*) *Hilfe!* (Kommt mir zu *Hilfe!*)

861 Ellipsen können den Wert von Haupt- oder Nebensätzen haben (→ 803 ff.). Die vorangehenden Beispiele haben Ellipsen mit dem Wert einfacher Hauptsätze gezeigt; bei den folgenden handelt es sich um Satzgefüge aus elliptischem Hauptsatz und ausgebautem Nebensatz:

Unmöglich, so etwas zu glauben. *Denkbar,* dass sie noch kommt. *Ein Ärgernis,* dass das Taxi schon wieder im Stau stecken geblieben ist.

Die nachstehenden Beispiele zeigen elliptische Hauptsätze, die als *Parenthesen* (Schaltsätze) in einem anderen Hauptsatz stehen; → 808) oder diesem als Zusatz folgen:

Diese Notwendigkeit verlange eine nach dem höheren Interesse ausgerichtete Solidarität, *ein Ausdruck aus seinem Mund,* zwischen Arbeit und Kapital. Der Präsident winkte nach allen Seiten aus dem Auto, das ihn zum Flughafen führte, *ein Hubschrauber voraus.* Der Entscheid Norwegens dürfte auch die Haltung Islands, *ebenfalls ein Walfangland,* bestimmen. Du kommst doch auch mit, *nicht wahr?* Anschließend folgt der Vortrag von Dr. G. Künzler, *früher Assistent am Radiologischen Institut* (→ 1758).

Ellipsen mit dem Wert von Nebensätzen:
Sie wusste kaum, *wo wehren.* Ich werde, *wo immer sinnvoll,* mit dem Computer arbeiten. Sie ging, *wenn auch ungern,* schon um 17 Uhr.

862 **Anmerkungen**
1. Als Ellipsen lassen sich auch *hauptsatzwertige Infinitivgruppen* verstehen, wie sie in Vorschriften, Betriebsanleitungen, Rezepten usw. vorkommen. Man spricht hier auch von *verbalen Wortketten:*
Vor dem Öffnen Stecker ziehen. (*Vor dem Öffnen* muss man *den Stecker ziehen.*) *Sauce gut umrühren.* (*Die Sauce* muss man *gut umrühren.*) *Stehen bleiben!* (Sie sollen *stehen bleiben!*)
2. Wortgruppen mit *als* und *wie* ohne Verbformen werden nicht als elliptische Nebensätze, sondern als gewöhnliche Satzglieder oder Gliedteile angesehen (nämlich als Konjunktionalgruppen, → 685; vgl. auch Kommasetzung, → 1588):
Als Satzglied oder Gliedteil: Das Gewitter kam schneller *als erwartet.* Die Kosten werden nicht ganz so hoch ausfallen *wie im letzten Jahr.* Die Kerle hatten nichts anderes im Kopf *als dumme Ideen.*
Als Nebensatz: Das Gewitter kam schneller, *als wir erwartet hatten.* Die Kosten werden nicht ganz so hoch ausfallen, *wie sie im letzten Jahr ausgefallen sind.* Die Kerle hatten nichts anderes im Kopf, *als in der Stadt alle Papierkörbe anzuzünden.*

3. Die sogenannte *Satzapposition*, auch *absoluter Nominativ* genannt, lässt sich als Verkürzung eines Satzes mit einem *prädikativen Nominativ* auffassen. Meist kann *das ist …* ergänzt werden: Ein Flugzeug ist abgestürzt, *ein schreckliches Ereignis* (… das ist *ein schreckliches Ereignis*). Im Gegensatz zu den wirren Verhältnissen der Volksfront von 1936 wird das Land nun – *ein Novum in der spanischen Geschichte* – von einer gemäßigten, geeinigten Linken regiert werden (… das ist *ein Novum in der spanischen Geschichte*).
4. Nebensatzwertige Fügungen aus Akkusativobjekt und Präpositionalgruppe, zuweilen *absoluter Akkusativ* genannt, können auf *Partizipgruppen* (→ 844 ff.) zurückgeführt werden, bei denen das Partizip weggelassen worden ist: *Den Rucksack auf dem Rücken (tragend)*, steigen sie zu Berge. *Die Füße auf dem Tisch (habend)*, gab sie sich sehr selbstsicher. *Die Faust in der Tasche (machend)*, lächelte er angestrengt.
5. Bei der Satzanalyse bestimmen wir Ellipsen nur soweit sinnvoll nach Satzgliedern. Sonst begnügen wir uns mit der Feststellung «Ellipse» oder «Satzäquivalent» («satzwertiger Ausdruck»).

Ausrufe und Anreden

Andere satzwertige Ausdrücke lassen sich nicht oder nur sehr schwer als Verkürzungen ausgebauter Sätze erklären. Dazu gehören insbesondere *Ausrufe* und *Anreden*. Sie haben den Wert von *Hauptsätzen*.

863

Anredenominative (→ 641): *Lieber Rolf*, ich danke dir herzlich für deinen Brief. Warum hast du das getan, *Nicole*? Seid umschlungen, *Millionen*! Wo hast du, *Christina*, deinen Schirm gelassen?

Ausrufe mit Interjektionen (→ 432): *Nein*, das stimmt nicht. *Doch*, er sagt die Wahrheit. *Hallo*, hören Sie mich? *He*, was soll das? *Au!* Das tut mir weh! *Halt*, bleiben Sie stehen! Könntest du mir, *bitte*, den Bleistift geben? *Oh*, das ist ja wirklich erfreulich!

Kombinationen von Interjektionen und Anredenominativen: *He Paul*, komm her! *Ach, Werner*, wenn ich das nur wüsste! *O goldnes Meer*, dein friedlich Glänzen saugt meine Seele gierig ein! (Gottfried Keller)

Andere Ausrufe: *Hinaus mit dir! Nieder mit dem König! Weg damit!*

Zum Aufbau des zusammengesetzten Satzes

Die Nebensätze sind, wie schon besprochen (→ 804), nicht alle gleichwertig. Vielmehr unterscheidet man nach dem Grad oder der Stufe der Abhängigkeit: Nebensätze 1. Grades hängen direkt vom Hauptsatz ab, Nebensätze 2. Grades von einem Nebensatz 1. Grades, Nebensätze 3. Grades von einem Nebensatz 2. Grades usw. Dabei ist zu merken, dass jeder Teilsatz mehrere ihm untergeordnete Nebensätze desselben Grades haben kann. Das Erfassen derart gestufter Satzgefüge ist vor allem auch für die Kommasetzung unerlässlich. Wie verschiedenartig der Aufbau von Satzgefügen sein kann, zeigen schon die folgenden Satzbilder (→ 868).

864

865 Zu beachten ist, dass Nebensätze gleichen Grades wie einfache Sätze gereiht werden können. Man spricht dann von einer Nebensatzreihe oder einer *Nebensatzverbindung* (→ 809):

Großvater ärgert sich darüber, *dass Fritzchen schon wieder mit dem Aschenbecher spielt und dass den ganzen Tag der Fernseher läuft.*

866 Nebensätze können in gleicher Weise wie Hauptsätze *zusammengezogen werden* (→ 811). Ein zusammengezogener Nebensatz liegt immer dann vor, wenn ein für mehrere Nebensätze geltendes Satzglied oder die einleitende Konjunktion nur einmal genannt ist:

Die Mutter stellte den Aschenbecher, *der schon wieder voll war und Fritzchen magisch anzog,* sicherheitshalber weg (gemeinsamer Bestandteil: Relativpronomen *der*).

Der Arzt meint, der Großvater rauche zu viel und bewege sich zu wenig (gemeinsamer Bestandteil: der Großvater).

Der Großvater fragt sich, *warum der Fernseher den ganzen Tag laufen und mit seinem Geplärre alle Unterhaltung übertönen müsse* (gemeinsame Bestandteile: *warum, müsse*).

867 Ja mehrere gleichgradige Nebensätze können teils zusammengezogen, teils als vollständiges Ganzes gereiht werden:

In Papua-Neuguinea, *das 1975 von Australien unabhängig wurde und seitdem Mitglied des Commonwealth ist und dem die Königin als Staatsoberhaupt vorsteht,* tanzten Tausende von Stammeskriegern zu Ehren von «Missus Kwin».

868 Einige typische Satzbilder:

Man müsse darauf achten, ——————————————————— H
  dass die Pressezensur nicht zu streng gehandhabt werde, ————— N₁
    da es sich nie gut auswirke, ——————————————— N₂
      wenn man dem Bürger das gesunde Recht zum Schimpfen nehme. — N₃

Wenn draußen die Flocken wirbelten, ————————————— N₁
wenn Feld und Garten unterm Schnee versanken, ——————— N₁
dann begann in dem kleinen Häuschen, ———————————————— H
  das oft bis tief in die Nacht erleuchtet war, ——————— N₁
reges Leben. ———

Sobald mein Freund, ————————————————————————— N₁
  der schon seit Monaten im Krankenhaus liegt, —————— N₂
wieder gesund ist, ———
will er seine Stelle aufgeben, ——————————————— 1. H
  die ihn ohnehin nie befriedigt hat, ——————————— N₁
und damit wird der Hauptgrund seiner Krankheit beseitigt sein. ——— 2. H

Form und Funktion der Sätze   Die Satzlehre   257

Wenn ein Autofahrer die Zeit, ──────────────────────── N₁
  die man normalerweise braucht, ───────────────── N₂
  um die ganze Strecke zurückzulegen, ────────── N₃
  um mehr als 30 Minuten unterschreitet, ─────────
so bedeutet dies nichts anderes, ───────────────────── H
als dass er durchschnittlich mindestens 20 Kilometer
pro Stunde zu schnell gefahren ist und damit zu den
rücksichtslosen Rasern gezählt werden muss, ──────────── N₁
  denen der Führerschein so schnell wie möglich wegzunehmen ist. ──── N₂

Übung 33

Die folgenden Satzgefüge sind nach dem oben stehenden Muster (→ 868) in die einzelnen Teilsätze zu zerlegen, wobei die Nebensätze nach ihrem Grad zu bezeichnen sind. Darüber hinaus sind die fehlenden Kommas einzusetzen.

■ **1** Mit seinen genialen Pässen die seine wiedergefundene Freude am Fußball zeigten oder durch die er seine Bombenmoral ausdrückte war Suter einer der besten Spieler des Abends. ■ **2** Sie hängen keinen sie hätten ihn denn. ■ **3** Soweit ich die Zahlen überblicke erlaubt es das Geschäftsergebnis nicht nur die Dividende zu erhöhen sondern auch allen Mitarbeitern einen halben vierzehnten Monatslohn auszuzahlen. ■ **4** Ja mein Lieber das hättest du dir überlegen sollen bevor du hierher gekommen bist. ■ **5** Wenn die gegenseitige Stellung der Gefäße so beschaffen ist dass man eine Flüssigkeit nicht rasch aus dem einen in das andere ablaufen lassen kann ohne das eine zu bewegen so bewirkt man das Fließen oft mit einem Saugheber. ■ **6** Die Übereinkunft mit Dänemark ersetzt das bisherige Abkommen das aus dem Jahre 1954 stammt das aber trotz seinem Alter selten zu Beanstandungen Anlass gegeben hat. ■ **7** Und sei er noch so hoch gestiegen er bleibt doch ein Mensch. ■ **8** Wir konnten nie erfahren worauf sein Erfolg gründet und wem er seine rasche Beförderung zu verdanken hat. ■ **9** Der unkritische Konsument bevorzugt Waren die wenig kosten die schön aussehen die überall erhältlich sind. ■ **10** Das Spielwarengeschäft war durch eine Silvesterrakete die falsch gelagert worden war in Brand gesetzt worden wobei ein Sachschaden entstand der die Millionengrenze überschritt. ■ **11** Man behauptet dieses Gesetz bringe dem Bürger größere Freiheit und trage auch der Eigenständigkeit der Kantone gebührend Rechnung. ■ **12** Der Paragraf auf Grund dessen sie den Prozess verlor ist vielen nicht bekannt. ■ **13** Nicht auszuschließen dass die Lösung bis ins Grundwasser sickert und die Wasserversorgung einer Region lahm legt die mehr als eine Million Einwohner zählt. ■ **14** Die Umbauarbeiten sind insofern schwierig als die Produktion die in drei Schichten geführt und auch am Wochenende nicht unterbrochen wird auf keinen Fall gestört werden darf. ■ **15** Sie zeigte sich als eine Persönlichkeit die endlich wieder leibhaftig vor sich sieht was ihr im Leben das Wichtigste ist und dieses auch zielstrebig anzusteuern weiß. ■ **16** Er gab das Geld aus als wäre er Millionär und kaufte sich eine Menge unnützes Zeug. ■ **17** Nein mit Leuten die lügen und betrügen gebe ich mich nicht ab! ■ **18** In diesem Biotop quaken an warmen Sommerabenden die Frösche und schlängelt sich gelegentlich sogar eine Blindschleiche durchs Gras. ■ **19** Als er den Koffer

869

öffnete den ihm der koreanische Agent übergeben hatte bemerkte er dass der Zettel fehlte auf dem das Codewort stand. ■ **20** Um ein Haus zu bauen ein Geschäft zu eröffnen oder sich sonstwie selbständig zu machen brauchen sich unsere Mitglieder nicht mehr an eine Bank zu wenden. ■ **21** Eva nimm dieses Papier und leg es im Ordner ab der mit «Varia» angeschrieben ist. ■ **22** Wenn auf der Burg drei Böllerschüsse ertönen steht fest dass das Stadtfest abgehalten werden kann. ■ **23** Ich brauche Schuhe die etwas aushalten aber nicht zu schwer sind. ■ **24** Wir vermuten dass anderswo noch günstigere Offerten einzuholen sind und verlangen eine Nachkalkulation. ■ **25** Wie sehr sich Luzia auch anstrengte sie konnte Barbara nicht mehr einholen sodass sie nur Zweite wurde. ■ **26** Wir benötigen eine Gesellschaft deren Mitglieder wissen dass unser Wohlstand das Ergebnis individueller Leistung ist aber auch willens sind sich nötigenfalls derjenigen die den Anforderungen der Wirtschaft nicht gewachsen sind finanziell und praktisch anzunehmen.

870 Übung 34

Die folgenden Satzgefüge sind vollständig zu bestimmen, das heißt, es sind sowohl die Teilsätze (Haupt- und Nebensätze) als auch Satzglieder und Gliedteile anzugeben. Dabei schreibt man die einzelnen Wörter untereinander. Links davon werden die Teilsätze angegeben, rechts davon Satzglieder und Gliedteile. Bei den Nebensätzen genügt die Angabe des Grades (keine Bestimmung nach Form oder Funktion). Zur Bestimmung von Satzgliedern und Gliedteilen siehe Übung 30 (→ 698).

■ **1** Divico erwiderte Cäsar mutig, die Helvetier seien nicht gewohnt, Geiseln zu geben. ■ **2** Die Helvetier, in ihrer Hoffnung getäuscht, versuchten teils auf Booten und Flößen, die sie eigens dazu gebaut hatten, teils durch die Furten des Rhodanus, wo er am flachsten war, herüberzukommen, bisweilen am Tage, öfters des Nachts. ■ **3** Dumnorix hatte durch seine Persönlichkeit und sein Geld bei den Sequanern großen Einfluss und war zugleich mit den Helvetiern befreundet, weil er eine Helvetierin, die Tochter des Orgetorix, zur Frau hatte; ferner ging er damit um, die Verfassung zu stürzen und sich zum König zu machen, und suchte deshalb möglichst viele Staaten durch seine Gefälligkeit zu verpflichten. ■ **4** Die Häduer, außerstande, sich und ihr Eigentum zu schützen, schickten Gesandte zu Cäsar und baten um Hilfe, indem sie betonten, sie hätten bei jeder Gelegenheit dem römischen Volke so große Dienste geleistet, dass sie es wahrlich nicht verdienten, unter den Augen des römischen Heeres ihre Felder verwüstet, ihre Kinder in Sklaverei weggeschleppt und ihre Städte erstürmt zu sehen. ■ **5** Auf die Meldung, die Helvetier wollten durch unsere Provinz ziehen, beschleunigte Cäsar seine Abreise aus Rom, eilte in starken Tagesmärschen ins jenseitige Gallien und kam bei Genava an, wo er, da in der ganzen Provinz nur eine einzige Legion stand, sofort starke Aushebungen anordnete. ■ **6** Cäsar erkannte die große Gefahr, die der Provinz erwachsen musste, wenn sich in der Nachbarschaft ihres offenen und kornreichen Grenzlandes ein so kriegerischer und den Römern feindlicher Volksstamm festsetzte; daher eilte er, nachdem er dem Legaten Titus Labienus den Oberbefehl über die angelegten Verschanzungen übertragen hatte, in starken Tagesmärschen nach Italien und hob dort zwei neue Legionen aus, während er die drei alten aus ihren Winterquartieren bei Aquileia heranzog.

Rechtschreibung

Unser Schriftsystem

1001 Unsere Schrift ist im Wesentlichen eine *Buchstabenschrift*. Die Buchstaben der geschriebenen Sprache entsprechen – nicht immer in eindeutiger Weise, aber doch grundsätzlich – den Lauten (→ 3) der gesprochenen Sprache. Unsere Schrift hat also den Vorteil, auf den zahlenmäßig sehr begrenzten kleinsten Elementen der Sprache aufzubauen.

1002 Keine lautliche Grundlage hat allerdings die Unterscheidung von *Großbuchstaben (Majuskeln)* und *Kleinbuchstaben (Minuskeln)*. Ob ein Groß- oder ein Kleinbuchstabe gesetzt werden muss, hängt vor allem von grammatischen Gesichtspunkten ab.

1003 Nicht zu den Buchstaben zählen Zeichen wie *1, 2, 3 ... 9, 0* oder *%, &, §*. Sie stehen für ganze Begriffe ohne Rücksicht auf deren Aussprache und können daher auch von Menschen, die des Deutschen nicht kundig sind, gelesen werden. Solche Zeichen werden *Begriffszeichen* oder *Ideogramme* genannt. Die wichtigsten davon sind die *Zahlzeichen* oder *Ziffern*.

1004 Damit ist der Zeichenvorrat unserer Schrift noch nicht erschöpft. Sehr wichtig sind die *Satzzeichen* (Interpunktionszeichen). Den Satzzeichen der geschriebenen Sprache entsprechen Intonation und Rhythmus der gesprochenen Sprache. Das Fragezeichen zeigt beispielsweise an, dass ein Satz mit Frageton vorzulesen ist. Das System der Satzzeichen hat sich allerdings in der geschriebenen Sprache sehr verselbstständigt; bei der Kommasetzung etwa sind grammatische Überlegungen weit wichtiger als die Beziehung zu Intonation und Rhythmus der gesprochenen Sprache.

1005 Schließlich enthält unser Schriftsystem noch Hilfszeichen, die in der gesprochenen Sprache kein Gegenstück haben, sondern nur der besseren Lesbarkeit dienen: *Apostroph, Bindestrich (Divis), Abkürzungspunkt, Unterführungszeichen, Schrägstrich*.

1006 Ein letztes Zeichen unserer Schrift wird leicht vergessen, da es eigentlich ein Nicht-Zeichen ist: der *Wortzwischenraum*. Der Wortzwischenraum ist gar nichts Selbstverständliches. In der gesprochenen Sprache hängt man gewöhnlich mehrere Wörter ohne Pause aneinander – und entsprechend haben die Römer und die Griechen die Wörter in der Schrift ohne Zwischenraum aneinander gereiht. Erst im Mittelalter begann man, die Einzelwörter konsequent mit Wortzwischenräumen abzutrennen.

Die Ebenen der Rechtschreibung

Unsere Rechtschreibung lässt sich verstehen als ein System, als ein geordnetes Ganzes mit drei verschiedenen Ebenen: **1007**

1. Prinzipien
2. Regeln
3. Einzelfestlegungen

Zur *ersten Ebene*, den Prinzipien: **1008**

Unter einem *Prinzip* versteht man in der Rechtschreibung ein *allgemeines Grundkonzept* der Schreibung.

Die Prinzipien haben sich allmählich herausgebildet und sind nie irgendwie festgelegt worden; man muss sie sich daher *erschließen*. Dies kann auf zwei Wegen geschehen: Man kann die vielen mit der Zeit entstandenen Regeln und Einzelfestlegungen auf die ihnen zugrunde liegenden Ideen hin untersuchen. Oder man kann die Praxis der Schreibenden beobachten – und zwar gerade auch dann, wenn diese nicht den amtlichen Regeln folgen, sondern sich an eigene Überlegungen halten. Mit diesem Umstand hängt zusammen, dass es durchaus strittig ist, wie viele solcher Prinzipien und welche man annehmen soll. Wir gehen in diesem Buch von den folgenden sechs Prinzipien aus:

1. Das *Lautprinzip:* «Schreibe, wie du sprichst!»
   Oder: Gesprochene und geschriebene Sprache können systematisch aufeinander bezogen werden.
2. Das *Stammprinzip:* «Schreibe Gleiches möglichst gleich!»
   Oder: Die Unterschiede zwischen verwandten Wortformen sollten möglichst gering sein.
3. Das *grammatische Prinzip:* «Mach den grammatischen Aufbau deines Textes deutlich!»
   Oder: Teile von Texten können nach grammatischen Gesichtspunkten gegliedert und mit geeigneten Mitteln besonders gekennzeichnet werden.

> 4. Das *semantische Prinzip:* «Hebe für den Leser inhaltlich wichtige Textstellen hervor!»
> Oder: Teile von Texten können nach inhaltlichen (semantischen) Gesichtspunkten gegliedert und mit geeigneten Mitteln besonders gekennzeichnet werden.
> 5. Das *Homonymieprinzip:* «Schreibe Ungleiches ungleich!»
> Oder: Gleich Lautendes mit unterschiedlicher Bedeutung kann in geschriebener Sprache unterschiedlich behandelt werden.
> 6. Das *ästhetische Prinzip:* «Vermeide verwirrende Schriftbilder!»

1009 Die *zweite Ebene* der Rechtschreibung umfasst die *Regeln.* Diese setzen die Prinzipien in konkrete Schreibanweisungen um:

> Eine *Rechtschreibregel* deckt einen bestimmten Bereich der Rechtschreibung ab. Sie ist als *allgemeine und verbindliche Handlungsanweisung für korrektes Schreiben* anzusehen und sollte ohne Beizug weiterer Hilfsmittel (zum Beispiel eines Wörterbuchs) zu einer eindeutigen Lösung führen.

1010 Die *dritte Ebene* der Rechtschreibung ist diejenige der *Einzelfestlegungen.* Diese Ebene ist nötig, weil leider – auch nach der Neuregelung der Rechtschreibung – längst nicht alle Bereiche der Rechtschreibung durch Regeln abgedeckt sind; in wichtigen Teilbereichen fehlen echte, das heißt allgemein verbindliche Regeln. In diesen Bereichen beruht die Schreibung auf Einzelfestlegungen:

> Eine *Einzelfestlegung* ist eine Art Mini-Regel, die für einen Einzelfall (oder eine Gruppe von Einzelfällen) bestimmt, wie zu schreiben ist.

Die *Einzelfestlegungen* sind im eigentlichen Wörterbuchteil der Rechtschreibwörterbücher gesammelt. Dieser Teil hat aber nicht nur die Aufgabe, alle Einzelfestlegungen anzugeben, sondern auch, die korrekte Anwendung der Regeln aufzuzeigen. Ein Bereich, in dem nur teilweise echte Regeln bestehen, ist die Wortschreibung im engeren Sinn, die Buchstabenlehre. So beruht es auf je einer Einzelfestlegung, dass man *Tal* mit *a, Saal* mit *aa* und *Stahl* mit *ah* schreibt.

Buchstabenlehre

Die Buchstabenlehre umfasst die Wortschreibung im engeren Sinn. In diesem Bereich der Rechtschreibung wird der Frage nachgegangen, aus welchen Buchstaben die einzelnen Wortformen aufgebaut sind. **1011**

Die Prinzipien der Buchstabenschreibung

Die Regeln der Buchstabenlehre werden vor allem von drei Prinzipien bestimmt: dem Lautprinzip, dem Stammprinzip und dem Homonymieprinzip. **1012**

Das Lautprinzip

Die Buchstaben bilden den Kern unseres Schriftsystems. Ihnen entsprechen die Laute der gesprochenen Sprache. Die wechselseitige Zuordnung von Lauten und Buchstaben beruht auf dem Lautprinzip (→ 1008): **1013**

> Gesprochene und geschriebene Sprache können systematisch aufeinander bezogen werden.

Allerdings passen die Laute und die 26 Buchstaben unseres Alphabets nicht genau zusammen. Der Grund für dieses Missverhältnis liegt in der Geschichte unserer Schrift: Das Alphabet ist nicht für die deutsche Sprache geschaffen worden, sondern wurde vor über tausend Jahren vom Latein übernommen. Unsere Sprache hat aber Laute, die das Lateinische nicht kennt, etwa den sch-Laut oder die Umlaute. Grundsätzlich hätte man für diese Laute neue Buchstaben entwickeln können. Man hat aber meist andere Hilfsmittel gewählt, so:

1. *Verbindungen* von Buchstaben, die als Einheit für einen Laut stehen:
   machen, waschen

2. *Verdoppelungen:*
   Saal, Mitte

3. Stumme Buchstaben, die einen vorangehenden Buchstaben in seiner Lautung abändern, etwa das Dehnungs-h:
Stahl, fahnden

4. *Diakritische (unterscheidende) Zeichen,* etwa die Punkte bei den Umlauten:
Späne, trösten, fürchten

Andere Sprachen kennen weitere diakritische Zeichen (hier auch Akzentzeichen genannt):
déjà, garçon, château, información, niño, união, háček

5. Ein einziger Buchstabe ist eigens für das Deutsche geschaffen worden, das sogenannte *Eszett.* Es existiert nur als Kleinbuchstabe (→ 1069):
Maß, reißen

1014 Nun entspricht nicht jedem Laut der gesprochenen Sprache genau ein Buchstabe oder genau eine Buchstabenverbindung. Ein Laut wird oft auf verschiedenste Weise wiedergegeben:

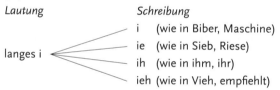

Während viele Laute durch eine Buchstabenkombination ausgedrückt werden müssen, stehen umgekehrt manche Buchstaben für eine Lautverbindung:
So ist x = k + s, z = t + s; ferner qu = k + w.

Manche Buchstaben stehen für verschiedene Laute:
Vgl. etwa die Aussprache von *c* in *Cäsar, Cembalo, Code, Glace;* von *g* in *Gier, Giro, Gelee;* von *y* in *Enzym, Pony, Yttrium* und *Yard.*

Das Stammprinzip

1015 Mit dem Lautprinzip lassen sich nicht alle Schreibungen erklären. Ein anderes wichtiges Prinzip ist es, einen Wortstamm in allen Flexions- und Ableitungsformen möglichst unverändert zu lassen. Man spricht daher vom *Stammprinzip:*

| Die Unterschiede zwischen verwandten Wortformen sollten möglichst gering sein.

Mit diesem Prinzip erklären sich Schreibungen wie:
er schafft (wegen schaffen; vgl. aber: der Schaft), ihr steht (wegen stehen; vgl. aber das ähnliche stets), läuten (wegen laut; vgl. aber: den Leuten)

Das Homonymieprinzip

Ein drittes Prinzip durchbricht das Lautprinzip ebenfalls: 1016

> Gleich Lautendes mit unterschiedlicher Bedeutung kann in geschriebener Sprache unterschiedlich behandelt werden.

Die Wirkung dieses Prinzips zeigt sich in der deutlichen, wenn auch nicht durchgängigen Tendenz, Wortformen verschiedener Bedeutung, aber gleicher Aussprache (Homonyme) in der Schrift auseinanderzuhalten. So etwa bei:
  Weise/Waise, Leib/Laib, Seite/Saite, malen/mahlen, Heer/hehr, Leere/Lehre, Lid/Lied, wider/wieder, Mine/Miene, seid/seit

Die Wortstammregeln

Die Grundregeln

Wie sich schon aus ihrer Bezeichnung entnehmen lässt, leiten sich die Wortstammregeln vom Stammprinzip (→ 1008, 1015) ab. Als Grundregeln lassen sich festhalten: 1017

> 1. Ein Wortstamm wird überall gleich geschrieben.
> 2. Wenn ein Wortstamm *lautliche* Varianten aufweist, so unterscheiden sich diese in der *Schreibung* möglichst wenig voneinander.

Beispiele:
  fahr → fahren, ich fahre, du fährst, er/sie fährt, ich fuhr, wir sind gefahren; Fahrt, Vorfahrt, Schifffahrt, Fahrbahn, Autofahrerin
  stell → stellen, ich stelle, du stellst, er/sie stellt; ich stellte; ich habe gestellt; Stellung, Gestell, Stellwand

Die Umlautregel

Die Umlautregel ist auf *ä* und *äu* ausgerichtet, weil in der gesprochenen Sprache *ä* teilweise wie *e* und *äu* wie *eu* ausgesprochen wird (→ 5): 1018

> Umlautregel: Man schreibt eine Wortform mit *ä*, wenn sie zu einer Wortform mit *a* gehört. Man schreibt eine Wortform mit *äu*, wenn sie zu einer Wortform mit *au* gehört.

Beispiele:

stark → Stärke; Arm → Ärmel; Drang → Gedränge; Wasser → Gewässer; zart → zärtlich

laut → läuten; Raum → räumen; saugen → Säugling; laufen → geläufig; rauben → Räuber; blau → bläulich

Dies gilt seit der Neuregelung der deutschen Rechtschreibung auch für die folgenden Wörter:

Bändel (wegen: Band); behände (wegen: Hand); belämmert (heute zu: Lamm); Gämse (wegen: Gams); gräulich (auch in der Bedeutung «schrecklich», wegen: grau, grauen, das Grauen); Quäntchen (heute zu: Quantum); schnäuzen (heute zu: Schnäuzchen, Schnauze); Stängel (wegen: Stange); überschwänglich (wegen: Überschwang); verbläuen (heute zu: blau)

Varianten: aufwendig (wegen: aufwenden; vgl. auch: wendig, inwendig, auswendig) oder aufwändig (wegen: Aufwand); Schenke (wegen: einschenken) oder Schänke (wegen: Ausschank)

Umgekehrt mit *e:*
Wechte (Schneewechte) (gehört zu *wehen,* nicht zu *wach*)

1019 Einige Einzelwörter werden mit ä oder äu geschrieben, obwohl es keine stammverwandten mit a oder au gibt:

dämmern, März, Geländer, Lärm, -wärts (vorwärts, rückwärts usw.); Bär, gebären, gären, Ähre, Käfer, Schädel, bestätigen, Käfig, Käse, erwägen

dräuen, Knäuel, Räude, sich räuspern, Säule, sich sträuben, täuschen

Auseinanderzuhalten (Homonyme; →1016):
Lerche (Vogel), Lärche (Nadelbaum); Ferse (am Fuß), Färse (Jungrind)

1020 Umgekehrt werden einige Wörter mit e geschrieben, obwohl es verwandte mit a gibt:
Schelle (trotz: Schall), Eltern (trotz alt); schwenken (trotz schwanken)

1021 Die folgenden Wörter schreiben sich mit *eu,* da sie nicht von Wörtern mit *au* abgeleitet werden können:

Beule, Beute, leuchten, reuten (roden), Leumund, verleumden, beleumden, schleudern, seufzen, streuen, Meute, Scheusal, scheu, scheuen, abscheulich

die Leute; der Leutpriester, die Leutkirche (historisch: der Priester bzw. die Kirche für die Leute; nicht verwandt mit *laut* → *läuten*)

Die Dehnungs-h-Regel für Verbformen

Wenn man bei Verbformen nicht sicher ist, ob sie ein Dehnungs-h aufweisen, ist die folgende Regel nützlich:

> Eine Verbform hat nur dann ein Dehnungs-h, wenn schon die Grundform (der Infinitiv) eines hat.

Beispiele:
empfehlen → du empfiehlst, er/sie empfiehlt, er/sie empfahl, er/sie hat empfohlen
leihen → du leihst, er/sie leiht, ich lieh, ich habe geliehen

Aber:
fallen → ich fiel
speien → du speist, er/sie speit, ich spie, ich habe gespien

1022

Die 3-Buchstaben-Regel

Seit der Neuregelung der deutschen Rechtschreibung gilt, dass die Bestandteile von Zusammensetzungen unverändert bleiben; es fallen keine Buchstaben mehr weg. Dies gilt auch, wenn drei gleiche Buchstaben aufeinander treffen:

> Wenn in einer Zusammensetzung drei gleiche Buchstaben zusammenstoßen, bleiben alle drei erhalten.

1023

Die 3-Buchstaben-Regel gilt grundsätzlich für Vokale und Konsonanten:
armeeeigen, schneeerhellt, seeerfahren
Schifffahrt, Schifffracht, Sauerstoffflasche, sauerstofffrei, Schritttempo, Blatttrieb, Pappplakat, Ballettheater, Stammmutter, Brennnessel, Sperrriegel, stilllegen, Stillleben (aus: still + Leben; franz.: *nature morte*), Nulllösung, metalllos, Stresssituation, Flussstrecke
Bei Ersatz von ß durch ss (→ 1069–1071) auch: Fusssohle, Massstab

1024

Die Regel gilt auch für Bildungen mit Präfixen (Vorsilben):
der Missstand, die Missstimmung

Zum Zusammenstoßen gleicher Buchstaben bei Endungen → 1030–1032.

Bei zusammengesetzten *Nomen* (nicht: Adjektiven, Verben) kann man auch den Bindestrich setzen (→ 1341). In der grafischen Industrie gilt die folgende Regelung:

1025

1. Wenn *drei gleiche Vokale* zusammenstoßen, setzt man *immer* den Bindestrich:
Tee-Ei, Klee-Ernte, See-Ende, Armee-Eigentum, Zoo-Oberwärter, Zebra-Aas

2. Wenn *drei gleiche Konsonanten* zusammenstoßen, setzt man den Bindestrich nur bei der Gefahr von Missverständnissen:

Spann-Nute, Span-Nute (ohne Bindestrich nicht so deutlich unterschieden: Spannnute, Spannute); Bet-Tuch (bei Schreibung *Bettuch* schlecht zu unterscheiden vom geläufigeren *Betttuch*), Kunststoff-Lasche (bei Schreibung *Kunststofflasche* schlecht unterscheidbar vom geläufigeren *Kunststoffflasche*)

1026 Keine eigentlichen Ausnahmen sind die folgenden zwei Wörter, da sie heute allgemein nicht mehr als Zusammensetzungen empfunden werden:

Mittag, dennoch (entsprechend in der Trennung: Mit-tag, den-noch)

Ausnahmen zu den Wortstammregeln

1027 Leider gibt es Ausnahmen zu den Wortstammregeln. Wir zählen hier die wichtigsten auf.

1028 1. Man schreibt einfaches *ä, ö*, auch wenn zugehörige Wortformen *aa, oo* haben (→ 1055, 1059):

Saal → Säle, Sälchen; Haar → Härchen; Boot → Bötchen

1029 2. Bei Ableitungen (→ 502) mit *-d, -t, -te, -st* werden die Wortstammregeln meist nicht beachtet (vgl. auch → 1064):

Brand (trotz brennen); Glut (trotz: glühen), Blüte (trotz: blühen), Gestalt (trotz: stellen), Geschäft (trotz: schaffen); Gespinst (trotz: spinnen), Geschwulst (trotz: schwellen, geschwollen)

Aber mit Berücksichtigung der Wortstammregeln: Naht (nähen), Draht (drehen), gefährden (Gefahr).

1030 3. Wenn beim Anfügen von Endungen gleiche Buchstaben zusammenstoßen, wird oft einer weggelassen.

a) Folgt bei einem Verb auf das s, ss, ß, x, z, tz des Stamms die Endung -st, so lässt man das s der Endung weg:

du reist (zu: reisen), du hasst (zu: hassen), du reißt (zu: reißen), du mixt (zu: mixen), du scherzt (zu: scherzen), du sitzt (zu: sitzen)

Hier ist daneben meist auch die lange Endung *-est* möglich, die keiner Verkürzung unterliegt:

du reisest, du hassest, du reißest, du mixest, du scherzest, du sitzest

b) Folgen auf *-ee* oder *-ie* die Flexions- oder Ableitungssuffixe *-e, -en, -er*, so lässt man ein *e* weg. Beispiele:
die Feen; die Ideen; die Seen; die Surseer; die Knie, knien; sie schrien, geschrien

c) Weitere Fallgruppen:
Endung *-lein* bei Wörtern auf *-el:* Schlüssel + -lein → Schlüsselein
Endung *-tel:* acht + -tel → Achtel; dritt + -tel → Drittel; zwanzigst + -tel → Zwanzigstel
Endung *-st* des Superlativs: groß + -ste → größte
Endung *-heit:* hoh(e) + -heit → Hoheit (aber ohne Einsparung: Rohheit, Zähheit)
Endung *-t* bei unregelmäßigen Verben mit Stamm auf *-t* oder *-tt:* rat(en) → er/sie rät, halt(en) → er/sie hält, treten → er/sie tritt (vgl. daneben: du trittst)

Wenn an einen Stamm eine Endung tritt, deren Anfangsvokal voll ausgesprochen wird, lässt man keine Buchstaben weg:
Brei + -ig → breiig; verdau(en) + -ung → Verdauung; erbau(en) + -ung → Erbauung; Lai(e) + -in → Laiin, Malai(e) + -in → Malaiin

Die Buchstabenregeln

Die Bezeichnung der Vokallänge

Bei den Regeln für lange Vokale muss zwischen *i* und den übrigen Vokalen unterschieden werden, da sie unterschiedlichen Regeln unterliegen.

Lang gesprochenes i

Für lang gesprochenes *i* stehen im Deutschen die folgenden Schreibungen zur Verfügung:

1. das bloße *i*, zum Beispiel: *Biber, Maschine*
2. die Buchstabengruppe *ie* (*i* plus Dehnungs-e), zum Beispiel: *sieben, Industrie*
3. die Buchstabengruppe *ih* (*i* plus Dehnungs-h), zum Beispiel: *ihr, ihnen*
4. die Buchstabengruppe *ieh*, zum Beispiel: *Vieh, empfiehlt*

Langes *i* wird in deutschen Wörtern fast immer, in Fremdwörtern nur in den Wortausgängen *-ie, -ier, -ieren* mit *ie* geschrieben.

Beispiele:
Schmied, Gefieder, Gier, Neugierde, Kies, Knie, Zier, frieren, Giebel, Schwiele, Tiegel, Zwieback, vielleicht, ziemlich, blieb, gefiel, blies, stieß, Biest
Manie, Kopie, Industrie, Sellerie, Artillerie, Offizier, Kassier, Bankier, spazieren, tapezieren, addieren

Mit bloßem *i* sind zu schreiben:
Bibel, Biber, Fibel, Tiger, Kamin, Brise, Maschine, Lawine, (er) ging, (er) fing, (er) hing, (er) gibt (aber: ergiebig, ausgiebig, nachgiebig)

1037 Genau zu unterscheiden sind die folgenden gleich lautenden Wörter (Homonyme; → 1016):
die Bise (schweiz.: Nordostwind), die Biese (aufgenähter Streifen); das Fieber (erhöhte Körpertemperatur), die Fiber (Faser), Fiberglas; die Fidel (historisches Streichinstrument), die Fiedel (abwertend für: Geige), fiedeln; das Lid (am Auge), das Lied (Gesang); die Mine (Bergwerk, Sprengkörper, Schreibmine), die Miene (Gesichtsausdruck); der Rigel (Name eines Fixsterns), der Riegel (Verriegelung); das Sigel (Abkürzungszeichen), das Siegel (Briefverschluss); der Stil (Kunst-, Schreibstil), der Stiel (Stängel)

1038 Man halte vor allem das Adverb *wieder* (Bedeutung: nochmals) und die Präposition *wider* (Bedeutung: gegen) sowie die damit zusammengesetzten Verben auseinander. Zusammensetzungen mit *wider*:
widerhallen, Widerhall, widerspiegeln (= entgegenspiegeln), widerreden, Widerrede, widerfahren, widersprechen, Widerspruch, Widerpart, widerstehen, Widerstand, Widerdruck, widerlich
Besonders zu beachten ist *wider*, wenn es als Verbzusatz abgetrennt ist (→ 88, 91, 93): Sein Rufen hallte im Walde *wider*. Deutlich spiegelte sich die Silhouette des einsamen Wanderers im mondbeschienenen Teich *wider*.

Zusammensetzungen mit *wieder*:
wiederholen, wiedergeben, Wiedergabe, wiedersehen, wiederbeleben, wiederkommen

1039 Wenn am Wortausgang ein *ie* mit einem Endungs-e zusammentrifft, wird nur ein einziges *e* geschrieben (→ 1031):
sie schrien, geschrien; sie spien, gespien; die Knie, auf den Knien, sie knien; die Serien, die Kopien, die Industrien

Buchstabenlehre Rechtschreibung

Mit *ih* schreiben sich nur einige Pronomen (sowie ein paar Eigennamen): **1040**
ihm, ihn, ihnen, ihr, ihres, ihrem (usw.); (Flussnamen:) Sihl, Zihl

Mit *ieh* schreiben sich zum einen die folgenden Einzelwörter: **1041**
Vieh, fliehen, ziehen, wiehern

Mit *ieh* schreiben sich zum anderen Konjugationsformen von Verben, deren Stamm **1042**
im Infinitiv *eh* oder *eih* enthält (→ 1022):
  sehen → du siehst, er sieht; empfehlen → du empfiehlst, er empfiehlt; befehlen → du befiehlst, er befiehlt (aber: er gefiel, zu: fallen); stehlen → du stiehlst, er stiehlt; gedeihen → er gedieh, sie gediehen (aber: er spie, zu speien); verzeihen → er verzieh

Doppel-i als Dehnungszeichen gibt es nicht. Wo zwei *i* erscheinen, handelt es sich um **1043**
das Zusammentreffen von stammhaftem *i* mit dem anlautenden *i* einer Endung:
  assoziieren, variieren, liiert, die Alliierten, prämiieren (häufiger: prämieren)

Allgemeines zu den übrigen lang gesprochenen Vokalen

Bei den übrigen Vokalen bestehen im Deutschen die folgenden Möglichkeiten zur **1044**
Kennzeichnung der Vokallänge:

1. Bei einer kleinen Zahl von Wörtern wird der *Vokal verdoppelt*.
   See, Meer, Allee, Saal, Boot

2. Häufiger verwendet man das *Dehnungs-h*:
   zehn, fahl, Rohr, Lehm, Huhn, ihm, Naht

Das *h* dient oft auch dazu, die *Silbengrenze* anzuzeigen, wenn die folgende Silbe mit einem Vokal beginnt, so bei den Verben mit vokalisch auslautendem Stamm. Man spricht dann auch von einem silbentrennenden *h*:
  drehen, sehen, nahen, mähen, drohen, erhöhen, ruhen, bemühen; *aber:* säen, knien

Das *h* taucht dann über die Wortstammregeln (→ 1017) auch in Wortformen auf, wo es nicht die Silbengrenze markiert:
  er/sie droht, der Drohfinger (wegen: drohen)
  früh (wegen: früher)

3. Oft bleibt die Länge des Vokals aber unbezeichnet:
   klar, Ton, Tran, Strom, schwer, rot, Wüste

1045 Man kann hier die folgenden drei Faustregeln aufstellen:

> 1. Faustregel (hohe Trefferquote): Wenn ein Wortstamm auf einen betonten und dann immer langen Vokal (oder Vokal plus *e*) ausgeht, wird der Vokal mit einem *h* gekennzeichnet:
> die Kuh (die Kühe), die Truhe, die Brühe
> nah (nahe, näher), froh, roh, zäh (auch: Rohheit, Zähheit; → 1032)
> drehen, bejahen (aber Partikel: ja), krähen, drohen, erhöhen, ruhen
>
> 2. Faustregel (hohe Trefferquote): Wenn in einem Stamm auf einen langen Vokal noch ein Konsonant folgt, steht *keine* Dehnungsbezeichnung, außer es handle sich um bloßes *l, m, n, r*:
> Lob, graben, Hof, rufen, brav, Löwe, rot, müde, Straße, Nase, Trost, Mond, Bart, Erde, Haken, fragen, Rache, suchen

Für Wörter, deren Stamm auf einen langen Vokal plus bloßes *l, m, n* oder *r* ausgeht, gibt es keine echte Regel: In ziemlich genau der Hälfte aller Fälle steht ein Dehnungs-h, in den anderen Fällen nicht. Man muss sich daher die Wortbilder einzeln merken:
zahm, Fahne, Bühne, Lohn, Stahl, fühlen, führen, sehr, mehr
Kram, Krümel, Span, Kran, Hüne, Tal, Qual, schwül, spüren, stören, schwer

Immerhin gilt:

> 3. Faustregel (Trefferquote 99%): Fremdwörter haben kein Dehnungs-h:
> Kamel, Portal, Problem, Hormon, Kalkül, Ranküne, Harpune

1046 Bei den Wörtern mit *ee, aa, oo* handelt es sich überwiegend um Einzelfälle, deren Schreibung nicht von einer Regel ableitbar ist (→ 1010). Immerhin kann man sich hier eine «Negativregel» merken:

> Umlaute werden nie verdoppelt:
> Säle, Sälchen (trotz: Saal), Pärchen (trotz: Paar), Härchen (trotz: Haar), Bötchen (trotz: Boot)

1047 In den folgenden Zusammenstellungen sind schwierigere Wörter aufgeführt: 1. Wörter mit und ohne Dehnungs-h, 2. Ausnahmen zu den oben genannten Faustregeln, 3. Wörter mit *ee, aa, oo*.

e, ee, eh

Mit einfachem *e* sind zu schreiben: 1048

Schere, scheren, bescheren, Bescherung, Demut (aber: Wehmut), Kamel, her (aber: hehr, Heer), schwer, quer, Feme (aber: Fehde; → 1049), verfemt, stets (aber: er steht), schwelen (aber: schwellen), Werwolf (= «Mannwolf», vgl. lat. *vir* = Mann)

Besonders zu beachten: selig (hat nichts mit *Seele* zu tun, sondern gehört zu althochdeutsch *salig* = glücklich); vgl. auch die Zusammensetzungen: mühselig (zu: Mühsal), glückselig, armselig usw.

Mit *eh* sind zu schreiben: 1049

Fehler, Kehle, befehlen, empfehlen, stehlen, Lehm, hehlen, Hehler, Lehne, sehnen, Sehnsucht, Wehr (aber Pronomen: wer), wehren, hehr (aber: her, Heer, verheerend), lehren, Lehre (aber: leeren, Leere), dehnen (aber Pronomen: denen), Nehrung

Ausnahme (gegen → 1045.2): Fehde

Genau zu unterscheiden: 1050

M**e**ltau (Honigtau, Blattlaushonig); M**eh**ltau (Pflanzenkrankheit); Mehltaupilz, echter Mehltau, falscher Mehltau

Mit *ee* schreiben sich: 1051

Klee, Schnee, Tee, Fee, See, Lee (= dem Wind abgewandte Seite); Teer, Speer (aber: Ger), Heer (aber: hehr, her), verheerend, leer, Leere, leeren (aber: Lehre, lehren), Meer (aber: mehr); Reede (aber: Rede), Seele, scheel, Beere, Beet, krakeelen (= lärmen)

Auf *-ee* gehen außerdem eine Reihe von Fremd- und Lehnwörtern aus:

Armee, Allee, das Trassee (schweiz. für: die Trasse), das Gelee, die Soiree, die Livree. Zu Varianten wie *Frottee* neben *Frotté* → 1095.

a, aa, ah; ä, äh

Mit einfachem *a* bzw. *ä* sind zu schreiben: 1052

Qual, quälen, Schal (Halstuch), schal (fad), Schale, schälen, Kram, Krämer, Gram, grämlich, Leichnam, Kran, Span (Plural: Späne), Schar, scharen (≠scharren), Pflugschar, Gebaren, Gebärde, gären, Gärung, spät (aber: er späht), Ware, Harem

Sonderfall (gegen → 1045.1): säen → er sät, der Sämann (aber: wir sähen = Konjunktiv II von sehen).

Mit Dehnungs-h schreiben sich: 1053

Ahle, Draht (sprachgeschichtlich zu: drehen), fahl, Fahne, Fähnrich, fahren, Gefahr, gefährden, Gefährdung (aber: Gebärde), nachahmen, nähen, Naht (zu: nähen; aber: Nadel), Nahrung, nähren, Pfahl, pfählen, Rahm, Rahmen, Stahl, stählern, Strahl

1054 Mit Hilfe des Dehnungs-h werden in der Schreibung die folgenden gleich lautenden oder ähnlichen Wörter auseinandergehalten (Homonyme; → 1016):

Ohne Dehnungs-h	Mit Dehnungs-h
malen (streichen), Maler	mahlen (zerreiben)
das Mal (Zeichen); das Denkmal, das Merkmal, das Brandmal, das Wundmal, das Grabmal, das Muttermal	das Mahl (Essen) die Mahlzeit, das Abendmahl
Mal, -mal (Wiederholung)	allmählich
der Name/Namen	er nahm, sie nahmen (von: nehmen)
der Vorname	die Vornahme
der Nachname	die Nachnahme
nämlich	
der Leichnam	
er war/wäre, sie waren/wären (von: sein)	wahr, die Wahrheit, bewahren, bewähren, gewahren, gewähren, die Gewähr, gewahr, währen (dauern), während
die Ware	
der Wal, der Walfisch (Walnuss, Walstatt → 1063)	die Wahl, wählen
die Bar; bar, in bar	die Bahre
das Gebaren, die Gebärde	gefährden, die Gefährdung (zu: Gefahr)
gebären	
die Made	die Mahd, der Mähder (zu: mähen)
das Uran	der Urahn
die Hoffart (Hochmut)	die Fahrt, die Talfahrt
die Mär, das Märchen	die Mähre (Pferd), der Nachtmahr

1055 Mit *aa* werden Wörter vor allem geschrieben, um sie von gleich lautenden oder ähnlichen mit anderer Bedeutung abzugrenzen (Homonymieprinzip; → 1016). Zu beachten ist, dass der Umlaut zu *aa* immer einfaches *ä* ist (→ 1028). Zu unterscheiden:

Mit Doppel-a	Mit einfachem *a* oder *ah*
der Aar (Adler)	das Ar (Flächenmaß, schweiz.: die Are)
das Aas (Plural: die Äser)	das Ass
der Saal (Plural: die Säle, vgl. auch: das Sälchen)	die Salweide (Baum), -sal (Suffix, z.B.: Schicksal, Mühsal, Rinnsal)
das Maar (Krater, oft wassergefüllt)	der Nachtmahr (Gespenst)
der Staat, staatlich	die Stadt, die Statt (→ 1085), statisch (nicht beweglich)
die Waage, waagrecht	der Wagen, wagen, waghalsig

Weitere Wörter mit *aa*:
  das Haar (aber: Härchen, hären); das Paar (aber: Pärchen); die Saat (aber: säen, Sämann).

o, oo, oh; ö, öh

Mit einfachem *o* bzw. *ö* schreiben sich: 1056
  Flor, Fron, Frondienst, frönen, honen (fein schleifen), schonen, Thron, Strom, grölen, Gegröle, hören, gehören, Gehör, schwören, stören, Störung, der Stör (Fisch), die Stör (Arbeit im Haus des Kunden), Wollust (aber: wohl), Person, persönlich (aber: versöhnlich)

Ausnahmen (gegen → 1045.1):
  die Bö/Böe
  die Hoheit (Trennung: Ho-heit), aber regelhaft: Rohheit, Zähheit (→ 1032)
  die Diarrhö, die Menorrhö (besser nicht mehr: -rrhöe, -rrhoe)

Mit Dehnungs-h schreibt man: 1057
  Kohl, Kohle, Hohn, höhnen, Bohne, stöhnen, Gestöhn, Föhn (trocken-warmer Fallwind; Haartrockner), Rohr, Röhre, Röhricht

Genau auseinanderzuhalten sind: 1058
  Ohne Dehnungs-h: holen (hol mir Brot!), erholen, nachholen, wiederholen; Bor (chem. Element), Borwasser; Sole (Salzlauge), Dole (Abzugsgraben).
  Mit Dehnungs-h: hohl, Höhle, aushöhlen; unverhohlen (zu: hehlen); bohren, Bohrer; Sohle (am Schuh), Dohle (Vogel).

Besonderheit (→ 1550):
  Mit Satzzeichen nach der Interjektion: *Oh! Oh, das freut mich!*
  Ohne Satzzeichen nach der Interjektion: *O weh! O Schreck! O du fröhliche ...*

1059 Mit *oo* schreiben sich nur die folgenden Wörter:
Moor (aber: der Mohr, veraltet für: Schwarzer), Moos (Plural: Moose/Möser, →1028), moosig, Boot (aber: Bötchen, →1028; ferner: der Bote)

u, uh; ü, üh

1060 Mit bloßem *u* bzw. *ü* sind zu schreiben:
Fuder, Flur, Spur, spüren, Kur, Kür, küren, Schnur, Schwur, Geschwür, Spule, spulen, spülen, Spültrog, schwul, schwül, müde, Düne, Hüne, Hünengrab (aber: Hühnerhof), Blut, Glut, Blust, Blüte, Blume, schurigeln, Kakadu, Känguru, Gnu

Mit Dehnungs-h:
Stuhl, Pfuhl, Huhn, Wuhr (Flusswehr), Gebühr, führen, Fuhrmann, kühn, kühl, rühren, wühlen, glühen (aber: Glut), blühen (aber: Blüte, Blust, Blume)

Genau zu unterscheiden sind:
Ohne Dehnungs-h: Ur (Auerochse); Ur-/ur- (Präfix, z. B. in Urteil, Urlaub, Urwald, Urzeit, urtümlich, uralt); Rum (Getränk).
Mit Dehnungs-h: Uhr (Zeitmesser), Uhrzeit, Uhrenteil usw.; Ruhm, rühmen.

Die Verdoppelungsregeln

1061 Für Wörter deutscher Herkunft gilt recht durchgängig die folgende Regel (Trefferquote: etwa 95 %):

> 1. Folgt im Wortstamm auf einen betonten kurzen Vokal nur ein einzelner Konsonant, so wird er in der Schreibung verdoppelt:
> Nach *kurzem* Vokal *verdoppelter* Konsonant: Quallen, Ratten, Gramm, Fall, Mitte, zerren, schwellen, Stall.
> Nach *langem* Vokal *einfacher* Konsonant: Qualen, Raten, Gram, fahl, Miete, zehren, schwelen, Stahl.
>
> 2. Statt *kk* steht *ck,* statt *zz* steht *tz:*
> Nach *kurzem* Vokal *ck:* Blöcke, Lücke, Deckel, Quacksalber, Fackel, hacken, Spucke, spucken, Pickel, Trick; wir erschrecken, wir backen, Stuck (→ Stuckatur, Stuckateur)
> Nach *langem* Vokal einfaches *k:* blöken, Luke, Ekel, quaken, Makel, Laken, Haken, Spuk, spuken, Pike; wir erschraken, wir buken.
> Nach *kurzem* Vokal *tz:* Patzer, Putz, Matratze, Dutzend, sitzen, Platz (→ platzieren), Bretzeli (mundartlich)
> Nach *langem* Vokal einfaches *z:* Strapaze, Kapuze, Matrize, duzen, siezen, Brezel

Da *ck* und *tz* Ersatz für verdoppeltes *k* bzw. *z* sind, können sie nicht nach einem andern **1062** Konsonanten stehen:
 merken, Balken, Gelenk; stürzen, Walze, winzig

Viele Fremdwörter haben verdoppeltes *kk* und *zz*:
 Wörter mit *kk* (aus fremdem *cc*): Pikkolo, Sakkoanzug, Mokka, Akkumulator, Akkord, Akkordeon.
 Wörter mit *zz*: Pizza, Razzia, mezzoforte, pizzicato, Skizze, Bajazzo, Intermezzo, Strizzi; Puzzle, Jazz.

Die Verdoppelungsregeln sind Faustregeln, sie kennen also Ausnahmen. Wir geben **1063** hier die wichtigsten Fallgruppen an:

1. *Sparschreibung* in einigen besonders häufigen Wörtern:
 er hat (aber: er hatte), in, drin (aber: innen, drinnen), im, zum, man (aber: Mann, jedermann)

2. Nur einfacher Konsonant in einigen *verdunkelten Zusammensetzungen:*
 Himbeere, Brombeere, Damhirsch; Walstatt, Walküre, Walnuss; Herberge, Herzog, Hermann (Vorname)

3. Die Konsonantenverdoppelung unterbleibt bei manchen *Fremdwörtern:*
 Chef (Chefin), Chip, City, Kap, Kapitel, Klub, Relief, Roboter

Bei einigen Fremdwörtern (oft aus dem Englischen) unterbleibt die Verdoppelung nur beim einfachen Wort, erscheint hingegen bei Ableitungen:
 Bus (→ Busse), fit (→ fitter, Fitting); Jet (→ jetten); Job (→ jobben, er/sie jobbt); Mob (→ mobben, Mobbing), Pop (→ poppig), Slip (→ Slipper)

Die Verdoppelung unterbleibt entsprechend dem Wortlaut der Regel, wenn im *Stamm* **1064** des Wortes *zwei oder mehr* verschiedene Konsonanten aufeinander folgen:
 Kraft, Spalt, Feld, Hanf, Bund, Wanst, Wurst, sanft, Last, Luft, Wunsch, Widmung, Witwe (!), Gips, Zimt, Samt, hopsen, knipsen
 Fremdwörter: Faktor, Takt, Kontakt, strikt, Architekt

So lässt sich auch die Schreibung einiger einsilbiger Wörter erklären, neben denen es zweisilbige Formen mit Konsonantenverdoppelung gibt:
 Grumt (neben: Grummet), Kumt (neben: Kummet), Zwilch (neben: Zwillich), Drilch (neben: Drillich), Samt (neben älterem: Sammet), Taft (neben älterem: Taffet)

Die Verdoppelung unterbleibt auch bei Ableitungen mit den Suffixen *-d, -t, -st*. Mit diesen Suffixen gebildete Wörter werden also wie unabgeleitete Wörter behandelt (gegen die Wortstammregeln; → 1017, 1029):
 brennen → Brand; schwellen → Geschwulst; können → Kunst; spinnen → Gespinst; schaffen → -schaft (z. B. in Gesellschaft), Geschäft; stellen → Gestalt

Das Stammprinzip wird hingegen bei Ableitungen mit anderen Suffixen, bei Zusammensetzungen und insbesondere bei allen Konjugationsformen von Verben berücksichtigt. Die Verdoppelung bleibt also erhalten:

Zusammensetzungen: rinnen → Rinnstein; treffen → Treffpunkt; spinnen → Spinnrad

Ableitungen: rinnen → Rinnsal, Gerinnsel; schwemmen → Schwemmsel (Angeschwemmtes)

Konjugationsformen: rinnen → es rinnt; treffen → du triffst, er/sie trifft (aber, da mit langem Vokal: ich traf); schaffen → du schaffst, ich schaffte (aber, da mit langem Vokal: ich schuf); spinnen → du spinnst, er/sie spinnt; stellen → du stellst, ich stellte, gestellt; brennen → es brannte, gebrannt (→ Branntwein); schwellen → es schwillt

1065 In einer Reihe von Fremdwörtern tritt die Konsonantenverdoppelung auch nach *unbetontem* kurzem Vokal auf:

Allee, Batterie, Billion, Effekt, frappant, Grammatik, Kannibale, Karriere, kompromittieren, Konkurrenz, Konstellation, Lotterie, Porzellan, raffiniert, Renommee, skurril, Stanniol

Verdoppelung tritt ferner bei der Endung *-in* auf, aber nur, wenn eine weitere Endung, etwa die Pluralendung, folgt:

die Lehrerin → die Lehrerinnen, die Freundin → die Freundinnen

Zu Wörtern auf *-nis, -is, -as, -os, -us* → 1072.

1066 Besondere Beachtung verdienen die folgenden Wörter:

b/bb	Krabbe; Ebbe; Robbe; Zibbe (weibliches Kaninchen); kribbeln; schrubben; Schrubber; Sabbat
d/dd	Widder (aber: wider, wieder → 1038); Troddel (Quaste); Pudding; buddeln; paddeln, Paddelboot
g/gg	Nigger (Schimpfwort für Schwarze); aber: Niger (Fluss und Staat in Afrika); Roggen (Getreideart), aber: Rogen (Fischeier); Egge
k/ck	packen, Pack, aber: Paket; Rokoko, Barock; Rakete; Tabak, Amok (laufen), Anorak
l/ll	schwellen (sich ausdehnen), aber: schwelen (glimmen); Wall, wallen, Wallfahrt, aber: Walnuss, Walstatt, Walküre (→ 1063.2), mit langem Vokal: Wahl, Wal (→ 1054); Ellipse; parallel, Parallele; Holunder; Balustrade; Dilettant; Porzellan; Pelerine; toll, Tollpatsch; Karamell
m/mm	Nummer, nummerieren; Summe, summieren, aber (etymologisch nicht verwandt): subsumieren; Damhirsch (→ 1063.2), aber: Damm; Krume, aber: krumm; Komödie, aber: Kommode, kommod (angenehm)
n/nn	Minne (aber: Mine, Miene, → 1037); Stanniol, Spaniel, annullieren (aus ad-nullieren; → 521)

p/pp	Lappen, Lapsus; Suppe, Lupe; Mappe, Kappe, aber: Kapelle, Kapitel, Kapitell; Attrappe, aber: Satrap; Tipp, tippen; Mopp, moppen; Stopp, stoppen (aber auf Verkehrsschildern: Stop)
r/rr	Sparren, sparen; Barriere, Karriere, aber: Karo, kariert, Karikatur, Karussell, Karosserie; Zigarre, Zigarette; plärren; schnorren, Sporen; Terrasse
s/ss	→1072 f.
t/tt	Brett, Wildbret; Kaput (Soldatenmantel), kaputt; Billett, Dilettant; statt, Werkstatt, Stätte, aber: Stadt, Städte (→1085)
w/ww	Struwwelpeter
z/tz	Platz, platzieren; aber: spazieren, sezieren, tapezieren

Die Schreibung der s-Laute

Die ß-Regel

Wenn in einem Wortstamm nach einem Vokal ein einfacher scharfer s-Laut folgt, erscheint der s-Laut in der Schreibung als *ss* (Doppel-s) oder als *ß* (Eszett), und zwar nach der folgenden Regel:

| Nach Kurzvokalen steht *ss*, sonst *ß*. |

Beispiele für *ss* nach Kurzvokalen:

Nach Kurzvokalen: Masse, massiv, massieren; Busse (Plural von: Bus); Gasse, Gässchen; Fass, Fässer, Fässchen; fassen, ich fasse, du fasst, er/sie fasst, gefasst; Wasser, wässerig, wässrig; missen, Misstrauen, Missernte, Missstand; Stress, Stresssituation

Beispiele für *ß* nach anderen Vokalen:

Nach Langvokalen: Maß, Maße, mäßig, Maßstab; Buße, büßen; Straße, Sträßchen; stoßen, ich stoße, du stößt, er/sie stößt, ich stieß, gestoßen, Stoßstange; Fuß, Füße, Fußsohle

Nach Doppelvokalen (Diphthongen): außen, äußern; heiß; schweißen, ich schweiße, geschweißt

Anmerkungen

1. Die folgenden Wörter haben hochsprachlich *kurzen* Vokal, man schreibt also *ss*:
   Anlässe, lässig (unablässig, zuverlässig, nachlässig, vernachlässigen); aufsässig, ansässig, Insasse, Elsässer; Geschoss (= Projektil, Stockwerk; nur süddeutsch, österreichisch auch: Geschoß)
2. Die folgenden Wörter haben hochsprachlich *langen* Vokal, man schreibt also Eszett:
   Spaß, Späße, spaßen; Hagelschloßen
3. Bei vielen Wortstämmen wechselt in der Flexion oder in der Wortbildung der Vokal (→14, 507). Je nach Aussprache des Vokals ist dann Eszett oder Doppel-s zu schreiben. Die Verteilung von *ß*

und ss entspricht dann genau derjenigen bei *f* und *ff* usw.; Doppel-s steht also genau dort, wo es die Verdoppelungsregel (→ 1061) erwarten lässt. Vgl. das folgende Nebeneinander:

reißen, ich reiße, ich riss, ich habe gerissen
greifen, ich greife, ich griff, ich habe gegriffen
messen, er/sie misst, ich maß, ich habe gemessen
treffen, er/sie trifft, ich traf, ich habe getroffen
Weitere Beispiele für den Wechsel von *ss* und *ß*:
fließen, es fließt, es floss, geflossen; der Fluss, die Flüsse, das Flüsschen; flüssig; das Floß, die Flöße; die Flosse, die Flossen
lassen, ich lasse, er/sie lässt, ich ließ, gelassen
wissen, ich weiß, ich wusste, gewusst; gewiss

4. In vielen Fremdwörtern steht scharf gesprochenes *ss* auch nach unbetonten Vokalen:
Fassade, Karussell, Kassette, passieren, Rezession, Diskussion

5. Beim Trennen wird *ß* wie ein einfacher Konsonant behandelt (→ 1306):
schlie-ßen, Mei-ßel

Der Ersatz von ß durch ss

1069 Eszett *(ß)* gibt es nur als Kleinbuchstaben (Minuskel). Wenn Wörter ganz in Großbuchstaben (Majuskeln) geschrieben werden, steht immer Doppel-s:
STRASSE (nicht: STRAßE), GROSS, BUSSE (je nachdem = Buße oder Busse), MASSE (je nachdem = Maße oder Masse)

1070 In der Schweiz wird *ß* gewöhnlich auch als Kleinbuchstabe durch *ss* ersetzt:
Strasse, Strässchen; Mass, Masse, mässig, Massstab; stossen, ich stosse, du stösst, er/sie stösst, ich stiess, gestossen, Stossstange; Fuss, Füsse, Fusssohle; aussen, äussern; heiss; schweissen, ich schweisse, geschweisst

1071 Anmerkungen
1. Der Ersatz von *ß* durch sz/SZ ist veraltet:
Nicht mehr: Strasze, STRASZE; Masze, MASZE; Busze, BUSZE.
2. Beim Zusammenstoßen dreier *s* werden in Zusammensetzungen und in Bildungen mit Präfix immer alle drei *s* geschrieben (→ 1023):
Stresssituation, Flussstrecke, Missstimmung
Bei Ersatz von *ß* durch *ss* entsprechend auch:
Fusssohle, Massstab
3. Bei Schreibung ganz in Großbuchstaben kann bei Zusammensetzungen auch der Bindestrich stehen. Bei normaler Schreibweise steht der Bindestrich nur bei der Gefahr von Fehllesungen (→ 1025, 1341). Beispiele:
FUSSSOHLE (oder: FUSS-SOHLE); MASSSTAB (oder: MASS-STAB)
4. Wenn *ß* durch *ss* ersetzt wird, trennt man zwischen den beiden *s*:
schlies-sen, Meis-sel; SCHLIES-SEN, MEIS-SEL (aber: schlie-ßen, Mei-ßel; → 1306)

Buchstabenlehre   Rechtschreibung

Sonstige Schwierigkeiten der s-Schreibung

Das scharfe auslautende *s* wird beim Suffix *-nis*, bei einigen deutschen Einzelwörtern und in einer ganzen Reihe von Fremdwörtern mit einfachem *s* geschrieben. Sobald jedoch eine Endung angefügt wird (→ 117, 136), steht *ss*:   1072

    das Geheimnis → des Geheimnisses, die Geheimnisse; die Erkenntnis → die Erkenntnisse; der Kürbis → des Kürbisses, die Kürbisse; der Iltis → des Iltisses, die Iltisse; die Kirmes (Kirchweih) → die Kirmessen; der Atlas → des Atlasses; das Rhinozeros → die Rhinozerosse; der Bus → des Busses, die Busse; der Zirkus → die Zirkusse
    Hingegen heute regelhaft: das Ass → des Asses, die Asse.

Zu unterscheiden sind: 1073

    das (Pronomen), dass (Konjunktion); das Verlies, er verließ; der Griesgram, der Grieß; die Geisel, die Geißel; der Gleisner (Heuchler), gleisnerisch, gleißen (glitzern, glänzen); niesen, genießen

---

Übung 35   1074

Berichtigen Sie die Fehler in der Schreibung der s-Laute:

Lange Zeit – vor allem in den 50er- und in den 60er-Jahren – hat man in unseren Städten den schienengebundenen Nahverkehr vernachläßigt. Vor allem die Straßenbahn stand außerhalb der Gunst der Verkehrsfachleute. Sie warfen ihr vor, das sie den Verkehrsfluss störe und einen unmäßigen Lärm mache. Desshalb müße sie aus dem Stadtbild verschwinden. Viele Stadtverwaltungen kamen sich in der Folge ein bischen progreßiv vor, als sie die Straßenbahnen durch die wendigeren Autobuße ersetzen ließen. Doch der geringere Komfort der Busse lies die Leute auf die Privatautos umsteigen. Immer mehr kamen die Zentren – vor allem der Grosstädte – durch die Blechlawinen in Bedrängniß. Es gab Staus, die Autofahrer wurden mit der Stressituation nicht mehr fertig, sodass es zu Massenzusammenstössen kam. Dabei wurden nicht blos viele Fahrzeuginsassen, sondern oft auch unbeteiligte Fußgänger verletzt. Der Verdruß der Verkehrsteilnehmer über diese mißlichen Zustände wuchs. Unabläßig wurden Schnellstraßen gebaut, doch der Verkehr wurde nicht flüssiger. Auch der scheinbar so wendige Buß blieb im Verkehr stecken. So mussten die Städte den öffentlichen Bussen reservierte Fahrbahnen schaffen. Damit blieb nichts mehr von den Vorteilen des Busses übrig. Für die vielen Millionen hätte man besser der Strassenbahn eigene Fahrspuren gebaut. Nach all diesen Misserfolgen kamen einige Städte in den 70er-Jahren auch zu dieser Erkenntnis und haben beschloßen, wieder in großem Maßstab Beträge den Straßenbahnen zufließen zu lassen, sofern sie noch welche hatten. Untertagestrecken in der Innenstadt werteten die Straßenbahn gar zu einer Art Stadtbahn auf, das heist zu einem Kompromis zwischen einer U-Bahn und einer gewöhnlichen Strassenbahn. Dies ist ein Konzept, daß ideal ist für Städte, die für eine richtige U-Bahn zu klein wären. Viele Strassen und Gassen konnten in der Folge zu Fußgängerparadiesen gemacht werden. Und so geniest heute Jung und Alt die neue Bewegungsfreiheit beim Einkaufen oder beim abendlichen Flanieren.

Die s-Schreibung im Frakturschrift

1075 Frakturschriften haben heute historische Bedeutung. Man hält sich daher bei der s-Schreibung wenn möglich an die früheren Gebräuche und beachtet insbesondere die Unterscheidung von Lang-s und Rund-s (Schluss-s) und den damit zusammenhängenden zusätzlichen Gebrauch des Eszetts. Wenn eine elektronische Schrift allerdings nur noch das Rund-s kennt, macht es keinen Sinn, die alten Eszett-Regeln anzuwenden, man orientiert sich dann konsequenterweise an den heutigen Regeln der s-Schreibung.

1076 Bei Frakturschriften wird traditionell zwischen Lang-s und Rund-s (Schluss-s) unterschieden.

1. Das Lang-s steht für den «schwachen» (stimmhaften) s-Laut im Anlaut und Inlaut:
   ſagen, ſanft, ſelber, nieſen, Beſen, Verſuch, Häuſer

2. Das Lang-s steht ferner, wenn es durch Ausfallen eines tonlosen *e* in den Auslaut gelangt ist:
   Abwechſlung, verwechſle, Drechſler (ursprünglich: Abwechſelung, verwechſele, Drechſeler)

3. Das Lang-s steht außerdem vor *t* und *p* (nicht aber *k*):
   huſten, koſten; er/ſie reiſt, wir reiſten; Weſpe, Knoſpe, Proſpekt; aber: Muskel, Oskar

   Beim Trennen kann Lang-s auch ans Zeilenende zu stehen kommen:
   Abwechſ-lung, Knoſ-pen, Pfoſ-ten, meiſ-tens (bei ſt aber früher: Pfo-ſten, mei-ſtens)

4. Das Lang-s steht in der Buchstabenverbindung *sch*:
   ſchön, waſchen

   Aber bei getrennter Aussprache:
   Räschen, Häuschen, Poschiavo, die Insel Ischia, der Ischias (nach der traditionellen Aussprache, also wie Is-chias)

5. Das Rund-s oder Schluss-s steht für den schwachen s-Laut am Silben- oder Wortende. (In der Mitte und im Norden des deutschen Sprachraums wird der Laut in dieser Stellung meist stark gesprochen, sogenannte Auslautverhärtung.)
   Haus, Häuschen (aber: Häuſer), Haustür, das, bis, Reis, Reiskorn, Klausner

6. Das Rund-s steht außerdem in Fremdwörtern wie den folgenden:
   transponieren, dispensieren, Marxismus, grotesk, Arabeske

7. Manchmal haben sich allerdings abweichende Schreibungen eingebürgert:
   Basler (statt Baſler oder Baſeler), abstrakt (eigentlich abs + trakt), Islam, Mißzelle

Das Eszett steht in drei Fällen: 1077

1. Das Eszett erscheint, wo auch die heutigen Regeln Eszett vorsehen, also nach Lang- oder Doppelvokal (→ 1067):
Fuß, Füße, Fußsohle; Maß, Maße (≠ Masse), mäßig, Maßstab; draußen, weiß, scheußlich

2. Das Eszett steht, wo die Regeln für einfaches s eine Abfolge von Lang-s und Rund-s erwarten lassen, also am Silben- und Wortende (→ 1076):
der Fluß (statt: der Flufs), das Flüßchen (aber: die Flüsse, flüssig); das Faß, erfaßbar (aber: des Fasses, die Fässer, fassen, Erfassung); mißlich, Mißernte, Mißstimmung (aber: vermissen); das Beßre (aber: das Bessere), wäßrig (aber: wässerig)

3. Darüber hinaus erscheint es auch vor *t:*
er/sie faßt, er/sie vermißt, wir vermißten

Sonst entspricht dem heutigen verdoppelten *ss* verdoppeltes Lang-s (siehe auch die vorangehenden Beispiele):
Rüssel, die Masse (≠ die Maße), passieren

Beim Trennen bleiben die beiden Lang-s erhalten:
Rüs-sel, pas-sieren

Sonstige Schwierigkeiten der Wortschreibung

Die Diphthonge ai, ei, eih; au, äu, eu

Mit *ai* wird eine Reihe von Wörtern geschrieben, um sie von gleich oder ähnlich lautenden Wörtern anderer Bedeutung zu unterscheiden (Homonymieprinzip; → 1016): 1078
Mit ai: Laib (Brot); Laich (Fisch-, Froschlaich); Saite (eines Musikinstruments); Waise (ohne Eltern); Rain (Abhang, Ackergrenze); Hain (lockerer Wald); Waid (blau färbende Pflanze).
Mit ei: Leib (Körper); Leiche; Seite; Weise (Art), weise (erfahren); rein (sauber; herein); Freund Hein (dichterisch: Tod); Weide, Weidmann (Jäger), Weidwerk, weidwund, weidgerecht.

Mit *ai* schreiben sich ferner:
Bai, Kaiser, Laie, Mai, Mais, Maid, Hai, Haifisch, Maische, Kai, Lakai, Taifun

Mit *eih* schreiben sich: 1079
weihen (→ Weihnachten, Weihrauch, Weihbischof), Geweih, gedeihen (→ gedeihlich, es gedieh), zeihen, verzeihen (→ er verzieh), seihen, Reihe, Weiher, leihen (→ er lieh, Leihgeld)

Aber mit bloßem *ei*:
prophezeien, kasteien, speien (→ er spie), schreien (→ er schrie), Kleie

1080 Nach den Doppelvokalen *ai, au, äu, eu* steht nie ein Dehnungs-h:
der Laie; bauen, schlau, grau, rau (→ Rauheit); dräuen (trotz: drohen); scheu

Die Vokale *i, y*

1081 In vielen Fremdwörtern griechischer Herkunft steht der Buchstabe Ypsilon für den i- oder den ü-Laut. Besonders zu merken sind:
Analyse, Barytpapier, Baryton (Instrument), Bariton (Sänger), Glyzerin, Gymnasium, Hyazinthe, Hygiene, Hymne, hypo- (Präfix, z. B. in: hypothekarisch, Hypothek, Hypotenuse, Hypotonie), Koryphäe, Labyrinth, Libyen, libysch, Märtyrer, Myrte, poly- (viel, z. B. in polyvalent, Polymer; vgl. aber: poli-, → 522), Pyjama, Rhythmus, Sibylle, sibyllinisch, Sisyphus, Satyr (Waldgott; aber: Satire, satirisch), Symbol, Sympathie, Symphonie (auch: Sinfonie), Synagoge, System, Triptychon, Typ (Gattung, aber: Tipp = Wink), Type (Druckbuchstabe), Typhus, Typus, Tyrann, Zylinder, Zypresse

Mit *i* und nicht mit *y* schreiben sich ferner die folgenden Wörter:
Algorithmus, Diphtherie, Ellipse, Gips, Hippo- (Pferd, z. B. in: Hippodrom), Himalaja, Klistier, Poliklinik (→ 522), Logarithmus, Saphir, Satire, Silvester, Siphon, Sirup, Sphinx, Tirade, Vampir, Zephir

das Oxid, oxidieren (fachsprachlich nicht mehr: Oxyd, oxydieren); aber Oxy- in Zusammensetzungen: Oxygenium, Oxyessigsäure, Oxymoron

Zu den englischen Fremdwörtern auf *-y* und ihrem Plural → 120.

Die Konsonanten *i, j, y*

1082 In einigen Fremdwörtern aus dem Griechischen steht anlautendes *i* vor einem Vokal. Dieses *i* sollte eigentlich vokalisch, also als eine eigene Silbe, ausgesprochen werden. Häufig wird es aber konsonantisch, also als *j*, gesprochen:
Ionien (griechische Landschaft), ionisch; Ion (elektrisch geladenes Teilchen), ionisieren, Ionosphäre; Iatrochemie; Iota (meist schon: Jota), Iod (außerfachsprachlich nur: Jod)

In einigen Fremdwörtern steht *y* als konsonantisches *i*. An seiner Stelle setzt sich aber immer mehr *j* durch:
Yard, Yoga (meist: Joga), Yeti, Yak (Jak), Yamswurzel (Jamswurzel), Yacht (so nur noch seemannssprachlich; sonst: Jacht); aber nur noch: Himalaja (nicht mehr: Himalaya)

d, t, dt, th

Häufig sind Fehler in Zusammensetzungen mit *Tod* und *tot*. 1083
Adjektive sind mit dem Nomen *Tod* zusammengesetzt: todkrank (auf den Tod krank), todwund, todunglücklich, todernst, todlangweilig.
Verben und von Verben abgeleitete Nomen sind mit dem Adjektiv *tot* zusammengesetzt: totlachen, totschießen, totschlagen, Totschlag, totgeboren, Totgeburt.
Zu merken: tödlich, totenbleich, Todfeind (Feinde bis auf den Tod), Todsünde

Zu unterscheiden sind: 1084
die Ja**d**, er ja**t**; der Gra**d**, der Gra**t**; der Bran**d**, der Branntwein (= gebrannter Wein); das Schil**d**, er schil**t** (zu schelten); die **D**usche, die **T**usche; das **D**orf, der **T**orf (Moorboden); der **D**eich (Damm), der **T**eich; ihr sei**d**, sei**t** (Präposition); das Gel**d**, das Entgel**t** (zu entgelten), unentgel**t**lich; die Tro**dd**el (Quaste), der Tro**tt**el; die Sta**dt** (Plural: Städ**t**e), die Sta**tt** (Stelle; an seiner Statt), die Ruhesta**tt,** die Stä**tte**

Besonders einzuprägen sind die folgenden Wortbilder:
Abenteuer, Gedul**d**, Mag**d**, Gelüb**d**e, en**d**gültig, **T**üte, Eigenbrötler, Adjutant, Anek**d**ote, Kandi**d**at, Karbi**d**, Wi**d**der (→ 1066), Ze**tt**el, Sulfi**d**, Sulfi**t** (zwei verschiedene chemische Verbindungen!)

Außer in *Stadt* (Städter, städtisch usw.) wird *dt* nur geschrieben, wenn stammhaftes *d* 1085
mit dem *t* einer Endung zusammentrifft:
senden → sandte, gesandt, der Gesandte; wenden → wandte, gewandt; verwenden → verwandte, verwandt, der Verwandte; bewenden → die Bewandtnis; reden → beredt (aber: beredsam, Beredsamkeit); laden → er lädt

Superlative auf *-nste, -ndste* und *-tste* bedürfen besonderer Aufmerksamkeit. Aus dem 1086
Positiv (der Grundstufe) ist die Schreibung eindeutig ableitbar:
entlegenste (entlegen), erhabenste (erhaben), ergebenste (ergeben); bedeuten**d**ste (bedeutend), hervorragen**d**ste (hervorragend), wohlhaben**d**ste (wohlhabend); erbittertste (erbittert), gefürchtetste (gefürchtet), gemäßigtste (gemäßigt)

Man merke sich ferner die folgenden Ableitungen auf *-s:*
vergeben**s**; zusehen**d**s, vollen**d**s, nirgen**d**s (vgl. nirgend-, z. B. in: nirgendwo)

In vielen Fremdwörtern und in einigen Lehnwörtern, aber auch in einer langen Reihe 1087
wissenschaftlicher Fachausdrücke steht *th* für den t-Laut:
Äther, Arthritis, Hyazinthe, Labyrinth, Rhythmus, Theater, Theologie, Logarithmus, Theorie, Thermometer, Thron, Philanthrop, Misanthrop, Zither, path... und ...path (zum Beispiel in: pathetisch, Pathologie, Pathos; sympathisch, apathisch, telepathisch, Sympathie, Apathie, Antipathie, Telepathie)
Varianten: Panther (oder: Panter); Thunfisch (oder: Tunfisch; aber nur: Thon)

Immer wieder *fälschlich* mit *th* geschrieben werden:
Atmosphäre, Etymologie, Hypotenuse, Liturgie, liturgisch, Gotik, gotisch, Sabbat, Zenit, Rhetorik, rhetorisch, postum, Ester (chem. Verbindung), Wermut, Karpaten (Gebirge)

ti, zi

1088 In Fremdwörtern aus dem Latein wird *ti* wie *zi* gesprochen, wenn darauf ein Vokal folgt. Beispiele:
Nation (sowie alle anderen Nomen auf *-tion*), Aktie, ambitiös

Bei Wörtern auf *-tial* und *-tiell* ist seit der Neuregelung der deutschen Rechtschreibung auch die Schreibung mit *z* üblich, dies in Anlehnung an Wörter auf *-z*. Bei manchen Wörtern mit diesen Wortausgängen ist seit je *nur* die Schreibung mit *z* üblich. In der grafischen Industrie wird wenn immer möglich die z-Schreibung gewählt:
Potenzial, potenziell (vgl.: Potenz; daneben noch: Potential, potentiell); substanziell (vgl.: Substanz; daneben noch: substantiell); finanziell (nur so; vgl.: Finanz); tendenziell (nur so; vgl.: Tendenz; entsprechend auch: tendenziös)
Grazie, graziös (nur so)
minuziös (besser nicht *minutiös*, da die t-Schreibung sprachgeschichtlich falsch ist; das Wort geht auf lat. *minucius* zurück und ist nicht von *Minute* abgeleitet)
Man beachte die Pluralbildungen *-anzien, -enzien* (daneben veraltend: *-antia, -entia*): das Stimulans → die Stimulanzien; das Detergens → die Detergenzien; das Agens → die Agenzien

b, p

1089 Mit *b* werden geschrieben:
Abt, basta (aber: Zahnpasta), Bresche (aber: preschen), Erbse, Herbst, Gelübde (zu: geloben), Wildbret (zu: braten), brutzeln, Brise (Lüftchen, aber: eine Prise Salz)

Mit *p* werden geschrieben:
Klaps, Schnaps, Gips, Mops, Stöpsel, pausbackig, pirschen, Pirsch, Pranke, Pratze, Knirps, Papst, Propst (Eselsbrücke: Papst und Propst sind «starke» Männer), hopsen

Besonders sind zu merken:
Publikum, publik, Republik, publizieren

Schwankend:
der Albtraum, das Albdrücken (Nebenvarianten, in der grafischen Industrie zu vermeiden: der Alptraum, das Alpdrücken)

f, v, w, ph

«Gefährlich» sind hier: 1090
Feste (Festung; neben dem bewusst altertümelnden: Veste), Frevel, Larve, Pulver, Efeu, Sofa, Elefant, Vagabund, Vatikan, Vikar, Vulkan, Revolver, Kuvert, gravieren, Kampfer (nicht: Kampher), Nerv, Vesper, Vogt
Man merke sich das Suffix *-iv:* Archiv, massiv, definitiv, primitiv, naiv, Infinitiv, Nominativ. *Ausnahme:* Aperitif.

Genau auseinanderzuhalten sind:
Referenz (Beziehung), Reverenz (Ehrerbietung, zum Beispiel: jemandem Reverenz erweisen); die Fliese (Bodenplatte), das Vlies (Fell); der Triumph (Sieg), der Trumpf (beim Kartenspiel), das Triumvirat (Dreierkollegium); das Veilchen (Pflanze), das Feilchen (kleine Feile), die Verse (Plural von: der Vers), aber: die Ferse (am Fuß)

Mit *w* sind zu schreiben:
Möwe, Krawatte, Biwak (Lager), Slawe (aber: Sklave), Jugoslawien (aber: Skandinavien)

Fremdwörter griechischer Herkunft haben meist noch *ph* für den f-Laut: 1091
Alphabet, Prophylaxe, Phalanx, Sphinx, Sphäre, Strophe, Katastrophe, Prophet, prophezeien, Typhus, Phantom
Zu beachten ist die Buchstabengruppe *phth:* Naphthalin, Ophthalmologie, Phthalsäure, Diphtherie, Diphthong

Bei Fremdwörtern mit den Wortstämmen *graph, phon* und *phot* wird bei nichtfachsprachlichen Begriffen die Schreibung mit *f* vorgezogen:
Grafik, Grafiker, grafisch (Graphik, Graphiker, graphisch); Biografie (Biographie); Geografie (Geographie); Polygraf, Typograf, Lithograf (schweizerisch amtlich nur mit *f*; daneben auch noch: Polygraph, Typograph, Lithograph); Telegraf (Telegraph); Paragraf (Paragraph). Hingegen fachsprachlich meist: Graphologie; Graphematik.
Telefon (nur noch so); Megafon (Megaphon); Mikrofon (Mikrophon). Hingegen fachsprachlich meist nur: Phon, Phonetik, Phonologie.
Fotografie (oder Photographie; aber nicht: Fotographie, Photografie), Foto, Fotokopie (nur noch selten: Photo, Photokopie). Hingegen fachsprachlich meist: Photosynthese, Photovoltaik.

Schreibung mit *f* ist außerdem bei den folgenden Wörtern zugelassen:
Fantasie (Phantasie), fantastisch (phantastisch); Delfin (Delphin); Sinfonie (oder Symphonie; aber nicht: Symfonie)

r, rh, rrh

1092 Die Verbindungen *rh* und *rrh* sind noch in vielen Fremdwörtern, vor allem griechischer Herkunft, erhalten:

Rhabarber, Rhythmus, Rhetorik, Rheumatismus, Rhesusfaktor, Rhapsodie, Rheostat, Rhombus, Rhododendron, Rho (griechischer Buchstabe); Diarrhö, Menorrhö (zu den Nomen auf *-rrhö* → 1056)

Schwankend:
Katarrh (auch: Katarr), Myrrhe (auch: Myrre), Hämorrhoiden (auch: Hämorriden [!])

Besonders zu merken:
der Rum (Zuckerrohrschnaps; die Schreibung Rhum ist englisch bzw. französisch)

x, chs, cks, ks, gs

1093 1. Der Buchstabe *x* steht vornehmlich in Fremd- und Lehnwörtern:

Xylophon; exakt, extrem, Exempel, Exil; Flexion, flexibel; Luxus, lax; fix, fixieren, Suffix, Präfix; mixen, Mixtur; taxieren, Taxe, Taxi; sexuell, Sexualität, Sex; Trax (schweizerisch für: Bagger); boxen; axial

Deutsche Wörter: Hexe, Nixe; verflixt; Jux; Haxe (auch: Hachse).

2. Die Verbindung *chs* steht nur im Stamm der folgenden deutschen Wörter:

Fuchs, Luchs, Lachs, Dachs, Ochse, Echse, Eidechse; Flachs, Buchsbaum, Weichselkirsche; wachsen, Wuchs; wichsen, Wachs; wechseln; Deichsel; Achse, Achsel; Hachse (auch: Haxe); Büchse; sechs, sechster, Sechstel (aber: sechzehn, sechzig)

3. Die Buchstabenverbindung *cks* steht vornehmlich, wenn bei einem Wort, das auf *-ck* ausgeht, die Ableitungsendung *-s* angefügt wird oder wenn zumindest verwandte Wörter mit *ck* bestehen:

Knick → knicksen, Knicks; gluckern → glucksen; kleckern → klecksen; (ähnlich:) hacken → häckseln; sich (darein) schicken → Schicksal

Einzelwörter: schnurstracks, hicksen (Schluckauf haben).

4. Die Buchstabenverbindung *ks* steht nur in einigen Wörtern, die einen langen Stammvokal aufweisen oder auf eine Konsonantenverbindung ausgehen (also dort, wo kein *ck* stehen kann, → 1061):

Keks, Koks, schlaksig; Murks, murksen; die Linke → links

5. Die Buchstabenverbindung *gs* findet sich nur bei Wortstämmen auf *-g,* denen die Endung *-s* angefügt worden ist:

Flug → flugs, Tag → tags, tags darauf, tagsüber, werktags

Zur Schreibung der Fremdwörter

Neuere Fremdwörter werden gewöhnlich wie in der Herkunftssprache geschrieben. **1094**
Doch ist der Prozess der Eindeutschung ständig im Gang. Er vollzieht sich allerdings langsam und ungleichmäßig, da Fremdsprachenkenntnisse und Häufigkeit des Wortgebrauchs eine Rolle spielen; oft stehen fremde und eingedeutschte Formen nebeneinander. Bemerkenswert sind die halb eingedeutschten Fremdwörter, vor allem aus dem Französischen. So ist beispielsweise beim Wort *Korps* das *c* des französischen *corps* durch ein deutsches *K* ersetzt worden – der fremde Wortausgang ist aber nicht angepasst worden. Wörter dieser Art sind orthographische Zwitter: vorne deutsch, hinten französisch. (Voll eingedeutscht müsste das Wort *Kor, Koor, Kohr* oder ähnlich geschrieben werden!) Oft beginnt die Eindeutschung auch mit dem Weglassen von Bindestrichen und Akzenten (diakritischen Zeichen; → 1013).
Beispiele:
Fremde Schreibungen: Corpus delicti, Make-up, Silhouette, Nuance, Niveau, Giro, Joint, Output, Clown.
Halb eingedeutscht (in Klammern die fremde Schreibung; vgl. auch → 1095): Plädoyer (plaidoyer), Depot (dépôt), Aperitif (apéritif), Tournee (tournée), Repertoire (répertoire), Detail (détail), Necessaire (nécessaire), Premiere (première), Varieté (variété), Negligé (négligé), Rendezvous (rendez-vous), Portemonnaie (porte-monnaie).
Ganz eingedeutscht: Büro, Fassade, Keks, Schal, Zigarette, Likör, Dschungel.

Teilweise bestehen konkurrierende Formen. In der Schweiz werden bei Wörtern aus **1095**
den Landessprachen Französisch und Italienisch oft die Formen bevorzugt, die sich stärker an die Herkunftssprache anlehnen (vgl. auch → 1638):
Doublé (Dublee); Frotté (Frottee); Exposé (Exposee); Communiqué (Kommuniqué, Kommunikee); Varieté, auch Variété (Varietee); Negligé, auch Négligé (Negligee); Portemonnaie (Portmonee), Buffet (Büfett)
Ghetto (Getto), Spaghetti (besser nicht: Spagetti)
Necessaire, auch Nécessaire (Nessessär); chic (schick); placieren (nur bei Aussprache wie «plassieren»; sonst: platzieren)

In Fremdwörtern, deren Aussprache sich im Deutschen angeglichen hat, werden *c* und **1096**
cc gewöhnlich (je nach Aussprache) durch *k, z, kk, kz, ss* ersetzt. Schreibungen mit *c* bzw. *cc* finden sich allerdings (abgesehen von Eigennamen) öfter in der Fachsprache der Chemie und der Medizin.
In der Medizin und der Chemie häufig: cyclisch, Acetat, Ascorbinsäure, Vaccination.
Aber außerfachsprachlich und besser: zyklisch, Azetat, Askorbinsäure, Vakzination.

Bei jüngeren Fremdwörtern finden sich Schreibungen mit *c* häufiger. Zum Teil be- **1097**
stehen auch eingedeutschte Formen:

Club (nur noch in Eigennamen, sonst: Klub), Cabriolet (Kabriolett), Code (Kode), Cembalo, Center, Container, Computer, clever, Chance, Balance, Accessoire, Accelerando, Broccoli

1098 Auf weitere Probleme der Fremdwortschreibung sind wir in früheren Abschnitten eingegangen. Wichtig sind: *t/th* → 1087, *ti/zi* → 1088, *ph/f* → 1091, *rh/rrh* → 1092. Zu den schweizerischen Besonderheiten in der Fremdwortschreibung → 1638.

1099 **Übung 36**

Aus dem nachstehenden Text sind die fehlerhaften Wörter zu verbessern. Dabei ist besonders auch auf die richtige Anwendung des Buchstabens ß zu achten.

Seid vierzehn Tagen ist Herrmann auf dem Hofe seines Onkels in den Fehrien. Schon hat er sich ziehmlich gut eingelebt, und die Strapatzen des Bauernlebens sind für ihn keine Frohn mehr. Im Gegenteil: Mit unverhohlener Wohllust stürzt er sich jeden Morgen in die Arbeit, schart ohne Eckel im Schein der Stallaterne den Koht aus dem Schweinestall, hohlt mit dem Landarbeiter ein Fuhder Gras von der Wiese und beträut liebevoll die Kaninchenzippe mit ihren Jungen. Ruft aber die Tante zum Essen, dann eilt er mit seeliger Mine in die Esstube; denn er weiss, das es jetzt ein leckeres Mal giebt und zum Kaffee vielleicht von den Bretzeln, die sie am Samstag zusammen bucken.

Am Abend padelt er gern mit dem kleinen Böötchen auf dem Waldseelein herum oder schleicht im falen Abendlicht durch das Gespinnst der Ufergewächse, um die Möven beim Brüten zu beobachten. Drunten am Seende, bei der epheuumwachsenen Kappelle, einem früheren Walfahrtsort, hat er sich mit einer braun karrierten Pferdedecke und einer greulich blauen Zeltplane ein primitifes Zelt gebaut, wo er und die Nachbarsbuben oft heimlich dem Laster des Zigarrettenrauchens fröhnen.

Kürzlich wurden sie dabei von seiner Cusine überrascht, die mit ihrem Bräutigamm von einem Spatzierritt zurückkam. Ein lustiges Liedlein pfeiffend, kamen die beiden im Schritttempo daher, sie in ihrem wehenden Mantel eine wahre Wallküre auf ihrem Lippizanerhengst, während die Hühnengestalt ihres Verlobten auf einer Fuchsstuhte sass. Die rauchenden Buben erschracken nicht übel, als sie sich entdeckt sahen. Mit schlechtem Gewißen schlichen sie nach Hause.

Von dem alten Jackob mit den wässrigen Äuglein, der immer zu allerhand Späßen aufgelegt ist, hat Hermann ein ganzes Säcklein Wallnüsse bekommen. Der Alte ist zu Unrecht als grießgrämiger, etwas troddelhafter Eigenbrödler verschrien. Zwar hätte er Grund zum Trübsaalblasen, da er an fortgeschrittener Artrhitis leidet. Wenn ihn jedoch die greulichsten Schmerzen plagen, so tröstet ihn oft ein Gläschen Rhum oder Wermuth oder eine Brise Kautaback über das Ärgste hinweg.

Der blaße Stadtbub hat schon ordentlich Farbe bekommen hier draußen auf dem Lande. Am ersten Tag schon hatte ihm die Tante, eine der wohlhabensten Bäuerinnen im Dorf, beim Backen in der Küche mit fettriefender Hand einen freundschaftlichen Klapps auf die gebreunte Wange gegeben und gesagt: «Ihr Stadtläute seit viel zu wenig an der frischen Luft. Du wirst sehen, in fünf Wochen wird aus dir holwangigem Städter ein bausbackiger Bauernbub.» Und jetzt ist es schon faßt so weit.

Die Groß- und Kleinschreibung

Die Prinzipien der Großschreibung

Mit den Großbuchstaben (Majuskeln) heben wir in unserer Schrift besondere Wörter oder Wortgruppen aus der Masse der kleingeschriebenen heraus. Großschreibung kommt im Deutschen in vier Anwendungsbereichen vor: **1101**

1. am Satzanfang
2. bei Nomen und Nominalisierungen
3. bei Eigennamen
4. bei der höflichen Anrede

In diesen Anwendungsbereichen spielen unterschiedliche Prinzipien eine Rolle. Bei **1102**
der Großschreibung der Nomen und der Nominalisierungen ist das *grammatische Prinzip* ausschlaggebend (→ 1008):

| Teile von Texten können nach grammatischen Gesichtspunkten gegliedert und mit geeigneten Mitteln besonders gekennzeichnet werden. |

Das grammatische Prinzip spielt außerdem eine Rolle bei der Großschreibung des Satzanfangs. Diese Anwendung der Großschreibung ist aufs Engste verknüpft mit der Gliederung des Textes durch die Satzschlusszeichen. Wie Texte in Sätze gegliedert werden, wird allerdings nicht nur von grammatischen Gesichtspunkten bestimmt, sondern wohl stärker noch von inhaltlichen. Wo inhaltliche Aspekte eine Rolle spielen, wirkt das *semantische Prinzip* (→ 1008):

| Teile von Texten können nach inhaltlichen (semantischen) Gesichtspunkten gegliedert und mit geeigneten Mitteln besonders gekennzeichnet werden. |

Dieses Prinzip spielt außerdem die entscheidende Rolle bei der Großschreibung der Eigennamen. Schließlich kann auch die Großschreibung der Pronomen für die distanziert-höfliche Anrede *(Sie, Ihnen, Ihr ...)* mit dem semantischen Prinzip zumindest mitbegründet werden: Großschreibung drückt hier «Respekt» oder «Ehrerbietung» aus – das sind inhaltliche Begriffe. Mindestens so sehr aber kann die Großschreibung hier auf das *Homonymieprinzip* (→ 1008) zurückgeführt werden:

> Gleich Lautendes mit unterschiedlicher Bedeutung kann in geschriebener Sprache unterschiedlich behandelt werden.

Man betrachte dazu die folgenden Beispiele:
   Ich werde *Sie ihnen* nachher vorstellen.
   Ich werde *sie Ihnen* nachher vorstellen.
   Ich werde *sie ihnen* nachher vorstellen.

Ohne die Großschreibung würde in diesen Beispielen nicht klar, welchen Bezug die Pronomen haben. Das Homonymieprinzip unterstützt außerdem die grundsätzlich vor allem grammatisch begründete Großschreibung der Nomen und der Nominalisierungen. Gleich lautende Wörter (Homonyme, →18), die verschiedenen Wortarten angehören, können dank der Groß- und Kleinschreibung auseinandergehalten werden. Manche Beispiele, die man zur Verteidigung dieses Prinzips heranzuziehen pflegt, mögen erfunden sein, so etwa:
   Wenn ich *weise reden* höre ...
   Wenn ich *Weise reden* höre ...
   Wenn ich *weise Reden* höre ...

Ebenso der boshafte Satz:
   Die *Angestellten ochsen* im Büro ...
   Die *angestellten Ochsen* im Büro ...

Doch braucht man solche Beispiele nicht zu erfinden. Hier einige Sätze aus der Praxis:
   Dann folgt, wie ein behutsamer Nachakkord, die Schilderung der Rückkehr der Herbstbläue, das *gnädige Nochmals* auf kurze Zeit. (Nicht: ... das *Gnädige nochmals* auf kurze Zeit.)
   Praktisch können deshalb wenige *Streikende* Betriebe mit einer Belegschaft von Tausenden von Arbeitskräften lahm legen. (Nicht: Praktisch können deshalb wenige *streikende* Betriebe ...)
   Die Autobahnpolizei meldet *regen* und sich verstärkenden Verkehr. (Nicht: ... meldet *Regen* und sich verstärkenden Verkehr.)
   Gelingt dies geistig-künstlerisch, dann hat der Maler das *Außen* in seinem *innern Selbst* erfahren. (Nicht: ... das *außen* in seinem *Innern selbst* erfahren.)

In vielen Fällen können *Eigennamen* durch die Großschreibung von sonst gleich geschriebenen Fügungen unterschieden werden:
   Wenn etwa von der *saarländischen Landesbank* die Rede ist, sieht man an der Kleinschreibung, dass diese Bank nicht mit ihrem offiziellen Eigennamen bezeichnet wird – sie heißt denn auch: *Landesbank Saar*. Anders, wenn über die *Hamburgische Landesbank* geschrieben wird: an der Großschreibung von *Hamburgisch* ist abzulesen, dass sie in ihrer *Eigenbezeichnung* angeführt wird.

Die Großschreibung am Satzanfang

Allgemeine Regeln

Großgeschrieben wird das erste Wort von Sätzen; Abschnitten; Überschriften und Werktiteln; Fußnoten, Bildlegenden, Tabellenköpfen; freistehenden Zeilen. | 1103

Hingegen gilt Kleinschreibung, wenn Sätze als kommentierender Einschub in einen andern Satz gefügt werden (→ 808): | 1104
Vorurteile gegenüber andersartigen Menschen – *das* muss hoffentlich nicht betont werden – sind dumm und gefährlich.

Nach *Frage-* und *Ausrufezeichen* wird klein fortgefahren, wenn das einem solchen Zeichen Folgende noch zum Satzganzen gehört (vgl. auch → 1537): | 1105
Er rief ein energisches Halt! *und* winkte seinen Kollegen herbei. «Was tust du hier?», *fragte* Anna freundlich. Deine Bemerkung «Was soll denn das?» *hat* mich verletzt. Der Essay «Europa wohin?» *löste* eine rege Diskussion aus.

Anmerkungen | 1106
1. Kleingeschrieben wird am Satzanfang nach Apostroph, wenn der großgeschriebene Anfangsbuchstabe also weggefallen ist:
   's ist kaum zu glauben! 'ne Prise Tabak bitte!
2. Kleingeschrieben wird nach Auslassungspunkten am Satzanfang, wenn der eigentliche Satzanfang also fehlt:
   ... als wär's ein Stück von mir.
3. Veraltet ist die Großschreibung jeder Verszeile innerhalb von Strophen.

Werktitel, Überschriften und eingebettete Zitate

Die Großschreibung von Werktiteln, Überschriften oder zitierten Sätzen bleibt erhalten, wenn sie in einen andern Satz eingebettet sind. Sie werden dann gewöhnlich mit Anführungszeichen versehen (→ 1532, 1533); bei Werktiteln ist auch Schriftauszeichnung (zum Beispiel Kursivsatz) üblich: | 1107
Vorurteile wie «Alle Orientalen sind geldgierig», «Alle Gastarbeiter sind hemmungslos» sind dumm und gefährlich. Mit dem Titel «Schon wieder Sexmonster aus dem Gefängnis ausgebrochen» erschreckte das Boulevardblatt seine Leser. Kubicek errang mit «Einer flog über das Kuckucksnest» einen großen Erfolg. Die Oper *Die Entführung aus dem Serail* war großartig. Die Klasse las Kleists Werk «Der zerbrochene Krug».

Zu Werktiteln ohne Zitatcharakter → 1164.

1108 Wenn der bestimmte Artikel am Anfang eines Werktitels verändert wird und deshalb aus der Anführung herausgenommen werden muss (→ 157), wird das folgende Wort großgeschrieben. Entsprechendes gilt, wenn der Artikel weggelassen wird:
Das Schauspielhaus will den «Zerbrochenen Krug» aufführen. Dieser Schauspieler spielt den Dorfrichter in Kleists *Zerbrochenem Krug*.

Abkürzungen am Satzanfang

1109 Abkürzungen werden am Satzanfang grundsätzlich großgeschrieben:
Vgl. unsern gestrigen Artikel zum gleichen Thema.
Evtl. müssen wir noch einmal darauf zurückkommen.

Allerdings müssen Abkürzungen, deren Gestalt durch die Großschreibung undurchsichtig würde, am Satzanfang ausgeschrieben werden. Dies gilt vor allem für mehrwortige Abkürzungen:
Meines Erachtens ist das falsch. (Nicht: *M. E.* ist das falsch.) Unter Umständen können wir nicht teilnehmen. (Nicht: *U. U.* können wir nicht teilnehmen.)

1110 **Anmerkung**
Kleingeschrieben wird jedoch selbst am Satzanfang das abgekürzte Adelsprädikat *v.* (= *von*). Großes *V.* könnte als abgekürzter Vorname missdeutet werden: *v.* Weizsäcker wurde ein ehrenvoller Abschied zuteil. Aus demselben Grund wird das abgekürzte Adelsprädikat auch in Unterschriften immer kleingeschrieben. Besser ist es aber, das Adelsprädikat gar nicht abzukürzen: *Von* Weizsäcker wurde ein ehrenvoller Abschied zuteil.

Die Groß- und Kleinschreibung nach Doppelpunkt

1111 Der Anfang einer direkten Rede ist auch nach Doppelpunkt groß (→ 1107):
Er sagte: «*So* geht es nicht weiter.»

1112 Großschreibung gilt außerdem, wenn das auf den Doppelpunkt Folgende als *eigenständiger Satz* oder als *eigenständiger satzwertiger Ausdruck* (→ 859 ff.) aufgefasst werden soll:
Es ist nicht zu bestreiten: *Die* Arbeitslosigkeit hat wieder zugenommen.
(Zeitungstitel:) Tessin: *Erhebliche* Waldbrandgefahr
Friedrich Schiller: *Das* Lied von der Glocke

Wenn die Sätze vor und nach dem Doppelpunkt eine enge inhaltliche Einheit bilden, ist nach dem Doppelpunkt auch Kleinschreibung möglich. Dies gilt besonders, wenn dieser Satz eine Zusammenfassung oder Folgerung ausdrückt:
Man sah ihn in Monte Carlo, in Rom, in Paris und Stockholm, kurz: *Er* war überall, wo man ihn hinschickte. (Oder: ... kurz: *er* war überall, wo ...)

Blitz und Donner, Schnee und Regen, Lawinen, Murgänge: *All* das sind Naturereignisse. (Oder: ... Murgänge: *all* das sind ...)

Wenn eine Fügung nicht als satzwertiger Ausdruck aufzufassen ist, schreibt man klein. Dies gilt besonders für Aufzählungen: **1113**
    Zivilstand: ledig
    Grund der Spitaleinweisung: *akute* Blinddarmentzündung
    Die Mappe enthielt: *eine* Agenda, ein Etui, drei Zeitschriften und ein Buch.
    Der Knabe hatte vom ersten Tag an seine festen Pflichten: *die* Teppiche klopfen, ums Haus herum wischen und Ordnung halten, die Kaninchen füttern und anderes mehr.

Die Groß- und Kleinschreibung nach der Briefanrede

Nach der freistehenden *Briefanrede,* die mit einem Ausrufezeichen geschlossen wird, folgt ein großer Anfangsbuchstabe: **1114**
    Lieber Karl!
    Schon lange habe ich dir schreiben wollen, aber ...

Steht jedoch, was heute üblicher ist, anstelle des Ausrufezeichens ein Komma, muss der Brief *klein* beginnen: **1115**
    Sehr geehrte Frau Troxler,
    gerne erlauben wir uns, Ihnen unsern neusten Katalog ...

Diese Praxis ist insofern problematisch, als die Anrede nicht nur zum folgenden Satz gehört, sondern sich auf den ganzen Brief bezieht. In der Schweiz hat es sich darum im kaufmännischen Schriftverkehr eingebürgert, am Ende der Anrede überhaupt kein Satzzeichen mehr zu setzen und den folgenden Absatz groß zu beginnen; dies in Anlehnung an die längst übliche Praxis bei Überschriften in Zeitungen und Büchern:
    Sehr geehrte Damen und Herren
    Leider muss ich Ihnen mitteilen, dass der von Ihnen gelieferte Apparat ...

Wenn der eigentliche Brieftext *ohne Absatz* auf derselben Zeile wie die Anrede beginnt, ist in jedem Fall nach der Anrede ein Ausrufezeichen oder ein Komma zu setzen.

Die Großschreibung bei Nomen und Nominalisierungen

1116 Das auffälligste Merkmal der deutschen Rechtschreibung gegenüber der Rechtschreibung anderer Sprachen ist die Großschreibung der Nomen und der Nominalisierungen. Wir gehen nachfolgend zuerst auf die eigentlichen Nomen ein, anschließend auf Nominalisierungen, das heißt auf die wie Nomen gebrauchten Wortformen anderer Wortarten.

Nomen (Substantive)

Im Deutschen gilt:

1117 Nomen schreibt man groß.
Beispiele: Tisch, Wald, Verständnis, Max, Gabriela, Zürich, Alpen

Eigentliche Nomen sind im Deutschen unschwer zu erkennen. In den folgenden Abschnitten muss denn auch nur auf Sonderfälle eingegangen werden. Zu Nomen in festen Wendungen mit Verben und Präpositionen → 1210, 1222.

Verblasste Nomen

1118 Einige wenige Nomen sind in Verbindung mit den Verben *sein*, *werden* und *bleiben* zu Partikeln (Adverbien; → 302, 305) geworden, nämlich *angst, bange, feind, gram, leid, pleite, schade* und *schuld*. Beispiele:
Mir wird *angst*. Uns ist *angst* und *bange*. Er war mir immer *feind*. Wir sind ihr *gram*. Mir ist das alles *leid*. Die Firma ist *pleite*. Das ist aber *schade* (vgl. als Nomen heute: *Schaden*). Er bleibt *schuld* daran.
(Zusammensetzungen, umgangssprachlich:) Sie waren sich *spinnefeind*. Mir war *himmelangst*. Das ist *jammerschade*.
(Aber Nomen:) Du machst mir *Angst*. Ich hatte/bekam *Angst*. Jeder hatte *Leid* getragen. Das Gebäude nahm *Schaden*. Ich trage auch *Schuld* daran.
(Aber Verbzusatz, → 1210/1211.3:) Das hat mir *leidgetan*. Die Firma ist *pleitegegangen*.

Umgangssprachlich außerdem:
Dieser Torwart ist *spitze*. Die Mannschaft war *klasse*. (Auch adverbial: Die Mannschaft spielte klasse.) Das ist mir *wurst/wurscht*.
(Aber Nomen:) Dieses Angebot ist erste *Klasse*. Das Spiel hatte *Klasse*.

Ähnlich muss in den folgenden Fällen zwischen Nomen und Adjektiv unterschieden werden:
 Diese Drohung hatte sie *ernst* gemeint. Wir haben ihre Drohung *ernst* genommen. Es war ihr vollkommen *ernst* damit. (Schweizerisch:) Jetzt gilt es *ernst*. (Aber Nomen:) Es war ihr vollkommener *Ernst* damit. Sie hat damit *Ernst* gemacht.
 Das Bild ist tausend Franken *wert*. Das Ergebnis war des Aufwandes *wert*. Er hat es nicht für *wert* erachtet, uns zu antworten. (Aber Nomen:) Wir haben darauf (großen) Wert gelegt. Das hat wenig *Wert*.

Wenn recht/Recht und unrecht/Unrecht bei den Verben haben, bekommen, erhalten, behalten und tun stehen, ist die Wortart nicht immer klar zu bestimmen; die amtliche Rechtschreibung von 2006 gibt die Schreibung daher frei:
 Er hat *recht/Recht*, und du hast *unrecht/Unrecht*. Anna bekam nachträglich *recht/ Recht*. Jan behielt *unrecht/Unrecht*. Lea tat *unrecht/Unrecht*. (Aber Nomen): Sie haben das *Recht*, die Aussage zu verweigern. Die Geschworenen sprachen *Recht*.

Zusammensetzungen

Die Groß- und Kleinschreibung von Zusammensetzungen richtet sich nach ihrem *Kern,* das heißt nach dem *Grundwort* (→ 511): **1119**
 Groß, da Nomen als Kern: die Tiefkühlkost, die Tiefkühlkost-Lagerbewirtschaftung; die Vierzimmerwohnung.
 Klein, da Adjektiv als Kern: vitaminreich, farb- und geruchlos (= farblos und geruchlos).

Wenn Zusammensetzungen, die mit *Bindestrich* gegliedert sind, ein *Nomen* als Kern haben, wird das erste Glied der Zusammensetzung ebenfalls großgeschrieben. Sonst werden die Teile von durchgekuppelten Zusammensetzungen gleich geschrieben, wie wenn sie selbständig im Satz auftreten. **1120**

Zusammensetzungen mit einem Nomen oder einer Nominalisierung als Kern:
 die 4-Zimmer-Wohnung; die Kosten-Nutzen-Rechnung; eine Ad-hoc-Lösung, der Ist-Zustand, die Mach-es-selbst-Methode, das Aus-der-Haut-Fahren (→ 1131, 1344), eine 17-Jährige (→ 1358; der Kern der Nominalisierung tritt hier nicht selbständig auf)
 Aber (→ 1126): die km-Entschädigung, der pH-Wert, die a-Moll-Sonate.

Zusammensetzungen mit einem Adjektiv als Kern:
 Vitamin-C-reich; eine Make-up-freie Haut

Bei *mehrteiligen Fremdwörtern,* die mit Bindestrich oder mit Wortzwischenraum gegliedert sind, gilt: **1121**

1. Der erste Bestandteil wird immer großgeschrieben. 2. Nichterste Bestandteile schreibt man nur dann groß, wenn es sich um Nomen oder Nominalisierungen handelt. (Zur Schreibung der Entlehnungen aus dem Englischen siehe auch → 1233 ff.)
   die Ultima Ratio, das Corpus Delicti, die Venia Legendi; der Hot Dog, der Sex-Appeal
   die Conditio sine qua non, das Cordon bleu; das Make-up, das Know-how

In adverbialen Wendungen, die als Ganzes aus einer Fremdsprache entlehnt worden sind, belässt man die Nomen klein:
   à discrétion, de luxe, en vogue; al dente, in petto, per saldo; on the rocks, just in time; in flagranti, in statu nascendi, de facto, in nuce, pro domo, ex cathedra

Wenn solche Fügungen zum Bestandteil eines zusammengesetzten Nomens werden, wird das erste Wort großgeschrieben (→ 1120; vgl. auch → 1342):
   die Just-in-time-Produktion, die De-facto-Anerkennung, eine De-luxe-Ausgabe

Verbindungen von Tag und Tageszeit

1122 Nach Adverbien wie *heute, gestern* oder *morgen* gelten die dahinter stehenden Tageszeitbezeichnungen als *Nomen* und werden deshalb großgeschrieben. Diese Schreibung erleichtert es, das Adverb *morgen* (= am folgenden Tag) und das Nomen *Morgen* (= Tageszeit nach Sonnenaufgang) auseinanderzuhalten:
   Familie Lauber sucht seit *gestern Morgen* ihren Hund. Wir treffen uns *morgen Abend*. Bis *übermorgen Mitternacht* muss er den Entwurf eingereicht haben. Bis *heute Nachmittag* hat er nichts von den Veränderungen gewusst.

1123 Verbindungen aus Wochentag und Tageszeit sind als *zusammengesetzte Nomen* zu betrachten:
   Der *Mittwochnachmittag* ist schulfrei. Den folgenden *Dienstagabend* haben wir für eine Besprechung reserviert. Der späte *Sonntagmorgen* ist für Konzerte sehr geeignet.
   (Präpositionalgruppen:) Seit *Montagmittag* ist der Klausenpass wieder offen. Ab *morgen Freitagmittag* ist das Geschäft geschlossen. Wir treffen uns *am nächsten Dienstagvormittag*. Der Englischkurs findet jeweils *am Montagabend* statt. Das Fußballspiel findet *am späten Samstagnachmittag* statt.
   (Adverbiale Akkusative:) Ich sehe dich also *Mittwochnachmittag*. In unserer Stadt haben die Geschäfte *jeden Mittwochnachmittag* geschlossen.
   (Adverb auf *-s;* → 1155:) Er geht *dienstagabends* ins Kino. (Getrenntschreibung nur mit doppeltem *-s:* Er geht *dienstags abends* ins Kino.)

1124 **Anmerkungen**
   1. Um einen (grammatisch anfechtbaren) Sonderfall handelt es sich in der Fügung *am Samstag Nacht* (= am Samstag in der Nacht). Man schreibt hier getrennt. Vorzuziehen ist bloßes *Samstagnacht* oder *in der Samstagnacht:*

Schlecht: Der Unfall geschah *am Samstag Nacht*.
Besser: Der Unfall geschah *Samstagnacht* (oder: *in der Samstagnacht*).
2. Getrenntschreibung gilt für Wendungen wie: am Montag früh (nicht: am Montagfrüh; es gibt kein zusammengesetztes Nomen *der Montagfrüh*). Ebenso: am Donnerstag spät, am Abend spät. (Die Schreibung *heute Früh* wird nur in Österreich gebraucht.)

Bruchzahlen

Bruchzahlen auf *-tel* und *-stel* sind grundsätzlich sächliche (in der Schweiz auch männliche) *Nomen* (→ 104, 1646): **1125**
Die Breite dieses Raumes beträgt drei *Fünftel* der Länge. Wir haben schon sieben *Zehntel* der Vorräte verbraucht. Für eine gute Salatsauce nimmt man zwei *Drittel* Öl und ein *Drittel* Essig (einen *Drittel* Essig). Jedes Kind bekam ein *Sechstel* Kuchen (einen *Sechstel* Kuchen).

Einzig vor *Maßbezeichnungen* verlieren sie ihren nominalen Charakter und werden dann kleingeschrieben. Grammatisch kann man sie dann als Zahlpronomen oder auch als Zahladjektive auffassen:
Der Sauce ist noch ein *drittel* Liter Milch beizufügen. Die Dicke des Drahtes beträgt drei *zwanzigstel* Millimeter. Wir treffen uns in drei *viertel* Stunden. (Ähnlich:) Du musst mit dem Schlüssel nur eine *viertel* Umdrehung machen.

Vorzuziehen ist es allerdings, die Bruchzahlen mit der folgenden Maßbezeichnung zusammenzuschreiben; es entstehen dann zusammengesetzte Nomen:
Ich hätte gerne ein *Viertelkilo* Hackfleisch. Wir treffen uns in drei *Viertelstunden* (aber als Zusammensetzung im Singular: in einer *Dreiviertelstunde*). (Ähnlich:) Du musst mit dem Schlüssel nur eine *Viertelumdrehung* machen.
Ebenso: Viertelpfund, Viertelliter, Viertelstunde, Zehntelsekunde, Hundertstelsekunde, Tausendstelmillimeter u. a.

Abkürzungen, Initialwörter und Einzelbuchstaben

Für Abkürzungen im engeren Sinn (→ 1374) gelten die üblichen Regeln der Groß- und **1126**
Kleinschreibung:
m. E. (meines Erachtens), u. U. (unter Umständen), a. a. O. (am angegebenen Ort); *aber:* z. H. (trotz Zusammenschreibung der Vollform: zuhanden)
Zusammensetzungen (→1120): die Art.-Nr., Artikel-Nr. (Artikelnummer); der Abt.-Leiter (Abteilungsleiter). Für die Verkürzung im Wortinnern steht zuweilen auch der Apostroph (→1377): der Abt'leiter.

Eine Ausnahme bilden *internationale Maßbezeichnungen;* diese bleiben immer unverändert:

km (Kilometer), kW (Kilowatt), N (Newton), h (Stunde)
Zusammensetzungen: die km-Entschädigung, der kW-Preis

Abweichungen finden sich außerdem in *amtlichen Abkürzungen,* in der Schweiz zum Beispiel:

MWSt (Mehrwertsteuer), MWStG (Mehrwertsteuergesetz), AbwV (Verordnung über Abwassereinleitungen), StFV (Störfallverordnung)

1127 Bei den einzelnen Buchstaben von *Initialwörtern* (Buchstabenwörtern; → 1381) richtet man sich in der Groß- und Kleinschreibung nur zum Teil nach der Vollform:

die GmbH (Gesellschaft mit beschränkter Haftung), der PKW oder Pkw oder PW (Personen[kraft]wagen), der IQ (Intelligenzquotient), die EDV (elektronische Datenverarbeitung)

Zusammensetzungen: der SBB-Beamte, der pH-Wert, die US-feindliche Regierung, ein EU-kompatibles Gesetz

Für *Kürzel* (→ 1374) gelten die üblichen Großschreibregeln. Bei einigen, die auf ursprüngliche Initialwörter zurückgehen, findet sich aber oft noch Großschreibung aller Buchstaben, obwohl sie als Wort les- und sprechbar sind:

der Akku (Akkumulator), die Benelux-Staaten (Benelux = Belgien, Niederlande, Luxemburg), die Unesco (auch noch: UNESCO; United Nations Educational, Scientific and Cultural Organization)

1128 *Einzelbuchstaben* werden großgeschrieben, sofern man sie nicht ausdrücklich als Kleinbuchstaben kennzeichnen will. Zum Teil sind fachsprachliche Konventionen zu beachten:

das K, Herr X, von A bis Z, ein X für ein U vormachen; aber: die Unterlänge des g; x und y verwechseln

Zusammensetzungen: eine S-Kurve, ein Doppel-T-Träger; aber: die x-y-Koordinate, die x-Achse, x-beliebig, etwas x-Beliebiges, der s-Genitiv, das Dehnungs-h, eine a-Moll-Sonate (in a), die A-Dur-Tonleiter (in A), der i-Punkt

1129 Bei zitierten Einzelwörtern und Ausdrücken (→ 636.1) wird meist auf die Großschreibung verzichtet, vor allem, wenn sie mit Anführungszeichen oder Kursivschrift (→ 1532) gekennzeichnet sind (zur Großschreibung des Anfangs zitierter Sätze siehe aber → 1107, von Werktiteln → 1108):

Statt «circa» schreibst du besser «etwa», statt «etc.» besser «usw.». «Sparsam» ist nicht «geizig». Einmal ist keinmal.

Verben

> Nominalisierte Infinitive werden großgeschrieben.
>
> Ein Infinitiv ist nominalisiert:
> 1. nach einem deklinierten Wort
> 2. nach einer Präposition
> 3. wenn ein Attribut folgt
> 4. wenn der Artikel eingesetzt werden könnte

1130

1. Nominalisierte Infinitive nach dem *Artikel* oder einem anderen *deklinierten Wort* (Possessivpronomen, Adjektiv usw.):

    das Singen, die Kunst *des Rechnens. Dem Nähen* widmet sie viel Zeit. *Sein Handeln* war anstößig. *Rechtzeitiges Handeln* hätte den Unfall verhütet. *Schriftliches Rechnen* machte ihr großen Spaß.

2. Nominalisierte Infinitive nach einer *Präposition:*

    Trotz Eingreifen der Feuerwehr ist das Haus abgebrannt. *Mit Jammern* ist es nicht getan. Es geht *auf Biegen und Brechen.* Der Lehrer geht *gegen Mogeln* mit Schärfe vor. Sie griff *ohne Zögern* zu.

3. Nominalisierte Infinitive, denen ein *Attribut* folgt:

    Deshalb sind *Auseinandernehmen und Ölen des Apparats* nicht nötig. *Heften und Beschneiden der Broschüre* werden vom Buchbinder besorgt. *Abreiben mit Schmirgelpapier* oder *Entrosten mittels säurehaltiger Substanzen* verboten.

4. Auch *allein stehende Infinitive* werden großgeschrieben, wenn davor der Artikel eingesetzt werden könnte:

    Er verabscheut *Rennen und Rasen* (= *das* Rennen und *das* Rasen). *Lesen* und *Schreiben* fallen ihr schwer (= *das* Lesen und *das* Schreiben). *Reden* ist Silber, *Schweigen* ist Gold.

Im Deutschen können auch *Infinitivgruppen* nominalisiert werden. Es entsteht dann grammatisch gesehen ein einziges Nomen (→ 1224). Man schreibt daher zusammen, bei längeren Infinitivgruppen mit Bindestrich (→ 1344). Bei Fügungen mit Bindestrich werden das erste Wort sowie der Infinitiv großgeschrieben (→ 1120):

1131

Dieser Artist kann *Feuer schlucken.*
→ Wir sahen ihm beim *Feuerschlucken* zu.
Die Kollegen wollten mich *in den April schicken.*
→ Der Brauch des *In-den-April-Schickens* ist immer noch lebendig.

Weitere Beispiele:

Das *Holzhacken* hält mich fit. Beim *Feueranmachen* durften die Pfadfinder keine Streichhölzer benutzen.

Sein ständiges *Andern-auf-die-Füße-Treten* macht ihn unbeliebt. Vorsichtiges *Durch-die-Blume-Reden* hilft zuweilen mehr als lautes *Auf-die-Pauke-Hauen*. Das ist zum *An-die-Decke-Gehen!* Die meisten stört sein *So-Tun-als-ob*.

1132 **Anmerkungen**
1. In allen übrigen Fällen werden Infinitive kleingeschrieben:
Rechtzeitig *handeln* hätte den Unfall verhütet. (Aber: *Rechtzeitiges Handeln* hätte den Unfall verhütet; → 1130.1.) Denn zur rechten Zeit *schweigen* ist oft klug. (Aber: Denn *Schweigen zur rechten Zeit* ist oft klug; → 1130.3.) Auf Grund neuer Erkenntnisse seine Pläne *ändern*, ist nicht verwerflich.
Infinitive mit der Partikel *zu* sind immer klein:
Sie griff, *ohne zu zögern*, zu. Das ist nicht *zu bestreiten*. Auf Grund neuer Erkenntnisse seine Pläne *zu ändern*, ist nicht verwerflich.
2. Manchmal können bloße Infinitive (ohne Artikel) nominal oder verbal aufgefasst werden, insbesondere wenn sie die Funktion eines Subjekts oder eines Prädikativs haben. Entsprechend können sie *groß- oder kleingeschrieben* werden:
Doch *schweigen* ist schwerer als *reden* (was tun?). Doch *Schweigen* ist schwerer als *Reden* (wer/was?). Denn *irren* ist menschlich. Denn *Irren* ist menschlich. Ja, *vorbeugen* ist besser als *heilen*. Ja, *Vorbeugen* ist besser als *Heilen*. Denn *verdienen* heißt *arbeiten*. Denn *Verdienen* heißt *Arbeiten*. Der Turnlehrer lehrte uns *schwimmen* (Infinitiv als Teil des Prädikats). Der Turnlehrer lehrte uns *Schwimmen* (= das Fach Schwimmen, Akkusativobjekt).
3. Selten werden auch andere Verbformen als Nomen gebraucht:
Das ist ein *Muss!* Das *Soll* muss erfüllt werden. Sie spielten bis zum *Gehtnichtmehr*.
4. Für Partizipien gelten die Regeln der Adjektive; siehe dazu den folgenden Abschnitt.

Adjektive und adjektivische Partizipien

1133 Die folgenden Regeln gelten nicht nur für *Adjektive* im engeren Sinn, sondern auch für *Partizipien*, die wie Adjektive gebraucht sind.

Ganz allgemein gilt: Adjektive werden nur dann großgeschrieben, wenn dies eine der folgenden Regeln ausdrücklich verlangt. Der *Normalfall* ist also die *Kleinschreibung*. Dies gilt insbesondere für alle nichtdeklinierten Adjektive in prädikativer und adverbialer Verwendung:

Das Gemüse war sehr *salzig*. Im Zimmer roch es *muffig*. Endlich wurde es wieder etwas *wärmer*. Unsere Mannschaft spielte schon wieder *unentschieden*. Marianne trug ihr Gedicht *schweizerdeutsch* vor (→ 1139.1). Wir möchten dieses Zimmer *weiß* streichen lassen. Die Staatsanwältin hält diesen Vertrag für *ungesetzlich*. Ich empfinde dein Verhalten als *kindisch*.

Besondere Kleinschreibregeln gibt es nur für Ausnahmen (→ 1140–1146).

Die Grundregel

Großschreibung gilt für Adjektive, die wie ein Nomen den *Kern einer Nominalgruppe* bilden (→ 635 ff.). Die Adjektive sind dann *wie Nomen gebraucht;* man spricht daher von *nominalisierten Adjektiven.* Als Grundregel gilt: **1134**

> **Grundregel:** Nominalisierte Adjektive schreibt man groß.
> Musterbeispiel:
> Die *Großen* fressen die *Kleinen.*

Weitere Beispiele für nominalisierte Adjektive:
Zum Aperitif gab es *Süßes* und *Salziges.* Im Gasthaus waren nur *Einheimische!* Das *Ausschlaggebende* für den Entscheid waren die Kosten. Das nie *Erwartete* trat ein. Ihr Interesse gilt dem *Mathematisch-Naturwissenschaftlichen.* Das *Richtige* wäre, jetzt zu gehen. Da hast du aber den *Kürzeren* gezogen! Des *Näheren* vermag ich mich nicht zu entsinnen. Sie hat mir die Sache des *Langen* und *Breiten* erläutert. Die Direktorin war auf dem *Laufenden.* Ihr Zustand hat sich um ein *Beträchtliches* gebessert. Die Rednerin traf ins *Schwarze.* Beim Umweltschutz liegt noch vieles im *Argen.* Die Arbeiten sind im *Allgemeinen* nicht schlecht geraten. Im *Weitern* entsinne ich mich des *Weitern* nicht mehr.

Häufig gehen nominalisierten Adjektiven Wörter wie *etwas, nichts, viel, wenig* voraus. **1135**
Musterbeispiel: Ich kann dir *etwas (nichts, viel, wenig, allerlei ...) Neues* erzählen.
Weitere Beispiele: Er hat *alles* in seiner Macht *Stehende* getan (→ 1701). Es gab für mich *nichts Aufregenderes.* Jemand *Fremdes* steht vor der Tür (zum Geschlecht: → 781).
Aber Ausnahme (→ 1143): *etwas anderes, nichts anderes.*

Ordnungszahlen gehören zu den Adjektiven (→ 248, 303); sie folgen daher der Grundregel für nominalisierte Adjektive: **1136**
Er bekam als *Zweiter* die Silbermedaille. Er ist schon der *Zweite,* der den Rekord des vergangenen Jahres überboten hat. Jeder *Fünfte* lehnte das Projekt ab. Dieses Vorgehen verletzte die Rechte *Dritter.* Sie kam als *Dritte* an die Reihe. Die *Nächste* bitte! Liebe deinen *Nächsten* wie dich selbst! Fürs *Erste* wollen wir nicht mehr darüber reden. Als *Letztes* muss der Deckel angeschraubt werden. Arthur und Armin gingen unterschiedliche Wege: *der Erste (Ersterer)* wurde Beamter, *der Zweite (der Letzte, Letzterer)* hatte als Schauspieler Erfolg.

(Zu den Grundzahlen → 1151.)

Bei *Sprach- und Farbadjektiven* gibt es zwei Arten von Nominalisierungen. Beide unterliegen der Grundregel für nominalisierte Adjektive. **1137**

1. Nominalisierungen mit adjektivischer Deklination:
In unserer Stadt gibt es nicht *genug Grünes.* Sie trug das kleine *Schwarze.*
Das *Englische* ist eine Weltsprache. Dieser Text ist aus dem *Spanischen* übersetzt.

2. Nominalisierungen mit nominaler Deklination (Nominativ endungslos, Genitiv auf -s oder ebenfalls endungslos):

Er trug einen Anzug ganz in *Schwarz*. Dieser Vorhang in *Braun-Rot-Orange* gefällt mir besonders gut. Der Zeitungsbericht traf ins *Schwarze*. Wenn man *Schwarz* mit *Weiß* mischt, entsteht *Grau*. Die Ampel schaltete auf *Rot*. Dieses *Grün* steht dir ausgezeichnet. Ihr *Englisch* hatte einen südamerikanischen Akzent. Mit *Englisch* kommt man überall durch. In Ostafrika verständigt man sich am besten auf *Englisch*.

1138 Ähnlich gibt es bei manchen *Paarformeln* adjektivisch deklinierte und endungslose Nominalisierungen:

Diese Musik gefällt *Jungen und Alten*. Oder: Diese Musik gefällt *Jung und Alt*.

Die Pest traf *Arme und Reiche, Hohe und Niedrige*. Oder: Die Pest traf *Arm und Reich, Hoch und Niedrig*.

1139 **Anmerkungen**

1. Wenn ein *bloßes Sprachadjektiv* (ohne vorangehende Präposition) mit «Wie?» erfragt werden kann, liegt adverbialer Gebrauch vor (→ 311). Man schreibt dann klein:

Wir unterhielten uns *englisch*. Sie trug ihr Referat *französisch* vor. Der Prospekt war *deutsch* gedruckt.

Aber nominalisiert (mit Präposition):

Wir unterhielten uns *auf Englisch*. Sie trug ihr Referat *auf Französisch* vor. Er schreibt seine Briefe *in Englisch*.

Je nachdem (im Zweifelsfall ist Toleranz angebracht!):

Er spricht *englisch* (Wie?). Er spricht *Englisch* (= die englische Sprache: Was?).

2. Bei einigen *außereuropäischen Sprachen* haben sich noch keine Adjektive gebildet, sie sind daher immer großzuschreiben:

Sie sprechen *Urdu, Hindi, Quechua* usw.

3. *Paarformeln* mit endungslosen *Farbbezeichnungen* unterliegen der Ausnahme für feste adverbiale Wendungen mit Präposition (→ 1145); man schreibt daher klein:

Das steht *schwarz auf weiß* im Vertrag. Er kleidete sich *grau in grau*.

Ausnahmen

1140 Ausnahme 1: **Attributive Adjektive mit eingespartem Nomen.** Wenn nach einem attributiven Adjektiv ein Nomen eingespart worden ist, das sonst noch im Text vorkommt und somit ohne weiteres ergänzt werden kann, liegt eine Art Ellipse vor. Das Adjektiv bleibt attributiv und wird kleingeschrieben.

Musterbeispiel:

Die großen Fische fressen die *kleinen* (= die *kleinen* Fische).

Weitere Beispiele: Sie ist die *aufmerksamste* und *klügste* meiner Kolleginnen. Der Verkäufer zeigte mir seine Auswahl an Socken, die *gestreiften* und *gepunkteten* gefielen mir am besten. Vor dem Haus spielten viele Kinder, einige *kleine* im Sandkasten, die *größeren* am Klettergerüst. Alte Schuhe sind meist bequemer als *neue*. Zwei Männer betraten den Raum; der *erste* trug einen Anzug, der *zweite* Jeans und Pullover.

Manchmal sind zwei Auffassungen möglich:

In diesem Stadtviertel haben die *Bewohner* viele Kontakte untereinander, auch *jüngere* und *ältere* (= *jüngere* und *ältere Bewohner*, eingespart ist das vorangehend vorkommende *Bewohner*) verkehren miteinander.

In diesem Stadtviertel haben die Bewohner viele Kontakte untereinander, auch *Jüngere* und *Ältere* (= jüngere und ältere Personen) verkehren miteinander.

> Ausnahme 2: **Superlative mit am auf die Frage «Wie?»**. Superlative mit *am* zu kleingeschriebenen Positiven schreibt man wie diese klein. Sie lassen sich mit «Wie?» erfragen.
>
> Musterbeispiel:
>
> > *schnell*
> >
> > *schneller*
> >
> > Caroline hat die Arbeit *am schnellsten* erledigt

1141

Weitere Beispiele:
Dieser Weg ist (*steil* → *steiler* →) *am steilsten*. (*Wie* ist der Weg?)
Sie rief (*laut* → *lauter* →) *am lautesten*. (*Wie* rief sie?)

Anmerkungen 1142

1. Die Neuregelung lässt in Anlehnung an die frühere Regelung zu, dass auch Adjektive mit *aufs (auf das)* kleingeschrieben werden, sofern sie sich mit «Wie?» erfragen lassen. Großschreibung nach der Grundregel (→ 1134) ist jedoch vorzuziehen:
Neue Schreibung: Wir haben uns *aufs Beste* (oder: *aufs beste*) unterhalten. Sie hatte mir alles *aufs Eindrücklichste* (oder: *aufs eindrücklichste*) beschrieben.

2. In allen übrigen Fällen schreibt man Superlative groß, wenn sie aus grammatischer Sicht als nominalisiert anzusehen sind:
Er hängt (*am Alten* → *am Älteren* →) *am Ältesten*. (*Woran* hängt er?) Sie hat sogar (*am Guten* → *am Besseren* →) *am Besten* etwas auszusetzen. (*Woran* hat sie etwas auszusetzen?)
Wir beschränkten uns (*aufs Nötige* → *aufs Nötigere* →) *aufs Nötigste*. (*Worauf* beschränken wir uns?) Wir sind (*aufs Gute* → *aufs Bessere* →) *aufs Beste* angewiesen. (*Worauf* sind wir angewiesen?). Sie war unsere *Jüngste*. Das *Beste*, was dieser Ferienort bietet, ist die Ruhe. Er gab wieder einmal eine seiner Geschichten *zum Besten*. Das *Schönste* wäre jetzt, wenn ich Feierabend machen könnte.

1143 Ausnahme 3: **viel, wenig, ein, ander.** Die genannten unbestimmten Zahladjektive schreibt man in allen ihren Formen klein. Sie werden in der Rechtschreibung also wie Indefinitpronomen (→1148) behandelt.
Musterbeispiele:
Viele gingen, *wenige* blieben.
Die *meisten* gingen, die *wenigsten* blieben.
Die *einen* gingen, die *anderen* blieben.

Weitere Beispiele:
Zum Erfolg trugen auch die *vielen* bei, die ohne Entgelt mitgearbeitet haben. Sie hat das *wenige*, was noch da war, in eine Kiste gepackt. Alles *andere* erzähle ich dir später. Unter *anderem* wurde auch über finanzielle Angelegenheiten gesprochen.

1144 **Anmerkungen**
1. Wenn hervorgehoben werden soll, dass das Adjektiv nicht als reines unbestimmtes Zahlwort zu verstehen ist, oder auch nur zum Ausdruck kommen soll, dass es nominalisiert ist, ist auch Großschreibung nach der Grundregel (→1134) möglich:
Ich strebte etwas ganz *Anderes* (= ganz *Andersartiges*) an. Die *Meisten* kennen diesen Witz sicher schon. Sie besitzt nur *Weniges*.
Formen ohne Deklinationsendungen sind aber immer klein:
Sie besitzt nur *wenig*. Ich wollte *mehr* erreichen.
Wir empfehlen, Ausnahme 3 (→1143) möglichst konsequent anzuwenden, also die *Kleinschreibung* zu wählen.
2. Alle übrigen Zahladjektive (→303) schreibt man nach der Grundregel groß, wenn sie nominalisiert sind. Zur Abgrenzung von Indefinitpronomen →253.
Den Kometen haben *Unzählige (Ungezählte, Zahllose)* gesehen. Ich muss noch *Verschiedenes* erledigen. Das muss jeder *Einzelne* mit sich selbst ausmachen. Anita war die *Einzige*, die alles wusste. Alles *Übrige* besprechen wir morgen. Er gab sein Geld für alles *Mögliche* aus. Das könnte jedem *Beliebigen* passieren. Wir sprachen den ersten *Besten* an.
3. Der Grundregel folgen auch Adjektive, die in der Bedeutung Demonstrativpronomen nahe kommen:
Katrin sagte das *Gleiche* wie Ulla. Ich suchte einen Meißel oder etwas *Ähnliches*. Mit *Derartigem* (etwas *Derartigem*) ist zu rechnen. Bitte beachten Sie *Folgendes*: ...

1145 Ausnahme 4: **Präposition + dekliniertes Adjektiv.** Bei einer Anzahl fester Wendungen, die aus einer bloßen Präposition und einem deklinierten Adjektiv bestehen, ist Groß- oder Kleinschreibung möglich.
Musterbeispiele:
ohne Weiteres/ohne weiteres
von Neuem/von neuem

Bloße Präposition = ohne Artikel, auch nicht mit dem Artikel verschmolzen (→1146.1).
Dekliniertes Adjektiv = mit Deklinationsendung (-es oder -em).
Die Großschreibung entspricht der Grundregel (→1134), die Kleinschreibung orientiert sich an den Fügungen mit nichtdeklinierten Adjektiven (→1146.2) und Adverbien (→1158.1). Die Ausnahme betrifft praktisch nur die folgenden Wendungen (wir zeigen jeweils die Variante mit Großschreibung nach der Grundregel):
binnen Kurzem, vor Kurzem, seit Kurzem; seit Langem, vor Langem, seit Längerem, vor Längerem; von Nahem; von Neuem, seit Neuestem; von Weitem, bei Weitem, bis auf Weiteres, ohne Weiteres

Anmerkungen 1146
1. Nicht unter Ausnahme 4 (→1145) fallen Wendungen, die von einer Verschmelzung aus Präposition und Artikel wie *im (in dem)* eingeleitet werden; für diese gilt die Grundregel (→1134): Beim Umweltschutz liegen noch viele Dinge *im Argen*. Er gab wieder einmal eine seiner Geschichten *zum Besten*. Die Polizei tappt *im Dunkeln*. Wir sind uns *im Großen und Ganzen* einig. Die Arbeiten sind *im Allgemeinen* nicht schlecht geraten. Wir hielten uns *im Verborgenen (im Freien, im Grünen)* auf. Sie hat *aufs Neue* ihren bisherigen Rekord überboten.
2. Nichtdeklinierte Adjektive werden in Verbindung mit reinen Präpositionen wie Adverbien behandelt, man schreibt also klein (→1158.1):
Ich hörte *von fern* ein dumpfes Grollen. Er hat sich *von klein auf* nur für Schach interessiert. Sie kam *von weit her*. Wir wurden *in bar* ausbezahlt. Er wollte den Wagen *gegen bar* verkaufen. Der Händler wollte uns *für dumm* verkaufen. Sie ist *nach unbekannt* verreist. Die Staatsanwaltschaft erhob Klage *gegen unbekannt*.
Die Mädchen hielten *durch dick und dünn* zusammen. Das wird sich *über kurz oder lang* herausstellen. Die Pilger kamen *von nah und fern*.
Das werde ich dir *schwarz auf weiß* beweisen. Die Stimmung war *grau in grau*.
3. Kleinschreibung gilt auch, wenn nichtdeklinierte Adjektive in der Position einer Nominalgruppe zitatartig für eine Eigenschaft genannt werden:
Sie konnte *warm* und *kalt* nicht mehr unterscheiden. Seit dem Unfall reagierte ihr linkes Bein nicht mehr auf *warm* und *kalt*. Dieser Typ hat sich ganz auf *hässlich* getrimmt. Oft geht es nicht um den Unterschied zwischen *richtig und falsch*, sondern zwischen *gut und weniger gut*. Das Barometer steht auf *schön*.
4. Hingegen folgen Fügungen mit Nominalisierungen, die ohne weiteres in gleicher Form auch als Subjekt oder als Objekt auftreten können, der Grundregel (→1134; Farb- und Sprachbezeichnungen: →1137; Paarformeln: →1138):
Dieses Gerät wird in *Grau* und *Schwarz* ausgeliefert. Du kannst zwischen *Grau* und *Schwarz* wählen. (Vgl.: Bei diesem Gerät sind *Grau* und *Schwarz* die beliebtesten Farben.) Sie haben sich *auf Italienisch* unterhalten. (Vgl.: Unter den romanischen Sprachen gefällt mir *Italienisch* am besten.) Das ist eine Veranstaltung *für Jung und Alt*. (Vgl.: Zu dieser Veranstaltung laden wir *Jung und Alt* ein.)

1147 **Übung 37**

Im folgenden Brief sind die Großbuchstaben einzusetzen.

Sehr geehrter herr w.!

Für ihren letzten brief danke ich ihnen aufs beste. Sie werden es ohne weiteres verstehen, dass ich von dem mir mitgeteilten aufs äußerste betroffen bin. Nachdem ich ihr schreiben immer aufs neue durchgelesen und durch nachdenken ins klare zu kommen versucht habe, muss ich bekennen, dass ich in dieser mein innerstes aufwühlenden angelegenheit immer noch im dunkeln tappe. Des weitern gestehe ich jedoch ohne zaudern, dass ich nun zum äußersten entschlossen bin und alles in meiner macht liegende tun werde, um die sache aufzuklären und ins reine zu bringen.

Lange genug habe ich jetzt zwischen hangen und bangen geschwebt, und alt und jung hat an meiner verlegenheit seine freude gehabt. Nur sie, mein väterlicher freund, der sie mich von klein auf gekannt haben, sind mir durch dick und dünn beigestanden. Eine zeit lang habe ich versucht, das ganze ins lächerliche zu ziehen; aber die ins grenzenlose gesteigerten anwürfe haben mir derart zugesetzt, dass ich bald nichts vernünftiges mehr zu tun imstande war. Oft habe ich im stillen gehofft, die sache werde sich binnen kurzem aufklären. Nicht im entferntesten aber hätte ich daran gedacht, dass so unbedeutendes derart des langen und breiten weitererzählt und ins unglaubliche aufgebauscht würde.

Im übrigen liegt die angelegenheit ja so weit zurück, dass ich mich des nähern kaum mehr entsinne. Das aber weiß ich des bestimmtesten, dass ich nichts verbotenes getan und auch meine mitarbeiter nie zu etwas unerlaubtem verleitet habe. Keiner von ihnen hat denn auch des nähern erklären können, worin meine verfehlungen bestehen sollen. Alle ihre andeutungen bewegten sich im allgemeinen, und keiner wusste besonderes, wirklich strafbares anzugeben. Die polizei hat sich denn auch schon nach kurzem eines bessern belehren lassen und alles gegen mich beantragte zurückgezogen. Im besondern freute es mich, dass mein größter widersacher im weitern ohne zögern alle kosten übernahm und mich und die meinigen ohne weiteres aufs angemessenste entschädigte.

So glaubte ich seit langem alles im reinen. Und nun kommen zu meinem erstaunen von neuem solche verdächtigungen. Kürzlich kam es sogar so weit, dass mir ein unbekannter im dunkeln auflauerte und mich aufs schändlichste beschimpfte. Des weitern entsinne ich mich nicht mehr, da ich im nächsten moment, von einem stein getroffen, unter ächzen und stöhnen zusammensank. Und nun kommt ihr brief mit der mitteilung des von ihnen vernommenen. Sie werden mit mir der meinung sein, dass ich nicht länger im ungewissen bleiben darf darüber, wer da immer von neuem versucht, im trüben zu fischen. Jedenfalls werde ich alles tun, um das nötige zu erfahren. Sobald ich aber etwas greifbares in den händen habe, werde ich sie über alles von mir unternommene auf dem laufenden halten. Inzwischen grüße ich sie und die ihrigen aufs herzlichste.

Ihr dankbarer k. f.

Pronomen

1148 Pronomen werden grundsätzlich kleingeschrieben, auch wenn sie als *Stellvertreter* ein Nomen vertreten:

In den folgenden Beispielen sind die Demonstrativ- und Indefinitpronomen kursiv gesetzt (zur Abgrenzung von den Zahladjektiven → 253):
Sie haben noch nie *solches* durchgemacht. Davon ist *mancher* überrascht worden. In seiner Lehre hat er *einiges* gelernt. Damit hat *keiner (niemand)* gerechnet. Während seiner Matrosenzeit hat er *allerlei* erlebt. Der Politiker muss mit *jedem (jedermann)* gut auskommen. Die *beiden* kommen mir bekannt vor. Du solltest dich *ein bisschen (ein wenig)* beeilen! Wir nehmen uns *ein paar (mehrere)* Tage Ferien. (Aber Nomen: Ich kaufte mir *ein Paar* Schuhe.)

1149 Ausgenommen von der Kleinschreibregel der Pronomen sind nur einige seltene Nominalisierungen. Sie sind oft daran erkennbar, dass der Artikel davorsteht:
Er sieht nur immer das eigene *Ich* und beachtet das *Du* gegenüber nicht. Dieser Hamster ist nicht ein *Er*, sondern eine *Sie*. Er ist doch ein *Niemand!* Wir fielen ins *Nichts*, ins bodenlose *Nichts*. Ein gewisses *Etwas* fehlt der Sauce noch.

Zur Großschreibung in mehrteiligen Eigennamen → 1171.

Anmerkung

1150 In einigen Wendungen ohne Bezugsnomen wird das Possessivpronomen mit dem bestimmten Artikel gebraucht (→ 218); es kommt dann einem nominalisierten Adjektiv nahe. Man kann dann kleinschreiben (= Regel für Pronomen) oder großschreiben (= Regel für nominalisierte Adjektive). Großschreibung ist unseres Erachtens vorzuziehen:
Er kam mit den *Seinen* (oder: den *seinen*) vorbei. Sie hat das *Ihre* (das *ihre*) zum Werk beigetragen.

Grundzahlen (bestimmte Zahlpronomen)

1151 Die *Grundzahlen von 0 bis 999 999* zählen zu den Pronomen (= bestimmte Zahlpronomen) und werden daher grundsätzlich kleingeschrieben.

Alleinstehend:
Was *drei* wissen, wissen bald *dreißig*. Von unsern Läufern ist keiner unter den ersten *zehn*. Er sollte die Summe durch *zwei* teilen. Unser Hund ist schon *acht* (= acht Jahre alt). Dieser Kandidat konnte nicht bis *drei* zählen. Der Mensch über *achtzig* schätzt die Gesundheit besonders. Das Thermometer zeigt fünf Grad unter *null*. Der Scheck lautet auf (in Worten): *achthundertsiebenundzwanzigtausenddreihundertfünfzig* Franken.

Uhrzeit:
um halb sieben Uhr, um halb sieben (Kleinschreibung auch, wenn «Uhr» fehlt!), um Viertel vor neun, um zehn Uhr fünfzehn.

Hinter einem Nomen, wenn die Grundzahlen einen Rang, eine Nummer oder eine Position angeben:
Dieses Ereignis wird auf das Jahr *drei* vor Christus angesetzt. Sie hat die Note *sechs* erhalten. Die Straßenbahn Nummer *acht* fährt zum Neuweilerplatz. Fahrer Nummer *sieben* ist auf Platz *eins* gekommen.

1152 Von den oben genannten Fällen zu unterscheiden sind Nominalisierungen weiblichen Geschlechts, die gewöhnlich im Singular stehen:
Die *Dreizehn* (die Zahl *Dreizehn*) wird von vielen Leuten gefürchtet. Unsere *Elf* hat gewonnen. Die *Acht* fährt zum Neuweilerplatz. Die *Drei* ist meine schlechteste Note.

Zu den *Ableitungen* von Grundzahlen auf *-er* → 1228 f.
Zu den *Bruchzahlen* auf *-tel* und *-stel* → 1125.

1153 **Anmerkungen**
Neben den kleingeschriebenen Zahlpronomen *hundert* und *tausend* gibt es auch noch die großgeschriebenen Zahlnomen *Hundert* und *Tausend*. Zahlpronomen und Zahlnomen sind nicht immer einfach voneinander zu unterscheiden. Im Einzelnen gilt:
1. Bei der Bezeichnung von Verpackungseinheiten und dergleichen werden die sächlichen Zahlnomen *Hundert* und *Tausend* gebraucht: Das erste *Hundert* Büroklammern ist schon verbraucht. Das vierte *Tausend* dieses Buches wird nächste Woche ausgeliefert.
2. Bei der Bezeichnung einer unbestimmten, das heißt nicht in Ziffern schreibbaren Menge ist grammatisch nicht immer ohne weiteres klar, ob die Zahlpronomen *hundert, tausend* oder die Zahlnomen *Hundert, Tausend* vorliegen. Die Schreibung ist daher freigegeben. Dies gilt auch für Formen mit Deklinationsendungen *(-e, -en, -er):* Mehrere *tausend* Menschen (mehrere *Tausend* Menschen) füllten das Stadion. Es kamen viele *tausende* (viele *Tausende*) von Zuschauern. Sie strömten zu *aberhunderten* (zu *Aberhunderten*) herein. (Umgangssprachlich:) Der Beifall *zigtausender* von Zuschauern (*Zigtausender* von Zuschauern) war ihr gewiss.
3. Dem unter 2. genannten Gebrauch schließt sich auch *Dutzend* an, man kann es daher bei unbestimmten Mengenangaben groß- oder kleinschreiben: Der Stoff wird in einigen *Dutzend* Farben (in einigen *dutzend* Farben) angeboten. Der Fall war angesichts *Dutzender* von Augenzeugen (*dutzender* von Augenzeugen) klar. Die Spatzen saßen zu *Dutzenden* (zu *dutzenden*) in den Büschen.

Partikeln

Kleinschreibung

1154 | Partikeln (Präpositionen, Konjunktionen, Adverbien, Interjektionen) werden grundsätzlich *kleingeschrieben*. |

Beispiele:
Kollege Müller konnte *umstandshalber* (aber: eines besondern Umstands halber, →1205) nicht kommen. Ich habe die Bestellung *heute (gestern, vorgestern)* aufgegeben.

Zu unterscheiden:
Ich komme *morgen* (Adverb; = am folgenden Tag). Ich komme am *Morgen* (Nomen; = in den frühen Stunden des Tages).

Besonders zu beachten sind Partikeln, die aus ursprünglichen Nomen entstanden sind. Viele dieser Partikeln gehen auf -*s* oder -*ens* aus.

(Präpositionen:) *kraft* des Gesetzes, *laut* Beschluss der Behörde, *trotz* diesem Misserfolg, *dank* dem Einsatz der Schüler, *zeit* seines Lebens, *statt* Karten, *angesichts* der Gefahren, *eingangs* des ersten Kapitels, *mangels* besseren Werkzeugs, *mittels* einer Zange, *namens* der Behörde, *seitens* der Polizei, *zwecks* Behandlung, *um* des Friedens *willen*, *von* Rechts *wegen*.

(Konjunktion:) Ich werde dir helfen, *falls* ich Zeit habe.

(Adverbien:) Wir hatten *anfangs* noch Mühe. Das ist von *alters* her überliefert. Aber schon *tags* darauf reiste er wieder ab. Die Bauarbeiter stellten *rings* um die Sprengstelle Warntafeln auf. Er beschwerte sich *teils* zu Recht, *teils* zu Unrecht. Wir sind *willens*, das zu erledigen. Ich bin fast *hungers* gestorben. Die Behörden haben *rechtens* so gehandelt. Es ist *rechtens*, so zu handeln.

Man beachte besonders die Adverbien auf -*s* zu Wochentags- und Tageszeitbezeichnungen, die eine Wiederholung ausdrücken:
Das Museum ist *montags* geschlossen. Fredi bleibt *abends (nachts)* selten zu Hause.
Er geht *dienstagabends* ins Kino. (Getrenntschreibung nur mit doppeltem -s; →1122: Er geht *dienstags abends* ins Kino.)
Vgl. außerdem: frühmorgens, morgens früh; spätabends, abends spät.

Aber Nomen (mit Artikel):
Das ist mir *eines Abends (eines Nachts)* wieder in den Sinn gekommen.

Zur Kleinschreibung von verblassten Nomen wie angst, leid, schuld →1118:
Mir ist *angst*. Uns wird *angst und bange*. Wir sind ihr *gram*. Mir ist das alles *leid*. Die Firma ist *pleite*. Er bleibt *schuld* daran.

1155

1156

Nominalisierte Partikeln

| Partikeln werden großgeschrieben, wenn sie als *Nomen* gebraucht werden. Dies ist häufig daran erkennbar, dass der Artikel vorangeht.

1157

Beispiele:
Lass alles *Drum* und *Dran* beiseite! Man sagt, die Kirche Südamerikas kümmere sich zu viel um das *Jenseits*. Tu das ohne *Wenn* und *Aber*! Das *Für* und *Wider* dieser Sache sollte genau abgeklärt werden. Sie hat alles in einem *Hui* erledigt. Es handelt sich hier nicht um ein *Entweder-oder*, sondern um ein *Sowohl-als-auch*. Mit *Ach* und *Krach* ist die Arbeit noch fertig geworden. Sie hatte so viel wie möglich im *Voraus* erledigt. Im *Nachhinein* wussten wir es besser.

1158 **Anmerkungen**
1. Nicht als nominalisiert gelten Adverbien gewöhnlich in Verbindung mit reinen Präpositionen: Wer kommt da *von draußen* herein? Wir haben *für morgen* nichts geplant. Es bewegte sich *von oben nach unten*.
Manchmal sind freilich zwei Auffassungen möglich:
Sein Buch handelt über Afrika *zwischen gestern und morgen* / *zwischen Gestern und Morgen* (= zwischen Vergangenheit und Zukunft). Ihre Gedanken bewegten sich *zwischen einst und jetzt* / *zwischen Einst und Jetzt* (= zwischen Vergangenheit und Gegenwart).
2. Wenn satzwertige Ausdrücke wie Interjektionen (Ausrufewörter), Grußformeln und dergleichen (→ 863) ohne Anführungszeichen als Objekt bei einem Verb des Sagens stehen, kann man groß- oder kleinschreiben. Die Großschreibung kann man nicht nur mit der ursprünglichen Satzwertigkeit begründen (→ 1107), sondern auch damit, dass die Fügungen die Stelle einer Nominalgruppe einnehmen (→ 635 ff.). Beispiele:
Sie rief laut *Hallo* (*hallo*). Sie will nicht zu allem *Ja* und *Amen* sagen (oder: *ja* und *amen* sagen). Zu dieser Forderung müssen wir *Nein* sagen (*nein* sagen). Er hat mir freundlich *Danke* gesagt (*danke* gesagt). (Zu unterscheiden: *danksagen* / *Dank* sagen; → 1211.4)
Du musst deiner Tante noch *Auf Wiedersehen* sagen (*auf Wiedersehen* sagen). Sie pflegte allen Leuten freundlich *Guten Tag* zu sagen (*guten Tag* zu sagen). (Aber bei Gebrauch als gewöhnliches Objekt: Sie wünschte allen Leuten *einen guten Tag*.)
Mit Anführungszeichen (je nachdem: → 1107, 1539 oder → 1111, 1536):
Sie rief laut «Hallo!». Sie rief laut: «Hallo!» Sie pflegte allen Leuten freundlich «Guten Tag!» zu sagen.
Nach Präpositionen schreibt man nur groß:
Sie antwortete laut und deutlich mit *Ja*. Der Vorschlag wurde mit 7835 *Nein* gegen 6417 *Ja* abgelehnt (→ 1821).

Die Großschreibung der Eigennamen

Einfache und mehrteilige Eigennamen

1159 Einfache Eigennamen sind gewöhnlich Nomen; gelegentlich kommen auch Nominalisierungen vor. Die Großschreibung ist hier immer auch von der Großschreibung der Nomen abgedeckt:
(Nomen:) Monika, Markus, Genf, Normandie, Österreich, Elbe, Gotthard
(Nominalisierungen:) die Liberalen, die Grünen, die Zwölf (= die zwölf Apostel)

Entsprechendes gilt auch für mehrteilige Eigennamen, die nur aus Nomen bestehen:
Wolfgang Amadeus Mozart, Bad Zurzach, Kap Arkona, Piz Palü, Monte Verità

Genauer zu betrachten sind daher in erster Linie mehrteilige Eigennamen, die Wortformen anderer Wortarten enthalten. In erster Linie handelt es sich hier um Adjektive.

Adjektive in mehrteiligen Eigennamen

Adjektive und adjektivisch gebrauchte Partizipien werden großgeschrieben, wenn sie Teil eines mehrteiligen Eigennamens (Punkte 1–5) oder bestimmter eigennamenähnlicher Begriffe (Punkte 6–9) sind.

1160

1. Personennamen:
die *Rote* Zora, die *Heiligen* Drei Könige, der *Alte* Fritz (Friedrich II. von Preußen)

1161

Zugleich Nominalisierungen:
Karl der *Kühne,* Heinrich der *Achte (VIII.),* Ludwig der *Vierzehnte (XIV.)*

2. Geografische und astronomische Eigennamen:
der *Fränkische* Jura, die *Hohe* Tatra, das *Steinerne* Meer (eine Hochebene); das *Große* Moos, der *Weiße* Nil, der *Gelbe* Fluss, das *Schwarze* Meer, das *Große* Haff; der *Nahe* Osten, die *Britischen* Inseln, die *Äußeren* Hebriden, die *Innere* Mandschurei, *Bergisch* Gladbach, *Neu* St. Johann; die *Alte* Landstraße, der *Grüne* Weg, der *Rote* Platz, der *Englische* Garten (zu den Straßennamen →1431); das *Weiße* Haus, der *Schiefe* Turm von Pisa; der *Große* Wagen, der *Halleysche* Komet (→1174)

1162

Großschreibung gilt auch bei inoffiziellen geografischen und astronomischen Eigennamen:
der *Schwarze* Erdteil (= Afrika), der *Nahe* Osten, der *Ferne* Osten, die *Vereinigten* Staaten von Amerika (= USA), der *Rote* Planet (= Mars)

Bei Gattungs- und Sammelbezeichnungen gilt Kleinschreibung der Adjektive:
die *baltischen* Staaten, die *nordischen* Länder, die *schweizerischen* Autobahnen

3. Eigennamen von Behörden, Ämtern, Vereinen, Verbänden, Firmen und Institutionen aller Art:
die *Schweizerischen* Bundesbahnen, der *Deutsche* Bundestag, der *Große* Rat, das *Rote* Kreuz, die *Westdeutsche* Landesbank, die *Sozialdemokratische* Partei Deutschlands, die *Bayerische* Staatsbibliothek, die *Eidgenössische* Steuerverwaltung, die *Psychiatrische* Klinik Rheinau

1163

Aber Gattungs- und Sammelbezeichnungen:
die *europäischen* Eisenbahnen, die *eidgenössische* Verwaltung, eine *psychiatrische* Klinik, die *schweizerische* Druckindustrie

4. Werktitel (Bücher, Schriften, Zeitungen, Gesetze usw.; →1533):
der *Große* Duden, das «*Richtige* Deutsch», die *Heilige* Schrift, das *Neue* Testament, die «*Neue Zürcher* Zeitung»
Aber als Gattungs- und Sammelbezeichnung: die *heiligen* Schriften der Inder.

1164

Wenn Werktitel Zitatcharakter haben, unterliegen sie den Regeln für die Großschreibung am Satzanfang (→ 1103, 1107):
Kubicek errang mit «Einer flog über das Kuckucksnest» einen großen Erfolg. Die Oper *Die Entführung aus dem Serail* war großartig.

1165 5. Namen einzelner Objekte:
das *Goldene* Kalb, der *Blaue* Enzian (ein besonderer Zug)

1166 6. Titel:
der *Große* Kurfürst, der *Regierende* Bürgermeister von Berlin, der *Technische* Direktor, der *Erste* Staatsanwalt, der *Vorsitzende* Richter

1167 7. Klassifizierende Benennungen in bestimmten Fachsprachen, insbesondere in der Biologie (Botanik und Zoologie):
der *Gemeine* Löwenzahn, die *Gelbbauchige* Unke, der *Rote* Schwertträger

1168 8. Besondere Kalendertage:
der *Heilige* Abend, der *Weiße* Sonntag, der *Vierzehnte* Juli, der *Erste* Mai, der *Internationale* Frauentag

1169 9. Bezeichnungen für historische Ereignisse und Epochen:
die *Französische* Revolution, der *Siebenjährige* Krieg, der *Westfälische* Friede, der *Zweite* Weltkrieg, die *Goldenen* Zwanziger

1170 **Anmerkungen**
1. Wenn dem Kernnomen des Eigennamens mehrere gleichrangige Adjektive vorangehen (Attribute ersten Grades), werden alle großgeschrieben:
die *Eidgenössische Technische* Hochschule, der *Schweizerische Evangelische* Frauenbund, die *Schweizerische Graphische* Gewerkschaft, der *Allgemeine Deutsche* Automobilclub (ADAC), das *Bayerische Oberste* Landesgericht
2. Wenn die Adjektive gekuppelt sind, schwankt die Schreibung des zweiten Glieds; Großschreibung ist aber vorzuziehen:
die *Freisinnig-Demokratische* Partei der Schweiz, die *Christlich-Demokratische* Union, die *Evangelisch-lutherische* Landeskirche Hannovers
3. Gehört das Adjektiv nicht zum Kernnomen des Eigennamens, sondern zu einem abhängigen Nomen, ist es ein Attribut zweiten (oder höheren) Grades. Die amtliche Rechtschreibung von 1996 sieht auch hier Großschreibung vor. Diese findet sich tatsächlich bei geografischen Eigennamen:
das Kap der *Guten* Hoffnung
Ebenfalls ist Großschreibung üblich, wenn ein Eigenname seinerseits einen Eigennamen enthält:
das Internationale Komitee vom Roten Kreuz (wegen: das Rote Kreuz; → 1163)
Bei andern Institutionen ist die Schreibung unterschiedlich. In weiten Teilen durchgesetzt hat sich die Großschreibung der *geografischen* attributiven Adjektive zweiten Grades:
der Verband *Schweizerischer* Elektrizitätsunternehmen, der Verein *Deutscher* Ingenieure, der Ver-

band *Schweizerischer* Privatschulen, das Institut für *Deutsche* Sprache (allerdings: die Gesellschaft für *deutsche* Sprache)
Auch bei andern attributiven Adjektiven zweiten Grades findet sich zunehmend Großschreibung nach der amtlichen Rechtschreibung von 1996:
    der Bundesverband der *Freien* Berufe, der Verband *Zoologischer* Fachgeschäfte, Verband *Christlicher* Hotels VCH, Seminar für *Interkulturelle* Pädagogik, Vereinigung *Kantonaler* Feuerversicherungen, Verein zur Förderung *Freier* Software, Schweizerischer Berufsverband für *Soziale* Arbeit
Doch folgen viele noch der traditionellen Regel, dass in Eigennamen attributive Adjektive zweiten Grades kleingeschrieben werden:
    die Kommission für *auswärtige* Angelegenheiten, der Verband des Personals *öffentlicher* Dienste, der Verband *unabhängiger* Vermögensverwalter Deutschland e. V., der Schweizerische Verband *diplomierter* Chemiker, der Schweizerische Berufsverband für *angewandte* Psychologie, der Verband *genossenschaftlicher* Bau- und Industrieunternehmen
Am besten hält man sich an die Praxis der jeweiligen Institution (sofern einigermaßen konsequent). – Zu merken ist auch, dass die Schreibweise des abgekürzten Eigennamens nicht maßgebend ist für die Schreibweise des ausgeschriebenen Namens (→ 1381, 1127), zum Beispiel: Verband des Personals *öffentlicher* Dienste: VPOD; in Signeten oder Logos oft: vpod

4. Adjektive und Nomen können zusammen einen festen Begriff bilden. Ein fester Begriff ist *kein* Eigenname, sondern eine Gattungs- oder Sammelbezeichnung. Von den oben angeführten Sonderfällen abgesehen (→ 1166–1169), werden Adjektive in festen Begriffen kleingeschrieben. Uneinheitliche Listen mit abweichender Großschreibung bestehen unter anderem in den Hausorthografien mancher Zeitungen und Presseagenturen. Wir empfehlen, möglichst konsequent die Kleinschreibung anzuwenden:
    das schwarze Schaf, das schwarze Brett, die schwarze Liste, die schwarze Kunst, die schwarze Magie, die schwarze Messe; der goldene Schnitt, die goldene Hochzeit; die erste Hilfe, der erste Spatenstich; der italienische Salat, der blaue Brief, das autogene Training, das neue Jahr, die gelbe Karte, das gelbe Trikot, das große Los, die angewandte Psychologie, die bildende Kunst, die innere Medizin, die künstliche Intelligenz, die grüne Lunge, das olympische Feuer, der schnelle Brüter, die schwedischen Gardinen, der weiße Tod, das zweite Gesicht, die graue Eminenz, der freie Fall

Andere Wortarten in mehrteiligen Eigennamen

Grundzahlen werden großgeschrieben, wenn sie Teile von *Eigennamen* sind: 1171
    die *Zehn* Gebote, die Heiligen *Drei* Könige, die *Acht* Alten Orte (der Alten Eidgenossenschaft), im Gasthaus *Drei* Eichen

Artikel, Präpositionen und Konjunktionen werden in mehrteiligen Eigennamen gewöhnlich kleingeschrieben: 1172
    Johann Wolfgang von Goethe, Charles de Coster, Ludwig van Beethoven, Walther von der Vogelweide; die Vereinigten Staaten von Amerika, Freie und Hansestadt Hamburg, Kanton und Republik Genf

Bei Personennamen ist mit Abweichungen zu rechnen (→ 1420):
    Von Ow, Von der Mühll, Di Pietro, D'Aujourd'hui, Gertrud von Le Fort

Wenn der einleitende Artikel fester Bestandteil eines geografischen Eigennamens ist, wird er großgeschrieben:
 Den Haag, Le Locle, La Roche-sur-Foron, La Spezia

Einleitende Präpositionen werden in Straßennamen (→ 1432) sowie in Wirtshausnamen großgeschrieben (zur Schreibung mit Anführungszeichen → 1533):
 Unter den Linden, Auf der Platte, Im Hägli
 Gasthaus «Zum weißen Schwan» (daneben aber auch: Gasthaus zum «Weißen Schwan»)

Ableitungen von Eigennamen

1173 | Von Eigennamen abgeleitete Adjektive werden grundsätzlich kleingeschrieben. |

Ableitungen von Personennamen:
 eine *kafkaeske* Stimmung, eine *marxistische* Partei, mit *pestalozzihaftem* Einfühlungsvermögen, der *viktorianische* Stil, sein *napoleonisches* Auftreten

Ableitungen von geografischen Eigennamen:
 die *schweizerischen* Berge, die *bayrische* Politik, die *österreichischen* Vorschläge, die *spanischen* Weine, die *sankt-gallischen (st.-gallischen)* Kunstschätze (→ 1357).
Großschreibung tritt nur auf, wenn die Adjektive Teil eines mehrteiligen Eigennamens sind (→ 1160–1170):
 die *Schweizerischen* Bundesbahnen, das *Augusteische* Zeitalter

1174 Es gibt hier allerdings zwei Ausnahmen:

1. Ableitungen von geografischen Eigennamen auf *-er* werden großgeschrieben (→ 1225–1227):
 die *Schweizer* Berge, die *Stuttgarter* Innenstadt, die *New Yorker* Museen

2. Personennamen werden großgeschrieben, sofern sie von der Endung *-sch* mit einem Apostroph abgegrenzt sind (→ 1367, zur Trennung → 1310):
 das *Ohm'sche* Gesetz, der *Ohm'sche* Widerstand, die *Keller'schen* Novellen, der *Halley'sche* Komet
In der grafischen Industrie zieht man es vor, nach der Grundregel klein und ohne Apostroph zu schreiben:
 das *ohmsche* Gesetz, der *ohmsche* Widerstand, die *kellerschen* Novellen
Aber auch ohne Apostroph groß: der *Halleysche* Komet (Eigenname; → 1162)

Die Höflichkeitsgroßschreibung der Anredepronomen

Die Pronomen für die distanziert-höfliche Anrede werden großgeschrieben: *Sie, Ihnen, Ihrer, Ihr* ...
  Ausgenommen ist das Reflexivpronomen *sich;* dieses wird immer kleingeschrieben.

1175

Zur Grundlage der Höflichkeitsgroßschreibung → 1102. Beispiele:
  (Personal- und Possessivpronomen:) «Bitte, setzen *Sie sich* doch», forderte sie mich auf. Haben *Sie Ihren* Schlüssel gefunden? Ich gebe *Ihnen* noch etwas Zeit!
  (Entsprechend auch:) Im Brief stand unter anderem: «Mit *Ihresgleichen* geben wir uns nicht ab!» Da liegt wohl *Ihrerseits* ein Irrtum vor.

Die Pronomen für die vertraute Anrede *(du, dir, dein ...; ihr, euch, euer ...)* schreibt man in allen Texten klein:
  (Brief:) Lieber Fritz! Hier erhältst *du deinen* Rasierapparat zurück, damit *ihr* beide, *du* und *dein* Bruder, *euch* wieder rasieren könnt und nicht länger mit *euren* Bärten die ganze Nachbarschaft in Schrecken versetzt ... – Liebe Eltern! Wie geht es *euch?*
  (Wiedergabe einer Rede, hier Eröffnung der Landsgemeinde in Sarnen:) Liebe Landsleute! Heute früh seid ihr im Ring zusammengekommen, um euch zu beraten über ...
  (Direkte Rede:) «Was machst du heute Abend?», fragte sie mich. Er meinte: «Da habt ihr euch wohl getäuscht.»

Anmerkungen
1. Bei den Pronomen für die vertraute Anrede (→ 1176) ist in Anlehnung an die frühere Regelung auch Großschreibung möglich – aber nur in Briefen:
   Lieber Fritz! Hier erhältst *Du Deinen* Rasierapparat zurück, damit *Ihr* beide, *Du* und *Dein* Bruder, *Euch* wieder rasieren könnt und nicht länger mit *Euren* Bärten die ganze Nachbarschaft in Schrecken versetzt ...
   Bei Privatkorrespondenz ist die Entscheidung für Groß- oder Kleinschreibung eine Frage der persönlichen Vorlieben und muss hier nicht weiter kommentiert werden. Wenn allerdings bei der Wiedergabe von Privatkorrespondenz oder Ausschnitten davon (etwa als Zitat in einem Zeitungsartikel) individuelle Auffälligkeiten, Inkonsequenzen und Fehler bereinigt werden, empfehlen wir die Kleinschreibung nach der Grundregel für Pronomen (→ 1148).
2. Dem Anredepronomen *Sie* werden einige ältere Anredeformen gleichgestellt, so auch die Anrede mit *Ihr,* wenn sie an nur *eine* Person gerichtet ist:
   Spät kommt *Ihr* – doch *Ihr* kommt! Der weite Weg, Graf Isolan, entschuldigt *Euer* Säumen. (Schiller)
   Der Baron: «Johann, hole *Er* mir die Pantoffeln!»
   «Habt *Ihr,* Herr Lehmann, *Eure* Kinder in die Ferien geschickt?»
3. Auf die Höflichkeitsgroßschreibung lässt sich auch die Großschreibung des Possessivpronomens in Titeln zurückführen:
   Da kommt *Ihre* Majestät, die Königin. *Ebenso: Eure* Exzellenz, *Seine* Eminenz, *Euer* Durchlaucht.

1177 4. Auch wenn *Kaiser, Könige* oder *Päpste* in der *Ich-Form* oder sogar in der *Wir-Form* (sogenannter *Majestätsplural, Pluralis Maiestatis*) sprechen, wird die Höflichkeitsgroßschreibung angewendet: König Hassan von Marokko bei einem Frankreich-Besuch: «Bevor *Wir* Frankreich verlassen, legen *Wir* Wert darauf, zu betonen, dass *Unser* kurzer Aufenthalt in Paris *Uns* die Gelegenheit zu nützlicher Arbeit für Marokko und die Zukunft unserer[1] beiden Länder vermittelt hat. *Wir* nahmen mit verschiedenen französischen Persönlichkeiten Fühlung auf und legten ihnen *Unsere* Auffassungen dar. Bei allen haben *Wir* volles Verständnis für die marokkanischen Probleme festgestellt...»

5. Nicht zu verwechseln mit dem Majestätsplural ist sein Gegenstück, der *Bescheidenheitsplural (Pluralis Modestiae)*, der im Zeitungsstil und in wissenschaftlichen Werken verbreitet ist und dazu dient, die Person des Verfassers in den Hintergrund zu rücken, obwohl er durchaus eine eigene Meinung vorträgt und dafür mit seinen Initialen oder seiner Unterschrift einsteht. Selbstverständlich ist in diesem Fall nur die Kleinschreibung der Pronomen richtig: Wie wir dargelegt haben, bleibt...

1178 **Übung 38**

Der folgende Text enthält Fehler aller Art. Berichtigen Sie!

Füllfederhalter verdanken ihr entstehen dem verzweifeln des gewannten Versicherungsvertreters Waterman. Dieser hatte gerade den bedeutensten Vertrag seiner Kariere ins reine geschrieben, und seine Schweizerkonkurrenten schienen das nachsehen zu haben. Zum unterschreiben überreichte Waterman seinem washingtoner Kunden einen Federkiel, doch wegen der Rauhheit des Papiers klekste die Feder. Waterman erschrack und eilte fort, um ein neues Formular zu holen – aber in zwischen tätigte sein erbittester Konkurent den Abschluss, und Waterman zog den kürzeren.

Der totunglückliche Waterman sann auf Abhilfe und erfand binnen Kurzem den Füllfederhalter. Er schnitt einen Kanal – so dünn wie ein Häärchen – in die zilindrische Griffläche des Hartgummis, der ein Tintenreservoir mit der Feder verband. Dadurch gelangte nähmlich ein Bisschen Luft in das Labyrynth der Tintenkammer, sodass nach rythmischem Druck allmählich Tinte an der Feder austrat.

Waterman's Füllfederhalter hatten etwas laienhaftes und dilletantisches und mussten mit einer Pipette gefüllt werden. In bälde verwannte man jedoch ein eingebautes Gummisäckchen, das nach dem herausdrücken der Luft von Neuem Tinte aufsaugte.

Seid 1884 ist der Füllfederhalter im allgemeinen kaum verändert worden. Den primitifen, mit Tinte gefüllten Rohrstil der alten Ägypter verwandelten die rethorisch und technisch begabten Römer in einen Gänsekiel. In mühseeliger Arbeit stellten sie Federhalter auch aus Bambus her, und des öftern wurde an diesem Gerät ein Tintenhalter befestigt. Der Triumpf der Erfindungen aber gebührt Soennecken, der der Welt 1887 – nach eingehenster Beschäftigung mit dem Problem – den Sicherheitsfüllhalter beschehrte, den heute Alt und jung aufs Beste bedienen kann.

---

1 Hier wäre Großschreibung falsch, da es sich nicht um die beiden Länder des Königs, sondern um Frankreich und Marokko handelt.

Getrennt- und Zusammenschreibung

In einem gewissen Zusammenhang mit der Groß- und Kleinschreibung steht die Frage der Schreibung eng zusammengehörender Wörter. Hier lässt sich nur ein Teil in feste Regeln fassen, da vieles fallweise festgelegt worden ist. Bei Unklarheiten muss im Wörterbuch nachgeschlagen werden. Darüber hinaus muss in vielen Fällen dem Autor die Freiheit gegeben sein, durch Getrennt- oder Zusammenschreibung einem Element mehr oder weniger Gewicht zu geben, feine Begriffsabstufungen auszudrücken oder einen wesentlichen Bedeutungsunterschied schriftlich darzustellen.

1201

Die Prinzipien der Getrennt- und Zusammenschreibung

Die einzelnen Wörter eines Textes werden mit dem Wortzwischenraum voneinander abgegrenzt. Dieser Grundsatz geht zurück auf das grammatische Prinzip: Wörter sind grammatische Einheiten. Das grammatische Prinzip besagt:

1202

> Teile von Texten können nach grammatischen Gesichtspunkten gegliedert und mit geeigneten Mitteln besonders gekennzeichnet werden.

Das Problem ist hier, dass es zuweilen gar nicht so klar ist, was als *ein* Wort zu betrachten ist und was als eine Wortgruppe aus mehreren Wörtern. Oft wachsen zwei ursprünglich eigenständige Wörter zu einem einheitlichen Ganzen zusammen, werden zu einem einzelnen, neuen Wort. In der gesprochenen Sprache zeigt sich das oft darin, dass solche Verbindungen nur noch *eine* Hauptbetonungsstelle haben. An den folgenden Beispielen mit *so* ist der Unterschied zwischen dem ursprünglichen Eigenwert und dem Wert beim Gebrauch als Konjunktion deutlich erkennbar:

Ursprünglicher Gebrauch: *So bald* wird er uns nicht mehr unter die Augen kommen. Rolf hat *so viel* verdient, dass er sich zur Ruhe setzen kann. Die Anteilnahme tat ihr *so wohl*, dass sie leichter trug an ihrem Leid.

Gebrauch als Konjunktion: *Sobald* er da ist, können wir beginnen. Sie ist, *soviel* ich weiß, wieder berufstätig. Dies ist *sowohl* für mich als auch für dich von Bedeutung.

Bei andern Fügungen mit *so* hat das Adjektiv aber seine *Funktion bewahren* können; es ist daher auch an der Spitze eines Satzes getrennt zu schreiben: *So gut* es gemeint ist, wir können nicht darauf eingehen. *So breit* man die Straße auch anlegen mag, das Problem ist damit nicht gelöst.

1203 Wie wir oben gesehen haben, bildet grammatisch eng Zusammengehöriges oft auch inhaltlich eine Einheit. Die Zusammenschreibung hilft also, solche Einheiten von ähnlichen Fügungen anderer grammatischer Struktur und anderen Inhalts zu unterscheiden. Bei manchen Fügungen geben inhaltliche Überlegungen, also das Homonymieprinzip, fast *allein* den Ausschlag für die Wahl zwischen zwei möglichen Schreibungen:

| Gleich Lautendes mit unterschiedlicher Bedeutung kann in geschriebener Sprache unterschiedlich behandelt werden.

Ein Beispiel:
 1. Ihr solltet euch *dünn machen* (= ihr solltet weniger Raum beanspruchen).
 2. Ihr solltet euch *dünnmachen* (= ihr solltet verschwinden).

Die Fügungen unterscheiden sich in der gesprochenen Sprache nicht, in beiden Fällen ruht auf *dünn* der Hauptton, auf *machen* der Nebenton. Die Getrenntschreibung im ersten Satz wird mit der Steiger- und Erweiterbarkeit von *dünn* begründet; diese grammatische Erscheinung wiederum beruht letztlich auf der *Bedeutung* der Wendung:

Ihr solltet euch *(noch) dünner* machen.
Ihr solltet euch *ganz dünn* machen.

1204 In diesem Bereich der Rechtschreibung sind bei der Neuregelung von 1996 zwar viele *Subtilitäten* beseitigt worden, aber längst nicht alle – und es sind bei den seither erfolgten «Nachbesserungen» auch einige neue hinzugekommen. Wenn das Wörterbuch nicht weiterhilft, fährt man *in Zweifelsfällen* am besten, wenn man die fraglichen Elemente *getrennt* schreibt und ihnen so den ursprünglichen Eigenwert belässt.

1205 Getrenntschreibung gilt insbesondere, wenn der erste Bestandteil erweitert ist. Die Wirkung dieser Regel zeigt sich vor allem bei Fügungen, die man ohne Erweiterung zusammenschreibt (oder zusammenschreiben kann). Man kann sagen, dass durch die *Erweiterung des ersten Bestandteils* die Zusammensetzung *aufgelöst* wird:

Erstes Glied ohne Erweiterung	Erstes Glied mit Erweiterung
*umstände*halber geschlossen	*besonderer Umstände* halber geschlossen
*tage*lang fasten	*viele Tage* lang fasten
eine *finger*breite Wunde	eine *drei Finger* breite Wunde
ein *jahrhunderte*altes Gebäude	ein *acht Jahrhunderte* altes Gebäude
ein *aufsehen*erregendes Ereignis	(nur:) ein *großes Aufsehen* erregendes Ereignis
(oder: ein *Aufsehen* erregendes Ereignis)	

Zusammensetzungen mit Verben

Allgemeines

Die folgenden zwei Regeln für Getrenntschreibung werden von den spezielleren Regeln in den nachstehenden Abschnitten nie aufgehoben. Sie seien darum als erste aufgeführt: **1206**

1. Fügungen mit dem Verb *sein* schreibt man immer getrennt: **1207**
   auf sein (ich werde auf sein; ... wenn er auf ist; ... als sie endlich auf war; wir sind lange auf gewesen), beisammen sein, da sein, dabei sein, durch sein, fertig sein, inne sein, los sein, pleite sein (→ 1156), vonnöten sein, vorbei sein, vorhanden sein, vorüber sein, zufrieden sein, zuhanden sein, zurück sein, zusammen sein

2. Wenn der *Verbzusatz* eines trennbaren (unfest zusammengesetzten) Verbs (→ 88) in einem Aussagesatz die erste Stelle vor der Personalform einnimmt, verhält er sich wie ein Satzglied (→ 616). Man schreibt daher getrennt: **1208**
   hinzukommen → *Hinzu* kommt, dass ...
   hervortreten → Und *hervor* trat ein kleines Männchen
   feststehen → *Fest* steht, dass ...

Den Verbzusätzen kann eine abhängige Wortgruppe vorangehen:
   hindurchsickern → Durch den Spalt *hindurch* sickerte Wasser.
   entlanglaufen → Den Fluss *entlang* bin ich schon oft gelaufen.

Verb + Verb

| Infinitive stehen immer getrennt von einer unmittelbar folgenden Verbform: **1209**

Ich habe dich nicht *heimkommen hören*. Trotz der Aufforderung zum Sitzen ist sie *stehen geblieben*. Meine Uhr ist *stehen geblieben*. Der Lehrer ärgert sich, weil drei Schüler *sitzen geblieben* sind (in beiden Lesarten: weil sie nicht aufgestanden sind oder weil sie die Klasse wiederholen müssen). Die beiden haben sich auf Ibiza *kennen gelernt*. Du solltest noch *einkaufen gehen*. Monika ist mit dem Hund *spazieren gegangen*.

Anmerkung
Die revidierte Fassung des amtlichen Regelwerks von 2006 sieht vor, dass Verbindungen mit *bleiben* und *lassen* zusammengeschrieben werden können (nicht müssen), sofern sie in übertragener Bedeutung gebraucht werden. Vom allzu oft bemühten Schulbeispiel *sitzen bleiben* (= weiterhin sitzen) / *sitzenbleiben* (= nicht versetzt werden) abgesehen, können wörtlicher und übertragener Gebrauch allerdings meist nicht klar voneinander abgegrenzt werden. Vgl. etwa die folgenden Beispiele:
Ich würde den Zettel *liegen lassen*. Er hat den Zettel *liegen lassen*. Anna hatte Otto links *liegen lassen*. Er hat das Dorf links *liegen lassen*.
(Der Duden von 1991 sah vor, im ersten und im letzten der vorangehenden Beispielsätze getrennt zu schreiben, in den andern zusammen.) Wir empfehlen, in allen diesen Fällen sowie beim Einzelfall *kennen lernen* nach der allgemeinen Regel einheitlich getrennt zu schreiben.

Nomen + Verb

1210 Nomen können mit einem Verb eine *feste (untrennbare)* Zusammensetzung bilden (→ 88); man schreibt dann immer zusammen:
brandmarken (ich brandmarke), schutzimpfen (ich schutzimpfe), sonnenbaden (ich sonnenbade)

Häufiger bilden Nomen mit einem Verb eine *unfeste (trennbare)* Verbindung. Es gilt dann die folgende Grundregel:

> In unfesten (trennbaren) Verbindungen aus Nomen und Verb schreibt man das Nomen groß und getrennt.
> Musterbeispiel: *Anteil* nehmen → ich nehme daran *Anteil*, ich habe daran *Anteil* genommen

Weitere Beispiele (siehe auch → 645.1, 1215.4):
Angst machen (haben), Anklang finden, Auto fahren (ebenso: Rad fahren, Ski fahren, Zug fahren usw.), Bescheid wissen, Bezug nehmen, Einspruch erheben, Feuer fangen, Folge leisten, Fuß fassen, Fußball spielen (ebenso: Karten spielen, Klavier spielen, Schach spielen usw.), Hand anlegen, Not leiden, Platz machen (nehmen), Rat suchen, Rechnung tragen, Sorge tragen, Schuld tragen, Vorschub leisten, Walzer tanzen

In einer kleinen Fallgruppe verliert das Nomen seinen Eigenwert und wird zu einem *Verbzusatz* (→ 88). Verbzusätze werden mit einer unmittelbar folgenden Verbform zusammengeschrieben (Ausnahme → 1208) und sind immer klein.
Musterbeispiel: *teil*nehmen → ich nehme daran *teil*, ich habe daran *teil*genommen

Die folgende Liste enthält alle gebräuchlichen Verbindungen dieser Art:
eis-	eislaufen
heim-	heimbringen, heimkehren, heimreisen, heimsuchen, heimzahlen ...
irre-	irreführen, irreleiten
kopf-	kopfstehen

leid-	leidtun (→ 1211.3)
not-	nottun
pleite-	pleitegehen (→ 1211.3)
preis-	preisgeben
stand-	standhalten
statt-	stattfinden, stattgeben, statthaben
teil-	teilhaben, teilnehmen
wett-	wettmachen
wunder-	wundernehmen

Weitere Fälle gibt es nur bei den Verbindungen mit *heim-*.

Anmerkungen 1211

1. Unfeste Verbindungen, die nicht in der vorangehenden Liste aufgeführt sind, schreibt man nach der Grundregel getrennt und groß. Beispiele mit *laufen* und *stehen*:
Sonderfall: eislaufen. Aber Normalfall: Amok laufen, Gefahr laufen, Schlittschuh laufen, Sturm laufen, Spießruten laufen ...
Sonderfall: kopfstehen. Aber Normalfall: Modell stehen, Posten stehen, Red und Antwort stehen, Schlange stehen ...
2. Bei den folgenden drei Verbindungen sieht die Fassung des amtlichen Regelwerks von 2006 Getrennt- *oder* Zusammenschreibung vor:
achtgeben (wie der Einzelfall *preisgeben*) oder *Acht geben* (wie *Obacht geben, Bescheid geben, Ruhe geben*)
maßhalten (wie der Einzelfall *standhalten*) oder *Maß halten* (wie *Abstand halten, Ausschau halten, Diät halten, Einkehr halten, Register halten, Rücksprache halten, Schritt halten, Zwiesprache halten*)
haltmachen oder *Halt machen* (wie alle anderen Verbindungen mit *machen*: *Platz machen, Front machen, Ernst machen, Pleite machen, Schluss machen*)
Wir empfehlen in diesen Fällen die Getrenntschreibung nach der Grundregel → 1210.
3. Bei einigen Grenzfällen erspart einem die Zusammenschreibung das Nachdenken darüber, ob dem Verbzusatz wirklich ein Nomen zugrunde liegt:
leidtun, es tut mir leid (→ 1210; vgl. *leid sein*, → 1118; daneben: *Leid* tragen); *pleitegehen, die Firma ging pleite* (vgl. *pleite sein*, → 1118; daneben: *Pleite* machen); *bankrottgehen, die Firma ging bankrott* (vgl. *bankrott* sein; daneben: *der Bankrott*)
4. Manche Verbindungen können trennbar (→ Getrenntschreibung) und untrennbar (→ Zusammenschreibung) gebraucht werden. Wo der Gebrauch nicht einwandfrei festgestellt werden kann, ist die Schreibung frei:
danksagen (→ ich danksage) oder Dank sagen (→ ich sage Dank); gewährleisten (→ ich gewährleiste das) oder Gewähr leisten (→ ich leiste dafür Gewähr); staubsaugen (→ ich staubsauge, ich habe gestaubsaugt) oder Staub saugen (→ ich sauge Staub, ich habe Staub gesaugt), haushalten (→ ich haushalte, ich habe gehaushaltet) oder Haus halten (→ ich halte Haus, ich habe Haus gehalten)
5. Manche Verbindungen aus Nomen und Verb werden fast nur im Infinitiv und im Partizip gebraucht, selten in Nebensätzen mit Endstellung der Personalform. Solche Verbindungen schreibt man zusammen:

sonnenbaden → wir wollen sonnenbaden; die sonnenbadenden Kurgäste; ich sah, dass alle sonnenbadeten. Ähnlich: bauchreden, bergsteigen, bruchlanden, kopfrechnen, schutzimpfen, wettrennen, zwangsräumen ...
6. Zu Verbindungen des Typs *Ja sagen, Nein sagen, Danke sagen* → 1158.2.
7. Zu Verbindungen aus Nomen und Partizip → 1217–1219 und 1224.
8. Zu Verbindungen des Typs Präposition + Nomen + Verb → 1222.

Partikel + Verb

1212 Partikeln bilden mit Verben teils feste, teils unfeste Verbindungen (Einzelheiten → 88). In beiden Fällen schreibt man die Partikel mit einer unmittelbar folgenden Verbform grundsätzlich *zusammen*.

Feste Verbindung (die Partikel steht nie allein):
umfahren (er umfährt den Pfosten) → ... weil er den Pfosten umfährt; er hat den Pfosten umfahren

Unfeste Verbindung (die Partikel steht in bestimmten Satzarten allein am Ende des Satzes):
umfahren (er fährt den Pfosten um) → ... weil er den Pfosten umfährt; er hat den Pfosten umgefahren

Zu den Partikeln, die unfeste Verbindungen mit Verben eingehen und mit dem Verb zusammengeschrieben werden, gehören auch *hin* und *her* sowie zahlreiche Zusammensetzungen mit diesen Partikeln wie *hinauf, heraus, hinunter, herunter* usw. Wir begnügen uns hier mit ein paar Beispielen und verweisen für Zweifelsfälle auf das Wörterbuch:
hingehen (man geht hin) → ... weil niemand hinging; niemand ist hingegangen
herausbringen (sie bringen es heraus) → ... als sie das Buch herausbrachten; sie haben es herausgebracht; sie scheinen es herauszubringen

In zwei Fällen schreibt man allerdings getrennt:
1. bei Verbindungen mit dem Verb *sein* (→ 1207):
auf sein, da sein, zusammen sein
2. wenn die Partikel als Satzglied am Satzanfang steht (→ 1208):
Hinzu kommt, dass ...

1213 Manchmal steht einem Verbzusatz ein gleich lautendes selbständiges Adverb gegenüber. In der gesprochenen Sprache lassen sie sich meist durch die unterschiedliche Betonung unterscheiden: Der Verbzusatz zieht die Betonung an sich, während bei Fügungen mit selbständigen Adverbien das Verb seine eigene Betonung bewahrt. Beispiele:

Verbzusatz + Verb: zusammenarbeiten, wiedersehen, davorsitzen, hin- und herrennen, auf- und abgehen
Adverb + Verb: zusammen arbeiten, wieder sehen, davor sitzen, hin und her rennen, auf und ab gehen
In der Bedeutung überlappen sich die beiden Konstruktionen oft; in solchen Fällen sollte nicht unnötig korrigiert werden.

Anmerkung
Bei Verbindungen mit *-einander* (reziprokes Pronomen; →212) und *-wärts* wird wie bei den vorangehend aufgeführten Verbindungen je nach Betonung getrennt oder zusammengeschrieben. Allerdings gibt es hier kaum Fälle mit unterschiedlich betonten Verbindungen bei ein und demselben Verb, das heißt, abweichende Schreibungen können nicht zu Missverständnissen führen.
Verbzusatz + Verb: *aneinanderfügen, übereinanderlegen, voneinandergehen*
Adverb + Verb: *aneinander denken, übereinander reden, voneinander lernen*
Verbzusatz + Verb: *auswärtsgehen*
Adverb + Verb: *auswärts essen*

Manchmal besteht zwar ein Bedeutungs-, aber kein Betonungsunterschied:
Ich habe die Kinder *auseinandergesetzt*. – Ich habe mich damit *auseinandergesetzt*.
Ich konnte nicht mehr *vorwärtsgehen*. – Mit der Sache muss es endlich *vorwärtsgehen*.

Manche schreiben in der jeweils ersten Version zusammen, in der zweiten getrennt. Wir empfehlen, in solchen Fällen sich nur an die Betonung zu halten, in den gezeigten Beispielen also einheitlich zusammenzuschreiben.

Dreiteilige Verbindungen mit *-wärts* werden gewöhnlich getrennt geschrieben:
flussabwärts schwimmen, stadteinwärts fahren

Adjektiv + Verb

Die Regeln für Verbindungen aus Adjektiv und Verb sind in den letzten Jahren wiederholt revidiert, damit leider aber nicht einfacher handhabbar geworden. Es gibt hier jetzt zwei Zusammenschreibregeln: eine fakultative und eine obligatorische, aber unechte.

1214

1. Die fakultative Regel: Wenn ein «resultatives Objektsprädikativ» vorliegt, kann man zusammenschreiben. Der genannte grammatische Fachausdruck bedeutet: Das Adjektiv bezieht sich auf das Akkusativobjekt und drückt das Resultat eines Vorganges oder Zustandes aus (→ 622).

Eine Tendenz zur Zusammenschreibung besteht vor allem dann, wenn das Adjektiv ein- oder zweisilbig ist und das Verb kein Präfix (wie *be-, er-, zer-*) aufweist:
Der Schreiner hat das Brett *glattgehobelt* (oder: *glatt gehobelt*). – Umschreibung: Der Schreiner hat mit Hobeln bewirkt, dass das Brett glatt (geworden) ist.

(Ebenso:) Ich habe den Schnittlauch *kleingeschnitten* (oder: *klein geschnitten*). Sie hat mir die Tür *offengehalten* (oder: *offen gehalten*). Die Katze hat den Teller *leergegessen* (oder: *leer gegessen*). Du solltest noch den Tisch *sauberwischen* (oder: *sauber wischen*).

Beispiele mit Getrenntschreibung:
(Mehrsilbiges Adjektiv:) Diese Zustände haben mich *depressiv gemacht*.
(Zusammengesetztes Adjektiv:) Der Schreiner hat das Brett *spiegelglatt gehobelt*.
(Verb mit Präfix:) Ich habe den Schnittlauch *klein zerhackt*. Der Architekt wollte die Wand *weiß bemalen*.
(Zwar ein Objektsprädikativ, aber kein resultatives:) Ich habe den Kaffee *kalt getrunken*. Die Touristen haben das Schlösschen *hübsch gefunden*.

2. Die obligatorische Regel verlangt Zusammenschreibung, wenn «der adjektivische Bestandteil zusammen mit dem verbalen Bestandteil eine neue, idiomatisierte Gesamtbedeutung bildet, die nicht auf der Basis der Bedeutungen der einzelnen Teile bestimmt werden kann» (amtliche Regelung von 2005/06). Leider ist diese Regel in der Praxis kaum anwendbar, also insofern «unecht», als man im Zweifelsfall gezwungen ist, im Wörterbuch nachzuschlagen (→ 1010–1011). Beispiele aus dem amtlichen Regelwerk, Version 2005/06:

krankschreiben, freisprechen, (sich) kranklachen; festnageln (= festlegen), heimlichtun (= geheimnisvoll tun), kaltstellen (= politisch ausschalten), kürzertreten (= sich einschränken), richtigstellen (= berichtigen), schwerfallen (= Mühe verursachen), heiligsprechen

1215 **Anmerkungen**
1. Wir empfehlen, (ursprüngliche) Partizipien getrennt zu schreiben (vgl. auch → 1221.1, aber auch 1216.2):
gefangen nehmen, geschenkt bekommen, getrennt schreiben, verloren gehen
2. Adjektive, die um mindestens ein Wort erweitert sind, schreibt man getrennt (→ 1205):
Ich habe den Schnittlauch *ganz klein* geschnitten. Diese Aufgabe sollte dir nicht *allzu schwer* fallen. Diese Aufgabe ist mir *so schwer* gefallen wie noch nie.
3. Wenn das Adjektiv am Satzanfang steht, schreibt man getrennt (→ 1208):
Schwer fiel mir dieser Entscheid nicht. *Fest* steht, dass ...

Zusammensetzungen mit Adjektiven und Partizipien

Allgemeines

1216 Wir führen hier zwei allgemeine Regeln an, die in allen Verbindungen mit Adjektiven und Partizipien zu beachten sind.

Getrennt- und Zusammenschreibung

1. Wenn in einer Verbindung das erste oder zweite Element selbständig sonst nicht vorkommt, schreibt man zusammen.

Beispiele:
deutschsprachig (das Element *sprachig* kommt allein nicht vor); schwerstbehindert (der Superlativ *schwerst* kommt sonst so nicht vor; allenfalls wird eine Fügung mit *am* verwendet: *am schwersten* behindert; →331.1); die zeitsparendste Lösung (es gibt keinen allein auftretenden Superlativ *sparendste*, da «echte» Partizipien sonst nicht gesteigert werden können; →332, 333, 1219)

2. Bei Verbindungen mit adjektivisch gebrauchten Partizipien (→ 44) orientiert man sich wenn möglich an der Schreibung im Infinitiv. Es gilt dann:
   – Zusammenschreibung beim Infinitiv → Zusammenschreibung beim Partizip
   – Getrenntschreibung im Infinitiv → Getrennt- oder Zusammenschreibung beim Partizip

Bei Punkt 2 ist die Getrenntschreibung der Normalfall. Zusammenschreibung ist vor allem dann sinnvoll, wenn eine feste Verbindung vorliegt oder wenn die begriffliche Einheit der Verbindung betont werden soll.

Zusammenschreibung beim Infinitiv → Zusammenschreibung beim Partizip:
herunterfallen → die heruntergefallenen Ziegel; festlegen → die festgelegten Termine; teilnehmen → die teilnehmenden Schüler

Getrenntschreibung im Infinitiv → Getrennt- oder Zusammenschreibung beim Partizip:
ernst nehmen → ein ernst zu nehmender (ernstzunehmender) Vorschlag, der ernst genommene (ernstgenommene) Vorschlag; auswendig lernen → das auswendig gelernte (auswendiggelernte) Gedicht; allein erziehen → eine allein erziehende (alleinerziehende) Mutter; Fleisch fressen → eine Fleisch fressende (fleischfressende) Pflanze; Rat suchen → die Rat suchenden (ratsuchenden) Menschen; zutage treten → die zutage tretenden (zutagetretenden) Probleme (daneben: zu Tage treten → die zu Tage tretenden Probleme; →1222); gefangen nehmen → die gefangen genommenen (gefangengenommenen) Soldaten; stehen bleiben → die stehen gebliebene (stehengebliebene) Mauer

Entsprechend auch bei Nominalisierungen (→1224):
etwas ernst zu Nehmendes (etwas Ernstzunehmendes); die allein Erziehenden (die Alleinerziehenden); die Rat Suchenden (die Ratsuchenden)

Wenn ein Partizip II Teil einer zusammengesetzten Verbform ist (verbaler Gebrauch; → 44), ist nur die Schreibung wie beim Infinitiv korrekt:
Der Vorschlag wurde ernst genommen. Die Mauer ist stehen geblieben.

Zu verkürzten Verbindungen mit einem Nomen als erstem Bestandteil → 1218. Zu steigerbaren Verbindungen → 1219.

Partikel + Adjektiv oder Partizip

1217 | Die folgenden Partikeln (Adverbien) stehen immer *getrennt* von einem folgenden Adjektiv: *wie, so, ebenso, genauso, zu, allzu*.

Beispiele:
   wie lange, so bedeutend, genauso gestaltet, allzu wichtig, zu schmal
   wie viel Geld, wie viele Leute, so wenig Geduld, genauso viel Zeit, ebenso wenige Zuschauer, allzu viel Lärm, zu wenig Luft, zu viele Hindernisse

Hingegen als unterordnende Konjunktionen (→ 1202):
   Soviel ich weiß ...; solange du noch da bist ...

Zu Adverbien und Verbzusätzen bei Partizipien → 1212, 1216.2.

Nomen + Adjektiv oder Partizip

1218 | Wenn ein einzelnes Nomen eine Verbindung mit einem Adjektiv oder einem Partizip eingeht, gelten die folgenden Regeln:
1. Wenn das Nomen auf eine mehrteilige Wortgruppe zurückgeführt werden kann, schreibt man zusammen.
2. Wenn es zu einer Verbindung aus Nomen und Partizip auch eine entsprechende Verbindung mit dem Infinitiv gibt, gilt Regel → 1216.2.

1. Beispiele für Nomen, die auf eine Wortgruppe zurückführbar sind (die zugrunde liegende Fügung steht jeweils in Klammern).
   Das Nomen geht auf eine Fügung mit Präposition (Präpositionalgruppe) zurück: hitzebeständig (gegen Hitze beständig), angsterfüllt (von Angst erfüllt), freudestrahlend (vor Freude strahlend), milieubedingt (durch das Milieu bedingt), nikotinabhängig (vom Nikotin abhängig), lustorientiertes Arbeiten (an der Lust orientiert), sturmerprobt (im Sturm erprobt)
   Das Nomen geht auf eine Fügung mit Konjunktion (Konjunktionalgruppe) zurück: butterweich (weich wie Butter), steinhart (hart wie Stein), knochentrocken (trocken wie ein Knochen)
   Das Nomen geht auf eine Fügung mit Artikel (Akkusativ-, Dativ- oder Genitivobjekt) zurück: ein durstlöschendes Getränk (den Durst löschend), herzquickend (das Herz erquickend); affenähnlich (einem Affen ähnlich); siegessicher (des Sieges sicher)
   Das Nomen geht auf eine Fügung mit Zahlwort (einen adverbialen Akkusativ; → 646) zurück: fingerbreit (einen Finger breit), jahrelang (mehrere Jahre lang), tonnenschwer (viele Tonnen schwer)

2. Beispiele, bei denen sich die Schreibung vom Infinitiv ableiten lässt (Regeln
→ 1216.2 und → 1210):
 Zusammen: preisgeben → der preisgegebene Vorteil; teilnehmen → die teilnehmenden Schülerinnen
 Getrennt (Normalfall) oder zusammen: Strom verschwenden → ein Strom verschwendender (stromverschwendender) Apparat; Wasser abweisen → ein Wasser abweisender (wasserabweisender) Stoff; Erdöl exportieren → die Erdöl exportierenden (erdölexportierenden) Länder

In Verbindung mit dem Verb *sein* (prädikativer Gebrauch; → 310, 622) ist die Zusammenschreibung vorzuziehen:
 Dieser Stoff ist wasserabweisend (auch: Wasser abweisend). Das Ereignis war aufsehenerregend (Aufsehen erregend). Dieses Vorgehen ist zeitsparend (Zeit sparend).

Echte Partizipien können nicht gesteigert werden (→ 332, 1216.1). Scheinbare Gegenbeispiele in Verbindungen mit Nomen kann man damit erklären, dass Nomen und Partizip zusammengewachsen sind und sich wie ein zusammengesetztes Adjektiv verhalten. Man schreibt dann zusammen:
 das aufsehenerregendste Ereignis, ein zeitsparenderes Vorgehen

1219

Beim Positiv zu diesen Verbindungen ist die Schreibung freigegeben, da man sich sowohl nach den Steigerungsformen (→ 1216.1) als auch nach der Schreibung im Infinitiv (→ 1216.2) richten kann:
 dieses aufsehenerregende Ereignis (nach den Steigerungsformen) oder dieses Aufsehen erregende Ereignis (nach dem Infinitiv: Aufsehen erregen); ein zeitsparendes Vorgehen (nach den Steigerungsformen) oder ein Zeit sparendes Vorgehen (nach dem Infinitiv: Zeit sparen)

Außerdem sind Konstruktionen wie die folgenden auseinanderzuhalten:
 ein äußerst aufsehenerregender Fall (das Gradadverb *äußerst* bestimmt die ganze Verbindung *aufsehenerregend* näher); aber: ein großes Aufsehen erregender Fall (das Adjektiv *großes* bestimmt nur das Nomen *Aufsehen* näher; das Nomen ist also erweitert und daher getrennt zu schreiben, → 1205).

Adjektiv + Adjektiv oder Partizip

Adjektive können miteinander unterschiedlich enge Verbindungen eingehen. Je nachdem gilt dann Getrennt- oder Zusammenschreibung; in einigen Grauzonen ist die Schreibung aber auch freigegeben. Die folgenden Regeln berücksichtigen auch adjektivisch gebrauchte Partizipien (→ 44).

1220

1. Wenn das vorangehende Adjektiv das folgende in seiner Bedeutung verstärkt oder abschwächt, schreibt man zusammen:
    bitterböse, bitterkalt, tieftraurig, dunkelblau, hellgrün, gemeingefährlich, lauwarm, vollreif

In einer Anzahl ähnlicher Verbindungen gibt das amtliche Regelwerk die Schreibung frei. Wir empfehlen auch hier zusammenzuschreiben, sofern der erste Bestandteil die Betonung an sich zieht:
    halbfett (halb fett), halbvoll (halb voll), frühreif (früh reif), schwerkrank (schwer krank), schwerverständlich (schwer verständlich), leichtverdaulich (leicht verdaulich)
    (Aber mit gleichmäßiger Betonung oder mit Betonung auf dem zweiten Bestandteil:) halb geschenkt, schrecklich nervös, unerwartet zäh, merkwürdig still, riesig groß, mikroskopisch klein

Zusammenschreibung gilt auch, wenn es sich beim vorangehenden Adjektiv um einen endungslosen Superlativ handelt, der die Betonung an sich zieht (zur Bildung der Superlativformen vgl. → 333, 1726) :
    ein schwerstbehindertes Kind (→ 1216.1), das höchstgelegene Dorf
    (Aber bei gleichmäßiger Betonung:) ein höchst unerfreuliches Vorkommnis, ein längst vergangenes Zeitalter

Hingegen wird meist getrennt geschrieben, wenn es sich beim vorangehenden Adjektiv um einen Komparativ handelt:
    eine leichter verständliche Anleitung, die schwerer wiegenden Vorwürfe (aber bei Komparation des zweiten Bestandteils: die schwerwiegenderen Vorwürfe; → 333, 1216.1)

2. Wenn zwei Adjektive einander nebengeordnet sind, setzt man den Bindestrich. Bei kurzen Adjektiven kann aber auch zusammengeschrieben werden, vor allem, wenn es sich um allgemein gebräuchliche Verbindungen handelt (siehe auch → 1349):
    eine nüchtern-kalte Architektur, ein traurig-ernstes Gesicht, ein englisch-deutsches Wörterbuch, der wissenschaftlich-technische Fortschritt; ein süßsaures (süß-saures) Gericht; das nasskalte Wetter, ein taubstummes Mädchen

Bei Verbindungen von Farbadjektiven ist zu unterscheiden, ob zwei Farben oder eine Farbmischung vorliegt (Genaueres siehe → 1349):
    (Zwei Farben:) die rot-weiße Latte, ein gelb-grün kariertes Hemd, der gelblich-weiß gestreifte Stoff
    (Farbmischung:) das blaugrüne Licht, ein gelblichgrünes Gas

3. Wenn eine Verbindung aus Adjektiv und Partizip vorliegt, ist auch Regel → 1216.2 zu berücksichtigen, so dass oft zwei korrekte Schreibungen bestehen:
    eine übel riechende (übelriechende) Mülltonne; ein leicht gebautes (leichtgebautes) Fahrzeug

4. Wenn eine Verbindung die Form Adjektiv (oder Zahlpronomen) + Nomen (oft mit Umlaut) + -ig hat, schreibt man zusammen. Es liegt dann eine Kombination von Ableitung und Zusammensetzung vor (→ 513):
heißhungrig, feingliedrig, breitbeinig, vollmundig, hartherzig, schwachsinnig, gutgläubig; dreiteilig, hundertjährig (mit Ziffern: 3-teilig, 100-jährig; → 1358)

Anmerkungen 1221
1. Wir empfehlen, (ursprüngliche) Partizipien getrennt zu schreiben, wenn sie ein gewöhnliches Adjektiv näher bestimmen (vgl. auch → 1215):
abschreckend hässlich, blendend weiß, gestochen scharf, kochend heiß, leuchtend rot, unerwartet kalt
Zu Verbindungen mit einem adjektivisch gebrauchten Partizip als zweitem Bestandteil vgl. → 1216.2: der verloren gegangene (verlorengegangene) Schlüssel, die gefangen genommenen (gefangengenommenen) Soldaten
2. Man schreibt getrennt, wenn das erste Adjektiv erweitert ist (→ 1205):
sehr schwer verdaulich, *ziemlich warm* gekleidet, ein *ganz leicht* gebautes Fahrzeug
3. Zur Schreibung nominalisierter Partizipien → 1224.

Feste Fügungen aus Präposition und Nomen

Bei festen Fügungen aus Präposition und Nomen gibt es zwei Möglichkeiten: 1222
1. Das Nomen bleibt selbständig und wird großgeschrieben.
2. Präposition und Nomen bilden zusammen ein Adverb oder eine zusammengesetzte Präposition.

Doch gibt es keine Regeln, die besagen, welche der beiden Möglichkeiten im konkreten Einzelfall zu wählen ist; im Zweifelsfall muss man also im Wörterbuch nachsehen. Zur Möglichkeit der Zusammenschreibung bei adjektivisch gebrauchten Partizipien siehe → 1216.2.

Nur getrennt (Nomen groß):
auf Abruf, in Bälde, in Anbetracht, in Bezug auf, mit Bezug auf, im Grunde, zu Händen von, in Hinsicht auf, zur Not, zu Recht, zu Unrecht, zur Seite, zu Fuß
In Verbindung mit Verben: außer Acht lassen, in Betracht ziehen, in Gang setzen, in Kauf nehmen, von Nutzen sein, zu Ende führen, zu Herzen nehmen, zu Hilfe kommen

Nur zusammen:
infolge, zufolge, anhand, zuhanden
In Verbindung mit Verben (seit 2006 meist Zusammenschreibung auch mit dem Verb): abhandenkommen, anheimfallen, anheimstellen, beiseitelegen (beiseitestellen,

beiseiteschieben), vonstattengehen, überhandnehmen, vorliebnehmen, zugutehalten (zugutekommen, zugutetun), zupasskommen, zurechtlegen (sowie weitere Verbindungen mit *zurecht*-), zuteilwerden

Schwankend:
auf Grund (aufgrund), auf Seiten (aufseiten), von Seiten (vonseiten), zu Gunsten (zugunsten), zu Ungunsten (zuungunsten), zu Lasten (zulasten), mit Hilfe (mithilfe), an Stelle (anstelle), zu Hause (zuhause)

In Verbindung mit Verben (auch bei Zusammenschreibung von Präposition und Nomen getrennt vom Verb): im Stande (imstande) sein, außer Stande (außerstande) sein, in Stand (instand) stellen, in Frage (infrage) stellen, zu Grunde (zugrunde) gehen, zu Rande (zurande) kommen, sich zu Schulden (zuschulden) kommen lassen, zu Tage (zutage) treten

1223 **Anmerkung**
Zu unterscheiden: Er weilt *zurzeit* (= gegenwärtig) in Afrika. Das Atmen macht ihm *zuzeiten* (= bisweilen) etwas Mühe. Aber wenn das Nomen ein Attribut erhält, getrennt: Das geschah *zur Zeit* Karls des Großen. Das machte er *zu Zeiten,* als seine Gesundheit besser war (Nebensatz als Attribut; → 856).

Nominalisierungen

1224 Wenn *Infinitivgruppen* nominalisiert werden, entsteht grammatisch gesehen ein einziges Nomen. Man schreibt daher *zusammen,* bei längeren Infinitivgruppen mit *Bindestrich* (→ 1131, 1344).

Beispiele:
Kaffee trinken → beim Kaffeetrinken
Schlange stehen → während des Schlangestehens
in Kraft treten → bis zum Inkrafttreten
unter den Tisch wischen → das Unter-den-Tisch-Wischen

Wenn *Adjektiv-* und *Partizipgruppen* nominalisiert werden, behalten getrennt geschriebene Wörter ihre Selbständigkeit. Man kann sich also an den attributiven Gebrauch halten (→ 1216–1221).

Je nachdem nur zusammen, nur getrennt oder beides:
ein neugeborenes Kind → das Neugeborene
ein höchst unanständiger Antrag → etwas höchst Unanständiges
die nikotinabhängigen Personen → die Nikotinabhängigen

die vom Nikotin abhängigen Personen → die vom Nikotin Abhängigen
der klein gedruckte/kleingedruckte Text → das klein Gedruckte/Kleingedruckte
eine Aufsehen erregende/aufsehenerregende Sache → etwas Aufsehen Erregendes/Aufsehenerregendes

Ableitungen auf -er

Schweizer Berge oder Schweizerberge?

Ableitungen von geografischen Eigennamen auf -er können vor Nomen gestellt werden. Es gibt hier zwei Verwendungsweisen zu unterscheiden:

1225

> 1. *Geografische Ableitung:* Die Ableitung bezieht sich ganz allgemein auf das betreffende *Gebiet.* In diesem Fall schreibt man getrennt (und groß; →1174).
> 2. *Persönliche Ableitung:* Die Ableitung bezieht sich speziell auf die *Einwohner* des betreffenden Gebiets. In diesem Fall schreibt man zusammen.

Wenn man Fügungen der ersten Art probeweise umwandelt, erscheint der *bloße* geografische Eigenname *ohne die Endung -er* als nachgestelltes Attribut:
die Schweizer Berge (= die Berge der Schweiz), die Hamburger Hafenanlagen (= die Hafenanlagen von Hamburg), die Lüneburger Heide (= die Heide um Lüneburg), das Freiburger Münster (= das Münster in Freiburg), die Berner Altstadtgassen, das Zürcher Sechseläuten, die Basler Chemie, das Knonauer Amt, das Berner Oberland, Gemälde des Luzerner Seetaler Malers (= Malers aus dem Seetal) Franz Elmiger

Wenn man Fügungen der zweiten Art auflöst, erscheint die betreffende Einwohnerbezeichnung *mit der Endung -er:*
die Schweizergarde (= die Garde des Vatikans, die aus Schweiz*ern* besteht), das Italienerviertel (= das Viertel, in dem viele Italien*er* leben), die Appenzellerwitze (= Witze über die pfiffigen Appenzell*er*), im Römerbrief von Paulus (= in Paulus' Brief an die Röm*er*)

Bei geografischen Eigennamen gelten die allgemeinen Rechtschreibregeln nur eingeschränkt; oft haben sich hier – mit Unterstützung der zuständigen Amtsstellen – örtliche Schreibweisen erhalten (→1354f., 1429, 1433). So wird vor allem in der Schweiz, manchmal aber auch in Österreich zusammengeschrieben, wenn der Ausdruck *als Ganzes* einen geografischen Eigennamen bildet. Im Zweifelsfall ist getrennt zu schreiben (entsprechend der Hauptregel).

1226

Seenamen (nur in der Schweiz):
   der Vierwaldstättersee, der Genfersee, der Bielersee
   Aber Sammelbezeichnung: die Oberengadiner Seen.

Bergnamen (fast nur in der Schweiz, doch uneinheitlich):
   das Stanserhorn, die Ibergeregg, der Urnerboden, die Bettmeralp; der Wienerwald, der Böhmerwald; das Brienzer Rothorn
   Aber Sammelbezeichnungen: die Berner Alpen, die Schweizer Berge, die Tiroler Alpen.

Straßennamen (in der Schweiz, gelegentlich in Österreich) (→ 1429):
   die Winterthurerstraße, die Aarbergerstraße, die Linzerstraße
   Aber Sammelbezeichnungen: die Winterthurer Straßen (= die Straßen in Winterthur).

1227 **Anmerkungen**
1. Zusammenschreibung gilt auch, wenn das Vorderglied eine *Sachbezeichnung* auf *-er* ist. Bei probeweiser Auflösung der fraglichen Fügung bleibt auch hier die Endung *-er* bestehen:
   ein Hamburgerstand (= ein Stand, an dem Hamburger verkauft werden), eine Pilsnerflasche (= eine Flasche mit Pilsner [Bier])
2. Manchmal werden auch *Typenbezeichnungen* zusammengeschrieben, nämlich dann, wenn das Bestimmungswort nur noch die Art, nicht die Herkunft ausdrücken soll. Doch ist die Schreibung maßgebender Wörterbücher nicht konsequent; die Getrenntschreibung ist üblicher, wenn das Nomen ein zusammengesetztes Wort ist. Im Zweifelsfall schreibe man nach der Grundregel getrennt:
   Zusammenschreibung: eine Perserkatze (= eine bestimmte Katzenrasse), ein Perserteppich (= eine bestimmte Teppichart), Burgunderwein (= eine Weinsorte), das Bündnerfleisch (= eine Sorte luftgetrocknetes Fleisch).
   Aber Getrenntschreibung nach der Grundregel: ein Berliner Pfannkuchen, Frankfurter Würstchen, der Wiener Walzer, ein Schweizer Käse, die Zuger Kirschtorte.
3. Gelegentlich sind zwei Schreibweisen und damit auch zwei Lesarten möglich, das heißt, es kann in gewissen Fällen durch die Getrennt- oder die Zusammenschreibung ein Bedeutungsunterschied ausgedrückt werden:
   ein Tiroler Fest (= ein Fest in Tirol), ein Tirolerfest (= ein Fest der Tiroler); ein Schweizerverein (= ein Verein von Schweizern, z. B. in Paris), ein Schweizer Verein (= irgendein Verein in der Schweiz)
   In den folgenden Fällen besteht allerdings kaum mehr ein Unterschied zwischen den beiden Varianten:
   der Mannheimer Dialekt (= der Dialekt von Mannheim), der Mannheimerdialekt (= der Dialekt der Mannheimer); die Wehntaler Tracht (= die Tracht des Wehntals), die Wehntalertracht (= die Tracht der Wehntaler); das Appenzeller Land (= das Land von Appenzell), (meist:) das Appenzellerland (= das Land der Appenzeller); das Schweizer Volk (= das Volk der Schweiz), (meist:) das Schweizervolk (= das Volk der Schweizer).
   In Zweifelsfällen schreibe man getrennt.

In den Fünfzigerjahren oder in den fünfziger Jahren?

| Ableitungen von Grundzahlen auf *-er* (→ 503) können mit einem folgenden Nomen eine Zusammensetzung bilden. Man schreibt dann immer zusammen. | **1228** |

Beispiele:
  Der Siegeszug des Computers erfolgte in den Achtzigerjahren (Zeitabschnitt: zwischen 1980 und 1989). Er steht schon in den Fünfzigerjahren (Altersangabe: ist mehr als fünfzig Jahre alt). Die Flaschen werden in Sechserpacks geliefert. Können Sie mir eine Zehnernote wechseln? Werner lebt jetzt in einer Zweierbeziehung. Für diesen Brief brauchst du eine Neunzigermarke. Schließlich wurde der Berg von einer Fünfergruppe bestiegen. Er schlug einen Zehnernagel ein. Die Schüler repetierten die Zwanzigerreihe.

Bei Schreibung in Ziffern steht ein Bindestrich *nach* der Endung *-er* (→ 1359):
  Der Siegeszug des Computers erfolgte in den 80er-Jahren. Für diesen Brief brauchst du eine 85er-Marke. Von der Druckerei wird ein 48er-Raster empfohlen.

Anmerkung   **1229**
  In der früheren Regelung bildeten Fügungen, die einen Zeitabschnitt, eine Zeitepoche ausdrückten, eine Ausnahme mit Klein- und Getrenntschreibung. Diese Schreibung ist auch heute noch möglich:
  Der Siegeszug des Computers erfolgte in den achtziger Jahren (in Ziffern: in den 80er Jahren). Ähnlich auch: Diese Politikerin entstammt der 68er Generation. Die geburtenstarken sechziger Jahrgänge besuchen jetzt unsere höheren Schulen. Die 1995er Modelle produzieren weniger Abgase. Der 93er Jahrgang war einer der besten dieses Weinbaugebiets. Sie tranken einen 1994er Mont-sur-Rolle.
  Wir empfehlen, auch hier einheitlich nach der Grundregel zusammen- bzw. bei Ziffern mit Bindestrich zu schreiben.

Mal und -mal

Hier stoßen Probleme der Groß- und Kleinschreibung sowie der Getrennt- und Zusammenschreibung aufeinander. Es gilt jetzt: **1230**

| Wenn ein *nichtdekliniertes* Adjektiv oder Pronomen mit *Mal* eine adverbiale Verbindung eingeht, schreibt man zusammen, sonst getrennt. |

Beispiele für Zusammenschreibung:
  Das habe ich dir schon *einmal (zweimal, zehnmal, hundertmal)* gesagt. *Diesmal* wird es klappen! Ich denke *manchmal* an die Zeit vor einem Jahr zurück. *Wievielmal* warst du schon im Ausland? Ich werde euch *ein andermal* besuchen.

Beispiele für Getrenntschreibung:
Dieses Mal wird es klappen. Hoffentlich klappt es *dieses eine Mal*! Ich denke *manches Mal* an die Zeit vor einem Jahr zurück. *Wie viele Mal(e)* warst du schon im Ausland? Ich werde euch *ein anderes Mal* besuchen.
Das erste Mal gelang besser als das zweite. Das ist jetzt *das letzte Mal*! Ich freue mich *auf das nächste Mal*. *Einige Mal(e)* habe ich das noch übersehen, aber ... Das ist mir *zum ersten Mal(e)* passiert. Wir sind von ihm *zu wiederholten Malen* übers Ohr gehauen worden. *Des letzten Mals* entsinne ich mich kaum noch. Ich werde dir das Buch *nächstes Mal (das nächste Mal)* bringen. Wir haben diese Arbeit schon *mehrere Dutzend Mal(e)* gemacht. Dieser Kunststoff hat sich *viele Millionen Mal(e)* bewährt. Darum hat er uns schon *zum x-ten Mal(e)* gebeten.

1231 Anmerkungen
1. Bei besonderer Betonung kann auch nach einem nichtdeklinierten Adjektiv oder Pronomen getrennt geschrieben werden.
Du musst mir *nur ein Mal* Geld leihen! Das müssen wir *ein für alle Mal* klären.
2. Wenn in einer Verbindung, die an sich zusammenzuschreiben wäre, die Zahl in Ziffern geschrieben wird, setzt man den Bindestrich (→ 1358):
Wir haben uns schon *8-mal* (= achtmal), *37-mal* (= siebenunddreißigmal) getroffen.
(Entsprechend:) Das habe ich schon *x-mal* gesagt.
(Aber Getrenntschreibung bei besonderer Betonung, siehe Punkt 1:) Wir haben uns schon *8 Mal* (= acht Mal) getroffen.
3. Ableitungen auf *-malig* schreibt man immer zusammen:
nach *dreimaligem* Würfeln
Bei Schreibung in Ziffern, vgl. Punkt 2:
nach *3-maligem* Würfeln
4. Nach der allgemeinen Regel für Adverbien auf *-s* (→ 1155) schreibt man auch Adverbien mit *-mals* zusammen und klein:
nochmals, damals, oftmals, mehrmals, jemals
5. Klein und getrennt schreibt man beim Multiplizieren und bei Maßangaben:
Acht *mal* fünf ist (nicht: sind) vierzig. Die Zimmergröße beträgt 3 *mal* 5 Meter.
In Verbindung mit Ziffern kann auch das Malzeichen verwendet werden (→ 1410):
8 × 5 (in der Mathematik aber gewöhnlich: 8 · 5); die 4 × 100-m-Staffel (→ 1360)
6. Klein schreibt man *mal,* wenn es Verkürzung aus *einmal* ist:
Komm doch *mal* rasch zu mir! Schreib *mal* wieder!

1232 Übung 39
Stellen Sie die Fehler in der Getrennt- und Zusammenschreibung richtig:
■ **1** Der Stummfilm erlebte seine Blüte in den Zwanziger Jahren. ■ **2** Erst als die Oberkrainerkapelle zu blasen begann, kam Leben ins Festzelt. ■ **3** Es ist unbefriedigend, dass man Früchte in Selbstbedienungsläden nur in Vierer und Sechser Packs kaufen kann. ■ **4** Die Pariserfiliale unseres Betriebs hat sich bereit erklärt, den Vertrag ins Französische zu übersetzen. ■ **5** Wegen der starken Schneefälle ist der Brenner Pass auf der Öster-

reicherseite gesperrt worden. ▪ **6** Wir waren ganz oben auf dem Freiburgermünster; von hier aus kann man sogar die Elsässer Berge sehen. ▪ **7** In den Achtzigerjahren hat sich die Mikroelektronik endgültig durchgesetzt. ▪ **8** Herr Neureich protzt gern mit seinem Original Perser Teppich. ▪ **9** Können Sie mir eine Zehner Note wechseln? – Tut mir leid, ich habe selbst nur eine zwanziger Note! ▪ **10** Die Kinder ließen sich nur mit einem Bernhardinerhund zufrieden stellen. ▪ **11** Die Gegend hinter dem Hauptbahnhof galt lange Zeit als ausgesprochenes Italiener Viertel. ▪ **12** Wenn man in den 80er oder gar in den 90er Jahren steht, ist man für die Gesundheit besonders dankbar.

Mehrteilige Ausdrücke aus dem Englischen

Das Deutsche hat in den letzten Jahren viele mehrteilige Ausdrücke aus dem Englischen aufgenommen. Grammatisch werden diese Ausdrücke im Deutschen meist wie Zusammensetzungen und nicht wie Wortgruppen behandelt. So verhält sich zum Beispiel der Ausdruck *black box* – so die vorherrschende Schreibung im Englischen – nach der Übernahme ins Deutsche wie eine Zusammensetzung des Typs *Schwarzwurzel* oder *Schwarzarbeit* und nicht etwa wie eine Wortgruppe des Typs *schwarzer Koffer* oder *schwarzes Brett*. Entsprechend bleibt der Bestandteil *black* im Deutschen immer unverändert; es gibt keine deklinierten Formen wie: *in einer blacken Box*. Dies könnte dafür sprechen, Fügungen aus Adjektiv und Nomen zusammenzuschreiben, hier also *Blackbox*. Diese Lösung kann allerdings – vor allem bei längeren Ausdrücken – zu unübersichtlichen Schriftbildern führen, zum Beispiel *Artificialintelligence* (hier wohl nur: *Artificial Intelligence*). Außerdem geht der von vielen Schreibenden gewünschte Bezug zur Herkunftssprache verloren. Aus diesem Grund bietet die amtliche Rechtschreibung bei den meisten mehrteiligen Ausdrücken zwei Varianten an: neben der Zusammenschreibung noch eine Version mit Getrenntschreibung oder mit Bindestrich. Die jeweiligen Varianten sind grundsätzlich gleichberechtigt; man hüte sich daher beim Korrigieren vor unnötigen Eingriffen. Es ist allerdings auch zu berücksichtigen, dass in Zeitungsbetrieben, Verlagen und vielen Unternehmungen auf eine gewisse Einheitlichkeit in der Schreibung Wert gelegt wird. Wenn wir in der nachstehenden Auflistung Empfehlungen aussprechen, richten sich diese in erster Linie an solche Betriebe.

1233

Zu bedenken ist bei alledem, dass auch im Englischen die Schreibung nicht immer einheitlich ist, das heißt, es bestehen Unterschiede zwischen den englischsprachigen Ländern sowie zwischen den einzelnen Wörterbüchern.

Die Regelung der Schreibweise im Einzelnen:

1. Nomen + Nomen (Nominalisierung + Nomen, Nomen + Nominalisierung):
Man kann solche Verbindungen entweder ganz zusammenschreiben oder den Bindestrich setzen; man schreibt dann beide Nomen groß. Die Schreibung mit *Binde-*

1234

strich ist meist *vorzuziehen.* Das gilt auch für Verbindungen mit Nominalisierungen auf *-ing.* Beispiele:

der Sex-Appeal (Sexappeal), die Science-Fiction (Sciencefiction), die Country-Music (Countrymusic), der Body-Bag (Bodybag), der Centre-Court (Centrecourt), der Chewing-Gum (Chewinggum), der Swimming-Pool (Swimmingpool), das Shopping-Center (Shoppingcenter), das River-Rafting (Riverrafting), das Desktop-Publishing

Verbindungen, die auch im Englischen zusammengeschrieben werden, sowie geläufige Ausdrücke schreibt man aber in einem Wort:

das Pokerface, das Showbusiness, der Dufflecoat, die Beautyfarm, der Dressman, das Brainstorming

Nur mit Bindestrich schreibt man Verbindungen mit Einzelbuchstaben und Kurzformen (→ 1358):

E-Mail, E-Commerce, Hi-Fi-Anlage, Fed-Cup

1235 2. Adjektiv + Nomen (Partizip + Nomen):

Man kann solche Verbindungen entweder zusammen- oder getrennt schreiben (kein Bindestrich). Bei Getrenntschreibung sind beide Bestandteile groß. Die *Getrenntschreibung* wird normalerweise *vorgezogen:*

die Black Box (Blackbox), die Big Band (Bigband), die Blue Chips (Bluechips), die Compact Disc (Compactdisc), die Public Relations (unüblich: Publicrelations), das Joint Venture (unüblich: Jointventure), der Small Talk (Smalltalk), das Fair Play (Fairplay), das Open End (schlecht lesbar: das Openend), das Corned Beef (Cornedbeef), die Standing Ovations (unüblich: Standingovations)

Auch hier werden Verbindungen, die auch im Englischen zusammengeschrieben werden, sowie geläufige Ausdrücke in einem Wort geschrieben:

die Software, die Hardware, das Fastfood, das Hardcover

1236 3. Nominalisiertes Verb + Verbzusatz (Adverb):

Hier stehen sich Zusammenschreibung und Schreibung mit Bindestrich gegenüber; im zweiten Fall schreibt man das nominalisierte Verb groß, den Verbzusatz oder das Adverb klein. Unseres Erachtens ist die Schreibung *ohne Bindestrich vorzuziehen,* zumal auch im Englischen oft zusammengeschrieben wird:

der Countdown (Count-down), der Knockout (Knock-out), das Playback (Play-back), der oder das Kickdown (Kick-down), das Comeback (Come-back), der oder das Blackout (Black-out), das Setup

Die Variante mit Bindestrich wird gewählt, wenn die Zusammenschreibung zu schlecht lesbaren Schriftbildern führen würde:

das Make-up, das Know-how, das Go-in, der Turn-around, das Check-in, der Spin-off

Bei umgekehrter Abfolge bestimmt das Adverb ein nachstehendes Nomen (oder eine Nominalisierung) näher; man schreibt dann immer zusammen:
Offset, Update, Overdrive, Background, Aftershave

4. Anreihende Verbindungen: 1237
Die anreihenden Verbindungen gehören unterschiedlichen Wortarten an; ihre Bestandteile werden immer gekuppelt:
das Walkie-Talkie; sie machten fifty-fifty; bye-bye!

5. Verbindungen von englischen und deutschen Wörtern 1238
Zweiteilige Verbindungen aus einem englischen und einem deutschen Wort werden nur dann gekuppelt, wenn bei Zusammenschreibung schlecht lesbare Schriftbilder entstehen würden (→ 1340):
Eher ohne Bindestrich: der Computerfachmann, das Fitnessprogramm, das Familiensplitting, die Showeinlagen, das Abfallrecycling, der Tweedanzug
Eher mit Bindestrich: die Underground-Zeitungen, die Hedging-Strategien

6. Durchkupplungen 1239
Wenn sich eine zweiteilige Fügung mit einem dritten – englischen oder deutschen – Wort verbindet, kuppelt man in der Regel durch (→ 1342–1345):
der Full-Time-Job, der Duty-free-Shop, die Price-Earning-Ratio; das Go-go-Girl
die Corned-Beef-Büchse, die Open-End-Veranstaltung, das Round-Table-Gespräch, das Multiple-Choice-Verfahren, der Stand-by-Modus, die No-Future-Generation, das Over-the-Counter-Präparat, das World-Series-Turnier, das Abend-Make-up; die Fifty-fifty-Teilung, die Walkie-Talkie-Handhabung

7. Beibehaltung englischer Schreibweisen 1240
Falls bei einem Ausdruck die rein englische Schreibweise sichtbar gemacht werden soll, kann man ihn auch kursiv oder in Anführungszeichen setzen:
«quality time», «managed trade», «mid-term blues», *top class team,* on the rocks

Für Titel, Namen und namenähnliche Begriffe können Anführungszeichen oder Kursivsetzung aus andern als sprachlich-technischen Gründen erwünscht sein:
Chief Financial Officer, Organization of African Unity, Women World Cup, Revolutionary United Front, Membership Action Plan, «Peace Support Operation», «Longstreet Carnival», *Love Train*

Die Hilfszeichen

1301 Unter dem Begriff *Hilfszeichen* fassen wir eine Anzahl Zeichen zusammen, die bei *Wortformen* auftreten. Teils stehen sie innerhalb der Wortformen, teils an ihrem Anfang oder Ende.

Im Deutschen werden die folgenden Hilfszeichen verwendet:

1. der Trennstrich
2. der Bindestrich als Ergänzungszeichen (= Ergänzungsstrich)
3. der Bindestrich als Gliederungszeichen (= Kupplungsstrich)
4. der Apostroph
5. das Unterführungszeichen
6. der Abkürzungspunkt

Für den Trennstrich, den Ergänzungsstrich und den Kupplungsstrich verwendet man das Divis, den kürzesten Strich unserer Schrift. Zu einer Übersicht über die unterschiedlichen Striche und ihre Verwendung → 1411.

Hilfszeichen übernehmen hauptsächlich zwei Aufgaben:

1. Sie können *Gliederungs- und Grenzzeichen innerhalb von Wortformen* sein. Mit Hilfszeichen lassen sich Wortformen gliedern oder einzelne Bestandteile zur besseren Erkennbarkeit vom Rest der Wortform abheben.
   Beispiel Kupplungsstrich: In einer Wortform wie *Tee-Ei* ermöglicht es der Bindestrich, dass die beiden Bestandteile *Tee* und *Ei* voneinander abgegrenzt werden und so auf den ersten Blick erkannt werden. Wenn man den Bindestrich wegließe, wäre das nicht der Fall: *Teeei*.

2. Sie können *Ergänzungszeichen an Wortformen* sein. Sie weisen dann darauf hin, dass eine Wortform in irgendeiner Weise unvollständig ist.
   Beispiel Ergänzungsstrich: In einer Fügung wie *Feld- und Wiesenblumen* zeigt der Ergänzungsstrich an, dass *Feld-* nicht als vollständige Wortform zu lesen ist, sondern als Verkürzung von *Feldblumen*.
   Beispiel Trennstrich: Der Trennstrich zeigt an, dass eine Wortform am Zeilenende nicht abgeschlossen ist, sondern auf der folgenden Zeile weitergeht.

Der Trennstrich

Die Prinzipien der Trennung

Der Trennstrich (oder der Trennungsstrich, das Trennungszeichen; zur Form → 1411) zeigt an, dass ein Wort am Zeilenende unterbrochen ist und auf der folgenden Zeile weitergeht. Seine Verwendung wird vor allem vom Lautprinzip bestimmt:

1302

> Gesprochene und geschriebene Sprache können systematisch aufeinander bezogen werden.

Das Lautprinzip zeigt sich darin, dass Wörter grundsätzlich nach *Sprechsilben* getrennt werden. Man hält sich an die natürlichen Einschnitte zwischen den Silben, wie sie sich beim langsamen Sprechen von selbst ergeben:
  Mo-le-kül, Pa-ra-dies

Daneben wirkt auch noch das grammatische Prinzip:

1303

> Teile von Texten können nach grammatischen Gesichtspunkten gegliedert und mit geeigneten Mitteln besonders gekennzeichnet werden.

Das grammatische Prinzip wirkt sich vor allem bei Zusammensetzungen aus: Nach dem grammatischen Prinzip sind Zusammensetzungen beim Trennen in ihre Teile zu zerlegen. Dabei überlappen sich die Wirkungen des Lautprinzips und des grammatischen Prinzips aber weitgehend; die Grenzen zwischen den Teilen einer Zusammensetzung sind gewöhnlich auch Silbengrenzen:
  Arm-band-uhr

Vor allem bei einigen Fremdwörtern kommt eine historische Variante des grammatischen Prinzips zum Zug; man spricht hier auch vom *etymologischen Prinzip*. Das etymologische Prinzip erlaubt es, die betreffenden Fremdwörter nach den Bestandteilen, aus denen das Wort ursprünglich gebildet worden ist, zu trennen (die heiklen Trennstellen sind fett gedruckt):
  Päd-ago-gik, in-**ter-es**-sant, **Psych-ia**-ter, He-li-**ko-pter**

Bei verdunkelten Zusammensetzungen dieser Art kommen die etymologischen Trennungen dem Lautprinzip in die Quere. Seit der Neuregelung der deutschen Rechtschreibung darf man daher in solchen Fällen auch nach dem Lautprinzip trennen:
  Pä-**da-go**-gik, in-**te-res**-sant, Psy-**chia**-ter, He-li-**kop-ter**

Bei Endungen (Suffixen) wird das grammatische Prinzip *nicht* angewendet, man trennt allein auf Grundlage des Lautprinzips (→ 1310):
  Leh-re-rin (nicht: Lehr-er-in), Be-fes-ti-gung (nicht: Be-fest-ig-ung)

Die allgemeinen Trennregeln

1304 Bei der Trennung gelten die folgenden Grundregeln:

a) Einfache Wörter werden nach Sprechsilben getrennt: *Zim-mer, Pflan-ze.*
b) Wörter mit Endungen (Suffixen) werden wie einfache Wörter behandelt: *Pflan-zen, Pflan-zung.*
c) Zusammensetzungen werden in ihre Teile zerlegt: *Zimmer-pflanze.* Die einzelnen Bestandteile können wie einfache Wörter getrennt werden: *Zim-mer-pflan-ze.*
d) Präfixe (Vorsilben) werden wie Bestandteile von Zusammensetzungen behandelt: *be-pflanzen.* Die einzelnen Bestandteile können ebenfalls wie einfache Wörter getrennt werden: *be-pflan-zen.*

Die einzelnen Regeln:

1305 1. Ein einfacher Konsonantenbuchstabe kommt auf die folgende Zeile.

Bru-der, Fle-gel, Spa-ten, Klau-sel, mi-xen, Ma-jorz, Bo-jen, dre-hen, Wei-her, Fre-quenz, rei-ßen (→1306)

2. Von zwei oder mehr Konsonantenbuchstaben kommt der letzte auf die folgende Zeile:

Was-ser, Drit-tel, nied-rig, Gip-fel, stamp-fen, Geg-ner, Dut-zend, Knos-pen, mas-kiert, Kas-ten, Fens-ter, bürs-ten, we-nigs-tens; Mit-tag, den-noch (→1026)

1306 3. Ungetrennt bleiben *ck, ch, sch,* in Fremdwörtern auch *sh, ph, th, rh, gh*:

Zu-cker, ste-cken, ste-chen, man-che, Fla-schen, pir-schen, zwit-schern; Ca-shew-nuss, Stro-phe, sym-pa-thisch, Men-thol, Me-nor-rhö, Jo-ghurt (neben: Jo-gurt)

Ungetrennt bleibt auch *ß:*
rei-ßen, grö-ßer
Aber bei Ersatz von *ß* durch *ss* (→1069–1071): reis-sen, grös-ser.

1307 4. In *Fremdwörtern* können einige weitere Buchstabengruppen zusammenbleiben: zum einen die Buchstabengruppe *gn,* zum anderen Verbindungen von *Verschluss-* oder *Reibelauten* (→ 6, 7) mit *r* oder *l,* «Muta cum Liquida» genannt:

pr, br, fr, phr; pl, bl, fl, phl
tr, dr, thr
kr, gr, chr; kl, gl, chl

Beispiele (in Klammern die ebenfalls mögliche Trennung nach Regel 2):

Ma-gnet (Mag-net), sta-gnie-ren (stag-nie-ren); Qua-drat (Quad-rat), Ma-tri-ze (Mat-ri-ze), mö-bliert (möb-liert), Spek-trum (Spekt-rum), Ar-thro-se (Arth-ro-se), In-dus-trie (In-dust-rie), mons-trös (monst-rös)

Anmerkung: Wenn die Buchstabengruppe *gn* wie *nj* gesprochen wird, lässt man sie besser beisammen: Cham-pa-gner, Kom-pa-gnon, Kam-pa-gne.

5. Ein einzelner Vokal darf weder am Anfang noch am Ende eines Wortes abgetrennt werden: **1308**
Also untrennbar: Ader, Igel, Ekel, oben, Übel, Arie, Oboe, Etui, Boa, Leo
Nur einmal trennbar: Ele-ment, Agen-tur, ehe-lich, Fu-rie, Sa-moa, Stu-dio

6. Zwischen Vokalen wird nur getrennt, wenn sie keine Klangeinheit bilden. **1309**
Trennbar: Bau-er, Erbau-ung, bö-ig; Muse-um, Individu-um, die Alli-ierten.
Aber: Coif-feur (nicht: Co-iffeur), Beef-steak (nicht: Be-efsteak, Beefste-ak).

Nur in Notfällen soll zwischen eng zusammengehörenden Vokalen getrennt werden. Dies gilt vor allem für Verbindungen von *i* oder *u* mit einem folgenden Vokal:
Also nicht: Situ-ation, Situati-on, tangenti-al, sozi-al, Lingu-istik, evaku-iert (sondern: Situa-tion, tangen-tial, so-zial, Lin-guis-tik, eva-kuiert)
Eher möglich: Oze-an, isra-elisch, europä-isch, europä-ische (neben besserem: israe-lisch, europäi-sche)

7. Wörter mit Endungen (Suffixen) trennt man wie einfache Wörter: **1310**
Feig-ling, Berg-ler, täg-lich, Sechs-tel, Zwanzigs-tel (Regel 2; → 1305.2)

Einen Trennstrich setzt man auch, wenn eine silbische Endung wie *'sche* mit Apostroph abgetrennt ist (→ 1367):
das Ohm'-sche Gesetz

Wenn eine Endung mit Vokal beginnt (zum Beispiel: *-ig, -in, -ung, -er*), nimmt sie den vorangehenden Konsonanten oder die vorangehende Konsonantenverbindung mit (siehe oben, Regeln 1 bis 4):
wen-dig, Ste-cker, Mei-nung, Täu-schung, Ver-brei-te-rung, Spre-che-rin-nen, Schrei-ne-rei, trans-por-ta-bel, La-bo-rant

Wenn bei Personenbezeichnungen die Schreibung mit großem I verwendet wird, setzt man den Trennstrich *vor* den Endungen *In* und *Innen*. Der Großbuchstabe zeigt hier an, dass zwei eigenständige Wörter zusammengezogen worden sind (→ 1628):
die Schüler-Innen (= Schüler und Schülerinnen)

8. Zusammensetzungen werden in ihre Bestandteile aufgelöst: **1311**
Haus-tür, Baum-ast, Treppen-häuser, Bau-element, Atmo-sphäre; Schritt-tempo, Schutt-trümmer, Fluss-sand, Fluss-strecke

Innerhalb der einzelnen Bestandteile kann nach den Regeln 1 bis 7 getrennt werden:
Trep-pen-häu-ser, At-mo-sphä-re, Schutt-trüm-mer, Fluss-stre-cke
Holz-ofen (nicht: Holzo-fen; → 1308), Bio-top (nicht: Bi-otop; → 1308)

1312 9. Präfixe (Vorsilben) werden wie Teile von Zusammensetzungen behandelt:
Ver-stand, ver-einigen, miss-achten, Ab-art, An-ordnung, an-organisch, in-aktiv, inter-aktiv, des-orientiert, ap-plaudieren, kom-pliziert, Kata-strophe, Kon-struktion, Sub-stanz

Innerhalb der einzelnen Bestandteile kann nach Regel 1 bis 7 getrennt werden:
ver-ei-ni-gen, miss-ach-ten, An-ord-nung, an-or-ga-nisch, in-ak-tiv, in-ter-ak-tiv, des-orien-tiert, ap-plau-die-ren, kom-pli-ziert, Ka-ta-stro-phe, Kon-struk-tion

1313 10. In bestimmten Wörtern kommen die Trennung nach Wortbestandteilen und die Trennung nach Sprechsilben einander in die Quere (→ 1303), und zwar bei ursprünglichen Zusammensetzungen oder Bildungen mit Vorsilben (Präfixen), wenn sie beim Sprechen wie einfache Wörter behandelt werden. Für beide Arten dieser Zusammensetzungen ist sowohl die Trennung nach Bestandteilen (etymologische Trennung) als auch die Trennung nach Sprechsilben erlaubt.

In den wenigen deutschen Wörtern dieser Art wird in der grafischen Industrie die Trennung nach Bestandteilen vorgezogen (in Klammern die Trennungen nach Sprechsilben):

dar-, war-, wor-: dar-an (da-ran), dar-un-ter (da-run-ter), war-um (wa-rum), wor-auf (wo-rauf)

hin-, her-: her-aus (he-raus), hin-auf (hi-nauf)

be-ob-ach-ten (beo-bach-ten), ein-an-der (ei-nan-der)

Grenzfälle (etymologisch gesehen, liegen gar keine Zusammensetzungen vor):
Klein-od (Klei-nod), voll-ends (vol-lends)

Die Wahl zwischen der etymologischen Trennung und der Trennung nach Sprechsilben besteht vor allem bei Fremdwörtern. Bei der etymologischen Trennung sind Zusammensetzungen mit vokalisch anlautendem Hinterglied besonders zu beachten, da hier das Vorderglied oft seinen auslautenden Vokal verloren hat (Synkope, → 520). Beispiele (in Klammern die Trennung nach Sprechsilben):

In-itia-ti-ve (Ini-tia-ti-ve), in-ter-es-sant (in-te-res-sant), Mon-ar-chie (Mo-nar-chie), Nost-al-gie (Nos-tal-gie), Päd-ago-gik (Pä-da-go-gik), par-al-lel (pa-ral-lel), Pseud-onym (Pseu-do-nym), Vit-amin (Vi-ta-min)

1314 **Anmerkung**
Allgemeine Empfehlungen für die Trennung von Fremdwörtern lassen sich nicht geben, da mehrere Faktoren zu berücksichtigen sind, die nicht immer in die gleiche Richtung zielen. So spielt zum einen eine Rolle, ob die ursprünglichen Bestandteile überhaupt erkannt werden, und zum andern, ob sie in nachvollziehbarer Weise etwas zum Sinn im heutigen Deutsch beitragen. Beides ist der Fall bei der Zusammensetzung *interaktiv,* wo die Bestandteile *inter* und *aktiv* unschwer bestimmt werden können und auch die Gesamtbedeutung des Wortes aus seinen Teilen abgeleitet werden kann. Man wird hier also *inter-aktiv* trennen. Anders bei *Chirurg,* das aus dem

Griechischen stammt und die Teile *chiro-* (Hand) und *-erg* (Werker) enthält. Das auslautende *o* von *chiro-* und das anlautende *e* von *-erg* sind im Griechischen zu einem *u* verschmolzen, die Wortfuge war also schon in der Herkunftssprache verwischt. Da sich außerdem Chirurgen höchstens noch ironisch als «Handwerker» verstehen, dürfte die traditionelle Trennung *Chir-urg* nur wenigen Leuten wichtig sein (silbische Trennung: *Chi-rurg*). Heikler sind Fälle wie *Kongruenz, Kontrakt, Konflikt,* wo zwar einige den Bestandteil *kon-* erkennen, aber nur die wenigsten eine Vorstellung haben, was er zur Gesamtbedeutung des Wortes beiträgt. Vermutlich bewirken lautliche Faktoren, dass die meisten die Abtrennung von *kon-* bevorzugen. Wieder anders sind die Verhältnisse bei *Homonym, Synonym, Antonym.* Die Bedeutung der drei Wörter könnte zwar von den Vordergliedern *homo-, syn-* und *anti-* und dem Hinterglied *-onym* abgeleitet werden. Die Bestandteile werden aber beim Sprechen kaum berücksichtigt und daher auch nicht ohne weiteres als solche empfunden. Die Trennungen *Hom-onym* und *Ho-mo-nym* (ebenso *Syn-onym, Sy-no-nym; Ant-onym, An-to-nym*) dürften also gleichwertig sein. Für diejenigen, die sich beim Trennen an den Bestandteilen orientieren, haben wir im Kapitel Wortbildung eine Auswahl von Wortformen zusammengestellt (→ 522).

Übung 40

Wenden Sie die allgemeinen Trennregeln an (→ 1304 –1313)!
■ **1** Lieferung ■ **2** Integration ■ **3** stricken ■ **4** Schweinerei ■ **5** Hühnerei ■ **6** Missstand ■ **7** Klostergarten ■ **8** beißen ■ **9** lügnerisch ■ **10** April ■ **11** Katastrophe ■ **12** Instruktion ■ **13** Rauheit ■ **14** Exorzismus ■ **15** Pfingsten ■ **16** Konsequenzen ■ **17** Schutttrümmer ■ **18** maximal ■ **19** Synergieeffekt ■ **20** Sechstel ■ **21** anorganisch ■ **22** imprägnieren ■ **23** übrig ■ **24** Mayonnaise ■ **25** meistens ■ **26** stampfen ■ **27** Donnerstag ■ **28** herein ■ **29** ignorieren ■ **30** miteinander ■ **31** Prognose ■ **32** desinteressiert ■ **33** Astronomie ■ **34** Bürste ■ **35** chirurgisch ■ **36** Nostalgie ■ **37** Pfropfen ■ **38** Nitratlösung ■ **39** eklig ■ **40** Pseudonym ■ **41** elend ■ **42** etabliert ■ **43** Setzerinnen ■ **44** adoptieren ■ **45** Korrespondenz ■ **46** Synagoge ■ **47** Schlagader ■ **48** Estrich ■ **49** signalisieren ■ **50** Atom

Die typografischen Trennregeln

Die sogenannten typografischen Trennregeln bestehen aus zwei Regelgruppen, von denen nur die eine Trennregeln im eigentlichen Sinn enthält. Sie gelten als Empfehlungen für Schriftsatz (Computersatz) und gepflegte Schreibarbeiten.

Regelgruppe 1

Regelgruppe 1 schränkt die Möglichkeiten der Worttrennung, die uns die rein sprachlichen Trennregeln geben, zusätzlich ein. Es handelt sich teils um rein ästhetische Regeln, teils um Regeln zur Verhütung von Fehllesungen. Je nach den typografischen Bedingungen (zum Beispiel Spaltenbreite, Block- vs. Flattersatz) sind sie besser oder weniger gut einhaltbar.

1318   1. Silben von zwei Buchstaben am Anfang und besonders am Ende eines Wortes sollen nicht abgetrennt werden, außer es handle sich um ein Präfix (eine Vorsilbe) oder ein Element, das auch als selbständiges Wort auftreten kann:
   Nicht trennbar: ruhig, Augen; Reihe, Suppe
   Aber erlaubt: er-fassen, Ei-gelb; berg-ab, Oster-ei

1319   2. Es sollen nicht mehr als drei Trennungen nacheinander folgen. Die erlaubte Anzahl Trennungen ist in modernen Layout-Programmen einstellbar.

1320   3. Initialwörter (und Kürzel, die wie solche geschrieben werden; →1374, 1375, 1381) dürfen nicht getrennt werden, zum Beispiel: IKRK, UNESCO, NATO, EFTA.

1321   4. Es dürfen keine Schriftbilder entstehen, die den Leser zu Fehllesungen verleiten. Bei zusammengesetzten Wörtern sind die Hauptsinneinschnitte zu beachten; eine direkt daneben liegende Trennung gilt als schlechte Trennung.

Schlecht	Gut
Mikrokos-mos	Mikro-kosmos
Kon-traindikation	Kontra-indikation
Kontrain-dikation	Kontraindika-tion
in-ternational	inter-national
interna-tional	internatio-nal
bean-tragen	be-antragen
Beach-tung	Be-achtung
Großkraft-werk	Groß-kraftwerk
Damenregen-schirm	Damen-regenschirm

Besonders schlecht ist es, wenn sich beim Trennen von Zusammensetzungen die Silben auf der oberen oder der unteren Zeile zu Wörtern ganz anderer Bedeutung fügen. Das Wort *Urin-sekt (Ur-insekt)* ist ein Muster dafür. Nicht besser sind die folgenden Beispiele:

Metata-bletten	Krondo-mäne	plange-recht
Stromer-zeugung	Visage-suche	Schmiergel-der
Nettoren-dite	Dampfer-zeugung	Spargel-der
Uran-fänge	Verein-zelung	Stoppsi-gnal
Früher-fassung	hinten-dieren	Strohhalmen-den
Rein-fektion	Gemen-geschichten	Autoren-nen
Stammel-tern	Natural-pensprudel	Bause-rie
Schwerer-ziehbare	Bluter-guss	Staban-tenne
Rein-karnation	Reisen-denverkehr	Mitarbeiterin-formation
Textil-lustration	Hyper-belbogen	bein-halten

Musiker-ziehung	un-terminiert	Pilotenka-bine
Moderich-tung	Fossilin-halt	Planer-stellung
Tramper-sonal	Musenal-manach	Polyp-tychon (Poly-ptychon)

Regelgruppe 2

Regelgruppe 2 betrifft nicht die Trennung einzelner Wörter, sondern bezieht sich auf inhaltlich oder grafisch eng zusammengehörende Wortgruppen. Die Regeln der Regelgruppe 2 schränken hier die Möglichkeiten ein, ein Wort an den Anfang oder an das Ende einer Zeile zu setzen. Im Einzelnen: **1322**

1. Mehrteilige Abkürzungen (u. U., m. a. W., m. E.) dürfen nicht auseinandergerissen werden. Also nicht: **1323**

   Das trifft m. Diesen Punkt müssen wir u.
   E. nicht zu. U. noch einmal besprechen.

2. Abgekürzte Vornamen und Titel dürfen nicht abgetrennt vom Rest des Personennamens stehen. Also nicht: **1324**

   die Besprechung mit Dr. das Buch von H. R.
   Friedhelm Burckhard

3. Mit Ziffern geschriebene Ordnungszahlen dürfen nicht getrennt vom zugehörigen Wort am Ende einer Zeile stehen. Also nicht: **1325**

   Unsere nächste Besprechung wird am 15.
   August stattfinden.

4. Verbindungen von Ziffern und Abkürzungen, Sonderzeichen usw. dürfen nicht auf zwei Zeilen verteilt werden. Also nicht: **1326**

   mit 15   über 30   der 400-   siehe §   neben Abb.   Tel. 044
   cm Länge   Mio. Schulden   m-Lauf   275   12 •   211 50 70

5. Striche in der Bedeutung von Wörtern sollten weder am Zeilenanfang noch am Zeilenende stehen. Wenn eine Trennung unvermeidbar ist, stehen sie am Zeilenende. Dies betrifft den Strich für «bis», den Strich für «gegen», ebenso den Schrägstrich für «und», «oder», «beziehungsweise». Also möglichst nicht: **1327**

   mit 3 –   das Spiel GC –   bei Über-/   am Saisonanfang/
   5 Stück   Young Boys   Unterernährung   -ende

   In solchen Fällen setzt man das betreffende Wort besser aus, zum Beispiel:

   mit 3 bis   das Spiel GC   bei Über- bzw.   am Saisonanfang/
   5 Stück   gegen Young Boys   Unterernährung   oder -ende

Der Bindestrich als Ergänzungszeichen

1328   Wenn ein Bestandteil mehreren zusammengesetzten Wörtern gemeinsam ist, wird dieser oft nur einmal gesetzt; man nennt diese Fügung einen Zusammenzug. Wo der gemeinsame Bestandteil eingespart worden ist, muss der Bindestrich als Ergänzungszeichen gesetzt werden; man spricht dann von einem *Ergänzungsstrich* oder *Ergänzungsbindestrich*.

Zur *Form* des Ergänzungsstrichs →1411.
Zum Aufeinandertreffen von Ergänzungsstrich und Klammer →1530.

1329   Das Grundwort ist zu ergänzen:
Feld- und Gartenwerkzeuge; Vor- und Familiennamen; Getreide-, Raps- und Kartoffeläcker; Vorder-/Seitenkante (→1418); gut- oder bösartig; drei- bis fünfmal (3- bis 5-mal, 3–5-mal); ein- und ausladen; be- und entladen (bei unbetonten Präfixen besser ausschreiben: beladen und entladen)

In gleicher Weise können auch gewisse Suffixe zusammengezogen werden, wenn sie eine eigene Silbe bilden und zumindest einen Nebenton tragen, also nicht völlig unbetont sind. Doch ist Vorsicht am Platze:
weder sicht- noch hörbar; Freund-, nicht Feindschaft; Schüchtern- oder Befangenheit; inner- und außerhalb (nicht: in- und außerhalb); ober- und unterhalb (nicht: ob- und unterhalb)

1330   Das Bestimmungswort ist zu ergänzen:
flussaufwärts oder -abwärts; heranführen oder -schleppen

Bei Nomen ist zu beachten, dass das Grundwort nach dem Ergänzungsstrich im Normalfall kleinzuschreiben ist:
Schulbücher und -hefte; Zimmerwände und -decken; Fachmänner/-frauen (→1418)

Großschreibung gilt nur dann, wenn schon das Grundwort der vorangehenden Zusammensetzung großgeschrieben ist, so beim Gebrauch des Bindestrichs als Gliederungszeichen (Kupplungsstrich; →1335):
Werkzeugmaschinen-Fabrikation und -Vertrieb; Mozart-Symphonien und -Serenaden

1331   Doppelter Zusammenzug: es ist teils das Grundwort, teils das Bestimmungswort zu ergänzen:
Frauenstimm- und -wahlrecht; Sonnenauf- und -untergang; Textilimport- und -exportgeschäfte; Landwirtschaftsmaschinen-Import- und -Exportgeschäfte

Erlaubt ist der Ergänzungsstrich auch für ein Wort, das nicht Teil einer eigentlichen Zusammensetzung ist, sondern durch ein Adjektiv näher bestimmt wird:
    Kunstdruck- oder maschinenglattes Papier; aus Baumwoll- und andern Stoffen; Eisen- oder gewöhnlicher Beton

Die umgekehrte Stellung gilt sprachlich als weniger gut. Also besser nicht:
    maschinenglattes oder Kunstdruckpapier; gewöhnlicher oder Eisenbeton

1332

Der Bindestrich als Gliederungszeichen

Die Prinzipien der Schreibung mit Bindestrich

Der Bindestrich kann in zusammengesetzten Wörtern als Gliederungszeichen verwendet werden, man spricht dann auch von einem *Kupplungsstrich* oder *Kupplungsbindestrich* (oder einem Bindestrich im engeren Sinn).

Die Regeln für den Kupplungsstrich sind in erster Linie vom grammatischen und vom ästhetischen Prinzip bestimmt:

> *Grammatisches Prinzip:* Teile von Texten können nach grammatischen Gesichtspunkten gegliedert und mit geeigneten Mitteln besonders gekennzeichnet werden.
>
> *Ästhetisches Prinzip:* Verwirrende Schriftbilder sind zu vermeiden.

Mit dem Setzen des Bindestrichs macht man den innern Bau zusammengesetzter Wörter deutlich (grammatisches Prinzip) und vermeidet man unübersichtliche Schriftbilder (ästhetisches Prinzip). Daneben spielt noch das semantische Prinzip eine Rolle:

> Teile von Texten können nach inhaltlichen (semantischen) Gesichtspunkten gegliedert und mit geeigneten Mitteln besonders gekennzeichnet werden.

Dieses Prinzip liegt den Bindestrichregeln zugrunde, mit denen besondere Bedeutungen deutlich gemacht werden sollen; ein Beispiel sind die Zusammensetzungen mit nebengeordneten Wortteilen, zum Beispiel (→ 1343):
    die Kosten-Nutzen-Rechnung

Zur *Form* des Bindestrichs → 1411.

1333

Überblick

1334 Der Bindestrich erscheint in drei Anwendungsbereichen als Gliederungszeichen (Kupplungsstrich):
1. Der Bindestrich zeigt die Sinneinschnitte bei unübersichtlichen Zusammensetzungen. Dies gilt insbesondere, wenn in einer Zusammensetzung das Vorderglied aus einer mehrteiligen Fügung besteht.
2. Der Bindestrich trennt Eigennamen von den übrigen Teilen einer Zusammensetzung oder einer Ableitung.
3. Der Bindestrich steht bei Zusammensetzungen und Ableitungen mit Abkürzungen, Buchstabenwörtern und Ziffern.

Die drei Anwendungsbereiche überlappen sich teilweise; so etwa bei Zusammensetzungen mit mehrteiligen Eigennamen (Bereiche 1 und 2) oder mit Maßbezeichnungen (Bereiche 1 und 3).

Zur Kombination mit Klammern → 1530.
Zur Kombination mit dem Schrägstrich → 1343, 1418–1419.

Unübersichtliche Zusammensetzungen

Unübersichtliche Nomen

1335 Bei Nomen, die aus *mehr als drei Wörtern* (nicht Silben!) zusammengesetzt sind, setzt man einen Bindestrich, und zwar beim *Hauptsinneinschnitt* und nicht einfach «ungefähr in der Mitte»:

Herrenkleiderfabrik-Direktor (nicht: Herrenkleider-Fabrikdirektor – der Mann ist ja nicht Fabrikdirektor von Herrenkleidern!); Lebensmittel-Selbstbedienungsladen; Sonderschulkommissions-Präsidentin

1336 Sind von einer viergliedrigen Zusammensetzung mindestens drei Glieder einsilbig, bleibt das Wort auch ohne Bindestrich gut lesbar:

Erdölexportland, Eisenbahnfahrplan, Tiefdruckhandbuch, Braunkohlenbergwerk

1337 Doch auch bei kürzeren Zusammensetzungen wird besser ein Bindestrich gesetzt, wenn die Fügung ein nicht auf den ersten Blick durchschaubares Wortbild ergibt und so zu falschem Erfassen der Wortbestandteile verleitet:

Radartisten → Rad-Artisten
Duanrede → Du-Anrede
Nachträume → Nacht-Räume
Hauschor → Haus-Chor
Planutopie → Plan-Utopie
Rokokokokotte → Rokoko-Kokotte

Alpenostrand → Alpen-Ostrand
Verhandlungstrümpfe → Verhandlungs-Trümpfe
Bilderläuterungen → Bild-Erläuterungen
Transitzentrale → Transit-Zentrale
Entfernungsmessereinheit → Entfernungsmesser-Einheit
Geisterkenntnis → Geist-Erkenntnis *oder* Geister-Kenntnis

Besser wird auch ein Bindestrich gesetzt bei Augenblickszusammensetzungen, die nicht mit eingebürgerten gleichlautenden Bildungen verwechselt werden sollen: die Ur-Teile (= die ursprünglichen Teile; nicht: die Urteile), die Hoch-Zeit des Barocks (nicht: die Hochzeit des Barocks), das Streik-Ende (nicht: Streikende), die Drucker-Zeugnisse (nicht: die Druckerzeugnisse – dies gewöhnlich gelesen als: die Druck-Erzeugnisse) — 1338

Der Bindestrich steht häufig auch bei Vordergliedern mit auffälliger Wortartprägung, das heißt bei Wörtern, die selbständig als Konjunktionen, Pronomen usw. gebraucht werden. Wenn das Vorderglied den Charakter eines zitierten Einzelwortes hat, bleibt es oft klein:
der Ist-Bestand; ein Ich-Roman, die Ich-Form, die Ich-Sucht (auch: Ichroman, Ichform, Ichsucht); der dass-Satz (oder: der Dass-Satz), ein «wenn»-Satz — 1339

Zusammensetzungen mit nicht eingebürgerten Fremdwörtern erhalten ebenfalls den Bindestrich (siehe auch → 1238 f.):
die Hardware-Erneuerung, der Knockout-Schlag, das Stagiaire-Abkommen, das Victory-Zeichen, die Soubrette-Partien, die Evviva-Rufe — 1340

Es geht aber oft schnell, bis Fremdwörter «eingebürgert» sind:
die Computertechnik, die Hitparade, der Jeansladen, der Souchongtee usw.

Zum Bindestrich in mehrteiligen Anglizismen siehe → 1233–1240.

Wenn *drei gleiche Vokale* in einem zusammengesetzten *Nomen* aufeinander stoßen, setzt man gewöhnlich den Bindestrich (→ 1025):
Drei gleiche Vokale in Nomen: das Tee-Ei, der See-Elefant, die Armee-Einheit
Aber Adjektive und Partizipien: armeeeigen, seeerfahren
Aber Konsonanten: die Schutttrümmer, der Schrotttransport, das Kontrolllämpchen; der Missstand; schusssicher; wettturnen, stilllegen — 1341

Wenn in einer Zusammensetzung von den aufeinander treffenden Vokalen nur *zwei* gleich sind, setzt man gewöhnlich keinen Bindestrich, ebenso bei allen anderen Kombinationen von aufeinander treffenden Vokalen:
Lageuntersuchung, Gebindeinhalt, Kameraausrüstung, Alleeanfang, Stauursache, Gebäudeunterhalt, Industrieerzeugnisse, Gemeindeerlass, Mikroorganismen, Antiimperialisten

1342 Wenn eine Wortgruppe aus mehreren selbständigen Einzelwörtern zum Vorderglied eines zusammengesetzten Nomens wird, kuppelt man die ganze Verbindung durch. Das erste Glied wird immer großgeschrieben (→1121, 1239):

der Schlaf-wach-Rhythmus, der Von-Haus-zu-Haus-Dienst, das In-den-April-Schicken (→1131, 1344), der Trimm-dich-Pfad, das Mensch-ärgere-dich-nicht-Spiel, die Mach-es-selbst-Methode, die Neue-Heimat-Affäre (Genitiv: der Neue-Heimat-Affäre), die Saure-Gurken-Zeit (Genitiv: der Saure-Gurken-Zeit), die Berner-Oberland-Bahnen (→1350; aber: das Berner Oberland; →1225)

ein Max-und-Moritz-Streich (= ein Streich in der Art von Max und Moritz; →1350), die Sturm-und-Drang-Jahre, die Berg-und-Tal-Bahn, die Tag-und-Nacht-Gleiche (auch zusammen: die Tagundnachtgleiche). Von dieser Art Zusammensetzung zu unterscheiden (→1329): Wald- und Wiesenblumen (= Waldblumen und Wiesenblumen).

Innerhalb eines mehrteiligen Vorderglieds, das mit Anführungszeichen markiert ist, lässt man die Bindestriche oft weg: sein berühmter «Da hört doch alles auf»-Blick (neben: sein berühmter «Da-hört-doch-alles-auf»-Blick; aber nur: sein berühmter Da-hört-doch-alles-auf-Blick); der «Mach mit!»-Wettbewerb, die «State of the Union»-Botschaft, die «Minna von Barnhelm»-Aufführung.

Für den (äußerst selten vorkommenden!) Fall mehrteiliger Vorderglieder, bei denen ein Teil einen Ergänzungsstrich aufweist, gilt selbstverständlich: Es wird nur *ein* Bindestrich gesetzt:

Maul-und-Klauenseuche-Bekämpfung (= Bekämpfung der Maul- und Klauenseuche), die Gras-und-Wiesenblumensamen-Mischung (= die Mischung aus Grassamen und Wiesenblumensamen bzw. aus Gras- und Wiesenblumensamen)

1343 Besonders zu beachten sind Zusammensetzungen mit einem mehrteiligen Vorderglied, dessen Teile einander nebengeordnet sind. Es ist nicht nur zwischen den Teilen des Vorderglieds ein Bindestrich zu setzen, sondern auch vor dem Grundwort, damit der Hauptsinneinschnitt deutlich wird:

die Kosten-Nutzen-Rechnung (falsch: die Kosten-Nutzenrechnung), der Magen-Darm-Kanal, die Juli-August-Nummer, eine Schwefel-Chlor-Verbindung, das Arbeitnehmer-Arbeitgeber-Verhältnis, der Soll-Ist-Vergleich, die Text-Bild-Integration

Seit einiger Zeit zeigen sich Schreibweisen, bei denen zwischen den Teilen des Vorderglieds ein Schrägstrich gesetzt wird. Da der Schrägstrich eher die Bedeutung von «oder» und «beziehungsweise» hat als von «und» (→1417 ff.), gliedern solche Schreibungen anders als Durchkupplungen. Ihr Nachteil ist, dass sie an der Fuge mit dem Schrägstrich nicht getrennt werden können:

die Apollo/Sojus-Missionen, die SPD/FDP-Regierung, die CDU/CSU-Fraktion, der Soll/Ist-Vergleich, die Kosten/Nutzen-Rechnung, die Juli/August-Nummer, der neue Hotel/Hallenbad/Gemeindesaal-Komplex

Von diesen Schreibungen sind Fügungen zu unterscheiden, bei denen es sich um den *Zusammenzug* zweier selbständiger Zusammensetzungen handelt (mit Weglassung gemeinsamer Wortteile). Es steht dann sowohl der Schrägstrich als auch der Ergänzungsstrich (→ 1328 ff., 1418):
    Ober-/Unterseite (= Oberseite bzw. Unterseite)
    Druckereiarbeiter/-angestellte (= Druckereiarbeiter und [oder, bzw.] Druckereiangestellte)

Wenn eine Wortgruppe aus mehreren Einzelwörtern nominalisiert wird, setzt man zwischen die einzelnen Teile je einen Bindestrich:
    Es handelt sich nicht um ein Entweder-oder, sondern um ein Sowohl-als-auch.

1344

Durchkupplung gilt auch für unübersichtliche Zusammensetzungen mit nominalisierten Infinitiven (= nominalisierte Infinitivgruppen). Man beachte die Groß- und Kleinschreibung: Das erste Glied ist groß, der Infinitiv ist groß, der Rest bleibt wie sonst im Satzinnern (→ 1120, 1131, 1224):
    sein dauerndes Andern-auf-die-Zehen-Treten, die Sitte des In-den-April-Schickens, das In-den-Tag-hinein-Leben, es ist zum Aus-der-Haut-Fahren, das Sich-selbst-in-den-Finger-Schneiden, sein dauerndes So-Tun-als-ob

Man schreibt aber zusammen, wenn die Verbindung nur zwei (allenfalls mehr) Glieder enthält und *übersichtlich* bleibt (→ 1131):
    das Maschineschreiben, das Staubsaugen, das Eiersuchen, vor dem Nachhausegehen, durch Inverkehrbringen falscher Banknoten, das Sicherinnern, das Sichgehenlassen, das Hinundherfahren
    Ähnlich: bis zum Gehtnichtmehr, das Rührmichnichtan.

Wenn eine Wortgruppe aus mehreren Einzelwörtern als Ganzes zum *Hinterglied* eines zusammengesetzten Nomens wird, setzt man zwischen die einzelnen Teile je einen Bindestrich (Durchkupplung); das Vorderglied wird gleichfalls mit einem Bindestrich angeschlossen:
    die Radquer-Schweizer-Meisterschaft (= die Schweizer Meisterschaft im Radquer), die Durchschnitts-Prime-Rate (= die durchschnittliche Prime Rate; vgl. aber auch → 1121), das Elektronik-Joint-Venture (→ 1121)

1345

Bei manchen Zusammensetzungen bestimmt nicht ein Glied das andere näher, sondern die Glieder stehen gleichberechtigt nebeneinander, so dass man sich «und» dazwischen denken kann. Personenbezeichnungen dieser Art haben in der Regel den Bindestrich:
    Vroni arbeitet als Redaktorin-Korrektorin; der Buchhalter-Kassier(er), ein Ingenieur-Kaufmann, ein Zeichner-Konstrukteur, ein Sattler-Tapezierer, ein Arbeiter-Priester (= ein Priester, der zugleich Arbeiter ist; aber: ein Arbeiterpriester = ein Priester für die Arbeiter)

1346

Ausnahmen sind einige feste, nicht misszuverstehende Zusammensetzungen aus höchstens zwei Wörtern (das Präfix *Erz-* zählt dabei nicht mit):
Herrgott, Gottmensch, Prinzregent, Königinmutter, Gräfinwitwe, Fürstbischof, Fürsterzbischof
Aber bei mehr als zwei Gliedern: Großfürstin-Mutter, Prinz-Thronfolger, Kardinal-Fürsterzbischof.

Unübersichtliche Adjektive

1347 Zusammengesetzte Adjektive werden grundsätzlich *nicht* mit Bindestrichen aufgelöst:
eine säurehaltige Substanz, eine seminarartige Veranstaltung, industrieerfahrene Kaufleute, eine kobraähnliche Schlange, die schneeerhellten Berge (→ 1025)

Bei sehr langen oder ungewöhnlichen Zusammensetzungen dieser Art werden die nominalen Vorderglieder gelegentlich mit Bindestrich abgetrennt und, sofern Nomen, großgeschrieben (→ 1120):
eine Desoxyribonukleinsäure-haltige Substanz, eine Workshop-artige Veranstaltung, seine Jenseits-zugewandte Weltanschauung; die «und»-artigen Partikeln, ein dass-loser Objektnebensatz

1348 Bei mehrteiligen Vordergliedern, die nicht gewöhnliche zusammengesetzte Nomen sind, kommt man allerdings nicht darum herum, den Bindestrich anzuwenden. Man kuppelt durch, damit sichtbar wird, dass die Zusammensetzung als Ganzes grammatisch wie ein einfaches Wort zählt (zur Groß- und Kleinschreibung → 1120):
die Make-up-freie Haut, eine Ruhe-vor-dem-Sturm-artige Stimmung, West-Ost-orientiert, die Vitamin-A-haltige Hautsalbe (→ 1360), β-Rezeptoren-abhängig, Beta-Rezeptoren-abhängig

1349 Für Zusammensetzungen des Typs Adjektiv + Adjektiv gilt:

1. Wenn das erste Adjektiv das andere näher bestimmt, setzt man keinen Bindestrich (zur Getrennt- und Zusammenschreibung → 1220, 1221):
die deutschschweizerischen Mundarten, ein tieftrauriges Gesicht
Farbmischungen (jeweils *eine* Farbe): blaurote Flammen, schwarzbraune Augen, ein gelblichgrüner Schimmer, ein Kleid in Blauviolett

2. Wenn die Adjektive aber einander nebengeordnet sind, so dass man sich «und» dazwischen denken kann, wird grundsätzlich der Bindestrich gesetzt:
die deutsch-schweizerische Grenze, ein französisch-deutsches Wörterbuch, ein nüchtern-kaltes Gebäude, ein traurig-ernstes Gesicht
Farbkombinationen (jeweils *zwei* oder mehr Farben): eine blau-gelbe Flamme, rot-weiß gestrichene Rettungsfahrzeuge, ein Kleid ganz in Rot-Braun-Schwarz

Auf den Bindestrich wird in einigen Fällen allerdings verzichtet:

a) bei Farbbezeichnungen, wenn eindeutig keine Farbmischung vorliegt, so in der Wappenkunde (Heraldik):
Sie standen unter dem rotblauweißen Banner. Jetzt weht dort die weißgrüne Fahne des Propheten. (Auch:) Der Film wurde schwarzweiß (neben: schwarz-weiß) gedreht.

b) bei kurzen Adjektiven
ein süßsaures (süß-saures) Gericht, ein dummdreistes Verhalten, das feuchtwarme Wetter, ein nasskaltes Klima

Zusammensetzungen und Ableitungen mit Eigennamen

Mit Eigennamen zusammengesetzte Nomen

> Wenn ein *mehrteiliger* Eigenname zum Vorderglied eines zusammengesetzten Nomens wird, schließt man ihn mit einem Bindestrich ans Grundwort an. Bindestriche stehen auch zwischen den einzelnen Teilen des Namens (Durchkupplung), damit die Zusammensetzung als Wortganzes in Erscheinung tritt. | 1350

Beispiele für Personennamen:
das Konrad-Escher-Denkmal (falsch: das Konrad Escher-Denkmal, das Konrad-Escherdenkmal, das Konrad Escherdenkmal), die Rudolf-Steiner-Bewegung, die Dr.-Moser-Stiftung, die St.-Johann-Kirche, das C.-F.-Meyer-Haus, das Von-Wattenwyl-Haus, die Doktor-Faust-Gasse, die Rudolf-Brunner-Straße, die St.-Peter-Hofstatt

Beispiele für geografische Eigennamen:
der San-Bernardino-Tunnel (falsch: der San Bernardino-Tunnel, der San-Bernardinotunnel, der San Bernardinotunnel); das St.-Georgen-Quartier, der Sankt-Wolfgang-See, die Rio-de-la-Plata-Bucht, die Mato-Grosso-Grassteppe

Entsprechendes gilt für Zusammensetzungen mit mehreren nebengeordneten Eigennamen:
ein Schubert-Schumann-Abend, die Stolze-Schrey-Stenografie, die Asea-Brown-Boveri-Werke
der Dortmund-Ems-Kanal, die Meiringen-Innertkirchen-Bahn, das Paris-Dakar-Rallye (aber mit Streckenstrich: die Eisenbahnlinie Meiringen–Innertkirchen, das Rallye Paris–Dakar; →1415)

> Wenn ein einfacher Eigenname zum Vorderglied einer Zusammensetzung wird, ist der Bindestrich fakultativ. | 1351

Beispiele mit Bindestrich:
der Beethoven-Abend, die Schiller-Gesamtausgabe, die Pestalozzi-Verehrung, der frühere Clinton-Stil

die Ganges-Ebene, das Krim-Treffen, das Mekong-Delta; die Elbe-Wasserstandsmeldung, die Helsinki-Nachfolgekonferenz

In allgemein gebräuchlichen Zusammensetzungen wird gewöhnlich kein Bindestrich gesetzt:

Institutionen: das Pestalozzidorf, der Nobelpreis, der Nobelpreisträger, der Luthertag.

Straßen- und Gebäudenamen: die Mozartstraße, der Stockalperpalast, die Tellskapelle, der Dufourplatz, der Heidibrunnen, das Schillertheater.

Bezeichnungen, bei denen die Erinnerung an den Namengeber verblasst ist: die Röntgenstrahlen, die Röntgenschwester, der Ottomotor, der Dieselmotor, der Erlenmeyerkolben, die Achillessehne, die Tantalusqualen, das Birchermü(e)sli, der Bunsenbrenner, die Richterskala, der Dopplereffekt.

Zusammensetzungen mit geografischen Eigennamen: die Pilatusbahn, das Rheintal, das Elbufer, die Italienreise, der Englandaufenthalt, das Nildelta, die Niagarafälle, die Kordillerenpässe, der Jugoslawienkrieg.

1352 Bei *Doppelnamen* wird zwischen die Namensteile ein Bindestrich gesetzt:
Frau Hedwig Kübler-Jung, Frau Anita Weber-Von der Mühll
Nordrhein-Westfalen, Baden-Württemberg, Waldshut-Tiengen, die Eisenbahnstation Roggwil-Wynau, Ebnat-Kappel

Bei Personennamen sind amtliche Konventionen der jeweiligen Staaten zu beachten. So wird in der Schweiz der Bindestrich bei Voranstellung des Frauennamens weggelassen:
Frau Hedwig Jung Kübler

Bei zweisprachigen geografischen Eigennamen setzt man den Schrägstrich:
Biel/Bienne, Bürglen/Bourguillon, Waltensburg/Vuorz, Bergün/Bravuogn, Völkermarkt/Velikovec, Grödental/Val Gardena, Ofenpass/Il Fuorn

Zur Schreibung von Ortsnamen siehe auch → 1422.

1353 Personennamen können auch das *Grundwort* einer Zusammensetzung bilden. Man setzt dann den Bindestrich:
Samen-Mauser, Kleider-Frey, Möbel-Hartmann

Doch wird kein Bindestrich gesetzt bei Übernamen:
der Geißenpeter, die Pechmarie, der Pfeifenfritz, der Schinderhannes

Bei der Umkehrung von Vor- und Familienname wird der Bindestrich gesetzt, wenn der Artikel vorangeht:
das Kohler-Bethli, der fesche Huber-Franz, die unglückliche Hofer-Marie
Aber: Kohler Bethlis Bräutigam

Auch geografische Eigennamen können das Grundwort einer Zusammensetzung bilden. Die Zusammensetzung als Ganzes bildet dann oft ihrerseits einen Eigennamen. Meist wird zusammengeschrieben:
    Nordwestschweiz, Süddeutschland, Westeuropa, Nordostafrika, Südvietnam
    Kleinandelfingen, Niederweningen, Unterlangenegg, Neubrandenburg

Bei Adjektiven auf *-isch* als Vordergliedern ist die Schreibung uneinheitlich; am üblichsten ist aber der Bindestrich (→ 1420):
    Französisch-Guayana, Britisch-Kolumbien, Mährisch-Ostrau; Schwäbisch Gmünd, Bergisch Gladbach; Bayrischzell

Bei nicht verfestigten Bildungen setzt man am besten den Bindestrich:
    Alt-Wien, Groß-London

1354

Auf einen Eigennamen kann eine enge Apposition in Form eines zweiten Eigennamens oder eines allgemeinen Begriffs folgen (vgl. zu ähnlichen Fügungen → 676). Vor allem, wenn die Fügung als Ganzes selbst einen Eigennamen bildet, wurde früher oft ein Bindestrich gesetzt. Da grammatisch gesehen keine Zusammensetzung vorliegt, sollte wenn möglich nur noch getrennt geschrieben werden:
    Autobahnausfahrt Frankfurt *Süd*; Köln *Hbf.*; Zürich *Oerlikon*, Stuttgart *Bad Cannstatt*, Hamburg *St. Pauli*, Appenzell *Außerrhoden*, Flims *Waldhaus*, Davos *Dorf*, Basel *Nord*, Saas *Grund*, auch: Zürich *Kloten*

Manchmal ist die Schreibung mit Bindestrich aber amtlich festgelegt (→ 1420):
    Basel-*Stadt*, Basel-*Landschaft* (so amtlich; daneben: Baselland)

Zur Schreibung von Ortsnamen siehe auch → 1422.

1355

Mit Eigennamen zusammengesetzte Adjektive

Fügungen mit einfachen Eigennamen (Personennamen oder geografischen Eigennamen) werden ohne Bindestrich gesetzt, außer es handle sich um fremdsprachige Eigennamen, die sich schwer in ein deutsches Wortbild fügen (→ 1340):
    Normalfall: lutherfreundliche Äußerungen, eine goethefeindliche Schrift; am zürichseeseitigen Abhang des Albis.
    Aber Bindestrichschreibung: mit Galsworthy-artiger Darstellungskunst, diese Richelieu-gegnerische Gruppe.

Bei mehrteiligen Eigennamen kommt nur Bindestrichschreibung in Frage:
    ein Dagobert-Duck-artiger Millionär (falsch: ein Dagobert Duck-artiger Millionär), die Mao-Dzedong-feindlichen Kader; das Monte-Generoso-seitige Ufer

1356

Nominale und adjektivische Ableitungen von Eigennamen

1357 Von Eigennamen können mit Endungen wie *-isch* und *-er* Ableitungen gebildet werden. Bei Ableitungen von *einfachen* Eigennamen treten nie Bindestriche auf (→ 1170 f.); bei Ableitungen von *mehrteiligen* Eigennamen gelten die folgenden Regeln:

1. Ableitungen von Personennamen auf *-sch:* Zwischen den Namensteilen steht der Bindestrich (zur Groß- und Kleinschreibung → 1173 f.; zur Schreibung mit Apostroph → 1367):
   die doktor-müllersche Apotheke (oder: Doktor-Müller'sche Apotheke); der de-costersche Roman (oder: der de-Coster'sche Roman; de Coster), die kant-laplacesche Theorie (oder: die Kant-Laplace'sche Theorie; Kant und Laplace), ein Wein aus der fürst-von-metternichschen Domäne (oder: aus der Fürst-von-Metternich'schen Domäne; Fürst von Metternich)

2. Ableitungen von geografischen Eigennamen auf *-isch:* Zwischen den Namensteilen steht der Bindestrich:
   sankt-gallisch, st.-gallisch; baden-württembergisch

3. Ableitungen von geografischen Eigennamen auf *-er:* Zwischen den Namensteilen *kann* ein Bindestrich stehen; wir empfehlen, ihn *immer wegzulassen:*
   ein New Yorker, die New Yorker Museen, die St. Galler und St. Gallerinnen, die Sankt Galler, das St. Galler Kloster, die Bad Zurzacher Thermalquellen; *aber:* die Alt-Wiener Theater

Verbindungen mit Abkürzungen, Einzelbuchstaben, Ziffern

1358 | In Zusammensetzungen mit Abkürzungen, Initialwörtern, Einzelbuchstaben und Ziffern setzt man den Bindestrich. |

Beispiele:
Tel.-Nr., Tel.-Nummer, Telefon-Nr.
der TCS-Schutzbrief, die UV-Strahlung, UV-empfindliche Haut, der Ersatz-PKW (oder: Ersatz-Pkw; → 1381), der T-Balken, die S-Bahn, die Tbc-Impfung, Tbc-freie Viehbestände, die km-Entschädigung, der pH-Wert, der s-Genitiv, das Genitiv-s, X-Beine, X-beinig (oder x-beinig), x-beliebig, jeder x-Beliebige, etwas x-Beliebiges, x-mal, ein n-faches Polynom
   27-jährig, eine 27-Jährige (→ 1120); ein 37-seitiges Buch; 4,5-prozentig; 97-grädig; der 40-Tonner; ein 25-Eck

Bei Schreibung der Zahlen in Buchstaben erscheinen keine Bindestriche:
   dreißigjährig, eine Dreißigjährige; ein hundertseitiges Buch, hundertprozentig, vierziggrädig, der Vierzigtonner, das Achteck

Je nachdem (→ 1231):
   8-mal/achtmal; aber bei besonderer Betonung: 8 Mal/acht Mal

Zur Groß- und Kleinschreibung → 1126–1129; zur Unterscheidung von Abkürzungen und Initialwörtern → 1374; zur Schreibung in Ziffern oder in Buchstaben → 1403.

Vor Suffixen (Endungen) setzt man nur dann einen Bindestrich, wenn sie mit einem Einzelbuchstaben verbunden werden: **1359**
   Mit Bindestrich: der x-te, zum x-ten Mal[e], die *n*-te Potenz.
   Aber ohne Bindestrich: abclich; ÖVPler; der 68er; ein 32stel; 4,5%ig, 100%ig

Der Wortbestandteil *-fach* ist ein Grenzfall zwischen eigenständigem Wortbestandteil (→ mit Bindestrich) und Suffix (→ ohne Bindestrich). Wir empfehlen die Schreibung *mit* Bindestrich:
   25-fach oder 25fach; das 25-Fache oder das 25fache

Bildet eine Verbindung aus Ziffern und Suffix den vorderen Teil einer Zusammensetzung, so setzt man *nach* dem Suffix einen Bindestrich (→ 1228):
   ein 48er-Raster, die 90er-Marke, seit den 50er-Jahren

Bei Schreibung der Zahlen in Buchstaben erscheinen keine Bindestriche:
   ein Sechzigerraster, die Neunzigermarke, seit den Fünfzigerjahren

Wenn ein zwei- oder mehrteiliges Vorderglied Einzelbuchstaben, Abkürzungen oder Ziffern enthält, wird es mit einem Bindestrich ans Grundwort angeschlossen. Der Bindestrich steht außerdem zwischen den einzelnen Teilen des Vorderglieds (Durchkupplung), damit die Zusammensetzung als Wortganzes in Erscheinung tritt. **1360**

Beispiele mit zusammengesetzten Nomen:
   die 75-Jahr-Feier (nicht: die 75-Jahrfeier – der Hauptsinneinschnitt liegt zwischen Jahr und Feier!); eine 4-Zimmer-Wohnung; eine 4- bis 5-Zimmer-Wohnung, eine 4–5-Zimmer-Wohnung; die 300-Meilen-Zone; der 400-m-Lauf (falsch: der 400 m-Lauf, der 400m-Lauf); die 4×100-m-Staffel, die 4-mal-100-Meter-Staffel; eine 7-dl-Flasche; eine 250-g-Packung; die 40-Stunden-Woche; ein Formel-3-Rennwagen; eine 1.-Klasse-Kabine; ein 1.-Klass-Abteil; das 1.-Mai-Komitee; ein V8-Motor; ein A4-Blatt; ein DIN-A4-Blatt; der 3:8-Sieg; der 3:8-(2:5-)Sieg, auch: der 3:8(2:5)-Sieg; der $^{3}/_{8}$-Takt; die Uran-238-Anreicherung, die ^{238}U-Anreicherung; die Vitamin-C-Anreicherung; die A-Dur-Sonate, die a-Moll-Sonate; eine 12-Zoll-Maxisingle; die 25-Grad-Grenze, die 25-°C-Grenze; eine 4-Prozent-Anleihe; die 8-Promille-Grenze

Beispiele mit zusammengesetzten Adjektiven:
   die Uran-238-gesättigte Erde, die ^{238}U-gesättigte Erde; eine CO_2-haltige Atmosphäre; Vitamin-C-reiche Kost (aber: vitaminreiche Kost); ein 400-m-Lauf-fähiger Athlet

Anmerkungen
1. In Zusammensetzungen und Ableitungen werden *Prozent-* und *Promillezeichen* ohne Abstand an die vorangehende Ziffer gefügt; man setzt also *keinen Bindestrich* zwischen Ziffer und Zeichen:
   eine 4%-Anleihe, die 8‰-Grenze
   Diese Schreibung hat sich durchgesetzt, obwohl sonst zwischen Zahl und Prozentzeichen (Promillezeichen) an sich ein verringerter Zwischenraum (Festwert) steht:
   ein Zinsfuß von 4%, ein Alkoholwert von fast 1,3‰
2. Allgemein ohne Abstand steht das bloße Gradzeichen (ohne folgenden Buchstaben) sowie die Zeichen für Zoll (inch) und Fuß (foot):
   eine Temperatur von 25°, die 25°-Grenze (aber: 25°C)
   ein Durchmesser von 12", eine 12"-Maxisingle

1361 Die komplizierteren dieser Zusammensetzungen werden auch in reiner Buchstabenschreibung (sofern überhaupt üblich) durchgekuppelt:
eine Zweihundertfünfzig-Gramm-Packung, die Viermal-hundert-Meter-Staffel

Bei einfacheren gilt aber Zusammenschreibung, gegebenenfalls Bindestrich beim Hauptsinneinschnitt (→ 1335–1338):
eine Vierzimmerwohnung, das Erstklassabteil, die Dreihundertmeilenzone (die Dreihundertmeilen-Zone), eine Zweiliterflasche, der Dreivierteltakt, die Nullgradgrenze, die Fünftagewoche

Über das Aufeinandertreffen von Kupplungsstrich und Klammer → 1530.

1362 **Übung 41**
Berichtigen Sie die falschen Schreibungen!
■ **1** die Sankt Bernhardstraße ■ **2** die Franz Liszt Gedenkfeier ■ **3** ein 40-Zeilen Bildschirm ■ **4** ein süßsaures Gericht ■ **5** die 50-Jahrfeier ■ **6** die 25er Reihe ■ **7** Industriearbeiter und -Angestellte ■ **8** eine 12 V-Batterie ■ **9** eine 45-jährige ■ **10** Kaffee in 500 Grammpackungen

Der Apostroph

Die Prinzipien der Apostrophsetzung

1363 Mit dem *Apostroph* oder *Auslassungszeichen* gibt man an, dass bei einem Wort – meist in Anlehnung an die gesprochene Sprache – Buchstaben weggefallen sind. Auf diese Weise sollen schlecht lesbare Schriftbilder vermieden werden. Die Apostrophregeln beruhen also auf dem ästhetischen Prinzip:

| Vermeide verwirrende Schriftbilder!

Daneben findet sich der Apostroph zuweilen auch vor bestimmten Endungen. Dieser Gebrauch beruht auf dem grammatischen Prinzip:

| Teile von Texten können nach grammatischen Gesichtspunkten gegliedert und mit geeigneten Mitteln besonders gekennzeichnet werden. |

Grundsätzlich kann man sich merken, dass der Apostroph nur zurückhaltend gesetzt werden sollte.

Allgemeine Regeln

Für gewöhnliche hochsprachliche Texte gilt: **1364**

1. Der Apostroph *steht immer* anstelle des Genitiv-s bei Eigennamen, die auf einen s-Laut ausgehen.
2. Der Apostroph *wird toleriert:* a) wenn sich die Kurzform des Pronomens *es* an ein vorangehendes Wort anlehnt; b) in Ableitungen von Personennamen vor der Endung *-sch;* c) in Firmennamen vor dem Genitiv-s.
3. In allen übrigen Fällen setzt man *keinen* Apostroph.

Zum Apostroph bei dichterischer oder mundartlicher Sprache → 1369–1371.
Zum Apostroph als Abkürzungszeichen im Wortinnern → 1126, 1377.
Zum Apostroph bei Ziffergruppen → 1405 f.

1. Der Apostroph steht immer beim *Genitiv artikelloser Eigennamen,* die im Nominativ   **1365**
in gesprochener Sprache auf einen s-Laut, in geschriebener Sprache auf *-s, -ss, -ß, -z, -tz, -x, -ce* oder ähnlich enden. Er ersetzt hier die Genitivendung *-s* (→ 153). Beispiele:
   Personennamen: Felix' Zimmer; Doris' gute Ideen; Aristoteles' Schriften, Karl Marx' «Kapital»; Goebbels' Hetzreden; beim Tode Pius' XII.
   Geografische Eigennamen: Vaduz' Schloss; Cannes' Filmfestspiele; Bordeaux' Hafen.

2. In der grafischen Industrie bestehen drei Toleranzzonen für den Apostroph.

a) Der Apostroph wird toleriert, wenn sich die Kurzform des Pronomens *es* an ein   **1366**
vorangehendes Wort anlehnt (zu anderen Gebrauchsweisen → 1370) :
   Wie *geht's* dir? Sie *macht's* gut. Ich *hab's* gehört. Wie *wär's* mit einer Tasse Tee? Vroni kneift nie, *wenn's* heiß wird. Glaubt *ihr's* jetzt?
   Ohne Apostroph (Zusammenschreibung): Wie *gehts* dir? Sie *machts* gut. Ich *habs* gehört. Wie *wärs* mit einer Tasse Tee? Vroni kneift nie, *wenns* heiß wird. Glaubt *ihrs* jetzt?

Manche Zeitungen wenden hier eine Hausregel an: Zusammenschreibung mit Verbformen, sonst Apostroph.

b) Der Apostroph wird toleriert in *Ableitungen von Personennamen* auf *-sch;* der Name   **1367**
wird dann großgeschrieben (→ 1174). Zur Trennung → 1310.

das Ohm'sche Gesetz, der Ohm'sche Widerstand; der Pawlow'sche Reflex; eine Bernoulli'sche Gleichung; die Goethe'schen Gedichte; ein Wein aus der Fürst-von-Metternich'schen Domäne, ein Leitartikel NZZ'scher Prägung

Die Schreibung *ohne* Apostroph wird jedoch bevorzugt. Die Adjektive werden dann *kleingeschrieben* (→ 1174):

das ohmsche Gesetz, der ohmsche Widerstand; der pawlowsche Reflex; eine bernoullische Gleichung; die goetheschen Gedichte; ein Wein aus der fürst-von-metternichschen Domäne, ein Leitartikel NZZscher Prägung

Aber groß, da Eigennamen (→ 1160, 1174): der Halleysche Komet, das Schauweckersche Gut (Hausname)

Bei Ableitungen auf *-isch* ist nur die Schreibung ohne Apostroph möglich:

Hitlers napoleonische Kriegsziele, mit ciceronischer Beredsamkeit, die goethischen Gedichte

c) Der Apostroph wird toleriert in *Firmenbezeichnungen* und dergleichen *vor* dem Genitiv-s:

Heidi's Souvenirshop, Carlo's Taverne

Aber nur: Heidis gut laufendes Geschäft, Carlos weitherum bekannte Pizzeria

1368 Anmerkungen

Die folgende Liste hat einzig den Zweck, vor überflüssigen Apostrophen zu warnen.

1. Kein Apostroph steht bei hochsprachlich üblichen Verbformen ohne Schluss-e:
   Ich *trau* ihm nicht. *Trau* ihm nicht! Das *nehm* ich dir nicht länger übel. *Ras* nicht so unbeherrscht! Gott *grüß* dich! Gott *grüß* die Kunst! So etwas *fass* ich nie mehr an. *Fass* es mit beiden Händen an! Ich *schmeiß* das alles weg. *Schmeiß* es nicht weg! Das *wär* ja toll!
2. Kein Apostroph steht in Verbformen, bei denen die Endung *-en* zu *-n* verkürzt worden ist (meist nach Vokal oder nach h):
   Sie *traun* uns nicht. *Gehn* Sie doch! Das Land, wo die Zitronen *blühn* ...
3. Kein Apostroph steht vor Plural-s von Eigennamen:
   ein Abend mit *Suters* nebenan.
4. Kein Apostroph steht im Genitiv von Eigennamen, wenn diese den Artikel (oder ein anderes den Fall anzeigendes Wort) bei sich haben:
   die Schriften *des Aristoteles*, die Freunde *unseres Andreas*, an den Ufern *des Amazonas*, die Straßen *des alten Paris*.
5. Bei Fremdwörtern steht kein Apostroph im Genitiv von Sachbezeichnungen, wenn sie im Nominativ auf eine unbetonte Silbe mit einem s-Laut ausgehen (→ 136):
   des *Journalismus*, des *Organismus*, ein Programm neuen *Typus*, des *Präsens*, des *Mythos*.
6. Kein Apostroph steht vor dem Genitiv- oder Plural-s von Abkürzungen und Initialwörtern:
   E. W.s Leitartikel; des *Pkws* (auch ohne Genitiv-s: *des Pkw*; nicht: *des Pkw's*), die *KGs* (= die Kommanditgesellschaften) (→ 1383).
7. Kein Apostroph steht in hochsprachlich allgemein üblichen Wendungen oder Paarformeln mit Nomen und Partikeln, wenn ein Schluss-e weggelassen worden ist:

seine *Liebesmüh* war umsonst; mit *Müh* und Not; all mein *Hab* und Gut; *Aug* um Auge, Zahn um Zahn; in *Reih* und Glied; in *Freud* und Leid; seit *eh* und je.
8. Kein Apostroph steht für die hochsprachlich anerkannte Verschmelzung von Artikelformen mit Präpositionen:
vors Haus, *vorm* Haus; *hinters* Licht führen, *hinterm* Rücken verstecken; sich *ans* Werk machen; *durchs* Feuer gehen; sich *aufs* Beste unterhalten.
9. Kein Apostroph steht bei endungslosen Formen von Pronomen, Adjektiven und Partizipien:
Wir haben noch nie *solch* ein Unwetter erlebt. *Welch* ein Unglück! Sie haben mit *all* diesen Schwierigkeiten gerechnet.
Ebenso:
dies lustige Völklein, *manch* junger Mensch, ein *silbern* Band, ein *vollgerüttelt* Maß an Pflichten, *Klein* Peterchen.
10. Kein Apostroph steht bei Pronomen, Adjektiven und Partizipien beim Wegfall von unbetontem *e* vor *r, l, n:*
in *unsrer* Wohnung, bei *trocknem* Wetter, in *bessren* Tagen, *wässriger* Wein, *untadliges* Verhalten, zu *gegebner* Zeit, *verlorne* Mühen.
11. Kein Apostroph steht bei nichtdeklinierten Adjektiven (→ 314) und bei Adverbien ohne Schluss-e:
Ich fühlte mich ziemlich *träg*. Die Gegend war sehr *öd*. Sei mir nicht mehr *bös*. Ich gebe dir das *gern*. Sie trat nach *vorn*. Wir wollen das *heut* noch erledigen.

Der Apostroph in dichterischer Sprache

Mit dem Apostroph kann man das Weglassen von *unbetontem e* oder *i* in dichterischer Sprache kennzeichnen. Der Apostroph sollte hier jedoch sparsam gesetzt werden: **1369**
Schließt die Reih'n (oder: Reihn)! In Trau'r und Trübsal stehn sie da. Oh, welche Freud' ist das! Sie sagt' es ohn' Unterlass. Eh' man sich dessen versieht ... Er ist gericht't!
Doch mit des Geschickes Mächten ist kein ew'ger (oder: ewger) Bund zu flechten. In diesen heil'gen (oder: heilgen) Hallen ... Ein närr'sch (oder: närrsch) Gefühl!
Er hatt' (= hatte) es nicht gesehen. Oh, hätt' ich es ihr doch gesagt! Das Wasser rauscht' (= rauschte), das Wasser schwoll (Goethe).

Der Apostroph in umgangssprachlichen Fügungen

Der Apostroph kennzeichnet hochsprachlich unübliche *Kurzformen,* zum Beispiel bei der Wiedergabe gesprochener Sprache: **1370**
Gib deiner Tante 's Händchen! Das ist 'ne Superidee! Bitte nehmen S' doch Platz! Bittschön, gnä' Frau! Der Käpt'n hat dies so angeordnet.
(Satzanfang; → 1106:) 's Kleidchen war ihr zu eng. 's ist nicht leicht! 'n Kaffee bitte! Ohne Wortzwischenraum zwischen Präposition und Artikel: Wir hockten auf'm Dach. Sie biss in'n Apfel. (Aber, da der Fall des Artikels nicht von der Präposition bestimmt wird:) Wir kamen in 's Teufels Küche (= in *des Teufels* Küche; daneben auch ohne Artikel: in Teufels Küche).

Der Apostroph in Mundarttexten

1371 Dialekte gelten als eigenständige Sprachformen, vor allem im Süden des deutschen Sprachraums. Es wird darum nicht jede von der Hochsprache abweichende Form mit einem Apostroph markiert. Im Einzelnen halte man sich an den regionalen Gebrauch. In der Schweiz stehen sich zur Hauptsache zwei Richtungen gegenüber: Die Berner Dialektschrift nach Rudolf von Tavel macht vom Apostroph, in Anlehnung an die Regeln für die Schriftsprache, mäßigen Gebrauch, während die Zürcher Richtlinien nach Dieth («Schreibe, wie du sprichst») ihn ausschalten.

1372 **Übung 42**

Berichtigen Sie die Fehler in der Apostrophschreibung!
▪ **1** Der böse Onkel lockte das Mädchen hinter's Haus. ▪ **2** Die Spanier glaubten zuerst nicht an Kolumbus' Erfolge. ▪ **3** So ists richtig! ▪ **4** Solch' wichtige Dinge müssen aufs Gründlichste vorbereitet werden. ▪ **5** Er kennt Leibniz Werke gründlich. ▪ **6** Der Jubilar wandte ein: «Ich hab doch all' diese Ehren gar nicht verdient!» ▪ **7** Die Erhöhung des Lebenskostenindex war umstritten. ▪ **8** Auf der zwölften Seite des Atlas' hats einen groben Fehler. ▪ **9** Das vergess ich dir nie! ▪ **10** Die Zeitungen kommentierten Strauß's letzte Rede.

Das Unterführungszeichen

1373 In Tabellen und Ähnlichem werden untereinander stehende gleiche Wörter oft nur das erste Mal ausgesetzt, für die darunter stehenden Wörter steht dann in der Mitte (in Schreibmaschinenschrift auch am Anfang) des eigentlich von ihnen beanspruchten Raumes das *Unterführungszeichen*. Form: unten stehende Gänsefüßchen („) oder – in der Schweiz üblicherweise – die französische Art der schließenden Anführungszeichen, der «Guillemets» (»). Unterführt werden nur in Buchstaben gesetzte Wörter; Ziffern dürfen nicht unterführt werden. Satz- und Hilfszeichen gelten als mit unterführt und werden daher nicht eigens berücksichtigt, ausgenommen der Bindestrich in zusammengesetzten Wörtern, wenn nur der zweite Teil des Wortes unterführt ist. Beispiele:

Farbstifte «Opticolor»	(unverpackt),	rot,	Fr. –.80	je Stück
„	„	„	grün,	„ –.80	„ „
„	„	(in 12-Stück-Packung),	„	„ –.90	„ „
„	„	„ 25- „	„	„ –.85	„ „

Beethoven-Konzerte		Eisenbahn-Signale	
Mozart-	»	Schienen	
Schubert-	»	»	Fahrleitungen

Der Abkürzungspunkt

Kurzformen: Überblick

Als Kurzformen bezeichnet man Wortformen, die von einer längeren «Normalform» abgeleitet sind. Man unterscheidet die folgenden Arten: 1374

1. *Kürzel* sind Kurzformen, die genau so gelesen werden, wie sie geschrieben sind:
   Akku (zu: Akkumulator), Auto (zu: Automobil), Bus (zu: Omnibus), Benelux (Belgien, Niederlande, Luxemburg), Mofa (Motorfahrrad)
2. Bei den *Abkürzungen im engern Sinn* stimmen Schreibweise und Aussprache nicht überein. Obwohl Abkürzungen im vollen Wortlaut ausgesprochen werden, ist nur ein Teil des Wortes oder der Wortgruppe ausgeschrieben, den Rest muss der Leser ergänzen:
   bzw. (gelesen und ausgesprochen: beziehungsweise), m. E. (= meines Erachtens), usw. (= und so weiter), kg (= Kilo, Kilogramm)
3. Als *Initialwörter* oder *Buchstabenwörter* bezeichnet man Kurzformen, bei denen die Buchstaben einzeln mit ihrem Namen gelesen werden:
   EKG (gelesen: E-Ka-Ge), GmbH (gelesen: Ge-Em-Be-Ha)

Kürzel

Die Kürzel werden gelesen wie gewöhnliche Nomen. Zu beachten sind ursprüngliche Initialwörter, die heute wie Kürzel gelesen werden. Bei solchen Wörtern wird noch oft an der Großbuchstabenschreibung (Majuskelschreibung) festgehalten; die Anwendung der gewöhnlichen Groß- und Kleinschreibung setzt sich in der Regel aber mit der Zeit durch: 1375

GATT (Gatt), UNO (Uno), NATO (Nato), UNESCO (Unesco), UNICEF (Unicef), AIDS (Aids), UEFA (Uefa), NEAT (Neat), EFTA (seltener: Efta), CERN, TÜV

Abkürzungen im engern Sinn

Abkürzungen, die vom Leser in ihrer vollen Form gelesen werden, werden gewöhnlich mit dem *Abkürzungspunkt* markiert. Geläufige Abkürzungen sind genau festgelegt und können im Wörterbuch nachgeschlagen werden. So darf *eventuell* nicht mit *ev.* abgekürzt werden (dies wäre: *evangelisch*), sondern nur mit: *evtl.* Unübliche Gelegenheitsabkürzungen sollten vermieden werden. Beispiele für geläufige Abkürzungen: 1376

Aufl. (Auflage), Abb. (Abbildung), bzw. (beziehungsweise), vgl. (vergleiche), u. U. (unter Umständen), m. E. (meines Erachtens), d. h. (das heißt), usw. (und so weiter),

o. Ä. (oder Ähnliches), u. a. (unter anderem; und andere), z. B. (zum Beispiel), Mio., Mill. (Million), Mia., Mrd. (Milliarde)

Ortsnamen (→1422): Frankfurt a. M. (= Frankfurt am Main; nicht: Frankfurt a/M), Stein a. Rh. (= Stein am Rhein; nicht: Stein a/Rh), Wangen a. d. Aare (= an der Aare; nicht: a. Aare)

1377 Bei Verkürzungen im Wortinnern steht zuweilen der *Apostroph:*

der Abt'leiter (für: Abt.-Leiter, Abteilungsleiter; → 1126), der Zwi'titel (Zwischentitel)

1378 Ohne Punkt stehen einige besondere Gruppen von Abkürzungen:

International festgelegte Maßbezeichnungen: m, km, m² (Quadratmeter; veraltet: qm), cm³ (Kubikzentimeter; veraltet: ccm), l (Liter), ml (Milliliter), s (Sekunde), min (Minute), h (Stunde), g (Gramm; nicht: gr.), kJ (Kilojoule), Mt (Megatonne), W (Watt), bit (Abkürzungszeichen für Bit = binary digit, das also selbst schon ein Kürzel ist; Informationseinheit in der Nachrichtentechnik). Aber angelsächsische Maßbezeichnungen: ft. (foot, Fuß), oz. (ounce, Unze).

Himmelsrichtungen: N (Norden), W (Westen), SSO (Südsüdosten).

Autokennzeichen: AG (Aargau), VD (Waadt), BE (Bern); HH (Hansestadt Hamburg), KN (Konstanz), W (Wien); CH (Schweiz), D (Deutschland), A (Österreich).

Währungsabkürzungen: Je nach der einzelnen Währung stehen die Abkürzungen mit oder ohne Punkt: Fr. (Schweizer Franken), Rp. (Schweizer Rappen), Ct. (europäischer Cent), sKr. (schwedische Krone), P (Peso). Die internationalen dreibuchstabigen Formen stehen ohne Punkt: CHF (Schweizer Franken), EUR (Euro), USD (US-Dollar), AUD (australischer Dollar), JPY (japanischer Yen). Die Sonderzeichen (→ 1410) haben ebenfalls keinen Punkt: € (Euro), £ (Pfund), $ (Dollar), ¥ (Yen). Zur Kombination mit Ziffern → 1403/1404.

Eigene Regelungen haben staatliche Einrichtungen wie Verwaltung, Bahn, Post und Militär:

die MWSt (Mehrwertsteuer), das MWStG (das Mehrwertsteuergesetz), Singen (Htwl) (Singen am Hohentwiel; → 1422), die Kp (Kompanie), der KP (Kommandoposten)

1379 Wenn ein Abkürzungspunkt unmittelbar mit einem Satzschlusspunkt zusammentrifft, wird nur *ein* Punkt gesetzt:

Es geschah um 44 v. Chr. Er unterschrieb mit: der Verf. Er unterschrieb mit: «der Verf.»

Aber ohne Doppelpunkt: Er unterschrieb mit «der Verf.».

In allen übrigen Verbindungen mit andern Zeichen bleibt der Abkürzungspunkt stehen, so auch bei den Auslassungspunkten (→ 1525):

Sie kannte alle die Städtchen: Wiedlisbach, Aarburg, Regensberg, Stein a. Rh. ...

Bei Abkürzungen werden Deklinationsendungen im Allgemeinen nicht berücksichtigt. 1380
Ausgenommen sind nur einige eingebürgerte Formen:
Ohne Deklinationsendungen: Abb. 2 und 3; die folgenden Bsp.; des 15. Jh.
Immer mit Endung: für Hrn. Müller
Häufig mit Endungen: Nrn. 7–21, Bde. I und II.

Bei abgekürzten Personennamen steht das Genitiv-s nach dem Punkt:
P.s Verhaftung (falsch: P's Verhaftung (→ 1368.6); Alfred G.s politische Gegner.

Bei einigen wenigen Abkürzungen wird im Plural der letzte Buchstabe verdoppelt:
Ms./Mss. (Manuskript/Manuskripte); f./ff. (und folgende Seite/und folgende Seiten)
Ähnlich: §/§§ (Paragraf/Paragrafen)

Initialwörter (Buchstabenwörter)

Initialwörter (oder *Buchstabenwörter*) sind dadurch entstanden, dass nur der erste Buch- 1381
stabe (= der Initial, darum *Initialwörter*) eines Wortes oder der wichtigsten Bestandteile
einer Wortgruppe gesetzt wurde. Beim (Vor-)Lesen wird buchstabiert, darum «Buchstabenwörter». Initialwörter bestehen hauptsächlich aus Großbuchstaben, bei einigen
wenigen wird nur der erste Buchstabe großgeschrieben; die Groß- oder Kleinschreibung des Initialwortes muss nicht mit der Schreibweise der ungekürzten Bestandteile
übereinstimmen (→ 1127).

EKG (Elektrokardiogramm), GmbH (Gesellschaft mit beschränkter Haftung), IQ (Intelligenzquotient), der Pkw (und: der PKW, der PW; Personen[kraft]wagen), NaCl
(Natriumchlorid), PCB (polychlorierte Biphenyle); SBB (Schweizerische Bundesbahn[en];
→ 1734), USA (fremde Kurzform: United States of America; → 1734), UdSSR (Bezeichnung für die ehemalige Union der Sozialistischen Sowjetrepubliken), ZGB (Zivilgesetzbuch), SchKG (Schuldbetreibungs- und Konkursgesetz), OR (Obligationenrecht)

Manche ursprünglichen Abkürzungen werden heute wie Initialwörter gesprochen, 1382
werden aber noch immer mit dem Abkürzungspunkt versehen:
ein General a. D.; der Rechnungsführer i. V.; k. o. schlagen (der K.-o.-Schlag, auch: der
Ko.-Schlag; → 1360)

Initialwörter erhalten nur Deklinationsendungen (allgemein ein *s,* ohne Apostroph), 1383
wenn Missverständnisse möglich sind. Dies ist gelegentlich bei weiblichen Initialwörtern der Fall (→ 138).
Ohne Endungen: die Geschwindigkeit des ICE (nicht des ICEs); die Festlegung des IQ,
die Festlegung der IQ (nicht zu empfehlen: des IQs, der IQs); das Überholmanöver des
andern Pkw, der andern Pkw (nicht zu empfehlen: des Pkws, der Pkws); die AG hat ...,
die AG haben ..., die Unkosten der AG, dieser AG, der meisten AG (Mz. nicht: AGs)
Mit Pluralendung nur zur Vermeidung von Missverständnissen: das Gründungskapital der AGs (gemeint: Aktiengesellschaften).

Begriffszeichen

1401 Manche Wörter oder Wortbestandteile können statt mit Buchstaben auch mit *Begriffszeichen* oder *Ideogrammen* geschrieben werden. Die wichtigsten Begriffszeichen sind die *Ziffern*.

Ziffern

1402 Ziffern sind *Zahlzeichen*. Wir verwenden heute fast nur noch die sogenannten *arabischen Ziffern*; die *römischen* werden noch für Jahreszahlen (etwa bei Inschriften), Seitenzahlen (etwa in den einleitenden Teilen von Büchern), Überschriften, Nummern und dergleichen gebraucht.

Es gibt sieben römische Zahlzeichen: I = 1, V = 5, X = 10, L = 50, C = 100, D = 500, M = 1000. Gleiche Zeichen nebeneinander werden zusammengezählt: CCC = 300, ebenso kleinere hinter größeren Werten: XXI = 21. Steht der kleinere Wert vor dem größeren, so wird er abgezogen, und zwar ist es heute üblich, die I nur von V oder X, die X nur von L oder C, die C nur von D oder M abzuziehen: IV = 4, CM = 900. Man schreibt also 99 = XCIX ([100−10] + [10−1]), nicht mehr IC = 100−1.

Wohl auf angelsächsischen Einfluss zurückzuführen ist, wenn bei Seitenzahlen und Listen die römischen Ziffern öfter auch schon in Form von Kleinbuchstaben verwendet werden: i, ii, iii, iv ...

1403 Wann Buchstaben, wann Ziffern? Am besten hält man sich an die folgenden Empfehlungen:

1. Kurze Zahlen (ein- und zweisilbige) werden in allgemeinen Texten in Buchstaben gesetzt, längere in Ziffern.
2. Bei Nummern, Jahreszahlen, Maß- und Währungsbezeichnungen und beim Datum werden auch kurze Zahlen in Ziffern gesetzt.
3. Kurze Zahlen werden ferner in Ziffern gesetzt, wenn sie mit längern im gleichen Zusammenhang stehen oder wenn die Zahlen Vergleichswert haben (so in Sportberichten, in Inventaren, in Tabellen):

Die Vorlage wurde mit *24 gegen 5 Stimmen* (nicht: *mit 24 gegen fünf Stimmen*) abgelehnt. Die Grünen gewannen *3,5 Prozent*, die FDP nur *2 Prozent* hinzu. Der FCS hat mit *3 Toren* Vorsprung gewonnen. (Inventar:) *2 Schraubenzieher* und *1 Beißzange* fehlen.

4. Die Schreibweise der Zahlen (Buchstaben oder Ziffern) und die Schreibweise der Maßbezeichnungen (ausgeschrieben oder abgekürzt bzw. als Sonderzeichen) bedingen einander. Von den Währungsbezeichnungen abgesehen (→ 1404), stehen die Maßbezeichnungen immer nach der Zahl. Erlaubt sind:

12 km	25 %	40 $
12 Kilometer	25 Prozent	40 Dollar
zwölf Kilometer	fünfundzwanzig Prozent	vierzig Dollar

Aber die vierte denkbare Kombination ist ausgeschlossen:

zwölf km   fünfundzwanzig %   vierzig $

Dezimalstellen werden im deutschen Sprachraum mit dem *Dezimalkomma* abgetrennt. Die Maßbezeichnungen (ausgeschrieben, abgekürzt oder als Sonderzeichen; → 1378, 1410) stehen am Ende der Ziffergruppe:

4,35 Meter / 4,35 m; 0,3 Tonnen / 0,3 t; 37,8 Grad (Celsius) / 37,8 °C

1404

Abweichend von dieser Regel, wird in der Schweiz bei *Frankenbeträgen* meist der Dezimal*punkt* gewählt. Die Null vor dem Dezimalzeichen sowie die beiden Nullen danach können durch einen Halbgeviertstrich ersetzt werden (in Listen, wo die Beträge untereinander stehen, auch durch Geviertstrich). Die Währungsbezeichnung steht bei Beträgen ohne Dezimalpunkt nach der Ziffergruppe (ausgeschrieben oder abgekürzt), sonst überwiegend davor (meist abgekürzt). Richtig sind also:

25 Franken / 25 Fr. / 25 CHF; Fr. 25.40 / CHF 25.40; Fr. 0.25 / CHF 0.25 / Fr. –.25 / CHF –.25; Fr. 25.00 / CHF 25.00 / Fr. 25.– / CHF 25.–

In anderen Ländern haben Währungen das Dezimalkomma:
25 Euro / 25 € / 25 EUR; € 25,40 / EUR 25,40; € 0,25 / EUR 0,25 / € –,25 / EUR –,25; € 25,00 / EUR 25,00 / € 25,– / EUR 25,–

Von den Frankenbeträgen abgesehen, werden Punkt und Doppelpunkt nur zur Abgrenzung nichtdezimaler Untereinheiten gebraucht. Die Regeln für die Wahl zwischen diesen zwei Zeichen sind nicht ganz strikt. Der Punkt empfiehlt sich bei der Uhrzeit (Angabe eines Zeitpunktes), der Doppelpunkt bei der Zeitmessung (Angabe der Zeitdauer):

Der Schnellzug fährt um 7.38 Uhr (daneben auch Hochstellung der Minuten, veraltend: 7³⁸). Die Siegerin brauchte nur 7:38 h. Sie brauchte nur 7:38:36,25 h. Mit 6:48,59 min wurde er Vierter.

Schreibungen mit ausgeschriebener Maßbezeichnung an der Position des Dezimalzeichens entsprechen zwar der gesprochenen Sprache, finden sich aber fast nur noch in der Belletristik:

4 Meter 35, 25 Franken 40, um 7 Uhr 38

1405 In Mengenangaben werden Zahlen mit *fünf und mehr Ziffern* von hinten her in Dreiergruppen gegliedert; in Tabellen und Listen gegebenenfalls auch Zahlen mit nur vier Ziffern, damit sie mit den fünf- und mehrstelligen Zahlen wertgleich untereinander gestellt werden können. Üblich ist es, zur Gliederung einen kleinen festen Zwischenraum (Spatium) zu setzen; in Schriften, in denen jeder Buchstabe und auch jeder Zwischenraum gleich breit ist (Schreibmaschinenschrift, Courier), kann auch der Apostroph als Gliederungszeichen gebraucht werden. Hingegen raten wir davon ab, dazu den Punkt zu verwenden, wie es im englischen Sprachraum üblich ist, da dieser mit dem Dezimalpunkt verwechselt werden kann.

1406 Bei *Nummern* gibt es keine allgemeinen Gliederungsregeln. Bei Postleitzahlen, Telefon- und Postschecknummern, Fahrzeugnummern usw. ist der Gebrauch der jeweiligen Unternehmung oder Verwaltung maßgebend.

Bei *Jahreszahlen* wird das gelegentlich anzutreffende Weglassen der Jahrhunderte in der deutschen Sprache *nicht* durch einen Apostroph angezeigt: im Jahr 95.

1407 In Ziffern geschriebene *Ordnungszahlen* werden mit einem *Punkt* versehen. Für diesen gelten dieselben Regeln wie für den Abkürzungspunkt (→ 1376, 1525).

1408 Bei der *dezimalen Abschnittnummerierung* steht zwischen jeder Ziffer (oder Zifferngruppe) ein Punkt, am Schluss der ganzen Nummer überwiegend *keiner*:

    1   Hautflügler
    4   Käfer
    4.12   Tenebrioniden
    4.12.1 Der Gemeine Mehlkäfer
    4.12.6 Der Schwarze Gruftläufer

Bei *Verweisen* im laufenden Text wird der Punkt am Ende immer weggelassen:
    Wie in 4.12.6 beschrieben, ernährt sich der Schwarze Gruftläufer ausschließlich von ...

1409 Eine andere Nummerierungsmethode bedient sich verschiedener Buchstaben und Ziffern mit einem Punkt oder einer schließenden Klammer (nicht beidem!):

    I. Die Einteilung der Wortarten
    II. Die Wortarten im Einzelnen
        A. Das Verb
           1. Der Gebrauch der Verben
              a) Hilfsverben
              b) Vollverben
                  aa) Transitive und intransitive Verben
                  bb) Reflexive Verben
           2. Die Konjugationsformen

Bei Verweisen im laufenden Text werden diese Zeichen meist weggelassen:
    Wie schon in Abschnitt II A 1 b beschrieben, gilt ...

Sonstige Begriffszeichen

Die Zahl der Begriffs- und Sonderzeichen wächst dauernd. In allgemeinem Gebrauch ist aber nur ein sehr kleiner Teil, so etwa:

§ (Paragraf), & (und; «Et-Zeichen», nur bei Personen in Firmennamen gebraucht: Vogelsanger & Müller AG), % (Prozent), ‰ (Promille), € (Euro), $ (Dollar), £ (Pfund), + (plus), − (minus), × (mal), · (mal), = (gleich), ≠ (ungleich), * (geboren), † (gestorben)

Neben diesen Zeichen werden vor allem noch Striche als Begriffszeichen verwendet. Unter diese Verwendung fallen etwa der Strich für *gegen,* der Strich für *bis* sowie der Schrägstrich für *und/oder.* Wir gehen auf diese Striche im folgenden Kapitel ein.

Die Striche

1411 Striche haben unterschiedliche Aufgaben und Formen. Was ihre *Aufgabe* im Text betrifft, so kann man grob zwischen Satzzeichen, Hilfszeichen und Begriffszeichen unterscheiden; darüber hinaus bestehen noch Verwendungsweisen, die nicht klar einer dieser drei Gruppen zuzuordnen sind. Was die *Form* der waagrechten Striche betrifft, so wird im gepflegten Satz gewöhnlich zwischen dem kurzen Divis (-), dem etwas längeren Halbgeviertstrich (–) und dem langen Geviertstrich (—) unterschieden. Bei manchen Schriften gibt es außerdem einen besonderen Minusstrich. Auf der Schreibmaschine steht allerdings in der Regel nur *eine* Art Strich zur Verfügung. Auf dem Computer stellen hingegen heutige Betriebssysteme sowie Text- und Layoutprogramme alle Sorten zur Verfügung. Die folgende Übersicht gibt an, welche Art Striche in welcher Aufgabe vorkommen.

	Verwendung	Beispiele
Divis	Trennstrich: Hilfszeichen →1302–1321	Bei- spiel
	Ergänzungsstrich: Hilfszeichen →1328–1332	Ein- und Ausgang Zimmerwände und -decken Sonnenauf- und -untergang
	Kupplungsstrich: Hilfszeichen →1333–1361	das Tee-Ei das In-den-April-Schicken das Konrad-Escher-Denkmal 17-teilig, die 300-Meilen-Zone
	Strich für *gegen* (dafür besser Halbgeviertstrich): Begriffs- oder Satzzeichen →1413	das Spiel VfB Stuttgart - Hannover 96
	Streckenstrich (dafür besser Halbgeviertstrich): Begriffs- oder Satzzeichen →1414	das Gespräch Putin - Bush

	Verwendung	Beispiele
Divis	Gliederungszeichen in Nummern →1406	Konto 82-10724-4
Halbgeviertstrich	Gedankenstrich: Satzzeichen →1516–1522	Ihm fehlte vor allem eines – Geld. Der Rucksack war – ich wunderte mich – gar nicht so schwer.
	Strich für *bis:* Begriffszeichen →1416	Wir bleiben 3–5 Tage weg.
	Strich für *gegen:* Begriffs- oder Satzzeichen →1413	das Spiel VfB Stuttgart – Hannover 96
	Streckenstrich: Begriffs- oder Satzzeichen →1414, 1415	die Strecke Schaffhausen–Bülach– Zürich das Gespräch Putin–Bush
	Minusstrich (in manchen Schriften steht dafür eine besondere Form zur Verfügung): Begriffszeichen →1410	bei –10 °C
	Ersatz für Nullen vor oder nach dem Dezimalpunkt (Dezimalkomma) bei Währungsangaben: Begriffszeichen	Jedes Stück kostet Fr. –.75. Ich bezahlte dafür Fr. 69.–. In Berlin kostet das EUR 59,–.
	Strich in Tabellen zur Bezeichnung nicht angegebener Werte: Hilfszeichen	Anfang 300 Mitte – Ende 86
	Strich bei listenartigen Aufzählungen	Das Etui enthält: – acht Schrauben – acht Muttern – einen Schraubenschlüssel
Geviertstrich	Gedankenstrich (veraltet; dafür heute besser Halbgeviertstrich): Satzzeichen →1516–1522	Ihm fehlte vor allem eines — Geld. Der Rucksack war — ich wunderte mich — gar nicht so schwer.
	Ersatz für Nullen nach dem Dezimalpunkt (Dezimalkomma) bei Währungsangaben (nur in Kolonnen): Begriffszeichen	Busfahrt Fr. 69.50 Eintritt Fr. 54.— Essen Fr. 7.25

	Verwendung	Beispiele
Geviertstrich	Strich bei listenartigen Aufzählungen (dafür besser Halbgeviertstrich oder anderes grafisches Mittel)	Das Etui enthält: — acht Schrauben — acht Muttern — einen Schraubenschlüssel
	Unterstrich	Ersatz für Wortzwischenraum in Internet- und E-Mail-Adressen sowie bei Computer-Dateinamen: Hilfszeichen http://www.gute_seite.ch otto_normal@verbraucher.ch meine_datei.pdf
Schrägstrich	Ersatz für *und, oder*: Begriffs- oder Satzzeichen →1417, 1418 →1628 (Personenbezeichnungen)	Ein-/Ausfuhr die Ecke Rämistraße/Zeltweg das Winterhalbjahr 2006/2007 Studenten/Studentinnen Studenten/-innen, Student/innen
	Ersatz für *und, oder,* Variante zum Kupplungsstrich: Begriffs- oder Hilfszeichen →1343, 1419	die Juli/August-Nummer die CDU/CSU-Fraktion die Kosten/Nutzen-Rechnung
	Ersatz für *pro, je, durch*: Begriffszeichen	eine Belastung von 27 kg/ha mit 50 km/h
	Als Bruchstrich: Begriffszeichen	um $^3/_4$ größer
	Gliederungszeichen in Abkürzungen, Aktenzeichen, Nummern: Hilfszeichen →1376	das Betriebssystem OS/2 der Düsenjäger F/A-18 Aktenzeichen: p/34/E
Umgekehrter Schrägstrich (Backslash)	In Computeranwendungen: Hilfszeichen	c:\festplatte\eigen\privat\notizen.doc

Die Striche für «gegen» und «bis»

Der Halbgeviertstrich steht in zwei-, gelegentlich auch mehrteiligen Fügungen für verbindende Partikeln. Die Partikeln werden in gesprochener Sprache oft weggelassen; der Strich ist dann mehr Satz- als Begriffszeichen.

1412

1. Der Strich für die Präposition *gegen* kommt meist in Sportberichten vor. Davor und danach steht der Wortzwischenraum:
    das Spiel VfB Stuttgart – Hannover 96 (für: das Spiel VfB Stuttgart *gegen* Hannover 96), das Doppel Becker/Jelen – Hubbard/Irving

1413

Da wegen des Zwischenraums dieser Strich wie ein Gedankenstrich aussieht, wird dafür zuweilen auch der Bindestrich mit Wortzwischenraum verwendet:
    das Spiel VfB Stuttgart - Hannover 96, das Doppel Becker/Jelen - Hubbard/Irving

1414

2. In einer Reihe ähnlicher Verbindungen (im Sinn von *mit, zwischen ... und, von ... zu, von ... nach*) steht vor dem Strich allerdings kein Zwischenraum; entsprechend sollte nur der Halbgeviertstrich verwendet werden:
    die Verhandlungen EU–Schweiz (für: die Verhandlungen der EU *mit* der Schweiz, die Verhandlungen *zwischen* der EU *und* der Schweiz); das Gespräch Putin–Bush

Doch trifft man auch hier gelegentlich den Bindestrich mit Zwischenraum:
    das Gespräch Putin - Bush

Wenn die Verbindung eine *Strecke* bezeichnet, spricht man auch von einem *Streckenstrich*. Er steht ohne Zwischenraum:
    die Autobahn Zürich–Basel (für: die Autobahn *von* Zürich *nach* Basel), die Eisenbahnlinie Zürich–Bülach–Schaffhausen (für: die Eisenbahnlinie *von* Zürich *über* Bülach *nach* Schaffhausen), die Entfernung Erde–Mond (für: die Entfernung *von* der Erde *zum* Mond, *zwischen* Erde *und* Mond)

1415

Wenn eine solche Verbindung das Vorderglied einer Zusammensetzung ist (→ 1350), wird nur noch der Bindestrich verwendet:
    die Meiringen-Innertkirchen-Bahn, der Chur-(Disentis-Oberalp-Brig-Visp-)Zermatt-Gletscherexpress

Wenn der Halbgeviertstrich (nie der Bindestrich!) für *bis* zwischen Ziffern steht, wird kein Wortzwischenraum gesetzt:
    Wir bleiben 3–5 Tage weg. Er hat etwa 30 000–40 000 Franken (missverständlich und daher zu korrigieren: 30–40 000 Franken) Schulden. Betriebsferien: 20.–31. August, 20.8.–1.9. (aber nicht: 20. August–1. September)

1416

In der zweiteiligen Formel von ... bis (zum) darf *bis (zum)* nicht durch einen Strich ersetzt werden:
Das Geschäft ist von 12 bis 14 Uhr (nicht: von 12–14 Uhr) geschlossen. Ich habe vom 3. bis zum 24. August (nicht: vom 3.–24. August) Ferien.

Der bis-Strich kann nicht *neben* einem Ergänzungsstrich stehen, ihn aber *ersetzen* (→ 1329). Daher:
5- bis 12-jährig oder 5–12-jährig; 6- bis 8-mal oder 6–8-mal (oder auch: 6 bis 8 Mal, 6–8 Mal; → 1231)

Der Schrägstrich

1417 Man kann in Wortgruppen anstelle der Partikeln *und, oder, beziehungsweise* den Schrägstrich setzen. Damit kommt die Nebenordnung, die enge Zusammengehörigkeit oder auch die Austauschbarkeit der mit Schrägstrich verbundenen Glieder zum Ausdruck. Der Schrägstrich steht zwischen Einzelwörtern ohne Wortzwischenraum; wenn er mehrwortige Einheiten trennt, ist das Setzen des Wortzwischenraums besser:
die Herstellung von Zeitungen/Zeitschriften (= die Herstellung von Zeitungen oder Zeitschriften); helle Baumwollstoffe mit grünen Tupfen/roten Streifen (auch: mit grünen Tupfen / roten Streifen)
Studenten/Studentinnen, Studenten/-innen, Student/innen (= Studenten und Studentinnen; →1628)

1418 Solche Schreibungen sind eher für Sachtexte geeignet; in Qualitäts- oder literarischen Texten schreibt man anstelle des Schrägstrichs die seinen Sinn wiedergebende Konjunktion besser in Buchstaben aus.
Zu weiteren Gebrauchsweisen des Schrägstrichs →1410).
Wenn in Reihungen, die mit Schrägstrich verbunden sind, gemeinsame Wortteile weggelassen werden, muss der Ergänzungsstrich gesetzt werden:
Ein-/Ausfuhr (wie: Ein- und Ausfuhr), Zimmerwände/-decken (wie: Zimmerwände bzw. -decken), Sonnenauf-/-untergang (wie: Sonnenauf- oder -untergang) (→1331)

1419 In ähnlicher Weise steht der Schrägstrich zwischen den nebengeordneten Vordergliedern von Zusammensetzungen. Im Gegensatz zu den oben stehenden Fügungen sind keine gemeinsamen Wortteile weggelassen worden, es ist daher kein Ergänzungsstrich zu setzen:
die Kosten/Nutzen-Rechnung (gemeint: die Rechnung über Kosten und Nutzen, nicht: die Kostenrechnung und die Nutzenrechnung)

Ebenso: die Juli/August-Nummer, die Apollo/Sojus-Missionen, die CDU/CSU-Fraktion

Die Schreibung mit Bindestrich ist hier allerdings vorzuziehen; es ergeben sich dann auch keine Probleme bei Worttrennungen am Zeilenende (→ 1343):

die Kosten-Nutzen-Rechnung, die Juli-August-Nummer, die Apollo-Sojus-Missionen, die CDU-CSU-Fraktion

Zur Schreibung von Eigennamen

1420 Eigennamen unterliegen den sonst gültigen Rechtschreibregeln nur teilweise. Dies gilt insbesondere für Personennamen, Firmennamen und bestimmte geografische Eigennamen (→ 1226, 1354 f., 1433).

Bei *Vornamen* kann die Schreibung innerhalb bestimmter Grenzen frei gewählt werden: Karl oder Carl; Frieda oder Frida; Arthur oder Artur; Stefan oder Stephan; Hans, Hanns oder Hannes; Hans Peter, Hans-Peter oder Hanspeter; Anna Maria, Anna-Maria, Annamaria, Anne Maria, Anne-Maria, Annemaria, Anne Marie, Anne-Marie, Annemarie ...

Beispiele für *Familiennamen* mit Besonderheiten in der Buchstabenschreibung: Burckhardt, Henckel, Pfeiffer, Stauffer, Kneipp, Von der Mühll, Maeder, Hoefliger, Wierss, Liszt.

Auch bei den *Firmennamen* gelten Rechtschreibregeln nur, soweit sie den Firmeninhabern passen. Wenn die Bau- & Möbelschreinerei Isidor Hölzl dieses Et-Zeichen (&) haben will, wenn *Fritz Müller's Witwe* auf dem Apostroph beharrt, wenn der *Hans Meier Verlag* oder die *Paul Lauterbacher Getränke Vertriebs AG* etwas gegen Bindestriche haben, muss man dem Rechnung tragen. Das Höchste, was hier gewagt werden darf, ist ein vorsichtiger Verweis auf die Rechtschreibregeln.

Zum Bindestrich bei Personennamen → 1350–1357, zum Apostroph → 1365 f.; zur Groß- und Kleinschreibung → 1159–1174.

1421 *Fremdsprachige Personennamen* behalten die fremde Schreibweise, ausgenommen sind historische Namen sowie Herrschernamen:

Wilhelm der Eroberer (nicht: William the Conqueror), Ludwig XIV. (nur in der Stilkunde: Louis Quatorze), Königin Elisabeth II., Cäsar (nicht: Caesar), Christoph Kolumbus (nicht: Cristoforo Colombo), Mark Aurel (nicht: Marcus Aurelius)

Besondere Schwierigkeiten bereiten Namen aus Sprachen mit anderer Schrift: Oft stehen sich deutsche, französische oder englische Umschriften gegenüber; dazu kommen amtliche Umschriften des betreffenden Staates wie etwa im Fall des Chinesischen. Wir können auf dieses Problem nicht weiter eingehen.

Für *Ortsnamen* aus dem deutschsprachigen Raum gilt die amtliche Schreibweise. **1422**
Sie kann im Telefonbuch nachgeschlagen werden. Zur Schreibung von Zusätzen bei
Ortsnamen mit Schrägstrich → 1352; mit Bindestrich → 1355; mit Abkürzungspunkt
→ 1376, 1378; mit Klammern → 1527.

Für *fremdsprachige geografische Eigennamen* sind deutsche Bezeichnungen zu verwen- **1423**
den, sofern diese bekannt und geläufig sind (→ 1811). Beispiele:
    Genf, Neuenburg, Freiburg; Mailand, Brüssel, Kopenhagen, Prag, Peking, Kairo,
    Kalkutta; Dänemark, Mexiko, Kolumbien, Kuba; Himalaja, Karpaten, Kordilleren

Die *s-Schreibung* von Eigennamen darf grundsätzlich nicht verändert werden. **1424**
    Vgl. mit Doppel-s statt Eszett den Personennamen *Heuss* (erster deutscher Bundes-
präsident), den Ortsnamen *Neuss* (Stadt bei Düsseldorf) oder den Firmennamen *Zeiss*.

Die folgenden Abweichungen sind erlaubt:

1. In Werken oder Drucksachen, in denen allgemein kein Eszett verwendet wird, kann
auch das Eszett von Eigennamen durch Doppel-s ersetzt werden:
    der frühere bayrische Ministerpräsident *Strauss*, die Porzellanstadt *Meissen* (Original-
schreibungen: *Strauß, Meißen*)

2. In Texten mit *ß* passen sich schweizerische geografische Eigennamen meist an:
    Großandelfingen, Goßau, Reußbühl, Limmatstraße

Straßennamen

Genau wie bei den Ortsnamen können die für die Namengebung zuständigen Behör- **1425**
den die Schreibweise der Straßennamen festlegen. Immerhin dürfen Schreibungen,
die zwar dem amtlichen Gebrauch widersprechen, sich aber an die allgemeinen Regeln halten, nicht als falsch bezeichnet werden. Am besten hält man sich, wenn immer
möglich, an die folgenden Richtlinien:

   Einfache und zusammengesetzte Nomen sind mit Grundwörtern wie *-straße, -gasse,* **1426**
   -weg, -steig, -platz, -tor, -brücke ohne Bindestrich in einem Wort zu setzen, wenn sich
   eine übersichtliche Zusammensetzung ergibt:
       Anemonenstraße, Goldackerweg, Englischviertelstraße, Spalentor

Das Grundwort *-straße* kann in Verbindung mit einer Hausnummer abgekürzt werden; sonst werden die Grundwörter immer ausgeschrieben:
    Sie hat an der Anemonenstr. 14 gewohnt. (Oder: Sie hat an der Anemonenstraße 14
    gewohnt. Aber nur: Sie hat an der Anemonenstraße gewohnt.)

1427 Zusammenschreibung gilt auch bei Verbindungen mit *einfachen Personennamen:*
Frobenstraße, Pestalozziweg, Bismarckplatz, Kennedyallee, Corrodisteig

1428 Tritt vor den Familiennamen der Vorname, ein Titel oder ein anderes bestimmendes Wort, so ist die ganze Verbindung durchzukuppeln (→ 1350):
Albrecht-Dürer-Straße, Rudolf-Brunner-Straße, Rudolf-Brun-Brücke, Fürst-Metternich-Platz, General-Guisan-Platz, St.-Alban-Rheinweg, St.-Peter-Hofstatt

1429 Bestimmungswörter auf *-er,* die von Orts- und Gebietsnamen abgeleitet sind, werden grundsätzlich getrennt geschrieben. Als Ausnahme hat sich allerdings in der Schweiz Zusammenschreibung durchgesetzt (→ 1226):
Deutschland, Österreich: die Leipziger Straße, die Floridsdorfer Brücke, der Matzleinsdorfer Platz.
Schweiz: die Aarbergergasse, der Altstetterplatz, die Wipkingerbrücke, die Schaffhauserstraße, der Bernerring

1430 *Adjektive ohne Deklinationsendung* werden mit dem Grundwort zusammengezogen:
Breitweg, Hochstraße, Langweid, Neugasse, Hochsteig

1431 *Deklinierte Adjektive* jedoch werden groß- und getrennt geschrieben (→ 1162):
Alte Landstraße, Weite Gasse, Grüner Weg, Hohe Promenade, Untere Zäune

Im laufenden Text sind die Adjektive zu deklinieren:
Der Weg führt vom Grün**en** Weg zur Hoh**en** Promenade. Sie wohnt an der Alt**en** Landstraße. Das Restaurant befindet sich an den Unter**en** Zäun**en**.

1432 Beginnt ein Straßenname mit einer Präposition, wird diese großgeschrieben:
In den Ziegelhöfen, Am Schanzengraben, Unter den Linden, Im Laternenacker

1433 Folgt auf die Präposition ein Adjektiv, so ist auch dieses großzuschreiben (gelegentlich zeigen ortsübliche Schreibweisen jedoch Kleinschreibung):
Beim Dunklen Hard, Am Tiefen Graben, Im Oberen Boden, In der Kleinen Hub

Wenn die Präposition im laufenden Text verändert werden muss, verliert sie die Großschreibung:
Der Bus fährt über den Oberen Boden an den Tiefen Graben.

Die Satzzeichen

Die Prinzipien der Zeichensetzung

1501 Die deutsche Sprache hat zur Hauptsache eine grammatisch ausgerichtete Zeichensetzung (Interpunktion); daneben spielen auch inhaltlich-logische Gesichtspunkte eine Rolle. Die Regeln der Zeichensetzung beruhen also vor allem auf dem grammatischen und dem semantischen Prinzip (→ 1008):

> Das *grammatische Prinzip:* Teile von Texten können nach grammatischen Gesichtspunkten gegliedert und mit geeigneten Mitteln besonders gekennzeichnet werden.
>
> Das *semantische Prinzip:* Teile von Texten können nach inhaltlichen Gesichtspunkten gegliedert und mit geeigneten Mitteln besonders gekennzeichnet werden.

Wegen der grammatischen Grundlage der meisten Regeln der Zeichensetzung sind Kenntnisse der Satzlehre eine wichtige Voraussetzung für deren Verständnis. Wenn die Satzzeichen, besonders das Komma, mitunter Anlass geben zu Fragen oder sogar Streitereien, so sind daran weniger die «komplizierten Regeln» schuld als fehlendes grammatisches Wissen. Zwischen grammatisch ausreichend Geschulten kommen selten Meinungsverschiedenheiten über Fragen der Zeichensetzung auf. Sie wissen genau, wo und wie die Regeln anzuwenden sind; ebenso gut kennen sie aber auch die Grenzen, die hier jeglicher Regelung und Schematisierung gesetzt sind.

Mit der Erwähnung des semantischen Prinzips ist bereits angedeutet, dass auch im Deutschen für die Zeichensetzung eine gewisse Freiheit herrscht. Die Satzzeichen haben die Aufgabe, die Sätze für das Auge so zu gliedern, dass der Leser darin den Weg findet. Dem Schreibenden muss deshalb die Freiheit gewahrt bleiben, zuweilen ein Zeichen zu setzen, wo die grammatische Gliederung keines erfordern würde (rhetorisches Zeichen), und anderseits ein syntaktisch begründetes wegzulassen, wenn dies seiner stilistischen Absicht dient. Schließlich ist nicht zu vergessen, dass das Setzen oder Weglassen eines Zeichens dem Satz einen andern Sinn geben kann (→ 1552).

Keine eigenständige Rolle spielt das *Lautprinzip* (→ 1008):

> Gesprochene und geschriebene Sprache können systematisch aufeinander bezogen werden.

In vielen Fällen mag zwar einem Satzzeichen ein Einschnitt in der Satzmelodie, vielleicht sogar eine Pause entsprechen. Das ist kein Zufall – auch Satzmelodie und Rhythmus der gesprochenen Sprache hängen mit dem grammatischen Bau und dem Inhalt der Sätze zusammen. In den Einzelheiten sind gesprochene und geschriebene Sprache jedoch zu verschieden, als dass einfache Rückschlüsse von der einen auf die andere möglich wären.

Die Leistung der Satzzeichen

1502 Satzzeichen sind Grenzsignale: Sie kennzeichnen die Grenzen von Texteinheiten und tragen so zur Gliederung des Textes bei. Je nachdem stehen sie am Anfang oder am Ende einer Texteinheit oder zwischen zwei Texteinheiten.

Manche Satzzeichen treten *paarig* auf. Das eine Satzzeichen kennzeichnet dann den Anfang einer bestimmten Texteinheit, das andere deren Ende. Deutlich sichtbar wird dies etwa bei den Klammern (→ 1527) und bei den typografischen Anführungszeichen (→ 1531); paariges Auftreten lässt sich aber auch beim Komma beobachten, so bei eingeschobenen Zusätzen (→ 1551) und eingeschobenen Nebensätzen (→ 1565).

Die folgende Tabelle gibt einen Überblick über die Satzzeichen des Deutschen:

Satzzeichen	Leistung
Punkt	Ende eines Aussagesatzes (Abkürzungspunkt → 1376)
Fragezeichen	Ende einer Frage
Ausrufezeichen	Ende eines Ausrufs oder einer Aufforderung
Doppelpunkt	Ankündigung im Innern oder am Ende eines Satzes
Strichpunkt	Grenzt Teile einer Reihung (meist Hauptsätze, seltener Wortgruppen oder Nebensätze) voneinander ab
Gedankenstrich	1. Kennzeichnung eines Gegensatzes oder einer Überraschung 2. Anfang und Ende eines Zusatzes (Zu einem Überblick über die Leistungen der verschiedenen Arten von Strichen → 1411.)
Auslassungspunkte	Auslassungszeichen bei Sätzen und Einzelwörtern; die Lesenden werden aufgefordert, das Weggelassene selbst zu ergänzen
Klammern	Anfang und Ende von meist weglassbaren oder erklärenden Zusätzen

Satzzeichen	Leistung
Anführungszeichen	1. Anfang und Ende von Fremdtext (direkte Rede und andere Formen der wörtlichen Wiedergabe) 2. Anfang und Ende von Wortgruppen oder Einzelwörtern mit besonderem Gebrauch
Komma	1. Zwischen den Teilen einer Reihung 2. Anfang und Ende von Zusätzen 3. Anfang und Ende von Nebensätzen

Die Anwendungsbereiche der einzelnen Satzzeichen überlappen sich: Oft kann an derselben Stelle zwischen mehreren Zeichen gewählt werden (→ 1527):
  Sein Gepäck, ein dicker, schwarzer Koffer, stand neben dem Tisch.
  Sein Gepäck – ein dicker, schwarzer Koffer – stand neben dem Tisch.
  Sein Gepäck (ein dicker, schwarzer Koffer) stand neben dem Tisch.

1503

Im folgenden Beispiel kann man sich sogar dafür entscheiden, die beiden Sätze überhaupt nicht voneinander abzugrenzen (→ 1548); siehe die letzte Variante:
  So haben wir es geplant. Und so haben wir es auch ausgeführt.
  So haben wir es geplant – und so haben wir es auch ausgeführt.
  So haben wir es geplant; und so haben wir es auch ausgeführt.
  So haben wir es geplant, und so haben wir es auch ausgeführt.
  So haben wir es geplant und so haben wir es auch ausgeführt.

Wenn man die Klammern mit einbezieht, kommen noch zwei weitere Möglichkeiten hinzu (→ 1528):
  So haben wir es geplant. (Und so haben wir es auch ausgeführt.)
  So haben wir es geplant (und so haben wir es auch ausgeführt).

Die Satzschlusszeichen

1504 Der *Punkt*, das *Ausrufezeichen* und das *Fragezeichen* sind *Satzschlusszeichen:* Sie markieren das Ende von einfachen und zusammengesetzten Sätzen. Sie bieten wenig Schwierigkeiten und können deshalb hier kurz zusammengefasst behandelt werden.

1505 Die eigentliche Funktion des *Punktes* besteht darin, Aussagesätze und ohne Nachdruck gesprochene Wunsch- und Aufforderungssätze zu schließen.

Nach selbständigen Datumzeilen sowie nach Schlussformeln (Hochachtungsvoll, Mit freundlichen Grüßen usw.), Titelzeilen (= Überschriften) und Unterschriften ist er nicht zu setzen. Fakultativ ist er bei kurzen Legenden, die aus einem einzigen, womöglich verkürzten Satz bestehen.

1506 Das *Ausrufezeichen* steht nach Wunsch- und Aufforderungssätzen, jedoch nur dann, wenn sie mit Nachdruck geäußert sind; ferner in Ausrufesätzen und nach Interjektionen (Ausrufewörtern).

Beispiele:
 Wäre er doch geblieben! Komm bald zurück! Sieh dort den Luftballon! Ach! O weh!

Auch Ausrufesätze, die die Form von Fragesätzen haben (→ 826), schließen mit dem Ausrufezeichen:
 Ist das nicht wunderbar! Wie lange ist das schon her! (Als richtige Frage jedoch: Wie lange ist das schon her?) Glück und Glas, wie leicht bricht das!

1507 Das *Fragezeichen* steht nur nach der direkten, nicht nach der indirekten Frage.

Beispiele:
 Wo ist sie wohl hingekommen? Wozu? Wie?
 «Was willst du hier?», fragte er mich.
 Ernst stellte die Frage: «Ist der wohl dazu fähig?»

Aber:
 Er fragte mich, was ich hier wolle.
 Ernst stellte die Frage, ob der dazu fähig sei. Ob der befähigt sei, fragte sich Ernst.

Mitten im Satz kann auf eine fragwürdige Aussage ein eingeklammertes Fragezeichen folgen; ein eingeklammertes Ausrufezeichen kann bei einer Aussage stehen, die aus anderen Gründen erwähnenswert erscheint.

Der Mann erzählte, er habe mit seiner Nichte (?) einen Sonntagsausflug gemacht.
Entgegen den Erwartungen ergab die Dopingkontrolle kein (!) Resultat.

Der Doppelpunkt

1508 | Der Doppelpunkt hat die Aufgabe, Nachfolgendes anzukündigen und Spannung zu erwecken.

1509 | Er steht daher vor der *direkten Rede,* wenn ein Ankündigungssatz vorausgeht:
Als gegessen war, sagte der Meister: «Ich will noch eine halbe Stunde ruhen ...»
Er fragte behutsam: «Bist du krank?»
Aber: «Ich bin», spricht jener, «zu sterben bereit ...»

1510 | Der Doppelpunkt steht auch dann, wenn der ankündigende Satz nach der direkten Rede weitergeht (zur Kommasetzung → 1538):
Sie fragte ihn: «Weshalb behandelt ihr mich so?», und stampfte mit dem Fuße auf.

1511 | Kein Doppelpunkt (und kein Komma) ist zu setzen, wenn das Angeführte im übergeordneten Satz die Funktion eines Nomens hat (→ 1539f.):
Sein ärgerliches «Hier stinkt es» verwirrte die Gastgeber.

1512 | Mit dem Doppelpunkt lassen sich auch andere Fügungen ankündigen. Wenn das Angekündigte als *eigenständiger Satz* oder als *eigenständiger satzwertiger Ausdruck* aufgefasst werden soll, schreibt man *groß.* Sonst gilt Kleinschreibung, so insbesondere bei Aufzählungen (→ 1112f.):
(Groß:) Das hatte man der Kleinen eingeschärft: *Nie* solle sie sich von einem Fremden etwas schenken lassen.
(Klein:) Eines war ihm nicht gelungen: *die* Schüler zur Pünktlichkeit zu erziehen.
Bäume aller Art stehen auf engem Raum beisammen: *hochstämmige* Fichten, helle Lärchen, langnadelige Kiefern, Buchen, Eichen u. a.
(Groß oder klein:) Grün ist das Land, rot ist die Kant', weiß ist der Sand: *das* sind die Farben von Helgoland. (Oder: ... der Sand: *Das* sind ...)
Wer nur deswegen ein Biedermann ist, damit die Welt ihn desto höher schätze; wer nur deshalb recht handelt, damit seine Tugend zur Kenntnis der Menschen gelange: *der* ist nicht der Mann, von dem man viele Dienste erwarten darf (Schiller). (Oder: ... gelange: *Der* ist ...)
Man suchte das Kind zu trösten, man kaufte ihm eine schöne Puppe, man gab ihm neue Spielgefährten und verwöhnte es auf jede Weise: *es* half alles nichts. (Oder: ... auf jede Weise: *Es* half alles nichts.)

Der Strichpunkt

Der Strichpunkt oder das Semikolon (von lat. *semi* = halb, gr. *kolon* = Glied) ist zu Unrecht zum Stiefkind unter den Satzzeichen geworden. Er ist, da er schwächer als der Punkt, aber stärker als das Komma trennt, ein ausgezeichnetes Mittel zur übersichtlichen Gliederung längerer Sätze.

1513

Beispiele:
Der Mond ist aufgegangen, die goldnen Sternlein prangen am Himmel hell und klar; der Wald steht schwarz und schweiget, und aus den Wiesen steiget der weiße Nebel wunderbar (M. Claudius).
Solange du glücklich bist, wirst du viele Freunde zählen; in trüben Zeiten stehst du allein.
Irrt der Blinde, so zeigt ihm jeder mitleidig den Weg; stürzet der Seher hinab, so wird er von allen verlacht.

Vor allem ist der Strichpunkt das geeignete Zeichen vor begründenden und entgegensetzenden Konjunktionen wie *denn, doch, jedoch, aber, daher, deshalb, deswegen,* wenn sie Hauptsätze verbinden, die Nebensätze bei sich haben oder die sonst schon durch Kommas unterteilt sind:

1514

Er kam, sobald er konnte; doch es war schon zu spät.
Keiner sollte sie wiedersehen, wenn sie einmal, ihr ganzes Hab und Gut auf dem Rücken, das Dorf hinter sich hatte; denn sie war entschlossen, das Land zu verlassen.
Erich hatte, seit er auf eigenen Beinen stand, Schicksalsschlag um Schicksalsschlag erlitten, war enttäuscht und betrogen worden; aber sein Mut war ungebrochen.
Man hatte sie hier beleidigt, gedemütigt, gepeinigt bis aufs Blut; daher konnte kein Versprechen, keine Verlockung sie zurückholen.

Bei Reihungen (Aufzählungen) dient der Strichpunkt dazu, Gruppen kenntlich zu machen, deren einzelne Glieder schon durch Kommas getrennt sind.

1515

Beispiel:
Im Garten gibt es Gemüse, Beeren, Kern- und Steinobst die Fülle: Bohnen, Kohl, Karotten, Salat; Erdbeeren, Brombeeren, Himbeeren; Äpfel und Birnen; Kirschen, Zwetschgen, Pflaumen.

Der Gedankenstrich

1516 Als Gedankenstrich wird heute gewöhnlich der *Halbgeviertstrich* (–) verwendet; gelegentlich findet man auch noch den Geviertstrich (—). Die Verwendung des Divis oder Bindestrichs (-) ist typografisch nicht korrekt. Mehr über die unterschiedlichen Formen der Striche und ihre Verwendung → 1411.

Der Gedankenstrich steht zwischen zwei Leerschlägen, sofern ihm nicht ein Satzzeichen folgt (→ 1517, 1521).

1517 Der Gedankenstrich ist ein ausgesprochenes Gliederungszeichen, das stärkste von allen. Seine ursprüngliche Funktion bestand und besteht heute noch darin, wie seine Bezeichnung andeutet, das Unausgesprochene, nur in Gedanken Vorhandene anzuzeigen:

«Jetzt aber hinaus, sonst –!» «Du himmeltrauriger –!»
«Das ist ja – doch lassen wir das.»

In dieser Funktion setzt man heute oft Auslassungspunkte (→ 1523).

Im Laufe der Zeit sind dem Gedankenstrich weitere Aufgaben zugewachsen. Heute dient der Gedankenstrich vor allem zwei Zwecken:

1. Der einfache Gedankenstrich kennzeichnet *Gegensätze* und *Unerwartetes*.
2. Der doppelte Gedankenstrich steht am Anfang und am Ende von *eingeschobenen Wortgruppen und Sätzen*.

Der einfache Gedankenstrich

1518 Der einfache Gedankenstrich bezeichnet eine Stelle im Satz, die den Leser zum Nachdenken veranlassen, ihn auf eine unerwartete Wendung vorbereiten soll:

Da – ein Peitschenknall, und schon stoben die Pferde davon. Schon glaubte sie sich verloren – da hörte sie eine ferne Stimme.

1519 Ferner steht der Gedankenstrich oft zwischen Rede und Gegenrede, wenn der Wechsel nicht durch eine neue Zeile gekennzeichnet ist:

«Willst du, oder willst du nicht?» – «Es fällt mir nicht im Traum ein.»

Der Gedankenstrich kann auch anstelle des Doppelpunktes stehen, wenn das Folgende noch deutlicher abgehoben oder die Spannung erhöht werden soll:

Ihm fehlte vor allem eines – Geld.

1520

Der doppelte Gedankenstrich

Eingeschobene Wortgruppen oder Sätze werden in Gedankenstriche eingeschlossen (= doppelter Gedankenstrich), wenn Kommas oder Klammern zu schwach erscheinen:

Er war – wer könnte es ihm verübeln? – über diesen Streich maßlos erbittert.
Der Hund traute sich – sein neuer Herr war eben eingetreten – nicht mehr aus dem Versteck hervor.

1521

Der Einschub macht das ohne ihn syntaktisch richtige Komma nicht überflüssig; es steht normalerweise nach dem Einschub:

Er kam – noch am selben Abend –, aber mit schlechtem Gewissen.
Sie stand rasch auf – ich staunte ob ihrer Größe –, um den Ordner zu holen.

Aber – von der Logik her begründet und als seltene Ausnahme – das Komma vor dem Einschub:

So macht der Dichter klar, dass ihn die Intifada, der Palästinenseraufstand, – im Gegensatz zur politischen und militärischen Führung Israels – nicht überrascht hat.

Andere Gebrauchsweisen

Neben diesen Hauptaufgaben dient der Gedankenstrich gelegentlich noch anderen Zwecken verschiedenster Art, zum Beispiel zur Trennung von fortlaufend geschriebenen Überschriften oder (wie der Strichpunkt, → 1515) zur Gruppierung von Reihungen (Aufzählungen), in Tabellen auch zur Bezeichnung nicht angegebener Werte. Siehe hierzu auch → 1411.

1522

Die Auslassungspunkte

1523 Die Auslassungspunkte bezeichnen, wie der Gedankenstrich (→ 1517) es tut, den plötzlichen Abbruch der Rede.

In solchen Fällen hat man meist die Wahl zwischen den beiden Zeichen. Steht der Gedankenstrich jedoch schon in anderer Verwendung da, so sind Auslassungspunkte (auf dem Rechner/Computer in der Regel *ein* Tastenanschlag für die drei Punkte) für die unterdrückte Rede zu setzen:
   Da – horch! Er ...
   Sie eilten herbei, schufteten, schwitzten; doch ...

1524 Für Auslassungen ganzer Wörter innerhalb des Satzes werden die drei Punkte links und rechts durch einen Wortzwischenraum vom anschließenden Wort getrennt:
   «An anderer Stelle steht: In vielen Fällen hat man ... die Wahl zwischen ...»
   Dann zog er von Bern nach ..., wo er gastfreundliche Aufnahme fand.

1525 Auch am Ende eines Satzes stehen nur drei Punkte, ohne einen zusätzlichen Schlusspunkt; ein Abkürzungspunkt muss jedoch gesetzt werden:
   Und dies Pamphlet war unterschrieben mit: *Der Verf.* ...

1526 Auslassungspunkte stehen ferner bei nicht fertig gesprochenen Einzelwörtern, wobei in diesem Fall die Punkte ohne Zwischenraum angeschlossen werden. Für das Zusammenfallen von Auslassungspunkten und Satzschlusspunkt gilt das oben (→ 1525) und zum Abkürzungspunkt (→ 1376) Gesagte:
   Du Sch..., rühr mich nicht an!
   «Sie ist eine schamlose H...»

Die Klammern

| Klammern schließen erklärende Hinweise, Einschübe und Zusätze ein. | **1527**

Beispiele:
　Dr. A. Münzer (Wolfsburg) wurde zum Aufsichtsratsvorsitzenden bestellt. Die Abkürzung MW (Megawatt) steht immer ohne Punkt. Die Folgen dieses schicksalsschweren Tages (1. September 1939) haben die Landkarte Europas entscheidend verändert.
　Zusätze bei Ortsnamen: Sie wohnt in Ramsen (SH). (Oder:) ... in Ramsen SH. Wir mussten in Singen (Htwl) umsteigen. (Nicht: Ramsen/SH, Singen/Htwl; → 1422.)

In vielen Fällen hat man zur Abtrennung von Zusätzen, Zwischenbemerkungen usw. die Wahl zwischen Klammern, Gedankenstrichen und Kommas (→ 1503):
　In diesem Jahr (dem schlechtesten seit 1985) stand er nahe vor dem Konkurs.
　In diesem Jahr – dem schlechtesten seit 1985 – stand er nahe vor dem Konkurs.
　In diesem Jahr, dem schlechtesten seit 1985, stand er nahe vor dem Konkurs.

Für das *Zusammentreffen* von Klammer und *Punkt* gelten die gleichen Regeln wie für das Zusammentreffen von Anführungszeichen und Punkt (→ 1536): **1528**
　In diesem Jahr stand er nahe vor dem Konkurs (gemeint war das Jahr 1985).
　In diesem Jahr stand er nahe vor dem Konkurs. (Gemeint war das Jahr 1985.)

Im Übrigen stehen *Kommas* und andere *Satzzeichen* nach der zweiten Klammer, wenn sie auch ohne den eingeklammerten Teil stehen müssten:
　Er lebt im Winter in Pontirone (bei Biasca). Es erstaunt Sie (so schreiben Sie), dass ich nicht länger geblieben bin. Wohnt er in York (USA) oder in York (England)?

Vor der zweiten Klammer stehen Ausrufe- und Fragezeichen, wenn der eingeklammerte Teil sie verlangt:
　Ich kann (verzeih mir!) ihn nicht ausstehen. Wir überschritten damals (weißt du noch?) unsere Befugnisse.

Ist innerhalb einer Klammer eine weitere Einklammerung nötig, wird für diese Klammern die eckige Form verwendet: **1529**
　Dann kam der Tag, an dem sie (seit ihrem Unfall [24. Mai] zum ersten Mal) wieder sehen konnte.

Außerdem findet die eckige Klammer für besondere Zwecke Verwendung, beispielsweise in Wörterbüchern, Nachschlagewerken, Literaturverzeichnissen, auch in Mathematik und Algebra oder für eigene Zusätze in Zitaten sowie zur Bezeichnung von weglassbaren Buchstaben oder Wortteilen. In Texten dieser Art finden sich auch weitere Klammerformen, zum Beispiel geschweifte Klammern: { }. Dafür muss von Fall zu Fall eine besondere Regelung getroffen werden.

1530 Es ist möglich, auch nur Wort*teile* einzuklammern. Vor allem in Lexika wird dabei auf den Ergänzungsstrich (→ 1328 ff.) verzichtet. Zu bedenken ist, dass Schreibungen dieser Art oft schwer aufzulösen sind und daher nur zurückhaltend angewendet werden sollen:

Gebäude(-Teile), Gebäude(teile); gemeint: Gebäude oder Gebäudeteile

(Abwasser-)Gebühren, (Abwasser)gebühren; gemeint: Gebühren oder Abwassergebühren

Gemeinde(rats)weibel (= Weibel der Gemeinde oder des Gemeinderats); aber: Gemeinde-(Rats-)Weibel (= Gemeindeweibel oder Ratsweibel)

Magen-(und Darm-)Beschwerden; eine hunger-(und durst-)stillende Mahlzeit; Dufour-(Ecke Lange)Straße; Schüler(innen) (→ 1628)

Wenn die schließende Klammer an das Zeilenende zu stehen kommt, wird nach der Klammer kein Trennstrich gesetzt:

| (Abwasser) | Magen-(und Darm-) | eine hunger-(und durst-) |
| gebühren | Beschwerden | stillende Mahlzeit |

Die Anführungszeichen

Funktion und Gebrauch

Die Anführungszeichen zeigen wechselnde Gestalt. Die Form der Anführungszeichen ist indessen eine ästhetische, nicht eine sprachliche Frage. Von der Sprache her muss bloß die Forderung erhoben werden, dass die Formen zweckentsprechend seien und dass sie die Möglichkeit bieten, die verschiedenen Stufen der Anführung deutlich zu kennzeichnen. In der schweizerischen Typografie werden vor allem die winkelförmigen «Guillemets» gebraucht, und zwar doppelte und einfache; erst bei der dritten Stufe der Anführung kommen die einfachen «Gänsefüßchen» zum Zug:

«… ‹… ‚…' …› …»

Beispiel:
«Hör, was hier steht: ‹Am 3. Mai ist die ‚Sheffield' zu Manövern im Atlantik ausgelaufen.› Das heißt, dass John für viele Wochen nicht mehr in Plymouth zu sehen sein wird.»

In Deutschland werden die Guillemets oft «umgekehrt» gesetzt:

»… ›… ‚…' …‹ …«

Häufiger findet man dort allerdings die «Gänsefüßchen», die aus der deutschen Schreibschrift und der Frakturschrift entwickelt worden sind. Sie erlauben – zusammen mit den einfachen (oder «halben») Gänsefüßchen – eine bloß zweistufige Gliederung:

„… ‚…' …"

Eine ähnliche Type ("…") wird auf den meisten Schreibmaschinen und auf der Normalschriftebene vieler Computer verwendet. Sie ist in typografisch anspruchsvolleren Texten *nicht zu verwenden*.

1531

1532 Die Anführungszeichen stehen vor allem in vier Fällen:
1. bei direkter Rede und bei Zitaten
2. bei Buch-, Werk- und Zeitungstiteln
3. bei bestimmten Eigennamen, etwa Gasthaus- und Schiffsnamen
4. bei einzelnen Textstellen, um besondere Gebrauchsweisen kenntlich zu machen.

1. Anführungszeichen stehen vor allem bei *direkter Rede* und bei *wörtlich wiedergegebenen Textstellen (Zitaten)*. Wird die Rede unterbrochen, so werden die Teile für sich angeführt:

Auf dem Papierfetzen stand: «Hütet euch am Morgarten!»
«Hast du Angst, Narziss», redete er ihn an, «graut es dir, hast du was gemerkt?»
Das romantische Blau nennt die Gottheit eine nächtige Ferne, in der, wie Mörike sagt, «die Quellen des Geschicks melodisch rauschen».

Bei zitierten Einzelwörtern und Ausdrücken (→ 636.1) kann statt der Anführungszeichen auch eine andere Schrift gewählt werden. Wenn der Zitatcharakter in den Hintergrund rückt, bleibt der Ausdruck aber zuweilen auch unmarkiert:

Hier schreibst du besser «sollte» statt «müsste». (Oder: Hier schreibst du besser *sollte* statt *müsste*.) «Ein dickes Fell bekommen» bedeutet «unempfindlich werden». Spät ist besser als nie.

1533 2. *Buch-, Werk- und Zeitungstitel* im laufenden Text werden durch Anführungszeichen gekennzeichnet, wenn sie nicht durch andere Schrift hervorgehoben sind. Ist der Artikel am Anfang verändert, fällt er aus der Anführung (→ 157):

Die «Glarner Nachrichten» haben über den Vorfall berichtet. (Oder: Die *Glarner Nachrichten* haben über den Vorfall berichtet.)
Da saß er, in Kleists «Zerbrochenen Krug» vertieft. (Oder: ... in Kleists *Zerbrochenen Krug* vertieft.) (→ 157)

Verzicht auf Kennzeichnung ist weniger üblich und nur möglich bei eindeutiger Erkennbarkeit als Buch-, Werk- oder Zeitungstitel:

Schillers Tell wird auch heute noch in Interlaken aufgeführt.

Bei *Quellenangaben* in Fußnoten und in Literaturverzeichnissen werden die Titel in der Regel nicht angeführt:

Spitteler: Lachende Wahrheiten.
Bächtold: De goldig Schmid.
Wasserzieher: Woher? Ableitendes Wörterbuch der deutschen Sprache.

3. Die Anführungszeichen stehen auch bei bestimmen Eigennamen, etwa bei den Namen von Gasthäusern, von Gebäuden oder von Vereinen. Zu bedenken ist dabei, dass man Anführungszeichen möglichst sparsam verwendet. In der grafischen Industrie hat sich als strenge Regel herausgebildet, solche Eigennamen immer dann *nicht* anzuführen, wenn die nähere Bezeichnung wie *Restaurant, Hotel, Café, Zunfthaus, Zunft, Verein, Klub* usw. dabeisteht:
    im Hotel Eden, zwischen dem Gasthof zum Bären und dem Restaurant Schützengarten, vor dem Haus zur Haue, der Musikverein Harmonie, die Loge Modestia cum Libertate

Eine weniger strenge Regel erlaubt die Anführung allerdings auch in diesen Fällen. Fehlt dagegen die nähere Bezeichnung, so müssen die Namen in Anführungszeichen gesetzt werden:
    im «Hirschen», im großen «Saffran»-Saal, die Wohnung oberhalb des «Rosengartens», der Wirt zu den «Drei Linden», der Jahresausflug der «Harmonie»

Ähnlich werden die Namen von Schiffen behandelt:
    die Fahrt mit der «Gallia», aber: die Fahrt mit dem Dampfschiff Gallia (auch abgekürzt: mit dem DS Gallia)

Geografische Eigennamen und Personennamen werden nie in Anführungszeichen eingeschlossen (außer gelegentlich Übernamen: Otto «Ötzi» Meier).

4. *Einzelwörter, Wortteile* und *Wortgruppen* werden in Anführungszeichen gesetzt, wenn sie aus irgendeinem Grunde herausgehoben, in Frage gestellt oder ironisiert werden sollen:
    Die Metallteile werden mit einem «Plastilon»-Überzug geliefert.
    So gelang es dem «schönen Konsul» Weyer, seine Kunden hereinzulegen.
    Hier will er das Geld «gefunden» haben.

1534

Die Stellung des schließenden Anführungszeichens

Das schließende Anführungszeichen kann mit andern Satzzeichen zusammentreffen. Dabei ist zwischen der direkten Rede und den andern Verwendungsweisen der Anführungszeichen zu unterscheiden. Als übergeordnete Regel kann man sich immerhin merken:

1535

> *Komma* und *Strichpunkt* stehen immer *nach* dem schließenden Anführungszeichen.

Beispiele:
«Da siehst du nun», hielt er mir vor, «was du erreicht hast.»
Im «Glasperlenspiel», Hesses letztem großem Werk ...
Als völliger Missgriff erwies sich die Idee einer Stummfilmparodie von «Le Sacre du Printemps»; das Gangstermilieu eignete sich wirklich nicht dazu.

Direkte Rede

1536 Bei direkter Rede steht der *Punkt vor* dem schließenden Anführungszeichen, wenn der ganze Satz angeführt ist. Dies gilt auch dann, wenn die Anführung mitten in einem vorangehenden Satz beginnt oder wenn der angeführte Satz unterbrochen ist:
«Du kannst es mir morgen zurückgeben.»
Kunst verleiht, wie Spitteler sagt, «das Gefühl der Kraft, zeugt Selbstbewusstsein und Selbstgefühl. Und Selbstgefühl, wenn es begründet ist, macht glücklich.»
«Lächerlich und weltfremd», so sagt schon Mark Aurel, «ist der, der sich über irgendetwas wundert, was im Leben vorkommt.»

Ist jedoch nur *das letzte Wort* oder *ein Teil des Satzes* angeführt, so steht der Punkt *nach* dem schließenden Anführungszeichen:
In Interlaken spielt man auch diesen Sommer wieder den «Tell».
Denn um zufrieden zu sein, sagt Gotthelf, «kommt es nicht darauf an, was man hat, sondern darauf, was man ist».

1537 Wenn die direkte Rede von einem Verb des Sagens, Meinens oder Denkens abhängt, übernimmt sie die *Funktion eines Nebensatzes*. Wenn der übergeordnete Satz nach der direkten Rede steht oder nach ihr weitergeht, ist deshalb immer ein Komma zu setzen:
«Ich zeige es ihnen nachher», sagte er. «Ei, das ist doch ...», murmelte sie.

Das Komma steht auch, wenn die direkte Rede mit einem Frage- oder einem Ausrufezeichen endet:
«Hinaus!», schrie er ihm entgegen.
«Was willst du hier?», fragte sie ihn freundlich.

Das Komma steht konsequenterweise auch, wenn der übergeordnete Satz vor der direkten Rede beginnt und danach mit *und* weiterführt (→ 1541.3, 1593.4):
Sie sagte freundlich: «Ich komme gleich wieder», und eilte hinaus.
Sie fragte freundlich: «Was wünschen Sie?», und reichte ihm die Hand.

1538 Kommas, die aus andern Gründen am Ende der direkten Rede stehen, dürfen ebenfalls nicht fehlen:
Da sie gesagt hatte: «Ich komme gleich *wieder*», *war* ich beruhigt. (Nebensatzende)

Als er mich fragte: «Weshalb darf ich das *nicht?*», wurde ich verlegen. (Nebensatzende)
Sie sagte: «Ich komme gleich *wieder*», als der Kunde hereintrat. (Nebensatzanfang)
Er fragte mich harmlos: «Weshalb darf man das *nicht?*», und ich wurde ganz verlegen. (Satzverbindung; nach dem Komma folgt ein neuer Hauptsatz; → 807, 1548).

Andere Verwendungsweisen

Wenn Werktitel und Einzelwörter angeführt werden, stehen vor und nach den Anführungszeichen diejenigen Satzzeichen, die auch sonst zu setzen sind: **1539**
«Unterwegs mit dem Ford Sierra.» Auf Grund einer Fehlinformation hieß es in dem entsprechenden Bericht (Nr. 225), der 2,3-l-Motor habe die Abgasprüfungen nicht bestanden und bleibe deshalb ...
Die Kinder lasen das Märchen «Der gestiefelte Kater».
Den Kindern wurde ihr liebstes Märchen, «Der gestiefelte Kater», vorgelesen.
Die Kinder wollten ihr liebstes Märchen, den «Gestiefelten Kater», vorgelesen haben.
Kennst du das Märchen «Der gestiefelte Kater»? Kennst du den «Gestiefelten Kater»?
Da hat sie es nun von ihrem «Liebling»!
Sind das wirklich Quellen der «Lebenskunst»?
Der soll mir mit seinen «guten Ratschlägen» ...
Sie liest den Roman «Quo vadis?». Kennst du «Quo vadis?»?
Wir mussten wegen des Lärms der «Rasenmäher»-Motoren vieler Boote sehr bald fliehen.

Die auch sonst zu setzenden Satzzeichen stehen ferner, wenn sich eine direkte Rede gegenüber dem übergeordneten Satz wie ein einfaches Nomen verhält:
Mit seinem missmutigen «Der Wein schmeckt nach Essig» verärgerte er den Kellner.
Dem Kellner missfiel sein missmutiges «Der Wein schmeckt nach Essig».
Dieses ewige «Weshalb darf ich das nicht?» ertrage ich nicht mehr.
Ich ertrage es nicht mehr, dieses ewige «Weshalb darf ich das nicht?».

Bei einem durch Anführungszeichen gekennzeichneten *Werktitel*, der mit einem   **1540**
Nebensatz oder einer *lockeren Apposition* endet, *entfällt das Komma* nach dem schließenden Anführungszeichen vor der Fortsetzung des übergeordneten Satzes. Der Werktitel *als Ganzes* verhält sich hier gegenüber dem übergeordneten Satz wie ein *Nomen*, gleichgültig, wie sein innerer Bau zu bestimmen ist. Dasselbe gilt, wenn Kursiv- oder Fettdruck verwendet wird statt Anführungszeichen:
Im Film «Der Spion, der aus der Kälte kam» spielte sie die Hauptrolle.
Becketts *Alle, die da fallen* wurde auch als Hörspiel gesendet.
Der Vortrag **Strontiumtitanat, eine Modellsubstanz der Festkörperphysik** von Prof. Dr. Müller muss auf nächste Woche verschoben werden.

In den folgenden Beispielen steht nach dem Werktitel nur darum ein Komma, weil es der Bau des *übergeordneten Satzes* verlangt:

Im Film «Der Spion, der aus der Kälte kam», dem bekannten Kassenfüller, spielte sie die Hauptrolle. (Apposition zum Werktitel, → 1557.)

Wenn wir fertig sind mit der Diskussion über *Alle, die da fallen*, wenden wir uns Becketts späteren Werken zu. (Das Ende des Werktitels fällt mit der Grenze Nebensatz/Hauptsatz zusammen, → 1565.)

Das Komma

Das Komma wird im Deutschen in erster Linie nach grammatischen Gesichtspunkten gesetzt. Man kann drei Regelgruppen unterscheiden:

1. Das Komma steht *zwischen* den Bestandteilen von *Reihungen* (zur Kommasetzung bei *und, oder* → 1544, 1548):
   Im Sack waren Nüsse, Datteln, Feigen und Mandarinen.
   Die Zeitung enthielt einen kurzen, informativen Bericht (→ 1546).

2. Das Komma grenzt *Zusätze* vom Rest des Satzes ab:
   Im Radio kommt immer wieder dasselbe Stück, *ein Ohrwurm*.

   Ist ein Zusatz eingeschoben, steht am Anfang und am Ende ein Komma (vgl. auch → 1593.3, 1502):
   Das Stück, *ein Ohrwurm*, kommt schon wieder im Radio.
   Im Radio kommt wieder dasselbe Stück, *ein Ohrwurm*, und nervt mich.

   Zusätze am Anfang des Satzes gibt es nicht (→ 1554).

3. Das Komma grenzt Nebensätze vom übergeordneten Satz ab:
   Ich komme bei euch vorbei, *sobald ich Zeit habe*.
   Sobald ich Zeit habe, komme ich bei euch vorbei.

   Ist der Nebensatz in den übergeordneten Satz eingeschoben, steht am Anfang und am Ende des Nebensatzes ein Komma (vgl. auch → 1593.4, 1502):
   Ich komme, *sobald ich Zeit habe*, bei euch vorbei.
   Ich komme bei euch vorbei, *sobald ich Zeit habe*, und helfe euch.

1541

Die 2. und die 3. Regelgruppe überlappen sich teilweise: Nebensätze können auch den Charakter eines Zusatzes haben.

1542

Das Komma in Reihungen

Grundregel

1543 Wenn in einem Satz gleichartige Wörter oder Wortgruppen mehrfach vorkommen, also gereiht sind, steht zwischen ihnen ein Komma.

Beispiele:
Alles rennet, rettet, flüchtet.
In ihrer Erregung nannte sie ihn einen Schwindler, einen Lügner, einen Schurken.
Die Nachricht war enttäuschend, ja entmutigend (→ 1551.3).

Bei Ortsangaben ist darauf zu achten, ob wirklich eine Reihung gleichartiger Teile, also eine Nebenordnung, vorliegt (vgl. aber auch → 1561):
(Nebenordnung, also Reihung:) Man suchte ihn in der Wohnung, im Keller, im Garten, auf der Straße, überall.
(Unterordnung, also keine Reihung:) Er wohnt jetzt bei der Brücke neben dem Warenhaus Supérieur an der Grabenstraße 17 im 1. Stock.

1544 Kein Komma steht, wenn Wörter oder Wortgruppen mit einer der folgenden beiordnenden Konjunktionen verbunden sind:
und, wie (= *und*), *sowie, weder ... noch, sowohl ... als/wie (auch); oder, entweder ... oder, beziehungsweise (bzw.).*

Beispiele:
Hunde, Katzen, Hühner *und* Enten müssen vorläufig eingesperrt bleiben.
Hunde *und* Katzen *sowie* Hühner *und* Enten müssen vorläufig eingesperrt bleiben.
Ihr Nachfolger *oder (bzw.)* ihre Nachfolgerin fängt am 1. November an.
Weder Hunde *noch* Katzen dürfen ins Freie. Sie hat mir *weder* geschrieben *noch* mich angerufen. Die Mappe gehört *entweder* Herrn Moser *oder* einem seiner Schüler.
Sowohl die Töchter *als auch* die Söhne haben sich daran beteiligt.

Zur Kommasetzung bei gereihten Hauptsätzen (Satzverbindungen) → 1548.

Anmerkung
Wenn aber der zweite Teil einer zweigliedrigen Verbindung (*sowohl ... als/wie [auch], entweder ... oder, weder ... noch*) wiederholt wird, ist die Kommasetzung frei:
Ihm macht *weder* Tod *noch* Teufel(,) *noch* irgendwelche menschliche Gestalt Eindruck. *Weder* Bäume *noch* Sträucher(,) *noch* Blumen(,) *noch* Gras bedecken den Sand. Alle stehen hinter ihm: *sowohl* seine Eltern *wie* sein Bruder(,) *wie* auch seine Kameraden.

Reihungen mit entgegensetzenden (adversativen) Konjunktionen

Vor entgegensetzenden (adversativen) Konjunktionen (→ 417) steht nach der Grundregel (→ 1543) ein Komma, wenn sie gleichartige Wörter oder Wortgruppen verbinden. Beispiele:

Es ist traurig, *aber* wahr. Eine dünne, *aber* zähe Schicht bedeckte die Oberfläche. Die Botschaft hör ich wohl, *allein* mir fehlt der Glaube. Die Veranstaltung soll nächsten Sonntag stattfinden, *jedoch* nur bei schönem Wetter. Die Blumen sind erfroren, das Frühgemüse *hingegen* nicht. Nicht die Behörde, *sondern* das Volk muss die Entscheidung fällen. Er war *wenn nicht* der Schuldige, *so doch* der Leidtragende.

1545

Gereihte Adjektive

> Zwischen *Adjektiven* oder *Partizipien*, die einem *Nomen vorangehen* (attributiver Gebrauch; → 306), steht nur dann ein Komma, wenn sie *gleichrangig* sind, das heißt mit dem gleichen Gewicht vor dem Nomen stehen.

1546

Man kann sich dann oft ein «und» zwischen den Adjektiven denken:
ein süßes, klebriges Getränk (= ein süßes und klebriges Getränk); ein großer, verdienter Erfolg; ein älterer, freundlicher Herr

Kein Komma aber steht, wenn das dem Nomen näher stehende Adjektiv mit diesem schon eine engere Verbindung eingegangen ist, die als Ganzes durch das erste Adjektiv näher bestimmt wird:
ein gut gehendes italienisches Geschäft; eine lange hölzerne Tafel; aus einer sichern innern Haltung heraus; wertvolle gotische Fresken; der Deutsche Akademische Austauschdienst; die Eidgenössische Technische Hochschule

Die Regel wird am besten verdeutlicht durch Beispiele, in denen das Komma den Sinn verändert. Der Unterschied wird beim Vorlesen auch an der verschiedenen Betonung deutlich:
das *erste historische* Kapitel (das Buch hat mehrere historische Kapitel)
das *erste, historische* Kapitel (das Buch hat nur ein historisches Kapitel, eben das erste)
die *früheren erfolgreichen* Versuche (der neue Versuch ist ebenfalls gelungen)
die *früheren, erfolgreichen* Versuche (der neue Versuch ist gescheitert)
am *nächsten für ihn günstigen* Tag (am nächsten von mehreren günstigen Tagen)
am *nächsten, für ihn günstigen* Tag (der vorangehende Tag war für ihn nicht günstig)

Wiederaufnahme durch Verweiswörter

1547 Wenn ein Satzglied durch ein *Verweiswort*, das heißt ein *Pronomen* oder ein *Pronominaladverb* (→ 426 ff.), wieder aufgenommen wird, liegt eine Art Reihung vor. Vor dem Verweiswort ist daher ein Komma zu setzen:

Und die Treue, *sie* ist doch kein leerer Wahn ... (Schiller)
Am Brunnen vor dem Tore, *da* steht ein Lindenbaum. (Wilhelm Müller)
Zu packen, *das* ist für Norbert jeweils äußerst anstrengend (→ 1571, 1577).

Wie vom Gewerkschaftsvorstand, *so* wurde auch von der Delegiertenversammlung die Aufhebung des Überstundenverbots abgelehnt. (Aber ohne Deutewort: Wie vom Gewerkschaftsvorstand wurde auch ...; → 1554.)

Zu Verweiswörtern (Korrelaten) bei Nebensätzen siehe → 851, 691, 693.2, bei Infinitivgruppen → 1571, 1577.

Gereihte Hauptsätze (Satzverbindungen)

1548 Eine Satzverbindung ist eine Reihung von Hauptsätzen (→ 807). Zwischen den Hauptsätzen muss, sofern nicht die stärkere Abgrenzung durch den Strichpunkt vorgezogen wird, grundsätzlich ein Komma gesetzt werden:

Sein Haar ist ergraut, Geist und Körper haben die Spannkraft verloren.
Der Wind wehte heftiger, dunkle Wolkenschatten flogen über das Feld, in der Ferne grollte dumpfer Donner.

| Ein Komma *kann* auch dann gesetzt werden, wenn die Hauptsätze durch eine der unter → 1544 genannten Konjunktionen wie *und* oder *oder* verbunden sind.

Beispiele:
Niemand kam ihm zu Hilfe(,) *und* keine Stimme war zu hören.
Nächste Woche kommt sie hierher(,) *oder* wir suchen sie bei ihr zu Hause auf.

Diese Regel gilt auch für Satzverbindungen, die mit den zweigliedrigen Konjunktionen *entweder ... oder* und *weder ... noch* (→ 1544) verknüpft sind:

Entweder er bezahlt(,) *oder* man wirft ihn hinaus.
Weder ist sie zur Arbeit erschienen(,) *noch* hat sie sich entschuldigt.

In der früheren Regelung war in allen genannten Fällen das Komma obligatorisch. Für die grafische Industrie ist hier wichtig:

| Die Freigabe des Kommas darf nicht mit dessen Abschaffung verwechselt werden.

Autoren, Redaktion und Korrektorat sollen auch in Zukunft von der Möglichkeit Gebrauch machen, zwischen Hauptsätzen, die mit *und, oder* verbunden sind, ein Komma

zu setzen. Dies gilt etwa für lange Sätze und keineswegs nur für krasse Fälle wie die folgenden, die ohne Komma kaum zu lesen sind:
> Er traf sich mit meiner Schwester, *und* deren Freundin war auch mitgekommen.
> Wir warten auf euch, *oder* die Kinder gehen schon voraus.
> Ich fotografierte die Berge, *und* meine Frau lag in der Sonne.

Anmerkungen 1549
1. Das Komma vor *und, oder* usw. wird auch in der grafischen Industrie bei ganz kurzen Hauptsätzen weggelassen, wenn sie eng zusammengehören. Dies gilt insbesondere für Imperativsätze (Befehlssätze):
   > Du bezahlst *oder* du gehst. Ich kann nicht *und* ich will nicht.
   > Sei so lieb *und* gib mir das Salz!
   > (Aber:) Schau dir die Sache genau an, und du wirst staunen (nur der erste Satz ist ein Befehlssatz).
2. Die Formulierung im neuen amtlichen Regelwerk ist beim Komma vor *und, oder* leider sehr vag; sie erlaubt nicht nur, zwischen Hauptsätzen, die mit *und, oder* verbunden sind, auf das Komma zu verzichten, sondern umgekehrt auch, zwischen entsprechenden Nebensätzen neu ein Komma zu setzen. Von dieser Möglichkeit wird in der grafischen Industrie kein Gebrauch gemacht. Also nur:
   > Er erkundigte sich, was es Neues gebe *und* ob Post gekommen sei.
   > Niemand wusste, dass er mit dem Sicherheitsdienst zusammenarbeitete *und* dass er über seine Kollegen belastendes Material sammelte.
   > Es war nicht selten, dass er sie besuchte *und* dass sie bis spät in die Nacht zusammensaßen, wenn sie in guter Stimmung war.
3. Nichts geändert hat sich am Grundsatz, dass das Komma am Ende eines Nebensatzes oder eines Zusatzes nicht fehlen darf, wenn der übergeordnete Satz mit *und, oder* fortgesetzt wird (→ 1541, 1593):
   > Er sagte, *dass er morgen komme*, und verabschiedete sich.
   > Mein Onkel, *ein großer Tierfreund*, und seine Katzen leben in einer alten Mühle.

Reihungen mit Anreden und Ausrufen

Anreden und Ausrufe sind *satzwertige* Ausdrücke (Satzäquivalente). Das heißt, sie 1550
haben den *Wert von Sätzen*, genauer von Hauptsätzen (→ 863). Wenn man sie nicht als eigenständige Fügungen mit einem Ausrufezeichen kennzeichnet, müssen sie von einem folgenden Satz mit einem Komma abgetrennt werden:
> *Marianne*, gib mir die Zeitung! Gib mir die Zeitung, *Marianne*!
> *Ihr dort*, passt einmal auf!
> *Oh*, das macht nichts. *Ei*, das hätte ich nicht erwartet.
> *Ja*, so ist es. *Nein*, das weiß ich nicht. *Gewiss*, er hat uns geholfen.
> *Nein, Herr Weber*, Ihr Auftrag ist leider noch nicht fertig.

Zu Anreden und Ausrufen, die in einen Satz eingeschoben sind, → 1551.

Anmerkungen
1. Wenn Ausrufewörter (Interjektionen) eng zu einer folgenden Wortgruppe gehören, kann das Komma auch fehlen: *Ach du meine Güte! He Daniela, kommst du bald?*
2. Wenn ohne Komma, dann auch ohne Dehnungs-h (→ 1058): *O Schreck! O Wunder!*

Zusätze

Eingeschobene Sätze sowie Anreden und Ausrufe

1551 Sätze und satzwertige Ausdrücke (Satzäquivalente) können als Zusätze in einen anderen Satz eingeschoben werden; man spricht dann von Schaltsätzen oder *Parenthesen* (→ 808). Als satzwertige Ausdrücke treten unter anderem Ellipsen (→ 860) sowie Anreden und Ausrufe (→ 863) auf. Ausdrücke der genannten Art werden mit Kommas (oder auch mit Gedankenstrichen oder Klammern; → 1503, 1527) abgegrenzt:

Die Touristen trugen, *man glaubt es kaum*, Sandalen und hatten nicht einmal eine Karte bei sich. Die Jugendlichen wollten, *eine dumme Idee*, den Bodensee mit einem Floß überqueren.

Nimm, *Petra*, was dir gefällt! Zwei Seelen wohnen, *ach*, in meiner Brust (Goethe).

Anmerkungen

1. Nach einem Personalpronomen kann nicht nur ein Anredenominativ, sondern auch eine enge Apposition stehen (→ 673, 721). Der Anredenominativ ist dabei mehr betont als die enge Apposition. Je nach Gewichtung können also Kommas gesetzt werden oder nicht:
Nun dürft *ihr(,) Kinder (,)* mir zuhören. *Euch(,) Lausbuben(,)* will ichs zeigen!

2. Manche Interjektionen können zu Adverbien werden (mit etwas geringerer Gewichtung im Satz); es steht dann meist kein Komma:
Komm doch(,) *bitte(,)* so bald wie möglich! Grüßen Sie bitte Ihre Frau!

3. In Reihungen ist *ja* keine Interjektion, sondern Adverb (oder Konjunktion) mit ausdruckssteigernder Bedeutung. In solchen Reihungen steht das Komma nur vor, nicht aber nach *ja*. Dieser Gebrauch ist daran erkennbar, dass nach *ja* das Wort *sogar* steht oder stehen könnte:
Er hat seine frühere Leistung wieder erreicht, *ja sogar* übertroffen. Solche Bemerkungen sind schädlich, *ja* oft *(sogar)* verhängnisvoll. Die Technik hat Naturkräfte gebändigt, *ja* sie hat sie *(sogar)* in den Dienst des Menschen gezwungen.
Dies gilt auch, wenn bei der Reihung ganzer Sätze ein Punkt statt eines Kommas steht:
Die Technik hat Naturkräfte gebändigt. *Ja* sie hat sie *(sogar)* in den Dienst des Menschen gezwungen.
Außerdem kann *ja* als verstärkendes Adverb im Innern eines Satzes verwendet werden:
Das ist *ja* unglaublich! Da kommt *ja* Alfred!
Zu *ja* als betonter Bejahung am Anfang von Sätzen → 1550.

Herausgehobene Satzglieder

1552 Satzglieder (→ 616) können zur Heraushebung mit Kommas vom Rest des Satzes abgegrenzt werden; sie erhalten so eine größere Eigenständigkeit und sind inhaltlich als Zusätze zu verstehen. Bei Satzgliedern im Satzinnern ist darauf zu achten, dass dann auch am Ende des Satzgliedes ein Komma steht (→ 1541.3). Je nachdem, wie stark das Satzglied hervorgehoben werden soll, können anstelle der Kommas auch Gedankenstriche oder Klammern gesetzt werden (→ 1503, 1527).

Beim Redigieren und Korrigieren ist darauf zu achten, dass mit dem Setzen oder Streichen von Kommas nicht die Absichten des Autors durchkreuzt werden:

| Ob ein Satzglied überhaupt abgegrenzt wird, hängt vom Sinn der Aussage und vom Stilwillen des Schreibenden ab. |

Handlungsbedarf besteht meist nur dann, wenn ein Satzglied mit bloß *einem* Komma (statt zweien oder keinem) abgetrennt ist. Um den abgehackten Stil nicht zu begünstigen, ist im Zweifelsfall das Komma eher zu streichen. Beispiele:

Präpositionalgruppen: Die Vorstellungen waren(,) auch am Wochenende(,) meistens gut besucht. Die beiden Kisten wurden(,) auf der Bahn oder durch den Spediteur(,) an den Kanten schwer beschädigt.

Wortgruppen mit *wie* (Konjunktionalgruppen; → 1588): Er konnte nicht mehr(,) wie früher(,) nach Herzenslust turnen und Sport treiben. Dort(,) bei der Kehre am Waldrand(,) stand einst ein Haus. Die Nationalisten streben(,) trotz allen nicht absehbaren Konsequenzen(,) die Unabhängigkeit an.

Adjektiv- und Partizipgruppen (vgl. auch → 1578 ff.): Werner knallte(,) rot vor Wut(,) die Karten auf den Tisch.

Auch bei Satzgliedern, die als nachträgliche genauere Bestimmung ans Ende des Satzes gerückt worden sind (Ausklammerung ins Nachfeld; → 818.1), hängt die Kommasetzung vom Sinn der Aussage und vom Stilwillen des Schreibenden ab:

(Mit Komma:) Die Vorstellungen waren gut besucht, auch am Wochenende. Werner knallte die Karten auf den Tisch, rot vor Wut (vgl. auch → 1578 ff.).

(Aber ohne Komma, da notwendiges Satzglied:) Er hatte immer wieder nachgedacht über jenen Abend.

(Je nachdem mit oder ohne Komma:) Die Nationalisten streben die Unabhängigkeit an(,) trotz allen nicht absehbaren Konsequenzen.

Satzglieder, die im Vorfeld (→ 816) unmittelbar vor der Personalform stehen, können nicht als Zusätze aufgefasst werden. Sie dürfen daher nicht mit Komma abgetrennt werden, auch wenn sie größeren Umfang haben. Also nicht:

Bei der Besichtigung des Hauses an der Seefeldstraße, musste er die vermutete Baufälligkeit bestätigen. Wie im Vorjahr, wird auch dieses Jahr die Aprikosenernte gering sein (→ 1588).

Anders zu beurteilen sind natürlich Sätze, in denen ein Satzglied von einem *Verweiswort* wieder aufgenommen wird (→ 1547). Hier liegt eine Art Reihung vor; das Komma steht dann zwischen Satzglied und Verweiswort (also auch hier: nicht unmittelbar vor der Personalform!):

Wie im Vorjahr, *so* wird auch dieses Jahr die Aprikosenernte gering sein.

Zum Sonderfall der Adjektiv- und Partizipgruppen → 1578 ff.

Zusätze mit besonderen Einleitungen

1555 Mit Kommas stehen Zusätze, die mit Wörtern oder Wortverbindungen eingeleitet sind wie: *und zwar, und das, also, besonders, insbesondere, das heißt (d. h.), das ist (d. i.), nämlich, namentlich, vor allem*.
Wenn der Satz nach dem Zusatz weitergeht, darf das Komma am Ende des Zusatzes nicht fehlen (→ 1541.2, 1593.3).

Beispiele:
Haustiere, **besonders** *Katzen*, spüren Wetterwechsel meist vor den Menschen. Sie ist am nächsten Tag, **und zwar** *schon früh*, in Stockholm eingetroffen. Er hat sich geweigert, **und** *mit Recht*. Markus war betrunken, **und das** *schon am frühen Morgen*. Sie erhielt die Note 4, **also** *«ausreichend»*. Alle freuten sich darüber, **besonders** *die Kinder*, und vergaßen ihre Müdigkeit. Die Tage waren schon kühl, **namentlich** *am Morgen*, und merkbar kürzer. Die Veranstalter der Talk-Show ließen jenen zum Widerstandshelden avancieren, der im Politbüro das Ressort für innere Sicherheit, **sprich** *für die methodische und gnadenlose Verfolgung von Andersdenkenden*, verwaltet hatte. Wenn ein Satzglied durch ein Verweiswort, **das heißt** *ein Pronomen*, wieder aufgenommen wird ...

Ein Komma steht außerdem *nach* der einleitenden Wortverbindung *das heißt (d. h.)* oder *das ist (d. i.)*, wenn ihnen ein bei- oder untergeordneter Satz folgt:
Früh am Morgen, *das heißt*, wenn der Verkehr noch gering ist, ist auch die Aufmerksamkeit der Fahrzeuglenker gering. Der Staatsanwalt wird das Gerichtsurteil nicht weiterziehen, *das heißt*, es wird Rechtskraft erlangen. Er versuchte den Beleidigten zu spielen, *d. h.*, sich aufs hohe Ross zu setzen.

1556 Wird ein *vorangestelltes attributives Adjektiv* oder *Partizip* nachträglich genauer bestimmt, steht kein schließendes Komma vor dem Bezugsnomen:
Die Polarfüchse haben ein *dichtes, also wärmedämmendes Winterkleid*.
Die *neueste, das heißt «postmoderne» Architektur* spielt wieder mit Ornamenten.

Das Gleiche gilt, wenn ein *infiniter Prädikatsteil* (Infinitiv, Partizip II, → 40 ff., 44, 605 ff.) oder ein *Prädikativ* (→ 622), z. B. ein prädikatives Adjektiv (→ 310, 678) oder ein prädikativer Nominativ (→ 659), näher bestimmt wird:
Weil er die Materie *studiert, das heißt sich mit den Fakten vertraut gemacht* hatte, konnte ihn nichts mehr überraschen. Dazu hätte man den Motor näher *untersuchen*, das heißt aus dem Gehäuse *nehmen* müssen.
Wenn das Element *schmutzig, also unbrauchbar* ist, muss es sofort ersetzt werden. Wenn er wirklich *ein Künstler, genauer ein Dichter* wäre, müsste er sensibler sein. Wenn die Tür *geöffnet, der Zugang also frei* gewesen wäre, hätten die Schadstoffe abziehen können.

Appositionen

Die lockere Apposition ist eine Nominalgruppe, die einem anderen Nomen als Zusatz folgt. Sie wird daher mit Komma abgetrennt.
Wenn der Satz nach der Apposition weitergeht, darf das Komma am Ende der Apposition nicht fehlen (→ 1541.2, 1593.3).

1557

Beispiele:
Wir bauen mit Holz, *dem vielseitigsten natürlichen Baustoff*. Aus Hanf, *dieser uralten Kulturpflanze*, kann man Seile und Schnüre drehen. Mit Herrn Klaus, *seinem Physiklehrer*, steht Erwin auf Kriegsfuß. La Chaux-de-Fonds, *die Uhrenmetropole im Jura*, ist bereits eingeschneit. Der Niemeyer-Verlag, *Tübingen*, wird den Sammelband herausgeben. Tobias Schenker, *TV Reckingen*, und Gerda Jäger, *SSV Tannheim*, gewannen in ihren Disziplinen die Goldmedaille.

Einige Fallgruppen der Apposition bedürfen der Erläuterung, nämlich 1. feste Bestandteile von Eigennamen, 2. Eigennamen als lockere oder enge Apposition, 3. Ortsangaben, 4. Datumsangaben.

1. Nachgestellte Nominalgruppen können zu einem festen Bestandteil eines Eigennamens werden (= Beinamen, → 672). Sie gelten dann als enge Apposition und werden nicht mit Komma abgetrennt:
Karl der Große hat in Aachen residiert. *Gott dem Allmächtigen* hat es gefallen ... Die Streiche von *Fipps dem Affen* erfreuen die Kinder immer noch.

1558

2. Bei Fügungen aus *Titel* und *Personenname* wird der Personenname je nach Sinn mit Komma abgegrenzt (lockere Apposition) oder nicht (enge Apposition).
Unter einem «Titel» werden in den folgenden Ausführungen nicht nur Anreden im engeren Sinn verstanden, sondern auch Verwandtschafts- und Berufsbezeichnungen sowie sonstige Gattungsbezeichnungen.

1559

a) Kein Komma ist zu setzen, wenn als Träger des Titels *mehrere Personen* in Frage kommen und der Titel den *bestimmten Artikel* bei sich hat. Der Personenname ist dann eine notwendige, das heißt nicht weglassbare Erläuterung zum Titel:
Die Berner Richterin *Ursula Frauenfelder* untersuchte den Fall. Über das Jahresprogramm referierte das langjährige Vorstandsmitglied *Emil Keller* sehr ausführlich. Der Vortrag des Generalkonsuls *Heinrich Schlotterbeck* findet um 20 Uhr statt.

Die Regel gilt auch für Titel, die ein nachgestelltes Attribut (zum Beispiel ein Genitivattribut) als Bestandteil aufweisen:
Das Mitglied *des Leitenden Ausschusses* Karl Schneeberger erstattete Bericht.

Wenn der Titel den *unbestimmten Artikel* bei sich hat, kann nur eine lockere Apposition stehen (also Komma):

Über das Jahresprogramm referierte ein langjähriges Vorstandsmitglied, *Emil Keller,* ausführlich.

1560 b) Gibt es nur *einen Träger* des betreffenden Titels, so können Kommas gesetzt werden oder nicht, je nachdem, ob der Titel oder der Personenname die Hauptbetonung trägt:
Der Lübecker Bürgermeister(,) *Heinz Lund(,)* überreichte dem Jubilar eine Ehrenurkunde. Wiederum benutzte der russische Delegationschef(,) *Schirinowski(,)* in Genf die Gelegenheit zu einer Anklage gegen die Nato.
Mein Freund *Karl Straub* hat seinen Vater verloren. Bald kam auch meine Schwester *Maria.* (Meist keine Kommas, gleichgültig, ob der Schreiber einen oder mehrere Freunde, eine oder mehrere Schwestern hat.)

Die Regel gilt auch für Titel, die ein nachgestelltes Attribut (zum Beispiel ein Genitivattribut) als Bestandteil aufweisen:
Der Vorsitzende *des Leitenden Ausschusses(,)* Karl Schneeberger(,) erstattete Bericht.

Wenn es sich beim Attribut hingegen nicht um einen Bestandteil des Titels, sondern um eine zusätzliche Angabe handelt, setzt man Kommas:
Der Chef *der russischen Delegation,* Schirinowski, benutzte die Gelegenheit ... Unser Korrespondent *in der Stadt Panama,* Hanspeter Bürgin, berichtet von anhaltenden Streiks. Der Leiter *der Nachtredaktion,* Jost Willi, entschied, die Meldung aufzunehmen.
Mein Freund *in St. Gallen,* Karl Straub, hat seinen Vater verloren. Bald kam auch die Schwester *meines Freundes,* Maria.

1561 3. *Ortsangaben,* die ohne Präposition einem Nomen folgen, sind als Zusätze bzw. Appositionen anzusehen. Auch wenn sie aus mehreren gereihten Teilen bestehen (→ 1543), behalten sie als Ganzes den Charakter eines Zusatzes; das letzte Komma darf also nicht fehlen (→ 1541.2):
Theodor Stocker hat lange in München, *Rosenstraße 57,* gewohnt. (Aber mit Präposition: Theodor Stocker hat lange in München *an der Rosenstraße 57* gewohnt.)
Die Truhe kann bei Stefanie Weiler, *Neuhausen, Gerbergasse 49, 3. Stock,* abgeholt werden. (Mit Präposition bei der ersten Ortsangabe: Die Truhe kann bei Stefanie Weiler *in Neuhausen, Gerbergasse 49, 3. Stock,* abgeholt werden.)

Anmerkungen
1. Die amtliche Regelung erlaubt es, das Komma am Ende der Ortsangabe wegzulassen. Wir empfehlen, von dieser Möglichkeit keinen Gebrauch zu machen.
2. Wenn eine Ortsangabe Teil eines Eigennamens geworden ist, steht kein Komma (enge Apposition, → 671):
   die Universität *Freiburg,* der Fußballklub *Langenthal*
3. *Literaturangaben* können wie Ortsangaben behandelt werden; doch steht bei Verweisen in der juristischen Fachsprache meist kein Komma:
   Einen Überblick kann Tabelle 37, *Seite 35, linke Spalte, zweiter Abschnitt,* bieten.
   In § 27 *Abs. 5 Satz 3* der Personalverordnung finden sich die entsprechenden Angaben.

4. Das *Datum* nach einer Tagesbezeichnung gilt grundsätzlich als lockere Apposition (→714):
   Am Dienstag, 19. April, beginnt der Kurs.
   Am Dienstag, dem 19. April, beginnt der Kurs.
   Dienstag, den 19. April, beginnt der Kurs.
   Dienstag, 19. April, beginnt der Kurs.

1562

Anmerkungen
1. Die amtliche Regelung erlaubt es, das Komma nach dem Datum wegzulassen. Wir empfehlen, von dieser Möglichkeit keinen Gebrauch zu machen.
2. Wenn das Datum nach einer Fügung mit *am* im Akkusativ steht, sehen manche darin eine Reihung aus Präpositionalgruppe und adverbialem Akkusativ; es stehe daher nur *ein* Komma (vgl. →1541.1). Diese Konstruktion ist grammatisch anfechtbar (→714); wir empfehlen daher, sie nicht zu verwenden:
   Am Dienstag, den 19. April beginnt der Kurs.
3. Für Kombinationen von Tag, Datum und Uhrzeit sind die folgenden Schreibungen als korrekt anzusehen (das Datum ist Apposition zum Tag; die Uhrzeit ist ein eigenständiges Satzglied, je nachdem adverbialer Akkusativ oder Präpositionalgruppe):
   Dienstag, 19. April, 10 Uhr beginnt der neue Kurs.
   Dienstag, (den) 19. April, um 10 Uhr beginnt der neue Kurs.
   Am Dienstag, 19. April, 10 Uhr beginnt der neue Kurs.
   Am Dienstag, (dem) 19. April, um 10 Uhr beginnt der neue Kurs.

Zusätze zu Nomen mit «wie»

Wenn einem Nomen ein Attribut mit *wie* folgt (= Konjunktionalgruppe, →685), hängt die Kommasetzung vom Sinn ab. Wenn das Attribut mit *wie* für das Verständnis notwendig, das heißt nicht weglassbar ist, setzt man kein Komma. Wenn es hingegen nur einen erklärenden Zusatz bildet, der auch in Klammern gesetzt oder ganz weggelassen werden könnte, wird es mit Kommas abgetrennt. Das zweite Komma darf dann vor der Fortsetzung des Satzes nicht fehlen (→1541.2):

1563

(Notwendiges Attribut, keine Kommas:) Zu dieser Entwicklung haben Männer *wie Pestalozzi, Fellenberg, Jahn und andere* Wesentliches beigetragen. (Der Satz verlöre mit Kommas seinen Sinn.)

(Weglassbares Attribut:) Alle bedeutenden Staatsrechtslehrer, *wie Fleiner, Burckhardt, Huber und viele ihrer Fachkollegen*, sind in dieser Frage gleicher Meinung.

(Je nach Gewichtung mit oder ohne Kommas:) Bedeutende Staatsrechtslehrer(,) *wie Fleiner, Burckhardt, Huber und viele ihrer Fachkollegen*(,) sind in dieser Frage gleicher Meinung.
Kohlenhydrathaltige Nahrungsmittel(,) *wie Zucker oder Stärke*(,) sind sehr energiereich.

Vor *wie* in der Bedeutung von *und* steht kein Komma (→1544):
   Bei diesem Fest sind Kinder *wie* Erwachsene willkommen.

Zu Satzgliedern mit *wie* → 1552, 1554, 1588.
Zu Nebensätzen mit *wie* → 1587.

Sonstige nachgestellte Fügungen zu Nomen

1564 Wenn *erweiterte Adjektive* oder *mehrere einfache Adjektive* einem Nomen folgen, sind sie als Zusätze zu betrachten und daher in Kommas einzuschließen. Dasselbe gilt auch für *erweiterte Partizipien* oder *mehrere einfache Partizipien*.

Die Mannschaft, *des Sieges vermeintlich schon sicher*, spielte immer weniger konzentriert. Werner, *rot vor Wut*, knallte die Karten auf den Tisch. Die Wanderer, *vom Gewitter überrascht*, suchten in einer Waldhütte Schutz.

Die Haushälterin, *tüchtig und arbeitsfreudig*, besorgte dem Pfarrer den Haushalt. Kinder aus der Umgebung, *große und kleine*, vergnügten sich auf dem Spielpatz. Die Pflanzen, *überaus verletzlich*, bedurften einfühlsamer Pflege. Das Mäuschen, *zitternd und bebend*, glaubte sich schon verloren.

Zu Adjektiv- und Partizipgruppen mit anderer Stellung → 1552f., 1578ff.

Anmerkungen
1. Ebenso als Zusätze zu betrachten und in Kommas einzuschließen sind *einzelne Adjektive und Partizipien*, wenn sie den *Artikel* bei sich haben.
   In seinem «Schatzkästlein», *dem köstlichen*, gibt J. P. Hebel manchen guten Rat.
   ... und soll hier verschmachtend verderben und der Freund mir, *der liebende*, sterben! (Schiller)
2. In der Sprache der Wirtschaft werden nachgestellte unterscheidende Merkmale (Eigenschaften, Maßangaben, sonstige nähere Bestimmungen) allgemein durch Kommas abgetrennt:
   Damenskihose, elastisch; Salz, lose; Strömungskupplungen, regelbar, drehmomentbegrenzt; Teeservice aus feinstem Porzellan(,) für 6 Personen, 15-teilig; Karaffe, geschliffen, mit 8 Gläsern; Milchkrug, 1,2 Liter; Hängeschränkchen, 28×40×14 cm.
3. Einzelne nichtdeklinierte Adjektive in festen Verbindungen werden allerdings nicht mit Komma abgetrennt:
   mein Onkel selig; Whisky pur; Forelle blau; Henkell trocken; Skisport total; Röslein rot (poetisch)

Nebensätze

Allgemeine Regeln

1565 | Nebensätze aller Art werden vom übergeordneten Satz mit Komma abgetrennt. |

Wenn der Nebensatz eingeschoben ist (→ 814), so ist darauf zu achten, dass das Komma vor der Fortsetzung des übergeordneten Hauptsatzes nicht fehlt (→ 1541.3, 1593.4).
Das Komma trennt *Nebensätze vom Hauptsatz:*
Ich legte, *was ich noch zu bearbeiten hatte*, in ein Kistchen. Daniela beobachtete, *wie das Wasser aus den Ritzen schoss*. Mit dem Flugzeug, *das dort vor dem Hangar steht*, möchte ich lieber nicht fliegen! *Ob die Meldung stimmt*, weiß ich nicht.

Sie gaben sich alle Mühe, *ihre Sache recht zu machen* (→ 1567 ff.). An diesem Abend legte er sich, *von der langen Fahrt ermüdet,* früh zu Bett (→ 1578 ff.).

Das Komma trennt *Nebensätze verschiedenen Grades* (→ 804, 864 ff.):

(H:) Ich weiß noch genau, (N_1:) was du mir sagtest, (N_2:) als ich dich damals aufsuchte.

(H:) Keiner ist da, (N_1:) der ihm helfen würde, (N_2:) die Schwierigkeiten zu überwinden, (N_3:) denen er allein kaum gewachsen ist.

(N_1:) Wenn du ernst genommen hättest, (N_2:) was ich dir gesagt habe, (H:) wäre dir das erspart geblieben.

(N_1:) Sobald ihr euch auf die Probe, (eingeschobener N_2:) die ich angekündigt habe, (Schluss des N_1:) genügend vorbereitet habt, (H:) können wir damit beginnen.

Zwischen *Nebensätzen gleichen Grades* steht ein Komma, sofern sie nicht mit Konjunktionen wie *und, oder* verbunden sind (→ 1544, 1549.2).

Mit Komma:

(1. N_1:) Wo er wohnt, (2. N_1:) was er tut, (3. N_1:) wovon er überhaupt lebt, (H:) weiß eigentlich niemand genau.

(H:) Dem Polizeibericht ist zu entnehmen, (N_1:) dass der Mann vorgibt, (1. N_2:) der Fall sei längst erledigt, (2. N_2:) die Strafe sei abgesessen, (3. N_2:) die Geschädigten hätten sich als befriedigt erklärt.

Aber ohne Komma:

(H:) Man schrieb mir, (1. N_1:) wann ich einzutreten habe (2. N_1:) *und* worin meine Aufgabe bestehe.

(Anfang des H:) Er wurde beim Versuch, (1. N_1:) die Schublade aufzubrechen (2. N_1:) *und* sich in den Besitz der Papiere zu setzen, (Schluss des H:) vom Chef überrascht.

(H:) Der Direktor duldete nicht, (1. N_1:) dass ihm jemand widersprach (2. N_1:) *oder* dass jemand ohne sein Wissen Anordnungen traf.

(1. N_1:) Das Gerät selber zu öffnen (2. N_1:) *oder* von einer nichtermächtigten Person öffnen zu lassen, (H:) empfehlen wir Ihnen nicht (→ 1567 ff.).

Satzwertige Infinitivgruppen
Die Grundregel

Die amtliche Rechtschreibung sieht bei Infinitivgruppen mit *zu* nur in Teilbereichen eindeutige Regeln vor. Das Komma ist nach dem amtlichen Regelwerk obligatorisch:

1. nach den Konjunktionen *um, ohne, statt, anstatt, außer, als* (= konjunktionale Infinitivgruppen, → 1568);

2. nach Nomen (= attributive Infinitivgruppen; → 1570);
3. in Konstruktionen mit Verweiswörtern und Korrelaten (→ 1571).

Sonst ist die Kommasetzung weitgehend frei. Darunter fallen auch die in Texten besonders häufig auftretenden Infinitivgruppen, die von einem übergeordneten Verb abhängen. Für die grafische Industrie, vor allem die Zeitungs- und die Zeitschriftenherstellung, wo aus Quellen unterschiedlichster Herkunft ein sprachlich sauberes und einheitliches Produkt hergestellt werden soll, ist die amtliche Freizone zu groß und daher wenig praktikabel. Wir schlagen daher eine Regelung für die Kommasetzung bei Infinitivgruppen vor, die sich am bisherigen Schreibgebrauch orientiert, aber einfacher zu handhaben ist. Die Regelung kommt mit einer einzigen Rechtschreibregel aus, bedarf aber der grammatischen Erläuterung.

Grammatisch kann man bei Infinitivgruppen wie folgt unterscheiden:

> 1. Normalfall: Die Infinitivgruppe mit *zu* hat grammatisch *das Gewicht eines eigenständigen Nebensatzes;* man spricht dann von einer *satzwertigen* Infinitivgruppe.
> 2. Sonderfall: Die Infinitivgruppe mit *zu* ist *in das Prädikat des übergeordneten Satzes eingegliedert;* man spricht dann von einer *nichtsatzwertigen* (oder *kohärenten*) Infinitivgruppe.

Auf dieser Grundlage kann man die folgende *Kommaregel* formulieren:

> Satzwertige Infinitivgruppen werden wie Nebensätze vom übergeordneten Satz mit Komma abgegrenzt.

Anwendung

1568 Wir gehen in den folgenden Abschnitten auf die grammatische Unterscheidung von satzwertigen und nichtsatzwertigen Infinitivgruppen näher ein. Eine wichtige Rolle spielt dabei zum einen die Funktion der Infinitivgruppen gegenüber dem übergeordneten Hauptsatz (→ 851–857), zum anderen das Vorhandensein oder Fehlen von Verweiswörtern (Korrelaten; → 851, ferner → 691, 693.2).

1. *Satzwertig* sind alle adverbialen Infinitivgruppen. Meist sind sie von einer der unterordnenden Konjunktionen *um, ohne, statt, anstatt, als* eingeleitet (→ 423); man spricht dann von einer konjunktionalen Infinitivgruppe:

Um auf diesem Bild etwas zu erkennen, brauchst du viel Phantasie. Sie hat, *ohne ein bisschen zu zögern*, die richtige Antwort genannt. *Statt zu arbeiten*, machte Felix Computerspielchen. Er rannte, *anstatt zu warten*, einfach über die Straße. Die Betrunkenen hatten nichts Gescheiteres zu tun, *als alle Papierkörbe umzuwerfen*. Sie fuhr hin, *den Bedürftigen zu helfen (= **um** den Bedürftigen zu helfen)*.

2. Als *satzwertig* anzusehen sind – entgegen der früheren Regelung – alle *Infinitive* in der Funktion des Subjekts:

    Solche Flächen zu berechnen, ist nicht einfach. *Diese Aufgabe zu lösen*, sollte dir leichtfallen. *Diese Annehmlichkeiten aber so angenehm wie möglich zu gestalten*, liegt in der Hand der Konstrukteure. Ottos aufrichtiger Wille war, *uns zu helfen.*

1569

3. *Satzwertig* sind alle Infinitivgruppen, die von einem *Nomen* abhängen (= attributive Infinitivgruppen):

    Den Plan, *heimlich abzureisen*, hatte sie schon lange gefasst. Der Versuch, *diese Felswand ohne Hilfsmittel zu bezwingen*, ist noch keinem geglückt.

1570

4. *Satzwertig* sind alle Infinitivgruppen, die mit einem *wieder aufnehmenden* oder *vorausweisenden Wort* (Verweiswort, Korrelat) an den übergeordneten Satz angeschlossen sind:

    Besonders schwer war **es**, *eine Ersatzfrau zu finden*. Ich bedaure **es** sehr, *Ihnen nicht weiterhelfen zu können*. Sie dachte nicht im Geringsten **daran**, *sich zu rechtfertigen*. Er rechnete **damit**, *bis Sonntag bleiben zu können*. *Den ganzen Tag herumzuliegen*, **das** liebe ich sehr.

1571

Das Komma bei Fügungen mit *wieder aufnehmenden* Wörtern kann auch mit der entsprechenden allgemeinen Kommaregel begründet werden (→ 1547).

Zu den *vorausweisenden* Wörtern (Korrelaten) siehe auch → 851, 691, 693.2.

5. Die verbleibenden Infinitivgruppen sind *teils satzwertig, teils nichtsatzwertig*. Den Ausschlag gibt das übergeordnete Verb, von dem die Infinitivgruppe abhängt. (Wenn ein übergeordnetes Verb eine *nichtsatzwertige* Infinitivgruppe bei sich hat, bezeichnet man es als *modifizierend*; → 24.)

    Nur satzwertig, mit Komma: Er zögerte, den Schalter *zu drehen*.
    Nur nichtsatzwertig, ohne Komma: Er *hat* noch einen Bericht *abzuliefern*.
    Satzwertig oder nichtsatzwertig, mit oder ohne Komma: Sie *versuchte(,) das Gerät zu flicken.*

1572

Entsprechend auch am Satzanfang:

    Den Schalter zu drehen, zögerte er nicht. *Einen Bericht abzuliefern* hat auch Egon. *Den Apparat zu flicken(,)* versuchte sie schon seit längerem.

Wenn nicht klar ist, ob eine satzwertige Infinitivgruppe vorliegt oder nicht, gibt oft die Wortstellung den entscheidenden Hinweis. Wichtig ist hier die Satzklammer des übergeordneten Satzes (→ 816): Wenn der Infinitiv *innerhalb* der Satzklammer des übergeordneten Satzes steht, ist er *nichtsatzwertig*, man setzt dann kein Komma:

1573

Ich **habe** die Tür bereits ***zu öffnen*** **versucht**.

            Satzklammer

Steht der Infinitiv hingegen *nach* der Satzklammer des übergeordneten Satzes, ist er *satzwertig* (Ausklammerung, →818.1).

Ich habe bereits versucht, die Tür zu öffnen.
           └─────────────┘
            Satzklammer

Äußerlich sichtbar wird dies nur, wenn der zweite Teil der Satzklammer des übergeordneten Satzes besetzt ist. Das ist der Fall, wenn der übergeordnete Satz *mehr als eine Verbform* enthält (zum Beispiel in einer zusammengesetzten Zeit steht) oder wenn es sich beim übergeordneten Satz um einen *Nebensatz* mit Endstellung der Personalform handelt.

Beispiele für satzwertige Infinitive:
   Leider *hat* noch niemand *vermocht*, dieses Rätsel **zu lösen**. Ich *hätte* nicht *gewagt*, sie nach den Gründen **zu fragen**. Der Fahrer *hatte vergessen*, die Ausweise **mitzunehmen**. Ich *hatte gezögert*, den Bericht **abzuliefern**.
   Die Person ist im Film nicht erkennbar, da sie ständig *versuchte*, ihr Gesicht **zu verhüllen**. Ich glaube, dass sie immer noch *zögert*, den Bericht **abzuliefern**.

Beispiele für nichtsatzwertige Infinitive:
   Leider *hat* dieses Rätsel noch niemand **zu lösen** *vermocht*. Dem *wollen* wir **abzuhelfen** *versuchen*. Ich *hätte* sie nicht nach den Gründen **zu fragen** *gewagt*. Der Fahrer *hatte* die Ausweise **mitzunehmen** *vergessen*. Wir *werden* noch einen Bericht **abzuliefern** *haben*.
   Die Person ist im Film nicht erkennbar, da sie ständig ihr Gesicht **zu verhüllen** *versucht*. Dort liegt der Ausweis, den der Fahrer **mitzunehmen** *vergessen hatte*. Es steht fest, dass wir noch einen Bericht **abzuliefern** *haben*.

Hilfe in Zweifelsfällen

1574 Die vorangehend gezeigte Wortstellungsregel (→ 1573) kann man für eine Probe ausnützen zur Klärung von Zweifelsfällen mit nur *einer* Verbform: Man formt den übergeordneten Satz in einen weil- oder dass-Satz um. Wenn dann der Infinitiv *nach* der Personalform des weil- oder dass-Satzes steht, ist er *satzwertig*, andernfalls nichtsatzwertig.
   Satzwertig: Ich zögerte, den Schalter zu drehen. Probe: ... weil ich *zögerte*, den Schalter **zu drehen**. (Unüblich: ... weil ich den Schalter **zu drehen** *zögerte*.)
   Nichtsatzwertig: Sie pflegte um neun Uhr einen Kaffee zu trinken. Probe: ... weil sie um neun Uhr einen Kaffee **zu trinken** *pflegte*. (Unüblich: ... weil sie *pflegte*, um neun Uhr einen Kaffee **zu trinken**.)

Satzwertig oder nichtsatzwertig: Ich versuchte(,) das Gerät zu flicken. Probe: ... weil ich *versuchte, das Gerät **zu flicken.*** Oder auch: ... weil ich das Gerät ***zu flicken*** *versuchte*.

Als zusätzliche Entscheidungshilfe kann die folgende Gesetzmäßigkeit herangezogen werden: Wenn der Infinitiv und seine Satzglieder keine zusammenhängende Kette bilden, liegt ein nichtsatzwertiger Infinitiv vor. Die Satzglieder des Infinitivs und diejenigen des übergeordneten Verbs sind dann «verschränkt». In den folgenden Beispielen sind der Infinitiv und seine Satzglieder kursiv gedruckt:
Ihr Problem hoffen wir damit *gelöst zu haben. Allfällige Blumenspenden* bitten wir *in der Friedhofkapelle abzugeben.* Leider vermag *diesen Apparat* nur ein Fachmann *zu reparieren.* Leider vermochte der Fachmann *diesen Apparat* nicht *zu reparieren.* (Die Verneinung *nicht* gehört zum übergeordneten Verb, vgl. satzwertig: Leider vermochte der Fachmann nicht, *diesen Apparat zu reparieren.*)

1575

Wie oben festgestellt (→ 1572), steuert das übergeordnete Verb, ob eine Infinitivgruppe satzwertig ist oder nicht. Es kann daher sinnvoll sein, sich die wichtigsten Verben mit nichtsatzwertiger Infinitivgruppe zu merken:

1576

1. Immer mit nichtsatzwertiger Infinitivgruppe:
   haben, sein, brauchen, pflegen, scheinen, wissen

Beispiele:
Manfred *hatte* dort nichts **zu suchen.** Die Sterne *waren* schon deutlich **zu sehen.** Viola *pflegt* um acht Uhr **zu frühstücken.** Diese Ehrung *scheint* ihn **zu freuen.** Die Autorin *hat* Einsamkeit und beginnende Umnachtung einer Frauengestalt überzeugend **darzustellen** **gewusst.**

2. Mit nichtsatzwertiger Infinitivgruppe nur bei bestimmten Gebrauchsweisen:
   drohen, versprechen

Beispiele:
Ohne Komma: Der Artist *drohte* vom Seil **zu stürzen** (= es bestand die Gefahr, dass ...). Die Aufführung *verspricht* ein Erfolg **zu werden** (= es besteht die Hoffnung, dass ...).
Aber mit Komma: Der Artist *drohte,* die Löwen **freizulassen** (= sprach die Drohung aus, dass ...). Die Kassierin *versprach,* die Karten **umzutauschen** (= gab das Versprechen, dass ...).

3. Bei einer Reihe von Verben kann eine satzwertige oder eine nichtsatzwertige Infinitivgruppe stehen, so zum Beispiel bei:
   anfangen, bitten, denken, fürchten, glauben, helfen, hoffen, vermögen, versuchen

Wenn die Wortstellung (→ 1574, 1575) keine Entscheidungshilfe gibt, ist die Kommasetzung frei:

Wir *bitten(,)* das Formular sofort **auszufüllen**. Probe 1: ... weil wir *bitten*, das Formular sofort **auszufüllen**. Probe 2: ... weil wir das Formular sofort **auszufüllen** *bitten*.

Ich *hoffe(,)* euch noch einmal **zu sehen**. Probe 1: ... weil ich *hoffe*, euch noch einmal **zu sehen**. Probe 2: ... weil ich euch noch einmal **zu sehen** *hoffe*.

4. Wenn die in Punkt 3 genannten Verben eine Erweiterung, zum Beispiel ein Objekt, bei sich haben, ist die Infinitivgruppe aber gewöhnlich satzwertig. Daher mit Komma:
Wir *bitten* Sie, das Formular sofort **auszufüllen**. Probe: ... weil wir Sie *bitten*, das Formular sofort **auszufüllen**. (Unüblich: ... weil wir Sie das Formular sofort **auszufüllen** *bitten*.)

Ich hoffe aufrichtig, euch noch einmal zu sehen. Probe: ... weil ich aufrichtig *hoffe*, euch noch einmal **zu sehen**. (Nicht: ... weil ich euch noch einmal **zu sehen** aufrichtig *hoffe*. Auch nicht: ... weil ich aufrichtig euch noch einmal **zu sehen** *hoffe*.)

1577 Die Regel, dass satzwertige Infinitive mit Komma abzutrennen sind, gilt grundsätzlich auch für *einfache* Infinitive. In Anlehnung an die frühere Regelung, die einfache und erweiterte Infinitive unterschiedlich behandelte, mag es aber sinnvoll erscheinen, das Komma hier für fakultativ zu erklären. Am besten nimmt man dabei den Ausdruck «einfacher Infinitiv» wörtlich:

Sie zögerte(,) *auszuschalten*. *Wegzugehen(,)* fiel ihr nicht leicht. Ottos Wille war(,) *zu helfen*. Sie fuhr hin(,) *zu helfen*. Den Plan(,) *abzureisen(,)* hatte sie schon lange gefasst. Sie liebt es(,) *auszuschlafen*. Er rechnete nicht damit(,) *aufzufallen*.

Aber nur mit Komma:

Sie zögerte, *den Apparat auszuschalten*. *Einfach wegzugehen,* fiel ihr nicht leicht. Ottos Wille war, *allen zu helfen*. Sie fuhr hin, *den Bedürftigen zu helfen*. Den Plan, *eines Tages einfach abzureisen,* hatte sie schon lange gefasst. Den Plan, *zu packen und abzureisen,* hatte sie schon lange gefasst (Reihung). Sie hat, *ohne zu zögern,* die richtige Antwort genannt (Infinitiv mit Konjunktion; → 1568). Die Gefahr, *zu übersehen,* dass irgendwo noch etwas glimmte, war groß (vom Infinitiv hängt ein nachgestellter Nebensatz ab). Er behauptete, *betrogen worden zu sein* (mehrteiliger Infinitiv).

Wenn ein vorangehender Infinitiv mit einem Pronomen oder einem Pronominaladverb wieder aufgenommen wird, wird *immer* ein Komma gesetzt (→ 1547):

Wegzugehen, das ist nicht einfach. *Auszuschlafen, das* liebt sie sehr. *Zurückzukehren, daran* war nicht zu denken.

Satzwertige Partizip- und Adjektivgruppen

Bei Partizip- und Adjektivgruppen überlagern sich zwei Anwendungsbereiche des Kommas: **1578**

1. Eine Partizip- oder Adjektivgruppe kann die Funktion eines *Zusatzes* haben; sie wird dann nach den Regeln für Zusätze mit Komma abgetrennt (→ 1541.2, 1564).
2. Eine Partizip- oder Adjektivgruppe kann grammatisch das *Gewicht eines Nebensatzes* haben; sie wird dann als *satzwertig* bezeichnet und nach den Regeln für Nebensätze mit Komma abgetrennt (→ 1541.3, 1565 f.).

Die *Satzwertigkeit* spielt praktisch nur für Partizip- und Adjektivgruppen am *Satzanfang* eine eigenständige Rolle. Es gilt hier die folgende fakultative Regel: **1579**

> Ein Partizip oder ein Adjektiv am *Satzanfang*, bei dem *mindestens ein weiteres Wort* steht, kann mit Komma vom Rest des Satzes abgetrennt werden.

Beispiele für Partizipgruppen:
   Keuchend kam der Vertreter die Treppe herauf.
   Heftig keuchend(,) kam der Vertreter die Treppe herauf.
   Vor Anstrengung heftig keuchend(,) kam der Vertreter die Treppe herauf.

Beispiele für Adjektivgruppen:
   Zornig knallte Werner die Karten auf den Tisch.
   Rot vor Wut(,) knallte Werner die Karten auf den Tisch.

Die Regel gilt außerdem für Reihungen von Partizipien und Adjektiven:
   Keuchend und stöhnend(,) kam der Vertreter die Treppe herauf.

In praktisch allen übrigen Fällen kann man die Kommasetzung bei Partizip- und Adjektivgruppen mit den Regeln für *Zusätze* begründen. **1580**

1. Die Partizip- oder Adjektivgruppe kann im Satzinnern als *hervorgehobenes Satzglied* behandelt werden; sie steht dann zwischen Kommas (→ 1552):
   Der Fuchs zog sich(,) *völlig verängstigt(,)* ins Loch zurück.
   Der Fuchs zog sich(,) *erschreckt und verängstigt(,)* ins Loch zurück.
   Der Fuchs zog sich(,) *wegen des lauten Knallens völlig verängstigt(,)* ins Loch zurück.
   Werner knallte(,) *rot vor Wut(,)* die Karten auf den Tisch.

2. Die Partizip- oder Adjektivgruppe ist *Zusatz am Satzende* (→ 1553):
   Der Vertreter kam die Treppe herauf, *vor Anstrengung heftig keuchend*.
   Werner knallte die Karten auf den Tisch, *rot vor Wut*.

3. Die Partizip- oder Adjektivgruppe ist *Zusatz zu einem Nomen* (→ 1564):
   Der Vertreter, *vor Anstrengung heftig keuchend*, kam die Treppe herauf.
   Werner, *rot vor Wut*, knallte die Karten auf den Tisch.

1581 **Anmerkungen**
1. Die oben genannten Regeln gelten auch für formelhafte Partizipgruppen:
Der Vorstand hat(,) *gestützt auf diesen Beschluss*(,) die nötigen Vorkehrungen getroffen. *Im Grunde genommen*(,) ist er ein armer Teufel. *Seinem Wunsch entsprechend*(,) hat man ihn vorzeitig in den Ruhestand versetzt. *Bezug nehmend auf Ihr Schreiben*(,) teilen wir Ihnen mit ...

1582 2. Partizip- und Adjektivgruppen sind in zwei Gebrauchsweisen nie satzwertig, werden also nie mit Komma abgetrennt:
a) in *attributiver* Stellung *vor* einem Nomen:
Der *vor Anstrengung heftig keuchende* Vertreter kam die Treppe hinauf. Der *des lauten Treibens müde* Gastgeber zog sich auf sein Zimmer zurück.
b) als *Prädikativ* (→ 310, 622) bei Verben wie *sein, werden, bleiben*:
Der Fuchs war *völlig verängstigt*. Der Gastgeber war *des lauten Treibens müde*.

1583 3. Immer weggelassen wird das Komma auch, wenn das Partizip einer *Präposition* nahe kommt oder wenn es *eng zum Prädikat* gehört, das heißt, wenn der Satz ohne das Partizip seinen Sinn verlöre:
Entsprechend seinem Wunsch hat man ihn vorzeitig in den Ruhestand versetzt.
Der Versuch in englischer Sprache im Raum Zürich erfolgt *gestützt* auf eine Bewilligung der Erziehungsdirektion vom 3. November 1987.

Satzgefüge mit elliptischen Sätzen

1584 Elliptische Sätze (→ 860 ff.) sind in der Zeichensetzung den vollständigen Sätzen in der Regel gleichgestellt, gleichgültig, ob es sich um verkürzte Hauptsätze oder verkürzte Nebensätze handelt:
Ehre verloren, alles verloren. Möglich, dass er noch kommt. Gut, gibts die grafische Industrie! Das ist, wie aus den Unterlagen ersichtlich, ein Trugschluss. Ich weiß nicht, was damit anfangen. Ich weiß nicht, warum.

Bei formelhaften Fügungen kann das Komma aber auch fehlen:
Wie gesagt(,) benötigen Sie nur einen Schraubenzieher. *Wenn nötig*(,) komme ich bei dir vorbei. Die Schwerpunkte der Ausbildung sind *wie folgt:* ...

Zu Fügungen mit *als* und *wie* vgl. → 1587 f.

1585 Diese Regel (→ 1584) gilt auch für elliptische Partizipgruppen, bei denen das Partizip zu ergänzen ist (→ 862.4). Sie werden wie satzwertige Partizipgruppen mit Kommas abgetrennt (→ 1578 ff.):
Die Sporttasche über die Schulter (gehängt), stapfte Kurt dem Fußballplatz zu. Zu Dionys, dem Tyrannen, schlich Damon, *den Dolch im Gewande (habend)* (Schiller).

Zum Komma bei «bis», «seit» und «während»

Die Partikeln *bis, seit* und *während* kommen in zwei Funktionen vor: Als *unterordnende Konjunktionen* leiten sie einen *Nebensatz* ein (Konjunktionalsatz, → 830), als *Präpositionen* ein *Satzglied* oder einen *Gliedteil* (→ 683). Kommas sind grundsätzlich immer dann zu setzen, wenn sie als Konjunktion einen Nebensatz einleiten (zum Komma bei Satzgliedern vgl. auch → 1552):

1586

Gebrauch als unterordnende Konjunktion (mit Komma): Sie tanzten, *bis* der Morgen graute. *Während* Müller abwesend war, wurde seine Wohnung ausgeraubt. *Seit* Carola abgereist ist, haben wir nichts mehr von ihr gehört.

Gebrauch als Präposition (ohne Komma): Sie tanzten *bis* in den Morgen (→ 404). *Während* seiner Abwesenheit wurde Müllers Wohnung ausgeraubt. *Seit* ihrer Abreise haben wir nichts mehr von Carola gehört.

Zum Komma bei «als» und «wie»

Ähnlich wie bei den vorher genannten Partikeln muss auch bei *als* und *wie* unterschieden werden.

> Als *unterordnende Konjunktionen* leiten *als* und *wie* einen *Konjunktionalsatz* (mit Personalform, → 830) oder eine *satzwertige Infinitivgruppe* (→ 842, 1568) ein. Entsprechend werden dann Kommas gesetzt.

1587

Dies gilt insbesondere für Vergleichssätze:

Felix plumpste auf das Sofa, *als wäre* er ein Walross. Felix plumpste auf das Sofa, *wie* wenn er ein Walross *wäre*. Nadine Gruber rannte schneller, *als* die Zeitungen *vorausgesagt hatten*. Sie brauchen nichts anderes zu tun, *als* den Apparat an eine Steckdose *anzuschließen* und einzuschalten. Familie Müller findet es angenehmer, mit der Bahn zu fahren, *als* stundenlang auf der Autobahn in Staus stecken *zu bleiben*.

> Wenn *als* und *wie* ein Satzglied oder einen Gliedteil einleiten (→ 685, 419), gelten sie als *beiordnende Konjunktionen* und stehen grundsätzlich *ohne Komma*.

1588

In den folgenden Beispielen liegen also *keine elliptischen Nebensätze* vor:

Felix plumpste auf das Sofa *wie* ein Walross. Nadine Gruber rannte schneller *als* vorausgesagt. Geraffelt schmecken die Kartoffeln besser *als* geschnitten. Daraufhin hatte sich der Präsident, mehr vom Gesicht lesend *als* mit dem Ohr erfassend, langsam erhoben.

Die heutige Generation führt den Kampf gegen die Lawinen mit der gleichen Entschlossenheit *wie* die Vorfahren.

(Auch umgestellt; → 1554:) *Wie* die Vorfahren führt die heutige Generation den Kampf gegen die Lawinen mit großer Entschlossenheit.

Man kann sich als Faustregel merken: *als/wie* mit Verb → mit Komma; *als/wie* ohne Verb → ohne Komma. (Siehe aber die folgenden Anmerkungen.)

Anmerkungen
1. Wenn eine Wortgruppe mit *wie* von einem Verweiswort wieder aufgenommen wird, liegt eine Art *Reihung* vor; man setzt dann vor das Verweiswort ein Komma (→1547):
   Wie die Vorfahren, *so* führt die heutige Generation den Kampf gegen die Lawinen mit großer Entschlossenheit.
2. Wortgruppen mit *wie* können in Kommas eingeschlossen werden, wenn sie als *Zusätze* aufgefasst werden sollen:
   Hervorgehobenes Satzglied (→1552): Der Baum trug wieder(,) *wie letztes Jahr*(,) viele Früchte.
   Zusatz am Satzende (→1553): Wir konnten wieder viele Äpfel ernten, *wie schon letztes Jahr.*
   Zusatz zu einem Nomen (→1563): Waldbäume, *wie Tanne und Buche,* leiden unter trockenen Sommern.
3. Infinitive ohne *zu* – auch erweiterte – sind nie satzwertig. In den folgenden Fügungen steht also kein Komma:
   Vorbeugen ist besser *als heilen.* Die Männer tun aber nichts anderes *als Kumyss trinken,* Hammelfleisch *essen* und Flöte *blasen.* Ein solcher Herrscher kann mehr *als Kriege führen.*
4. Wenn *wie* die Bedeutung von *und* hat, steht kein Komma (→1544).
   Diese Entwicklung bekommen Industrie- *wie* Entwicklungsländer zu spüren.
5. Ebenso wenig steht ein Komma, wenn *als/wie* Teil der mehrteiligen Konjunktion *sowohl ... als/wie (auch)* ist (→1544):
   Das wissen *sowohl* die Regierungspartei *als auch* die Opposition. Das Hochgebirge weckt eine Leidenschaft, die *sowohl* zarte Gefühle vergewaltigt *wie auch* die Vernunft betäubt. Die CDU sei bereit, *sowohl* Regierungsverantwortung zu übernehmen *als auch* in die Opposition zu gehen.

Reihungen von Satzgliedern und Nebensätzen

1589 Wenn eine beiordnende Konjunktion wie *und, oder* (→ 1544) Satzglieder oder Gliedteile mit Nebensätzen verbindet, so steht zwischen den Bestandteilen einer solchen Reihung kein Komma. Gegenüber dem übergeordneten Satz sind die Teile der Reihung nur dann mit Komma abgetrennt, wenn der Nebensatz anschließt, nicht aber, wenn das Satzglied bzw. der Gliedteil anschließt:

*Schreibwaren **und** was wir für die Werkstatt benötigen,* kaufen wir im Fachgeschäft ein.
Wir kaufen *Schreibwaren **und** was wir für die Werkstatt benötigen,* im Fachgeschäft ein.
*Was wir für die Werkstatt benötigen **sowie** Schreibwaren* kaufen wir im Fachgeschäft ein.
Wir kaufen, *was wir für die Werkstatt benötigen **sowie** Schreibwaren* im Fachgeschäft ein.
*Bei großer Dürre **oder** wenn der Föhn weht,* ist das Rauchen hier streng verboten.
*Wenn der Föhn weht **oder** bei großer Dürre* ist das Rauchen hier streng verboten.
Das Rauchen ist hier streng verboten *bei großer Dürre **oder** wenn der Föhn weht.*
Das Rauchen ist hier streng verboten, *wenn der Föhn weht **oder** bei großer Dürre.*

Wenn die Reihung als weglassbares Adverbiale angesehen werden soll, kann sie auch zwischen Kommas gesetzt werden (→ 1552):
    Das Rauchen ist hier(,) *bei großer Dürre **oder** wenn der Föhn weht*, streng verboten.
    Das Rauchen ist hier, *wenn der Föhn weht **oder** bei großer Dürre*(,) streng verboten.

Mehrteilige Nebensatzeinleitungen

Fügungen wie *nur weil, bloß weil, nicht weil, nicht nur weil, nicht dass, anstatt dass, egal ob, auch wenn, nur wenn, namentlich wenn, selbst wenn, vollends wenn, besonders wenn, vor allem wenn* können zu einer Einheit zusammenfließen. Das Komma steht dann sinngemäß nicht vor der eigentlichen Konjunktion, sondern vor der ganzen Fügung. In manchen Fällen kann jedoch, je nach dem Gewicht des ersten Teils der Fügung, auch vor der Konjunktion ein Komma stehen:

    Er ging zur Kirche, *bloß weil* die Mutter es wollte. Nun ließ sie sich vollends gehen, *anstatt dass* sie sich um eine neue Stelle bemühte. *Nur wenn* du auch mitkommst, gehe ich hin. Philipp sollte immer so trainieren, *nicht nur(,) wenn* es ihm gerade passt. Die Rehe schätzen diese Futterstellen, *namentlich(,) wenn* alles gefroren oder verschneit ist. Auf weitere Versuche wird verzichtet, *vor allem(,) weil* die Kosten zu hoch waren. Es begann zu regnen, *gleich als* ich aus dem Haus trat.

Wenn aber der Teil vor der Konjunktion das Gewicht eines selbständigen Satzglieds im übergeordneten Satz hat, steht nur vor der Konjunktion ein Komma:

    Philipp trainiert *nur, wenn* er Lust hat. Das Gemisch schäumte *so, dass* es dem Laboranten unheimlich wurde.

Von den Konjunktionen *bevor* und *nachdem* kann ein *adverbialer Akkusativ* (→ 646) abhängen. In diesem Fall steht zwischen dem adverbialen Akkusativ und der Konjunktion kein Komma; ein Komma ist stattdessen allenfalls vor die Verbindung als Ganzes zu setzen. Gleiches gilt für die Erweiterung mit Adjektiven:

    Einen Monat nachdem sie abgereist war, schrieb sie uns eine Postkarte. Sie schrieb uns, *einen Monat nachdem* sie abgereist war, eine Postkarte. (Hauptsatz: Sie schrieb uns eine Postkarte.)
    Sie schrieb uns einen Brief, *kurz nachdem* sie abgereist war.

Gelegentlich hängt aber der Nebensatz als Attributsatz vom adverbialen Akkusativ (meist mit bestimmtem Artikel) ab. Der adverbiale Akkusativ ist dann Teil des Hauptsatzes. Das Komma ist daher direkt vor die Konjunktion zu setzen:

    Den ganzen Monat, bevor er nach den USA verreiste, studierte er Stadtpläne und Landkarten. Er studierte *den ganzen Monat, bevor* er nach den USA verreiste, Stadtpläne und Landkarten. (Hauptsatz: Er studierte *den ganzen Monat* Stadtpläne und Landkarten.)

Zum Komma bei «und» und «oder»

1592 Im Folgenden gehen wir auf einige Probleme der Kommasetzung bei den beiordnenden Konjunktionen *und, oder* usw. (→ 1544) ein, die sich aus dem Zusammenwirken der vorangehend dargestellten Regeln ergeben.

1593 Wenn vor *und* ein Komma steht, so kann das die folgenden Gründe haben:
1. Die Konjunktion leitet einen selbständigen Hauptsatz ein (→ 1548):
   Der Tisch ist gedeckt, *und* im Backofen brutzelt der Braten.
2. Es liegt ein Zusatz vor mit *und, und zwar, und das* (→ 1555):
   Es fehlen noch ein paar Sachen, *und zwar gerade die wichtigsten.*
3. Vor der Konjunktion endet ein Zusatz und fordert *das zweite Komma* (→ 1541.2, 1551 ff.):
   Der Pressesprecher des Konzerns, *Herbert Zündler, sowie* fünf Ingenieure führten uns durch den Betrieb.
4. Die Konjunktion führt nach einem Nebensatz den übergeordneten Satz weiter (→ 1541.3, 1565):
   Die Firma bestätigte vorerst nur, *dass eine unbekannte Menge Phenyl ausgetreten ist, und* stellte einen genauen Bericht für den Nachmittag in Aussicht.
   Wir hoffen sehr, *Ihnen mit dieser Antwort gedient zu haben,* und grüßen Sie herzlich.

1594 Bei durch *und, oder* usw. verbundenen Sätzen ist genau darauf zu achten, ob es sich wirklich um zwei *vollständige Hauptsätze,* also um eine *Satzverbindung* (→ 807, 1548), handelt oder nicht. Satzverbindungen sind leicht daran erkennbar, dass man anstelle von *und* bzw. *oder* einen Punkt oder einen Strichpunkt setzen könnte, ohne dass man etwas umstellen oder beifügen müsste. Wenn die beiden Sätze aber einen oder mehrere Bestandteile oder auch einen Nebensatz gemeinsam haben, es sich also um einen *zusammengezogenen Satz* handelt, so ist *kein Komma* zu setzen. Satzverbindungen (mit Komma):
Er fliegt nach Australien, und er hat sich auch schon über die Weiterreise nach Neuseeland erkundigt. Bin ich ein Mann des Friedens, oder bin ich ein Gewalttäter? Wenn die Pflanze nicht täglich begossen wird, welken die Blätter allmählich, und der Blumenfreund wird enttäuscht sein (der Nebensatz gehört nur zum ersten Hauptsatz).

Zusammengezogene Sätze (ohne Komma); gemeinsame Teile sind kursiv:
Er fliegt nach Australien und hat sich auch schon über die Weiterreise nach Neuseeland erkundigt. *Bin ich* ein Mann des Friedens oder ein Gewalttäter? Der Motor muss ausgebaut und die Kolbenringe müssen entrußt *werden. Wenn die Pflanze nicht begossen wird,* welken die Blätter allmählich und schrumpfen die Knollen im Boden (der Neben-

satz gehört zu beiden Hauptsätzen). Die Blätter welken allmählich und die Knollen schrumpfen im Boden, *wenn die Pflanze nicht täglich begossen wird* (ebenso).

Bei *indirekter Rede* handelt es sich normalerweise um einen uneingeleiteten Nebensatz (→ 836 ff.), der von einem Hauptsatz mit einem Verb (oder einem Verbalnomen) des Sagens abhängt und von diesem Hauptsatz «angekündigt» wird. Wenn solche Sätze mit *und* verbunden sind, wird *kein Komma* gesetzt (→ 1544, 1549.2, 1566):

1595

Das Radio berichtete, der Präsidentenpalast stehe in Flammen *und* die Armee bereite die Machtübernahme vor.

Bei indirekter Rede hingegen, in der der Ankündigungssatz nur beim ersten Satz steht oder überhaupt fehlt, empfiehlt es sich, die ohne Ankündigungssätze stehenden uneingeleiteten Sätze bei der Kommasetzung wie Hauptsätze zu behandeln, das heißt vor *und, oder* usw. ein Komma zu setzen:

Der libanesische Diplomat sagte an der Pressekonferenz, es habe seit dem Vorrücken der libanesischen Soldaten nach Beirut «Reibereien» *gegeben und* man rechne damit, dass es in Zukunft auch Spannungen mit anderen militärischen Kräften geben werde. Die libanesische Regierung habe die Israeli nicht um Genehmigung des Vormarsches *ersucht,* und die libanesische Regierung sei der Meinung, dass dies eine rein innerlibanesische Angelegenheit sei. In Großbeirut solle die Zusammenarbeit der libanesischen und der multinationalen Truppe erprobt *werden, und* Libanon erwarte, dass der Operationsbereich der Friedenstruppe sich in Zukunft über das Stadtgebiet hinaus erstrecken werde.

Entsprechendes gilt für Sätze mit doppelgliedrigen Konjunktionen:

Der Bundesrat sagte, *weder* steigere sich die *Inflation noch* habe der Konsum abgenommen. *Entweder* gehe diese Tatsache auf die Maßnahmen der Regierung *zurück, oder* sie sei die Folge des Auflösungsprozesses außerhalb unseres Landes.

Übung 43

1596

Im folgenden Text sind die Satzzeichen einzufügen sowie – zur Wiederholung – die großen Anfangsbuchstaben und das Eszett (ß).

Die lehrjahre johannes brahms

Dem kontrabassisten am hamburger theaterorchester johann jakob brahms wurde freitag den 7 mai 1833 das zweite kind johannes geboren Das büblein erregte schon früh des vaters aufmerksamkeit durch seine stark hervortretende musikalische begabung die natürlich sofort aufs beste gepflegt wurde Bald reichten indessen des vaters fähigkeiten zur weiterbildung des sohnes nicht mehr aus und es mag ihm schwer geworden sein einen privatlehrer zu bezahlen

Cossel hiess dieser erste und war von dem berühmten musiktheoretiker marxsen ausgebildet worden Vater brahms erstrebte nichts geringeres als seinen sohn später zu marxsen selber in die lehre zu geben Johannes verblüffte cossel durch seine unbegreiflich raschen fortschritte sodass der lehrer bald erklärte es sei schade für jede stunde die der knabe so weiter übe er müsse ohne zögern zu marxsen gebracht werden Der viel beschäftigte lehnte jedoch des entschiedensten ab keine zeit für kinder auch nicht für talentvolle Erst nach wiederholtem bitten bequemte er sich dazu johannes wöchentlich eine privatstunde zu erteilen Mit einer lernbegier ohnegleichen stürzte sich der knabe auf das ihm von marxsen vorgelegte arbeitspensum und nach kurzem ergriff auch den kühlen erfahrenen lehrer die begeisterung Er hatte bald nichts anderes mehr im sinn als diesen vielversprechenden jungen schüler zu bilden In einem brief äussert er sich über ihn das studium im praktischen spiel geht aufs vortrefflichste und es tritt immer mehr talent zutage Wie ich aber mit dem kompositionsunterricht anfange da zeigt sich eine seltene schärfe des denkens die mich fesselt und ich muss in ihm einen geist erkennen der mir die Überzeugung gibt hier schlummert ein ungewöhnlich grosses eigenartig tiefes talent Ich lasse mir deshalb keine mühe verdriessen dasselbe zu wecken und zu bilden um dereinst für die kunst einen priester heranzubilden der in neuer weise das hohe wahre ewig unvergängliche in der kunst predige und zwar durch die tat selbst

Ich fange an zu komponieren erzählte der knabe und ich hoffe es darin bald zu etwas zu bringen Am besten geht es am morgen wenn ich die stiefel wichse viel besser als am abend wenn ich vom lernen müde bin Johannes verrichtete nämlich im elterlichen haus einen teil dienstmagdarbeit und zwar legte er sich solches freiwillig als etwas selbstverständliches auf Er liebte seine eltern zärtlich duldete nicht dass sich die mutter zu sehr anstrengte und war glücklich seinem vater die ihm erwiesene selbstlose aufopferung ein wenig vergelten zu können indem er mitverdienen half

Er komponierte meist nur im kopf und das halb unbewusst Während seine hände mit banalerem beschäftigt waren entwarf der geist kompositionspläne und baute neuartige musikalische themen auf

Das empfindungsleben war bei ihm wie bei allen grossen künstlern sehr stark aber der junge geist zeigte sich kräftig genug den gefühlsstrom im zügel zu halten sodass dieser zug weder in seinem wesen noch in seinem werk je auffällig hervortrat Er verschloss vorläufig das beste in sich und weder brachte er etwas von dem was in ihm sang und klang zu papier noch teilte er es jemandem mit

Des nachmittags schrieb er arrangements für unterhaltungskapellen aus opern oder anderen werken Dies tat er für geld und zwar nicht ungern denn er konnte dadurch den vater unterstützen und zugleich sowohl für die setz- wie für die instrumentierungskunst etwas lernen Es war eine ähnliche tätigkeit wie sie einst richard wagner in paris hatte ausüben müssen um zu leben Folgenschwerer hätte etwas anderes für ihn werden können das nächtliche spielen in tanzlokalen Doch lebte er in der welt der töne und kümmerte sich nicht um das treiben der menge Ja es focht ihn nicht einmal an dass er schlechte musik machen musste das war eben die prosa des lebens

Stilistisches

«In all jenen Fällen aber, wo es sich nicht um richtig oder falsch, sondern um schön oder unschön, passend oder unpassend, wirkungsvoll oder wirkungsschwach handelt, muss das *Stilgefühl* die Wahl treffen. Das Stilgefühl entscheidet über sprachliche Takt- und Geschmacksfragen. Seine Herrschaft beginnt da, wo die Grammatik und der allgemeine Sprachgebrauch nichts mehr zu sagen haben. Denn diese entscheiden nur über das allgemein Gültige, allgemein Verbindliche, die Sprach*richtigkeit*. Das Stilgefühl hingegen entscheidet über das Individuelle, Nichtvorzuschreibende, die Sprach*schönheit*. Grammatik ist Wissen, Sprachgebrauch ist Erfahrung, Stil ist Kunst.»
(Otto von Greyerz)

Grammatik und Stil

1602 Das vorliegende Buch heißt «Richtiges Deutsch» – befasst sich also in erster Linie mit der Scheidung von *richtig* und *falsch*, nicht mit der von *gut* und *schlecht*. Dennoch sprechen einige Gründe dafür, auch dem *Stil* einige Seiten dieses Buches zu widmen. Über die Begriffe *Grammatik* und *Stil* herrschen weiterum ziemlich verschwommene Vorstellungen. Es sei hier deshalb vorerst einmal der Versuch einer Grenzbereinigung zwischen diesen beiden Gebieten unternommen.

1603 Als *Grammatik* bezeichnet man die Gesamtheit der Regeln über die Laute und Wörter einer Sprache, über die Wortformen und ihre Anwendung und über die Fügung der Wörter zu Sätzen. Die Grammatik ist also das *Gesetzbuch* der Sprache, das über die Sprach*richtigkeit* entscheidet. Daneben gibt es indessen noch andere Stufen sprachlichen Könnens, für die sich höchstens einige allgemeine Richtlinien, aber keine festen, verbindlichen Regeln aufstellen lassen. Und hier eben beginnt der Stil.

1604 Der Stil ist die dem einzelnen Menschen oder einer bestimmten Personengruppe eigene Art des sprachlichen Ausdrucks. Der Stil gibt der Sprache die persönliche Prägung. Die Kunst des guten Stils besteht darin, für einen mitzuteilenden Gedanken die schönste, die bestklingende Form, den treffendsten, überzeugendsten Ausdruck zu finden. Ob ich kurze Sätze schreibe oder lange Perioden baue; ob ich meine Gedanken klar zu gliedern weiß oder mich in einem Wirrwarr von Schachtelsätzen verstricke; ob ich die direkte oder die indirekte Rede, die aktive oder die passive Form wähle; ob jeder Vorgang unter meiner Feder zu einem Substantiv erstarrt oder ob ich meiner Sprache durch viele Verben Leben verleihe; ob ich in Fremdwörtern schwelge oder dem deutschen Ausdruck den Vorzug gebe; ob ich mit Superlativen um mich werfe oder sparsam damit umgehe; ob ich trocken und holprig schreibe oder auf Wohlklang und Rhythmus achte: in jedem Fall handelt es sich um eine Frage des Stils.

1605 Mit dieser Begriffsbestimmung wäre die Grenze klargelegt. Einige Beispiele mögen sie noch verdeutlichen. Wenn wir lesen: *ihr empfängt, ihr fällt, ihr lässt*, so sind dies unzweifelhaft grammatische Fehler, da Verben mit Stammvokal *a* in der zweiten Person des Plurals nicht umlauten (→ 64). Und wenn gemeldet wird, dass «vier Männer an der Wattstraße einen Personenwagen *entwanden*» und dass irgendein Wirtschaftszweig «um seine Gewinnmargen» *benieden* wurde, wenn von den «defizitären Periodikas» und von der «Ehrung eines Jubilar*en*» die Rede ist, so sind dies wiederum falsche Formen, gegen die die Grammatik als Verwalterin der festen Sprachgesetze angerufen werden kann. Noch schwerere grammatische Verstöße sind die *gewaltete Diskussion* (→ 1765 ff.), die *sich* in voller Entwicklung *befindliche* Industrie (→ 1764), die *Vorbeugung der Gefahr* (→ 1772), die *tiefen Teilnahmebezeugungen* (→ 1761) oder Fügungen wie: einer der wortgewaltigsten Redner, *der* je in unserer Stadt gesprochen *hat* (→ 1789); in Zürich *angekommen,* wurde *die Ausstellung* gerade eröffnet (→ 1796); ob dieser Vorschlag *abzulehnen oder es verdient, ihn in die Tat umzusetzen* (→ 1795). Gegen solche Verstöße spricht die Satzlehre ihr klares Veto. Von Stil kann hier noch keinesfalls gesprochen werden.

Im Gebiet des *Stils* liegen dagegen die bekannten Schwerfälligkeiten der Papiersprache: *gehäufte Genitive* (Programm der Tagung der Ehemaligen der Maturaklasse 1982 der Kantonsschule), *vielfach erweiterte Attribute* (im Falle eines aus einer dem inländischen Versicherungsbestand zugehörenden Police sich ergebenden Rechtsstreites), *Kettensätze, Schachtelsätze, Papierwörter, unschöne Wiederholungen* und vieles andere mehr. Obwohl die Stillehre solche Sprachsünden deutlich verurteilt – um *grammatische* Fehler handelt es sich nicht. Dies gilt auch für die *Fremdwörter,* und mögen sie noch so überflüssig erscheinen, ebenso für die «Superlativitis» oder die «Asthmasätze» des Reklamestils.

1606

Es gibt allerdings eine *Grauzone* zwischen Grammatik und Stil, wo diejenigen, die sich mit der Sprach*richtigkeit* befassen, eingreifen müssen. Auch jenseits der Grammatik gibt es Sprachformen, die nicht einfach nur als schlecht, sondern unzweifelhaft als falsch zu bezeichnen sind. Da sind zu nennen: Missgriffe in der Wortwahl, Vermengung fester Redewendungen, Verballhornung von geflügelten Worten und von Zitaten, falsche Bilder, Pleonasmen, sachliche Irrtümer und dergleichen. Wer solche Fehler richtigstellt, leistet der Sprache einen wichtigen Dienst und bewahrt den Schreiber vor Bloßstellung oder gar Schaden. Es lohnt sich daher, hier auf einige solche Fehler aufmerksam zu machen.

1607

Verwechslungen und falsche Wortwahl

1608 Wenn in einer Broschüre steht, dass «jährlich wahre *Katakomben* unschuldiger Geschöpfe den Tierversuchen zum Opfer fallen», so ist gegen diesen Satz zwar grammatisch nichts einzuwenden. Satz- und Wortformen sind in Ordnung. Und doch ist da ein schwerer Fehler richtig zu stellen, weil jemand *Hekatomben* mit *Katakomben* verwechselt hat. Und weil ja Fremdwörter Glückssache sind, geschehen Verwechslungen auch mit *Referenz* und *Reverenz*, mit *physisch* und *psychisch*.

1609 Doch sind es nicht nur Fremdwörter, bei denen solche Missgriffe vorkommen. Auch deutsche Wörter werden, sofern sie nur ähnlich aussehen, ähnlich tönen oder ähnlichen Sinn haben, gelegentlich verwechselt. Genannt seien nur *scheinbar* und *anscheinend* (→ 1801), *betreuen* und *betrauen* (→ 1802), *zumuten* und *zutrauen* (→ 1803), *vierzehntägig* und *vierzehntäglich* (→ 1800), *geschäftig* und *geschäftlich*, *launig* und *launisch*, *lehren* und *lernen*.

1610 Auf Verwechslungen mit nicht verwandten Wörtern beruhen Schreibungen wie *Triumphirat* (wie *Triumph*; richtig ist aber: *Triumvirat*); *subsummieren* (wie *Summe, summieren*; richtig ist aber: *subsumieren*, ebenso *konsumieren*), *infiszieren* (wie *konfiszieren*; richtig ist aber: *infizieren*), *Honorationen* (wie viele Wörter auf *...tion, ...tionen*; richtig ist aber: *Honoratioren*). Daneben kommen auch Verwechslungen innerhalb eines Wortes und sonstige Irrtümer vor: *symphatisch* (statt richtig: *sympathisch*), *Diezöse* (statt: *Diözese*), *Katharr* (statt richtig: *Katarrh* oder neu auch *Katarr*), *posthum* (statt richtig: *postum*).

In der folgenden Liste ist eine Auswahl leicht verwechselbarer Wörter zusammengestellt:

absolut (völlig, unbeschränkt, beziehungslos) – *obsolet* (veraltet, überholt)

absorbieren (aufsaugen, übertr.: gänzlich beanspruchen) – *adsorbieren* (ansaugen)

adaptieren (anpassen) – *adoptieren* (annehmen)

Amnesie (Gedächtnisschwund) – *Amnestie* (Straferlass)

Astrologe, Astrologie (Sterndeuter, Sterndeutung) – *Astronom, Astronomie* (Stern-, Himmelsforscher, wissenschaftl. Stern-, Himmelskunde)

Autarchie (Selbstherrschaft) – *Autarkie* (Selbstgenügsamkeit, Selbstversorgung)

Basilianer (Mönchsorden) – *Brasilianer* (Bewohner von Brasilien)
Basilika (Kirchenbauform) – *Basilisk* (Fabeltier)
Chloral – *Chlorat* – *Chlorid* – *Chlorit* (unterschiedliche Chlorverbindungen)
Eklektiker (Person, die unterschiedliche Theorie- oder Stilelemente zusammenmischt)
 – *Elektriker* (Fachmann für elektrischen Strom)
Ekstase (Verzückung) – *Ektase* (Ausdehnung)
Elektoren (Wahlmänner) – *Elektronen* (negativ geladene Elementarteilchen)
Emerit (im Ruhestand Lebender) – *Eremit* (Einsiedler)
Empire (Kaisertum, Kaiserreich, Kunststil) – *Empirie* (Erfahrungswissenschaft)
empathisch (einfühlsam) – *emphatisch* (nachdrücklich)
Entomologie (Insektenkunde) – *Etymologie* (Lehre von der Herkunft der Wörter)
erotisch (das Liebesleben betreffend) – *erratisch* (verirrt, zerstreut, einsam) – *exotisch*
 (fremdartig, überseeisch)
ethisch (sittlich, zur Ethik gehörend) – *ethnisch* (zum Volkstum gehörend)
Ethologie (Verhaltenslehre) – *Ethnologie* (Völkerkunde)
Exitus (Ausgang, Ende, Tod) – *Exodus* (Auszug, 2. Buch Mose)
Faktion (kämpferische, aufrührerische Partei, Rotte) – *Fraktion* (im Parlament)
feudal (vornehm, großartig) – *frugal* (mäßig, einfach)
fingieren (vortäuschen) – *fungieren* (ein Amt versehen, tätig sein)
Fond (Grund, Hintergrund) – *Fonds* (Geldvorrat)
Gravidität (Schwangerschaft) – *Gravität* (Würde, Steifheit)
Hekatombe (großes Opfer) – *Katakombe* (unterirdische Begräbnisstätte)
immanent (innewohnend) – *imminent* (unmittelbar bevorstehend)
israelisch (auf den Staat Israel bezogen) – *israelitisch* (das jüdische Volk und seine
 Religion betreffend)
italienisch (auf das heutige Italien bezogen) – *italisch* (auf das antike Italien,
 das alte Volk der Italiker bezogen)
Katheder (Pult, Lehrstuhl) – *Katheter* (medizinisches Gerät)
Kollision (Zusammenstoß) – *Kollusion* (geheimes Einverständnis)
komisch (zum Lachen reizend, sonderbar) – *kosmetisch* (auf die Schönheitspflege
 bezogen) – *kosmisch* (das Weltall betreffend)
Konfektion (Fertigkleidung) – *Konvektion* (techn.: Mitführung)
Konfusion (Verwirrung) – *Kontusion* (Quetschung)
Konservation (Bewahrung) – *Konversation* (Unterhaltung) – *Konversion* (Umwandlung,
 Bekehrung)
Konstriktion (Zusammenziehung) – *Konstruktion* (Gestaltung, Entwurf, Aufbau)
Kontinent (Erdteil) – *Kontinenz* (Fähigkeit, Stuhl und Urin zurückzuhalten) – *Kontingent*
 (Anteil)
Kote (Maßlinie, Höhenzahl) – *Quote* (Anteil) – *Kode/Code* (System verabredeter
 Zeichen)

Legalität (Gesetzlichkeit, Rechtsgültigkeit) – *Letalität* (Sterblichkeit)
Magnat (Adliger, einflussreicher Industrieller) – *Magnet* (Anziehungspunkt)
makroskopisch (mit bloßem Auge sichtbar) – *mikroskopisch* (nur mit dem Mikroskop erkennbar)
Manie (Sucht, Wahn, Wut) – *Manier* (Art und Weise)
Mediation (Vermittlung) – *Meditation* (Nachdenken, sinnendes Betrachten)
offiziell (amtlich, verbürgt, öffentlich) – *offizinell* (arzneilich, die Arzneimittel der [amtlichen] Pharmakopöe betreffend) – *offiziös* (halbamtlich, nicht verbürgt)
Orographie (Gebirgsbeschreibung) – *Orthographie* (Rechtschreibung)
ökologisch (die Umwelt betreffend) – *ökonomisch* (wirtschaftlich) – *ökumenisch* (allgemein, die ganze bewohnte Erde betreffend)
paraphieren (mit seinem Namenszeichen unterschreiben, zum Beispiel einen Staatsvertrag) – *Paragraph* (Absatz, zum Beispiel in einem Gesetz) – *Paraphrase, paraphrasieren* (Umschreibung, umschreiben)
Physiognomie (äußere Erscheinung) – *Physionomie* (Lehre von den Naturgesetzen)
Pogrom (rassistische Ausschreitung) – *Programm* (Plan, Folge von Computerbefehlen)
Prorektor (Stellvertreter des Rektors) – *Prosektor* (Arzt, der Sektionen durchführt) – *Protektor* (Beschützer)
Psychologe (Seelenkundiger) – *Psychopath* (seelisch abnormer Mensch)
Referenz (Beziehung, Empfehlung, Auskunft) – *Reverenz* (Ehrbezeugung, Verbeugung)
Remuneration (Entschädigung) – *Renumeration* (Rückzahlung)
Romanik, romanisch (Kunststil) – *Romanistik, romanistisch* (Wissenschaft von den romanischen Sprachen) – *Romantik, romantisch* (künstlerische, literarische und philosophische Bewegung, Hang zur Träumerei)
Satire (Spottschrift) – *Satyr* (griechischer Waldgott)
Sepsis, septisch (Fäulnis, durch Bakterien verursacht, Blutvergiftung) – *Skepsis, skeptisch* (Zweifel, Misstrauen)
seriös (ernsthaft) – *serös* (Serum enthaltend)
simulieren (vortäuschen) – *stimulieren* (anregen, reizen)
Stalagmit (Tropfstein vom Boden auf) – *Stalaktit* (Tropfstein an der Decke)
Statuen, statuarisch (Standbilder) – *Statuten*, Einz. das *Statut, statutarisch* (Satzungen)
Stele (Grabsäule) – *Stelle* (Platz, Position)
Sulfat – Sulfid – Sulfit (unterschiedliche Schwefelverbindungen)
Teleologie, teleologisch (Lehre vom Zweck und von der Zweckmäßigkeit) – *Theologie, theologisch* (Wissenschaft von Gott, Erforschung der Religion)
Tipp (Wink) – *Typ* (Gattung, Form, Urbild) – *Type* (Druckbuchstabe)
topisch (örtlich) – *tropisch* (die Tropen betreffend)
transponieren (Musik: in eine andere Tonart umsetzen) – *transportieren* (versenden)
urban (städtisch, fein) – *urbar* (bebaubar, nutzbar) – *Urbar* ([mittelalt.] Grundbuch)
vakant (unbesetzt, offen) – *Vakanz* (freie Stelle) – *Vakat* (leere Seite)

Walliser (Bewohner des Wallis) – *Waliser* (Bewohner des britischen Landesteils Wales)
Zitat (wörtlich angeführte Stelle) – *Zitrat* (Salz der Zitronensäure)
Zyklon (Wirbelsturm) – *Zyklone* (Tiefdruckgebiet)

Vermischung von Ausdrücken und festen Wendungen

Als Fehler gilt auch die *Kontamination* (von lat. *contaminatio* = Befleckung, Vermischung), das heißt die Vermischung zweier fester Ausdrücke oder Wendungen, die der Sprachgebrauch nun einmal so und nicht anders festgelegt hat. Der Sprachgebrauch, nicht die Grammatik, verlangt, dass man etwas aufs Spiel *setzt*, einen Gegenstand aber zur Diskussion *stellt*, einen Sumpf trocken*legt*, sich ins Mittel *legt*, jemanden auf die Probe *stellt*, einen ins Bild *setzt*. Eine Vermischung solch fester Wendungen ist ebenso ein Fehler wie ein Verstoß gegen die Gesetze der Grammatik. Es ist also keinesfalls zu dulden, wenn einer über das *abgeflossene* Jahr berichtet (statt richtig über das *abgelaufene* oder *verflossene*), wenn er etwas *auslehnt* (Vermischung von *ausleihen* und *entlehnen*), wenn *seines Wissens nach* dies oder jenes noch nie geschehen ist (statt *seines Wissens* oder *nach seinem Wissen*) oder wenn er gar *um seiner Kinder wegen* nicht wieder heiratet (statt *seiner Kinder wegen* oder *um seiner Kinder willen*).

1611

Die Zusammenstellung auf der folgenden Seite zeigt einige weitere typische Vermischungen dieser Art.

Falsch:	*Entstanden aus:*
Er hat um zwei Tage Urlaub eingereicht.	um … nachgesucht; ein Gesuch um … eingereicht
Es verlohnt sich nicht der Mühe.	Es lohnt (sich) nicht der Mühe. Es verlohnt sich nicht.
Aus diesem Umstand sehen wir davon ab.	Aus diesem Grunde sehen wir … Dieses Umstands wegen sehen wir …
Man hat meines Erachtens nach schon zu viel getan.	Man hat meines Erachtens schon … Man hat nach meinem Erachten …
Sie konnte sich des Eindrucks nicht entziehen.	des Eindrucks nicht erwehren; dem Eindruck nicht entziehen
Das Buch gehört mein.	gehört mir; ist mein
Das dürfte schwierig halten.	dürfte schwer halten; schwierig sein

1612

Heutzutags ist man nicht mehr so empfindlich.	heutzutage; heutigentags
Wir schreiten zur Tagesordnung über.	schreiten zur Tagesordnung; gehen zur Tagesordnung über
Er übt einen schlechten Eindruck aus.	macht einen schlechten Eindruck; übt einen schlechten Einfluss aus
Sie hält es als ihre Pflicht.	hält es für ihre Pflicht; sieht es als ihre Pflicht an
Mehr zu tun, wurde für unnötig hingestellt.	für unnötig gehalten, befunden; als unnötig hingestellt
Schon nach zwei Jahren wurde Ernst als Abteilungschef befördert.	zum Abteilungschef befördert; als Abteilungschef gewählt
So traten die wahren Absichten zum Vorschein.	traten ... zutage; kamen ... zum Vorschein
Seine abgezehrten Züge verrieten von Not und Entbehrung.	zeugten von Not und Entbehrung; verrieten Not und Entbehrung
Gesetztenfalls, die Vorlage werde angenommen ...	Gesetzt den Fall, die Vorlage ... Falls die Vorlage ...
Das alles kommt daher, weil man für nichts mehr Zeit hat.	kommt daher, dass ... geschieht, weil ...
Der Fall ist umso bedenklicher, weil ...	ist umso bedenklicher, als ... ist so bedenklich, weil ...
Der Vorfall ist ernst genug, als dass man darüber hinwegsehen könnte.	ernst genug, um beachtet zu werden; zu ernst, als dass man ...
Darunter ist ... gemeint.	Damit ist ... gemeint. Darunter ist ... zu verstehen.
insbesonders	besonders; insbesondere

Missglückte Metaphern, Stilblüten

Unter *Metaphern* (Singular: die Metapher) sind übertragene, also bildliche Ausdrücke zu verstehen. Eine bilderreiche Sprache kann von starker Wirkung sein; doch sollten die Bilder auch stimmen. Was Fachleuten der grafischen Industrie aber täglich als Manuskripte vor die Augen kommt, beweist immer wieder, dass manche Autoren bei der Verwendung bildlicher Ausdrücke nicht viel denken. Mit widersprüchlichen, schiefen, ja oft völlig verkehrten Bildern wie den folgenden kann sich ein Autor lächerlich machen:

1613

hervorragende Einflüsse; der Gipfel der Erniedrigung; ein zündendes Echo; eine Friedenstaube aus bester Quelle; eine faustdicke Zeitungsente; wie der Blitz hereingeschneit kommen; den Strom der Zeit an der Stirnlocke fassen; etwas im Licht der dunklen Zukunft betrachten; sich mit aller Wärme auf den Boden des Vorredners stellen

Damit sind wir auch schon bei jenen sprachlichen Entgleisungen angelangt, die unter dem Titel *Stilblüten* eine nie versiegende Quelle des Humors bilden:

1614

Luther stand mit einem Bein noch im finstern Mittelalter, und mit dem andern winkte er bereits der Morgenröte einer neuen Zeit. Klaus kaute an den Tränen herum, die ihm aufsteigen wollten. Der rollende Zahn der Zeit wird auch über diese Angelegenheit Gras wachsen lassen. Herr Stadtrat Müller legte dem Gemeinderat den Dreck auf dem Marktplatz warm ans Herz. Er beschwert sich, man habe ihm den Bären, der einem andern aufgebunden worden sei, in die Schuhe geschoben. Nun endlich leuchtete die Untersuchungskommission mit dem Seziermesser der Kritik in diese Eiterbeule. Dem scheidenden Mitarbeiter wurden vom Direktor warme und verdiente Lorbeeren gespendet. Der Glorienschein, der ihm damals ums Haupt gewunden wurde, ist schon bedenklich entblättert.

Pleonasmen

Als Stilfehler gilt auch der Pleonasmus (gr. = Überfluss). Darunter sind Doppelausdrücke zu verstehen, überflüssige Zusätze, die den in einem andern Wort enthaltenen Gedanken nochmals ausdrücken. So werden etwa nach dem Schulbeispiel des *weißen Schimmels* immer wieder Fügungen gebildet, bei denen das attributive Adjektiv nichts anderes besagt, als was bereits im Nomen enthalten ist. Da wäre zum Beispiel die *aktive Tätigkeit* zu nennen. Gemeint ist damit wohl eine *rege* Tätigkeit. Weshalb also nicht so sagen? Denn aktiv heißt tätig, und eine aktive Tätigkeit wäre demnach eine tätige Tätigkeit. Nicht besser sind die *unwahren Lügen*, die *kriminellen Verbrechen*, das *tele-*

1615

skopische Fernrohr, die *vitale Lebendigkeit,* die *rhetorische Beredsamkeit,* die *totale Ganzheit,* die *proportionalen Verhältnisse,* die *wandernden Nomadenvölker* und die *Zukunftsprognose.*

1616 Als Pleonasmen gelten ferner Zusammensetzungen, deren Bestandteile dasselbe ausdrücken:

Glasvitrine, Pontonschiff, Salzsaline, Vogelvoliere, Rückantwort, Fußpedal, Einzelindividuum, Campinglager und – schlussendlich.

1617 Zu berichtigen sind auch *ausschließlich nur, lediglich bloß, bereits schon* und dergleichen. Eines von beiden genügt in jedem Fall. Auch wo einer etwas *gewöhnlich* zu tun *pflegt,* ist doppelt genäht; denn *pflegen* bedeutet ja schon, dass man etwas *gewöhnlich tut.* Wo aber eine Partei diese oder jene *Stellungnahme bezieht,* wäre ihr zu raten, künftig bloß noch *Stellung* zu beziehen.

1618 Anfechtbar sind auch die *Pflicht zu müssen,* die *Erlaubnis zu dürfen,* die *Fähigkeit zu können* und ähnliche Fügungen. *Pflicht* sagt bereits, dass man muss, *Erlaubnis,* dass man darf, und *Fähigkeit,* dass man kann. Also nicht:

Ihm wurde zur Pflicht gemacht, seinen Geschwistern finanziell beistehen zu müssen. Sie ersuchte um die Erlaubnis, den Privatweg benützen zu dürfen. Die Firma ist in der Lage, kurzfristig liefern zu können. (Richtig ist: zur Pflicht gemacht, ... beizustehen; die Erlaubnis, ... zu benützen; in der Lage, ... zu liefern.)

1619 Pleonastische Fügungen sind schließlich Sätze wie die folgenden:

Gestatten Sie, dass ich mich beteiligen darf (richtig: dass ich mich beteilige). Er zieht es gerne vor, allein zu gehen (richtig: geht gerne allein; zieht es vor, allein zu gehen). Diese Tat verdient mit Recht, gepriesen zu werden (richtig: verdient gepriesen zu werden; wird mit Recht gepriesen). Er beschränkt sich nur darauf, zuzuhören (richtig: beschränkt sich darauf, zuzuhören; hört nur zu). Ein Jahresgehalt von jährlich 180 000 Franken (richtig: ein Gehalt von jährlich 180 000 Franken; ein Jahresgehalt von 180 000 Franken).

Doppelte Verneinung

1620 Die doppelte Verneinung verkehrt den Sinn des Satzes leicht ins Gegenteil dessen, was man eigentlich sagen wollte. Wenn auch Dichter früherer Zeiten sich der doppelten Verneinung gelegentlich als eines Stilmittels bedienten, so gilt für die heutige Sprache, dass die doppelte Verneinung eine Bejahung bedeutet. Wenn also von einem behauptet wird, er habe noch *nie keine* Schaufel angerührt, so heißt das, er habe immer eine angerührt. Gemeint ist natürlich das Gegenteil: noch nie *eine* Schaufel angerührt. Für diesen Fehler mag die Mundart verantwortlich sein, ebenso für einen ähnlichen: Mir hat *niemand nichts* gesagt (statt: niemand etwas gesagt).

Nicht so leicht zu erkennen ist die doppelte Verneinung in Sätzen wie den folgenden:

Umso mehr hat man es *vermisst,* dass es auch nach diesem Vortrag zu *keiner* Diskussion gekommen ist (hat man es *bedauert* ...)

Während der Reinigung muss selbstverständlich *verhindert* werden, dass der dem Stoff entzogene Schmutz sich *nicht* wieder ansetzt (entweder: muss *dafür gesorgt* werden, dass ... *nicht* wieder ansetzt; oder: muss *verhindert* werden, dass ... wieder ansetzt).

Sie *bestritt* energisch und mit großem Wortaufwand, mit dem Diebstahl *nichts* zu tun zu haben. (Das wäre ein Geständnis. Richtig muss es heißen: *behauptete,* ... *nichts* zu tun zu haben; oder: *bestritt,* ... *etwas* zu tun zu haben.)

Der Verhaftete *leugnete,* an dem Verbrechen *nicht* teilgenommen zu haben (ebenso).

Man hatte die Mädchen davor *gewarnt,* sich *nicht* zu weit hinauszuwagen (was eine Ermunterung wäre, es zu tun).

Der Staatsrat *warnte* die Bevölkerung eindringlich, sich den Geländevermessungen *nicht* weiter zu widersetzen (ebenso).

Fellini hatte sich *außerstande erklärt,* als Italiener, zumindest soziologisch, *kein Nicht*katholik gewesen zu sein (gemeint war: ein *Nicht*katholik gewesen zu sein).

Als Faustregel kann man sich merken: Nach Verben und Wendungen, die schon eine Verneinung ausdrücken, wie *leugnen, bestreiten, warnen, abraten, verbieten, unterlassen, sich nicht scheuen, nicht umhin können* usw., darf im Nachsatz kein Verneinungswort wie *nicht, nie, niemals, kein* usw. stehen.

Denkfehler

Mit Grammatik nichts zu tun haben auch jene falschen Formulierungen, die auf unklarem Denken beruhen. Wenn beispielsweise der Stadtärztliche Dienst mitteilt, nach der Grippestatistik sei die Zahl der Grippefälle «in der letzten Woche um beinahe das Doppelte gestiegen, nämlich von 3643 auf 7181», so ist dies kein grammatischer, aber auch kein Rechenfehler, sondern eben ein Denkfehler. Wenn die Zahl der Grippefälle *um* beinahe das Doppelte, also um beinahe 7286, gestiegen wäre, so müsste dies gegen 11 000, also annähernd das Dreifache, ergeben. Der Stadtärztliche Dienst hat nicht gemerkt, dass es einen Unterschied ausmacht, ob eine Zahl *auf* das Doppelte, *auf* das Dreifache, Vierfache usw. oder aber *um* das Doppelte, *um* das Dreifache, Vierfache usw. steigt.

Eine Zahl *auf* das Dreifache steigen lassen bedeutet sprachlich, sie mit drei zu multiplizieren; sie *um* das Dreifache steigen lassen bedeutet, sie mit drei zu multiplizieren und das Resultat anschließend zum Ausgangswert hinzuzuzählen.

1624 Der gleiche Fehler lässt den Mitarbeiter einer Zeitung schreiben, die Bevölkerung einer Stadt sei «heute mit annähernd 50 000 Seelen mehr als anderthalbmal größer als vor dreißig Jahren (1976: 32 000)». Anderthalbmal *so groß* und anderthalbmal *größer* ergeben ebenfalls unterschiedliche Zahlen.

Drei*mal so groß* (so mit dem Positiv) bedeutet eine Multiplikation mit dem Ausgangswert; drei*mal größer* und *um das Dreifache* größer bedeuten, dass der Unterschied zwischen Ausgangs- und Endwert das Dreifache des Ausgangswertes beträgt – der Endwert umfasst also das *Vierfache* des Ausgangswertes! Beispiel: Dreimal so viel wie 1 Liter ergibt 3 Liter; dreimal mehr als 1 Liter ergibt 4 Liter.

1625 Denkfehler stecken auch in Sätzen wie den folgenden:

Die Regierung, ohnmächtig den Ereignissen gegenüberstehend, halb beschwörend, halb winselnd, halb drohend ... (Das wären drei Hälften!)

Ich schreibe Ihnen diesen Brief, in der einen Hand die Pistole und in der andern den Säbel ... (und in der dritten vermutlich den Kugelschreiber!)

Diese Erscheinung ist eine zwingende Folge des Protektionismus (nein, eine *zwangsläufige* Folge).

Sein Großvater war soeben im vollendeten 73. Lebensjahr gestorben. (Unmöglich. Entweder starb er *im 73. Lebensjahr* oder *nach vollendetem 73.*, also im 74. Lebensjahr.)

Man konnte schon aus konsequenten Gründen dem Vorschlag nicht zustimmen (aus *Gründen der Konsequenz*).

Klopstock ist Deutschlands erster nationaler Dichter und in dieser Eigenschaft nicht leicht zu unterschätzen (zu *überschätzen*).

Der Beitrag an die Jugendgruppe konnte leider nicht erhöht werden, umso mehr als die Jahresrechnung mit einem Defizit abschließt

Du darfst nicht zum Schwimmen gehen, umso mehr als du krank bist. (Häufiger Fehler! Ein *verneinender* Vordersatz verlangt *umso weniger als*, nicht *umso mehr als*.)

Darin zeigt sich ein bedauerlicher Mangel an Missachtung unseres Berufsstandes (eine *bedauerliche Missachtung* oder ein bedauerlicher *Mangel an Achtung*).

Seit dem 1. November habe ich den Damensalon im Hause Karrenstraße 4 übernommen. (*Am 1. November ... übernommen*, oder: *Seit dem 1. November führe ich ...*)

Stilfehler dieser Art, die täglich in neuen Varianten auftauchen, dürfen ohne weiteres richtig gestellt werden, wenn man es – besonders in heiklen Fällen – nicht vorzieht, den Autor darauf aufmerksam zu machen.

Männliche und weibliche Personenbezeichnungen

Männliche Personenbezeichnungen wie *Schreiber, Autor, Korrespondent, Journalist, Advokat, St. Galler* haben zwei Lesarten: Zum einen bezeichnen sie in einem engern Sinn nur *Männer* und stehen dann im Gegensatz zu weiblichen Personenbezeichnungen mit der Endung *-in* (→ 504) wie in *Schreiberin, Autorin, Korrespondentin, Journalistin, Advokatin, St. Gallerin* (→ 773): **1626**
> Diesen Bericht hat unser *Korrespondent* in New York verfasst. Diesen Bericht hat unsere *Korrespondentin* in New York verfasst.

Zum andern sind in einem weitern Sinn mit den männlichen Bezeichnungen auch Menschen *beiderlei* Geschlechts zu verstehen:
> Unsere Korrespondenten erhalten alle einen Presseausweis.

Gegen den Gebrauch der grammatisch männlichen Formen für Leute beiderlei Geschlechts wird oft eingewendet, dass selbst aus dem Zusammenhang manchmal nicht klar werde, ob nur Männer oder ob Männer und Frauen gemeint sind. Der Eindeutigkeit wegen empfiehlt es sich in solchen Fällen, beide Geschlechter zumindest an den Schlüsselstellen oder am Anfang des Textes ausdrücklich zu erwähnen, also *Paarformeln* zu verwenden. Paarformeln sind darüber hinaus dann geboten, wenn Leser und Leserinnen direkt angesprochen werden sollen: **1627**

Unsere Zeitung sucht einen **Korrespondenten** oder eine **Korrespondentin** für das Oberland. Nähere Auskunft erteilt Ihnen gerne Chiffre ...	Liebe Mitarbeiterinnen, liebe Mitarbeiter Was wir in unserem letzten Rundschreiben angetönt haben, bestätigt sich nun: Es geht wieder aufwärts!

Bei Paarformeln werden oft Sparschreibungen verwendet: Diejenigen Wortteile, welche die beiden Personenbezeichnungen der Paarformel gemeinsam haben, werden nur einmal gesetzt. Im Singular ist zu beachten, dass die Sparschreibung auch auf zugehörige Pronomen und Adjektive übertragen werden muss, was das Schriftbild unübersichtlich macht. Im Plural tritt dieses Problem nicht auf, da Pronomen und Adjektive im Plural keine besonderen Formen für jedes grammatische Geschlecht kennen (→ 203, 315). Von den folgenden vier Varianten können sich nur die ersten zwei auf den Duden stützen. **1628**

ein(e) gute(r) Korrespondent(in) eine(n) gute(n) Korrespondenten (-in) ein(e) gute(r) Schreiber(in) gute Korrespondenten (-innen) gute Schreiber(innen) guten Schreibern (-innen)	Diese Form erlaubt mit ihren Varianten von Bindestrich und Wortzwischenraum die Wiedergabe aller Deklinationsendungen. Von Nachteil kann sein, dass Klammern oft Weglassbares kennzeichnen.
ein/-e gute/-r Korrespondent/-in eine/-n gute/-n Korrespondenten/-in ein/-e gute/-r Schreiber/-in gute Korrespondenten/-innen gute Schreiber/-innen guten Schreibern/-innen	Der Schrägstrich steht hier – wie auch sonst möglich – für «und», «oder», «bzw.». Zusammen mit dem Bindestrichen ergibt sich ebenfalls eine sprachlich korrekte Wiedergabe der Paarformeln.
ein/e gute/r Korrespondent/in eine/n gute/n Korrespondent/in ein/e gute/r Schreiber/in gute Korrespondent/innen gute Schreiber/innen guten Schreiber/innen	Diese Schreibung spiegelt die Form der vollen Paarformeln nur ungenau wider; so muss im Singular und im Plural bei gewissen Beugungsfällen die männliche Endung gedanklich ergänzt werden. Dafür ist sie orthografisch weniger aufwendig.
einE guteR KorrespondentIn einEn gutEn KorrespondentIn einE guteR SchreiberIn gute KorrespondentInnen gute SchreiberInnen guten SchreiberInnen	Der Schrägstrich wird durch Großschreibung des folgenden Buchstabens ersetzt (bei Versalsatz durch Kleinschreibung: DIE KORRESPONDENTiNNEN). Man nennt diese Variante auch Groß-I-Schreibung. Sie wird von vielen als wenig lesefreundlich abgelehnt (Trennung → 1310). Auch hier muss bei gewissen Beugungsfällen die männliche Endung gedanklich ergänzt werden.

1629 Geschlechtsneutrale Nomen, also Nomen mit nicht typisch männlicher Wortendung (oft mit weiblichem oder sächlichem grammatischem Geschlecht), bilden keine besondern weiblichen Ableitungen:

das Kind, das Mündel, die Geisel, die Kraft (die Fachkraft, Hilfskraft usw.), die Person (Vertrauensperson), das Mitglied, der Starrkopf, das Hinkebein, der Störenfried; die Eltern, die Geschwister (→ 107; 103.1); die Fachleute, die Eheleute (→ 122).

Bei einigen weiteren, eigentlich Männer bezeichnenden Nomen kann das Suffix -in nicht angehängt werden. Wenn das Geschlecht eindeutig bestimmt sein muss, kann man hier zu Umschreibungen greifen:

ein weiblicher (männlicher) *Fahrgast*, ein weiblicher (männlicher) *Star*, die Lehrtochter (schweizerisch) oder das Lehrmädchen (zu: der Lehrling)

Adjektive und Partizipien haben im Plural nur *eine* Form für alle drei Genera (→ 315). Pluralische Nominalisierungen kann man daher als geschlechtsneutrale Ausdrücke verwenden: die Studierenden (für: die Studenten und Studentinnen); viele Kulturschaffende; alle Angestellten des Betriebs; die Auszubildenden; die Anzulernenden	1630
Die Pronomen *wer, jemand, niemand, jedermann, man* (und einige weitere Indefinitpronomen) beziehen sich *inhaltlich* zwar gewöhnlich auf männliche und weibliche Personen zugleich; grammatisch sind sie jedoch männlich. Missverständnisse entstehen daraus eher selten. Paarformeln wie *man/frau* (wenn schon, dann besser: *mann/frau*) haben hauptsächlich demonstrativen Charakter. Wer so schreibt, will in Erinnerung rufen, dass die Menschheit nicht nur aus Männern besteht.	1631
Es sei an dieser Stelle betont, dass innerhalb der grafischen Industrie Eingriffe im Bereich der Personenbezeichnungen im Allgemeinen *nicht* zu den Kompetenzen von Korrektoren und Korrektorinnen gehören; sie können den Schreibenden höchstens einen Rat geben. Bei *einer* Erscheinung sind Eingriffe allerdings erlaubt: bei der *Kongruenz* im Geschlecht (→ 773 ff.): Frau Dr. Hangartner ist Chef der Abteilung. (Richtig: ... ist *Chefin* ...) Yvonne Greub ist Fachmann auf diesem Gebiet. (Richtig: ... ist *Fachfrau* ...) Der *Rektor* der Universität, Frau Prof. Dr. Meyer, eröffnete die Tagung. (Richtig: Die *Rektorin* ...)	1632

Dialekt und Hochsprache

Das Nebeneinander von Dialekt (gr. *dialektos* = Unterredung, Landessprache) und Hochsprache stellt manche Probleme und gibt beim Korrigieren häufig Gelegenheit zu Eingriffen in den Text. Doch ist hier Vorsicht geboten. Nicht alles, was als mundartlich zu betrachten ist, braucht aus der Schriftsprache verbannt zu werden. Mundartliche Ausdrücke oder Wendungen oder auch nur mundartlich gefärbte Wörter, bewusst und am richtigen Ort ins Schriftdeutsche gemischt, können von einer Wirkung und einer Treffsicherheit sein, die mit rein schriftsprachlichen Mitteln nicht zu erreichen wären.	1633
Etwas anderes ist es, wenn Leute, die mit der Schriftsprache auf dem Kriegsfuß stehen, Dialektwörter und -wendungen in ihr Schriftdeutsch mischen in der Meinung, dies sei gutes Deutsch. Zweifellos gehört es für die grafische Industrie zum Dienst an der Sprache, hier verbessernd einzugreifen:	1634

Kaufen Sie bei uns! Sie werden *sich nicht reuig sein* (statt richtig: Sie werden *es nicht bereuen* oder: Sie werden *nicht reuig sein*). Das *fehlte sich* gerade noch *(fehlte gerade noch)*. *Da drüber* wurde nicht gesprochen *(Darüber)*. Es ist den Behörden nicht bekannt, *warum dass* Guggenbühl so plötzlich weggezogen ist (*warum* Guggenbühl). Man musste warten, *bis dass* die Formalitäten erledigt waren (*bis* die Formalitäten). Er hat nie *gelehrt*, sich anständig aufzuführen *(gelernt)*. Er versorgte die Kleider wieder im *Schaft* (im *Schrank*). Der Bauer wollte sofort mit ihm *abschaffen* (ihn *sofort bezahlen*). Die Arbeit geht ihm halt nicht mehr so *ring* (fällt ihm nicht mehr so *leicht*). Sie gab ihm eine *hässige* Antwort *(gehässige, gereizte)*.

1635 Daneben gibt es Wörter, die sowohl in der Mundart wie auch in der Schriftsprache vorkommen, deren andere schriftsprachliche Bedeutung vom Schreiber jedoch vielfach verkannt wird. Das häufig falsch angewandte *bereits* ist ein Beispiel dafür, ein anderes das Verb *vergönnen*:

Bereits heißt *schon*; es darf nicht für *fast* oder *beinahe* stehen. Also ist richtig: Er ist bereits (= schon) da gewesen. Falsch dagegen ist: ein bereits neues Auto. Eine bereits erledigte Arbeit ist demnach eine Arbeit, die *schon* – nicht *fast* – erledigt ist. Ebenso verschieden ist die schriftsprachliche von der mundartlichen Bedeutung beim Verb *vergönnen*. In der Mundart heißt *vergönnen* so viel wie das schriftsprachliche *missgönnen;* in der Schriftsprache dagegen bedeuten *gönnen* und *vergönnen* dasselbe. Man darf also schriftsprachlich sagen: Es war ihr vergönnt, den 80. Geburtstag bei voller Gesundheit zu feiern. Falsch ist dagegen: Ihr werdet ihm seinen Erfolg doch nicht etwa vergönnen (richtig: missgönnen).

Helvetismen

1636 Manches, was seine Grundlagen in den Mundarten oder in den Besonderheiten eines viersprachigen Landes hat, ist freilich in der Schweiz auch in der Schriftsprache heimisch geworden. Solche Besonderheiten nennt man *Helvetismen*. Es gibt auch Helvetismen, die weder einer Mundart noch einer andern Landessprache entstammen, sondern von den Schweizern eigens für die Schriftsprache geprägt worden sind (Beispiele: Vernehmlassung, Verlustschein, Tagliste). Allen Helvetismen ist gemeinsam, dass sie in der Schweiz schriftsprachlich anerkannt sind, außerhalb der Schweiz aber nicht gebraucht und zum Teil sogar nicht einmal verstanden werden. In Wörterbüchern sind sie gewöhnlich mit dem Zusatz «schweiz.» versehen. In Texten, die sich vornehmlich an Deutschschweizer richten, können sie ohne weiteres verwendet werden; in Texten, die sich an den gesamten deutschen Sprachraum wenden, sind sie nicht zu empfehlen.

Helvetismen gibt es in vielen Bereichen der Sprache; es gibt Helvetismen zum Beispiel 1637
im *Wortschatz:*
    nur in der Schweiz gebräuchliche Wörter → 1639–1642;
    allgemein gebräuchliche Wörter, die in der Schweiz in einer besondern Bedeutung
    gebraucht werden → 1643 f.

Helvetismen in der Wort- und Formenlehre:
    Nomen mit besonderem Geschlecht oder besonderer Pluralbildung → 1644–1647;
    Verben mit besonderen Flexionsformen (Präteritum, Partizip II) → 1728–1733;
    Gebrauch und Bildung des Perfekts → 57, 51;
    Wortbildung → 1640–1642.

Helvetismen in der Rechtschreibung und der Zeichensetzung:
    s-Schreibung → 1070;
    Fremdwörter → 1638;
    Ableitungen auf *-er* in Straßen-, See- und Bergnamen → 1226;
    Anrede in Briefen (→ 1115).

Als Angehörige eines viersprachigen Landes halten die Deutschschweizer bei fran- 1638
zösischen und italienischen Wörtern oft länger an der fremden Schreibung fest, als
dies Deutsche und Österreicher tun (→ 1095). Nun schreibt aber auch der Recht-
schreibduden in K 38: «Häufig gebrauchte Fremdwörter können sich nach und nach
der deutschen Schreibweise angleichen.» Und weiter: «In diesen Fällen sind oft sowohl die eingedeutschten (integrierten) als auch die nicht eingedeutschten Schreibungen korrekt.» Bei den folgenden Beispielen steht die schweizerische Schreibung
jeweils an erster Stelle, die im übrigen deutschen Sprachraum üblichen Formen folgen
in Klammern. Zu beachten ist, dass manche schweizerische Formen in den Wörterbüchern, die sich an den gesamten deutschen Sprachraum wenden, nicht berücksichtigt sind:
    Buffet (Büfett); (veraltend:) Carrosserie (Karosserie); Cognac (Kognak); Commu-
niqué (Kommuniqué, Kommunikee); Décolleté (meist: Dekolleté, Dekolletee); Enquête
(Enquete); Hors-d'œuvre, (Horsd'œuvre); Marroni (Maroni, Maronen); (veraltend:)
Menu (Menü); Occasion (Okkasion); Rendez-vous (Rendezvous)

Einige dieser Wörter werden entweder nur in der Schweiz oder mit einer schweizerischen Sonderbedeutung gebraucht, beispielsweise *Buffet* (schweizerisch auch:
Bahnhofgaststätte, sonst nur: Anrichte, Geschirrschrank, Theke), *Occasion* (schweizerisch für: Gelegenheitskauf). Bei andern Wörtern, so etwa bei *Korps, Depot, Plädoyer,
Porträt,* wird auch in der Schweiz die halb eingedeutschte Form gebraucht, wie sie in
den übrigen deutschsprachigen Gebieten üblich ist; vgl. dazu auch → 1094.

1639 Die folgenden Wörter werden nur in der Schweiz gebraucht:

antönen (andeuten)
äufnen (Geld vermehren)
Ausstand, der (das vorübergehende Verlassen eines Gremiums)
Bauersame, die (die Bauernschaft)
Baugespann, das; Bauprofil, das (die Stangen zum Anzeigen der Ausmaße eines geplanten Gebäudes)
behaften (beim Wort nehmen)
Beige, die (der Stapel)
Beilage, die (die Anlage; als Vermerk im Brief)
bemühend (unerfreulich, lästig)
besammeln (sammeln, versammeln)
Betreffnis, das (der Anteil)
Bettanzug, der (der Bettbezug)
bis und mit (bis einschließlich)
Bise, die (der Nordostwind)
Blocher, der (der Bohner)
Blust, der/die/das (das Blühen, die Blütezeit)
ennet (jenseits)
festen (feiern)
Flaumer, der (der Mopp)
Freinacht, die (die Nacht ohne Polizeistunde in einem Restaurant)
Genosssame, die (die Genossenschaft, der Gemeindebezirk)
Gipfel, der (als Gebäck: das Hörnchen)
halt (als Partikel: eben, wohl, ja, schon)
heimatberechtigt (das Bürgerrecht besitzend)
Hock, der (das gesellige Beisammensein)
innert (innerhalb)
Kartoffelstock, der (das Kartoffelpüree)
Klus, die (die Schlucht, Enge)
Lehrtochter, die (das Lehrmädchen, die Auszubildende)
Nuller, der (die Null)
pfaden (einen Weg durch Schnee bahnen)
Pikett, das (die einsatzbereite Mannschaft)
Pintenkehr, der/die (die Zechtour)
Probezeit, die (die Bewährungsfrist)
Rank, der (die Kurve)
Rappenspalter, der (der Geizhals, Pfennigfuchser)
rätig werden (beschließen, übereinkommen)
ringhörig (schalldurchlässig)
Salär, das (das Gehalt, der Lohn)
Schneckentänze, die (unnötige Umstände, überflüssige Komplimente)
Schnupperlehre, die (die Probelehre)
speditiv (rasch, zügig, zielstrebig)
Spital, das (das Krankenhaus)
Sodbrunnen, der (der Ziehbrunnen)
Strange, die (der Strang [Wolle])
Tobel, das (die Waldschlucht)
Traktandum, das (der Verhandlungsgegenstand)
Tranksame, die (das Getränk)
urchig (urwüchsig, echt)
Velo, das (das Fahrrad)
währschaft (echt, dauerhaft)
Wirz, der (der Wirsing)
zügeln (umziehen)

Typisch schweizerisch sind Personenbezeichnungen auf *-er* und *-ler*: 1640

Bähnler, der (der Eisenbahner)	Kindergärt(e)ler,
Bergler, der (der Bergbewohner)	der (Kindergartenschüler)
Bezüger, der (der Bezieher)	Magaziner (der Magazinarbeiter)
Einzüger, der (der Einzieher)	Pfader (Pfadi), der (der Pfadfinder)
Jahrgänger, der (die Person gleichen Jahrgangs)	Pöstler, der (der Postbeamte, der Briefträger)

Manchmal zieht man in der Schweiz Bildungen auf *-er* vor, wo im übrigen deutschsprachigen Gebiet Bildungen mit *-ler* üblich sind; diese Bildungen auf *-ler* gelten in der Schweiz oft als abwertend: 1641

der Gewerkschafter (Gewerkschaftler); der Wissenschafter (Wissenschaftler)

In der Schweiz werden häufiger als im übrigen deutschsprachigen Gebiet von Verben endungslose, meist männliche Nomen (Verbalnomen) abgeleitet: 1642

Beschrieb, der (die Beschreibung)	Verschrieb, der (die Verschreibung, der Schreibfehler)
Hinschied, der (das Ableben, der Tod)	Vorhalt, der (die Vorhaltung)
Unterbruch, der (die Unterbrechung)	Vorkehr, die (die Vorkehrung)
Verlad, der (die Verladung)	

Andere, gleich oder ähnlich gebaute Verbalnomen werden hingegen im ganzen deutschen Sprachgebiet gebraucht, so beispielsweise: *Besuch, Umkehr, Anbruch, Umbruch, Zusammenbruch, Betrieb, Verbleib, Unterschied.* Die schweizerischen Sonderformen sind nach diesen Mustern gebildet worden.

Die folgenden Wörter werden in der Schweiz mit einer *abweichenden* oder einer *zusätzlichen Bedeutung* gebraucht: 1643

Estrich, der (Dachboden; sonst nur: besondere Art Bodenbelag)	Buße, die (Geldstrafe; sonst meist nur im religiösen Sinn oder in der Zusammensetzung Geldbuße)
Gewerbe, das (in Teilen der Schweiz: das Bauerngut; sonst nur im Sinn von: berufsmäßige Tätigkeit)	Schriften, die (Sonderbedeutung: Ausweispapiere; sonst nur allgemein als Plural von Schrift)
Krampf, der (schwere Arbeit; sonst nur im Sinn von Verkrampfung)	Vortritt, der (Sonderbedeutung: Vorfahrt; sonst nur in Wendungen wie: den Vortritt geben, haben)
Sack, der (Beutel, Tasche; auch in Zusammensetzungen wie: Sackmesser, Sackgeld, Hosensack, Brotsack)	Milieu, das (Halbwelt; sonst nur im Sinn von: soziale Umgebung)

Quartier, das (Stadtviertel; sonst nur im Sinn von: Unterkunft)

begrüßen (in der Politik: Gelegenheit geben, sich zu einer geplanten Maßnahme zu äußern; mit einem Wunsch an eine Instanz herantreten; sonst nur im Sinn von: den Gruß geben)

fest (vollschlank; sonst nur im Sinn von: starr, sicher, beständig)

versorgen (bei Sachen: [geordnet] aufbewahren; bei Personen: verwahren; sonst nur im Sinn von: mit dem Lebensnotwendigen versehen)

harzig (mühsam; sonst nur im Sinn von: mit Harz bestrichen)

eintreten (in der Politik: sich einlassen auf etwas; sonst wörtlich: hineingehen)

1644 Die folgenden Nomen haben in der Schweiz neben der abweichenden Bedeutung auch *grammatische Besonderheiten* (Genus, Deklination):

Billett, das; -s, -s/-e (Fahrkarte, Einlasskarte; sonst nur im Sinn von: Briefchen, Zettelchen)

Kamin, das (Schornstein); sonst: der Kamin (offene Feuerstelle)

Magistrat, der; -en, -en (schweiz.: Amtsperson); sonst: Magistrat, der; -s, -e (Amtsbehörde)

Radio, der/das (Empfangsgerät); sonst: das Radio

Resten, die (nur Plural: verwertbarer Restposten); neben sonstigem: Rest, der; -(e)s, -e (Überbleibsel, Abfall)

Spargel, die; -, -n (für den einzelnen Trieb; meist Plural); sonst: Spargel, der; -s, - (als Sammelbezeichnung; meist Singular)

Zins, der; -es, -e (schweiz., südd., österr.: Miete); sonst: Zins, der; -es, -en (Kapitalgewinn)

1645 Manche Nomen werden in der Schweiz in der allgemein üblichen Bedeutung gebraucht, weichen aber grammatisch ab. Die folgenden Nomen haben ein *anderes Genus* (in Klammern das außerhalb der Schweiz übliche Genus):

der (die) *Couch*, der (die) *Salami*

die (Duden nur: der) *Scheitel*, die (der) *Schoß* (für das Kleidungsstück auch in Österreich: die Schoß), die (das) *Foto*, die (das) *Matur* (feminin nur: die Matura), die/das (das) *Servitut*

das (der) *Pyjama*, das/der (Duden nur: der) *Pavillon*, das (Duden nur: der) *Bikini*, das (die) *Malaise*, das/der (Duden nur: der) *Torpedo*, der/das (Duden nur: das) *Après-Ski*, das (die) *Tram*, das (der) *Kader* (Kader wird in der Schweiz nicht gebraucht für den einzelnen Angehörigen), das (die/das) *Cola*

1646 *Maßbezeichnungen auf -er* werden in der Schweiz nur männlich, im übrigen deutschen Sprachgebiet gelegentlich noch sächlich gebraucht: *der Meter, der Millimeter, der Kilometer, der Liter, der Deziliter*. Abweichend sind auch die *Flächenmaße*. In der Schweiz sagt man: *die Are, die Hektare,* sonst (mit anderem Wortausgang): *das/der Ar, das/der Hektar*.

Mit den Maßbezeichnungen verwandt sind *Bruchzahlen* auf *-tel/-stel*. In der Schweiz werden sie vorwiegend männlich gebraucht, sonst sächlich. Schweizerisch: *der/das Drittel, der/das Zehntel, der/das Tausendstel.* Einzig in der Bedeutung «Stadtteil» auch in der Schweiz nur: *das Viertel.*

Helvetische Besonderheiten finden sich auch in der *Pluralbildung:*   **1647**
die Pärke (Parks, Parke), die Crèmen/Crèmes/Cremen (Cremes), die Scheiter (Scheite), die Bögen (auch süddeutsch), die Krägen

Manche Nomen auf *-ment* werden in der Schweiz (auch) deutsch ausgesprochen; sie haben dann den Plural *-mente:*
die Abonnemente, die Etablissemente, die Reglemente, die Signalemente, die Departemente

Die Feiertage *Weihnachten, Ostern, Pfingsten* werden in Süddeutschland, Österreich und der Schweiz als Plurale aufgefasst, sonst meist als sächliche Singulare:
Diese Pfingsten waren schon wieder verregnet. (Sonst: Dieses Pfingsten war schon wieder verregnet.)

Aber allgemein üblich:
Frohe Weihnachten! Schöne Ostern!

Der Konjunktiv in der indirekten Rede

Heute etwas schwierig zu beschreiben ist die richtige Anwendung des Konjunktivs.   **1648**
Lesen, (Radio-)Hören und (Fern-)Sehen setzen den Sprachteilnehmer den Einflüssen unterschiedlicher, weil weit entfernter Sprachregionen aus, die den Konjunktiv ebenso unterschiedlich handhaben; das beeinflusst die früher zwanglos von der Mundart überkommene Sicherheit in der Anwendung dieses Modus. Wir halten das Gültige fest:

Die indirekte Rede wird im Deutschen mit dem Konjunktiv gekennzeichnet, und zwar grundsätzlich mit dem Konjunktiv I, ganz unabhängig von der Zeitform des Hauptsatzes:
Der Koch *sagt,* die Suppe *sei* schlecht.
Der Koch *sagte,* die Suppe *sei* schlecht.

1649 Da aber der Konjunktiv I gewisser Verben sich nicht in allen Personalformen deutlich vom Indikativ unterscheidet, wird dann, wenn die beiden Personalformen Indikativ und Konjunktiv I gleich lauten, der Konjunktiv II verwendet anstelle des Konjunktivs I:

Der Koch *glaubt*, ich *hätte* Hunger.   Der Koch *glaubt*, du *habest* Hunger.
Der Koch *glaubte*, ich *hätte* Hunger.   Der Koch *glaubte*, du *habest* Hunger.

Dieses Nebeneinander der Formen von Konjunktiv I und II in der indirekten Rede wird als *gemischter Konjunktiv* bezeichnet. Doch handelt es sich hier nicht um eine eigenständige Formenreihe, sondern um eine regelgeleitete Auswahl aus zwei konkurrierenden Formenreihen.

1650 Der Konjunktiv II tritt aber immer häufiger auch dort auf, wo der Konjunktiv I an sich noch möglich wäre:

Der Koch *sagt*, die Suppe *wäre* schlecht.
Der Koch *sagte*, die Suppe *wäre* schlecht.

Um das Maß der Vielfalt voll zu machen, wird bei ungewöhnlichen Formen oder bei schwachen Verben auch noch die Umschreibung mit *würde* verwendet (→ 53, 54.2, 80.3):

Der Koch *meinte*, ich *würde* die Suppe *probieren*.

1651 Für die Vermischung gibt es neben dem Grund, dass der Konjunktiv I nicht mehr bei allen Verben eine Formenreihe aufweist, die sich vollständig vom Indikativ abhebt (→ 1649), wenigstens noch den andern, dass in der Umgangssprache weiter Gebiete des deutschen Sprachraums fast ausschließlich der Konjunktiv II gebraucht wird, sodass sich von dort her der Konjunktiv II in die Schriftsprache ausgebreitet hat.

Die heutigen Grammatiken haben das Nebeneinander von Konjunktiv I und Konjunktiv II weitgehend akzeptiert. Gute Stilisten haben sich mit dem uneingeschränkten Gebrauch des Konjunktivs II in der indirekten Rede allerdings noch nicht anfreunden können. Dies gilt besonders für die Deutschschweiz, in deren Mundarten der Konjunktiv I nach wie vor sehr lebendig ist, was das Sprachgefühl für den Unterschied von Konjunktiv I und Konjunktiv II auch in der Standardsprache wach hält.

Die folgenden stilistischen Empfehlungen versuchen diesen Bedenken Rechnung zu tragen. Wie bei allen im engern Sinn stilistischen Fragen handelt es sich hier nicht um eine Frage von Richtig oder Falsch, sondern um eine von Gut oder Besser. Der Ball liegt also beim Verfasser. Abgesehen von besonderen Kundenwünschen, wird man in der grafischen Industrie hier nur dann korrigierend eingreifen, wenn hausinterne Regelungen dies erlauben – was bei Publikationen sinnvoll ist, deren inhaltliche und stilistische Verantwortung im eigenen Betrieb liegt, zum Beispiel bei Zeitungen und Zeitschriften.

Wir empfehlen folgende Regeln für den Gebrauch des Konjunktivs in der indirekten Rede: 1652

1. In der indirekten Rede verwendet man den Konjunktiv I, sofern er in der Form nicht mit dem Indikativ zusammenfällt, andernfalls den Konjunktiv II.
2. Beim Konjunktiv II sind die einfachen Formen den Umschreibungen mit *würde* vorzuziehen.

Die folgenden Muster veranschaulichen, wie sich diese stilistischen Regeln auf einige typischen Verben auswirken. Die Pfeile deuten an, welche Konjunktivformen zum Zug kommen: Wenn sich die Konjunktiv-I-Formen vom Indikativ unterscheiden (Zeichen: ≠), werden diese gewählt (Pfeil von links), sonst diejenigen des Konjunktivs II (Pfeil von rechts): 1653

Indikativ		*Konjunktiv I*		**Indirekte Rede**		*Konjunktiv II*
ich frage	=	ich frage		ich **fragte**	←	ich **fragte**
du fragst	≠	du **fragest**	→	du **fragest**		du fragtest
er fragt	≠	er **frage**	→	er **frage**		er fragte
wir fragen	=	wir fragen		wir **fragten**	←	wir **fragten**
ihr fragt	≠	ihr **fraget**	→	ihr **fraget**		ihr fragtet
sie fragen	=	sie fragen		sie **fragten**	←	sie **fragten**
ich warte	=	ich warte		ich **wartete**	←	ich **wartete**
du wartest	=	du wartest		du **wartetest**	←	du **wartetest**
er wartet	≠	er **warte**	→	er **warte**		er wartete
wir warten	=	wir warten		wir **warteten**	←	wir **warteten**
ihr wartet	=	ihr wartet		ihr **wartetet**	←	ihr **wartetet**
sie warten	=	sie warten		sie **warteten**	←	sie **warteten**
ich trage	=	ich trage		ich **trüge**	←	ich **trüge**
du trägst	≠	du **tragest**	→	du **tragest**		du trügst
er trägt	≠	er **trage**	→	er **trage**		er trüge
wir tragen	=	wir tragen		wir **trügen**	←	wir **trügen**
ihr tragt	≠	ihr **traget**	→	ihr **traget**		ihr trügt
sie tragen	=	sie tragen		sie **trügen**	←	sie **trügen**
ich kann	≠	ich **könne**	→	ich **könne**		ich könnte
du kannst	≠	du **könnest**	→	du **könnest**		du könntest
er kann	≠	er **könne**	→	er **könne**		er könnte
wir können	=	wir können		wir **könnten**	←	wir **könnten**
ihr könnt	≠	ihr **könnet**	→	ihr **könnet**		ihr könntet
sie können	=	sie können		sie **könnten**	←	sie **könnten**

Indikativ		*Konjunktiv I*		**Indirekte Rede**		*Konjunktiv II*
ich bin	≠	ich **sei**	→	ich **sei**		ich **wäre**
du bist	≠	du **sei(e)st**	→	du **sei(e)st**		du **wärest**
er ist	≠	er **sei**	→	er **sei**		er **wäre**
wir sind	≠	wir **seien**	→	wir **seien**		wir **wären**
ihr seid	≠	ihr **seiet**	→	ihr **seiet**		ihr **wäret**
sie sind	≠	sie **seien**	→	sie **seien**	←	sie **wären**
ich habe	=	ich habe		ich **hätte**		ich **hätte**
du hast	≠	du **habest**	→	du **habest**		du **hättest**
er hat	≠	er **habe**	→	er **habe**	←	er **hätte**
wir haben	=	wir haben		wir **hätten**		wir **hätten**
ihr habt	≠	ihr **habet**	→	ihr **habet**	←	ihr **hättet**
sie haben	=	sie haben		sie **hätten**	←	sie **hätten**
ich werde	=	ich werde		ich **würde**		ich **würde**
du wirst	≠	du **werdest**	→	du **werdest**		du **würdest**
er wird	≠	er **werde**	→	er **werde**	←	er **würde**
wir werden	=	wir werden		wir **würden**		wir **würden**
ihr werdet	≠	ihr **werdet**	→	ihr **würdet**	←	ihr **würdet**
sie werden	=	sie werden		sie **würden**		sie **würden**

1654 Die Regeln über den gemischten Konjunktiv gelten auch für die *zusammengesetzten Zeitformen:* Erwin *gibt* (oder *gab*) vor, ich *hätte* ihn geschlagen, du *habest* ihn geschlagen. Anna hofft, ich *würde* rechtzeitig ankommen, du *werdest* rechtzeitig ankommen.

1655 – Ebenso beim *Passiv:* Man fürchtet, ich *würde* betrogen, du *werdest* betrogen.

Als Beispiel für den Gebrauch des gemischten Konjunktivs sei hier eine Stelle aus Gottfried Kellers «Martin Salander» zitiert:

«Die Magdalena hat mir geschworen, dass es in aller ehrbaren Sitte *zugehe*. Sie *sähen* sich höchstens des Monats einmal, und die Mädchen *hielten* die jungen Menschen streng in den Schranken eines sogar pedantischen Verkehrs. Wenn man nicht wie ein Sperber *aufpasse*, so *merke* man kaum, dass zwei Liebespaare zusammen *seien*.»

Der Druckfehlerteufel und seine Widersacher

Dass trotz dem «lobenswerten Streben» nach Fehlerfreiheit wohl jedes Textverfassers und sicher jedes Korrektors diese Fehlerfreiheit in gedruckten Texten nicht immer erreicht wird, liegt nicht nur an der menschlichen Unzulänglichkeit. Es liegt auch an den Arbeitsbedingungen im Allgemeinen, im Besondern an der für Korrekturarbeiten zur Verfügung stehenden Zeit. Gerade bei der Herstellung einer Zeitung erhöhen sich die fehlerträchtigen nichtmenschlichen Faktoren in überdurchschnittlichem Maß. Es dürfte daher auch für die Leser dieses Buches nicht uninteressant sein, von fachkundiger Seite Begründungen zu hören für stehen gebliebene Fehler und zugleich einen Einblick zu tun in einen Teilbereich des grafischen Schaffens, den der Kontrolle. Sofern sprachliche Qualität gefordert wird und geleistet werden soll, hängt nämlich das grafische Schaffen in diesem Bereich der Prüfung und der Korrektur trotz dem Einsatz des Computers (trotz «automatischer Silbentrennung», trotz «Rechtschreibkontrolle», trotz «Thesaurus») vom dafür ausgebildeten Menschen, sprich Korrektor, ab. Es ist auch im Computerzeitalter eine Illusion, zu glauben, der Textverfasser könne in Personalunion zusätzlich Typograf und Korrektor sein. Hier führt nur das Zusammenwirken verschiedener Fachleute zu einem guten Ende.

Dieser Einblick in das grafische Schaffen ist zuerst erschienen in Nr. 218 B. der «Neuen Zürcher Zeitung» vom 6.4.1968; er stammt von *Walter Heuer*, ihrem damaligen Chefkorrektor. (Der Grund war ein versehentlich im Blatt abgedruckter unkorrigierter Artikel.)

Hochgeschätzte, liebe Leser!

Gestatten Sie dem Chefkorrektor dieses Blattes, sich einmal in eigener Sache an Sie zu wenden. Der nachgerade kaum noch zu bewältigende Briefwechsel mit Lesern, die mit meiner und meiner Mitarbeiter Leistung nicht zufrieden sind, lässt es mir angezeigt erscheinen, statt vieler einmal einen einzigen, aber offenen Brief zu schreiben und dabei etwas weiter auszuholen, indem ich einiges zu erklären versuche, wovon die meisten Zeitungsleser keine Ahnung haben können.

Ich weiß und bedaure es selbst am tiefsten: Oft genug haben Sie unsertwegen Grund zu Ärger und Verdruss. Wenn Sie da so geruhsam beim schwarzen Kaffee im Lehnstuhl sitzen und Ihr Leibblatt lesen, dann kann es nicht ausbleiben, dass Sie ab und zu die Stirne runzeln. Nicht immer geschieht solches des Inhalts wegen, mit dem Sie vielleicht nicht ganz einverstanden sind. Oft – ich gebe es zu: viel zu oft – sind es sprachliche Ungereimtheiten, ist es eine *Häufung von Druckfehlern*, die Ihren Unwillen erregen. Ist es dann einmal gar zu arg, haben Sie das Gefühl, was Ihnen da an Nachlässigkeiten geboten werde, überschreite nun wirklich das Maß des in einem solchen Blatt Erlaubten, dann lassen Sie es beim Stirnrunzeln nicht bewenden. Sie setzen sich an den Schreibtisch und schreiben dem Chefredaktor höchstpersönlich einen Brief, der also beginnt: «Sehr geehrter Herr Chefredaktor! Als regelmäßiger Leser Ihrer geschätzten

Zeitung möchte ich mir erlauben, Sie auf einen Umstand aufmerksam zu machen, der Ihnen in Anbetracht Ihrer angestrengten beruflichen und politischen Tätigkeit entgangen sein dürfte: Ist Ihnen bewusst, dass Ihre geschätzte Zeitung von orthographischen und sprachlichen Fehlern strotzt und an Druckfehlern beinahe eine Rekordleistung vollbringt? ...» Oder Sie schicken, wenn beispielsweise die erste Nummer des neuen Jahres am Berchtoldstag ihr Missfallen erregt hat, Ihre Zeitung mit vielen rot angestrichenen Fehlern dem Chefkorrektor und legen Ihre Visitenkarte bei mit dem lakonischen Vermerk: «Mit freundlichen Grüßen und zwecks allfälligen Nachholens von Neujahrsvorsätzen.» [...]

Solche Fehler sind – das dürfen Sie mir glauben – niemandem ein größeres Ärgernis als dem Chefkorrektor des Blattes selbst. Niemand weiß aber auch besser, dass solche Versager kaum in einem anspruchsvollen, mit aller Sorgfalt unter großem Zeitaufwand hergestellten Buch, geschweige denn in der Zeitung zu vermeiden sind, weil – nun, weil hier wie dort der sattsam bekannte kleine Kobold ständig auf der Lauer liegt und keine Gelegenheit vorbeigehen lässt, uns ein Schnippchen zu schlagen: *der Druckfehlerteufel.*

Von unserm Jammer mit dem Druckfehlerteufel könnten wir alle, die wir an der Zeitung arbeiten, ein Liedlein singen. Ist doch der böse Kobold längst aus den Setzersälen ausgebrochen und hat sein Revier nach allen Seiten erweitert. Er sitzt neben dem Autor auf dem Schreibtisch und bläst ihm ein falsches Wort oder eine falsche Schreibweise ins Ohr; er hüpft ungesehen bei der Nachrichtenagentur auf den Tasten des Fernschreibers herum und bringt Buchstaben und Wörter durcheinander; er schleicht sich neben die Redaktionssekretärin, während sie die telefonischen Berichte aus aller Welt abnimmt, und sorgt für ein bisschen Geräusch in der Leitung, sodass die *Thrazier* in Mazedonien zu *Drahtziehern* werden, dass einem Turnveteranen statt einer *Jahn*-Büste eine *Zahnbürste* überreicht wird, dass das *Transport House* in London sich in ein *Rennsporthaus*, der Berner *Bärengraben* in einen *Ehrengraben* und eine *Propagandathese* sich in einen *Propagandakäse* verwandelt. Dann huscht er ins Büro des diensttuenden Redaktors, der die telefonisch aufgenommenen Berichte zu bearbeiten hat, schläfert seine Aufmerksamkeit etwas ein oder lenkt ihn ab, sodass er im Manuskript die Hörfehler nicht merkt. Und noch ehe das Manuskript per Rohrpost in der Setzerei anlangt, ist das Teufelchen auch schon da in seinem angestammten Reich und sorgt dafür, dass dem Setzer, der Setzerin die Buchstaben vor den Augen tanzen und sie recht oft auf die falschen Tasten drücken. So wird denn die *Kollusion* zur *Kollision*, ein *Eklektiker* zum *Elektriker*, die *kosmische* Strahlung zur *kosmetischen* Strahlung und ein *Studentenhaus* zum *Stundenhaus*. Moralische Hemmungen kennt der Druckfehlerteufel nicht. Es macht ihm gar nichts aus, zum maßlosen Entsetzen der Berichterstatterin über eine Modeschau ausgerechnet ein «Nonnenkleidchen» mit *Brustlatz* in ein solches mit *Brunstlatz* umzuschneidern.

Von solch üblen Streichen des Druckfehlerteufels haben Sie, liebe Leser, sicherlich schon gehört. Sie begreifen nur nicht, wie solches durch alle Filter bis in die gedruckte Zeitung kommen kann. Denn, so sagen Sie mit Recht, gegen diesen sündengrauen Bösewicht ist doch bei jeder anständigen Zeitung gewiss eine schlagkräftige Streitmacht aufgeboten: die *Korrektoren*. [...]

Damit bin ich bei jenem Punkt angelangt, über den einiges klarzustellen mir schon lange am Herzen liegt: bei der *Problematik der Korrektorenarbeit*. Vom Korrektor wird erwartet, dass er die Fehler anderer gutmache; ihm selbst aber sollten keine unterlaufen. Wird da nicht zu viel verlangt? Wird da nicht vergessen, dass auch hier nur Menschen, mit allen Schwächen und Mängeln behaftete Menschen und keine elektronisch gesteuerten Roboter am Werke sind?

Verübeln Sie mir es bitte nicht, liebe Leser, wenn ich Sie hier nun mit einigen Zahlen behellige. Genaue Untersuchungen haben seinerzeit ergeben, dass einer als guter Korrektor gelten darf, wenn ihm durchschnittlich fünf Prozent der Fehler entgehen. Mag das auf den ersten Blick auch viel scheinen, so will es doch immerhin heißen, dass von zwanzig Fehlern neunzehn gesehen werden. Von diesen neunzehn spricht man nie, weil niemand etwas von ihnen weiß; den zwanzigsten aber reibt man dem Korrektor unter die Nase. Und jeder glaubt natürlich, *er* hätte ihn gesehen – samt den neunzehn andern!

Zuverlässige Zählungen in der Korrektorenabteilung der NZZ haben die für Sie vielleicht erstaunliche Tatsache an den Tag gebracht, dass hier im Durchschnitt täglich an die 1600, an Föhntagen aber weit über 2000 Fehler aller Art ausgemerzt werden.[1] Darunter befinden sich viele Dutzende, für die der Korrektor gar nicht verantwortlich gemacht werden könnte, weil es sich um sachliche Irrtümer und Versehen handelt, die dem Verfasser unterlaufen und dem Redaktor entgangen sind. Dabei ist zu berücksichtigen, auf wie vieles der Korrektor gleichzeitig zu achten hat: Übereinstimmung mit dem – oft alles andere als deutlichen – Manuskript, Tast-, Interpunktions- und Rechtschreibfehler, grammatische und grobe stilistische Verstöße, Einheitlichkeit der Schreibweise von Namen und anderes mehr – und dies alles in *einem* Arbeitsgang. [...] Würde wohl jeder, der von uns Unfehlbarkeit erwartet, sich selbst diese Leistung zutrauen, und würde er auch in der letzten Arbeitsstunde noch für volle Wachheit, für hundertprozentige geistige Präsenz garantieren können – selbst wenn ihn das Kopfweh plagt, wenn der «Pfnüsel» ihm die Augen trübt oder wenn gar private Sorgen ihn bedrücken?

Das, liebe Leser, durfte wohl einmal gesagt werden. Nicht dass damit alles zu entschuldigen wäre, was Sie an unserer Arbeit etwa auszusetzen haben mögen. Nachlässig-

---

[1] Das war noch zu Zeiten des Bleisatzes. Mit neuen Satzherstellungsverfahren – die aber auch zu einer Verminderung der Kontrollgänge geführt haben – sind es heute wesentlich weniger, gelegentlich aber tückischere. Die grundsätzlichen Überlegungen dieses Briefes haben ihre Gültigkeit behalten. M. F./P. G.

keit und Unaufmerksamkeit kommen in einer Korrektorenabteilung gewiss nicht seltener, aber auch nicht häufiger vor als anderswo. Im Kampf gegen den Druckfehlerteufel gibt es deshalb zwar täglich Hunderte von Siegen, daneben aber unvermeidlicherweise auch einige Niederlagen. Freilich, wenn wir etwas mehr Zeit hätten, wenn wir gar, wie schon Hieronymus Hornschuh es 1634 in seiner «Orthotypographia» forderte, alles, was man «den correctoribus vertrawe und befehle ... zwey- oder dreymal recognosciren und überlesen» könnten, dann würden wohl die Druckfehler auch in der Zeitung zur Seltenheit. Da wir aber die Zeit hiezu nicht haben, nie haben werden, darf ich Sie nach all dem Gesagten vielleicht um eines bitten:

Sollten Sie wieder einmal im Begriffe stehen, sich über einen Druckfehler oder über einen sprachlichen Verstoß zu ärgern, sollte Ihnen je wieder die Frage auf der Zunge brennen: «Wo hat dieser Korrektor die Augen gehabt?» – dann versuchen Sie doch einen Augenblick, diesen einen ärgerlichen Fehler zu vergessen und an die hundert andern zu denken, die dank der Aufmerksamkeit ebendieses Mannes (oder ebendieser Frau) nicht mehr da sind. Und sollten Sie je von einem solchen Fehler gar persönlich betroffen werden, so versuchen Sie dies doch mit Gleichmut zu tragen und jene Größe aufzubringen, die ein bekannter Künstler an den Tag legte, als ihm der Druckfehlerteufel – unter meiner persönlichen Assistenz, wie ich zerknirscht gestehen muss – einen Streich gespielt hatte, einen Streich von ausgesuchter Niedertracht: Da hatte der Redaktor in der Besprechung einer Ausstellung von einem «stets geisteswachen und experimentierfreudigen Künstler» geschrieben. In der Zeitung war daraus, weil ich eine Korrekturzeile in der Hast zu wenig genau nachgeprüft hatte, ein geistes*schwacher* Künstler geworden. Der peinliche Fehler wurde erst am andern Tag entdeckt. Wie ich nun eben mit dem Redaktor erwog, ob ich mich vorsorglich beim Betroffenen entschuldigen solle, bevor er selbst auf den Fehler stieß, wurde uns bereits eine Postkarte auf den Schreibtisch gelegt mit dem erlösenden Text: «Lieber Herr Doktor Schlappner! Ob geisteswach, ob geistesschwach – ich lach! Ihr Hans Richter.»

Ich lach! Das, liebe Leser, wäre bei derartigen Betriebsunfällen für alle Beteiligten, auch für Sie, die einzig angemessene Haltung.

Mit freundlichen Grüßen

Ihr Walter Heuer

Häufige Fehler und Zweifelsfälle

Alles in seiner Macht stehende

1701 Nein! Richtig ist: Alles in seiner Macht Stehende. Die Regel (→ 1135) verlangt Großschreibung der Adjektive und Partizipien, wenn sie ohne nachfolgendes Nomen nach einem unbestimmten Zahlwort (Indefinitpronomen, unbestimmtes Zahladjektiv) stehen: *alles* Gute, *nichts* Neues, *viel* Belastendes, *manch* Gelungenes. Bei adjektivischen Partizipien kommt es nun sehr oft vor, dass eine nähere Bestimmung davorsteht. Solche Einschübe ändern jedoch nichts am Verhältnis zwischen Zahlwort und Partizip; die Pflicht zur Großschreibung bleibt bestehen: *alles von mir* **U***nternommene, nichts bei dieser Gelegenheit* **G***efundenes, viel wegen Feuchtigkeit* **V***erdorbenes, allerlei mit Fragezeichen zu* **V***ersehendes, manch auf alle Zeiten* **B***leibendes.* Und so auch: *alles in seiner Macht* **S***tehende, alles in ihrem Ermessen* **L***iegende.*

In- und außerhalb der Stadt

1702 Zusammenzüge solcher Art sind nicht statthaft. Der Ergänzungsstrich (→ 1328 ff.) zur Vermeidung von Wiederholungen darf nur verwendet werden, wenn er an die Stelle mehr oder weniger selbständiger Wortteile treten kann, vor allem also bei eigentlichen Wortzusammensetzungen: *Feld- und Waldblumen, auf- und untergehen, wasch- und lichtecht.* Der Bindestrich darf aber auch Wortteile ersetzen, die zwar als selbständige Wörter im gleichen Sinne nicht vorkommen, aber doch eine gewisse Selbständigkeit und Eigenbedeutung haben, wie zum Beispiel die Suffixe *-bar* und *-halb*: *weder sicht- noch hörbar, ober- und unterhalb.* Dabei muss jedoch auf sinngemäße Kürzung geachtet werden. So wenig man also *ob- und unterhalb* schreiben darf, so falsch ist das so häufig anzutreffende *in- und außerhalb.* Denn der Bindestrich steht nur für das Suffix *-halb*; also kann nur *inner- und außerhalb* richtig sein. Auch die Weglassung des Bindestrichs (in und außerhalb des Landes) ist als zumindest stilistisch schlecht abzulehnen. Die dadurch selbständig werdenden zwei Präpositionen regieren unterschiedliche Fälle und komplizieren die Zuordnung.

Devisenannahme und Abgabe, Gartenbäume und -Sträucher

1703 Noch häufiger als die falsche Kürzung (→ 1702) kommen zwei andere Fehler vor: dass der Ergänzungsstrich überhaupt weggelassen wird oder dass fälschlich ein großer Anfangsbuchstabe nach dem Bindestrich steht, wenn bei der Kürzung das Bestimmungswort weggelassen wird. Wenn die volle Form *Devisenannahme und Devisenabgabe* heißt, so muss bei Wegfall des Bestimmungswortes *Devisen* im zweiten Wort der Bindestrich an seine Stelle treten. Zudem muss nach dem Bindestrich *klein* weitergefahren werden, da ja auch der entsprechende Bestandteil des ersten Wortes *(annahme)* einen kleinen Anfangsbuchstaben hat. Richtig ist also: *Devisenannahme und -abgabe, Gartenbäume und -sträucher.*

Anders liegt der Fall, wenn schon das erste Wort der Verbindung gekuppelt, das Grundwort also schon dort großgeschrieben ist: *Ortsbürgergemeinde-Präsident und -Kassier, Holzbearbeitungs-Werkzeuge und -Maschinen.* Hier ist die Großschreibung nach dem Bindestrich richtig (→ 1330).

Heil Kräuter!

Nicht nur Ergänzungsstriche fehlen oft, sondern es fehlen überhaupt Bindestriche! Edith Hallwass gibt in einem ihrer vergnüglichen Sprachbücher einen Flüsterwitz aus dem tausendjährigen Reich weiter: Tünnes und Schäl, die beiden Hauptgestalten des Kölner Humors, sollen nach einer durchzechten Nacht den Heimweg nicht mehr gefunden haben. In der lauen Sommerluft legten sie sich einfach aufs Trottoir, einer Drogerie gegenüber. Als Tünnes am Morgen erwachte, schaute er wie verhext auf das Schaufenster des Ladens und rief schließlich verblüfft: «Schäl, mer hann dausend Johr jeschloffe. Süch dir ens an, wat do steht: ‹Heil Kräuter› – mer han en neu Reichsrejierung!»

1704

Der Drogist mit seinen Heil Kräutern hat längst Nachahmer gefunden. Mit dem schlechten Beispiel sind ausgerechnet jene vorangegangen, die sich einer sauberen Sprache besonders verpflichtet fühlen sollten: die Verleger und mit ihnen die Buchgestalter. Viele von ihnen scheinen die Gesetze der deutschen Wortbildung zu vergessen, sobald es um Firmennamen geht. Wer Bücherkataloge durchblättert, muss mit Bedauern feststellen, wie weit die Unsitte, zusammengehörige Namensteile wie im Englischen unverbunden nebeneinander zu stellen, im Verlagswesen um sich gegriffen hat. Wo noch vor einigen Jahren bei einer Verlagsgründung ein richtiger Verlag Karl Hauser entstanden wäre, schreibt man sich heute ebenso modisch wie falsch: Karl Hauser Verlag oder auch bloß Hauser Verlag.

Verlage, die sich noch Verlag Stämpfli & Cie., Verlag Huber & Co. oder – wenn die umgekehrte Reihenfolge vorgezogen wird – wenigstens orthographisch richtig Walter-Verlag, Weltwoche-ABC-Verlag schreiben, und Firmen, die ihre Art Directors etwas mehr in die Gesetze der deutschen Sprache einbinden, verdienen eine Ehrenmeldung. Was aber dem einen recht ist, ist dem andern billig. Man blättere in einem Geschenkkatalog oder in einer Zeitung und lese die Firmenlogos oder irgendeinen Text: Paul Scherrer Institut, Uster Galerie, die Gotthard Bank, HandelsZeitung, Iberia Gruppe, Dorf Garage, Graphia Senioren Treff, Super Stempel Spaß, Baby Gymnastik Center, Super Werkbank, Mephisto Schach Computer.

Bei Druckaufträgen (Akzidenzen) gilt für die Schreibweise der Firmen- und Markennamen in der Regel das Manuskript; in andern Fällen (Zeitungen, Zeitschriften, deren Leser die konsequente Anwendung der Rechtschreibregeln erwarten) kann die Richtigstellung von Firmennamen bedingt Aufgabe des Korrektorats sein. Die Hauptverantwortung jedoch tragen immer Verfasser und Redaktionen.

1705

Die Intermezzis, die Lohnminimas und eine monatlich erscheinende Periodika

1706 Das *s* ist zwar auch im Deutschen, besonders bei Fremdwörtern, ein häufiges Pluralzeichen (→ 109). Doch setze man es nur dort, wo es wirklich hingehört: die Hotels, die Genies, die Radios, die Kameras usw. Fehl am Platz ist dieses *s* jedoch dort, wo ein Wort schon eine andere Pluralendung hat. Besonders gefährdet sind hier die Neutra lateinischer Herkunft, die – wofür gerade das Wort Neutrum ein Beispiel ist – den Plural auf *-a* bilden, und die (im Deutschen meist sächlichen) italienischen Maskulina auf *-o*, deren Plural auf *-i* ausgeht. Man darf diesen Pluralendungen nicht noch ein zweites Pluralzeichen in Form eines *s* anhängen (→ 113).

Ein Kunde kann also nicht 100 Separat*as* bestellen, sondern nur 100 Separat*a*; nicht die Lohnminim*as*, sondern die Lohnminim*a* werden festgesetzt; es werden keine Sol*is* gesungen und keine Intermezz*is* beobachtet, sondern Sol*i* (Solos) und Intermezz*i*. Dass ein Restaurant allerdings statt Pizze auch Pizzas und Pizzen anbieten darf, ist dann wieder ein anderer Fall (→ 112).

1707 Falsch ist es auch, ein Wort wie *Periodika* als weiblichen Singular aufzufassen, wie dies in der grafischen Industrie oft geschieht. Man druckt dort «eine monatlich erscheinende Periodika» statt, wie es richtig heißt, «*ein monatlich erscheinendes Periodikum*» und hängt dem Wort, wo es im Plural erscheint, dann auch noch dieses überflüssige *s* an: Periodik*as*!

1708 Ebenso falsch ist der offenbar durch die Diplomatensprache vom Französischen her eingedrungene Singular *das Visa* mit der Pluralform *die Visas*. Richtig kann es auch hier nur heißen: *das Visum, die Visa* (→ 115).

Ein Mann ohne Skrupeln trägt die Koffern hinunter

1709 Wer sprachliche Skrupel hat, schreibt nicht Skrupeln, es sei denn im Dativ Plural (also: die Skrupel, *ohne Skrupel*, aber: mit Skrupeln) – und wer die Kraft dazu hat, trägt sprachlich richtig *die Koffer* hinunter.

Für diejenigen, die bei Nomen auf unbetontes *-el* oder *-er* gelegentlich Unsicherheiten bei der Bildung des Plurals verspüren, haben wir die wichtigsten Gesetzmäßigkeiten zusammengestellt (zum Sonderfall *Spargel* → 1644):

1710 1. *Männliche Nomen* bilden den Plural gewöhnlich endungslos, und zwar zum Teil mit Umlaut:

Ohne zusätzlichen Umlaut: der Skrupel → die Skrupel; der Strudel → die Strudel; der Makel → die Makel; der Würfel → die Würfel; der Hebel → die Hebel; der Bohrer → die Bohrer; der Pfarrer → die Pfarrer; *der Koffer → die Koffer*

Mit zusätzlichem Umlaut: der Mantel → die Mäntel; der Vogel → die Vögel; der Schnabel → die Schnäbel; der Vater → die Väter; der Bruder → die Brüder

Ausnahmen mit Endung *-n:* der Muskel → die Muskeln; der Stachel → die Stacheln; der Pantoffel → die Pantoffeln; der Bauer → die Bauern; der Vetter → die Vettern; der Bayer → die Bayern
Ausnahme mit Endung *-s:* der Tunnel → die Tunnels (auch: die Tunnel)

2. *Sächliche Nomen* sind im Plural endungslos (ohne zusätzlichen Umlaut): 1711
das Rudel → die Rudel; das Gerinnsel → die Gerinnsel; das Muster → die Muster; das Ruder → die Ruder; das Lager → die Lager; das Pflaster → die Pflaster
Ausnahme: das Kloster → die Klöster (Umlaut)

3. *Weibliche Nomen* haben die Pluralendung *-n* (ohne Umlaut): 1712
die Nadel → die Nadeln; die Wurzel → die Wurzeln; die Kartoffel → die Kartoffeln; die Zwiebel → die Zwiebeln; die Feder → die Federn; die Ader → die Adern; die Schwester → die Schwestern; die Mauer → die Mauern
Ausnahmen ohne Endung, mit Umlaut: die Tochter → die Töchter; die Mutter → die Mütter (aber für Schraubenteile: die Muttern; → 126)

Wenn bei einem Nomen auf *-el* das Geschlecht schwankt, schwankt meist auch die 1713
Pluralbildung. Dies ist bei *Partikel* der Fall. Dieses Nomen ist von Haus aus eigentlich weiblich (lat. *particula,* «Teilchen»): *die Partikel,* Plural entsprechend mit der Endung *-n: die Partikeln.* Daneben findet sich aber auch sächliches Geschlecht, vor allem in der Physik (mit der Bedeutung «Elementarteilchen»), seltener auch in der Sprachwissenschaft (mit der Bedeutung «unveränderliches Wort»); entsprechend heißt es dann: *das Partikel,* Plural: *die Partikel* (ohne Endung). Wir empfehlen, in der Grammatik das Wort als weibliches Nomen zu behandeln; der Gebrauch als sächliches Nomen kann aber angesichts der Praxis in den Naturwissenschaften nicht mehr völlig abgelehnt werden. Sicher falsch ist der Gebrauch als männliches Nomen: *der Partikel* (in falscher Anlehnung an: *der Artikel*).

500 Jahre nach Christi

Eine häufig anzutreffende falsche Form! Die Form *Christi* ist ein Genitiv, kann also nur 1714
in Fügungen mit dem Genitiv auftreten: 500 Jahre vor *Christi* Geburt (Genitivattribut), das Leiden *Christi* (Genitivattribut), sich *Christi* nicht schämen (Genitivobjekt).

In diesem Zusammenhang geben wir am besten die vollständige Deklination von 1715
Jesus Christus an. Es handelt sich um einen Namen, bei dem ganz oder teilweise noch lateinische Deklinationsformen üblich sind; es gibt nach dem lateinischen Vorbild sogar eine eigene Form für die Anrede, im Lateinischen Vokativ genannt:

	Ältere Formen	Jüngere Formen
Nominativ	Jesus Christus	Jesus Christus
Genitiv	Jesu Christi	Jesu Christi
Dativ	Jesu Christo	Jesus Christus
Akkusativ	Jesum Christum	Jesus Christus
Vokativ	Jesu Christe	Jesus Christus

Die Formen gelten nicht nur für die Namensverbindung, sondern auch, wenn man *Jesus* bzw. *Christus* allein gebraucht. Wie man sieht, ist im Genitiv auch bei den jüngeren Formen die lateinische Deklination allein üblich. Bei andern Namen finden sich lateinische Formen nur noch in festen Fügungen wie *Mariä* Himmelfahrt, die fünf Bücher *Mosis*.

Zurück zu unserem Problem: Es kann also nur heißen: 500 Jahre nach Christus (oder: nach Christo), im vierten Jahrtausend vor Christus (oder: vor Christo).

... unser gute Vater

1716   Ein häufiger, aber verständlicher Fehler! Nach der allgemeinen Regel muss auf ein dekliniertes Pronomen das Adjektiv ja in der schwachen Form folgen: jed*er* rechtschaffen*e* Mensch, dies*er* schön*e* Abend, all*er* gut*e* Wein. Diesen Gebrauch übertragen nun manche Schreiber auch auf die Possessivpronomen *unser* und *euer*. Hier ist aber das *-er* nicht Deklinationsendung, sondern Stammauslaut. Das Possessivpronomen ist endungslos vor einem männlichen Nomen im Nominativ Singular; das Adjektiv muss also selbst die starke Endung tragen (→ 217, 218, 318): mein lieb*er* Freund, sein neu*er* Wagen, ihr gut*er* Geschmack. Deshalb auch: unser gut*er* Vater, euer neu*er* Wagen, unser gut*er* Geschmack. Aber wenn das *Possessivpronomen* selbst die starke Endung trägt, natürlich: wegen eu(e)r*er* berechtigten Einwände, in mein*er* neuen Wohnung, aus unser*er* täglichen Erfahrung.

Gedenket unserer!

1717   Die Genitivformen des Personalpronomens können vom Possessivpronomen (→ 215) abgeleitet werden, und zwar mit Hilfe der Endung *-er:*

mein → meiner: Man erbarmte sich *meiner*.
dein → deiner: Wir harrten *deiner*.
sein → seiner: Einige erinnerten sich noch *seiner*.
ihr → ihrer: Die andern bedurften *ihrer*.

Dies gilt aber nicht für die 1. und 2. Person Plural, wo schon die Grundform des Possessivpronomens auf -er ausgeht; hier darf kein zusätzliches -er angehängt werden. Das Possessivpronomen und die Genitive des Personalpronomens haben also dieselbe Form:
    unser = unser: Der Lausbub spottet *unser* (nicht: *unserer, unsrer*).
    euer = euer: Die andern schämten sich *euer* (nicht: *euerer, eurer*).

Die zusätzliche Endung -er können nur Deklinationsformen des Possessivpronomens tragen:
    Der Lausbub spottet *unserer* Bemühungen.
    Die andern schämten sich *eurer* Untaten.

Ein solcher Verlust reut einem sehr

Das Indefinitpronomen (unbestimmte Fürwort) *man* ist nicht deklinierbar; es kommt nur im Nominativ vor. Im Dativ und Akkusativ verwendet man als Ersatz Formen von *einer* (→ 254): nämlich *einem* und *einen*.

    Viele schweizerische Mundarten haben nun für den Dativ und den Akkusativ nur *eine* Form, die (ursprüngliche) Dativform *äim* oder *eim*. Von da her hat sich ein Fehler in die Schriftsprache eingeschlichen, dem man immer wieder begegnet: *einem* statt *einen*. Nachstehend einige Beispiele mit richtigem und falschem Gebrauch von *einem*:
    Solches Benehmen muss *einem* weh tun (richtig: wem?). Ein solcher Verlust reut *einem* sehr (zu verbessern: *einen*, Frage: wen?). So sollte man *einem* nicht kommen (richtig: wem?). Bei solchen Überlegungen muten *einem* die schönen Worte des Bundesrates reichlich grotesk an (zu verbessern: *einen*, Frage: wen?). Das hätte man *einem* deutlicher sagen dürfen (richtig: wem?). Nichts freut *einem* so sehr wie unerwartetes, aber verdientes Lob (zu berichtigen: *einen*, Frage: wen?). Man macht das, was *einem* einfällt (richtig: wem?). So ist die Situation, die *einem* dort erwartet, alles andere als erfreulich (zu berichtigen: *einen*, Frage: wen?). Wir wollen Sie nicht deshalb mit einem unbeteiligten Ja oder Nein abspeisen, weil *einem* hie und da das viele Reden eine Belastung scheint und es *einem* langweilig anmutet, sich den ganzen Tag mit der Kundschaft herumzuschlagen (das erste *einem* ist richtig – scheint wem? –, das zweite falsch: mutet wen an?).

In Zweifelsfällen wende man die Frageprobe an: Auf «Wem?» antwortet «*einem*», auf «Wen?» dagegen immer «*einen*».

1718

Am Ersten jeden Monats, auf Grund welchen Gesetzes

1719 Die Deklination von Pronomen wie *dieser, jener, mancher, welcher* und die starke Deklination der Adjektive stimmen weitgehend überein (→ 224, 317):
Pronomen: dies*er* Kaffee, dies*e* Milch, dies*es* Wasser
Adjektiv: heiß*er* Kaffee, heiß*e* Milch, heiß*es* Wasser

Ein Unterschied besteht einzig im männlichen und sächlichen Genitiv des Singulars. Bei den Adjektiven findet sich nur noch die Endung *-en*:
rein*en* Herzens, trocken*en* Fußes (früher: rein*es* Herzens, trocken*es* Fußes)

Viele Pronomen enden vor einem Nomen der n-Deklination auf *-es*, vor einem Nomen der s-Deklination hingegen auf *-en* oder auf *-es* (wobei *-en* überwiegt):
der Verlust manch*es* Kollegen, die Ziele jed*es* Studenten (aber nach dem unbestimmten Artikel natürlich nur: eines jed*en* Studenten)
der Verlust manch*en* Freundes (manch*es* Freundes); auf Grund welch*en* Gesetzes (welch*es* Gesetzes); die Wurzel all*en* Übels (all*es* Übels); am Ersten jed*en* Monats (jed*es* Monats; nach dem unbestimmten Artikel nur: eines jed*en* Monats)

Bei *dieser* und *jener* sowie bei *ein, kein* und den Possessivpronomen gilt nur der Genitiv auf *-es* als richtig:
der Verlust dies*es* (jen*es*, mein*es*, unser*es*) Freundes; die Ziele dies*es* (jen*es*, ein*es*, kein*es*) Studenten; am Ersten dies*es* Monats (nicht: dies*en* Monats)

Wir Freisinnige

1720 «Wir Deutsche fürchten Gott, sonst nichts auf der Welt.» Dieser viel zitierte Ausspruch Bismarcks vor dem deutschen Reichstag am 6. Februar 1888 hat die Gemüter der Sprachgelehrten lange mehr in Wallung gebracht als die der Politiker. Der Streit der gelehrten Herren ging darum, ob Bismarck nicht hätte sagen sollen: «Wir Deutsch*en*...», grammatisch ausgedrückt, ob nach den Pronomen *wir* und *ihr* ein Adjektiv – auch ein nominalisiertes (substantiviertes) – stark oder schwach zu deklinieren sei.

Nach der allgemeinen Regel wird ein Adjektiv schwach dekliniert, wenn ihm ein dekliniertes Pronomen vorangeht. Aus dieser Sicht müsste es heißen: Wir Deutschen ... Nur ist hier das Pronomen nicht Attribut zum nominalisierten Adjektiv – im Gegenteil: Das Adjektiv ist enge Apposition zum Pronomen *wir*. Das Pronomen zählt daher nicht als Einleitewort, und das Adjektiv wäre demgemäß stark zu deklinieren. Dieser komplizierte Sachverhalt ist allerdings wenig durchsichtig. In der Sprachpraxis haben sich daher nach *wir* und *ihr* starke und schwache Formen herausgebildet. Heute gelten beide Formen als korrekt, wobei die schwache Form überwiegt (→ 322, 721): wir Freisinnig*en*, wir Deutsch*en*, wir Übermütig*en*, wir andersdenkend*en* Künstler, ihr ander*n*, ihr arm*en* Betrogen*en*, ihr Jung*en*, ihr lieb*en* Leute (aber, mit Komma, natürlich nur: ihr, lieb*e* Leute).

Im Gegensatz dazu setzt man nach den Pronomen der 1. und 2. Person Singular im Nominativ nach wie vor die starken Endungen: ich Elend*er*, du arm*er* Verlassen*er*. Im Dativ erlauben manche Grammatiken auch die schwachen Formen, die starken sind aber vorzuziehen: dir arm*em* Mann, mir alt*er* Frau. **1721**

Dass im *Akkusativ des Plurals* die *starke* Form so gut wie unerschüttert ist, schreiben die Grammatiker wohl mit Recht dem legitimen Unterscheidungstrieb der Sprache zu. Die schwache Form wäre nämlich dem *Dativ* gleich: uns Freisinnig*en*. Im Akkusativ schreibt aber kaum jemand anders als: Man hat uns Freisinnig*e* beschuldigt ... **1722**

Der Männerchor, an dessen diesjährigen Abendunterhaltung ich teilnahm ...

Das Demonstrativpronomen *der, die, das* und das gleich lautende Relativpronomen weisen im Genitiv als Stellvertreter Langformen auf: *dessen, deren* und *derer*. Von diesen können *dessen* und *deren* (nicht aber *derer*) ähnlich wie das Possessivpronomen vor ein Nomen treten. Sie sind syntaktisch Genitivattribute zum Nomen. Im Gegensatz zu den Possessivpronomen sind sie daher *unveränderlich*, sie können also keine Fallendungen wie zum Beispiel *-er* oder *-em* tragen. Ihnen folgende Adjektive müssen dementsprechend *stark* dekliniert werden (→ 318, 322) – anders gesagt: als Genitivattribute üben *dessen* und *deren* keinen Einfluss auf die Deklination folgender Wörter aus: **1723**

Sie sprach mit Anita und *deren best*er Freundin (falsch: mit ... *deren besten* Freundin, mit ... *derer besten* Freundin). Er sprach mit Anton und *dessen bestem* Freund (falsch: mit ... *dessen besten* Freund, mit ... *dessem besten* Freund). Der Gesuchte befand sich in Zürich oder *dessen engerer* Umgebung (falsch: in ... *dessen engeren* Umgebung). Unser Bild zeigt die erfolgreichen Schülerinnen und *deren Angehörige* (falsch: und *deren Angehörigen*). An den Gesprächen nahmen nur der Konzernchef und *dessen engste* Mitarbeiter teil (falsch: und *dessen engsten* Mitarbeiter). Der Betrieb besteht nur aus dem Chef und *dessen Angestelltem* (im Singular falsch: aus ... *dessen Angestellten*, aus ... *dessem Angestellten*).

Der Fernsehsender, *dessen neueste* Sendungen (falsch: *dessen neuesten* Sendungen) großen Anklang finden; das Bürogebäude, in *dessen oberstem* Stock (falsch: in *dessen obersten* Stock, in *dessem obersten* Stock) sich auch zwei Wohnungen befinden; die Pflanze, aus *deren knolliger* Wurzel (falsch: aus *deren knolligen* Wurzel, aus *derer knolligen* Wurzel) ein Gift gewonnen werden kann; der Verband, *dessen Delegierte* (falsch: *dessen Delegierten*) morgen tagen; der Politiker, von *dessen Geliebter* (falsch: von *dessen Geliebten*) Nacktfotos existieren; die Politikerin, von *deren Geliebtem* (falsch: von *deren Geliebten*, von *derem Geliebten*) Nacktfotos existieren.

Unsere Wendung in der Überschrift muss also richtig heißen:
Der Männerchor, an *dessen diesjähriger* Abendunterhaltung ich teilnahm ...

Eine Tat, derer wir uns schämen müssen

1724 Beim Gebrauch als Stellvertreter finden sich beim Pronomen *die* im weiblichen Genitiv Singular wie auch im Genitiv Plural aller drei Geschlechter zwei Formen: *derer* und *deren*. Diese Langformen (→ 222) werden wie folgt gebraucht:

1. In *vorwärts* weisender Bedeutung wird immer *derer* gewählt. Diese Verwendung kommt nur beim Demonstrativpronomen vor; *derer* kann dann durch *derjenigen* ersetzt werden:

Das Lohngefälle zuungunsten *derer (derjenigen)*, die Texte sprachlich verbessern; die Genugtuung *derer (derjenigen)*, die Gutes tun; die Sorgen *derer (derjenigen)* ohne feste Arbeit; die Burg *derer (derjenigen)* von Schartenfels. Erbarme dich *derer (derjenigen)*, die dich um Hilfe bitten!

2. In *rückwärts* weisender Bedeutung wird grundsätzlich *deren* gebraucht. Dies gilt vor allem, wenn das Pronomen *vor einem Nomen* steht (vorangestelltes Genitivattribut; vgl. auch → 1723):

Demonstrativpronomen: Isabel, Daniela und *deren* Freund sind auch gekommen. Mit der Schule, den Eltern und *deren* Weltbild hat Stefan zusehends Mühe. (*Deren* bezieht sich auf die letztgenannte[n] Person[en] oder Sache[n].)

Relativpronomen: Die Wohnung, in *deren* Küche die Leiche gefunden wurde, gehörte einem Bankprokuristen. Die Firma, *deren* Produkte du so angepriesen hast, hat Konkurs gemacht.

3. In *rückwärts* weisender Bedeutung steht *deren* außerdem *nach Präpositionen* und als *Genitivobjekt*:

Demonstrativpronomen: Es waren nette Leute; ich kann mich *deren* noch gut entsinnen. Im Westen lagen drei reiche Städte, und der Herzog wollte *deren* unbedingt habhaft werden. (Stilistisch besser ist die Wahl des Personalpronomens: Ich kann mich *ihrer* noch gut entsinnen. Der Herzog wollte *ihrer* unbedingt habhaft werden.)

Relativpronomen: Das ist eine Gemeinschaft, innerhalb *deren* sich alle wohl fühlen. Die Maschinen, mittels *deren* wir unsere Produkte herstellen, stammen aus der Schweiz. Die Sprungkraft, vermöge *deren* er diesen Sieg davontrug, verhalf ihm zu weiteren Erfolgen. Der Entscheid fiel nach der Staatsvisite, während *deren* Mitterrand mit Bundespräsident Ogi über diese Transitfragen gesprochen hatte. Die Paragraphen, auf Grund *deren* eine Verurteilung möglich ist, sind dem Verteidiger bekannt. Die Aufmunterung, *deren* wir dringend bedurften, kam schließlich per Post. Eine Bronzetafel ruft eine amerikanische Heereseinheit in Erinnerung, *deren* bei früheren Anlässen nicht gedacht worden war.

Hierher gehört auch unsere Überschrift:
Eine Tat, *deren* wir uns schämen müssen.

Anmerkung
Der Gebrauch von *deren* und *derer* schwankt mindestens seit den Zeiten des großen Grammatikers Friedrich Adelung (1768–1843). Die Regel, dass *derer* nur vorwärts weisend gebraucht werden dürfe, konnte sich außerhalb der Schule nie ganz durchsetzen. Viele verwenden vor Nomen *deren,* sonst *derer.* Sie setzen *derer* also auch rückwärts weisend nach Präpositionen und als Genitivobjekt, wohl in Anlehnung an das Personalpronomen *ihrer.* So erweist sich 2005 in Internettexten das Verhältnis der Variante *innerhalb derer* zur traditionellen Form *innerhalb deren* als ungefähr 4:1. Die Duden-Grammatik von 2005 gibt jetzt die folgenden Regeln an: *deren* steht als vorangestelltes (demonstratives oder relatives) Genitivattribut, *derer* als vorausweisendes Demonstrativpronomen; sonst kann *derer* oder *deren* stehen (mit Präferenz für *derer*).

Die maximalste Ausnützung und die optimalsten Ergebnisse

Das Adjektiv *maximal* drückt einen Höchstwert aus, der nicht mehr gesteigert werden kann. Es ist daher überflüssig, dem Adjektiv noch die Superlativendung *-st* anzuhängen. Historisch geht denn *maximal* auch auf einen lateinischen Superlativ zurück (lat. *magnus, maior, maximus* = groß, größer, am größten). Gleich verhält es sich mit *minimal* (*parvus, minor, minimus* = klein, kleiner, am kleinsten) und *optimal* (*bonus, melior, optimus* = gut, besser, am besten). Es genügt also, von maxima*ler* Ausnützung, von minima*lem* Aufwand und von optima*len* Ergebnissen zu sprechen, wenn man das Höchste, das Kleinste oder das Bestmögliche (*nicht:* das Bestmöglichste; → 333.4; 1726) ausdrücken will.

1725

Die bestmöglichste Ausnützung des Raumes

Ist der doppelte Superlativ bei Fremdwörtern (→ 1725) wenn auch keineswegs zu dulden, so doch einigermaßen verständlich, so sind die *höchstgeschraubtesten* Erwartungen, die *meistgebrauchtesten* Apparate, die *besteingerichtetsten* Werkstätten, die *größtmöglichste* Ausdehnung, der *höchstgelegenste* Kurort nicht mehr zu entschuldigen. Es genügt, wenn man *einem* der beiden Bestandteile der Zusammensetzung die Superlativendung anhängt: entweder dem Bestimmungswort oder dem Grundwort (→ 333).

1726

Der Blitz hat uns erschrocken

1727 Im früheren Deutsch konnten von älteren, intransitiven Verben mit starker Konjugation jüngere, transitive mit schwacher Konjugation abgeleitet werden. Die im transitiven Verb ausgedrückte Handlung macht (bewirkt), dass das geschieht, was das intransitive Verb ausdrückt. Beispiele:

intransitiv, stark	*transitiv, schwach*
fallen, fiel, gefallen	fällen (= fallen machen), fällte, gefällt
sinken, sank, gesunken	senken (= sinken machen), senkte, gesenkt
trinken, trank, getrunken	tränken (= trinken machen), tränkte, getränkt
sitzen, saß, gesessen	setzen (= sitzen machen), setzte, gesetzt
liegen, lag, gelegen	legen (= liegen machen), legte, gelegt
bleichen, blich, geblichen	bleichen, bleichte, gebleicht (→ 37)
erschrecken, erschrak, erschrocken	erschrecken, erschreckte, erschreckt (→ 37)
erlöschen, erlosch, erloschen	löschen, löschte, gelöscht (→ 37)
quellen, quoll, gequollen	quellen, quellte, gequellt (→ 37)
schmelzen, schmolz, geschmolzen	schmelzen, schmelzte, geschmelzt (→ 37)
schwellen, schwoll, geschwollen	schwellen, schwellte, geschwellt (→ 37)
saugen, sog, gesogen (aber → 36)	säugen (= saugen machen), säugte, gesäugt

Unsere Überschrift muss also heißen:

Der Blitz hat uns erschreckt (transitiv). Oder: Wir sind wegen des Blitzes erschrocken (intransitiv).

Es gibt allerdings auch Verbpaare, wo das transitive und das intransitive Verb gleich konjugiert werden. Diese Gleichförmigkeit ist oft das Ergebnis einer jüngeren Entwicklung. Es liegt dann eigentlich nur noch ein einziges Verb mit zwei (oder gelegentlich auch mehr) Gebrauchsweisen vor (→ 32).

(Nur stark konjugiert:) Die Vase zerbrach (intransitiv). Der Einbrecher zerbrach die Vase (transitiv).

(Nur schwach konjugiert:) Das Opfer ist aus dem Fenster gestürzt (intransitiv). Die Böhmen haben in Prag 1618 die Anhänger des Kaisers aus dem Fenster gestürzt (transitiv) (→ 32).

(Nur gemischt konjugiert:) Die geheimen Akten verbrannten (intransitiv). Die Regierung verbrannte die geheimen Akten (transitiv).

Bei einigen Verben ist die Entwicklung zur einheitlichen Konjugation noch nicht zum Abschluss gekommen. Dies gilt unter anderem für *schmelzen* sowie für die nachstehend behandelten Verben *hängen* (→ 1728) und *wägen/wiegen* (→ 1730).

Er hing die Bilder an die Wand, aber sie hängen schief

Hangen ist ein etwas schwieriges Verb. Vor noch nicht allzu langer Zeit wurden streng auseinandergehalten: das *intransitive*, stark konjugierte *hangen* und das *transitive*, schwach konjugierte *hängen*. Die wichtigsten Formen lauteten:

1728

hangen (intransitiv)		hängen (transitiv)	
Präsens	Präteritum	Präsens	Präteritum
ich hange	ich hing (an ihm)	ich hänge	ich hängte (ihn)
du hängst	du hingst	du hängst	du hängtest
er hängt	er hing	er hängte	er hängte
wir hangen	wir hingen	wir hängen	wir hängten
ihr hangt	ihr hingt	ihr hängt	ihr hängtet
sie hangen	sie hingen	sie hängen	sie hängten
Partizip II		Partizip II	
gehangen		gehängt	

Wie bei allen starken Verben mit Stammvokal *a* hatten also die 2. und 3. Person Singular des Präsens von *hangen* von jeher Umlaut (→ 64). Unter dem Einfluss dieser umgelauteten Formen und unter demjenigen des transitiven Verbs *hängen* hat sich der Umlaut allmählich auch in die übrigen Präsensformen von *hangen* eingeschlichen; schließlich haben sich die ä-Formen gar durchgesetzt. Heute gelten die Formen mit *a* als leicht veraltet; in der Schweiz werden sie aber noch gebraucht.

Scharf voneinander zu trennen sind dagegen nach wie vor die Formen des *Präteritums* und des *Partizips II*:
Das Kleid *hing* am Bügel; sie *hängte* das Kleid an den Bügel.
Sie hatte sehr an ihrem Vater *gehangen*; sie hatte ihren Beruf an den Nagel *gehängt*.

1729

Unsere Überschrift muss also richtig heißen:
Er *hängte* die Bilder an die Wand; aber sie *hängen* (schweizerisch auch: *hangen*) schief.

Wir wiegen unser Gepäck

Anders als mit *hangen/hängen* verhält es sich mit *wägen/wiegen*. Ursprünglich gab es nur ein einziges starkes Verb: *wägen*. Es konnte sowohl transitiv (Sinn: das Gewicht von etwas bestimmen; mit Akkusativobjekt) als auch intransitiv (Sinn: ein bestimmtes Gewicht haben; mit adverbialem Akkusativ zur Nennung des Gewichts) gebraucht werden. Seine Formen wiesen im Singular e/i-Wechsel auf (hier als Variante ä/ie; → 65). Im Einzelnen lauteten sie:

1730

Präsens		*Präteritum*	
ich w**ä**ge	wir w**ä**gen	ich w**o**g	wir w**o**gen
du w**ie**gst	ihr w**ä**gt	du w**o**gst	ihr w**o**gt
er w**ie**gt	sie w**ä**gen	er w**o**g	sie w**o**gen

Im 16. Jahrhundert wurden nun die Formen mit e/i-Wechsel in den Plural übertragen – aber nur im intransitiven Gebrauch des Verbs. Es hieß nun:

Transitiv (mit Akkusativobjekt, Frage *wen/was*): Wir *wägen* die Äpfel.

Intransitiv (mit adverbialem Akkusativ, Frage *wie viel*): Sie *wiegen* fünf Pfund.

Aber in der 2. und 3. Person Singular und im Präteritum weiter gleichlautend:

Er *wiegt* den Sack; er *wiegt* einen Zentner.

Sie *wogen* die Kartoffeln; sie *wogen* einen Doppelzentner.

Schließlich sind auch die transitiven Formen mit *ä* durch solche mit *ie* ersetzt worden – wir haben nun ein einheitliches Verb *wiegen* anstelle des früheren einheitlichen *wägen*. Fachsprachlich und in der Schweiz werden die beiden Gebrauchsweisen allerdings noch gerne unterschieden und im transitiven Sinn nach wie vor die Formen mit *ä* gebraucht.

Daneben gibt es das Verb mit *ä* noch in übertragener Bedeutung im Sinne von *denken*, *überdenken*, vor allem in Form der Erweiterungen *erwägen* und *abwägen*. Diese Verben haben zwar den e/i-Wechsel (→ 65) verloren, bilden Präteritum und Partizip II aber meist noch stark (→ 37):

er erwägt, er erwog, er hat erwogen

er wägt ab, er wog (wägte) ab, er hat abgewogen (abgewägt)

Du frugst ihn, und er frägt zurück

1731 Solche ab- und umlautenden Formen sind bei *fragen* gelegentlich anzutreffen. Viele stoßen sich daran – denn *fragen* ist eigentlich ein schwaches Verb mit unveränderbarem Stamm (→ 34): *du fragtest ihn; du fragst, er fragt*. Doch die starken Formen sind so häufig, dass sie sogar im Duden verzeichnet sind – allerdings mit der Einschränkung «landschaftlich», was bedeutet, dass sie nicht als allgemein hochsprachlich gelten können. In gutem Deutsch wird *fragen* nur *schwach* konjugiert. Also: Du fragtest ihn, und er fragte zurück.

In der Ferne boll ein Hund

Richtig oder falsch? Je nachdem! *Bellen* gehört zu den Verben, die von der starken zur schwachen Konjugation übergegangen sind (→ 36). Beim Lesen älterer Texte stößt man gelegentlich auf Wortformen, die der heutige Sprachgebrauch nicht mehr kennt, die man als Leser aber kennen sollte. Dies gilt besonders für Fachleute der Textverarbeitung wie Typografen und Korrektoren, damit sie sich bei der originalgetreuen Wiedergabe älterer Texte nicht zu «Verbesserungen» verpflichtet fühlen. So haben beispielsweise bei Gotthelf die Hunde noch *gebollen*, eine starke Form des Partizips, die zwar in gewissen Dialekten noch lebendig, in der Schriftsprache aber durch die schwache verdrängt worden ist. Und wenn Schiller schrieb («Die Kraniche des Ibykus»):

Der fromme Dichter wird *gerochen*,
der Mörder bietet selbst sich dar –
Ergreift ihn, der das Wort gesprochen ...

so tat er das nicht bloß «um des Reimes willen», sondern weil es sich um eine damals durchaus richtige Form handelte. Selbst bei dem viel jüngeren C. F. Meyer ruht ja noch «der Fluch *ungerochner* Mordtat» auf dem Bündnerland, während das heutige Deutsch das Verb *rächen* schwach konjugiert und unter *gerochen* nur noch das Partizip von *riechen* versteht.

In den Mundarten haben sich einige weitere starke Formen des Partizips II gehalten. Solche Formen sind in der Hochsprache nicht zu verwenden:
   Angelika wurde wegen ihrer Erfolge benieden (richtig: *beneidet*). Auf unsere Frage hatte der Verkäufer nur müde abgewunken (richtig: *abgewinkt*). Wir hatten in einem vornehmen Restaurant gespiesen (richtig: *gespeist*). Der Stausee wird von unzähligen Gebirgsbächen gespiesen (allgemeindeutsch richtig nur: *gespeist*). Der Fonds wird von Beiträgen der öffentlichen Hand gespiesen (ebenso).

Von ursprünglich starken Verben sind *einige Partizipien II* (Perfektpartizipien) in der Hochsprache noch *als reine Adjektive* erhalten:
   etwas unverhohlen sagen, der verwunschene Prinz, verschrobene Ansichten, eine verworrene Lage

In *verbaler* Funktion gilt aber heute nur noch die schwache Form:
   verhehlt, verwünscht, verschraubt, verwirrt
   ich habe ihn verwünscht; sie verwirrte ihn

Die SBB – erhöhen sie oder erhöht sie ihre Tarife?

1734 Nach der normalen Logik steht hinter einer Abkürzung der ihr zugrunde liegende *unabgekürzte* Begriff. Das gilt auch für Initialwörter (→ 1381). Ihre grammatischen Eigenschaften übernehmen sie denn auch von den ausgeschriebenen Vollformen. Das gilt auch für pluralische Ausdrücke, etwa für Eigennamen, die nur im Plural vorkommen (Pluraliatantum; → 109): die USA = United States of America (= die Vereinigten Staaten von Amerika). Wenn solche Initialwörter Subjekt sind, passt sich die Personalform entsprechend an, steht also ebenfalls im Plural (→ 742). Also: *Die* USA *haben* einen Flugzeugträger ins Krisengebiet geschickt. *Die* SBB *fördern* den Gütertransitverkehr. *Die* UN (die United Nations) *intervenierten* in Liberia. Aber, da als Einzahl erklärbar: *die* Uno (= United Nations Organization) intervenierte. *Die* EU (die Europäische Union) *hat* mit der Schweiz bilaterale Verträge abgeschlossen. Die Regel gilt also selbst dann, wenn es sich um eine fremdsprachige Abkürzung handelt.

Wie steht es nun, wenn dem Namen ein Zusatz beigegeben ist? Logisch ist, dass auch dann, wenn zum Namen (Firmennamen) ein Zusatz wie AG, GmbH, KG als Apposition tritt, sich Geschlecht und Verbform nach dem Grundwort richten und nicht nach der Apposition: Der Brief geht an *das* Euro-*Kreditinstitut* AG. *Die* Centralschweizerischen *Kraftwerke* AG (die CKW AG) *setzten* im laufenden Jahr mehr Strom ab.

In diesen Fällen wird allerdings auch gegensätzlich argumentiert. In Wirtschaftskreisen nämlich hat die Gesellschafts*form* (also hier der Zusatz *AG* – oder GmbH, KG usw.) eine sehr große Bedeutung. Man könnte sagen, die Gesellschaftsform ist für sie das Wichtigste, und deshalb gilt diese für sie als Grundwort des Firmennamens. Entsprechend bestimmt häufig dieser *Zusatz* das finite Verb: Die Euro-Kreditinstitut *AG löste* mit ihrem Brief helles Entsetzen aus. Die Centralschweizerische Kraftwerke *AG senkte* ihren Anteil. Die SBB *AG erhöht* schon wieder die Preise.

Ein Weiteres kommt hinzu: Gelegentlich wird bei Firmennamen das Wort Firma (oder ein anderes wie Bank, Geschäft, Institut, Gesellschaft) ausgelassen; wir erhalten dann: Delta Air Lines *skizziert* erste Sparziele; General Motors *trennt* sich von Subaru; Swiss European Air Lines *beerbt* die frühere Crossair. Das Verb steht also im Singular entsprechend dem weggelassenen Wort Firma oder dergleichen. Diese Art entspricht der Schreibweise von Werktiteln (→ 158.2), wo in bestimmten Fällen auch das Wort Drama, Schauspiel, Werk, Bild hinzugedacht werden kann oder muss: «Gespenster» erregte die Gemüter der Zuschauer; «Dreizehn Diagonalen» lag zerbrochen am Boden.

Schließlich kommt hinzu, dass gewisse Firmen eine Art Eiertanz vollführen in Bezug auf ihre Schreibweise. Dazu gehört nicht nur die UBS, die nicht mehr will, dass man sie mehrsprachig als Schweizerische Bankgesellschaft kennt oder als Union de Banques Suisses usw. Dazu gehören auch die SBB. Die Firma unterscheidet für ihre eigenen Drucksachen und in Kommunikationsmitteln zwischen SBB im Inland, juristischer Schreibweise und SBB im Ausland; sie hält auf Anfrage fest:

Die SBB im Inland: Für die Anwendung im Deutschen gilt der Singular: ... die SBB ist ... Die ausgeschriebene Bezeichnung «Die Schweizerischen Bundesbahnen» im Plural wird in Texten nicht verwendet.

Die juristische Schreibweise: «Schweizerische Bundesbahnen SBB» ist (und bleibt) die juristische Bezeichnung. Das Gesetz schreibt eine unveränderte und vollständige Anwendung vor. Deshalb wird diese Bezeichnung auf Briefschaften sowie in Rechnungen und Verträgen verwendet; das Verb folgt immer im Plural. Somit verzichten wir weitgehend auf die Bezeichnung SBB AG. Die Singular-Plural-Problematik (nur im Deutschen) wird in Kauf genommen.

Die SBB im Ausland: Für die Anwendung in deutschsprachigen Ländern gilt der Singular. Wichtig ist, dass bei der ersten Erwähnung von SBB auch der Zusatz «die Schweizer Bahn» folgt.

Den Sprachfachmann kann diese problematische SBB-«Lösung» nicht glücklich machen. Solange die juristische Schreibweise «Schweizerische Bundesbahnen» heißt, wird die Abkürzung SBB außerhalb der Firma wohl doch mit einem Plural gleichgesetzt. Unsere Titelzeile muss also lauten: Die SBB *erhöhen* ihre Tarife.

Verwunderung löst auch die SBB-eigene Regelung der Schreibweise von Zusammensetzungen aus: der SBB Bahnhof, das SBB Reisebüro – diese Schreibungen stehen in Widerspruch zu den Bindestrichregeln (→ 1704). Aber eben: Das «Branding» habe entschieden, alle Kombinationen mit SBB getrennt zu schreiben, «um die Marke SBB zu stärken». Zum Glück sieht man gelegentlich an einem Bahnhof noch angeschrieben: Reisebüro SBB ...

Bei pluralischen Eigennamen steht gewöhnlich der bestimmte Artikel. Um amerikanischen, nicht deutschen Sprachgebrauch handelt es sich, wenn der Artikel bei den USA weggelassen wird: Touristen aus USA. Auf Deutsch kann es nur heißen: Touristen aus *den* USA.

1735

Das bedeutet ein großer Schritt vorwärts –
denn es gibt kein besserer Vorschlag

Zu den schweren Verstößen gegen die Grammatik gehört die Verbindung des Verbs mit einem falschen Fall. Besonders häufig geschieht dies bei den Verben *bilden*, *bedeuten* und *darstellen*. Zwar stehen sie inhaltlich dem Verb *sein* nahe, im Gegensatz zu diesem haben sie aber keinen prädikativen Nominativ bei sich, sondern ein Akkusativobjekt: Es sind *transitive* Verben. Trotzdem werden sie hartnäckig mit dem Nominativ geschrieben und gesetzt statt mit dem allein richtigen Akkusativ:

Ein Missbrauch hingegen würde es *bedeuten*, solche internen gewerbepolitischen Probleme mit staatlicher Kontrolle lösen zu wollen. (Richtig ist: Ein*en* Missbrauch ...)

Dieser Film ist schon deshalb bemerkenswert, weil er einer der wenigen Fälle *bildet*, wo Publikum und Kritik im Lob einig sind. (Richtig ist: weil er ein*en* ...)

1736

Ein weiterer Markstein in der Geschichte der Personenerkennung *bildet* der genetische Fingerabdruck. (Richtig ist: Einen weiteren Markstein ...)

Der Präsident der Verhandlungsdelegation führte weiter aus, dass die neuen Vorschläge der Arbeiter ein großer Schritt vorwärts zu einer Verständigung *bedeuteten*. (Richtig ist: einen großen Schritt ...)

Dabei handelte es sich um eine Entdeckung, die anerkanntermaßen ein gewaltiger Fortschritt in der Tuberkuloseprophylaxe *darstellt*. (Richtig: einen gewaltigen Fortschritt ...)

Gleiches gilt für die unpersönliche Fügung *es gibt*. Auch hier findet sich oft der falsche Nominativ, wohl in Anlehnung an Verben wie *existieren*:

Aus diesem Dilemma gebe es – so meint die Regierung – kein anderer Ausweg als die straffe Lenkung von Produktion und Verbrauch durch den Staat. (Richtig ist: keinen andern Ausweg ...)

Ein besserer Vorschlag, dieser gefährlichen Lage zu begegnen, *gab es* tatsächlich nicht. (Richtig ist: Einen besseren Vorschlag ...)

Montag ganzer Tag geschlossen

1737   Auch Leute mit intaktem Sprachgefühl geraten vor diesem Kartonschild im Schaufenster der Bäckerei in Zweifel – aber eben nur in Zweifel. Sehen wir uns den Text einmal genauer an. «Montag ganzer Tag geschlossen» ist ein verkürzter Satz, eine sogenannte Ellipse. Vollständig hieße der Satz: «Am Montag ist das Geschäft den ganzen Tag geschlossen.» Nach den Gesetzen der Grammatik bleiben bei einer Verkürzung die Fälle aber unberührt. Ein Akkusativ im vollständigen Satz bleibt ein Akkusativ auch in der Ellipse: «Montag ganzen Tag geschlossen.» Wenn wir aus «ganzen Tag» einen Nominativ machen, verwandeln wir den adverbialen Akkusativ gleichzeitig in ein Subjekt. *Wer* ist dann geschlossen? Der Tag, nicht das Geschäft!

Wem bei diesem Akkusativ «ganzen Tag» nicht ganz wohl ist, füge den Artikel «den» ein oder schreibe einfach: «Montag geschlossen.» Das ist nur halb so lang und sagt doch, was gesagt sein muss. Kein Mensch, der vor einer Tür mit dieser Aufschrift steht, liest etwas anderes daraus, als dass der Laden den *ganzen* Montag geschlossen ist.

Diese Bergtour kostete mir fast das Leben

1738   Beim Verb *kosten* können ein Akkusativ der Person und ein adverbialer Akkusativ des Maßes stehen. Im übertragenen Sinn wird dieser adverbiale Akkusativ des Maßes aber oft als Akkusativobjekt gedeutet; die Angabe der Person kann deshalb in den Dativ ausweichen (= Dativobjekt):

Wörtliche Bedeutung: Das Buch kostete *mich* (Akkusativ der Person) *zwanzig Franken* (adverbialer Akkusativ des Maßes).

Übertragene Bedeutung: Diese Bergtour kostete *mich* (Akkusativ der Person) fast *das Leben* (Deutung als Akkusativobjekt). Oder: Diese Bergtour kostete *mir* fast *das Leben*.

Bei den Verben *lehren, fragen* und *abfragen* können zwei Akkusativobjekte stehen, ein Akkusativ der Person und ein Akkusativ der Sache:

Wer hat *dich* (Akkusativ der Person) *diesen Unsinn* (Akkusativ der Sache) gelehrt? Sie hat *mich* (Akkusativ der Person) *viele Dinge* (Akkusativ der Sache) gefragt. Esther hat *ihre Freundin* (Akkusativ der Person) *die Französischwörter* (Akkusativ der Sache) abgefragt.

Bei *lehren* wird der Akkusativ der Person aber oft durch einen Dativ ersetzt; bei *fragen* kann (mit leicht anderer Bedeutung) die Sache auch durch eine Präpositionalgruppe mit *nach* ausgedrückt werden:

Wer hat *dir* (Dativ der Person) *diesen Unsinn* (Akkusativ der Sache) gelehrt? Ich habe *dich* (Akkusativ der Person) *nach etwas* (Präpositionalgruppe der Sache) gefragt.

Passivkonstruktionen sind bei diesen Verben nicht immer ganz akzeptabel. Am üblichsten ist die Konstruktion mit dem Dativ der Person bei *lehren;* der Akkusativ der Sache wird hier zum Subjekt:

Von wem ist *dir* (Dativ) *dieser Unsinn* (Nominativ) gelehrt worden?

Bei *fragen* kann der Akkusativ der Person zum Subjekt im Passiv werden, sofern der Fall beim Akkusativ der Sache formal nicht angezeigt wird. Passivformen sind außerdem bei der Konstruktion mit *nach* möglich:

Du bist etwas gefragt worden. Wir sind nach dieser Sache schon öfter gefragt worden.

Andere Passivkonstruktionen werden vermieden.

Der Gebrauch schwankt auch bei einigen weiteren Verben zwischen Dativ und Akkusativ, ohne dass ein Bedeutungsunterschied festzustellen ist. Doch schränkt oft der Sprachgebrauch die freie Verwendung der Kasus ein:

Dieser Hund hat *den Postboten/dem Postboten* schon oft ins Bein gebissen. Die Biene stach *mich/mir* in den Finger. (Aber nur: Der neue Pullover von Lotte stach *mir* in die Augen.) Es ekelt *mich/mir* davor. (Aber nur: Ich ek[e]le *mich* [davor].) Ich getraue *mich/mir*, das zu tun. (Aber nur: Ich traue *mir* das nicht zu.) Sie rief *ihn* (schweizerische Mundarten und süddeutsch auch: *ihm*).

Davon zu unterscheiden sind Verben, die *je nach Bedeutung* ein Dativ- oder ein Akkusativobjekt bei sich haben:

Wir haben *ihnen* nie getraut. Pfarrer Schmid hat *sie* getraut.

Der Verwaltungsrat versicherte dem Direktor sein Vertrauen

1741 Das Verb *versichern* steht in der Bedeutung von *zusichern* mit einem Akkusativ der Person und einem Genitiv der Sache; daneben ist auch die Konstruktion mit einem Dativ der Person und einem Akkusativ der Sache möglich:

Der Verwaltungsrat versicherte *den Direktor seines Vertrauens*. (Oder:) Der Verwaltungsrat versicherte *dem Direktor sein Vertrauen*. – Wir versichern *Sie unserer Anteilnahme*. (Oder:) Wir versichern *Ihnen unsere Anteilnahme*. – Ich versichere *dich meiner Freundschaft*. (Oder:) Ich versichere *dir meine Freundschaft*.

Entsprechende Passivkonstruktionen:

Der Direktor wurde *des Vertrauens* versichert. (Oder:) *Dem Direktor* wurde *das Vertrauen* versichert.

Wenn der zugesicherte Sachverhalt allerdings durch einen Nebensatz ausgedrückt wird, steht heute gewöhnlich nur noch der Dativ der Person:

(Aktiv:) Der Verwaltungsrat versicherte *dem Direktor,* dass er ihm voll vertraue. – Wir versichern *Ihnen,* dass wir Ihnen voll vertrauen.

(Passiv:) *Dem Direktor* wurde versichert, dass man ihm voll vertraue. – *Ihnen* sei versichert, dass wir Ihnen voll vertrauen. (Im Passiv zuweilen aber auch noch:) Seien *Sie* versichert, dass wir Ihnen voll vertrauen.

In der andern Gebrauchsweise, wenn also eine *Versicherung abgeschlossen* wird, steht *versichern* nur transitiv und ohne Genitivobjekt:

Wir versichern *Sie*. Ich versichere *mich*. Er versichert *seinen Hausrat* gegen Feuerschaden. Wir versichern Ihnen *das Reisegepäck*. Die Bauern versichern *sich* (oder: *ihre Ernte*) gegen Hagelschlag.

Wir ermangelten Lebensmittel

1742 An diesem Satz stimmt etwas nicht. Aber was? Der Satz scheint doch richtig gebaut zu sein: Das Verb *ermangeln* verlangt ein Genitivobjekt, und *Lebensmittel* ist eine korrekte Genitivform – endungslos, wie im Plural zu erwarten (→ 146). Ob endungslose Genitive zu undeutlich sind? Versuchen wir es mit einem männlichen Nomen mit s-Genitiv (s-Deklination, → 135): Wir ermangelten *Treibstoffs*. Das Ergebnis befriedigt auch nicht recht. Am Inhalt kann es nicht liegen. Denn ähnliche Fügungen sind in Ordnung: Uns fehlten Lebensmittel. Uns fehlte Treibstoff.

Die Erklärung für das Unbehagen liegt in der folgenden Gesetzmäßigkeit: Satzteile mit Nomen stehen im heutigen Deutsch meist nur noch dann im Genitiv, wenn dem Nomen ein *dekliniertes Wort* vorangeht, das mit einer *Endung* den Fall anzeigt, zum Beispiel ein Artikel, ein anderes Pronomen oder ein Adjektiv; die Fallendung am Nomen selbst genügt nicht. Wenn man solche Wörter nicht einfügen kann – zum Beispiel, weil sonst der Sinn des Satzes zu stark verändert würde –, greift man zu Ersatzfügungen. Diese Ersatzfügungen werden schon oft dort gebraucht, wo der Genitiv eigentlich noch möglich wäre (Ausweitung des Gebrauchs).

1. *Genitivobjekt.* Manche Verben und Adjektive erlauben statt des Genitivobjekts auch ein Akkusativobjekt oder eine Präpositionalgruppe (Präpositionalobjekt) (→ 652). Diese bieten sich dann als Ersatzfügungen an: 1743
Genitiv üblich: Sie war *des grauen Betons* überdrüssig.
Genitiv unüblich: Sie war *Betons* überdrüssig.
Ersatz (Akkusativ): Sie war *Beton* überdrüssig.
Ersatz (Akkusativ), Ausweitung des Gebrauchs: Sie war *den grauen Beton* überdrüssig.

Oft ist eine Ersatzfügung nicht möglich; man muss dann zu einem Wort greifen, das nicht den Genitiv verlangt. Dabei stellt sich allerdings oft das Problem, dass das Ersatzwort nicht ganz genau dasselbe aussagt wie das ursprüngliche.
Genitiv üblich: Er enthielt sich *jeglichen Widerstands.*
Genitiv unüblich: Er enthielt sich *Widerstands.*
Ersatz (anderes Verb): Er verzichtete *auf Widerstand.*
Entsprechend auch als weitere Möglichkeit beim vorangehenden Beispiel: Sie war *Beton* leid. Sie hatte *Beton* satt.

2. *Genitivattribut.* Ersatz ist meist eine Präpositionalgruppe mit *von:* 1744
Genitiv üblich: die Verarbeitung *des Holzes*, die Verarbeitung *tropischen Holzes*
Genitiv unüblich: die Verarbeitung *Holzes*
Ersatz: die Verarbeitung *von Holz*
Ersatz, Ausweitung des Gebrauchs: die Verarbeitung *von tropischem Holz*

Als Ersatz für den Genitiv nach Maß- und Mengenbezeichnungen (partitiver Genitiv) dient die Apposition (partitive Apposition; → 715 ff.):
Genitiv üblich: mit einem Glas *kühlen Orangensafts*
Genitiv unüblich: mit einem Glas *Orangensafts*
Ersatz: mit einem Glas *Orangensaft*
Ersatz, Ausweitung des Gebrauchs: mit einem Glas *kühlem Orangensaft*

3. *Genitiv bei Präpositionen.* Ersatz ist der Dativ oder *von* plus Dativ, je nach Präposition (→ 410–413): 1745
Genitiv üblich: während *dreier Tage*, außerhalb *größerer Dörfer*
Genitiv unüblich: während *vier Tage*, außerhalb *Dörfer*
Ersatz: während *vier Tagen*, außerhalb *von Dörfern*
Ersatz, Ausweitung des Gebrauchs: außerhalb *von größeren Dörfern* (aber hochsprachlich nicht: während *drei Tagen*, → 414)

Der Genitiv hält sich immerhin teilweise noch bei Nomen der s-Deklination:
Genitiv üblich: wegen *starken Schneefalls*, infolge *anhaltenden Tauwetters*
Genitiv ebenfalls noch üblich: wegen *Schneefalls*, infolge *Tauwetters*
Daneben oft schon Ersatz: wegen *Schneefall*, infolge *von Tauwetter*
Ersatz, Ausweitung des Gebrauchs: infolge *von anhaltendem Tauwetter* (aber hochsprachlich nicht: wegen *starkem Schneefall*; → 414)

1746 4. *Lockere Apposition.* Man weicht in den Nominativ aus (→ 708 ff.):
Genitiv üblich: die Pläne J. Reimanns, *des Leiters* dieser Abteilung
Genitiv kaum mehr üblich (→ 712): die Pläne J. Reimanns, *Leiters* dieser Abteilung
Ersatz (→ 712): die Pläne J. Reimanns, *Leiter* dieser Abteilung
Ersatz, Ausweitung des Gebrauchs (→ 713): die Pläne J. Reimanns, *stellvertretender Leiter* dieser Abteilung

5. Zu Satzteilen mit *als* und *wie* → 722 ff. (vor allem → 729 ff.).

1747 Allgemein üblich ist der Genitiv auch ohne vorangehendes fallanzeigendes Wort noch bei *artikellosen Eigennamen* (Personennamen, geografischen Eigennamen), vor allem als *vorangestelltes* Attribut:
Petras Zimmer; *Susanna Müllers* Vorschlag; *Berlins* längste U-Bahn-Linie

In den andern Gebrauchsweisen finden sich aber auch schon Ersatzfügungen:
das Zimmer *Petras* (neben: das Zimmer *von Petra*); die längste U-Bahn-Linie *Berlins* (neben: die längste U-Bahn-Linie *von Berlin*); außerhalb *Stuttgarts* (neben: *von Stuttgart;* weniger gut: außerhalb *Stuttgart*); ein Vorschlag von Seiten Susanna Müllers (dafür besser: ein Vorschlag von Susanna Müller). Die Universität gedachte *Humboldts.*

1748 Nur eine scheinbare Ausnahme bildet der adverbiale Genitiv bei Zeitangaben (Tageszeit, Wochentage):
Möglich: Wir trafen uns *eines Abends.*
Möglich: Wir trafen uns *abends.*

Der wahre Sachverhalt kommt in der Groß- und Kleinschreibung zum Ausdruck: Die allein stehenden Wortformen auf *-s* sind gar keine Nomen mehr, sondern *Adverbien.* Sie haben eine besondere Bedeutung, nämlich die der Wiederholung:
abends = jeweils am Abend; dienstags = jeweils am Dienstag

1749 Zurück zu unserer Überschrift. Das Unbehagen darüber ist jetzt erklärbar: Es handelt sich um ein Genitivobjekt, dessen Nomen kein fallanzeigendes Wort bei sich hat. Der Satz ist also zu verbessern. Doch handelt es sich um ein Verb, bei dem es keine Ersatzfügung gibt; man kann also nicht einfach auf einen andern Fall ausweichen. Es bleiben noch zwei Verbesserungsmöglichkeiten: 1. Man fügt ein fallanzeigendes Wort ein: Wir ermangelten *der* Lebensmittel. 2. Man wählt ein anderes Verb, das nicht den Genitiv verlangt: Uns *fehlten* Lebensmittel (Nominativ). Wir *hatten Mangel an* Lebensmitteln (Dativ). Die Wahl zwischen den Möglichkeiten verlangt etwas Fingerspitzengefühl: Sowohl das Einfügen wie auch das Ersetzen von Wörtern kann den Sinn des Satzes in unerwünschtem Maß verändern.

Die Zurückbindung deren übergroßen Einflusses

Das Sprachgefühl hat folgende Regel gebildet: Wenn ein Nomen ein *vorangestelltes* Genitivattribut bei sich hat, kann das Nomen selbst nicht auch noch im Genitiv stehen. Fügungen, in denen diese Regel nicht beachtet wird, kann man ändern, indem man entweder das Genitivattribut *nachstellt* oder den Genitiv des Kernnomens mit einer *Ersatzfügung* austauscht (→ 1742 ff.) :

Nicht: abseits Südfrankreichs überlaufener Strände. Sondern: abseits von Südfrankreichs überlaufenen Stränden, abseits der überlaufenen Strände Südfrankreichs, abseits der überlaufenen Strände von Südfrankreich.

Nicht: wegen Helens starken Hustens. Sondern: wegen Helens starkem Husten, wegen des starken Hustens von Helen.

Nicht: Die Eltern schämten sich Erikas unsteten Lebenswandels. Sondern: Die Eltern schämten sich über Erikas unsteten Lebenswandel. Die Eltern schämten sich des unsteten Lebenswandels Erikas.

1750

Die Regel gilt besonders für die vorangestellten Genitivattribute *dessen* und *deren* und damit für unsere Überschrift:

Nicht: die Verwirklichung dessen phantastischen Projekts. Sondern: die Verwirklichung von dessen phantastischem Projekt. Oder mit Possessivpronomen: die Verwirklichung seines phantastischen Projekts.

Nicht: die Zurückbindung deren übergroßen Einflusses. Sondern: die Zurückbindung von deren übergroßem Einfluss. Oder mit Possessivpronomen: die Zurückbindung ihres übergroßen Einflusses.

Ebenso falsch sind vorangestellte Genitivattribute zu einem Nomen im Genitiv, wenn zwischen Genitivattribut und Nomen kein Wort steht, das mit dem folgenden Nomen grammatisch übereinstimmt und so dessen Fall anzeigt (→ 1742). Die Genitivattribute können ja den Fall des Nomens nicht angeben – denn die Nomen sind eigenständige Satzteile:

Nicht: wegen Helens Hustens. Sondern: wegen Helens Husten.
Nicht: im Urteil dessen Präsidenten. Sondern: im Urteil von dessen Präsidenten.
Nicht: die Zurückbindung deren Einflusses. Sondern: die Zurückbindung von deren Einfluss (oder mit Possessivpronomen: die Zurückbindung ihres Einflusses)

Gesucht sprachkundigen Korrespondenten

1751 Besonders in Stelleninseraten kommt die Verwechslung von Nominativ und Akkusativ vor. Man liest da etwa:
Gesucht von großem Handelshaus tüchtigen Fremdsprachkorrespondenten, oder: Chemisches Laboratorium sucht zu baldigem Eintritt einen Assistent.

Beides ist falsch. Es muss heißen:

Firma X sucht	gewissenhaft*en* Arbeiter	Frage:
	redegewandt*en* Repräsentanten	*Wen* sucht man?
	ein*en* Juristen	(Akkusativobjekt)
	jüng*eren* Techniker	
	ein*en* Assistenten	

Ein Inserat dagegen, das mit «Gesucht ...» beginnt, steht im Passiv, auch wenn – wie dies im Anzeigenstil üblich ist – das Hilfsverb «wird» weggelassen wird (Ellipse; → 860). Das Gesuchte muss – als Subjekt – also im Nominativ stehen (→ 84):

Gesucht (wird)	gewissenhaft*er* Arbeiter	Frage:
von Firma X	redegewandt*er* Repräsentant	*Wer* wird gesucht?
	ein Jurist / Jurist	(Subjekt)
	jüng*erer* Techniker	
	ein Assistent	

1752 Ein Problem bildet heute der Akkusativ allein stehender Nomen der n-Deklination (wie *Assistent, Jurist*). Man neigt im heutigen Deutsch dazu, die Fallendungen im Singular wegzulassen, wenn dem Nomen kein den Fall anzeigendes Wort vorangeht (→ 144). Die endungslose Form des bloßen Nomens ist nach Präpositionen meist schon die Regel:
(Mit Fallendung:) eine Firma ohne *eigenen* Juristen
(Endungslos:) eine Firma ohne Jurist

Dasselbe gilt für bloße Nomen in der Apposition:
(Mit Fallendung:) ein Brief für Urs Rey, *unsern* Juristen in der Finanzabteilung
(Endungslos:) ein Brief für Urs Rey, Jurist in der Finanzabteilung

In Akkusativobjekten (und Dativobjekten) wird die endungslose Form allerdings oft noch beanstandet:
(Nur mit Fallendung:) Firma X sucht *erfahrenen* Juristen
(Auch schon endungslos:) Firma X sucht Jurist*(en)*

Wir empfehlen, in Fügungen ohne fallanzeigendes Wort den unbestimmten Artikel einzufügen – dann ist die Fallendung sicher zu setzen. Gleichzeitig wird damit auch die Unsicherheit beseitigt, ob eine Singular- oder eine Pluralform vorliegt:
Firma X sucht *einen* Juristen

Bei den in Inseraten häufig auftretenden Satzteilen mit *als* kann der Artikel meist nur beim Bezugswort eingefügt werden. Immerhin erreicht man damit, dass nur noch eine Lesart möglich ist, diejenige als Singularform:
(Mehrdeutig:) Fabrik sucht Elektrotechniker als Assistent*en* des Betriebsleiters
(Eindeutig:) Fabrik sucht *einen* Elektrotechniker als Assistent*en* des Betriebsleiters

Damit ist das Problem der Fallendung beim Nomen in Satzteilen mit *als* freilich noch nicht gelöst. Die endungslose Form (als *Assistent*) bei Nomen ohne vorangehendes fallanzeigendes Wort kann aus der Sicht der heutigen Grammatik auch bei Satzteilen mit *als* nicht mehr völlig abgelehnt werden. Aus stilistischen Gründen möchten wir aber der traditionellen Form den Vorzug geben.

Unter der Stabführung von Albert Steiner, unseres bewährten Dirigenten

Einer der häufigsten Fallfehler besteht darin, dass nach einem Personennamen, der von der Präposition *von* regiert wird, die Apposition im Genitiv steht. Schuld daran ist die Tatsache, dass Fügungen mit *von* ein Genitivattribut ersetzen (→ 1744). Bei *von* steht aber der Dativ, und daher muss auch die Apposition den Dativ aufweisen (Kongruenz im Fall; → 703):
    ein naher Verwandter von Direktor Dietl, des ehemaligen Leiters der Maschinenfabrik (richtig: ... *dem* ehemaligen Leiter der Maschinenfabrik); die knappen Wahlresultate von Boris Jelzin, des russischen Präsidenten (richtig: ... *dem* russischen Präsidenten)

1753

Wenn statt des Anschlusses mit *von* der Genitiv gewählt wird, kann die Apposition im Genitiv bleiben:
    ein naher Verwandter Direktor Dietls, *des* ehemaligen Leiters der Maschinenfabrik; die knappen Wahlresultate Boris Jelzins, *des* russischen Präsidenten

Unsere Überschrift kann also auf zwei Arten berichtigt werden:
    ... unter der Stabführung *von* Albert Steiner, *unserem* bewährten Dirigenten
    ... unter der Stabführung Albert Steiners, *unseres* bewährten Dirigenten

Auf das Staffelbödeli, jenem Nagelfluhplateau ...

1754   Für Fehler dieser Art hat ein Sprachwissenschafter die Bezeichnung *Dativomanie* geprägt. Keine Übertreibung angesichts der Häufigkeit, mit der dieser falsche Dativ in der Apposition und in Attributen mit *als* auftaucht:

Als Nachfolger seines Vaters, einem der Gründer (statt richtig: *eines* der Gründer), wurde er zum Präsidenten gewählt. Kants Definition des Schönen als dem (statt richtig: als *das* → 730), was ohne Interesse allgemein gefällt. Auf dem Jahreskongress dieser Gewerkschaft, dem größten Gewerkschaftsbund (statt richtig: *des größten Gewerkschaftsbunds*) der USA.

Nicht selten muss, wie im Beispiel unserer Überschrift, auch der *Akkusativ* dem Dativ weichen.

Das Attentat auf Carlos Lacerdo, einem Journalisten der Opposition (statt richtig: *einen* Journalisten). Siedlungen, die um Gruppen öffentlicher Bauten, den Symbolen der öffentlichen Ordnung, gelagert sind (statt richtig: *die* Symbole, oder – auf «öffentlicher Bauten» bezogen: *der* Symbole). Er setzte sich für eine einzige Weltregierung als dem anzustrebenden Ziel ein (statt richtig: als *das* anzustrebende Ziel).

Die Fügung in der Überschrift muss also heißen:

... auf das Staffelbödeli, jenes Nagelfluhplateau ...

Die Bedürfnisse der Gemeinschaft als Ganzem

1755   Zum Kapitel *Dativomanie* gehört auch diese häufig anzutreffende falsche Fügung. Nur wird die Frage nach dem richtigen Fall hier durch zwei grammatische Tatsachen kompliziert: Das Adjektiv «ganz» kann auch in nominalisierter (substantivierter) Form *stark* und *schwach* dekliniert werden (Ganzes, das Ganze) (→ 324). Im Genitiv Singular des Maskulinums und des Neutrums sind aber die starke Deklinationsendung (Ganz*en*) und die schwache (des Ganz*en*) *identisch* (→ 316 f., 1719). Im vorliegenden Fall, wo der Artikel fehlt, muss das Wort *stark* dekliniert werden: die Bedürfnisse der Gemeinschaft als *Ganzen* (→ 318). Doch ist bei diesem Genitiv niemandem recht wohl, weil er nicht ohne weiteres als solcher kenntlich ist (was ein Grund sein dürfte für das unerlaubte Ausweichen in den Dativ). Dem Zweifel kann indessen leicht abgeholfen werden, indem man den unbestimmten Artikel einschiebt, der den Fall eindeutig kennzeichnet: der Gemeinschaft *als eines Ganzen*. Richtig wäre grammatisch auch: der Gemeinschaft *als ganzer* (adjektivisch, zum weiblichen Nomen gehörend, daher Gen. Sing. w.) (→ 315, 317) .

Ebenso: die Planung der Siedlung *als eines Ganzen* (nicht: *als Ganzem*), das Studium der Sprachlehre *als eines Ganzen* (nicht: *als Ganzem*).

Die Erörterung des Angstproblems als solchen

Hier ist der gleiche Kunstgriff angebracht, der im voranstehenden Abschnitt empfohlen wird: das Einschieben des unbestimmten Artikels zur eindeutigen Kennzeichnung des an sich richtigen Genitivs. Man schreibe also auch hier: des Angstproblems *als eines solchen*. Und wo die Dativomanie wiederum einen Satz verschuldet wie: «Zur gerechten Besteuerung des Ertrags als solchem dient die Mehrwertsteuer», schreiben wir richtig und unzweideutig: des Ertrags *als eines solchen* (→ 229).

1756

... begab er sich als willkommenen Gast ins Bundeshaus

Nein! «*Als willkommener Gast*» muss es heißen. Bei Verben, die nur reflexiven Gebrauch zulassen (= *echt* reflexive Verben; → 31), steht der Nominativ (→ 728): er gebärdet sich *als haltloser Psychopath*, spielt sich *als großer* Wohltäter auf, betätigt sich *als begabter* Handwerker, bewährt sich *als treuer* Sachwalter.

1757

Dagegen gilt bei reflexiven Verben, die in gleicher Bedeutung auch transitiv verwendet werden können (= *unecht* reflexive Verben), sowohl der Nominativ wie auch der Akkusativ als richtig: Der Minister empfiehlt sich *als konzilianter* (oder *konzilianten*) Unterhändler; die ganze Aktion stellt sich *als ein* (oder *einen*) Versuch dar. Je stärker man bei unecht reflexiven Verben das *Reflexivpronomen* als ein *Objekt* empfindet, desto eher neigt man zum Akkusativ. Dies ist besonders der Fall bei Verben wie: *sich betrachten, sich ansehen, sich hinstellen*.

Das Verb *sich erweisen* verbindet man am besten mit dem Nominativ, da es in gleicher Bedeutung kaum noch transitiv verwendet wird und deshalb als echt reflexiv angesehen werden muss: er erweist sich *als gewandter* Debattierer.

Der Vortrag von Dr. G. Künzler, früher Assistenten des Radiologischen Instituts

Apposition oder nicht Apposition? Das ist wohl hier die Frage. Mit ihrer Beantwortung ist auch die Frage nach dem Fall entschieden. Stellen wir zunächst zwei Möglichkeiten einander gegenüber:

1758

von Erwin Kuhn, *vormals Adjunkt* des Finanzamtes
von Erwin Kuhn, *vormaligem Adjunkten* des Finanzamtes

Diese Formen sind zweifellos beide richtig. Worin liegt nun aber der Unterschied? Der Vergleich zeigt, dass der als Apposition «verdächtigte» Satzteil das eine Mal mit einem Adverb, nämlich *vormals*, das andere Mal aber mit dem daraus abgeleiteten Adjektiv *vormalig* erscheint. Beim Adjektiv ist die Sache eindeutig: Es ist Attribut zum folgenden Nomen und zeigt dies mit seinen *Deklinationsendungen*. Ein Nomen, das – gegebenenfalls mit Attributen versehen – einem andern Nomen ohne irgendwelche Verknüpfungsmittel folgt, haben wir aber als *Apposition definiert* (→ 664). Es ist damit erklärt, warum *vormaligem Adjunkten* im Dativ steht.

Wie ist nun das Verhältnis zwischen *vormals* und *Adjunkt*? Das Adverb ist offensichtlich *nicht* Attribut zum folgenden Nomen – Adverbien stehen als Attribute hinter ihrem Bezugsnomen (Beispiele: das Haus *dort,* der Tag *danach*). Offensichtlich sind *vormals* und *Adjunkt* unabhängige Glieder. Sie bilden zusammen eine eigene satzwertige Fügung, ein Satzäquivalent (→ 859), das sich als Ellipse (→ 860), also als Verkürzung eines vollständigen Satzes, erklären lässt, hier am besten als Verkürzung eines Relativsatzes:

> von Erwin Kuhn, (der) *vormals Adjunkt* des Finanzamtes (war)

Damit haben wir erklärt, warum hier der Nominativ richtig ist. Diese Erkenntnisse lassen sich nun auf unsere Fügung in der Überschrift übertragen. Das Adjektiv *früher* ist nicht dekliniert, es ist ein eigenes Satzglied, ein Adjektiv in adverbialer Funktion (→ 311, 678). Auch hier ist die Umsetzung der Fügung in einen Relativsatz möglich:

> von Dr. G. Künzler, der *früher Assistent* des Radiologischen Instituts war

Das Kernnomen des Relativsatzes steht im Nominativ – ob nun dieser Nebensatz voll dasteht oder verkürzt wird. Es ist also nur richtig:

> von Dr. G. Künzler, *früher Assistent* des Radiologischen Instituts

Oder, wenn *früher* als Attribut zu *Assistent* gezogen wird:

> von Dr. G. Künzler, *früherem Assistenten* des Radiologischen Instituts.

Der klafterweise Preis, ein öfterer Fehler

1759 Gegen solche Fügungen rebelliert das gute Sprachgefühl. Weshalb aber nicht gegen den klafterweisen Verkauf, den glasweisen Ausschank, den teilweisen Steuererlass und die probeweise Anstellung? Der Grund liegt darin, dass Wörter mit *-weise* ursprüngliche Adverbien sind, die – auch wenn sie adjektivisch gebraucht werden – nur neben Nomen stehen dürfen, in denen ein Verb versteckt ist, und zwar deshalb, weil sie nicht das Nomen als solches, sondern nach wie vor die darin ausgedrückte Tätigkeit näher bestimmen:

> Das Holz wird *klafterweise* verkauft. → der *klafterweise* Verkauf
> Die Milch wird *glasweise* ausgeschenkt. → der *glasweise* Ausschank
> Die Steuern werden *teilweise* erlassen. → der *teilweise* Steuererlass

Daraus ergibt sich, dass Fügungen mit einem Nomen, das nicht von einem Verb abgeleitet ist, falsch sind:

> der klafterweise Preis, die auszugsweise Urkunde, der schrittweise Weg, die leihweisen Schulbücher

Aus dem gleichen Grund muss auch *ein öfterer Fehler* oder *ein kürzlicher Geburtstag* abgelehnt werden, wogegen *ein öfteres Versagen* oder *eine kürzliche Taufe* als richtig anerkannt werden dürfen, weil nämlich *Versagen* und *Taufe* Verbalnomen sind.

Nächtlicherweise

... hielt sich nächtlicherweise in ihrer Nähe auf; ... brach nächtlicherweise aus der Anstalt aus; ... entfernte sich nächtlicherweise von ihrem Wohnort. Immer wieder taucht dieses falsche *nächtlicherweise* in den Zeitungen auf. Zweifellos liegt hier eine Kontamination (→ 1611) vor: das *art*bestimmende *-weise* wird mit dem *zeit*bestimmenden *-weile* verwechselt. Das zum Suffix gewordene *-weile* ist jedoch nichts anderes als das Substantiv *Weile* (mittelhochdeutsch *wîle* = Zeit, Stunde). Es kann einer also zwar heimlicher*weise* (= in heimlicher Weise) seiner Liebsten Briefe schreiben; aber er kann nur nächtlicher*weile* (= zu nächtlicher Stunde) mit ihr spazieren gehen, wie man ja auch nur mittler*weile* (= in der Zwischenzeit) dieses oder jenes tun kann.

Ableitungen auf *-weise* sind hingegen gebräuchlich bei Begriffen, die nicht einen Zeit*punkt*, sondern eine zeitliche *Dauer* oder eine *Wiederholung* ausdrücken: Die Texterfasserinnen werden *stundenweise* angestellt. Es ist *zeitweise* (neben: *zeitweilig*) mit stärkeren Behinderungen des Verkehrs zu rechnen.

Zum Gebrauch der Ableitungen auf -weise → 1759.

1760

Die reitende Artilleriekaserne

Die *reitende Artilleriekaserne* ist eine Blüte der preußischen Militärkanzleisprache. Der Name dieser lächerlichen Fügung dient heute als Synonym für einen ganz bestimmten Fehlertyp: Das Attribut *reitende* bezieht sich deutlich nur auf das Bestimmungswort (Artillerie) statt, wie dies bei Zusammensetzungen sein sollte, auf das Grundwort (Kaserne) oder auf den Gesamtbegriff. Richtige Fügungen sind demnach: ein *steinerner Brückenpfeiler*, der ins Gesetz *aufzunehmende Wettbewerbsparagraph, gefährliche Mückenstiche*; falsch dagegen sind: ein *steinernes Brückenprojekt*, der *unlautere Wettbewerbsparagraph, angriffslustige Mückenstiche*, da sich in diesen Fällen das Attribut nur auf das Bestimmungswort bezieht.

Die Lächerlichkeit sorgt dafür, dass Bildungen wie *sechsköpfiger Familienvater, vierstöckiger Hausbesitzer, elastischer Bandweber, wilder Schweinskopf* nicht zu häufig vorkommen. Gefährlicher sind die andern, die nicht sofort den Widerspruch des Verstandes herausfordern, deswegen aber nicht weniger falsch sind. Da liest man etwa von *nichtdauerhafter Güterproduktion*, von einem *gemischten Chorlied*, von einer *gelben Fieberepidemie*. Eine *elektrische Apparatefabrik*, die durch ein Inserat einen Spezialisten für *nichtrostende Stahlbearbeitung* sucht, liefert gleich zwei Beispiele. In einem andern Text

1761

ist zu lesen von einer *synthetischen Lackfabrik* und der *kalten Speisenkarte* bei der Einweihungsfeier, in einem weitern von der *verregneten Feriengefahr*, während in einer Danksagung von *tiefen Teilnahmebezeugungen* die Rede ist …

Wen es nicht verdrießt, weitere solch falsche Fügungen zu lesen (oft fordern sie ja das Lachen heraus) – hier sind sie: das eiserne Hochzeitspaar, der künstliche Befruchtungsdienst, die Leichten Truppenmanöver, die waagrechte Einbaumöglichkeit, die preisgünstige Vermietliste, das chemische Fabrikgelände, der technische Kooperationsvertrag, das katholische Kirchgemeindeprotokoll, die menschlichen Blutflecken, die leichte Lastwagenproduktion, die ambulante Lebenskostenversicherung.

1762 Für die Richtigstellung dieser Missbildungen gibt es kein allgemein gültiges Rezept. Am einfachsten ist manchmal der Zusammenzug: *Gelbfieberepidemie* (statt: *gelbe Fieberepidemie*), *Kunsteisfabrik* (statt: *künstliche Eisfabrik*). Viele nach diesem Muster gebildete Zusammensetzungen sind schon lange geläufig, wie zum Beispiel *Kurzwellensender, Langstreckenflug, Heißwasserspeicher, Rotkreuzspital*.

Wo ein solcher Zusammenzug nicht möglich ist, bleibt nur die Auflösung der Zusammensetzung übrig: Kaserne der reitenden Artillerie, Produktion nichtdauerhafter Güter, Fabrik elektrischer Apparate (auch üblich: Elektroapparatefabrik), Bearbeitung nichtrostenden Stahls usw.

Ein Luftseilbahnprojekt auf den Pilatus

1763 Hier liegt im Grunde der gleiche Fehler vor wie bei der *reitenden Artilleriekaserne* (→ 1761), nur dass hier statt des adjektivischen ein präpositionales Attribut den falschen Bezug hat. Auch ein präpositionales Attribut darf sich – wie übrigens auch das Genitivattribut – nur auf das Grundwort oder den Gesamtbegriff beziehen, nicht auf das Bestimmungswort allein. Die *Futtermittelfabrikation für das Vieh*, der *Einweihungstag des Schulhauses* und die *Gedenkstätte an die Toten* sind deshalb ebenso falsch wie das *Übersetzungsrecht in fremde Sprachen*, die *Fälscherbande schweizerischer Banknoten*, die *Eintrittskarte in das neue Jahrtausend*, die *Anschlusspflicht an die Wasserwerke* oder die *Zigarette als Einstiegsdroge in den Haschischkonsum*.

Meist kann man sich mit der Auflösung der Zusammensetzung behelfen: die Fabrikation von Futtermitteln für das Vieh, der Tag der Schulhauseinweihung, eine Stätte des Gedenkens an die Toten (oder kürzer: eine Totengedenkstätte), das Recht der Übersetzung in fremde Sprachen, die Bande von Fälschern schweizerischer Banknoten, die Karte zum Eintritt in … oder die Eintrittskarte für das neue Jahrtausend, die Pflicht zum Anschluss an die Wasserwerke und die Zigarette als Droge für den Einstieg in den Haschischkonsum (auch möglich: die Zigarette als Droge für den Haschischkonsumeinstieg).

Die falsche Form ist zwar meist etwas kürzer als die richtige; trotzdem darf sie nicht geduldet werden. So muss auch das *Luftseilbahnprojekt auf den Pilatus* dem *Projekt einer Luftseilbahn auf den Pilatus* (oder kürzer: *Projekt einer Pilatus-Luftseilbahn*) weichen.

Die sich in voller Entwicklung befindliche Industrie

Häufig hört und liest man Wendungen wie die folgenden: der sich im Aufschwung befindliche Fremdenverkehr, eine sich auf dem Heimweg befindliche Fußgängerin, die Entzündung des sich in Gärung befindlichen Heustocks, das sich 5 Meter über dem Wasser befindliche Sprungbrett usw. Es handelt sich hier um die Vermischung von *sich befinden* und *befindlich*. Mit dem Reflexivpronomen *sich* kann nur das Partizip I des reflexiven Verbs *sich befinden* stehen, nicht das davon abgeleitete Adjektiv *befindlich*. Richtig ist demnach: die in voller Entwicklung befind*liche* Industrie (ohne *sich*!). Oder: die *sich* in voller Entwicklung befind*ende* Industrie.

1764

Die gewaltete Diskussion an der stattgefundenen Sitzung

Darüber ist zwar im systematischen Teil dieses Buches schon die Rede (→ 50). Die Häufigkeit des Fehlers rechtfertigt es indessen, hier nochmals darauf zurückzukommen.

1765

Es gibt Leute, die gelernt haben, die *stattgefundene Sitzung* sei eine unerlaubte Konstruktion; nicht begriffen haben sie jedoch den Grund. So flüchten sie sich denn in die statt*gehabte* Sitzung und merken nicht, dass dies um kein Haar besser ist. Denn *statthaben* ist genau wie *stattfinden* ein mit *haben* konjugiertes *intransitives* Verb, dessen Partizip II (Perfektpartizip) nicht adjektivisch gebraucht werden kann.

Die Frage ist nun, was in solchen Fällen zu tun sei. Die einfachste Abhilfe besteht darin, dass das falsche Partizip durch das Partizip eines *transitiven* oder eines mit *sein* konjugierten Verbs ersetzt wird. Also: die *abgehaltene* statt die stattgefundene Sitzung, der *veranstaltete* statt der stattgehabte Kongress, die *durchgeführte* statt die gewaltete Diskussion, die von der Regierung *bewilligten* statt die von ihr entsprochenen Baurechtsgesuche, der *eingetretene* statt der eingesetzte Preisrückgang, die gestern *geführten* statt die gestern stattgefundenen Verhandlungen – und vielleicht einmal ohne Adjektiv: die Verhandlungen statt die stattgefundenen Verhandlungen.

1766

Dieser Ausweg steht freilich nicht überall offen. Dann bleibt nichts anderes übrig, als einen *Nebensatz* zu bilden: «Ein sich stets verzinstes Haus» wird verwandelt in «ein Haus, *das sich stets verzinst hat*», «die in der Gemeinde gewirkten Lehrkräfte» in «Lehrkräfte, *die in der Gemeinde gewirkt haben*», allenfalls in «in der Gemeinde *tätig gewesene* Lehrkräfte».

In jedem unsichern Fall lege man sich rasch die Frage vor, ob das fragliche Partizip II mit einer Form von *sein* oder mit *wurde* zusammen gedacht werden könnte. Wenn ja, ist die Verbindung richtig; andernfalls ist sie falsch.

Also: die stattgefundene Sitzung – *ist* sie stattgefunden? Geht nicht! *Wurde* sie stattgefunden? Ebenso wenig! Sie *hat* stattgefunden. Also falsch! Richtig ist: die abgehaltene Sitzung (*wurde* abgehalten). Weiter: wegen soeben begonnener Grippeepidemie – *ist* oder *wurde* sie begonnen? Doch hoffentlich nicht! Nein, sie *hat* begonnen, von selber nämlich. Richtig ist also nur: wegen soeben *ausgebrochener* Grippeepidemie (sie *ist* ausgebrochen). Richtig ist aber auch: die von mir begonnene Arbeit (die Arbeit *wurde* von mir begonnen).

1767 Das letzte Beispiel zeigt, dass in gewissen Fällen unterschieden werden muss, ob das Verb in transitiver oder in intransitiver Bedeutung vorliegt. So wie es ein *beginnen* in beiden Bedeutungen gibt, so ist auch ein transitives und ein intransitives *einsetzen* möglich, ebenfalls mit verschiedener Bedeutung. Und je nachdem ist dann auch der attributive Gebrauch des Partizips II richtig oder falsch. Richtig ist: die zu diesem Zweck *eingesetzte Kommission* (transitives *einsetzen*, die Kommission *wurde* eingesetzt); falsch dagegen wäre: der gegen vier Uhr *eingesetzte Regen* (intransitives *einsetzen*, der Regen *hat* eingesetzt).

1768 Die Korrektur kann – wie beim letzten Beispiel – gelegentlich auch darin bestehen, dass das *Partizip II* durch das *Partizip I* (auf *-nd*) ersetzt wird. Dieses darf nämlich auch für ein vergangenes Geschehen verwendet werden, wenn die zeitlichen Verhältnisse aus dem Zusammenhang klar hervorgehen: Der gegen vier Uhr *einsetzende* Regen *machte* es uns unmöglich, die Tour zu Ende zu führen.

Die gekündigten Bühnenkünstler

1769 Wie *beginnen* und *einsetzen* (→ 1766, 1767) kann auch *kündigen* transitiv oder intransitiv verwendet werden: Sie kündigten *einen* Vertrag (transitiv; mit Akkusativobjekt: wen?), dagegen: Sie kündigten *einem* Mitarbeiter (intransitiv; mit Dativobjekt: wem?). Mit Sachen also wird das Verb *kündigen* transitiv verwendet, mit Personen intransitiv. Infolgedessen ist richtig:

ein gekündigter Vertrag, die gekündigte Wohnung, die gekündigte Pacht, eine gekündigte Hypothek (Sachen)

Falsch sind aber die Fügungen:

gekündigte Arbeiter, gekündigte Angestellte (Personen)

Deshalb sind auch falsch die «gekündigten Bühnenkünstler» unserer Überschrift. Korrekt ist: Die Bühnenkünstler, denen man gekündigt hat; die Bühnenkünstler, denen gekündigt worden ist. Oder dann, mit einem andern Verb: Die entlassenen Bühnenkünstler.

Die nicht mehr zu erscheinenden Inserate

Hier handelt es sich um einen ähnlichen Fehler wie bei der «stattgefundenen Sitzung» (→ 1765), nur dass es nicht um ein *Partizip II* geht, sondern um ein *Partizip I mit zu* (→ 47), das man auch *Gerundiv* nennt. Das Partizip I mit *zu* hat *passivischen* Sinn und drückt zugleich ein *Müssen* (verneint ein Nichtdürfen) oder ein *Können* aus, sagt also, dass etwas getan werden soll oder muss (oder nicht).

Fügungen mit dem Partizip I mit *zu* sind nur bei *transitiven* Verben möglich. Wenn man dieses Partizip I mit *zu* ersetzt durch einen *Relativsatz*, erscheint eine Fügung aus *sein* und *Infinitiv mit zu,* deren *Subjekt* das einleitende *Relativpronomen* ist:

Partizip I mit *zu*		Verb *sein* und Infinitiv mit *zu*
die *zu beobachtenden* Vorgänge	→	die Vorgänge, die *zu beobachten sind*
die *zu treffenden* Maßnahmen	→	die Maßnahmen, die *zu treffen sind*
ein nicht *aufzugebender* Versuch	→	ein Versuch, der nicht *aufzugeben ist*
eine *zu vernachlässigende* Ansicht	→	eine Ansicht, die *zu vernachlässigen ist*

Wenn bei der Umwandlung einer fragwürdigen Konstruktion etwas anderes herauskommt als obiges Muster, liegt ein Fehler vor. In den folgenden Fügungen erscheint beispielsweise statt des Verbs *sein* das Verb *haben:*
   die zu verschwindenden Gaffer → die Gaffer, die zu verschwinden *haben;* die zur Erhöhung des Lebensstandards rasch voranzuschreitende Gesundung der Wirtschaft → die Gesundung, die voranzuschreiten *hat;* der dieses Frühjahr turnusgemäß abzutretende Kommissionspräsident → der Kommissionspräsident, der dieses Frühjahr turnusgemäß abzutreten *hat;* die zur Regelung des Verkehrs sich rechtzeitig einzufindenden Polizeikräfte → die Polizeikräfte, die sich zur Regelung des Verkehrs rechtzeitig einzufinden *haben*

Diesen Fehlkonstruktionen ist auch die Fügung in der Überschrift zuzurechnen:
   die nicht mehr zu erscheinenden Inserate → die Inserate, die nicht mehr zu erscheinen *haben*

Falsch sind auch die folgenden Fügungen, bei denen das einleitende *Relativpronomen* des probeweise zu bildenden Nebensatzes *nicht Subjekt* ist, sondern *Dativobjekt:*
   die zu entsprechenden Gesuche → die Gesuche, *denen* zu entsprechen ist
   die zu widerstehende Versuchung → die Versuchung, *der* zu widerstehen ist

Verbesserungsmöglichkeiten? Wenn man nicht den *Relativsatz* verwendet, wie wir ihn gebildet haben, bleibt noch die Möglichkeit, ein anderes, ein *transitives* Verb zu wählen. Unsere Überschrift zum Beispiel könnte etwa so verbessert werden: die nicht mehr *zu veröffentlichenden* Inserate, die nicht mehr *zu publizierenden* Inserate.

Wir beantragen die Entsprechung des Gesuches

1772 Ein gutes Sprachgefühl wird hier zweifellos verletzt. Doch fällt es nicht jedem leicht, den Fehler grammatisch zu begründen, weshalb manch einer zweifelt, ob es sich überhaupt um einen Fehler handelt.

Stellen wir zunächst einmal fest, dass es sich bei «des Gesuches» um eine Unterart des *Genitivattributs* handelt, um einen sogenannten *Objektsgenitiv* (→ 656). Ein solcher darf aber nur gebildet werden, wenn das übergeordnete Nomen (hier: Entsprechung) ein Verb mit *Akkusativobjekt*, ein *transitives* Verb also, zur Grundlage hat. Der *Bau des Staudamms*, die *Wahl des Präsidenten* und die *Aussprache des Deutschen* sind demnach richtig gebildet; denn *bauen*, *wählen* und *aussprechen* sind transitive Verben. Hingegen handelt es sich bei Formen wie *Entsprechung des Gesuches*, *Entsagung des technischen Fortschritts*, *Vorbeugung der Gefahr*, *Vorbeugung der Virusübertragung*, *Abhilfe eines Missstandes* und *Steuerung der Not* um Fehlbildungen, da in den hier vorliegenden Verbalnomen ein *in*transitives Verb steckt: *Wem* (nicht wen) will man entsprechen, entsagen, vorbeugen, abhelfen, steuern?

Was das letzte Beispiel betrifft, muss unterschieden werden zwischen dem transitiven und dem intransitiven *steuern*. Man steuert (wen?) einen Wagen, eine Maschine usw. (transitiv). Man steuert aber auch (wem?) der Not, einem Übelstand usw. (intransitiv). Der Genitiv ist deshalb richtig bei der Steuerung (oder dem Steuern) des Wagens, eines Schiffes usw. Falsch ist er dagegen in der Fügung Steuerung (oder Steuern) der Not, eines Missstandes.

Für die Korrektur solcher Fehler gibt es meist zwei Möglichkeiten. Entweder ersetzt man das regierende Nomen durch ein solches, dem ein *transitives* Verb zugrunde liegt: die *Bewilligung* des Gesuches, die *Beseitigung* eines Missstandes; oder man bildet eine Infinitivfügung: Wir beantragen, *dem Gesuch zu entsprechen*.

Die genannten Gesetzmäßigkeiten gelten auch für Fügungen mit *von*, die ein Genitivattribut ersetzen (→ 1744). Falsch ist also auch: die *Vorbeugung von Gefahr*, die *Abhilfe von Missständen*, die *Entsprechung von Gesuchen*.

Die Rüge Bundesrat Blochers

1773 Eine unklare Zeitungsüberschrift: Hat Bundesrat Blocher jemanden gerügt – oder ist er selbst gerügt worden? Grammatisch ausgedrückt: Liegt ein *Subjekts*- oder ein *Objektsgenitiv* vor (→ 656)? Meist geht zwar aus dem Zusammenhang hervor, ob ein Subjekts- oder ein Objektsverhältnis besteht:

der Besitz *meines Großvaters:* Subjektsgenitiv; mein Großvater besitzt etwas
(das Genitivattribut entspricht dem Subjekt des zugrunde liegenden Verbs)
der Besitz *eines Bauernhofs:* Objektsgenitiv; jemand besitzt einen Bauernhof
(das Genitivattribut entspricht dem Akkusativobjekt des zugrunde liegenden Verbs)

Mehrere Nomen können sogar ein gemeinsames Genitivattribut bei sich haben, das zu dem einen Nomen *Subjektsgenitiv,* zum andern Nomen *Objektsgenitiv* sein kann:

die Züchter, die den *Bestand,* die *Weiterzüchtung* und die *Reinhaltung* dieser *Pferderasse* befürworten (*Pferderasse* ist Subjektsgenitiv zu *Bestand,* Objektsgenitiv zu *Weiterzüchtung* und zu *Reinhaltung*)

In Zweifelsfällen aber, wie etwa bei unserer Fügung in der Überschrift, ist auf ein *präpositionales Attribut* auszuweichen, das das Verhältnis der Fügung klärt: die Rüge *an* Bundesrat Blocher, die Rüge *durch* Bundesrat Blocher. Ähnlich bei:

die Operation des Arztes → die Operation *am* Arzt; die Operation *durch* den Arzt
der Besuch der Schulklasse → der Besuch *bei* der Schulklasse; der Besuch *durch* die oder *mit* der Schulklasse

Aus aller Herren Länder ...

Stünde diese Redensart in der normalen Wortfolge, käme man wohl kaum in Versuchung zu sagen: aus Länder aller Herren. Häufig aber versagen selbst Leute mit sonst gutem Sprachgefühl, sobald – wie bei der in Frage stehenden Redensart – das Genitivattribut vorangestellt wird: *aus aller Herren Länder ...* Richtig kann auch hier nur sein: *aus aller Herren Länd*ern ... Denn ob das Genitivattribut voran- oder nachgestellt wird, das grammatische Verhältnis zwischen der einleitenden Präposition *aus* und dem Kern der Fügung *Ländern* bleibt gleich. Die Präposition *aus* regiert nur den Dativ, daher: aus Länd*ern.*

Das ist in allen derartigen Fällen so. Man geht «*mit* den Kindern des Nachbars» oder «*mit* des Nachbars Kind*ern*» in den Wald; er erhält «*von* den Söhnen seines Onkels» oder «*von* seines Onkels Söhn*en*» Nachricht. Etwas stammt «*aus* den Hintergründ*en* der Zeiten» oder «*aus* der Zeiten Hintergründ*en*». Also treffen auch «*aus* aller Herren Länd*ern*» Briefe ein, und man schreibt solche «*nach* aller Herren Länd*ern*».

Heißt es nun aber auch: «*in* aller Herren Länd*ern*»? Ja und nein, je nachdem! «In» ist eine jener Präpositionen, die *zwei* Fälle regieren: den Dativ auf die Frage «Wo?» und den Akkusativ auf die Frage «Wohin?». Man sitzt *im* Garten, aber man geht *in den* Garten; die Taube fliegt *auf das* Dach, dann aber sitzt sie *auf dem* Dach; der Bauer stellt den Traktor *vor der* Scheune ab, aber er stellt den Anhänger *vor die* Scheune. Demnach begeben sich die Entwicklungshelfer «*in* aller Herren Länd*er*» (Wohin? Akkusativ), aber sie arbeiten «*in* aller Herren Länd*ern*» (Wo? Dativ).

(Zwar führt der Duden die Wendung «aus aller Herren Länder[n]» nur mit fakultativem Dativ-n auf. Wir empfehlen dennoch, das Dativ-n nach der allgemeinen Regel zu setzen.)

Gegen zehntausend Kinder wurde Verkehrsunterricht erteilt
Er versprach an die dreißig alte Leute einen hohen Gewinn

1775 Wenn sie vor Grundzahlen treten, können einige Adverbien die Zahlenangaben relativieren. Das bestimmte Zahlpronomen erhält dadurch Unbestimmtheit:
fast hundert Personen, *etwa* 20 Meter, *ungefähr* eine halbe Stunde

Diese Gebrauchsweise kennen auch gewisse Partikeln, die sonst als Präpositionen gebraucht werden:
gegen hundert Personen; *um (die)* tausend Stück; *über* zwanzig, *unter* zwanzig Grad; *an die* sechzig, *bis (zu)* sechzig Minuten; *zwischen* fünf und zehn Stunden

Als Präpositionen regieren oder verlangen sie einen Fall (→ 405 ff.):
Sie blickt *unter* die Brücke (Richtungsangabe, Akk.). Sie sitzt *unter* der Brücke (Lageangabe, Dativ). Der Ballon flog *über* den See (Richtung, Akk.). Der Ballon schwebte *über* dem See (Lage, Dativ). *Gegen* den Abend (Akk.) wurde es sonniger. Bis *zum* Abend (Dativ) hörte es nicht auf zu regnen. Ich habe Zeit *bis* Freitag, den 14. Februar (Akk.; → 414). Die Ausstellung dauert *von* Montag, dem 10. Februar (Dativ), *bis* Freitag, den 17. März (Akk.). Einstellbar *von* 50 (Schlägen) (Dativ) *bis* 100 Schläge (Akk.). Die Angaben sind gültig *vom* 1. Juni (Dativ) *bis zum* 30. September (Dativ).

Als *Adverbien* haben sie hingegen auf den *Fall* eines dem Zahlwort folgenden Nomens *keinen Einfluss*. Der Fall ergibt sich aus der Rolle des Satzteils, dessen Kern das Nomen ist:
Über siebzig Teilnehmern (Wem? Dativobjekt) hat man das Diplom überreicht. Der Vortragssaal kann *bis zu 400 Zuhörer* (Wen? Akkusativobjekt) aufnehmen; er bietet *um 400 Leuten* (Wem? Dativobjekt) Platz. *Zwischen 1000 und 5000 jugoslawische Flüchtlinge* (Wer? Subjekt) sind aufgenommen worden. Im Lift haben *vier bis sechs Personen* (Wer? Subjekt) Platz. Eine Bande von fünf *zwischen 15 und 20 Jahre* (Wie alt? Adverbialer Akkusativ) alten Burschen hat am Samstag einen Studenten überfallen.

Folglich dürfen unsere Überschriftzeilen nur lauten:
Gegen zehntausend Kindern (Wem? Dativobjekt) wurde Verkehrsunterricht erteilt. Er versprach *an die dreißig alten Leuten* (Wem? Dativobjekt) einen hohen Gewinn.

1776 Man lasse sich nicht verwirren, wenn eine *echte Präposition* neben einer zum Adverb gewordenen steht – die *echte* regiert den Fall des Nomens:
Städte *mit* gegen 100 000 *Einwohnern*; Mannschaften *von* bis zu fünfzig *Spielern*; Eisenbahnwagen *mit* über acht *Abteilen*; auf einer Höhe *von* über 2000 *Metern* (→ 148). Er ging *nach* vier bis fünf *vollen Stunden* (Dativ). Städte *von* 10 000 bis 50 000 *Einwohnern*. Die Unterführungen haben eine Höhe *von* zwei bis drei *Metern* (→ 148).

Die Partikeln *bis (zu)*, *über* oder *unter* können als *Präposition* ein *Attribut* zu einem Nomen einleiten und zugleich den ungefähren Wert eines folgenden Zahlworts angeben. *Bis zu* und *unter* verlangen dann den Dativ, das bloße *bis* und *über* dagegen den Akkusativ:

    (Mit Dativ:) Wartezeiten *bis zu zehn Tagen* waren keine Seltenheit. Gemeinden *bis zu 5000 Einwohnern* können solche Bauten nicht allein finanzieren. Kinder *unter zehn Jahren* haben Gratiseintritt. Schuljahre *unter 300 Schultagen*.

    (Mit Akkusativ:) Gemeinden *bis 5000 Einwohner* können solche Bauten nicht allein finanzieren. Kinder *bis zehn Jahre* erhalten ein Gratisbillett. Kinder *über zehn Jahre* zahlen die Hälfte.

1777

Der Pfarrer und Sigrist der kleinen Gemeinde
Die deutsche und französische Regierung

Die Gemeinde mag noch so klein sein – das glauben wir nun doch nicht, dass der Pfarrer zugleich als Sigrist amtet. Das aber drückt der Schreiber aus, wenn er dem Sigristen den Artikel unterschlägt.

1778

Der *Singular*artikel darf nicht eingespart werden, wenn mehrere gleich geordnete Wörter sachlich Verschiedenes bedeuten; dies gilt nicht nur bei Personen und Institutionen:

    der Pfarrer und *der* Sigrist der kleinen Gemeinde; der alte und *der* neue Präsident der Vereinigten Staaten; der Premierminister und *der* Außenminister; die deutsche und *die* französische Regierung; das oberste und *das* unterste Stockwerk

Der *Singular*artikel darf auch nicht unterdrückt werden bei Gegensätzen:

    das Ich und *das* Du; das Gestern und *das* Morgen; die Legislative und *die* Exekutive; wo die Steinzeit und *die* Moderne aufeinander prallten

Doch anderseits *muss* der Artikel wegbleiben, wenn es sich nur um verschiedene Bezeichnungen für ein und dieselbe Person oder Sache handelt:

1779

    der Gemeindepräsident und Schulvorsteher (*eine* Person): der Vizekanzler und Außenminister (*eine* Person); der alte und neue Präsident Serbiens (er wurde wiedergewählt); der Präsident und Oberkommandierende der Streitkräfte (*eine* Person)

Dagegen braucht der Artikel (oder ein anderes Attribut) *nicht wiederholt* zu werden (aber → 1782–1784), wenn die Substantive in Geschlecht und Zahl übereinstimmen, sie eine gewisse Sinneinheit darstellen und wenn keine Missverständnisse möglich sind; dies gilt besonders für Abstrakta:

    die Wärme und Expressivität dieser Lyrik; die Geschichte des 19. und 20. Jahrhunderts; sein großer Fleiß und Lerneifer (aber → 1783 f.)

1780 Der *Plural*artikel freilich darf für mehrere Nomen stehen, sogar für solche unterschiedlichen Geschlechts, auch wenn sie Verschiedenes bedeuten:
die Bücher, Hefte und Bleistifte; bei den Chinesen, Malaien und Indern

Bei Gegensätzen, bei strenger Trennung oder wenn die Gefahr der Zweideutigkeit besteht, muss jedoch auch im Plural der Artikel wiederholt werden:
die Auseinandersetzungen zwischen den Ordnungskräften und *den* Demonstranten; die Behörden und *die* Ortsvereine von Zofingen; der Wert der klassischen und *der* modernen Sprachen

1781 In keinem Fall darf ein *Singular-* mit einem *Plural*artikel zusammengezogen werden. Richtig ist nur:
die Mutter und *die* Kinder; Handbuch der Staatswissenschaften und *der* Politik; das Studium der Mathematik und *der* Naturwissenschaften.

In Reihungen mit Konjunktionen wie *und/oder* darf der doppelte Artikel weggelassen werden – es gilt dann «doppelt oder nichts»:
Der Botschafter begrüßte Premierminister und Außenminister (= *den* Ministerpräsidenten und *den* Außenminister). Kinder und Eltern (= *die* Kinder und *die* Eltern) warteten auf den Beginn der Vorstellung. Da solltest du vorher Mutter oder Vater (= *die* Mutter oder *den* Vater) fragen. Das ist ein Ratgeber für Büro und Werkstatt (= für *das* Büro und *die* Werkstatt).

Nach dem Tode seiner Frau und zwei Kinder

1782 Auch für *Possessiv- und Demonstrativpronomen* gilt sinngemäß das für den Artikel Gesagte: Eine Singularform und eine (der Form nach gleiche) Pluralform dürfen nicht zusammengezogen werden. Die Überschrift kann also auch hier nur heißen: Nach dem Tode seiner Frau und *seiner* zwei Kinder. Ebenso: durch ihre Taten und *ihre* Hingebung (nicht: durch ihre Taten und Hingebung); diese finanzielle Hilfe und *diese* Freundschaftsdienste (nicht: diese finanzielle Hilfe und Freundschaftsdienste). Ebenso wenig darf das Pronomen unterdrückt werden bei vorangestelltem Genitiv: mit Ulrich Adlers Schwester und *seiner* Schwägerin (nicht: mit Ulrich Adlers Schwester und Schwägerin; es sind ja *zwei* Personen). Richtig ist aber: mit Ulrich Adlers Wissen und Zustimmung.

Auch in Todesanzeigen verbietet sich die immer wieder anzutreffende, aber unlogische Ersparung von Pronomen (und Adjektiven): beim Heimgang *meines lieben* Gatten, Vaters und Großvaters; beim Abschied von *meiner innigst geliebten* Gattin, Mutter, Schwiegermutter und Großmutter. Hier kann eine Verbesserung erreicht werden, wenn von der 1. Person Singular zur 1. Person Plural gewechselt wird: beim Heimgang *meines lieben* Gatten, *unseres* Vaters und Großvaters; beim Abschied von *meiner innigst geliebten* Gattin, *unserer (lieben)* Mutter, Schwiegermutter und Großmutter.

Ein Diamant von unvergleichlichem Feuer und Reinheit

Unzulässig ist der Zusammenzug vollends dort, wo ein Pronomen oder ein Adjektiv unterschiedliche Beugung haben muss. Da kommt man um eine Wiederholung nicht herum, auch wenn sie gelegentlich etwas schleppend wirkt: von unvergleichl*em* Feuer und unvergleichlich*er* Reinheit; mit solch*em* Aufwand und solch*en* Mehrausgaben (nicht: mit solchem Aufwand und Mehrausgaben), nach gut*em* Brauch und gut*er* Sitte (nicht: nach gutem Brauch und Sitte).

Was aber nun, wenn ein attributives Adjektiv der Form nach zu zwei in Zahl oder Geschlecht unterschiedlichen Nomen passt? Muss man es dann ebenfalls wiederholen? Oder darf man sagen: ländlicher Natur und Sitten; zur Erforschung tropischer Krankheiten und Bevölkerung? Hier gehen die Meinungen der Autoritäten auseinander. In Anlehnung an die Regeln für den Artikel ist es zweifellos besser, das Adjektiv nochmals zu setzen.

1783

1784

Vom Jugendhaus und den Jugendunruhen

Auch das ist ein unerlaubter Zusammenzug. In gutem Deutsch darf man eine mit dem Artikel verschmolzene Präposition nicht zugleich als selbständige Präposition weiterwirken lassen. Also nicht: *beim* Staatsanwalt und den beiden Verteidigern; *am* Boden und der westlichen Wand; *zum* Vortrag und der anschließenden Aussprache; größere Aufhellungen *im* Wallis und weiten Teilen Graubündens. In solchen Fällen muss die selbständige Präposition vor dem zweiten Glied gesetzt werden: *beim* Staatsanwalt und *bei* den beiden Verteidigern; *am* Boden und *an* der westlichen Wand; *zum* Vortrag und *zur* anschließenden Aussprache; größere Aufhellungen *im* Wallis und *in* weiten Teilen Graubündens; *vom* Jugendhaus und *von* den Jugendunruhen. Möglich, doch weniger üblich ist auch, beim ersten Glied die Verschmelzung von Präposition und Artikel aufzulösen: *von dem* Jugendhaus und *den* Jugendunruhen.

1785

Sie wird betrogen und deshalb ihren Freund verlassen

Bei *werden* sind drei Funktionen zu unterscheiden, die sauber auseinandergehalten werden müssen. Erstens kommt *werden* vor als *Vollverb* in der Bedeutung von «entstehen» oder «in einen Zustand geraten»: Ich weiß nicht, was noch *werden* soll. Er *wird* zornig. Sie *wird* Lehrerin. Zweitens kommt es vor als *Hilfsverb des Futurs:* Er *wird* kommen. Wir *werden* euch helfen. Drittens dient *werden* als *Hilfsverb des Passivs:* Das

1786

Kind *wird* gebadet. Die Tiere *werden* gefüttert. Gegen Zusammenzüge ist nichts einzuwenden, sofern es sich um zwei oder mehrere *werden* der gleichen Funktion handelt (→ 742–747):

Er *wird* Sekretär und sein Vater gleichzeitig Präsident des Vereins. Der Fluss *wird* anschwellen, die Ufer überfluten und das Land unter Wasser setzen. Sie *wurden* auf später vertröstet, dann aber schmählich im Stich gelassen.

Nicht gestattet ist es dagegen, *werden* gleichzeitig als Vollverb und als Hilfsverb zu verwenden; ebenso wenig kann es gleichzeitig dem Futur und dem Passiv dienen. Zusammenzüge wie die folgenden sind demnach falsch:

1990 *wird* er Gemeindepräsident und ein Jahr später in den Kantonsrat gewählt. Sie *wird* betrogen und deshalb ihren Freund verlassen. Der Minister *wird* Europa bereisen und in den wichtigsten Hauptstädten von den Regierungschefs empfangen.

Das oben Gesagte gilt sinngemäß auch für andere Hilfsverben, aber auch für unterschiedlich gebrauchte Vollverben. Also nicht:

Ich *habe* Hunger und mir darum ein Sandwich gemacht. Sie *ist* aus Bern und in Zürich zur Schule gegangen. Ich *nehme* ein Bad und darum die Seife mit. Er *hält* Wort und darum das Maul. Sie *trifft* Vorsorge und ihre Freundin.

Die schweizerische Uhrenindustrie, die ihre Wurzeln in der japanischen Konkurrenz hat

1787 Beim Anschluss von Relativnebensätzen ist darauf zu achten, dass der Leser nicht – wenn auch nur vorübergehend – das *Relativpronomen mit dem falschen Nomen in Verbindung bringt*. Durch die richtige Stellung des Relativsatzes kann Zweideutiges oder Lächerliches vermieden werden. Lächerlich oder zweideutig wirken zweifellos folgende Sätze:

Wegen der Sommerhitze, die über das Land hereingebrochen ist, fiel ein junger Soldat an der Parade in *Ohnmacht, die* zu Ehren von Königin Elisabeth veranstaltet worden war.

Eine neue Beunruhigung sucht die schweizerische *Uhrenindustrie* heim, *die* ihre Wurzeln in der japanischen Konkurrenz hat.

Worin liegt, grammatisch gesprochen, in diesen Sätzen der Fehler? Doch wohl darin, dass das *Relativpronomen* seiner Form nach auf ein falsches Nomen bezogen werden kann und bezogen wird, weil dieses den Ton trägt und dem Relativpronomen näher liegt als das richtige Bezugswort. Woraus die leicht jedes Missverständnis verhütende Faustregel abzuleiten ist: *Zwischen das Relativpronomen und sein Bezugswort darf kein betontes Nomen treten, das nach Geschlecht und Zahl ebenfalls mit dem Relativpronomen übereinstimmt und dadurch den richtigen Bezug stört.*

Hierbei handelt es sich, wie gesagt, um eine *Faust*regel, die nicht stur gehandhabt werden darf. Wo auch ein bloß momentaner Zweifel ausgeschlossen ist – weil nämlich der Satzton oder ein nahebei stehendes Verb den Bezug sofort klarlegt –, ist gegen eine solche Konstruktion nichts einzuwenden:

Beim Dunkelwerden gelangten sie in *jene* berüchtigte Gasse der Stadt, *die* von allen Ortskundigen gemieden wird. (Hier verhindert der *Ton* den Bezug auf «Stadt».)

Den einzigen Angriffspunkt bildete die Zugehörigkeit zu den Mormonen, *die* nach allen Regeln ausgeschlachtet wurde. (In diesem Fall legt das im Singular stehende *Verb* den Bezug klar.)

Nicht zu beanstanden ist natürlich auch das Einschieben von Nomen, deren grammatische Form einen falschen Bezug ausschließt:

Über die *Absichten* des Geschäftsführers, *die* die Abteilungsleiter kennen müssen ...
Er sprach vom *Einsatz* der Angestellten der SBB, *den* die Direktion anerkenne.

Nicht vertretbar ist, was allzu strenge Lehrer auch schon verlangt haben: dass der Relativsatz seinem Bezugswort überhaupt in jedem Fall *unmittelbar anzuschließen* sei. Die ängstliche Befolgung dieser Vorschrift bringt heute noch Sätze wie die folgenden hervor:

Das Vieh wurde auf die *Wiese, die* sich unmittelbar hinter dem Haus befindet und die im Jahr zuvor auf ihrer südlichen Hälfte mit aus Frankreich importierten Edelobstbäumen bepflanzt worden war, *getrieben*.

Der Verkaufserfolg hängt von der *Propaganda, welche* unter beträchtlichem finanziellem Einsatz sorgfältig vorbereitet wird und in dem *Moment, da* die Witterungsverhältnisse den Zeitpunkt des Erntebeginns abschätzen lassen, *einsetzen soll, ab*.

1788

Mit Recht hat die Stilkritik diese sogenannten nachklappenden Verben (oft sind es sogar nur Verb*teile*) aufs Korn genommen. In einer Glosse über die deutsche Sprache hat selbst Mark Twain seinen beißenden Spott über solche nach seiner Auffassung typisch deutschen Sätze gegossen. In der Tat kann niemand bestreiten, dass diese Sätze durch das Vorschieben der nachklappenden Wörter, also durch das Ausklammern des Relativsatzes (→ 818), an Klarheit und Rhythmus nur gewinnen:

Das Vieh wurde auf die *Wiese getrieben, die* sich ... Der Verkaufserfolg hängt von der *Propaganda ab, welche* unter ... und in dem *Moment einsetzen soll, da* die ...

Eines der höchsten Ämter, das der Kanton Zürich zu vergeben hat

1789 Der Fehler liegt darin, dass das Relativpronomen *das* sich auf *eines* statt auf *Ämter* bezieht. Er stellt sich mit erstaunlicher Regelmäßigkeit ein, wenn auf die Fügungen «einer der ...», «eine der ...» oder «eines der ...» ein Relativsatz folgt:
Er war einer der ersten Weißen, *der* für die Gleichberechtigung der Farbigen eintrat. Der Käfer ist eines der wenigen Insekten, mit *dem* sich amtliche Verordnungen befassen. Das Fahrzeug ist eines der modernsten, *das* je in Europa hergestellt wurde. Einer der schwersten Eingriffe in die Natur, *der* sich denken lässt.

In all diesen Fällen gilt das im Nebensatz Gesagte nicht bloß von dem *einen,* sondern von der im Nomen zusammengefassten *Mehrzahl,* aus welcher der, die oder das *eine* herausgehoben wird. Das Relativpronomen und allenfalls das Verb müssen also zweifellos im Plural stehen:
einer der ersten Weißen, *die ... eintraten;* eines der wenigen Insekten, mit *denen ...;* das Fahrzeug ist eines der modernsten, *die ...* hergestellt *wurden;* einer der schwersten Eingriffe, *die* sich denken *lassen;* und, dies unsere Überschrift: Eines der höchsten Ämter, *die* der Kanton Zürich zu vergeben hat.

1790 Seltener, wenn auch auf den *gleichen Denkfehler* zurückzuführen, ist der *umgekehrte Fall:* dass Relativpronomen und Verb im Plural stehen, wo der Singular richtig ist: ... wenn die Zürcher heute der letzte Klub der Nationalliga sind, *die* noch keinen einzigen Sieg *verzeichnen.* Grammatisch kann sich der Nebensatz hier nur auf «Klub» beziehen; folglich kann nur richtig sein: ... der letzte Klub der Nationalliga sind, *der* noch keinen einzigen Sieg *verzeichnet.*

Ebenso ist auch in folgendem Satz der Singular des Relativpronomens richtig: An der Grimselstraße ist der «Mineur» zu sehen, eines der monumentalen Werke Arnold Hugglers, *das* den Erbauern der Hasliwerke gewidmet *ist.* Der Relativsatz bezieht sich auf «eines», nicht auf «Werke».

Das Städtchen gehört zu einem der bestbefestigten, das an der Ostgrenze des Reiches errichtet worden ist ...

1791 Unklar überlegt sind oft Wendungen wie «gehört zu einem (einer) der ...» oder «zählt zu einem (einer) der ...» mit einem Relativsatz: Das Städtchen gehört zu einem der bestbefestigten, das an der Ostgrenze des Reiches errichtet worden ist. Es handelt sich offenbar um eine Vermischung zweier Redensarten, um eine Kontamination. Entweder muss es heißen: Das Städtchen *gehört zu den bestbefestigten, die* (Plural!) an der Ostgrenze des Reiches errichtet worden sind. Oder: Das Städtchen *ist eines der bestbefestigten, die* (Plural) an der Ostgrenze des Reiches errichtet worden sind. Mit etwas *anderem Sinn:* Das Städtchen *war das bestbefestigte, das* (Singular!) an der Ostgrenze des Reiches errichtet worden ist.

Der gleiche Fehler ist auch in Sätzen ohne Relativnebensatz zu finden: Dieses Warenhaus gehört zu einem der größten der Stadt. (Entweder gehört es *zu den größten* oder *ist eines* der größten – oder es ist *das* größte!) Dieses Kernkraftwerk zählt zu einem der leistungsfähigsten Europas. (Richtig: ... zählt zu den leistungsfähigsten, ist eines der leistungsfähigsten – oder: ... ist *das* leistungsfähigste!)

1792

Das Gescheiteste, das du tun kannst

Auch über die Verwendung der beiden Relativpronomen *das* und *was* herrscht in gewissen Gebieten des deutschen Sprachraums einige Unsicherheit.
Zuerst zum einfachsten Fall: Auf ein sächliches Nomen kann sich nur *das* beziehen – genauso wie auf ein männliches Nomen *der* und auf ein weibliches *die* folgt:
 Der Prachtband, *der* ihr geschenkt wurde ...
 Die Zeitschrift, *die* ihr geschenkt wurde ...
 Das Buch, *das* (falsch: *was*) ihr geschenkt wurde ...

1793

Nach nominalisierten Adjektiven im Positiv folgt gewöhnlich *das*:
 das Gute, *das* du für mich getan hast; das Echte, *das* vom Unechten leicht zu scheiden ist; von dem Schönen, *das* wir erlebt haben; das Grüblerische, *das* seine Schriftstellerei durchzieht; das kleine Schwarze, *das* ihr so gut steht

Wenn das Adjektiv mit einem Indefinitpronomen verbunden ist, kann aber auch *was* stehen:
 all das Gute, *das (was)* du für mich getan hast; *etwas* Nützliches, *das (was)* nur wenig kostet; *nichts* Unangenehmes, *das (was)* dich beunruhigen müsste

Nach *Superlativen* und *Ordnungszahlen* muss *was* folgen, sofern sie sich nicht auf eine einzelne Person oder Sache beziehen:
 das Beste, *was* du tun kannst; das Schlimmste, *was* ihm widerfahren könnte; das Erfreulichste, *was* ich zu melden habe; das Zweite, *was* sie tun will; das Letzte, *was* ich mir wünschte
 (Aber:) das Höchste, das wir Gott nennen

Das Relativpronomen *was* steht grundsätzlich auch nach sächlichen Pronomen und Zahladjektiven:
 das, *was* ich dir gesagt habe; dasselbe, *was* ihm schon einmal geschehen ist; das wenige, *was* wir tun können; manches, *was* uns missfällt; das Einzige, *was* ich erwarte
 Wenn *was* unmittelbar auf *etwas* folgt, kann es – aus Gründen des Wohlklangs – durch *das* ersetzt werden: etwas, *das (was)* mich stört.

Nach Präpositionen steht allgemein *das* statt *was*, sofern man nicht Pronominaladverbien (→ 426 ff.) vorzieht – was gute Stilisten in der Regel tun:
   Es gab nichts mehr, *für das (wofür)* er sich begeistern konnte. Das war das Letzte, *auf das (worauf)* Rita gefasst gewesen war.

Nur *was* ist richtig, wenn sich das Relativpronomen auf den Inhalt des ganzen vorangehenden Satzes bezieht (→ 244.3):
   Er ruhte sich nun auf seinen Lorbeeren aus, *was* ihm manche übel nahmen.

Ein Mann, mit dem ich zusammenarbeiten musste und nicht widersprechen durfte

1794   Schlimmer als das falsche Relativpronomen sind die Relativsätze mit falscher Fortsetzung. Sie entstehen durch fehlerhaften Zusammenzug zweier Nebensätze, wobei die verschiedenartigen grammatischen Verhältnisse der Satzglieder nicht beachtet werden. So ist dem Schreiber unseres Beispielsatzes entgangen, dass vom Verb des ersten Nebensatzes (zusammenarbeiten) eine *Präpositionalgruppe* (als Objekt) abhängt, das Verb des zweiten Nebensatzes (widersprechen) jedoch ein *Dativ*objekt erfordert. Ein Zusammenzug in solchen Fällen ist auch dann nicht gestattet, wenn die Präposition zufällig ebenfalls den Dativ verlangt. Richtig heißt der Satz: ... mit dem ich zusammenarbeiten musste und *dem* ich nicht widersprechen durfte. Weitere Beispiele falsch fortgesetzter Relativsätze:
   Dieser Auftrag, an den ich seit zwanzig Jahren gekettet war und nicht aufatmen durfte (... war, ohne aufatmen zu dürfen). Die Helvetier kamen bis nach Bibracte, wo Cäsar ihnen eine vernichtende Niederlage beibrachte und wieder in ihr eben verlassenes Land zurückkehrten (... beibrachte, worauf sie wieder ...). Den Finken und Meisen, die sie täglich füttert und ihnen Trinkwasser hinstellt (... und denen sie ...).

Solch falscher Zusammenzug verschiedener grammatischer Fälle kommt indessen nicht nur in Relativsätzen vor. Auch sonst ist dieser Fehler zu beobachten, besonders wenn ein Wort in zwei Fällen dieselbe Form hat, wie zum Beispiel in folgenden Sätzen:
   Die gleichen Einwände haben auch wir erhoben und sind übrigens schon von anderer Seite zu hören gewesen. (*Die gleichen Einwände* können nicht zugleich Akkusativobjekt und Subjekt sein. Richtig: ... erhoben, und *sie* sind ...) *Solches* glaube ich einfach nicht und kann auch nicht in guten Treuen behauptet werden. (... nicht, und *es/solches* kann ...)

Krüppelsätze

Die falsch fortgesetzten Relativsätze sind nicht die einzigen Satzkrüppel, die entstehen können, wenn im Satzgefüge nicht sauber nach der grammatischen Logik verfahren wird. Auch bei bestimmten Infinitivgruppen ist genau zu überlegen, ob das Subjekt des Hauptsatzes tatsächlich auch für die Infinitivgruppe gelten kann, ob diese bei gemeinsamem Subjekt nicht etwa im Passiv stehen müsste oder durch Ausbau in einen vollständigen Nebensatz ein eigenes Subjekt erhalten sollte:

Der Vorstand war sich noch nicht klar darüber, ob dieser Vorschlag abzulehnen oder es verdient, ihn in die Tat umzusetzen (... ob dieser Vorschlag abzulehnen sei oder es verdiene, in die Tat umgesetzt zu werden, oder: dass man ihn in die Tat umsetze). Der Anblick war zu ergreifend, um ihn mit Worten zu schildern (... als dass man ihn mit Worten schildern könnte).

Verzweifelt umherblickend, schlotterten ihm die Knie

Scherzend und frohe Lieder *singend*, brachte uns die Kutsche ans Ziel. Zu einem Eisblock *erstarrend*, zogen die Spukgestalten an ihr vorüber. Oben *angelangt*, lag das herrliche Tal zu unsern Füßen. Kaum von Bern *abgefahren*, erhob sich ein heftiger Wind. Als Büblein klein an der Mutter Brust, da war der Sekt schon meine Lust ... (aus Nicolais «Lustigen Weibern»).

Alle diese Sätze haben den gleichen Fehler: Die Partizipgruppe hat einen falschen Bezug (→ 847) – sogar im letzten Beispiel, wo das Partizip fehlt (→ 862.4). Das Partizip muss sich in der Regel auf das *Subjekt* des Hauptsatzes bzw. des übergeordneten Satzes beziehen. Gegen diesen Grundsatz wurde hier überall verstoßen. Aus der Satzverkürzung, die durch die Verwendung der Partizipgruppe erzielt wurde, ist deshalb Unklarheit, ja Unsinn entstanden. Solche Sätze müssen verbessert werden; dies kann geschehen durch Umwandlung der Partizipgruppe in einen vollständigen Nebensatz mit eigenem Subjekt:

Indem er verzweifelt umherblickte, schlotterten ihm die Knie. Ihm schlotterten die Knie, während er verzweifelt umherblickte.

Oder der Bezug wird auf andere Weise klargestellt:

Scherzend und frohe Lieder singend, wurden wir von der Kutsche ans Ziel gebracht. Die Spukgestalten zogen an der zu einem Eisblock Erstarrenden vorüber.

Solche Fehler lassen sich freilich nicht immer ohne tiefe Eingriffe in den Satzbau ausmerzen.

Hier ist nun allerdings beizufügen, dass auch diese Regel ihre Ausnahmen hat. So darf eine Partizipgruppe einem beliebigen Satzglied als nachgetragenes Attribut (→ 848, 1564) folgen:

Man zerrte die *Kühe*, vor Angst dumpf *brüllend*, noch rechtzeitig aus dem schon mit Rauch gefüllten Stall. Denn jetzt war in das närrische *Treiben*, bisher ganz mit Schaulust und Alberei *gesättigt*, etwas von Rausch, Trieb und Kitzel eingebrochen (Zuckmayer).

Übertrieben scheint uns auch die Warnung vor dem Partizip in der geläufigen Briefformel: *Beiliegend* erhalten Sie das gewünschte Muster. Oder: *Inliegend* senden wir Ihnen unsern neuesten Katalog. Der Bezug auf das Akkusativobjekt ist doch hier von vornherein klar. Indessen soll nicht verschwiegen werden, dass über diese Formel verschieden geurteilt wird.

1798 Zu tadeln ist die Partizipgruppe wiederum, selbst bei richtigem Bezug auf das Subjekt, wenn der zeitliche Ablauf dadurch unrichtig dargestellt wird:

Die Wohnungstüre *abschließend*, eilte er die Treppe hinunter (das Partizip I bedeutet Gleichzeitigkeit der Handlung; das ist hier sachlich unmöglich). Die durchnässten Kleider rasch *abwerfend*, legte er sich müde auf das Bett (ebenso). Schreckensbleich eilte Inge aus dem Zimmer, nach wenigen Minuten mit ihrer Mutter *zurückkehrend* (ebenso).

Die Partizipgruppe muss hier einem Hauptsatz weichen oder einem Nebensatz anderer Form:

Er schloss die Wohnungstür ab und eilte ... Nachdem er die durchnässten Kleider abgeworfen hatte, legte er ... Schreckensbleich eilte Inge aus dem Zimmer und kehrte ...

Schließlich gibt es auch eine freiere Verwendung des Partizips, die keinen oder doch keinen deutlichen Bezug auf ein anderes Satzglied erkennen lässt (→ 849; Kommasetzung → 1578 ff.):

Dies vorausgeschickt, darf nun doch festgestellt werden ... *Davon abgesehen(,)* ist gegen den Auftrag nichts einzuwenden. *Genau genommen* handelt es sich hier um etwas anderes. *Das alles zugegeben*, möchten wir uns doch verbeten haben ... *Kurz gesagt*, es geht um einen grundlegenden Entscheid.

Solche *absoluten* Partizipialfügungen sind von der Grammatik her *nicht* zu beanstanden. Doch können strenge Stilisten wenig Gefallen daran finden.

Dreimonatig und dreimonatlich

1799 Die ursprüngliche Bedeutung der Suffixe *-ig*, *-isch* und *-lich* ist dem heutigen Sprachbenützer meist nicht mehr klar und ist auch längst nicht mehr an allen Wörtern nachweisbar, die mit diesen Suffixen gebildet worden sind. Das will nun nicht heißen, dass man diese Ableitungssilben beliebig verwenden dürfe. Es müssen im Gegenteil Wörter wie *kindlich* und *kindisch*, *launig* und *launisch*, *weiblich* und *weibisch* streng auseinandergehalten werden, da sie ganz Unterschiedliches bedeuten.

1800 Besonders häufig ist die Verwechslung bei Adjektiven auf *-ig* und *-lich*, die von einem Nomen abgeleitet sind, das eine *Zeitdauer* ausdrückt. Adjektive auf *-ig* bezeichnen hier die Zeitdauer als solche, Adjektive auf -*lich* eine Wiederholung mit dem entsprechenden zeitlichen Abstand. Eine sechsmonatige Auslandreise dauert demnach sechs Monate, während eine sechsmonatliche Auslandreise alle sechs Monate unternommen wird (mit unbestimmter Dauer). Ebenso dauert ein vierzehntägiger Kurs vierzehn Tage, ein vierzehntäglicher Kurs aber wird im Abstand von vierzehn Tagen durchgeführt. Es heißt daher richtig: eine dreiviertelstündige Lektion, vierwöchige Ferien, ein viermonatiger Krankenhausaufenthalt. Dagegen wird eine Medizin zweistündlich eingenommen, man spricht vom täglichen Brot, vom wöchentlichen Putztag und von den alljährlichen Silvesterfeiern.

Die Unterscheidung gilt in der genannten Weise nicht für Adjektive, die von einem Nomen abgeleitet sind, das einen *Zeitpunkt* oder einen bestimmten Zeitabschnitt benennt. Man spricht daher nicht von einem sonntägigen Spaziergang, sondern von einem sonntäglichen, auch wenn er nicht jeden Sonntag stattfindet.

Scheinbar – anscheinend

Dass diese beiden Adverbien über das Nomen *Schein* und das Verb *scheinen* verwandt sind, ist für jeden erkennbar. Gerade diese enge Verwandtschaft dürfte an ihrer häufigen Verwechslung, an der Verkennung eines klaren Bedeutungsunterschiedes schuld sein. Eigentlich ist die Verwechslung nur einseitig: Es wird immer wieder *scheinbar* geschrieben, wo *anscheinend* stehen müsste.

1801

Besinnen wir uns darauf, was die beiden Wörter bedeuten: *Anscheinend* heißt: allem Anschein nach, wahrscheinlich, offenbar. Man sagt *anscheinend,* wenn man annimmt, dass es so sei; wenn man eine Beobachtung macht, an die man glauben möchte, ohne sich aber für ihre Stichhaltigkeit zu verbürgen. Es wird mit diesem Wort also ein hoher Grad von Wahrscheinlichkeit ausgedrückt.

Noch sinkt das Thermometer Nacht für Nacht unter den Gefrierpunkt; der Winter ist *anscheinend* noch nicht vorbei.

Die schweren Konflikte innerhalb der Partei sollen *anscheinend* durch ein besonders lärmiges Auftreten nach außen vertuscht werden.

Scheinbar dagegen heißt: dem nicht der Wirklichkeit entsprechenden, also *falschen* Scheine nach. Man weiß, dass es nur so scheint, tatsächlich aber nicht so ist:

Scheinbar ruhig und gelassen blieb er sitzen; keiner sah ihm an, wie er innerlich kochte.

So ist *scheinbar* alles in bester Ordnung; wer jedoch hinter die Kulissen sieht, wird rasch eines Besseren belehrt.

Aus dieser Gegenüberstellung geht hervor, dass *scheinbar* in gewissem Sinne das Gegenteil von *anscheinend* ausdrückt. Man kann also in keinem Falle das eine für das andere setzen. In all den folgenden Beispielen ist *scheinbar* falsch; überall müsste es richtigerweise *anscheinend* heißen:

Die Regierung wäre *scheinbar* nicht abgeneigt, diese Voraussetzung für einen freien Handel zu schaffen, zumal sie sich darüber im Klaren ist, dass ein offener internationaler Markt bedeutende Vorteile zu sichern vermag.

Die jüngste Besserung der Ernteaussichten in Europa wird auf das günstige Herbstwetter zurückgeführt, das trotz der fortgeschrittenen Jahreszeit *scheinbar* den Zuckergehalt der Rüben erhöht hat.

Ihr unmissverständlicher Protest – Hungerstreik, drei nahmen eine Überdosis Medikamente, zwei trieben sich einen Dolch in die Magenhöhle – trug *scheinbar* bescheidene Früchte: das Hochkommissariat für Flüchtlinge stellte jedem einen Wisch aus, der bestätigt, dass sie laut UN-Protokoll als politische Flüchtlinge anzusehen sind.

Scheinbar zieht der sich entwickelnde Organismus, wenn er der Schäden in seinem Informationsspeicher nicht mehr Herr werden kann, eine Art Notbremse und stirbt.

Diese Fälle sind so häufig, dass wir dem Wort *scheinbar* heute mit Misstrauen begegnen müssen. Sicheres Kriterium für Zweifelsfälle: Man prüfe, ob statt *scheinbar* das Wort *offenbar* stehen könnte. Wenn ja, ist *scheinbar* falsch; dann setze man *anscheinend* oder eben *offenbar*.

Betreuen – betrauen

1802 Zwei weitere Wörter, über deren grundverschiedene Bedeutung offenbar weiterum keine Klarheit mehr herrscht. Und wiederum ist – wie bei *scheinbar* und *anscheinend* – die Verwechslung nur einseitig: *betreuen* steht häufig falsch für *betrauen*.

Betreuen ist eine Ableitung des Adjektivs *treu* und heißt: für etwas oder für jemand (treu) sorgen. Der Pfarrer betreut seine Gemeinde, die Mutter ihre Kinder, ein Beamter sein Ressort usw.

Betrauen dagegen, abgeleitet vom Verb *trauen,* bedeutet: jemandem eine Aufgabe überbinden, anvertrauen. Man betraut jemanden *mit* etwas: Karl wird *mit* einer heiklen Mission betraut, der Sekretär *mit* der Führung des Protokolls, der Ausschuss *mit* der Lösung eines Problems usw. Grammatisch lässt sich der Unterschied so ausdrücken: *betreuen* und *betrauen* sind beides transitive Verben, verlangen also beide ein Akkusativobjekt. Bei *betrauen* steht aber überdies regelmäßig eine Präpositionalgruppe, eingeleitet durch die Präposition *mit*. Demnach sind die folgenden Beispiele *falsch:*

Dieser Eindruck mag daher rühren, dass mit der Rolle Heinz Rühmann betre*u*t wurde.

Mit dem Amt eines Verbandskassiers hat man ihn nun schon das zweite Mal betre*u*t.

Noch häufiger ist der falsche Gebrauch in der substantivierten Form anzutreffen: Betreuung statt Betrauung. Beispiele:

Die angestrebte Ausschaltung der Bundesversammlung und die alleinige Betre*u*ung des Bundesrates mit dem Erlass der Ausführungsbestimmungen ...
So konnte Werner Weber, dessen Sachkenntnisse durch die Betre*u*ung mit schwierigen Expertisen die Anerkennung der obersten Behörde gefunden haben ...
Die Betre*u*ung mit diesen komplizierten Planungsaufgaben traf den soeben von langem Auslandaufenthalt Zurückgekehrten nicht unvorbereitet.

In all diesen Fällen muss es selbstverständlich Betra*u*ung heißen. Die Unterscheidung ist so einfach, dass man sie von Redaktoren und Korrektoren, die eine Zeitung betre*u*en, die also mit deren Herstellung betra*u*t sind, wohl verlangen dürfte.

Zumuten – zutrauen

Noch ein Wortpaar, das häufig verwechselt wird, und zwar wiederum nur einseitig: oft steht fälschlich *zumuten*, wo es *zutrauen* heißen müsste, so etwa, wenn zu lesen steht:

Dieses scheußliche Verbrechen hätte dem als fleißiger, zurückgezogener Arbeiter geltenden T. F. niemand *zugemutet*. Man *mutete* der Frau von allem Anfang an nichts Gutes *zu*. *Mutest* du mir wirklich nicht *zu*, damit rechtzeitig fertig zu werden?

In all diesen Fällen muss es richtig *zutrauen* heißen. Denn jemandem etwas *zumuten* heißt etwas meist Unangenehmes von ihm *verlangen*. Man kann beispielsweise einem abgearbeiteten Menschen nicht noch Überstunden *zumuten*, einem armen Teufel darf keine so hohe Ausgabe *zugemutet* werden, und einem Lahmen *mutet* man nicht *zu*, dass er fünf Stunden marschiert; denn all dies wären eben – *Zumutungen*.

Wenn es sich aber nicht tatsächlich um eine Zumutung handelt, also um ein – oft unbilliges – Verlangen, sondern um ein *Zutrauen*, um den Glauben an eine Fähigkeit (sei es zu etwas Gutem oder zu etwas Schlimmem), dann ist nur das Verb *zutrauen* der richtige Ausdruck: Ich hätte dir eine bessere Leistung, einen feineren Geschmack, etwas mehr Taktgefühl *zugetraut*. Mir *traut* man *zu*, einen Ausweg aus der Sackgasse zu finden. Dem *traue* ich jede Schlechtigkeit *zu*.

Gewohnt oder gewöhnt

Darüber gibt das erstbeste Wörterbuch Auskunft: *gewohnt* = durch *zufällige innere* Gewohnheit mit etwas vertraut; *gewöhnt* = durch *bewusste* Gewöhnung mit etwas vertraut. Man schreibe also:

Ich bin es *gewohnt*, Unrecht zu leiden; er ist diese schwere Arbeit nicht *gewohnt*; jung *gewohnt*, alt getan; die *gewohnte* Arbeit. Aber: Die Kinder sind an Ordnung *gewöhnt*; ein an rasches Arbeiten *gewöhnter* Korrektor.

Drei Hinweise mögen die Unterscheidung erleichtern: 1. Wo die Präposition *an* dabeisteht, wird bewusste Gewöhnung angenommen; man ist also *an etwas gewöhnt*. 2. Bei *gewöhnt* ist das Partizip des Verbs *gewöhnen* zu erkennen, auch wenn es adjektivisch gebraucht wird; man kann sich das Hilfsverb des Passivs hinzudenken: Er ist an rasches Arbeiten gewöhnt (worden). 3. *Gewohnt* ist ein reines Adjektiv geworden, dem keine Verbalform mehr entspricht. Es steht mit dem Akkusativ, man ist also *etwas gewohnt*. Der Akkusativ kann auch durch einen Nebensatz ersetzt werden: Sie sind *gewohnt, Arbeiten zu erledigen,* bei denen es auf Genauigkeit ankommt.

Gesinnt oder gesonnen

1805 Man kann nur wohl *gesinnt*, man kann nur freundlich, freiheitlich, antidemokratisch oder ehrlich demokratisch *gesinnt* sein. *Gesinnt* leitet sich direkt von *Sinn* her ab – es ist *nicht* Partizip II von *sinnen*. Seine Bedeutung ist: *eine bestimmte Gesinnung oder Sinnesart habend*. Es steht in Verbindung mit einem *Adjektiv*. Es war also die falsche Wortwahl, als von «allen freiheitlich *gesonnenen* Europäern» und von einem «dem Schießsport nicht besonders freundlich *gesonnenen* Korrespondenten» zu lesen war. Denn *gesonnen* wird nur in Verbindung mit *sein* gebraucht und heißt so viel wie *willens, gewillt, entschlossen sein, die Absicht haben,* etwas zu tun oder nicht zu tun. Von einem Vater wird demnach richtig gesagt, er sei «nicht gesonnen, die Eskapaden seines Sprösslings schweigend hinzunehmen», und eine Oppositionspartei darf «gesonnen sein, die Pläne der Regierung zu durchkreuzen». In diesem *gesonnen* kommt nämlich der Wille, die Absicht zum Ausdruck, und das ist der Sinn des Wortes.

Vorläufig ist die Verwechslung der beiden Begriffe nur einseitig: *gesonnen* steht häufig für *gesinnt*.

Ein heruntergekommener Mensch kommt die Treppe hinauf

1806 Nein, er kommt *herauf*! Die Verwechslung der Adverbien *her* und *hin* in Zusammensetzungen ist ein häufiger Fehler. Er kann leicht vermieden werden, wenn man sich merkt: *her* bedeutet die Bewegung auf den Sprechenden zu, *hin* dagegen die Bewegung vom Sprechenden weg. Demnach muss beim Verb *kommen* in der Regel *her*, bei *gehen* immer *hin* stehen. Also: Er *kommt* die Treppe *her*auf, die Dorfstraße *her*ab, zu uns *her*über. Dagegen: Er *geht* den Waldweg *hin*auf, ins Dorf *hin*unter, ins Wirtshaus *hin*über. Sie schaut zum Fenster *her*ein (ich bin drin); sie schaut zur Türe *hin*ein (ich bin nicht drin). Ich locke den Hund *her*an, aber er läuft den steilen Weg *hin*an. Aber: *Komm* mit mir *hin*unter (ich bin noch oben).

1807 Hier ist indessen zu sagen, dass *her* die räumliche Beziehung zum Sprechenden verliert, wenn es in übertragener Bedeutung gebraucht wird. Es ist also richtig, von einem *herunter*gekommenen Menschen zu sprechen, auch wenn man sich selbst nicht auf dieselbe Stufe stellen will. Richtig sind demnach in jedem Fall auch: *herausgeben* (veröffentlichen), *herabsetzen, herabwürdigen, heruntermachen.*

Aachener, Münchener, Oltener – oder Aacher, Münchner, Oltner?

Annelise Mayer liebt es nicht, wenn Briefe für sie mit *Annelies Meier* angeschrieben sind, ebenso wenig schätzt es *Hannes Burckhard*, wenn er Post mit der Anschrift *Hans Burkhard* erhält. Auch Ortsansässige reagieren auf falsch gebildete Einwohnerbezeichnungen etwa gleich unwirsch wie Personen, deren Name auf dem Briefumschlag falsch geschrieben ist. So ist es also verständlich, wenn die Einwohner von *Zürich* ungläubig staunen, wenn man von ihnen als den *Zürichern* statt den *Zürchern* berichtet, oder die Bewohner des Kantons *Graubünden*, wenn von ihnen als den *Graubündenern* statt den *Bündnern* oder *Graubündnern* gesprochen wird. Deshalb tut jeder Schreiber gut daran, wenn er die Einwohnerbezeichnungen in der am entsprechenden Ort üblichen Form verwendet.

1808

Die Grundregel ist eigentlich ganz simpel: Einwohnerbezeichnungen werden gebildet, indem das Suffix *-er* an den entsprechenden geografischen Eigennamen gehängt wird. Die Sache wird allerdings dadurch kompliziert, dass viele geografische Eigennamen dabei den Stammauslaut verändern. Wichtig sind im Einzelnen:

Namen auf -en: Der Stammauslaut *-en* fällt teils ab, teils wird er zu bloßem *n* verkürzt, teils bleibt er ganz erhalten – eine feste Regel lässt sich nicht geben. So leben in Bremen die Bremer (nicht die Bremener), in St. Gallen die St. Galler, in Wohlen die Wohler, in Hilterfingen die Hilterfinger, in Zollikofen BE die Zollikofer; in München die Münchener/ Münchner, in Olten die Oltner, in Murten die Murtner; in Singen die Singener, in Aachen die Aachener, in Wiesbaden die Wiesbadener oder -badner – in Schlieren aber die Schlieremer.

Namen auf -er: Meist wird nicht einfach ein zusätzliches *-er* angehängt, sondern ein Laut oder ein Suffix dazwischengeschoben: So heißen die Einwohner von Münster (Westfalen) Münsteraner, die Leute von Hannover sind die Hannoveraner, diejenigen von Uster die Ustermer.

Namen auf -a: Meist sind hier regelmäßige Bildungen entstanden. So spricht man vom Gothaer Programm, vom Jenaer Glas. Aber in Stäfa wohnen nicht die Stäfaer, sondern die Stäfner!

Namen auf -hausen: Meist enden die Einwohnerbezeichnungen auf *-hauser* oder *-hausener*, gelegentlich aber auch auf *-häuser*. Es gibt also die Schaffhauser und Mülhauser neben den Oberhausenern (Düsseldorf) und den Mühlhäusern (Thüringen).

Namen auf -stadt: Meist heißt es *-städter*, manchmal auch *-stadter*, also zum Beispiel Darmstädter, Neuenstädter (am Bielersee), aber Neustadter (Wien).

Daneben gibt es erstaunlich viele Unregelmäßigkeiten:

So stammen aus dem Goms im Wallis die Gommer (nicht Gomser), aus Zollikon am Zürichsee (nicht Züricher See!) die Zolliker (nicht die Zollikoner), aus Muhen im Aargau die Müheler, aus Schöftland im Aargau die Schöftler, aus Glarus die Glarner (nicht die Glarusser).

1809 Bunt ist auch die Palette der Möglichkeiten bei den *Adjektiven auf -isch*. Teils wird dieses Suffix unmittelbar an den geografischen Eigennamen gehängt, teils an die Einwohnerbezeichnung:

So spricht man von der österreichischen (nicht österreicherischen) Regierung, aber vom schweizerischen (nicht schweizischen!) Bundesrat. Und oft, besonders bei Ortschaftsnamen, kann gar keine Ableitung auf -isch gebildet werden: Es gibt weder eine winterthurische noch eine winterthurerische Industrie, sondern nur eine Winterthurer Industrie, auch kein thunisches Schloss und kein wallisisches Braunvieh, sondern nur das Thuner Schloss und Walliser Braunvieh.

Ein leicht handhabbares und zugleich eindeutiges Regelwerk haben wir trotz der «simplen Grundregel» nicht aufstellen können. In Zweifelsfällen bleibt nichts anderes übrig, als ein Wörterbuch zu konsultieren oder sich am betreffenden Ort selbst zu erkundigen.

Lie-stal oder Lies-tal, Heris-au oder Heri-sau?

1810 Die Trennung von Orts- und andern geografischen Eigennamen ist auch mit den Trennregeln der neuen Rechtschreibung heikel. Einerseits gilt wie bisher, dass zusammengesetzte Wörter (Namen) nach ihren Bestandteilen getrennt werden. Anderseits ist auch die Trennung nach den Regeln für einfache Wörter möglich bei *den* Wörtern, die nicht als Zusammensetzung «erkannt oder empfunden werden» (diese Formulierung des neuen amtlichen Regelwerks ist auslegbar!). Doch haben eben auch die Trennregeln für einfache Wörter geändert (Trennung von *st*, Untrennbarkeit von *ck*, Freigabe der Trennung von Verbindungen wie *bl, br, pl, pr* usw.). (Trennregeln → 1302 ff.)

Wir haben aus diesen Gründen deutschschweizerische geografische Eigennamen näher unter die «Trennlupe» genommen. Die zum Trennen kritischeren Ortsnamen sind hauptsächlich Namen mit den Grundwörtern *...ach, ...acker, ...alp, ...au, ...äsch, ...eck/egg, ...schopf, ...s-torf, ...schwand, ...wil(er)* und mit der Verbindung *...st...* Je nach Ortsgebrauch oder nach der Auslegung und Deutung des (oft verdunkelten) Wortsinns müssen dem Aussehen nach «gleiche» Grundwörter gelegentlich unterschiedlich abgetrennt werden, sofern ihre Bedeutung eben unterschiedlich ist – vorausgesetzt, man erkenne die Wortbedeutung, nehme sie als Trenngrundlage und wolle nicht alles über einen Leisten schlagen.

Um die Wortbedeutung in Ortsnamen etwas zu erhellen und die Trennung einsichtiger zu machen, seien hier einige Ergebnisse vorgelegt. Sie stehen gelegentlich im Gegensatz zu Duden, oft auch im Gegensatz zu schematischen Computertrennungen.

1. Grundsätzlich: Damit ein zusammengesetztes Wort als solches erkannt werden kann, sollten beide Bestandteile als sinnvolle Wörter gelten können. Die Erkennbarkeit hängt aber von Sprach- und Etymologiekenntnissen ab.

2. ...*ach*. Fließendes Gewässer. Kritisch wird die Trennung oft, wenn die Konsonanten *b* oder *d (-bach, -dach)* vorausgehen (den gleichen Sinn wie ...*ach* haben auch: ...*aa*, ...*aach*). Daneben kann ...*ach* auch abgeleitet sein vom gallischen ...*akos* bzw. römischen *-acus*, welche unserer Adjektivendung ...*isch* entsprechen – in diesem Fall kommt der Konsonant zusammen mit ...*ach* grundsätzlich auf die nächste Zeile.

Bedeutung Gewässer: Balg-ach, Biber-ach, Ennet-aach, Gold-ach, Kron-ach, Lyß-ach, Melch-aa, Nie-der-aach, Stein-ach, Ulis-bach, Ur-ach, Wei-ach, Weiß-ach, Wyß-achen

Andere Ableitung: Bel-lach, Bü-lach, Büße-rach, Dor-nach, Em-brach, Ep-sach, Gempe-nach, Giebe-nach, Herz-nach, Ip-sach, Itsch-nach, Kirch-lin-dach, Lim-pach BE (Lindenbach), Lin-dach, Mai-sprach, Man-dach, Mor-schach, Rei-nach (AG/BL), Rorschach, Salm-sach, Salve-nach, Sel-zach, Sem-pach, Sis-sach, Tschep-pach, Tscher-lach, Zur-zach

3. ...*acker*.

Buch-ackern, Egg-acker, Gaden-acker, Heid-acher, Kalt-acker, Sonn-acker, Tal-acker, Thier-achern (Bedeutung ist: eingehegte Grube für tote Tiere), Tobel-acker (anders: Zu-ckenriet)

4. ...*alp*. In der Regel problemlos; ein mögliches Binde-en bleibt wie bei andern vokalisch anlautenden Grundwörtern auf der obern Zeile.

Alb-ligen, Alp-nach-stad, Eben-alp, Geiß-alp, Gries-alp, Häusler-alp, Kühboden-alp, Rieder-alp, Schwäg-alp, Tann-alp (anders: Al-piglen)

5. ...*au* (...*ei*, ...*ey*, ...*oey*). Meist wirklich eine Au und abgetrennt, sofern noch verständlich und ortsüblich. Auffallend häufig ist *Au* mit einem (oft nicht mehr verstandenen) Personennamen verbunden. Ein unerklärtes Bestimmungswort mit Konsonant vor ...*au* führt oft zu anderer Abtrennung. Allerdings lieben die Ortsbewohner die Abtrennung ...*-sau* nicht. Au mit seinen Varianten kann auch Insel bedeuten.

Aar-au, Abten-au, Aesch-au BE, Ander-au, Benn-au, Bern-au, Biss-au, Bon-au, Braunau TG, Brun-au, Brülis-au, Burg-au, Bäch-au, Bär-au, Diepolds-au, Dorn-au, Eglis-au, Elfen-au, Els-au, Feuters-oey, Frei-wald-au, Frieden-au, Fürsten-au, Gers-au, Gold-au, Goss-au (SG: ss, ZH: ß), Grafen-au, Grün-au, Gündis-au, Hells-au BE, *Heris-au,* Ingold-au, Kirchleer-au (leer = Lerche), Krummen-au, Kurzen-ei, Langen-au, Lind-au, Lug-au, Lusten-au, Lützel-au, Magden-au, Moosleer-au, Ober-au, Ober-ei, Ober-ey, Opfers-ei (Au des Otfried), Rhein-au ZH, Rosen-au, Ross-au, Schad-au, Schön-au, Sihl-au, Sonn-au, Stocker-au, Thur-au, Tiefen-au, Trauten-au, Wart-au, Wislis-au

Anders, zum Teil fester Ortsgebrauch: Aris-tau, Bog-nau, Böh-lau, Gett-nau, Gru-nau (Zürich), Heg-nau, He-nau, Hitt-nau, Ho-nau, Klett-gau, Kling-nau, Kno-nau, Kulme-rau (von *columbarium,* Aufbewahrungsstätte für Aschenurnen), Lang-nau, Lit-tau, Melchnau, Ness-lau, Ni-dau, Ober-nau, Prätti-gau, Schon-gau LU, Schwader-nau, Schwa-nau (≠ Schwan), Schwar-tau, Sig-nau, Thur-gau, Trachs-lau, Ufe-nau (Uf-nau), Vitz-nau; Des-sau, Pas-sau

6. ...*äsch.* Hängt zusammen mit Eschen oder Eschengehölzen. Kein Problem, sofern das Bestimmungswort vom Sinn her eingängig ist.

Burg-äschi, Dürren-äsch, Oesch-berg

7. ...*eck* und das gleich bedeutende ...*egg* bieten nur Schwierigkeiten bei verdunkeltem Bestimmungswort.

Acher-egg, Am-manns-egg, Ander-egg, Arn-egg, Bern-eck, Bern-egg, Birs-eck, Brun-eck, Brun-egg, Buch-egg, Buchen-egg, Bänis-egg, Bär-egg, Dachs-egg, Dorn-eck, Gersten-egg, Glaris-egg, Grün-eck, Haggen-egg, Halden-egg, Halten-egg, Hard-egg, Heid-egg, Hinter-egg, Hirsch-egg, Hulft-egg, Höch-egg, Kaiser-egg, Land-egg, Laub-egg, Lieb-egg, Mus-egg, Nyd-egg, Neuen-egg, Notkers-egg, Reist-egg (von: reisten, Baumstämme durch Rinnen befördern), Rhein-eck, Rüsch-egg, Sattel-egg, Scheid-egg, Schön-eck, Schwarzen-egg, Sonn-egg, Stein-egg, Stier-egg, Strahl-egg, Tann-egg, Zen-eggen VS (zen = zu den; wie Zen-hüsern)

8. ...*schopf.* Das *s* kann unter Umständen abgetrennt gelesen werden; dies ergibt für das Grundwort dann *Chopf,* was etymologisch auch möglich ist.

Hund-schopf (Schopf = Stein; am Lauberhorn)

9. ...*storf.* Meist ein Personenname + Genitiv-s und das Grundwort ...*torf* in der Bedeutung von Dorf. Kann nach neuer Regelung getrennt werden, was der Etymologie entspricht (wie ...*s-dorf*).

Alchens-torf, Birmens-dorf, Birmens-torf, Jegens-torf, Lohns-torf, Lus-torf FR (eigentlich Lustdorf), Siglis-torf, Willis-dorf, Winis-torf

10. ...*schwand.* Art der Waldrodung. Bei Abtrennung des *sch* ergibt sich das Grundwort ...*wand,* was bei Ortsnamen allerdings nicht sinnvoll wäre.

Alten-schwand, Bet-schwanden (Bet = Birken), Dopple-schwand, Gündli-schwand, Hab-schwanden, Hammet-schwand, Heiligen-schwendi, Heimen-schwand, Herren-schwanden, Ma-schwanden, Meister-schwanden, Menzen-schwand, Meren-schwand, Michli-schwand, Oschwand, Wäcker-schwend

11. ...*wil(er)* (...*schwil,* ...*swil).* Keine Namengruppe ist so zahlreich wie ...*wil.* Als Grundwort geht ...*wil* in den meisten Fällen auf ein von *villa* (so bezeichneten die Römer ein Landhaus, Landgut) abgeleitetes Adjektiv zurück. Dem ...*wiler* entsprechen im Französischen *Villars,* ...*vil(l)iers* und ...*velier.* Das Schluss-s des Bestimmungsworts ist häufig das Genitiv-s eines Personennamens; die sch-Gruppe entspricht genau diesem Genitiv. Es scheint daher logisch, ...*sch-wil* so abzutrennen wie ...*s-wil.* Im Übrigen sind in dieser Gruppe nur die ...*schwil(er)*-Namen kritisch.

Adligens-wil, Adlis-wil, Aettensch-wil, Agris-wil, Albertsch-wil, Allsch-wil, Alterswil(en), Baltensch-wil (wie Baltens-wil), Benzensch-wil, Brüsch-wil, Bärsch-wil, Ernetsch-wil, Ersch-wil, Gantersch-wil, Gersch-wil, Gontensch-wil, Heiligensch-wil, Hermats-wil, Hermetsch-wil, Hettensch-wil, Hunzensch-wil, Jetsch-wil FR, Jonsch-wil SG, Lömmensch-wil, Mörsch-wil, Nesch-wil ZH, Oberhelfensch-wil, Remetsch-wil, Rottensch-wil, Rüstensch-wil AG, Staretsch-wil, Wallensch-wil, Waltensch-wil (wie Waltens-wil), Wintersch-wil, Wohlensch-wil

12. ...*st.* In nicht zusammengesetzten Wörtern neu trennbare Buchstabenverbindung. Zu beachten sind aber mit *st* anlautende Grundwörter.

st zu trennen: Aeugs-ter-thal, Aris-tau, Dürs-telen, Gas-ter(land), Grafs-tal (ist Personenname + Tal), Hägers-ten, Kes-tenholz, Oberges-teln, Sams-tagern (= Samstagrain), Was-terkingen

st nicht zu trennen: Alpnach-stad, Eng-stringen, Heu-strich (von *heusterahi* Buchenwald; Trennung ist volksetymologisch so üblich), Ho-stetten, Krieg-stetten (Personenname Kriego + Stätte), Lie-stal (= lichte Stelle), Maria-stein, Matt-stetten, Mär-stetten, Net-stal (Grundwort ist: Stall), Ob-stalden, Ram-stein, Reb-stein, Ried-stätt, Riemenstalden, Thier-stein, Trim-stein, Wergen-stein

13. Zum Schluss einige *Einzelfälle.* Richtig ist:

Alt-reu (alta ruga, Hochstraße), Balg-rist (sanft + flacher Hügel), Emmetsch-loo, Grafen-ort (gravea, Kies), Gur-brü (Sinn: Brühlhof), Her-briggen (briggen = Brücke), Kem-praten (centum prata, hundert Wiesen), Ko-blenz (aus con-fluentes, die Zusammenfließenden; Duden hat heute allerdings Kob-lenz), Mad-retsch (1304 Mardrez, enthält romanisch Friedhof), Masel-trangen, Mehl-se-cken (früher: Melsinken), Mit-lödi (mittlere Ödnis), Nof-len FR (novale, Neuland), Stu-ckis-haus, Viel-bringen (aus: Vilmaringen), Wiler-oltigen (Wiler vor Oltigen)

Vielleicht ist Ihnen die nach dem ursprünglichen Sinn richtige Trennung der beiden Wörter, die in der Überschrift stehen, inzwischen unter die Augen geraten: *Lie-stal* und *Heris-au.* Begründung: *Liestal* ist früheres «liecht-stal» und bedeutet eine lichte Stelle (im Wald); *Herisau* geht zurück auf eine Personennamenfügung, «Herinis-auwa». Diese Trennungen entsprechen heute nicht mehr dem Duden, sind aber ortsüblich und sprachgeschichtlich richtig.

Fribourg oder Freiburg?

1811 Hier betreten wir das heikle Gebiet der Sprachpolitik mit der in keiner Druckerei zu umgehenden Frage, wie Ortsnamen aus fremden Sprachräumen zu behandeln seien – eine Frage, die in einem viersprachigen Land immer aktuell bleibt. Eine für alle Fälle klare und gültige Regel lässt sich zwar kaum geben; doch sollte als Grundsatz gelten: Wo eine allgemein bekannte, alteingebürgerte deutsche Form für einen fremdsprachigen Ortsnamen besteht, sollte in deutschen Texten daran festgehalten werden, ganz besonders wenn es sich um schweizerische Namen handelt. So wie ein Welscher mit Recht nie anders als *Bâle, Saint-Gall, Soleure* und *Coire*, der Tessiner wiederum nur *Basilea, San Gallo, Soletta* und *Coira* spricht und schreibt, ebenso selbstverständlich sollte man in der deutschen Schweiz an guten alten deutschen Namen wie *St. Immer, Delsberg, Pruntrut, Neuenstadt, Neuenburg, Sitten, Siders, Greyerz* usw. festhalten. Völlig abwegig ist auch die verbreitete Unsitte, das immerhin noch zweisprachige *Freiburg* französisch *Fribourg* zu benennen. (Dass man «Fribourg» doch von dem in Deutschland gelegenen Freiburg unterscheiden müsse, ist eine Ausrede. Das deutsche kann man mit *Freiburg i. Br.* deutlich genug kennzeichnen; für das schweizerische aber steht wenn nötig ja auch noch die mehr als 800-jährige Bezeichnung *Freiburg im Üchtland* [i. Ü.] zur Verfügung.) Ja wir sind schon so weit, dass man von *Guin* (statt Düdingen) und *Champion* (statt Gampelen) lesen kann, obwohl es sich bei beiden um rein deutschsprachige Dörfer auf deutschschweizerischem Gebiet handelt. Und dass die «Sarine» auf deutschschweizerischem Boden entspringt, auf deutschschweizerischem Boden in die Aare mündet und während eines beträchtlichen Teiles ihres Laufes unter dem Namen *Saane* deutschsprachiges Gebiet durchfließt, scheint umso weniger bekannt zu sein, je weiter man sich von der Sprachgrenze entfernt. Ja sogar der «Singine» konnte man in deutschschweizerischen Zeitungen schon begegnen, obwohl die gute alte *Sense* keinen Meter welschen Bodens berührt. Unkenntnis oder Wichtigtuerei?

In diesem Zusammenhang sei auch angemerkt, dass die Rhone (französisch *le Rhône*) nur im französischen Sprachgebiet mit Zirkumflex geschrieben wird, in deutscher Sprache aber *Rhone* (mit gesprochenem Schluss-e) und dass ihr Oberlauf sogar *der Rotten* heißt.

1812 Unangemessen ist es auch, wenn man die Orts- und Talnamen des immerhin seit über tausend Jahren mehrheitlich deutschsprachigen *Südtirols* nur in der italienischen Form aufführt: *Malles* (statt *Mals*), *Glorenza* (statt *Glurns*), *Vipiteno* (statt *Sterzing*), *Bressanone* (statt *Brixen*). Wir trinken ja auch nicht einen *Lago di Caldara*, sondern einen *Kalterersee!* (Auf Ortsschildern und dergleichen gilt in Südtirol übrigens strikte Doppelschreibung, also *Mals/Malles, Sterzing/Vipiteno* usw.)

Bei *elsässischen* Ortsnamen ist zu beachten, dass die amtliche Schreibung eine merkwürdige Mischung von Französisch und Deutsch ist. Bei bekannteren Ortschaften ist die rein deutsche Bezeichnung vorzuziehen; wir schreiben also *Mülhausen* (statt *Mulhouse*), *Straßburg* (statt *Strasbourg*), *Hüningen* (statt *Huningue*), *Schlettstadt* (statt *Sélestat*).

Ein tüchtiger Ruck nach vorwärts

Ein Schritt *nach rückwärts*, der Blick *nach abwärts*, das Ausweichen *nach seitwärts*, er wandert *nach aufwärts* – eine überflüssige Häufung sinngleicher Ausdrücke, lauter hässliche Pleonasmen! In der Silbe -*wärts* ist ja schon die *Bewegung* ausgedrückt. Die Grundbedeutung dieses Suffixes ist: *gewendet, gerichtet nach*. Infolgedessen hat die ebenfalls richtungbestimmende Präposition *nach* vor Adverbien mit -*wärts* keine Berechtigung. Richtig heißt es also: ein *Schritt rückwärts*, der *Blick abwärts*, er *wandert aufwärts*, ein *Ruck vorwärts* usw.

1813

Korrekt ist auch: ein tüchtiger Ruck *nach vorn*, ein Blick *nach unten*, er wandert *nach oben*. Diese Adverbien drücken einen *Ort* aus; in *Richtungsangaben* benötigen sie die Präposition *nach*.

Ein Sonderfall ist *auswärts*. Dieses Adverb bedeutet «nach außen», aber auch *nicht zu Hause, außerhalb des Wohnorts* und kann in dieser Bedeutung auch mit *nach* verbunden werden: Todesanzeigen werden nur *nach auswärts* versandt.

In den Ferien abwesend

Diese Formel, wie sie in Anzeigen von Ärzten, Zahnärzten oder Anwälten immer wieder zu lesen ist, enthält einen Denkfehler. Denn die Patienten und Klienten wollen ja gar nicht wissen, ob diese Herren in den *Ferien* an- oder abwesend sind. Wichtig zu wissen ist allein, ob sie in ihrer Praxis zu treffen sind oder nicht. Die Mitteilung müsste, wenn man überhaupt Wert darauf legt, zu sagen, *weshalb* man abwesend ist, richtig lauten: Dr. X *ferienhalber abwesend* oder, kurz und bündig: *in den Ferien*.

1814

Der selten gewissenhafte Kassier

Gegen eine *selten gute Ernte*, eine *selten reichhaltige Auswahl*, ein *selten klares Urteil* ist nichts einzuwenden. Der Sinn ist eindeutig: die Ernte ist so gut wie selten eine, das Urteil klar wie selten eines.

1815

Doch sollte man sich vor *Zweideutigkeiten* hüten, die vornehmlich dann entstehen, wenn *selten* vor ein Adjektiv tritt, das die Eigenschaft einer Person bezeichnet. Ein *selten treuer Gatte* und ein *selten gewissenhafter Kassier* könnten mit einer Ehrverletzungsklage drohen, und auch die *selten glückliche Ehe* gehört zu den bedenklichen Fällen, aus denen das Gegenteil herausgelesen werden kann.

Zufolge

1816 Wie *infolge* weist *zufolge* auf ein kausales Verhältnis hin, auf Zurückliegendes, das Grund oder Ursache für ein daraus folgendes Geschehen ist:

Zufolge (das heißt *infolge, als Folge*) starker Wasserverschmutzung musste das Baden im See verboten werden. Diesem Beschluss *zufolge* ist die Beleuchtung auszuschalten.

Zufolge sollte aber nicht verwendet werden, wenn keine ursächliche Verknüpfung vorliegt; richtig ist dann die Verwendung von *laut, gemäß* oder *nach*:

Einem Polizeisprecher zufolge ist auf dem Flughafen wieder ein Rauschgiftschmuggler verhaftet worden. → *Laut* einem Polizeisprecher ...
Dem Wetterbericht zufolge hat es in den Bergen stark geschneit. → *Nach* (oder: *laut*) dem Wetterbericht ...

Nachdem ...

1817 *Nachdem* ist eine unterordnende *temporale* Konjunktion. Sie leitet eine Angabe ein, die zeitlich vor dem im Hauptsatz ausgedrückten Geschehen liegt; der Nebensatz steht deshalb in der Regel im Perfekt (der zugehörige Hauptsatz im Präsens) oder Plusquamperfekt (der Hauptsatz im Präteritum):

Nachdem Gabriela die Blumen begossen hatte, setzte sie sich in den Schaukelstuhl und las. Jetzt, *nachdem* ich das gesehen habe, wird mir manches klar. Wir konnten ruhig abreisen, *nachdem* alles so wohl geordnet worden war.

Nachdem begründend (kausal) zu verwenden, ist schriftsprachlich nicht korrekt. Sätze wie die folgenden sind daher falsch; *nachdem* muss durch die begründende Konjunktion *da* oder *weil* ersetzt werden:

Nachdem wir am Sonntag selber Besuch bekommen, können wir Ihre Einladung zu unserem Bedauern nicht annehmen. *Nachdem* sie ein Kind erwartet, bedarf Margrit äußerster Schonung. Die zur Einschränkung des Wasserverbrauchs getroffenen Maßnahmen können, *nachdem* die Trockenheit immer noch anhält, vorläufig nicht aufgehoben werden. (Richtig statt *nachdem* überall: *da* oder *weil*.)

Da vom zeitlichen Nacheinander zur ursächlichen Verknüpfung oft nur ein kleiner Schritt ist, können je nachdem, was gemeint ist, unterschiedliche Konjunktionen korrekt sein:

Nachdem/Weil/Da/Als er pensioniert worden war, hatte er endlich Zeit.

Das Plusquam-Plusquamperfekt

Mit den drei Vergangenheitsformen Perfekt (ich habe gesehen), Präteritum (ich sah) und Plusquamperfekt (ich hatte gesehen) sind die Meister der deutschen Sprache bisher ausgekommen. Doch heute sieht man immer wieder die sogenannte Zusatzumschreibung des Plusquamperfekts mit einem unnötigen *gehabt* (oder *gewesen*):
Man hatte eine Massenpetition geplant gehabt.
Nur selten hatte der Souverän zuvor ein so deutliches Verdikt gesprochen gehabt.

Solche Formen hört man in der gesprochenen Umgangssprache in der Mitte und im Süden des deutschen Sprachraums, sie haben aber in der Schriftsprache nichts verloren. Sie sind mit dem «Doppelperfekt» verwandt, das in unseren Mundarten das Plusquamperfekt ersetzt: «Me hät (Me het) e Massepetition planet gha.» Anders können wir diese Zeitstufe nicht ausdrücken. Das «Plusquam-Plusquamperfekt» ist dann eine falsche Umsetzung ins Standarddeutsche. (Davon zu unterscheiden sind die korrekten Formen von *haben* als Vollverb: Ich habe / hatte Hunger gehabt.)

Als *grammatisch zulässig* gilt die Zusatzumschreibung des Plusquamperfekts höchstens dann, wenn mit ihr ein Geschehen ausgedrückt werden soll, das zeitlich vor einem andern liegt, welches *seinerseits* schon im Plusquamperfekt geschildert ist:
... Dann *war* der Satzauftrag rückgängig *gemacht worden*, aber in der Setzerei hatte man den Text zur Hälfte gesetzt *gehabt*.

Doch ist auch in diesem Fall statt der Zusatzumschreibung die Verdeutlichung des Zeitverhältnisses durch Adverbien wie *bereits, bis dahin, bis zuletzt, dann, doch, vorher* möglich oder besser, in den andern Fällen ist sie stilistisch angezeigt, die Zusatzumschreibung aber falsch:
(Nicht:) Als U. Ammann die Firma gründete, hatten seine Konkurrenten ihre Räumlichkeiten bezogen *gehabt*. (Sondern:) Als U. Ammann die Firma gründete, hatten seine Konkurrenten ihre Räumlichkeiten *bereits* bezogen.
(Nicht:) Martha hatte das Haus verlassen *gehabt*, als ich ankam. (Sondern:) Martha hatte das Haus *schon* verlassen, als ich ankam.
(Nicht:) Was da zu erwarten war, hatten kluge Presseleute *längst* prophezeit *gehabt*. (Sondern:) Was da zu erwarten war, hatten kluge Presseleute *längst* prophezeit.
Ähnlich: (Nicht:) Alle diese Veränderungen waren damals relativ einfach zu bewerkstelligen *gewesen*. (Sondern:) Alle diese Veränderungen waren damals relativ einfach zu bewerkstelligen. (Nicht:) Eigentlich war ursprünglich vorgesehen *gewesen*, die Bundespensionskasse auf Beginn 2007 vom Leistungs- auf Beitragsprimat umzustellen. (Sondern:) Eigentlich war ursprünglich vorgesehen, die Bundespensionskasse auf Beginn 2007 vom Leistungs- auf Beitragsprimat umzustellen.

Unzulässig ist auch die Zusatzumschreibung *des Perfekts* als Ersatz für das Plusquamperfekt. Also nicht: Als sie kam, *haben* wir den Disziplinarfall schon *besprochen gehabt*.

Korrekt lautet das Beispiel: Als sie kam, *hatten* wir den Disziplinarfall schon *besprochen*. Ebenso wenig: Der Verletzte *ist* schon *gestorben gewesen*, als er endlich ins Spital übergeführt wurde. Sondern: Der Verletzte *war* schon *gestorben*, als er endlich ins Spital übergeführt wurde.

1820   Ebenso wenig gilt als korrekt die Zusatzumschreibung *beim Konjunktiv*:
(Nicht:) Er sagte, dass der Verbrecher sofort auf das Opfer eingeschlagen habe, nachdem er es *gefesselt gehabt hätte*. → (Sondern:) Er sagte, dass der Verbrecher sofort auf das Opfer eingeschlagen habe, nachdem er es *gefesselt habe/hatte*.

... wurde mit 3536 Ja gegen 4124 Nein abgelehnt

1821   Merkwürdig, dass man da etwas mit Ja ablehnen konnte! Und noch merkwürdiger, dass die Minderheit der Ja über die Mehrheit der Nein triumphierte! Natürlich ist es nicht so. Vielmehr steckt in dieser häufigen Formulierung ein Denkfehler (→ 1623 ff.). Er besteht darin, dass man glaubt, es könnten immer die Ja-Stimmen vorausgenommen werden. Wer es sich überlegt, wird rasch einsehen, dass man unterscheiden muss. In der Fügung *mit ... gegen* bei Abstimmungsergebnissen müssen bei *annehmendem* Resultat die *Ja-Stimmen*, bei *ablehnendem* jedoch die *Nein-Stimmen* vorausgehen: *mit 225 Ja* gegen 93 Nein *angenommen*, dagegen: *mit 368 932 Nein* gegen 316 491 Ja *abgelehnt*.

Man könnte also die Regel aufstellen, die größere Zahl habe immer voranzustehen, wenn es nicht Formulierungen gäbe wie diese: Der Antrag ist *mit 86* gegen 112 Stimmen *unterlegen*. Hier ist die Voranstellung der Minderheitsstimmen richtig, weil der Antrag tatsächlich *mit* diesen Ja-Stimmen *unterlegen* ist. Es kommt also auf das *Verb* an.

In etwa

1822   Jetzt lesen und hören auch wir es schon bis zum Überdruss: «Der Aufwand wird *in etwa* drei Millionen betragen»; «ein Stamm von *in etwa* 60 cm Durchmesser»; «die technischen Daten werden sich für beide *in etwa* decken»; «und damit wäre das gesteckte Ziel *in etwa* erreicht»; «dann betragen die Ausgaben, wenn man alle Nebenkosten ehrlich dazurechnet, *in etwa* das Doppelte». Das schlichte *etwa* war nicht mehr gut genug, es musste aufpoliert werden.

Da es keine Sprachtorheit gibt, die keine Nachahmer fände, breitete sich auch diese aus wie eine Wucherpflanze. Doch scheint uns diese unsinnige Wortfügung unnötig zu sein. Was sagt denn *in etwa* mehr als das bloße *etwa*?

Zugegeben, es mag Fälle geben, wo sich *in etwa* nicht einfach durch *etwa* ersetzen lässt: Er konnte sich in etwa damit einverstanden erklären. Die Wörterbücher erklären *in etwa* dann mit: *in gewisser Hinsicht, in gewissem Umfang*.

Wo steckt der Fehler?

Die Texte auf den folgenden Seiten enthalten mindestens je einen Fehler. Dabei sind Verstöße gegen die Rechtschreibung, die Zeichensetzung, die Wort- und Satzlehre sowie die Stillehre absichtlich bunt durcheinander gestreut, wie es eben in der Praxis vorkommt, wo man nie weiß, welcher Art der nächste Fehler ist. Wer sich in diesem «grammatischen Rätselspiel» bewährt, darf annehmen, die im systematischen Teil des Buches enthaltenen Regeln und Grundsätze begriffen zu haben. Die Lösungen befinden sich am Schluss des Lösungsteils.

1

Weder die Regierung noch die führenden Nationalisten traten früh genug und offen genug dagegen auf. Unser Eingangsbild der Rassenharmonie trügte. Nach dem Verschwinden der von westlichen Kolonisatoren errichteten Rassenschranke drohen der Republik afrikanisch-asiatische Rassenfehden.

2

drücken. Die Regierung werde den Irakern eine neue Verfassung geben, sobald der Terror im Land aufgehört habe. – Der Herr Gouverneur ist scheinbar mehr Feldmarschall als Staatsmann, sonst würde er das Problem umgekehrt anpacken, würde den Irakern zuerst ihre Sicherheit gewährleisten.

3

lesenen Autorin! Mit den Männern und Frauen der reichen amerikanischen Familie MacArd, die sich aus philantropischen Neigungen seit den neunziger Jahren in Indien versuchte, lernen wir dieses geheimnisvolle Land und alle Schichten seines warmherzigen Volkes kennen.

4

«Weihnachtsfreude», leuchtend scharlach. Sie ist nicht so riesenblumig wie die bekannten Riesenamaryllis, hat aber dafür den Vorteil, bestimmt an Weihnachten zu blühen. Am 15. November eingetopft, können Sie sich zum Fest bestimmt an einer blühenden Amaryllis erfreuen.

5 **Wieder braten wir vor dem Start in diesem Truppentransporter wie in einer Sauna. Vom Kommandant bis zum letzten Mann an Bord versuchte es sich jeder auf seine Art bequem zu machen.**

6

dächtig» ist. Was «verdächtig» ist, stellen sie fest, indem sie die Koffern uneröffnet mit der Hand auf ihr Gewicht prüfen.

7

maße. Damit sämtliche Tatbestände erfasst werden, sollten sich die weiteren Betrogenen in- und außerhalb des Kantons Aargau ebenfalls bei den zuständigen aargauischen Strafuntersuchungsbehörden melden. Anhand der bereits bekannten Handlungen und der möglicherweise noch nicht angezeigten Fälle wird dann endlich auch ein Strafrichter die Delikte untersuchen.

8

«Wie nett ihr drei jungen Menschen ausseht», sagte Mrs. Harcourt, und Mr. Harcourt musterte die drei, als ob er ein neuerworbenes Bild betrachten würde.

9 Der Stimulus, den vor allem Musik des Mittelalters und der Renaissance auf die neueren britischen Komponisten ausübt, sollte man nicht einzig aus kritischer Liebe zur Tradition zu erklären versuchen. Ein mehreres kommt zu diesen Tatsachen

1 Man schilderte ein Jahr lang die Misere der öffentlichen Finanzen und rechtfertigte damit den Entschluss, einen von der Nationalversammlung besonders bevollmächtigten ausländischen Finanzdirektoren zu berufen, dessen Befugnisse ziemlich weiter als die eines eigenen Finanzministers gehen sollten. Als Erster kam der Nordamerikaner Morgan Shuster. Der schlug aber Mittel und Methoden vor, denen gegenüber die radikalsten Mit-

2 es gar nie geplant war. Die entscheidenden Tage sahen ein einzigartiges geschichtliches Schauspiel – das Aufeinanderprallen zweier Revolutionen, einer Erhebung und eines Aufstandes, bei derem gewaltigen Zusammenstoß die bisherige Staatsform zerdrückt und aufgerieben wurde. Die Nation blieb als eine amorphe Masse auf der Walstatt.

3 **Dieses Argument ist indes nicht überzeugend, zumal die Sozialisten vor den Wahlen stets nachdrücklich darauf hingewiesen hatten, dass sie für das Regierungsgeschäft wohl vorbereitet seien und sie die Projekte nur aus der Tasche zu ziehen bräuchten. Die ersten beiden Regierungsmonate scheinen eher darauf hinzudeuten, dass ihre Konzepte keineswegs so ausgereift waren. Es ist aber freilich nicht leicht, diese Erkenntnis auch politisch zu verdauen, nachdem die Sozialisten ihren Wahlsieg vor allem dem groß versprochenen Wechsel zu verdanken haben. Der Pragmatismus, der ihnen nicht abzusprechen ist, kommt schließ-**

4 für Betriebsleitung einer bedeutenden Abteilung. Praktischer Sinn und gutes Verständnis der Apparatetechnik und Betriebswirtschaft notwendig. Mehrjährige erfolgreiche Tätigkeit in ähnlichen Stellungen erwünscht. Einsatzbereitschaft in wichtige, bedeutende Aufgaben Voraussetzung. Eignung, Betriebspersonal heranzuziehen und anzuleiten, muss vorhanden sein.

6 wird, steigt das Meer bei Flut bis zu einem Kieswall. Dahinter liegt ein ungefähr 100 m tiefes flaches Landstück, über dem sich die 30 m hohe Küstenböschung erhebt. Zwei buchtartige Einschnitte, an deren hintern Rand die Dörfer Vierville und St-Laurent liegen, unterbrechen den geraden Strand und erlauben für Motorfahrzeuge eine direkte Auffahrt zum Küstenplateau.

5 *mit denen die Lieder geschmettert wurden. Diese Art entsprach der damaligen Zeit nicht mehr. Der kultivierte Chorklang des früheren «Berliner Lehrergesangsvereins» hatte nur noch die älteste Generation in den Ohren, die jüngere nur der scharfe Rhythmus der Kolonnenlieder. So war es schwer, wieder den Anschluss an neue Möglichkeiten zu finden.*

7 die Leine zu nehmen sind. Der Schäferhund war, wenn auch nicht herrenlos, so doch, wie es in den Akten heißt, nicht vorschriftsgemäß «angeleint». Der Jäger folgte mit seinem Auto dem Knaben, der nun energisch in die Pedalen trat, so dass der Hund kaum mehr folgen konnte. Der Jäger handelte rasch und absolut korrekt. Er zog eine Kleinkaliberpistole und feuerte einen Schuss in die Luft, worauf der Hund einige Schrecksekundenlang still stand und vom Jäger am Halsband erwischt werden konnte. Es kam in der Familie zu Aufregungen. Der Knabe

8 *Zu monatelangem Stillliegen im Gipskorsett gezwungen, wird die Malerei zum wichtigsten Medium der Auseinandersetzung mit sich und der Umwelt. Die weißgekalkten, sterilen Räume des Sanatoriums führten ihn geistig aus Zwang zu einem vor*

1 *Zofingen, 29. Aug. (Korr.)* **Der 27 Jahre alte Drucker Dölf Hämmerle, ein geborener Vorarlberger, wohnhaft und berufstätig in Zofingen, unternahm am Samstagnachmittag mit seinem «Spezi» Herbert Ziegler, einem Wiener, der als Layouter in Langnau bei Reiden arbeitet, auf dessen vor kurzem aus Österreich in die Schweiz eingeführten Motorrad eine Probefahrt. Er lenkte das Fahrzeug; auf dem Soziussitz saß sein nicht**

2 zu einer Verdoppelung des Preises für Schulbücher seit 1990! Die Vereinigung kantonaler und kommunaler Lehrmittelverwalter, die in Lugano tagte, stellte fest, dass die Kosten für den Lehrmittelbedarf infolge der höheren Preise gegenüber 1990 fast um das Doppelte gestiegen sind. Ferner wurde nach einem Referat über die Papierversorgung und die Papierpreisentwicklung der Erwartung Ausdruck gegeben, dass die zuständige Bundesstelle

3 Wir suchen für unsere Treuhandabteilung einen jüngeren, tüchtigen

Revisoren

Interessenten, die über sehr gute Kenntnisse der Buchhaltung und der Betriebswirtschaftslehre verfügen sowie bereits praktische Erfahrung als Bücherrevisor besitzen, belieben ausführliche schriftliche Offerten

4 wolle. Für Walter Wirz ist es eine Selbstverständlichkeit, dass der Handelslehrer ein gewisses Maß an Geschäftspraxis haben muss. Ideal wäre es, wenn der sich als guter Pädagoge ausgewiesene Lehrer nachträglich eine Geschäftspraxis durchmachen könnte. Wirz schlägt eine periodisch wiederkehrende kürzere Praxis vor, während welcher dem Lehrer ein von der Schule zu bezahlender Urlaub zu gewähren sei.

5 auch Sprachwissenschafter und Volkskundler der Gegenwart und steht als ehemaliger Schriftleiter der «Muttersprache», einer Zeitschrift der Gesellschaft für deutsche Sprache, an der Spitze derer, die sich mit ihrer ganzen Person für die Pflege unserer Sprache einsetzen. Wir hoffen mit dem Verfasser, dass dieser Aufsatz der erste Schritt zu fruchtbarer Zusammenarbeit zwischen Korrektoren und der Gesellschaft für deutsche Sprache darstellt, zu der wir gern und jederzeit bereit sind. *Die Schriftleitung*

6 ordnen. Das Grundbuch wird zwar in bisheriger Art und Form weitergeführt, aber Blatt für Blatt auf 35 Millimeterfilme fotografiert, die wenn nötig jederzeit in dem jedem Fotografen

7 Links und rechts vom Schützenhaus standen zwei «zerleite» Linden, deren Äste derart in waagrechte Lage gedrückt und miteinander verflochten waren, dass diese Bäume durch Bretterböden zum Trinken und Essen, ja sogar zum Tanzen in luftiger Höhe für eine große Zahl von Gästen hergerichtet werden konnten. Der einzige Zugang zu dieser Freiluftkneipe bildete ein Laufsteg, der von der erwähnten Laube direkt in die Bäume führte. Stumpf und Münster deuten diesen Eingang in die Linden in ihren Stadtansichten durch einen dunklen Punkt auch an, den man allerdings ohne Kenntnis der «zerleiten» Linden nicht

8 6. Verkehrs-, Verbindungs- und Administrativangelegenheiten im Zusammenhang mit den Verhandlungen werden von den Verbindungsoffizieren beider Seiten geregelt werden;

7. alle bewaffneten Streitkräfte beider Seiten, einschließlich aller regulärer und irregulärer Einheiten und der Land-, See- und Luftstreitkräfte, sollen keine feindseligen Akte irgendwelcher Art mehr ausüben;

1 Die meisten Angehörigen der sich während den Nationalratswahlen im WK befindlichen Truppen werden auf jenen Sonntag beurlaubt.

2 Auch ihm fiel es nicht leicht, über das Vorgefallene keine Satyre zu schreiben, denn dass der Trotzkopf auf biegen oder brechen seine Ziele verfolgen würde, war nicht vorauszusehen gewesen.

3 *Ein seltener Spaß, wenn auch vielleicht halb unfreiwillig, bereitete der iranische Film «Eine Nacht in der Hölle». Ein fieberkranker Geizhals erlebt im Traum, was ihn nach dem Tod erwartet. Der Weg ins Paradies wird ihm verwehrt, zwischen Himmel und Hölle begegnet er Adam und Eva; schließlich nimmt er an einer Abendgesellschaft in der höllischen Unterwelt teil. Diese Geschichte wird*

4 Zur gleichen Zeit hatte ich Zahnweh und der Tierarzt meines Dorfes zog mir alle Zähne. Nachher sah ich aus wie ein Greis und das wirkte respektgebietend. Können Sie sich vorstellen, dass ein Vater einen Achtzehnjährigen einfach so abputzt und schuhrigelt, der viel älter aussieht, als er selber? Das gibt es doch nicht!

5 **dass die ganze Welt daran interessiert ist, unsere Unabhängigkeit zu respektieren. Schließlich brachte der Redner noch die Hoffnung zum Ausdruck, dass die in Genf wie anderswo entfalteten Bemühungen, das Vertrauen auf internationaler Ebene wiederherzustellen, für die Nationen glückliche Auswirkungen habe.**

6 dass es ihnen an der richtigen Führung fehlt. Gewiss, auch der Mittelschule erwächst die Aufgabe, an der harmonischen Entwicklung der jungen Generation mitzuarbeiten. Ein Schritt in dieser Hinsicht bedeutet der Ausbau des Klassenlehreramtes und der engere Kontakt mit dem Elternhaus. Im kommenden Winter sollen erstmals Elternabende veranstaltet werden. Im Weitern sind die Lehrer dabei, ihre Unterrichtsprogramme zu überprüfen. Wunder darf man sich davon nicht versprechen. Reformen im Unterricht stoßen schon deshalb auf Schwierigkeiten, weil die Schule sich nach den geltenden eidgenössischen Maturitätsvorschriften richten und den vorgeschriebenen Stoff bewältigen muss. Was die Schule bedarf, was die Schüler nötiger haben denn je, sind Lehrer, deren Haltung und Bekenntnis Vorbild ist für die Jugend, die es zu edler Menschlichkeit und geistiger Freiheit hinzuführen gilt.

7

Sein Hauptanliegen bedeuteten Loosli aber die Waisenkinder, Verdingbuben und Verschupften. Nachdem seine «Ewigen Gestalten» erschienen waren, tönte ihm von allen Seiten her das Echo; es hub eine beträchtliche Korrespondenz mit mancherlei Kapazitäten aus dem Ausland an; man ließ sich von ihm beraten, wollte seine Reformvorschläge und Ansichten vernehmen, und fast tagtäglich brachte die Post Briefe von Holland, Belgien, Frankreich und anderer Herren Länder ins «Statthalter-Stöckli» zu Bümpliz, wo Loosli hauste und schaute, wie er seine Familie aus der Arbeit seiner Feder erhalten könne.

8

Unternehmen der Maschinen- und Apparatebaubranche im Industriegebiet um Basel sucht jüngeren

Ökonomen HSG als

Betriebsassistent

Bei Eignung ist die Möglichkeit geboten, zum kaufmännischen Leiter aufzurücken.

Offerten mit Foto, Zeugniskopien und Angaben über die bisherige Tätigkeit sind zu richten unter Chiffre U 045-7296 an Publicitas, 1752 Villars-sur-Glâne 1.

9 Dass dieser Stillstand nicht Rückschritt bedeute, das hat der Vorstand in den kommenden Jahren zu verhindern; es ist dies seine große Aufgabe. Wie aber kann dieses Ziel, zwar nicht den bisherigen stümischen Fortschritt weiterzuführen, aber

1 denn von all seinen früheren Freunden verachtet und verfehlt, suchte er Anschluss in dieser Gesellschaft, in die er nicht hineingehörte. Das Verhängnis war damit nicht aufzuhalten.

2
Zu kaufen gesucht
nur gut erhaltenen
Computer
Mac oder PC.
Fax 044 211 50 71

3 schied von uns, und dann geht es über die Azoren nach London zurück. Nochmals sahen wir New York aus der Luft, dann entschwand die Ostküste Amerikas, dem Lande, das das Land des Segelflugs werden könnte, wie die Reiseleiterin Kerstin Macloud zum Abschied gesagt hatte, unsern Augen ...

4 Ausgangspunkt jener Falschmeldungen über die Ungültigkeitserklärung der Ehe der monegassischen Prinzessin war die Bildung einer Sonderkommission des obersten römischen Gerichts. Der Papst hatte damit der Bitte des ehemaligen Ordinarius von Monaco, einem guten Bekannten der verstorbenen Fürstin Grace, entsprochen, und drei Männer dieses Gerichts, der sogenannten Sacra Romana Rota, beauftragt, «in erster Instanz die Ehesache Carolina von Monaco – Philippe Junot zu behandeln und zu definieren.» – «Dieses Recht steht dem Papst zu und es ist auch klug», erklärte der Erzbischof von Monaco weiter.

5

Zum Glücklichsein ist Zufriedenheit die wichtigste Voraussetzung. Die eingeschlafene Frau im leeren Tramwagen hat mich zu diesen Überlegungen bewegt. Aber auch das vor Freude tanzende Paar am Meer hat mir wieder einmal nahegelegt, dass glücklich sein nicht allein im haben, sondern weitgehend auch im sein liegt.

6   Das wird eine Weile dauern. Inzwischen könnten die Aufständischen Afghanistan schon so weit destabilisiert haben, dass der Präsident stürzt, denn er hat viele Feinde. Sein abrücken vom Osten und seine Hinwendung zum Westen haben die «sozialistisch» gesonnenen Einwohner nicht verwunden; auch die Innenpolitik bieten Widersachern Ansatzpunkte für Rebellenaktivitäten.

7   Zu kaufen gesucht alten

bemalten Schrank

Detaillierte Offerten mit Maßangaben usw. unter Chiffre F 021419 U an Neue Zürcher Zeitung, 8021 Zürich.

8   Freundlich sprach Sigrid dem vor ihr stehenden zu: «Streck' mir nur ungeniert die Zunge heraus!» Als der kleine dies ohne zaudern tat, bemerkte sie den weißen Belag auf seiner Zunge. Das genügte der in diesen Dingen erfahrenen Ärztin durchaus.

9   die Krokusse, den Goldregen, die Pfirsichblüten und natürlich den Flieder. Unser Außenquartier ist wieder zum Vorgarten der Stadt geworden, zu einem Ziel für den Sonntagsspaziergänger, nachdem ein Winter lang die Schaufenster der Geschäftsstraßen und Gemäldeausstellungen diese bevorzugte Stellung innehatten.

1 denn der Generalkonsul betraut die 1785köpfige Schweizerkolonie in Marokko nicht nur mit der Gewissenhaftigkeit eines amtlichen Vorstehers, sondern auch mit jenem persönlichen Interesse, das ein Familienchef seinen Angehörigen entgegenbringt. Er besucht regelmäßig die in den entlegendsten Gebieten wohnenden Landsleute und sorgt für die Pflege des geistigen Zusammen-

2 Mit feinem Ohr für das neue sich in der Dichtung manifestierende Weltgefühl vernahm er nie gehörte Klänge im Werk des blutjungen Raymond Radiguet, der einem Meteoren gleich über diese Welt seine kurze und doch so leuchtende Bahn zog und dem Cocteau ein treuer Begleiter war. Der Aufbruch zu einem neuen Dasein vollzog sich für Cocteau aber nicht nur in der Kunst, sondern auch im Leben: Er ließ sich im Experiment des Opiumrauchens in die fernen Länder des traumhaften Rausches entführen.

3

Verschwundene Erdmännchen – und noch keine Fische für Pinocchio!

Der Pelikan Pinocchio im Rapperswiler Kinderzoo muss für kurze Zeit auf seine geliebten Fische verzichten. Denn sein neuer Schnabel ist noch mit einem Verband umwickelt. In einer dreistündigen Operation war ihm ein künstlicher Schnabel angepasst worden. Sein richtiger Schnabel hatte ihm ein Tierquäler abgeschnitten. – Die wegen des Hochwassers verschwundenen Erdmännchen

4

```
Welches ist der Unterschied
zwischen einem Optimist und
einem Pessimist?
- Der Optimist sieht beim
Emmentaler nur den Käse, der
Pessimist nur die Löcher!
```

5 ständig laufen zu müssen. Weil sie die fünfzehn Centavos für die Straßenbahn sparen mussten, kam das Goldthema erneut zur Sprache. Immer nur halb satt, immer durstig nach einem Glas Eiswasser, immer schlecht geschlafen in den harten und unbequemen Bettgestellen, arbeitete der Gedanke an Gold in ihnen ununterbrochen. Woran sie aber wirklich dachten, das war eine Veränderung ihrer gegenwärtigen Lage. Diese Lage ließ sich nur ändern durch Geld. Und Geld war verwandt mit Gold. Des-

7 will, bis «geeignete Maßnahmen» getroffen sind, die die Produzenten vor wirtschaftlichen Rückwirkungen schützen. Wie einige Vorredner, unterstreicht auch der Sprecher des Bundesrates, dass die Lösung des einheimischen Weinproblems vor allem in der Marktregelung liege.

6 Wie der Vertreter der Regierung sagte, soll mit dieser sofort in Kraft tretenden Maßnahme das Spekulantentum mit Scheinehen verhindert werden. Maßgebend für den Erhalt der Staatsbürgerschaft werde für Ausländerinnen in Zukunft die Kombination zwischen der Zeit der Ehe mit einem Inländer und dem Aufenthalt im Inland selbst sein, also zum Beispiel zwei Jahre verheiratet und drei Jahre

8
Die Versorgungslage mit Elektrizität
(ag) Das trockene Wetter wie auch der tiefe Wasserstand unserer Seen und Flüsse verursachten im Januar einen starken Rückgang in der Erzeugung elektrischer Energie aus den Laufwerken. Gleichzeitig stieg (solange die Kälteperiode andauerte) der Mehrverbrauch von Elektrizität gegenüber dem Vorjahr im schweizerischen Durchschnitt im Laufe des Monats von 8 Prozent bis auf 17 Prozent. In gewissen Versorgungsgebieten war gegen das Monatsende an einzelnen Tagen sogar ein Mehrverbrauch von über 30 Prozent zu verzeichnen.

1
HERRN GESUCHT
ZUR VERBRINGUNG DER FREIZEIT;
AM LIEBSTEN ÜBER 60 JAHRE.
AKADEMIKER BEVORZUGT.
CHIFFRE; BUND, BERN.

2 über dieses Jenseitige nur noch in uneigentlich bildhafter Weise reden zu können. Doch vermag ich jetzt von hier aus die im Verlaufe der Geschichte aufgetretenen religiösen Symbole und rationalen Gottesbeweise von dieser Grenzerfahrung und der ihr entsprechenden Offenheit aus zu verstehen als mythologischer Ausdruck eben dieses immanent-transzendenten Schöpfungsgeheimnisses.

3
Ringen der Opec um den Erdölpreis

Abschluss der Pariser-Gespräche
  Paris, 25. Febr. (Reuter) Die Erdölminister haben am Freitag in Paris ihre am Vortag begonnenen Gespräche über die Möglichkeiten zur Vermeidung

4 «Der Storch hat dir ein Brüderchen gebracht; willst du es sehen?» – «Das Brüderchen nicht», erwidert das skeptische Kind, «aber der Storch!»

5   der Rangordnung. Auf einen Professoren wartete eine Klasse zehn Minuten, bevor sie davonlief, auf einen Instruktoren nur fünf. Wie ich als «gewöhnlicher» Lehrer einmal vier Minuten zu spät komme, meint einer der Schüler großzügig: «Wir betrachten Sie als Instruktor, deshalb sind wir noch da.»

6

Wahnsinnig und umgeben von einer Horde von Schurken, kann ich als Historiker Erik XV. nur bedauern!

7 Die Orientierungsleistungen der Vögel bergen eines der größten Lebensrätsel, das die Naturforscher bisher beschäftigt hat.

8 **«Bier auf die Hosen» erhielt der St. Galler Nationalrat Hans Müller gestern vom SVP-Lokalmatadoren und Bundeshausjournalisten Heinz Keller. Das sei wohl auch eine jener Polit-Aktionen der SVP, kommentierte ein Freisinniger sarkastisch.**

1
mit vergrößerten Karten für die Planung gut verwenden. Besonderen Wert wird den Luftbild-Schrägaufnahmen gewidmet, die das Plastische des Geländes besonders deutlich betonen. Ein klares Verzeichnis sämtlicher Luftbildaufnahmen

2
sportliche Einstellung gehe so weit, dass man der Konkurrenz jeglichen Einblick in den eigenen Betrieb gestatte. Das sei billiger als eine Spionageabwehrorganisation oder (was nur uns in den Sinn kommt!) ein unlauterer Wettbewerbsparagraph.

3 Das jugoslawische Außenamt kam damals in die unangenehme Lage, die Note des Kardinalstaatssekretariats, derer wir hier in der letzten Nummer Erwähnung getan haben, zu beantworten. Vielleicht darf man das, was unter «Vatikan und Jugoslawien» hier bereits erwähnt worden ist, als wenigstens einen Teil dessen lesen, was das amtliche

4
Ein weiterer wertvoller Beitrag leistete Walter Gerber, Gerlafingen, indem er uns von seinen herrlichen Reisen und Ausflügen erzählte, ausgeschmückt mit meisterlich gemachten Dias. Walter Studer, Bellach, schilderte eine Mondfinsternis, die er mit seiner Klasse be-

5

Eines der größten Probleme, das die Spikes der ersten Generation mit sich brachten, waren die häufig stark schwankenden Spikesüberstände. Während der Reifenverschleiß sehr stark vom Fahrzeugtyp, der Fahrstrecke und insbesondere der Fahrweise abhängt, wird der Spikesabrieb von diesen Faktoren fast überhaupt nicht beeinflusst. Das bedeutete, dass die Abnützung der Lauf-

7 wurden die Ausgräber überrascht. Aus dem Findling soll ein Gedenkstein an die Güterzusammenlegung gemacht werden. Der Dorfplatz in der neuen Siedlung dürfte sich

6 **Zahlungen der Privatwirtschaft an den Bund, etwa die Steuern oder Zölle, spiegeln sich deshalb in einer Vergrößerung der Giroguthaben bei der Notenbank wieder und vermindern damit gleichzeitig die Geldmenge in der Wirtschaft.**

8

Ein gleicher Prozess ist aus Lausanne unter dem Bischof Georg von Saluzzo (1440–1461) bekannt. Dort wurden die Engerlinge durch einen Boten öffentlich vorgeladen. Nach ihrer Weigerung führte man drei Angeklagte unter großem theatralischem Aufwand gewaltsam vor das Gericht, gab ihnen eine letzte Frist von drei Tagen, innert welcher alle Engerlinge das Gebiet zu verlassen hätten, andernfalls sie im Namen Gottes und der Kirche verflucht würden. Da die Verwarnten die Frechheit hatten, dem Befehle zu trotzen, wurden die drei angeklagten Engerlinge geköpft und alle andern in contumaciam verflucht. Das Volk war tief befriedigt, dass endlich etwas Entscheidendes geschehen war. Solche Tierprozesse sind keine vereinzelte Kuriosa; ähnliche werden in vielen Ländern überliefert.

1 in ihre Lage zu versetzen suchen. Wir wollen auch auf alle ihre Fragen eingehen, ihnen die bestmögliche Auskunft geben und sie nicht nur mit einem unbeteiligten Ja und Nein abspeisen, weil einem hie und da das viele Reden eine Belastung scheint und es einem dünkt, es genüge, dass man sich schon mit der Kundschaft herumplagen müsse.

2
Plädoyer für Freispruch im Bachmeierprozess
Lübeck, 25. Febr. (ap) Die Verteidigung von Marianne Bachmeier hat am Freitag den Freispruch der Angeklagten beantragt. Die Angeklagte habe, als sie den mutmaßlichen

3 durchzudrücken versuchte. Dabei war der Angeschuldigte überhaupt nicht geständig und die Richter mussten zu einem großen Teil auf Zeugen abstellen, die selber aus dem «Milieu» stammten und deren Glaubhaftigkeit nicht von vornherein feststand. Der Dekorateur hatte während neun Jahren mit seiner Frau, die als «fleißige Dirne» galt, und mit seinen Kindern ausschließlich in Drei-

4 Hiesige politische Beobachter sind der Meinung, daß der Kampf zwischen Kirche und Staat nun seinen Höhepunkt erreicht habe. Ein Sprecher des Informationsministeriums erklärte am Donnerstag auf befragen, daß er von einer polizeilichen Besetzung des bischöflichen Palastes keine Kenntnis habe.

5 Dieses florentinische Patrizierhaus entartete von Generation zu Generation, und schließlich begann Kinderlosigkeit in der Familie sogar erblich zu werden!

6

Wieder Steuerfussenkung auf dem Umweg über ein Gesetz?

-ll- Im Rat ist eine parlamentarische Initiative für den Erlass eines Gesetzes «betreffend eine dauerhafte Senkung der Steuerbemessung» eingereicht worden. Das Begehren stammt aus Kreisen der SVP und ist mit vielen Unwägbar-

7 (Korr.) Auch am Pelzmarkt der Vereinigung aargauischer Jagdaufseher in Brugg bestätigt sich, was sich bereits auf den andern Märkten abgezeichnet hat: Die Preise rutschen «in den Keller». So werden zum Beispiel heuer für Dachs- wie für Marderbälge von den Händlern lediglich ein Höchstpreis von etwa 70 Franken bezahlt, während vor einem Jahr noch rund 90 Franken geboten worden sind. Auch für die Felle, Bälge und Decken anderer

8

«Die Gewährung von Urlaub ist ein wichtiger Teil des progressiven Strafvollzugs», erklärte an einem unlängst stattgefundenen Kurs ein Strafanstaltsdirektor. Dies mag bei kleinen Verbrechern seine Berechtigung haben, also bei Häftlingen, die wegen kleinerer, vielleicht auch grösserer Eigentumsdelikte sich in Strafverhaft befinden und bald vor der Entlassung stehen – *niemals* aber dürfte die Urlaubsgewährung bei Mördern, schweren Verbrechern gegen Leib und Leben und bei Berufsverbrechern in Frage kommen.

1

Wir suchen für unsere Exportabteilung für deutschsprachige Gebiete einen tüchtigen und initiativen

Mitarbeiter als Verkaufs-Korrespondent

Wir bieten vielseitigen und entwicklungsfähigen Posten in größerer IT-Handelsunternehmung in Basel.

Wir verlangen einwandfreien Charakter, gute Umgangsformen und sehr gute Ausweise über ähnliche bisherige Tätigkeit.

Jüngere Bewerber, die sich eine Lebensstelle schaffen möchten, werden gebeten, ausführliche Offerten zu richten unter Chiffre AX 2134 B an Publicitas, 4001 Basel.

2 Druckerfeind Nr. 1: Defizitäre Periodicas!

Eine diskrete und sorgfältige Prüfung solcher Sorgenkinder durch den erfahrenen Spezialisten
- eröffnet Ihnen neue Möglichkeiten
- schützt Sie vor Verlusten
- warnt Sie vor Fehlinvestitionen
- errechnet Ihren Kapitalbedarf

3

Blauracke (Coracias garrulus L.). An einer Exkursion am 1. August 2005 an den Nussbaumersee (TG) konnten wir die Anwesenheit einer Blauracke feststellen. Längere Zeit auf einem Leitungsdraht sitzend, konnten wir das schöne Exemplar gut beobachten und mit Sicherheit bestimmen. Mit ruhigem, fast vornehmem Flug strich der Vogel in östlicher Richtung ab.

4 wurden. Die kleinste Zahl der Unfälle verzeichnete mit 28 der Januar, die größte mit 84 der Monat Juli. Der Frage der Lärmbekämpfung durch Motorfahrzeuge hat sich die Polizeidirektion wieder erfreulich intensiv angenommen, und im April wurde die Polizei angewiesen, vermehrte Kontrollen vorzunehmen und Motorfahrzeugführer, welche die Vorschriften des Motorfahrzeuggesetzes, wonach jeder vermeidbare Lärm zu unterlassen ist, verletzen, unnachsichtlich zu verzeigen. Nach wie vor ungelöst ist allerdings das Problem der undisziplinierten und rücksichtslosen Fahrradlenker!

Lösungen

Übung 1 (→ 33)

(tr. = transitiv; intr. = intransitiv) ■ **1** *kommt*: intr.■ **2** *ist*: ... *gestürzt worden*: intr. ■ **3** *hat* ... *eingesetzt*: reflexiv. ■ **4** *wurde*: intr. ■ **5** *handelt*: reflexiv. ■ **6** *sorgten*: intr. ■ **7** *klemmte*: reflexiv + tr. ■ **8** *kämpften*: intr. ■ **9** *hast*: tr. ■ **10** *hast* ... *mitgebracht*: tr. ■ **11** *scheint*: intr. ■ **12** *scheinen*: modifizierend; *überrascht worden zu sein*: intr. ■ **13** *müssen*: modal; *befassen*: reflexiv. ■ **14** *hat*: modifizierend; *zu erledigen*: tr. ■ **15** *sei*: intr. ■ **16** *hat* ... *gebrochen*: reflexiv + tr. ■ **17** *dürfte*: modal; *vergessen werden*: intr. ■ **18** *wurde*: intr. ■ **19** *sah*: tr.; *aufleuchten*: intr. ■ **20** *hättest* ... *können*: modal; *ausgehen*: intr.; *lassen*: tr. ■ **21** *pflegen*: modifizierend; *zu leeren*: tr. ■ **22** *kannst*: tr. ■ **23** *gehe*: intr.; *holen*: tr. ■ **24** *könnte*: modal; *erzählen*: tr.

Übung 2 (→ 38)

(st. = stark; sw. = schwach; gem. = gemischt; →34, 35.3) ■ **1** sah, gesehen; st. ■ **2** ging, gegangen; st. ■ **3** drehte, gedreht; sw. ■ **4** wehte, geweht; sw. ■ **5** stand, gestanden; st. ■ **6** fehlte, gefehlt; sw. ■ **7** empfahl, empfohlen; st. ■ **8** ließ, gelassen; st. ■ **9** veranlasste, veranlasst; sw. ■ **10** trank, getrunken; st. ■ **11** schenkte, geschenkt; sw. ■ **12** dachte, gedacht; gem. ■ **13** sprang, gesprungen; st. ■ **14** brachte, gebracht; gem. ■ **15** stach, gestochen; st. ■ **16** rechnete, gerechnet; sw. ■ **17** lief, gelaufen; st. ■ **18** kaufte, gekauft; sw. ■ **19** mahlte, gemahlen; st./sw.(→36). ■ **20** malte, gemalt; sw. ■ **21** bat, gebeten; st. ■ **22** betete, gebetet; sw. ■ **23** schrie, geschrien; st. ■ **24** lieh, geliehen; st. ■ **25** hob, gehoben; st. ■ **26** hatte, gehabt; sw. (→35). ■ **27** wurde, geworden; st. (→35). ■ **28** warf, geworfen; st. ■ **29** durfte, gedurft; gem. ■ **30** kannte, gekannt; gem. ■ **31** konnte, gekonnt; gem. ■ **32** trug, getragen; st. ■ **33** klagte, geklagt; sw. ■ **34** erschreckte, erschreckt; sw. (transitiv); erschrak, erschrocken; st. (intransitiv) (→37). ■ **35** war, gewesen; st. (→35) ■ **36** wusste, gewusst; gem. ■ **37** schuf, geschaffen; st. (schöpferisch hervorbringen); schaffte, geschafft; sw. (vollbringen) (→37). ■ **38** sandte, gesandt; gem. (schicken); sendete, gesendet; sw. (technisch) (→37). ■ **39** tat, getan; st. (→35).

Übung 3 (→ 52)

Falsch sind: 2, 5, 7, 9, 12, 13, 15, 16, 19. – Verbesserungsvorschläge →1765 ff.

Übung 4 (→ 82)

■ **1** Der Postbote versicherte, er *lese* selbstverständlich keine einzige Postkarte. ■ **2** Der Oppositionspolitiker fragte den Journalisten verdutzt, wie er an diese Information *gekommen sei*. ■ **3** Meine Freundin empfahl mir, ich *solle* mir den Film lieber nicht *anschauen*. Ich *langweile* mich sonst nur zu Tode. (Ich *würde* mich sonst nur zu Tode *langweilen*.) ■ **4** Sie *befürchteten* (auch möglich, aber weniger zu empfehlen: *würden befürchten*), es *habe* mehr als 3000 Tote gegeben, teilten die Behörden wenige Stunden nach dem Vulkanausbruch mit. ■ **5** Die Ärzte teilten gestern mit, der Herzpatient *werde* heute (!) das Schlimmste *überstanden haben*. ■ **6** Petra fragte ihre beiden Kolleginnen, ob sie mit auf die Radtour *kämen*. ■ **7** Die Großeltern baten uns, wir *sollten* ihnen eine Postkarte *schicken*. ■ **8** Andreas schrieb aus New York, ihm *gefalle* es ausgezeichnet dort (!). Die Leute *seien* kontaktfreudig, und mit dem Englischen *komme* er gut zu Rande. Wenn er mehr Geld *hätte* (!), *bliebe* (!) er noch mindestens einen Monat. (Konjunktiv II, da Unwirklichkeit, →80.1.) ■ **9** In der Betriebsanleitung stand, der Stecker *müsse* vor dem Öffnen des Apparats unbedingt herausgezogen werden. Andernfalls *bestehe* erhebliche Unfallgefahr. ■ **10** Die neuen

Computer der Serie Q-3 *rechneten* etwa dreimal so schnell wie ihre Vorgänger der Serie Q-2, heißt es in den Unterlagen des Herstellers. (Auch: *würden ... rechnen.*) ■ **11** Der Reporter fragte die Favoritin, wie sie die Chancen der Amerikanerinnen *einschätze*. ■ **12** Der World Wide Fund for Nature schreibt, viele Walarten *stürben aus (würden aussterben)*, wenn nichts gegen den maßlosen Walfang *getan werde*.

Übung 5 (→87)
(Es können auch Sätze mit anderer Wortfolge korrekt sein.) ■ **1** Die Sekretärin wurde vom Verlagsleiter ins Vertrauen gezogen. ■ **2** Er war von seinen Eltern als Novize in ein Kloster gesteckt worden. ■ **3** In dieser Druckerei wird Tag und Nacht gearbeitet. ■ **4** Der schwarze Fleck ist von niemand(em) bemerkt worden. ■ **5** Ist die Wohnung vom neuen Mieter schon bezogen worden? ■ **6** Der Wanderer war von einem Stein an der Stirn getroffen worden. ■ **7** Die Meldung wird wohl überall gelesen worden sein. ■ **8** Dieser Betrieb wird von einem Großkonzern übernommen werden. ■ **9** Dieser Auftrag wäre von der Konkurrenz nicht besser erledigt worden. ■ **10** Er glaubt, er sei betrogen worden. ■ **11** Es wird gemunkelt, dieser Fall sei von der Polizei vertuscht worden. ■ **12** Der Schiedsrichter wurde vom Torwart ein Trottel genannt. ■ **13** Meinem Gesuch ist entsprochen worden. ■ **14** Unsere Kunden werden von uns täglich bedient. ■ **15** Wir sind von den widersprüchlichen Meldungen verunsichert worden.

Übung 6 (→94)
■ **1** ... auf welchen Körperteil ihr fallt. ■ **2** beschwor. ■ **3** wird ... sich ausbitten. ■ **4** liehen. ■ **5** herangewinkt werden. ■ **6** wenn ihr ... lasst. ■ **7** Seien Sie doch zufrieden. ■ **8** hängte. ■ **9** bekannt geworden, bewogen hatte. ■ **10** überdacht werden. **11** flicht. ■ **12** erlischt. ■ **13** Hilf ihm doch ... ■ **14** Helfe ihm doch jemand! (Der Form nach korrekt, doch literarisch und ungebräuchlich. Wohl eher: Es möge ihm doch jemand helfen!) ■ **15** brauchten. ■ **16** Seid beruhigt ... ■ **17** habt ... erschreckt. ■ **18** gewetteifert. ■ **19** glimmte (so korrekt, daneben auch: glomm). ■ **20** durchsetzt.

Übung 7 (→96)
(tr. = transitiv, intr. = intransitiv; st. = stark; sw. = schwach; gem. = gemischt) ■ **1** *kämen*: intr., st., 3. Pers. Plural Konjunktiv II Präsens Aktiv. ■ **2** *seien gesehen worden*: intr., st., 3. Pers. Plural Konjunktiv I Perfekt Passiv. ■ **3** *wurde*: intr., st. (→352.), 3. Person Singular Indikativ Präteritum Aktiv; *wütenden*: intr., sw., Partizip I. ■ **4** *ist ... verbessert worden*: intr., sw., 3. Person Singular Indikativ Perfekt Passiv. ■ **5** *hätte ... gezeigt*: tr., sw., 1. Person Singular Konjunktiv II Perfekt Aktiv. ■ **6** *wird ... vergessen haben*: tr., st., 3. Person Singular Indikativ Futur II Aktiv. ■ **7** *sei*: intr., st. (→35), 2. Person Singular Imperativ (Präsens) Aktiv. ■ **8** *möchte*: tr., gem., 1. Person Singular Konjunktiv II Präsens Aktiv; *duftenden*: intr., sw., Partizip I. ■ **9** *würde ... raten*: intr., st., 1. Person Singular Konjunktiv II Futur I (oder Präsens) Aktiv; *verstünde*: tr., st., 1. Person Singular Konjunktiv II Präsens Aktiv. ■ **10** *fliegen*: intr., st., 3. Person Plural Indikativ Präsens Aktiv; *gebratenen*: intr., st., Partizip II. ■ **11** *kann*: modal, gem., 3. Person Singular Indikativ Präsens Aktiv; *stimmen*: intr., sw., Infinitiv (Präsens Aktiv); *rechne ... nach*: intr., sw., 2. Person Singular Imperativ (Präsens) Aktiv. ■ **12** *scheint*: modifizierend, st., 3. Person Singular Indikativ Präsens Aktiv; *abgenommen zu haben*: intr., st., Infinitiv Perfekt (Aktiv). ■ **13** *sollten*: modal, sw. (→35.3), 3. Person Plural Indikativ Präteritum (oder: Konjunktiv II Präsens) Aktiv; *enttäuscht werden*: intr., sw., Infinitiv (Präsens) Passiv. ■ **14** *be-*

sagt: tr. (mit Objektnebensatz), sw., 3. Person Singular Indikativ Präsens Aktiv; *blinkende:* intr., sw., Partizip I; *zu drücken:* intr., sw., Infinitiv (Präsens Aktiv); *sei:* modifizierend, st. (→35), 3. Person Singular Konjunktiv I Präsens Aktiv. ■ 15 *geplagt:* intr., sw., Partizip II; *wälzte ... herum:* reflexiv, sw., 3. Person Singular Indikativ Präteritum Aktiv; *stöhnend:* intr., sw., Partizip I. ■ 16 *hättest ... sollen:* modal, sw. (→35.3), 2. Person Singular Konjunktiv II Perfekt Aktiv; *lassen:* tr., st., Infinitiv (Präsens Aktiv); *hinausgehen:* intr., st., Infinitiv (Präsens Aktiv).

Übung 8 (→128)

■ 1 Adern. ■ 2 Akkumulatoren. ■ 3 Alben. ■ 4 Alleen. ■ 5 Aromen, Aromas, Aromata. ■ 6 Asse. ■ 7 Bände (zu: der Band = Buch), Bänder (zu: das Band = Streifen), Bande (zu: das Band = Fessel), Bands (zu: die Band = Musikgruppe). ■ 8 Banken (= Finanzinstitute), Bänke (= Sitzgelegenheiten). ■ 9 Bars. ■ 10 Bergleute (auch: Bergmänner). ■ 11 Betrügereien. ■ 12 Betten. ■ 13 Bistümer. ■ 14 Boote. ■ 15 Brunnen. ■ 16 Busse. ■ 17 Computer. ■ 18 Decks (selten: Decke). ■ 19 Direktoren. ■ 20 Diskusse, Disken. ■ 21 Erkenntnisse. ■ 22 Errata. ■ 23 Fachmänner (auch: Fachleute) (heute gewöhnlich: Fachleute = Fachmänner und Fachfrauen). ■ 24 Federn. ■ 25 Fenster. ■ 26 Firmen. ■ 27 Flöße. ■ 28 Flure (zu: der Flur = Gang), Fluren (zu: die Flur = Feld). ■ 29 Fürsten. ■ 30 Gehalte (= Inhalte), Gehälter (= Löhne). ■ 31 Geister. ■ 32 Gelage. ■ 33 Genera. ■ 34 Globusse, Globen. ■ 35 Hobbys. ■ 36 Hörner. ■ 37 Hotels. ■ 38 Isolatoren. ■ 39 Jubilare. ■ 40 Kameras. ■ 41 Kammern. ■ 42 Käse. ■ 43 Kiefer (zu: der Kiefer = Kinnlade), Kiefern (zu: die Kiefer = Nadelbaumart). ■ 44 Koffer. ■ 45 Kommissare. ■ 46 Konsuln. ■ 47 Korridore. ■ 48 Korrigenda. ■ 49 Kugeln. ■ 50 Lapsus. ■ 51 Loks. ■ 52 Majore. ■ 53 Maler. ■ 54 Meisterinnen. ■ 55 Modi. ■ 56 Museen. ■ 57 Muskeln. ■ 58 Nachbarn. ■ 59 Nöte. ■ 60 Periodika. ■ 61 Pfiffikusse. ■ 62 Pfosten. ■ 63 Pluraliatantum. ■ 64 Ponys. ■ 65 Posten. ■ 66 Prinzipien. ■ 67 Radien. ■ 68 Räte (als Personen oder Institutionen), Ratschläge (= Hinweise). ■ 69 Reichtümer. ■ 70 Rhythmen. ■ 71 Schatten. ■ 72 Schilder (zu: das Schild = Tafel), Schilde (zu: der Schild = Schutz). ■ 73 Segel. ■ 74 Senioren. ■ 75 Skrupel. ■ 76 Sockel. ■ 77 Spektren. ■ 78 Stacheln. ■ 79 Staus. ■ 80 Steuermänner (auch: -leute). ■ 81 Strahlen. ■ 82 Streitigkeiten, Streitereien (auch: Streite). ■ 83 Strudel. ■ 84 Täler. ■ 85 Taschen. ■ 86 Taten. ■ 87 Tumoren (außerfachsprachlich auch: Tumore). ■ 88 Türme. ■ 89 Uhus. ■ 90 Ungarn. ■ 91 Väter. ■ 92 Versäumnisse. ■ 93 Vettern. ■ 94 Villen. ■ 95 Visa (oder: Visen). ■ 96 Werkstätten. ■ 97 Wochenenden. ■ 98 Worte (Aussagen), Wörter (Einzelwörter). ■ 99 Würmer. ■ 100 Zeichen.

Übung 9 (→133)

■ 1 das Rückgrat. ■ 2 Spaghetti. ■ 3 ein Periodikum, einen regelmäßigen Verdienst. ■ 4 Richtig! ■ 5 Separata. ■ 6 ihr Lieblingsservice. ■ 7 Tumoren (außerfachsprachlich auch: Tumore). ■ 8 mit Schutzschilden. ■ 9 ein Korrigendum. ■ 10 der Reis, das Dessert. ■ 11 die Visa (oder: die Visen). ■ 12 keine Skrupel.

Übung 10 (→151)

■ 1 Wäldern. ■ 2 dieses Satelliten, den größten Planeten. ■ 3 mit einem Thermografen. ■ 4 Richtig. ■ 5 diesem Paragrafen. ■ 6 einem erfahrenen Korrektor. ■ 7 die nächsten Wochenenden. ■ 8 des Omnibusses. 9 als umsichtigem Präsidenten.

Übung 11 (→160)

(m. = männlich, w. = weiblich, s. = sächlich; Sg. = Singular, Pl. = Plural) ■ **1** *Adler:* m., s-Dekl., Nom. Pl.; *Fliegen:* w., Nulldekl., Akk. Pl. ■ **2** *Mond:* m., s-Dekl., Akk. Sg.; *Hunde:* m., s-Dekl., Nom. Pl. ■ **3** *Feuer:* s., s-Dekl., Nom. Sg.; *Herzen:* s., s-Dekl. (genau: Mischung von s- und n-Dekl.; →142), Dativ Sg.; *Rauch:* m., s-Dekl., Akk. Sg.; *Kopf:* m., s-Dekl., Dativ Sg. ■ **4** *Kleider:* s., s-Dekl., Nom. Pl.; *Leute:* Pluraletantum, Akk. ■ **5** *Glückes:* s., s-Dekl., Genitiv Sg.; *Gefährte:* m., n-Dekl., Nom. Sg.; *Neid:* m., s-Dekl., Nom. Sg. ■ **6** *Rose:* w., Nulldekl., Nom. Sg.; *Dornen:* m., s-Dekl., Akk. Pl.

Übung 12 (→213)

(P = Personalpronomen, R = Reflexivpronomen) ■ **1** *ich:* P, 1. Pers. Sg. Nom.; *euch:* P, 2. Pers. Pl. Dat.; *ihnen:* P, 3. Pers. Pl. Dat. ■ **2** *du:* P, 2. Pers. Sg. Nom.; *dich:* R, 2. Pers. Sg. Akk.; *dich:* P, 2. Pers. Sg. Akk. ■ **3** *Sie:* P, 3. Pers. Pl. (Höflichkeitsform) Nom.; *sich:* R, 3. Pers. Pl. Akk. ■ **4** *ich:* P, 1. Pers. Sg. Nom.; *mich:* R, 1. Pers. Sg. Akk. ■ **5** *mich:* P, 1. Pers. Sg. Akk. ■ **6** *es:* P, 3. Pers. Sg. sächlich Nom.; *uns:* P, 1. Pers. Pl. Akk. ■ **7** *sich:* R, 3. Pers. Pl. Akk; *sich:* R, 3. Pers. Pl. Dat. ■ **8** *sich:* R, 3. Pers. Sg. Akk. (männlich; nach dem dazuzudenkenden Pronomen *man;* →260). ■ **9** *es:* P, 3. Pers. Sg. sächlich Akk.; *sie:* P, 3. Pers. Sg. weiblich Nom.; *euch:* P, 2. Pers. Pl. Akk. ■ **10** *ihr:* P, 2. Pers. Pl. Nom.; *ihr:* P, 3. Pers. Sg. weiblich Dat.; *ihr:* P, 2. Pers. Pl. Nom.; *es:* P, 3. Pers. Sg. sächlich Akk.; *euch:* R, 2. Pers. Pl. Akk. ■ **11** *ich:* P, 1. Pers. Sg. Nom.; *du:* P, 2. Pers. Sg. Nom.; *wir:* P, 1. Pers. Pl. Nom.; *uns:* R, 1. Pers. Pl. Akk. ■ **12** *mich:* R (→211.1), 1. Pers. Sg. Akk. ■ **13** *uns:* P, 1. Pers. Pl. Akk.; *es:* P, 3. Pers. Sg. sächl. Nom. ■ **14** *dich:* R, 2. Pers. Sg. Akk.

Übung 13 (→219)

■ **1** *unserem:* 1. Pers. Pl./Sg. männl. Dat. ■ **2** *dein:* 2. Pers. Sg./Sg. männl. Nom. ■ **3** *ihren:* 3. Pers. Sg. weibl./Pl. Dativ. ■ **4** *Ihre:* 3. Pers. Pl. (Höflichkeitsform)/Sg. weibl. Akk. ■ **5** *meine:* 1. Pers. Sg./Sg. weibl. Nom. ■ **6** *deine:* 2. Pers. Sg./Sg. weibl. Nom. ■ **7** *Deinigen:* 2. Pers. Sg./Pl. Akk.

Übung 14 (→220)

(P = Personalpronomen, Poss. = Possessivpronomen) ■ **1** *Ihrer:* Poss., 3. Pers. Pl. (Höflichkeitsform)/Sg. weibl. Genitiv. ■ **2** *ihrer:* P, 3. Pers. Pl. Genitiv. ■ **3** *seiner:* Poss., 3. Pers. Sg. männl./Sg. weibl. Dativ. ■ **4** *seiner:* P, 3. Pers. Sg. männl. Genitiv. ■ **5** *meiner:* Poss., 1. Pers. Sg./Sg. männl. Nom. ■ **6** *ihrer:* P, 3. Pers. Pl. Genitiv.

Übung 15 (→246)

(Relativsatz: kursiv; Relativpronomen: fett + kursiv) Die Sinnesorgane der Räuber gehören zum Faszinierendsten, *was man aus dem Tierreich kennt.* Der Kopf eines tüchtigen Jägers, ***dessen*** *Beute andere Tiere sind,* ist mit Sinnesorganen vollgestopft. Die Katze ist eine solche Jägerin. Das Vorderste, *auf* ***das*** *wir bei ihr stoßen,* sind die Schnurrhaare. Sie zeigen der Katze zum Beispiel die Breite eines Spaltes an, *durch* ***den*** *sie gehen will.* Die Nase hat bei der Katze nicht die Bedeutung, ***die*** *sie beim Hund hat.* Wichtiger sind die Ohren, *mit* ***denen*** *sie sogar eine Maus hören kann,* ***die*** *durch einen unterirdischen Gang läuft.* Die Flut der Sinnesdaten, ***welche*** *die verschiedenen Sinnesorgane der Katze liefern,* wird im Gehirn gleich «online» verarbeitet. Dabei taucht im Bewusstsein des Räubers nur auf, ***was*** *im gegebenen Moment wesentlich ist.*

Katzen sehen nachts viel besser als wir. Das Geheimnis dieser Nachtaugen lässt sich teilweise auf eine Art Spiegel zurückführen, **der** sich hinter dem Katzenauge befindet. Dieser Spiegel wirft Licht, **das** die Sehzellen schon einmal durchlaufen hat, noch einmal zurück. Es hat so die Chance, noch einmal wahrgenommen zu werden. **Wer** das weiß, wundert sich nicht mehr über das bekannte Aufleuchten der Katzenaugen im Scheinwerferlicht. Als Raubtier, **das** seine Beute manchmal im Sprung erwischt, muss eine Katze Distanzen schätzen können. Deshalb liegen ihre beiden Augen vorn am Kopf, sodass sich ihre beiden Sehfelder überlappen. Aus den kleinen Unterschieden, **die** das linke und das rechte Bild im Auge aufweisen, errechnet das Gehirn die räumliche Tiefe. Das ist die gleiche Methode, mit **der** wir Menschen Distanzen schätzen. **Wer** auf einem Auge schlecht oder gar nicht sieht, hat darum beim Distanzenschätzen mehr Mühe als ein Normalsichtiger.

Übung 16 (→261)

■ **1** *ihren:* Possessivpronomen, 3. Pers. Pl./Pl. Dativ; *ihr:* Personalpronomen, 2. Pers. Pl. Nom.; *sie:* Personalpronomen, 3. Pers. Pl. Akk. ■ **2** *das:* Demonstrativprononomen, Sg. sächlich Nom.; *die:* bestimmter Artikel, Pl. Nom.; *denen:* Relativpronomen, Pl. Dat.; *die:* bestimmter Artikel, Pl. Nom. ■ **3** *es:* Personalpronomen, 3. Pers. Sg. sächlich Nom.; *alles:* Indefinitpronomen, Sg. sächlich Nom.; *was:* Relativpronomen, Sg. sächlich Nom. ■ **4** *jeder:* Indefinitpronomen, Sg. männlich Nom.; *seine:* Possessivpronomen, 3. Pers. Sg. männlich/Sg. weiblich Akk. ■ **5** *einer:* Indefinitpronomen, Sg. männlich Nom.; *eine:* unbestimmter Artikel, Sg. weiblich Akk.; *er:* Personalpronomen, 3. Person Sg. männlich Nom.; *was* = etwas: Indefinitpronomen, Sg. sächlich Akk. ■ **6** *zwei:* bestimmtes Zahlpronomen, Pl. Nom.; *das:* bestimmter Artikel, Sg. sächlich Akk.; *es:* Personalpronomen, 3. Pers. Sg. sächlich Nom.; *dasselbe:* Demonstrativpronomen, Sg. sächlich Nom. ■ **7** *sie:* Personalpronomen, 3. Pers. Sg. weiblich Nom.; *ihrer:* Possessivpronomen, 3. Pers. Sg. weiblich/Sg. weiblich Dativ; *deren:* Demonstrativpronomen, Sg. weiblich Genitiv; *das:* bestimmter Artikel, Sg. sächlich Akk. ■ **8** *du:* Personalpronomen, 2. Pers. Sg. Nom.; *mein:* Possessivpronomen, 1. Pers. Sg./Sg. männlich Nom.; *ich:* Personalpronomen, 1. Pers. Sg. Nom.; *dir:* Personalpronomen, 2. Pers. Sg. Dativ; *den:* bestimmter Artikel, Sg. männlich Akk. ■ **9** *manch:* Indefinitpronomen (nicht dekliniert; kann auch mit dem folgenden Pronomen als Einheit behandelt werden); *einer:* Indefinitpronomen, Sg. männlich Nom.; *den:* bestimmter Artikel, Sg. männlich Akk.; *am* = an + dem: Präposition + bestimmter Artikel, Sg. männlich Dativ; *der:* Relativpronomen, Sg. männlich Nom.; *ihn:* Personalpronomen, 3. Pers. Sg. männlich Akk. ■ **10** *keiner:* Indefinitpronomen, Sg. männlich Nom.; *derjenige:* Demonstrativpronomen, Sg. männlich Nom.; *der:* Relativpronomen, Sg. männlich Nom. ■ **11** *was für einen:* Interrogativpronomen, Sg. männlich Akk.; *du:* Personalpronomen, 2. Pers. Sg. Nom. ■ **12** *das:* bestimmter Artikel, Sg. sächlich Nom.; *welche:* Relativpronomen, Pl. Akk.; *wir:* Personalpronomen, 1. Pers. Pl. Nom. ■ **13** *der:* bestimmter Artikel, Sg. männlich Nom.; *es:* Personalpronomen, 3. Pers. Sg. sächlich Nom.; *sich:* Reflexivpronomen, 3. Pers. (Sg. sächlich) Akk. ■ **14** *ein:* unbestimmter Artikel, Sg. sächlich Nom. (kann auch mit dem folgenden Pronomen als Einheit angesehen werden; als Ganzes dann: Indefinitpronomen); *jedes:* Indefinitpronomen, Sg. sächlich Nom.; *sein:* Possessivpronomen, 3. Pers. Sg. sächlich/Sg. sächlich Akk. ■ **15** *er:* Personalpronomen, 3. Pers. Sg. männlich Nom.; *solche:* Demonstrativpronomen, Pl. Nom. ■ **16** *wer:* Relativpronomen, Sg. männlich (→260) Nom.; *dem:* Demonstrativpronomen, Sg. männlich Dativ; *man:* Indefinitpronomen, Sg. männlich (→260) Nom.; *er:* Personalpronomen, 3. Pers. Sg. männlich Nom.; *die:* bestimmter Artikel, Sg. weiblich Akk. ■ **17** *was:* Interrogativpronomen, Sg. sächlich Nom.; *das:* Demonstrativpronomen, Sg. sächlich Nom.; *der:* bestimmter Artikel, Sg. weiblich Dativ; *es:* Personalpronomen, 3. Person Sg. sächlich Nom.; *vier:* bestimmtes Zahlpronomen, Pl. Dativ; *der:* bestimmter Artikel, Sg. weiblich Dativ; *zweien:* bestimmtes Zahlpronomen, Pl. Dativ; *im = in + dem:* Präposition + bestimmter Artikel, Sg. sächlich Dativ; *dreien:* bestimmtes Zahlpronomen, Pl. Dativ. ■ **18** *eine:* unbestimmter Artikel, Sg. weiblich Akk.; *irgendein:* Indefinitpronomen, Sg. sächlich Nom.; *es:* Personalpronomen, 3. Pers. Sg. sächlich Akk.

Übung 17 (→ 312)

■ **1** *schräg:* adv. ■ **2** *ganz:* adv.; *tief:* adv.; *winzig:* adv.; *kleinen:* attr.; *gewundenen:* attr. ■ **3** *großen:* attr.; *Brauchbares:* nom.; *neue:* attr. ■ **4** *schwarze:* attr.; *dicke:* attr.; *viel:* adv.; *stark:* adv. ■ **5** *gelbliche:* attr.; *ununterbrochen:* adv.; *hohen:* attr.; *süßlich:* adv. ■ **6** *tagelang:* adv.; *geschlossen:* präd. (Bezug auf Subjekt: alle Alpenübergänge). ■ **7** *kurz:* adv.; *dicklicher:* attr.; *schmalen:* attr. ■ **8** *rasch:* adv.; *enge:* attr.; *samtenen:* attr.; *scharfen:* attr. ■ **9** *unfreundliche:* attr.; *mäßig:* adv.; *sauberen:* attr.; *steinhart, knochentrocken:* beide präd. (Bezug auf Subjekt: das Sandwich). ■ **10** *senkrecht:* adv.; *glitschigen:* attr.; *alten:* attr. ■ **11** *höchsten:* attr.; *gelobten:* attr.; *äußerst:* adv.; *langweilig:* präd. (Bezug auf Akkusativobjekt: den ... Film). ■ **12** *älter:* präd. (Bezug auf Subjekt: sie); *erholsamen:* attr.; *treu:* präd. (Bezug auf Subjekt: Vera). **13** *älteren:* attr.; *jüngeren:* attr. (→ 309). ■ **14** *später:* adv.; *vorgängig:* adv.; *Dringliches:* nom. ■ **15** *roh:* präd. (Bezug auf Akkusativobjekt: Bohnen); *ungekocht:* präd. (Bezug auf Subjekt: sie); *schwer:* adv.; *verdaulichen:* attr.

Übung 18 (→ 335)

■ **1** *Bessere:* Komparativ, schwach, Sg., sächlich, Nom. *Guten:* Positiv, schwach, Sg., sächlich, Gen. ■ **2** *gute:* Positiv, stark, Sg., weiblich, Akk.; *bösen:* Positiv, schwach, Sg., sächlich, Dat. ■ **3** *siebten:* Positiv, schwach, Sg., männlich, Dat. ■ **4** *Kluge:* Positiv, schwach, Sg., männlich, Nom. ■ **5** *heiß:* Positiv (nichtdekliniert); *gekocht:* Positiv (nichtdekliniert). ■ **6** *geteiltes:* Positiv, stark, Sg., sächlich, Nom.; *halbes:* Positiv, stark, Sg., sächlich, Nom. ■ **7** *kleine:* Positiv, stark, Pl., Akk.; *großen:* Positiv, schwach, Pl., Akk. ■ **8** *stille:* Positiv, stark, Pl., Nom.; *tief:* Positiv (nichtdekliniert). ■ **9** *schwerer:* Komparativ (nichtdekliniert); *leichter:* Komparativ (nichtdekliniert). ■ **10** *leere:* Positiv, stark, Pl., Nom.; *großen:* Positiv, stark, Sg., männlich, Akk. ■ **11** *schönste:* Superlativ, schwach, Sg., männlich, Nom.; *unscheinbare:* Positiv, schwach, Sg., weiblich, Nom. ■ **12** *andere:* Positiv, schwach, Sg., weiblich, Akk. ■ **13** *Letzten:* Positiv, schwach, Sg., männlich, Akk. ■ **14** *schönste:* Superlativ, schwach, Sg., sächlich, Akk. ■ **15** *liebster:* Superlativ, stark, Sg., männlich, Nom.

Übung 19 (→ 435)

■ **1** *zu:* Verbzusatz (schauten ... zu, Infinitiv: zuschauen). ■ **2** *mit:* Präposition (mit Dativ); ■ **3** *bis:* unterordnende Konjunktion. ■ **4** *über:* Adverb (→ 425.4; 1775); ■ **5** *statt:* beiordnende Konjunktion (→ 417, 420.2); *an:* Präposition (mit dem Akkusativ). ■ **6** zu_1: Adverb (= allzu); *um:* unterordnende Konjunktion (→ 423); zu_2: Präposition (mit Dativ); *als:* beiordnende Konjunktion (→ 417, 419, 1587); zu_3: Verbpartikel (Infinitiv: zu öffnen). ■ **7** *als:* beiordnende Konjunktion (→ 417, 419, 1587); *und:* beiordnende Konjunktion. ■ **8** *da:* Adverb; *noch:* Adverb. ■ **9** *ja:* Interjektion. ■ **10** *in:* Präposition (mit Dativ); *doch:* beiordnende Konjunktion (→ 420.3); *nicht:* Adverb. ■ **11** *doch:* Interjektion; *schon:* Adverb. ■ **12** *zum:* Präposition (mit Dativ) + bestimmter Artikel (sächlich, Singular, Dativ); *hinaus:* Verbzusatz (sah ... hinaus; Infinitiv: hinaussehen). ■ **13** *über:* Präposition (mit Akkusativ, nachgestellt); *am:* Präposition (mit Dativ) + bestimmter Artikel (sächlich, Singular, Dativ). ■ **14** *trotzdem:* Adverb; *statt:* Verbzusatz (findet ... statt, Infinitiv: stattfinden). ■ **15** *hier:* Adverb; *noch:* Adverb; *bis:* Präposition (mit Akkusativ; →414). ■ **16** *gegen:* Präposition (mit Akkusativ); *durchaus:* Adverb. ■ **17** *als:* unterordnende Konjunktion (→420, 422, 1586). ■ **18** *ja:* Adverb (→424; 1550.3). ■ **19** *da:* unterordnende Konjunktion. ■ **20** *zu:* Präposition (mit Dativ, nachgestellt); *wieder:* Adverb. ■ **21** *mit:* Präposition (mit Dativ); *in:* Präposition (mit Dativ); *als:* beiordnende Konjunktion (→417, 419, 1587); *mit:* Präposition (mit Dativ). ■ **22** *statt:* unterordnende Konjunktion (→423); *zuerst:* Adverb; *zu:* Verbpartikel (Infinitiv: zu lesen); *sofort:* Adverb. ■ **23** *um:* Verbzusatz (warf ... um, Infinitiv: umwerfen). ■ **24** *in:* Präposition (mit Dativ); *bis:* Adverb (→425.4; 1775). ■ **25** *ohne:* unterordnende Konjunktion (→423); *zu:* Verbpartikel (Infinitiv: zu zögern); *zu:* Verbzusatz (griff ... zu, Infinitiv: zugreifen). ■ **26** *ohne:* Präposition (mit Akkusativ). ■ **27** *über:* Verbzusatz (lief ... über, Infinitiv: überlaufen). ■ **28** *statt:* Präposition (mit Genitiv); *nur:* Adverb. ■ **29** *mit:* Adverb; *für:* Präposition (mit Akkusativ). ■ **30** *weder, noch:* beiordnende Konjunktion (zweiteilig); *dafür:* Adverb.

Übung 20 (→436)

1	Entgegen	Präposition mit Dativ
	der	bestimmter Artikel, Singular, weiblich, Dativ
	ursprünglichen	Adjektiv, Positiv, schwach, Singular, weiblich, Dativ
	Absicht	Nomen, weiblich, Nulldeklination, Singular, Dativ
	┌ reisten	Verb, schwach, 3. Person Plural, Indikativ Präteritum Aktiv
	│ der	bestimmter Artikel, Singular, männlich, Nominativ
	│ Vorstand	Nomen, männlich, s-Deklination, Singular, Nominativ
	│ und	beiordnende Konjunktion
	│ einige	Indefinitpronomen, Plural, Nominativ
	│ Mitglieder	Nomen, sächlich, s-Deklination, Plural, Nominativ
	│ sowie	beiordnende Konjunktion
	│ deren	Demonstrativpronomen, Plural, Genitiv
	│ Begleiter	Nomen, männlich, s-Deklination, Plural, Nominativ
	│ und	beiordnende Konjunktion
	│ Begleiterinnen	Nomen, weiblich, Nulldeklination, Plural, Nominativ
	│ schon	Adverb
	│ während	Präposition mit Genitiv
	│ des	bestimmter Artikel, Singular, männlich, Genitiv
	│ früheren	Adjektiv, Komparativ, schwach, Singular, männlich, Genitiv
	│ Vormittags	Nomen, männlich, s-Deklination, Singular, Genitiv
	└ ab.	(Verbzusatz)
2	Als	beiordnende Konjunktion
	Musikerin	Nomen, weiblich, Nulldeklination, Singular, Nominativ
	freute	Verb, schwach, 3. Person Singular, Indikativ Präteritum Aktiv
	sie	Personalpronomen, 3. Person Singular, weiblich, Nominativ
	sich	Reflexivpronomen, 3. Person (Singular, weiblich), Akkusativ
	am	Präposition, verschmolzen mit best. Artikel, Sg., sächlich, Dativ
	subtilen	Adjektiv, Positiv, schwach, Singular, sächlich, Dativ
	Spiel	Nomen, sächlich, s-Deklination, Singular, Dativ
	des	bestimmter Artikel, Singular, männlich, Genitiv
	Posaunisten.	Nomen, männlich, n-Deklination, Singular, Genitiv

3	Einerseits	Adverb
	weiß	Verb, gemischt, 1. Person Singular, Indikativ Präsens Aktiv
	ich	Personalpronomen, 1. Person Singular, Nominativ
	darüber	Adverb
	kaum	Adverb
	Bescheid,	Nomen, männlich, s-Deklination, Singular, Akkusativ
	anderseits	Adverb
	⌐ geht	Verb, stark, 3. Person Singular, Indikativ Präsens Aktiv
	mich	Personalpronomen, 1. Person Singular, Akkusativ
	die	bestimmter Artikel, Singular, weiblich, Nominativ
	Sache	Nomen, weiblich, Nulldeklination, Singular, Nominativ
	gar	Adverb
	nichts	Indefinitpronomen, Singular, sächlich, Akkusativ
	⌐ an.	(Verbzusatz)
4	Für	Präposition mit Akkusativ
	diese	Demonstrativpronomen, Singular, weiblich, Akkusativ
	Aktion	Nomen, weiblich, Nulldeklination, Singular, Akkusativ
	fehlten	Verb, schwach, 3. Person Plural, Indikativ Präteritum Aktiv
	ihnen	Personalpronomen, 3. Person Plural, Dativ
	weder	beiordnende Konjunktion
	Geld	Nomen, sächlich, s-Deklination, Singular, Nominativ
	noch	beiordnende Konjunktion
	tatkräftiger	Adjektiv, Positiv, stark, Singular, männlich, Nominativ
	Beistand.	Nomen, männlich, s-Deklination, Singular, Nominativ
5	⌐ Würde	
	uns	Personalpronomen, 1. Person Plural, Dativ
	ein	unbestimmter Artikel, Singular, männlich, Nominativ
	solcher	Demonstrativpronomen, Singular, männlich, Nominativ
	Vorschlag	Nomen, männlich, s-Deklination, Singular, Nominativ
	⌐ gemacht,	Verb, schwach, 3. Pers. Singular, Konj. II Futur (Präsens) Passiv
	⌐ stimmten	Verb, schwach, 1. Person Plural, Konjunktiv II Präsens Aktiv
	wir	Personalpronomen, 1. Person Plural, Nominativ
	alle	Indefinitpronomen, Plural, Nominativ
	ohne	Präposition mit Akkusativ
	Zögern	Nomen (nom. Infinitiv), sächlich, s-Deklination, Akkusativ
	⌐ zu.	(Verbzusatz)
6	Ich	Personalpronomen, 1. Person Singular, Nominativ
	⌐ habe	
	sie,	Personalpronomen, 3. Person Singular, weiblich, Akkusativ
	seit	unterordnende Konjunktion
	sie	Personalpronomen, 3. Person Singular, weiblich, Nominativ
	nicht	Adverb
	mehr	Adverb
	an	Präposition mit Dativ
	der	bestimmter Artikel, Singular, weiblich, Dativ
	Langstraße	Nomen, weiblich, Nulldeklination, Singular, Dativ
	wohnt,	Verb, schwach, 3. Person Singular, Indikativ Präsens Aktiv

	nur	Adverb
	noch	Adverb
	selten	Adjektiv, Positiv
	und	beiordnende Konjunktion
	seit	Präposition mit Dativ
	zwei	bestimmtes Zahlpronomen, Plural, Dativ
	Monaten	Nomen, männlich, s-Deklination, Plural, Dativ
	überhaupt	Adverb
	nicht	Adverb
	mehr	Adverb
	⌐ gesehen.	Verb, stark, 1. Person Singular, Indikativ Perfekt Aktiv
7	Die	bestimmter Artikel, Singular, weiblich, Nominativ
	Zeit,	Nomen, weiblich, Nulldeklination, Singular, Nominativ
	innerhalb	Präposition mit Genitiv
	deren	Relativpronomen, Singular, weiblich, Genitiv
	ihr	Personalpronomen, 2. Person Plural, Nominativ
	das	bestimmter Artikel, Singular, sächlich, Akkusativ
	Problem	Nomen, sächlich, s-Deklination, Singular, Akkusativ
	erledigen	Verb, schwach, Infinitiv (Präsens Aktiv)
	müsst,	Verb, gemischt, 2. Person Plural, Indikativ Präsens Aktiv
	scheint	Verb, stark, 3. Person Singular, Indikativ Präsens Aktiv
	reichlich	Adjektiv, Positiv
	kurz	Adjektiv, Positiv
	bemessen	Adjektiv, Positiv
	zu	
	sein.	Verb, stark (→35), Infinitiv (Präsens Aktiv)
8	Seine	Possessivpronomen, 3. Person Sg. männlich/Plural Nominativ
	stichelnden	Verb, schwach, Partizip I / Positiv, schwach, Plural, Nominativ
	Bemerkungen	Nomen, weiblich, Nulldeklination, Plural, Nominativ
	dürften	Verb, gemischt, 3. Pers. Plural, Konjunktiv II Präsens Aktiv
	ihr	Personalpronomen, 3. Person Singular, weiblich, Dativ
	kaum	Adverb
	⌐ entgangen	Verb, stark, Infinitiv Perfekt (Aktiv)
	⌐ sein.	

Übung 21 (→614)

(PF = Personalform) ■1 wuchs (PF, Präteritum Aktiv). ■2 wurde (PF, Präteritum Aktiv). ■3 war geprüft worden (PF, Plusquamperfekt Passiv). ■4 brachte (PF, Präteritum Aktiv). ■5 such ... aus (PF, Präsens Aktiv; mit Verbzusatz). ■6 gab (PF, Präteritum Aktiv), zu rütteln (Infinitiv). ■7 werde ... helfen (PF, Futur I Aktiv), aufräumen (Infinitiv). ■8 sah (PF, Präteritum Aktiv), abfahren (Infinitiv). ■9 war (PF, Präteritum Aktiv), zu finden (Infinitiv). ■10 sprichst ... aus (PF, Präsens Aktiv; mit Verbzusatz). ■11 tritt (PF, Präsens Aktiv). ■12 wird erledigt worden sein (PF, Futur II Passiv). ■13 befand (PF, Präteritum Aktiv). ■14 werden gehen (PF, Futur I Aktiv), baden (Infinitiv). ■15 wird ... nehmen (PF, Futur I Aktiv). ■16 zu zucken (Infinitiv); log ... an (PF, Präteritum Aktiv; mit Verbzusatz). ■17 droht (PF, Präsens Aktiv), einzuknicken (Infinitiv). ■18 blickend (Partizip I);

wechselte ... hinüber (PF, Präteritum Aktiv; mit Verbzusatz). ■ **19** hättest sollen (PF, [Konj. II] Perfekt Aktiv), warten (Infinitiv). ■ **20** stellte ... kalt (PF, Präteritum Aktiv; mit Verbzusatz, zugehöriger Infinitiv: kaltstellen). ■ **21** ausgeliefert (Partizip II); begannen (PF, Präteritum Aktiv), zu frieren (Infinitiv). ■ **22** informiert worden zu sein (Infinitiv Perfekt Passiv); musste (PF, Präteritum Aktiv), machen (Infinitiv). ■ **23** hatte erkundigt (PF, Plusquamperfekt Aktiv). ■ **24** schließ ... an (PF, Präsens Aktiv; mit Verbzusatz).

Übung 22 (→ 618)

Der Übersichtlichkeit halber sind auch die Prädikatsteile angegeben (kursiv). ■ **1** Die Zeitung / *brachte* / das Porträt des Nobelpreisträgers / am folgenden Tag. ■ **2** Das spannende Interview mit dem Trainer über die Siegesaussichten der Nationalmannschaft / *hat* / eine junge, begabte Volontärin / *geführt*. ■ **3** Nicht unerwartet / *klagte* / die Politikerin / das Boulevardblatt / des Rufmordes / *an*. ■ **4** Die Recherche / *brachte* / leider / nur wenig verwertbares Material (/) zum Chemieskandal / *auf den Tisch*. ■ **5** Die Journalistin / *nahm* / das Gespräch mit dem als heikel bekannten Stadtrat / vorsichtigerweise / mit einem Tonbandgerät / *auf*. ■ **6** Gründe für einen eingehenderen Artikel / *waren* / genug / *vorhanden* (*Gründe für einen eingehenderen Artikel* und *genug* bilden zusammen ein einziges Satzglied; →617). ■ **7** Am Sonntag / *wird* / die Mannschaft (/) aus Japan / *eintreffen*. (Der Satz ist zweideutig: Wenn von irgendeiner Mannschaft die Rede ist, die aus Japan zurückkehrt, ist *aus Japan* ein eigenes Satzglied. Wenn von der japanischen Mannschaft die Rede ist, gehört *aus Japan* zum Satzglied mit Kern Mannschaft.) ■ **8** Die Zeitungen / *erschienen* / letzten Freitag / wegen des Druckerstreiks / *verspätet*. (*wegen* und *des Druckerstreiks* sind zwar vertauschbar, aber nicht voneinander trennbar: *des Druckerstreiks wegen*.) ■ **9** Setz / diesen Artikel / auf die Frontseite!

Übung 23 (→ 642)

■ **1** zwei völlig verrostete Wracks. ■ **2** wer. ■ **3** zwei Ersatzteile. ■ **4** nichts mehr. ■ **5** diese Tasche. ■ **6** Petra. ■ **7** das merkwürdige Messergebnis. ■ **8** wer Sorgen hat (Subjektnebensatz, →852; innerhalb dessen ist *wer* Subjekt). ■ **9** –. ■ **10** ganz anderes. ■ **11** Hasten und Rennen. ■ **12** ein lautes «Die Fahrausweise bitte!» (→636.1, 640.2). ■ **13** kühl (→636.1, 640.2). ■ **14** –. ■ **15** Sie. ■ **16** Das Treppenhaus frisch streichen zu lassen (Infinitivgruppe als Subjekt; →840, 852, 1575). ■ **17** –. ■ **18** –. ■ **19** dass die Arbeit erst halb fertig war (Subjektnebensatz, →852; innerhalb dessen ist *die Arbeit* Subjekt). ■ **20** Gelb. ■ **21** Uran. ■ **22** das Schachspiel (*Esthers Leidenschaft* ist prädikativer Nominativ). ■ **23** Süßes. ■ **24** die tiefen Basstöne.

Übung 24 (→ 647)

(AO = Akkusativobjekt, aA = adverbialer Akkusativ) ■ **1** den Großvater (AO). ■ **2** den Zielhang (aA). ■ **3** kaum ein Jahr (aA). ■ **4** die Nachbarin (AO), die Abfallsäcke (AO), die Treppe (aA). ■ **5** dreißig Meter (aA). ■ **6** die badenden Kinder (AO). ■ **7** die ganze Woche (aA). ■ **8** die Aufträge (AO). ■ **9** fünf Stunden (aA). ■ **10** die Haare (AO). ■ **11** was (AO). ■ **12** Christoph (AO). ■ **13** etwa 500 Gramm (aA). ■ **14** Wert (AO; →645). ■ **15** sich (AO; →696.4). ■ **16** die bisherigen Annahmen (AO). ■ **17** Schatten (AO). ■ **18** dich (AO; →696.4), die Zähne (AO). ■ **19** das Geld (AO). ■ **20** Manuela (AO), letzten Monat (aA), ihre kleine Schwester (AO), jeden Tag (aA), eine halbe Stunde (aA), die Französischwörter (AO). (Mehr Akkusative lassen sich kaum in einen Satz packen!)

Übung 25 (→ 657)

(DO = Dativobjekt; GO = Genitivobjekt; aG = adverbialer Genitiv; GA = Genitivattribut)
■ **1** Angelikas (GA), der Landschaft (GA). ■ **2** der Auffassung (aG), der Verkehrsvorschriften (GA), des Beliebens (GA). ■ **3** der Nässe (DO). ■ **4** dieses Buches (GA), Kanadas (GA). ■ **5** der Antarktis (GA). ■ **6** deren (GA), des Wohnhauses (GA). ■ **7** der Schatulle (DO). ■ **8** dessen (GA). ■ **9** meines Erachtens (aG), wessen (GA), dem Ziel des ganzen Unternehmens (DO), des ganzen Unternehmens (GA). ■ **10** des Gedankenlesens (GA). ■ **11** einer alten Bekannten (DO). ■ **12** dieser heiklen Sache (GO). ■ **13** guten Mutes (aG), der Dunkelheit (GA). ■ **14** jeglichen Kommentars (GO), der amtlichen Mitteilung (GA). ■ **15** ihrer Sucht (DO). ■ **16** eines Tages (aG). ■ **17** – (*samstags* ist Adverb!).

Übung 26 (→ 663)

(Subj = Subjekt; pN = prädikativer Nominativ; AO = Akkusativobjekt; pA = prädikativer Akkusativ) ■ **1** Dies (Subj), nur ein kleiner Schritt (pN), ein gewaltiger Sprung (pN). ■ **2** sie (Subj), mich (AO), einen Schmeichler (pA). ■ **3** ein schäbiges Kamel (Subj), die Lasten vieler Esel (AO). ■ **4** diese Programmversion (Subj), keine Verbesserung (AO). ■ **5** die schreckensvollste Seite (pN), die (AO), der Fanatismus jeder Art (Subj), die Intoleranz (Subj). ■ **6** die Biologen (Subj), diese Bakterie (AO), Staphylokokkus (pA). ■ **7** Diplomaten (Subj), Leute (pN), die (AO), man (Subj). ■ **8** es (Subj; → 691), ein großer Vorteil (pN), man (Subj), die Fehler (AO), man (Subj). ■ **9** es (Subj; → 690), Luchse (AO). ■ **10** ein heftiger Sturm (Subj). ■ **11** ihre Tochter (AO), sie (Subj), Leonie (pA). ■ **12** Pünktlichkeit (Subj), die Höflichkeit der Könige (pN). ■ **13** Christine (Subj), Schauspielerin (pN). ■ **14** Müller (Subj), eine unerlässliche Stütze (AO). ■ **15** Fremde Fehler (AO), wir (Subj), eigene (AO).

Übung 27 (→ 687)

(Zusätzliche Angaben: in PG = innerhalb einer Präpositionalgruppe; in KG = innerhalb einer Konjunktionalgruppe) ■ **1** *dieses Buch:* Subjekt. ■ **2** *diesen Bericht:* Akkusativobjekt. ■ **3** *keines Fehlers:* Genitivobjekt. ■ **4** *Ungerechtigkeit:* Nominalgruppe im Akk. (in KG). ■ **5** *schönes Wetter:* Subjekt. ■ **6** *des langen Wartens:* Genitivobjekt. ■ **7** *die Brücke:* Nominalgruppe im Akk. (in PG). ■ **8** *der ganzen Sitzung:* Nominalgruppe im Genitiv (in PG). ■ **9** *zwei Meter:* adverbialer Akk. ■ **10** *eines Unfalls:* Nominalgruppe im Genitiv (in PG). ■ **11** *dieses Anliegen:* Nominalgruppe im Akk. (in PG). ■ **12** *keine bessere Lösung:* Akkusativobjekt. ■ **13** *etwas mehr Verständnis:* Nominalgruppe im Dativ (in PG). ■ **14** *Ihre Angelegenheiten:* Nominalgruppe im Akk. (in PG). ■ **15** *eine Woche:* adverbialer Akkusativ. ■ **16** *der Nacht:* Nominalgruppe im Dativ (in PG). ■ **17** *die Wand:* Nominalgruppe im Akk. (in PG). ■ **18** *der Wand:* Nominalgruppe im Dativ (in PG). ■ **19** *die Wand:* adverbialer Akkusativ. ■ **20** *der Abschrankung:* Nominalgruppe im Genitiv (in PG). **21** *kein Vergnügen:* prädikativer Nominativ. ■ **22** *anderer Meinung:* adverbialer Genitiv. ■ **23** *die Nachbarn:* Akkusativobjekt. ■ **24** *eines Tages:* adverbialer Genitiv. ■ **25** *Christine:* Dativobjekt. ■ **26** *ein paar Unterlagen:* Subjekt. ■ **27** *Beruhigungsmittel:* Nominalgruppe im Nominativ (in KG). ■ **28** *ihres Freundes:* Genitivobjekt. ■ **29** *einen Fortschritt:* Nominalgruppe im Akkusativ (in KG). ■ **30** *Stamm:* Nominalgruppe im Dativ (in PG). ■ **31** *Korrektorin:* prädikativer Nominativ. ■ **32** *der guten alten Zeit:* Nominalgruppe im Dativ (in PG). ■ **33** *die Fliege an der Wand:* Subjekt. ■ **34** *zwölf Meter:* adverbialer Akk. ■ **35** *des Hasen:* Genitivattribut. ■ **36** *seine Ferien:* Akkusativobjekt.

Übung 28 (→ 694)

(AO = Akkusativobjekt) ▪ **1** Korrelat (Subjekt). ▪ **2** unpersönliches AO. ▪ **3** Platzhalter. ▪ **4** unpersönliches Subjekt. ▪ **5** stellvertretendes AO. ▪ **6** unpersönliches Subjekt. ▪ **7** Korrelat (Subjekt). ▪ **8** stellvertretendes Subjekt. ▪ **9** unpersönliches Subjekt. ▪ **10** unpersönliches AO. ▪ **11** Platzhalter. ▪ **12** unpersönliches Subjekt. ▪ **13** unpersönliches Subjekt. ▪ **14** stellvertretendes Subjekt. ▪ **15** unpersönliches AO. ▪ **16** Korrelat (AO). ▪ **17** Platzhalter. ▪ **18** unpersönliches Subjekt. ▪ **19** Platzhalter. ▪ **20** Korrelat (Subjekt). ▪ **21** Platzhalter.

Übung 29 (→ 697)

1	Die Enttäuschung über die Niederlage	Subjekt
	steckte	Personalform — Prädikat
	der Mannschaft	Dativobjekt
	in den Knochen.	Präpositionalgruppe
2	Aus dem kleinen Mädchen	Präpositionalgruppe
	war	Personalform — Prädikat
	unterdessen	Adverbgruppe
	eine selbstbewusste junge Dame	Subjekt
	geworden.	Partizip II
3	Wegen des tiefen Lohns	Präpositionalgruppe
	kündigte	Personalform — Prädikat
	Peter	Subjekt
	schließlich	Adverbgruppe
	auf Ende April.	Präpositionalgruppe
4	Als Polygrafin	Konjunktionalgruppe
	erkannte	Personalform — Prädikat
	sie	Subjekt
	das schlechte Layout	Akkusativobjekt
	sofort.	Adverbgruppe
5	Die erboste Nachbarin	Subjekt
	hat	Personalform — Prädikat
	aus dem Fenster	Präpositionalgruppe
	einen Guss Wasser	Akkusativobjekt
	auf die bellenden Hunde	Präpositionalgruppe
	geschüttet.	Partizip II
6	Zum Lesen	Präpositionalgruppe
	bedient	Personalform — Prädikat
	sich	Akkusativobjekt (→ 696.4)
	der Großvater	Subjekt
	einer Lupe.	Genitivobjekt
7	Der Direktor	Subjekt
	ließ	Personalform — Prädikat
	ein riesiges Porträt des Firmengründers	Akkusativobjekt
	über seinem Sessel	Präpositionalgruppe
	aufhängen.	Infinitiv

8 Dem Kopfweh — Dativobjekt
konnten — Personalform — Prädikat
die Tabletten — Subjekt
nicht — Adverbgruppe (→ 696.5)
abhelfen. — Infinitiv

9 Die Zeitungen — Subjekt
nannten — Personalform — Prädikat
den Unternehmer — Akkusativobjekt
einen gewissenlosen Mafiaboss. — prädikativer Akkusativ

10 Eines Tages — adverbialer Genitiv
sahen — Personalform — Prädikat
wir — Subjekt
ein Reh — Akkusativobjekt
in unserem Garten — Präpositionalgruppe
äsen. — Infinitiv

11 Es — Subjekt
wehte — Personalform — Prädikat
eisig kalt — Adjektivgruppe
durch die Ritzen in den Wänden. — Präpositionalgruppe

12 Markus — Subjekt
rasiert — Personalform — Prädikat
sich — Akkusativobjekt (→ 696.4)
nur jeden fünften Tag. — adverbialer Akkusativ

13 Seit gestern Abend — Präpositionalgruppe
regnet — Personalform — Prädikat
es — Subjekt
ständig. — Adjektivgruppe

14 Der Fahrer — Subjekt
verließ — Personalform — Prädikat
sich — Akkusativobjekt (→ 696.4)
auf die alte Karte. — Präpositionalgruppe

15 Bis zum Freitag — Präpositionalgruppe
sollte — Personalform — Prädikat
der Entwurf — Subjekt
fertig — Adjektivgruppe
sein. — Infinitiv

16 In diesem Restaurant — Präpositionalgruppe
speist — Personalform — Prädikat
man — Subjekt
wie ein Fürst. — Konjunktionalgruppe

17 Es — Platzhalter
kamen — Personalform — Prädikat
nur etwa dreißig Leute — Subjekt
in die Vorstellung. — Präpositionalgruppe

18 Der Untersuchungsrichterin — Dativobjekt
wurde — Personalform — Prädikat
der Fall — Subjekt
immer klarer. — Adjektivgruppe

Lösungen

Übung 30 (→698)   NG = Nominalgruppe

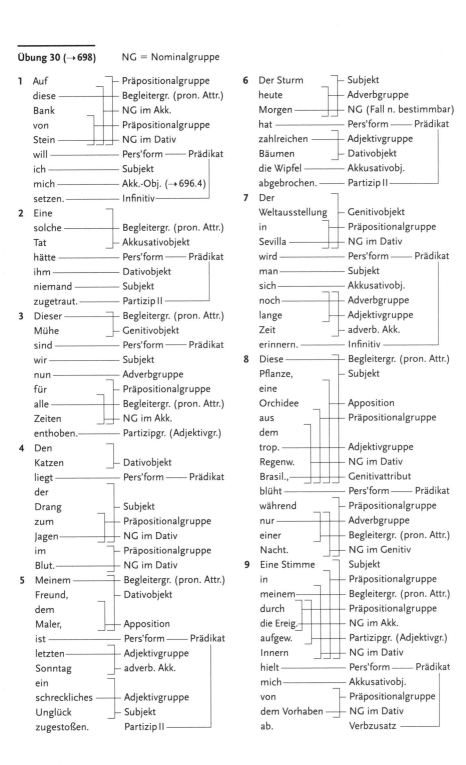

550 Lösungen

10 Nach		Präpositionalgruppe
einigen		Begleitergr. (pron. Attr.)
Wochen		NG im Dativ
schon		Adverbgruppe
war	Pers'form	Prädikat
er	Subjekt	
des Geschenks		Genitivobjekt
überdrüssig.		Adjektivgruppe
11 Peters		Genitivattribut
Koffer	Subjekt	
wog	Pers'form	Prädikat
fast		Adverbgruppe
hundert		Begleitergr. (pron. Attr.)
Kilogramm.		adverbialer Akk.
12 Das	Subjekt	
ist	Pers'form	Prädikat
eine		
völlig		Adverbgruppe
ungiftige		Adjektivgruppe
Schlange		prädikativer Nom.
aus		Präpositionalgruppe
unseren		Begleitergr. (pron. Attr.)
einh'en		Adjektivgruppe
Wäldern		NG im Dativ
und		(beiordn. Konjunktion)
Sümpfen.		
13 Solche		Begleitergr. (pron. Attr.)
Meldungen		Akkusativobjekt
bringen	Pers'form	Prädikat
Zeitungen	Subjekt	
leider		Adverbgruppe
nur		Adverbgruppe
ziemlich		Adverbgruppe
selten.		Adjektivgruppe
14 Schnellen		Adjektivgruppe
Schrittes		adverbialer Genitiv
wurde	Pers'form	Prädikat
das		
letzte		Adjektivgruppe
Wegstück	Subjekt	
zurückgelegt.	Partizip II	
15 Ein		
kleines,		Adjektivgruppe
aber		(beiordn. Konjunktion)
unscheinbares		Adjektivgruppe
Teilchen	Subjekt	

fehlte	Pers'form	Prädikat
mir		Dativobjekt
noch.		Adverbgruppe
16 Am		Präpositionalgruppe
14.		Adjektivgruppe
April		NG im Dativ
ist	Pers'form	Prädikat
das Gesetz	Subjekt	
vom		Präpositionalgruppe
neuen		Adjektivgruppe
Rat		NG im Dativ
verabschiedet	Partizip II	
worden.	Partizip II	
17 Es		Platzhalter (→ 692)
schlängelte	Pers'form	Prädikat
sich		Akkusativobjekt
ein		
kleines		Adjektivgruppe
Bächlein	Subjekt	
durchs		Präpositionalgruppe
Tal.		NG im Akk.
18 Die		
Ärztin	Subjekt	
konnte	Pers'form	Prädikat
den		
Patienten		Akkusativobjekt
nach		Präpositionalgruppe
drei		Begleitergr. (pron. Attr.)
Wochen		NG im Dativ
bangem		Adjektivgruppe
Warten		Apposition (→ 675)
wieder		Adverbgruppe
für		Präpositionalgruppe
gesund		Adjektivgruppe
erklären.	Infinitiv	
19 Vom		Präpositionalgruppe (→ 404)
Fenster		NG im Dativ
aus		
kann	Pers'form	Prädikat
ich	Subjekt	
den Arbeitern		Dativobjekt
auf		Präpositionalgruppe
dem Baupl.		NG im Dativ
gegenüber		Adverbgruppe
beim		Präpositionalgruppe
Verputzen		NG im Dativ
der Mauern		Genitivattribut
zusehen.	Infinitiv	

Übung 31 (→736)

■ **1** eines der Gründer (→703). ■ **2** den zentralen Stützpunkt (→703, 1754). ■ **3** als einer unserer größten (→730, 732). ■ **4** Richtig! (→734). ■ **5** dem Führer (→703, 1753). ■ **6** ehemaligem Leiter (→713, 318). ■ **7** Richtig! (Aufnahme ... als vollberechtigtes Mitglied, →730). ■ **8** als bloßem Inhaber (→726, 318). ■ **9** als amtlicher Verteidiger (→734). ■ **10** Richtig! (→704, 712). ■ **11** als ästhetischem Gegenstand (→726, 318). ■ **12** als Außenstehenden (→725). ■ **13** Richtig! (Einführung ... als einzige Unterrichtssprache, →730). ■ **14** als Frostschutzmittel (→734). ■ **15** einen Mitarbeiter (→703, 711). ■ **16** als Vorsitzenden (→725). ■ **17** als Christ*(en)*, Bürger*(s)* und Soldat*(en)* (→735); als Anwalt (richtig! →730, 732). ■ **18** als Dirigent*(en)* (→735). ■ **19** den Standort →703, 1754). ■ **20** als *ein* politischer Analphabet (Brandmarkung ... als ein politischer Analphabet, →730). ■ **21** als einen wichtigen Teil (→725). ■ **22** als interessanter Versuch (→724). ■ **23** als einen realen Faktor (→725). ■ **24** des natürlichen Hauptausfuhrhafens (→703). ■ **25** als wohlmeinender Helfer (→728). ■ **26** wie ein Heiligenschein (→724). ■ **27** als denkenden Menschen und Christen (→725). ■ **28** als maßgebendem Repräsentanten (→726, 318, starke Deklination, da Artikel fehlt).

Übung 32 (→858)

(Die Nebensätze stehen *kursiv*. KS = Konjunktionalsatz; RS = Relativsatz; IF = indirekter Fragesatz; UN = uneingeleiteter Nebensatz; InfG = satzwertige Infinitivgruppe/Infinitivsatz; PartG = satzwertige Partizipgruppe/Partizipialsatz.) ■ **1** *Ob es auf andern Planeten Lebewesen gibt* (KS/IF), ist ... ■ **2** *Von seinen Plänen begeistert* (PartG), riss ... ■ **3** ... See, *verschlechtert sich das Wetter noch mehr* (UN). ■ **4** ... nehmen zu, *je länger man eine Tätigkeit ausführt* (KS). ■ **5** Er gab ... aus, *als wäre er ein Millionär* (KS). ■ **6** Kein Komma, kein Nebensatz, →419, 1587. ■ **7** Der Versuch, *den Tresor zu knacken* (InfG), ist ... ■ **8** Wir vermuten, *dass anderswo noch günstigere Offerten einzuholen sind* (KS), und fordern Sie auf, *eine Nachkalkulation zu machen* (InfG). ■ **9** ... die Art, *wie sie mit ihren Kolleginnen umgeht* (RS; *wie* ist hier relatives Pronominaladverb). ■ **10** *Soviel ich weiß* (KS), will Robert ... ■ **11** *Mag er auch Recht haben* (UN), ich kann mich ... ■ **12** Sie feierten, *bis der Morgen graute* (KS), und verbrachten ... ■ **13** *Ist das Haus abgebrannt* (UN), kommt ... zu spät. ■ **14** Der Laborant ... verwechselt, *sodass das Institut in die Luft flog* (KS). ■ **15** Ein ... ist umso dringlicher, *als die alten Anlagen immer reparaturanfälliger werden* (KS). ■ **16** Kein Komma, kein Nebensatz (Wie schon ... ist bloßes Konjunktionalglied, →419, 1587). ■ **17** *Den ganzen Tag von Terminen gehetzt* (PartG), wollte der Disponent ... ■ **18** *Als bekannt wurde* (KS), *dass mit der Erfindung sehr viel Geld zu verdienen war* (KS), wurde die Ingenieurin ... ■ **19** *Statt dem Kunden alle Vor- und Nachteile offen zu sagen* (InfG), vermied es der Verkäufer, *konkreter zu werden* (InfG). ■ **20** *Hat sie auch kein Geld* (UN), so hat sie ... ■ **21** Kein Komma, kein Nebensatz (der nichterweiterte Infinitiv *abzuhauen* ist nicht satzwertig, →1571).

Übung 33 (→ 869)   zz = zusammengezogen

1 Mit seinen genialen Pässen, ─────────────────────
   die seine wiedergefundene Freude am Fußball zeigten ───── 1. N_1 ⎤ H
   oder durch die er seine Bombenmoral ausdrückte, ───── 2. N_1 ⎦
   war Suter einer der besten Spieler des Abends. ─────────
2 Sie hängen keinen, ───────────────────────────── H
   sie hätten ihn denn. ──────────────────────── N_1
3   Soweit ich die Zahlen überblicke, ───────────────── N_1
   erlaubt es das Geschäftsergebnis, ───────────────── H
   nicht nur die Dividende zu erhöhen, ─────────────── 1. N_1
   sondern auch allen Mitarbeitern einen halben ⎤
   vierzehnten Monatslohn auszuzahlen. ⎦ ───────────── 2. N_1
4 Ja, mein Lieber, ────────────────── Satzäquivalente (→ 863)
   das hättest du dir überlegen sollen, ──────────────── H
   bevor du hierher gekommen bist. ───────────────── N_1
5   Wenn die gegenseitige Stellung der Gefäße ⎤
   so beschaffen ist, ⎦ ──────────────────────── N_1
     dass man eine Flüssigkeit nicht rasch aus dem einen in das ⎤
     andere ablaufen lassen kann, ⎦ ─────────────── N_2
        ohne das eine zu bewegen, ────────────── N_3
   so bewirkt man das Fließen oft mit einem Saugheber. ───── H
6 Die Übereinkunft mit Dänemark ⎤
   ersetzt das bisherige Abkommen, ⎦ ──────────────── H
   das aus dem Jahre 1954 stammt, ────────────────── 1. N_1
   das aber trotz seinem Alter selten zu Beanstandungen ⎤
   Anlass gegeben hat. ⎦ ─────────────────────── 2. N_1
7 Und sei er noch so hoch gestiegen, ───────────────── N_1
   er bleibt doch ein Mensch. ──────────────────── H
8 Wir konnten nie erfahren, ───────────────────── H
   worauf sein Erfolg gründet ───────────────────── 1. N_1
   und wem er seine rasche Beförderung zu verdanken hat. ─── 2. N_1
9 Der unkritische Konsument bevorzugt Waren, ─────────── H
   die wenig kosten, ──────────────────────── 1. N_1
   die schön aussehen, ─────────────────────── 2. N_1
   die überall erhältlich sind. ──────────────────── 3. N_1
10 Das Spielwarengeschäft war durch eine Silvesterrakete, ────
    die falsch gelagert worden war, ─────────── N_1 ⎤ H
   in Brand gesetzt worden, ⎦
    wobei ein Sachschaden entstand, ──────────────── N_1
     der die Millionengrenze überschritt. ────────────── N_2
11 Man behauptet, ─────────────────────────── H
   dieses Gesetz bringe dem Bürger größere Freiheit und trage auch ⎤
   der Eigenständigkeit der Kantone gebührend Rechnung. ⎦ ── N_1 (zz)
12 Der Paragraf, ────────────────────────────
   auf Grund dessen sie den Prozess verlor, ─────── N_1 ⎤ H
   ist vielen nicht bekannt. ─────────────────────

13 Nicht auszuschließen, ——————————————————————— H (Ellipse)
   dass die Lösung bis ins Grundwasser sickert
   und die Wasserversorgung einer Region lahm legt, }——————— N₁ (zz)
   die mehr als eine halbe Million Einwohner zählt.——————— N₂
14 Die Umbauarbeiten sind insofern schwierig, —————————————— H
   als die Produktion, ————————————————————————————————————— N₁
       die in drei Schichten geführt und auch
       am Wochenende nicht unterbrochen wird, }——————— N₂ (zz)
   auf keinen Fall gestört werden darf.————————————————————
15 Sie zeigte sich als eine Persönlichkeit,———————————————— H
   die endlich wieder leibhaftig vor sich sieht, —————————
       was ihr im Leben das Wichtigste ist, ——————— N₂   ├ N₁ (zz)
   und dieses auch zielstrebig anzusteuern weiß. —————————
16 Er gab das Geld aus, —————————————————————————————————
   als wäre er Millionär, ———————————————————— N₁   ├ H (zz)
   und kaufte sich eine Menge unnützes Zeug. —————————
17 Nein, ————————————————————————————— Satzäquivalent (→ 863)
   mit Leuten, ———————————————————————————————
       die lügen und betrügen, ——————————————— N₁   ├ H
   gebe ich mich nicht ab! ———————————————————
18 In diesem Biotop quaken
   an warmen Sommerabenden die Frösche ├———————————— H (zz)
   und schlängelt sich gelegentlich
   sogar eine Blindschleiche durchs Gras.
19   Als er den Koffer öffnete, ——————————————————— N₁
          den ihm der koreanische Agent übergeben hatte,——— N₂
   bemerkte er, ————————————————————————————————————— H
       dass der Zettel fehlte, ——————————————————————— N₁
          auf dem das Codewort stand. ———————————————— N₂
20   Um ein Haus zu bauen, ein Geschäft zu eröffnen
      oder sich sonstwie selbständig zu machen, }——————— N₁ (zz)
   brauchen sich unsere Mitglieder
   nicht mehr an eine Bank zu wenden. }——————————————— H
21 Eva, ————————————————————————————— Satzäquivalent (→ 863)
   nimm dieses Papier ——————————————————————————————— 1. H
   und leg es im Ordner ab, ————————————————————————— 2. H
       der mit «Varia» angeschrieben ist. ——————————— N₁
22 Wenn auf der Burg drei Böllerschüsse ertönen, ——————— N₁
   steht fest, —————————————————————————————————————— H
   dass das Stadtfest abgehalten werden kann. ————————— N₁
23 Ich brauche Schuhe, —————————————————————————————— H
   die etwas aushalten,
   aber nicht zu schwer sind. }——————————————————— N₁ (zz)
24 Wir vermuten, ——————————————————————————————————
   dass anderswo noch günstigere Offerten einzuholen sind, ——— N₁   ├ H (zz)
   und verlangen eine Nachkalkulation. ————————————

554 Lösungen

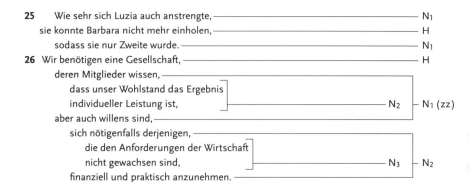

Übung 34 (→ 870)

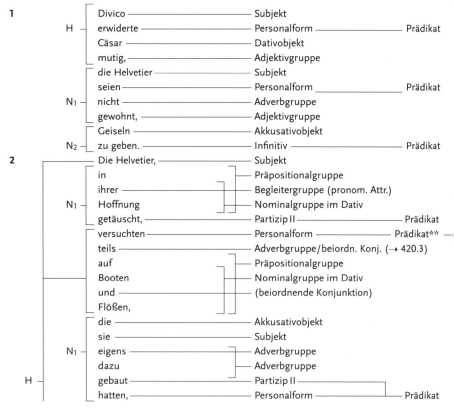

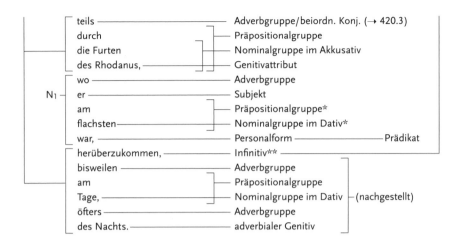

* Die Fügung *am flachsten* kann auch als nicht weiter auflösbare Adjektivgruppe bestimmt werden (Superlativ zum Positiv *flach*; →331).
** Das Verb *versuchen* ist hier modifizierend gebraucht (→24); der dazugehörende erweiterte Infinitiv *herüberzukommen* ist daher nicht mit Komma abgetrennt (→1571 ff.) und zählt nicht als Nebensatz oder satzwertige Infinitivgruppe (→843.1).

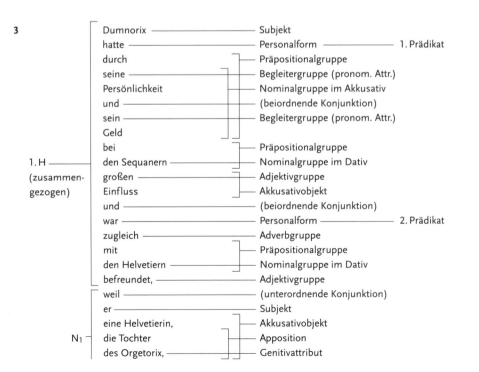

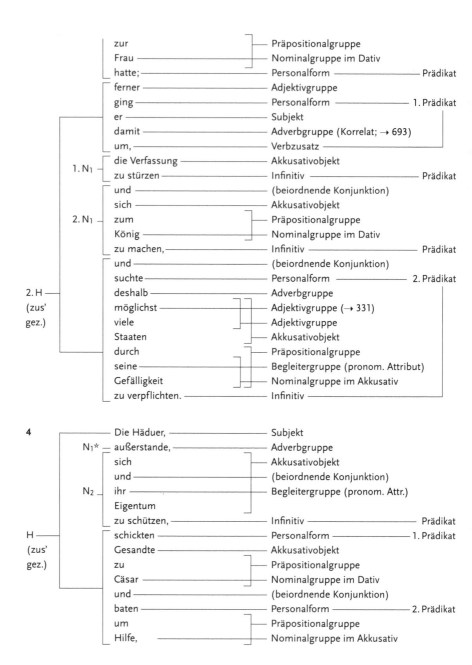

Lösungen 557

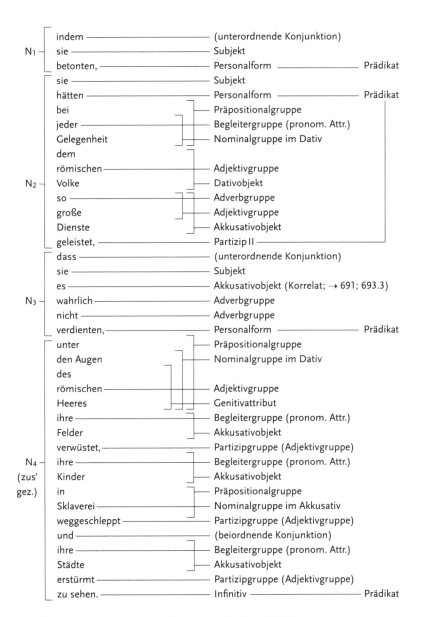

* Elliptische Partizipgruppe (= außerstande seiend); → 860 ff.

558 Lösungen

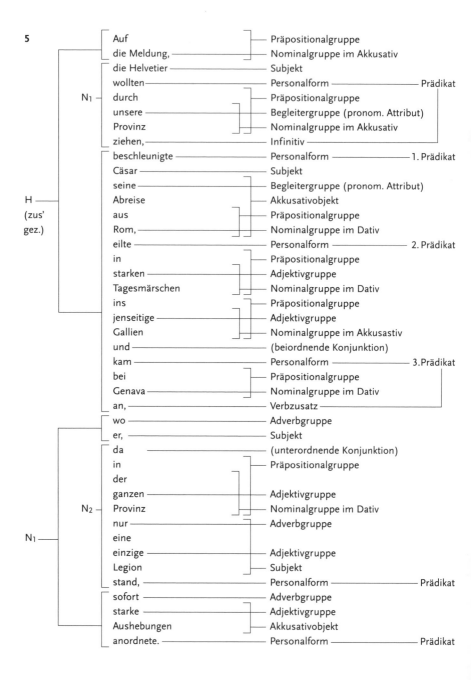

Lösungen 559

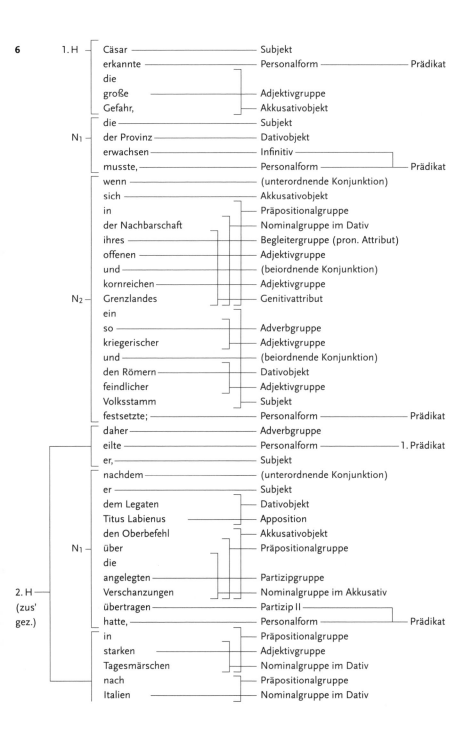

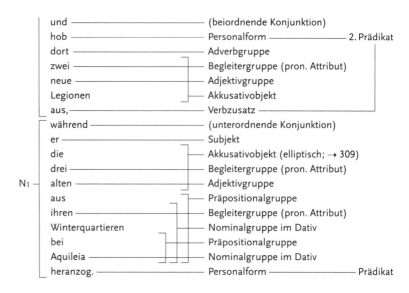

Übung 35 (→ 1074)

Alle kritischen Wörter mit s-, ss- oder ß-Schreibung sind hier aufgeführt; die kursiv geschriebenen Wörter waren zu berichtigen: *vernachlässigt;* Straßenbahn, außerhalb; *dass,* Verkehrsfluss, unmäßigen; *Deshalb, müsse; bisschen, progressiv,* Straßenbahnen, *Autobusse, ließen;* Busse, *ließ; Großstädte, Bedrängnis; Stresssituation,* sodass (auch: *so dass*), *Massenzusammenstößen; bloß,* Fahrzeuginsassen, Fußgänger; *Verdruss, misslichen; Unablässig,* Schnellstraßen, flüssiger; *Bus;* mussten, Bussen; Busses; besser, *Straßenbahn;* Misserfolgen, Erkenntnis, *beschlossen,* großem, Maßstab, Straßenbahnen, zufließen, lassen; Straßenbahn, das, *heißt, Kompromiss, Straßenbahn;* Dies, *das; Straßen,* Gassen, Fußgängerparadiesen; *genießt.*

Übung 36 (→ 1099)

Die folgenden Wörter waren zu verbessern: Seit, Hermann, Ferien, ziemlich, Strapazen, Fron, Wollust, stürzt, scharrt, Ekel, Stalllaterne, Kot, holt, Fuder, betreut, Kaninchenzibbe (→ 1066), seliger, Miene, Essstube; weiß, dass, Mahl, gibt, Brezeln, buken;
paddelt, Bötchen, fahlen, Gespinst, Möwen, See-Ende (in der grafischen Industrie nicht: Seeende; → 1025), efeuumwachsenen, Kapelle, Wallfahrtsort, karierten, gräulich, primitives, Zigarettenrauchens, frönen;
Cousine (oder Kusine), Bräutigam, Spazierritt, pfeifend, Walküre, Lipizzanerhengst, Hünengestalt, Fuchsstute, saß, erschraken, Gewissen;
Jakob, Späßen, Walnüsse, griesgrämiger, trottelhafter, Eigenbrötler, Trübsalblasen, Arthritis, gräulichsten, Rum, Wermut, Prise, Kautabak;
blasse, ordentlich, draußen, wohlhabendsten, fetttriefender, Klaps, gebräunte, Stadtleute, seid, hohlwangigem, pausbackiger, fast.

Übung 37 (→1147)

(Bei eigentlichen Nomen ist kein Regelverweis angegeben.)

Sehr geehrter Herr W.!
Für *Ihren* (→1175) letzten Brief danke ich *Ihnen* (→1175) aufs *Beste* (auch: aufs *beste;* →1142.1). Sie werden es ohne *weiteres* (→1145) verstehen, dass ich von dem mir *Mitgeteilten* (→1134) aufs *Äußerste* (auch: aufs *äußerste;* →1142.1) betroffen bin. Nachdem ich *Ihr* (→1175) *Schreiben* (→1130) immer aufs *Neue* (→1134, 1146.1) durchgelesen und durch *Nachdenken* (→1130) ins *Klare* (→1134, 1146.1) zu kommen versucht habe, muss ich bekennen, dass ich in dieser mein *Innerstes* (→1134) aufwühlenden Angelegenheit immer noch im *Dunkeln* (→1134, 1146.1) tappe. Des *Weitern* (→1134) gestehe ich jedoch ohne *Zaudern* (→1130), dass ich nun zum *Äußersten* (→1134, 1142.2) entschlossen bin und alles in meiner Macht *Liegende* (→1135, 1701) tun werde, um die Sache aufzuklären und ins *Reine* (→1134, 1146.1) zu bringen.
Lange genug habe ich jetzt zwischen *Hangen* und *Bangen* (→1130) geschwebt, und *Alt* und *Jung* (→1138, 1146.2) hat an meiner Verlegenheit seine Freude gehabt. Nur *Sie* (→1175), mein väterlicher Freund, der *Sie* (→1175) mich von *klein* auf (→1145) gekannt haben, sind mir durch *dick* und *dünn* (→1145) beigestanden. Eine Zeit lang habe ich versucht, das *Ganze* (→1134, 1144.2) ins *Lächerliche* (→1134, 1146.1) zu ziehen; aber die ins *Grenzenlose* (→1134, 1146.1) gesteigerten Anwürfe haben mir derart zugesetzt, dass ich bald nichts *Vernünftiges* (→1135) mehr zu tun imstande (oder: im Stande; →1222) war. Oft habe ich im *Stillen* (→1134, 1146.1) gehofft, die Sache werde sich binnen *kurzem* (→1145) aufklären. Nicht im *Entferntesten* (→1134, 1142.2, 1146.1) aber hätte ich daran gedacht, dass so *Unbedeutendes* (→1134) derart des *Langen* und *Breiten* (→1134) weitererzählt und ins *Unglaubliche* (→1134, 1146.1) aufgebauscht würde.
Im *Übrigen* (→1134, 1144.2, 1146.1) liegt die Angelegenheit ja so weit zurück, dass ich mich des *Nähern* (→1134) kaum mehr entsinne. Das aber weiß ich des *Bestimmtesten* (→1134, 1142.2), dass ich nichts *Verbotenes* (→1135) getan und auch meine Mitarbeiter nie zu etwas *Unerlaubtem* (→1135) verleitet habe. Keiner von ihnen hat denn auch des *Nähern* (→1134) erklären können, worin meine Verfehlungen bestehen sollen. Alle ihre Andeutungen bewegten sich im *Allgemeinen* (→1134, 1146.1), und keiner wusste *Besonderes* (→1134), wirklich *Strafbares* (→1134) anzugeben. Die Polizei hat sich denn auch schon nach *kurzem* (→1145) eines *Bessern* (→1134) belehren lassen und alles gegen mich *Beantragte* (→1135, 1701) zurückgezogen. Im *Besondern* (→1134, 1146.1) freute es mich, dass mein größter Widersacher im *Weitern* (→1134, 1146.1) ohne *Zögern* (→1130) alle Kosten übernahm und mich und die *Meinigen* (auch: die *meinigen;* →1150) ohne *weiteres* (→1145) aufs *Angemessenste* (auch: aufs *angemessenste;* →1142.1) entschädigte.
So glaubte ich seit *langem* (→1145) *alles* (→1148) im *Reinen* (→1134, 1146.1). Und nun kommen zu meinem *Erstaunen* (→1130) von *neuem* (→1145) solche Verdächtigungen. Kürzlich kam es sogar so weit, dass mir ein *Unbekannter* (→1134) im *Dunkeln* (→1134) auflauerte und mich aufs *Schändlichste* (auch: aufs *schändlichste;* →1142.1) beschimpfte. Des *Weitern* (→1134) entsinne ich mich nicht mehr, da ich im nächsten Moment, von einem Stein getroffen, unter *Ächzen* und *Stöhnen* (→1130) zusammensank. Und nun kommt *Ihr* (→1175) Brief mit der Mitteilung des von *Ihnen* (→1175) *Vernommenen* (→1134, 1701). Sie werden mit mir der Meinung sein, dass ich nicht länger im *Ungewissen* (→1134, 1146.1) bleiben darf darüber, wer da immer von *neuem* (→1145) versucht, im *Trüben* (→1134, 1146.1) zu fischen. Jedenfalls werde ich *alles* (→1148) tun, um das

Nötige (→1134) zu erfahren. Sobald ich aber etwas *Greifbares* (→1135) in den Händen habe, werde ich *Sie* (→1175) über alles von mir *Unternommene* (→1135, 1701) auf dem *Laufenden* (→1134, 1146.1) halten.

Inzwischen grüße ich *Sie* (→1175) und die *Ihrigen* (→1175; nicht anwendbar: →1150) aufs *Herzlichste* (auch: aufs *herzlichste*; →1142.1).

Ihr dankbarer K. F.

Übung 38 (→1178)

Füllfederhalter verdanken ihr *Entstehen* (→1130) dem *Verzweifeln* (→1130) des *gewandten* (→1085) Versicherungsvertreters Waterman. Dieser hatte gerade den *bedeutendsten* (→1086) Vertrag seiner *Karriere* (→1066) ins *Reine* (→1134, 1146.1) geschrieben, und seine *Schweizer* Konkurrenten (→1174, 1225) schienen das *Nachsehen* (→1130) zu haben. Zum *Unterschreiben* (→1130) überreichte Waterman seinem *Washingtoner* Kunden (→1174, 1225) einen Federkiel, doch wegen der *Rauheit* (→1080) des Papiers *kleckste* (→1093) die Feder. Waterman *erschrak* (→1061) und eilte fort, um ein neues Formular zu holen – aber *inzwischen* tätigte sein *erbittertster* (→1086) *Konkurrent* den Abschluss, und Waterman zog den *Kürzeren* (→1134).

Der *todunglückliche* (→1083) Waterman sann auf Abhilfe und erfand binnen *kurzem* (→1145) den Füllfederhalter. Er schnitt einen Kanal – so dünn wie ein *Härchen* (→1028, 1055) – in die *zylindrische* (→1081) *Grifffläche* (→1023) des Hartgummis, der ein Tintenreservoir mit der Feder verband. Dadurch gelangte *nämlich* (→1054) ein *bisschen* (→1148) Luft in das *Labyrinth* (→1081) der Tintenkammer, *sodass* (auch: *so dass*; →422) nach *rhythmischem* (→1081, 1087, 1092) Druck allmählich Tinte an der Feder austrat.

Watermans (→152, 1367; hier kein Firmenname) Füllfederhalter hatten etwas *Laienhaftes* und *Dilettantisches* (→1135, 1066) und mussten mit einer Pipette gefüllt werden. In *Bälde* (→1222) *verwandte* (→1085; auch: *verwendete*, →37) man jedoch ein eingebautes Gummisäckchen, das nach dem *Herausdrücken* (→1130) der Luft von *neuem* / *von Neuem* (→1145) Tinte aufsaugte.

Seit (→1084) 1884 ist der Füllfederhalter im *Allgemeinen* (→1134, 1146.1) kaum verändert worden. Den *primitiven* (→1090), mit Tinte gefüllten *Rohrstiel* (→1037) der alten Ägypter verwandelten die *rhetorisch* (→1087, 1092) und technisch begabten Römer in einen Gänsekiel. In *mühseliger* (→1048) Arbeit stellten sie Federhalter auch aus Bambus her, und des *Öftern* (→1134) wurde an diesem Gerät ein Tintenhalter befestigt. Der *Triumph* (→1090) der Erfindungen aber gebührt Soennecken, der der Welt 1887 – nach *eingehender* (→1086) Beschäftigung mit dem Problem – den Sicherheitsfüllhalter *bescherte* (→1048), den heute *Alt* und *Jung* (→1138, 1146.2) aufs *Beste* (auch: aufs *beste*; →1142.1) bedienen kann.

Übung 39 (→1232)

■ **1** in den Zwanzigerjahren (besser nicht mehr: in den zwanziger Jahren; →1229). ■ **2** Oberkrainer Kapelle (Kapelle aus Oberkrain) oder Oberkrainerkapelle (Kapelle von Oberkrainern). ■ **3** Vierer- und Sechserpacks. ■ **4** Pariser Filiale. ■ **5** Brennerpass (Pass über den Brenner), Österreicher Seite (Seite Österreichs). ■ **6** Freiburger Münster, Elsässer Berge. ■ **7** In den Achtzigerjahren (richtig; besser nicht mehr: in den achtziger Jahren; →1229). ■ **8** original Perserteppich (auch: Originalperserteppich). ■ **9** Zehnernote, Zwanzigernote.■ **10** Bernhardinerhund (richtig). ■ **11** Italienerviertel. ■ **12** 80er- oder 90er-Jahren (Schreibung mit Bindestrich: →1228, 1359, ferner →1329).

Übung 40 (→ 1315)

An erster Stelle steht jeweils die traditionelle Trennung (→ 1307, 1313, 1314). Zu den Bestandteilen der Fremdwörter → 520.

■ **1** Lie-fe-rung. ■ **2** In-te-gra-tion (In-teg-ra-tion; zu vermeiden: ...-ti-on; → 1309). ■ **3** stri-cken. ■ **4** Schwei-ne-rei. ■ **5** Hüh-ner-ei. ■ **6** Miss-stand. ■ **7** Klos-ter-gar-ten. ■ **8** bei-ßen. ■ **9** lüg-ne-risch. ■ **10** traditionell nicht trennbar (Ap-ril). ■ **11** Ka-ta-stro-phe (Ka-tas-tro-phe, Ka-tast-ro-phe). ■ **12** In-struk-tion. ■ **13** Rau-heit. ■ **14** Ex-or-zis-mus. ■ **15** Pfings-ten. ■ **16** Kon-se-quen-zen. ■ **17** Schutt-trüm-mer. ■ **18** ma-xi-mal. ■ **19** Syn-er-gie-ef-fekt (Sy-ner-gie-ef-fekt). ■ **20** Sechs-tel. ■ **21** an-or-ga-nisch. ■ **22** im-prä-gnie-ren (im-präg-nie-ren). ■ **23** üb-rig. ■ **24** Ma-yon-nai-se. ■ **25** meis-tens.■ **26** stamp-fen. ■ **27** Don-ners-tag. ■ **28** her-ein (he-rein). ■ **29** igno-rie-ren (ig-no-rie-ren). ■ **30** mit-ein-an-der (mit-ei-nan-der). ■ **31** Pro-gno-se (Prog-no-se). **32** des-in-ter-es-siert (des-in-te-res-siert). ■ **33** As-tro-no-mie (Ast-ro-no-mie). ■ **34** Bürs-te. ■ **35** chir-ur-gisch (chi-rur-gisch; → 1314). ■ **36** Nost-al-gie (Nos-tal-gie). ■ **37** Pfrop-fen. ■ **38** Ni-trat-lö-sung (Nit-rat-...). ■ **39** ek-lig. ■ **40** Pseud-onym (Pseu-do-nym). ■ **41** nicht trennbar (→ 1308). ■ **42** eta-bliert (etab-liert). ■ **43** Set-ze-rin-nen. ■ **44** ad-op-tie-ren. ■ **45** Kor-re-spon-denz (Kor-res-pon-denz). ■ **46** Synago-ge (Sy-na-go-ge). ■ **47** Schlag-ader (→ 1308). ■ **48** Est-rich. ■ **49** si-gna-li-sie-ren (sig-na-li-sieren). ■ **50** nicht trennbar.

Übung 41 (→ 1362)

■ **1** Sankt-Bernhard-Straße. ■ **2** Franz-Liszt-Gedenkfeier. ■ **3** 40-Zeilen-Bildschirm. ■ **4** korrekt (daneben auch: süß-sauer; →1349.2). ■ **5** 50-Jahr-Feier. ■ **6** 25er-Reihe (→ 1359, 1228). ■ **7** Industriearbeiter und -angestellte. ■ **8** 12-V-Batterie. ■ **9** eine 45-Jährige (→ 1359, 1120). ■ **10** 500-Gramm-Packungen.

Übung 42 (→ 1372)

■ **1** hinters Haus. ■ **2** Kolumbus' Erfolge (richtig). ■ **3** ists (richtig; daneben auch: ist's). ■ **4** solch. ■ **5** Leibniz' Werke (Leibnizens Werke). ■ **6** all diese. ■ **7** des Lebenskostenindex (richtig; daneben auch: -indexes). ■ **8** des Atlas (oder: des Atlasses); hats (richtig; daneben auch: hat's). ■ **9** vergess (richtig). ■ **10** Strauß' letzte Rede (Straußens letzte Rede).

Übung 43 (→ 1595)

Die Lehrjahre Johannes Brahms' (→ 153, 1365)

Dem Kontrabassisten am Hamburger Theaterorchester (enge Apposition, →1558; ein größeres Orchester hat mehrere Kontrabassisten) Johann Jakob Brahms (→1558) wurde Freitag, (→1561) den 7. Mai 1833, (→1561) das zweite Kind, (→1558) Johannes, (→1558) geboren. Das Büblein erregte schon früh des Vaters Aufmerksamkeit durch seine stark hervortretende (→1545) musikalische Begabung, (→1564) die natürlich sofort aufs Beste (auch: aufs beste) (→1142) gepflegt wurde. Bald reichten indessen des Vaters Fähigkeiten zur Weiterbildung des Sohnes nicht mehr aus, (→1547) und es mag ihm schwer geworden sein, (→1566) einen Privatlehrer zu bezahlen.

Cossel hieß dieser erste (→1593) und war von dem berühmten Musiktheoretiker Marxsen ausgebildet worden. Vater Brahms erstrebte nichts Geringeres, (→1567) als seinen Sohn später zu Marxsen selber in die Lehre zu geben. Johannes verblüffte Cossel durch seine unbegreiflich raschen Fortschritte, (→1564) sodass der Lehrer bald erklärte, (→1564) es sei schade für jede

Stunde, (→1564) die der Knabe so weiter übe; (→1513; auch Komma möglich, →1547) er müsse ohne Zögern zu Marxsen gebracht werden. Der viel Beschäftigte lehnte jedoch des Entschiedensten ab: (→1508, 1532) «Keine Zeit für Kinder, (→1554) auch nicht für talentvolle.» (→1535) Erst nach wiederholtem Bitten bequemte er sich dazu, (→1570) Johannes wöchentlich eine Privatstunde zu erteilen. Mit einer Lernbegier ohnegleichen stürzte sich der Knabe auf das ihm von Marxsen vorgelegte Arbeitspensum, (→1547) und nach kurzem ergriff auch den kühlen, (→1545) erfahrenen Lehrer die Begeisterung. Er hatte bald nichts anderes mehr im Sinn, (→1567, 1586) als diesen viel versprechenden (→1545) jungen Schüler zu bilden. In einem Brief äußert er sich über ihn: (→1508, 1532) «Das Studium im praktischen Spiel geht aufs Vortrefflichste, (→1547) und es tritt immer mehr Talent zutage. Wie ich aber mit dem Kompositionsunterricht anfange, (→1564, 1586) da zeigt sich eine seltene Schärfe des Denkens, (→1564) die mich fesselt, (→1547) und ich muss in ihm einen Geist erkennen, (→1564) der mir die Überzeugung gibt: (→1508 ff.) Hier schlummert ein ungewöhnlich großes, (→1545) eigenartig tiefes Talent. Ich lasse mir deshalb keine Mühe verdrießen, (→1657) dasselbe zu wecken (→1548.2, 1565) und zu bilden, (→1567) um dereinst für die Kunst einen Priester heranzubilden, (→1564) der in neuer Weise das Hohe, (→1542) Wahre, (→1542) ewig Unvergängliche in der Kunst predige, (→1554) und zwar durch die Tat selbst.» (→1532, 1535)

(→1532) «Ich fange an(,) (→1575.3c, 1576) zu komponieren», (→1532, 1536) erzählte der Knabe, (→1532) «und ich hoffe(,) (→1575.3c) es darin bald zu etwas zu bringen. Am besten geht es am Morgen, (→1564) wenn ich die Stiefel wichse, (→1564) viel besser (→1587) als am Abend, (→1564) wenn ich vom Lernen müde bin.» (→1532, 1535) Johannes verrichtete nämlich im elterlichen Haus einen Teil Dienstmagdarbeit, (→1554, 1547) und zwar legte er sich solches freiwillig(,) (→1551) als etwas Selbstverständliches(,) (→1551) auf. Er liebte seine Eltern zärtlich, (→1542) duldete nicht, (→1564) dass sich die Mutter zu sehr anstrengte, (→1564, 1592.4) und war glücklich, (→1566) seinem Vater die ihm erwiesene (→1545) selbstlose Aufopferung ein wenig vergelten zu können, (→1564) indem er mitverdienen half.

Er komponierte meist nur im Kopf, (→1554) und das halb unbewusst. Während seine Hände mit Banalerem beschäftigt waren, (→1564) entwarf der Geist Kompositionspläne (→1593) und baute neuartige (→1545) musikalische Themen auf.

Das Empfindungsleben war bei ihm(,) (→1551) wie bei allen großen Künstlern(,) (→1551) sehr stark; (→1514; auch Komma möglich, →1547) aber der junge Geist zeigte sich kräftig genug, (→1566) den Gefühlsstrom im Zügel zu halten, (→1564) sodass dieser Zug weder in seinem Wesen (→1543) noch in seinem Werk je auffällig hervortrat. Er verschloss vorläufig das Beste in sich, (→1547, 1593) und weder brachte er etwas von dem, (→1564) was in ihm sang und klang, (→1564) zu Papier, (→1547) noch teilte er es jemandem mit.

Des Nachmittags schrieb er Arrangements für Unterhaltungskapellen aus Opern oder anderen Werken. Dies tat er für Geld, (→1554) und zwar nicht ungern; (→1514; auch Komma möglich, →1547) denn er konnte dadurch den Vater unterstützen (→1593) und zugleich sowohl für die Setz- (→1543) wie für die Instrumentierungskunst etwas lernen. Es war eine ähnliche Tätigkeit, (→1586) wie sie einst Richard Wagner in Paris hatte ausüben müssen, (→1567) um zu leben. Folgenschwerer hätte etwas anderes für ihn werden können: (→1512; auch Komma möglich, →1556) das nächtliche Spielen in Tanzlokalen. Doch lebte er in der Welt der Töne (→1593) und kümmerte sich nicht um das Treiben der Menge. Ja (→1550.3) es focht ihn nicht einmal an, (→1564) dass er schlechte Musik machen musste: (→1508, 1512; auch Strichpunkt möglich, →1514, oder Gedankenstrich, →1517) das war eben die Prosa des Lebens.

Wo steckt der Fehler?

In diesen Lösungen sind nur jene typischen Fehler berichtigt, auf die es den Verfassern jeweils ankommt. Daneben wäre in manchen Fällen noch anderes zu beanstanden.

Seiten 516 + 517

■ **1** der Rassenharmonie *trog* (starke Konjugation). ■ **2** ist *anscheinend* mehr Feldmarschall (→1801). ■ **3** philan*th*ropischen (→1087). ■ **4** *Wenn Sie sie am 15. November eintopfen* (→1796 ff.). ■ **5** Vom Kommandanten (→140). ■ **6** die Koffer (→1709) ungeöffnet. ■ **7** inner- und außerhalb (→1702). ■ **8** aus*seht* (2. P. Pl.) (→65). ■ **9** *Den* Stimulus (ist Akkusativobjekt, →644).

Seiten 518 + 519

■ **1** einen ... Finanzdirektor (→141.3). ■ **2** bei *deren* (ist Genitiv, →1723) gewaltige*m* (Dativ, abhängig von: bei, st. Dekl. →1723) Zusammenstoß. ■ **3** brauchten (→76.2); *da/weil* die Sozialisten (die begründende Konjunktion *nachdem* ist nicht hochsprachlich, →1817). ■ **4** Bereitschaft zum Einsatz (→1763) für. ■ **5** *Den* kultivierten Chorklang ... *den* scharfen Rhythmus (Akkusativobjekte; →644). ■ **6** an deren hinter*m* Rand (→1723). ■ **7** in die Pedale trat; einige Schrecksekunden lang (→1208). ■ **8** Zum *Stillliegen* (→1023 ff.) gezwungen, *macht er* die Malerei (oder: *Da er* im Gipskorsett zu monatelangem Stillliegen *gezwungen war*, wird ..., →1796).

Seiten 520 + 521

■ **1** auf dessen ... eingeführte*m* Motorrad (→1723). ■ **2** *auf* das Doppelte (→1623). ■ **3** Revisor (→141.3). ■ **4** der als guter Pädagoge ausgewiesene (→734; Partizip ohne *sich*, →51.2). ■ **5** *den* ersten Schritt (→1736). ■ **6** 35-Millimeter-Filme (→1360). ■ **7** *Den* einzigen Zugang (→1736). ■ **8** aller regulären und irregulären Einheiten (→322).

Seiten 522 + 523

■ **1** der sich während *der* (→414) ... befind*enden* (→1764). ■ **2** Satire (→1081); auf *B*iegen oder *B*rechen (→1130). ■ **3** *Einen* seltenen Spaß (Akkusativobjekt). ■ **4** Zahnweh, und ... Greis, und (beidemal Komma, →1547); *schurigelt* (→1060); aussieht als (kein Komma, →1587). ■ **5** glückliche Auswirkungen *hätten* (oder: haben möchten, →80, 742). ■ **6** *Einen* Schritt ... bedeute*n* (→1736, 742); *wessen* die Schule bedarf, was ... (→652). ■ **7** von Holland ... und anderer Herren Ländern (→1774) ■ **8** als Betriebsassistent*en* (→1751 f., 144). ■ **9** Dass dieser Stillstand Rückschritt bedeute (ohne *nicht*, →1621).

Seiten 524 + 525

■ **1** ver*f*emt (→1048). ■ **2** gut erhaltener (→1751). ■ **3** die Ostküste Amerikas, des Landes (→703). ■ **4** eines guten Bekannten der verstorbenen Fürstin Grace (→703), entsprochen und drei Männer (kein Komma, →1593); ... zu definieren». (→1535); «Dieses Recht steht dem Papst zu, und es ist (Komma, →1593). ■ **5** be*w*ogen (hier st. Konj., →37); nahe gelegt (→1214); dass *Glücklichsein* (→1131) nicht allein im *Haben* (→1130), sondern auch im *Sein* (→1130) liegt. ■ **6** Sein Abrücken (→1130), ge*s*innten («von einer bestimmten Gesinnung»; gesonnen = «willens», «gewillt»,

→1805); die Innenpolitik bietet (→742). ▪ **7** alter bemalter Schrank (→1751). ▪ **8** dem vor ihr Stehenden (→1134); Streck (ohne Apostroph, →71, 1363); der Kleine (→1134); ohne Zaudern (→1130). ▪ **9** einen Winter lang (→646); nachdem ... die Schaufenster ... diese bevorzugte Stellung innegehabt haben (→1817).

Seiten 526+527

▪ **1** der Generalkonsul betreut (→1802); die *1785*-köpfige (→1358); entlegensten (→1086). ▪ **2** einem Meteor gleich (→141.3). ▪ **3** Seinen richtigen Schnabel (Akkusativobjekt). ▪ **4** zwischen einem Optimisten und einem Pessimisten (→140). ▪ **5** Falscher Bezug der Partizipgruppen. Am besten Umbau der Partizipgruppen in normale Nebensätze: *Da* sie immer nur halb satt, immer durstig *waren* nach einem Glas Eiswasser, immer schlecht geschlafen *hatten* in den ... Bettgestellen, arbeitete der Gedanke ... (→1796). ▪ **6** Trennung: Schein-ehen (→1302, 1308). ▪ **7** Wie einige Vorredner unterstreicht (*kein* Komma, →1553, 1587); *des Problems der einheimischen Weine* (→1761 f.). ▪ **8** Die *Lage der Elektrizitätsversorgung* oder: *Die Versorgung mit Elektrizität* (→1763).

Seiten 528+529

▪ **1** Herr gesucht (→1751). ▪ **2** als mythologischen Ausdruck (→725). ▪ **3** Pariser Gespräche (ohne Divis, →1225 ff.). ▪ **4** aber den Storch (2. Akkusativobjekt). ▪ **5** Auf einen Professor ..., auf einen Instruktor (→141.3). ▪ **6** *Als Historiker kann ich den wahnsinnigen und von einer Horde von Schurken umgebenen* Erik XV. (→1796). ▪ **7** Lebensrätsel, die ... haben (→1791). ▪ **8** vom SVP-Lokalmatador (→141.3).

Seiten 530+531

▪ **1** Besonderer Wert (oder: besondere Aufmerksamkeit) (→84). ▪ **2** Paragraph gegen den unlauteren Wettbewerb (→1763). ▪ **3** die Note des Kardinalstaatssekretariates, deren wir (→1724). ▪ **4** Einen weiteren wertvollen Beitrag (Akkusativobjekt). ▪ **5** Eines der größten Probleme, *die* die Spikes (Bezug auf Probleme Pl., →1791); vom Fahrzeugtyp, *von* der Fahrstrecke und ... *(von)* der Fahrweise abhängt (→1785). ▪ **6** spiegeln sich ... wider (→1038). ▪ **7** Gedenkstein *für* die Güterzusammenlegung (oder: Güterzusammenlegungs-Gedenkstein oder: Stein zum Gedenken an die →1763). ▪ **8** sind keine vereinzelten Kuriosa (→322).

Seiten 532+533

▪ **1** und es einen dünkt (→1718). ▪ **2** Bachmeier-Prozess (→1334.2) ▪ **3** geständig, und (Komma, →1547); deren Glaub*würdigkeit* (der Zeuge ist glaub*würdig*, die Aussage glaub*haft*). ▪ **4** auf Befragen (→1130). ▪ **5** Unmöglich! Wie könnte Kinderlosigkeit sich vererben? (→1614). ▪ **6** Steuerfusssenkung (→1023, 1070). ▪ **7** So *wird* zum Beispiel ... ein Höchstpreis (→742). ▪ **8** *durchgeführten* Kurs (→50, 1765).

Seite 534

▪ **1** als Verkaufskorrespondenten (→140; 735; nicht kuppeln, →1336; 1752). ▪ **2** Periodika (→115, 1707). ▪ **3** konnte das schöne Exemplar gut beobachtet und mit Sicherheit bestimmt werden (→1796). ▪ **4** Der Frage der Bekämpfung des Motorfahrzeuglärms (→1763).

Literatur

Das vorliegende Buch stützt sich hauptsächlich auf die nachfolgend verzeichneten Werke und Zeitschriften. Ihnen haben die Verfasser gelegentlich, wo das eigene Erfahrungsmaterial nicht ausreichte, besonders treffende Beispiele und Formulierungen entnommen, ohne dies im Einzelfall zu vermerken.

Alisch, Alfred (1970): Richtlinien für den Satz fremder Sprachen. Leipzig: VEB Fachbuchverlag.
Augst, Gerhard (1974): Deutsche Rechtschreibung mangelhaft? Heidelberg: Quelle & Meyer.
Augst, Gerhard (1985): «Regeln zur deutschen Rechtschreibung vom 1. Januar 2001». Frankfurt/Bern/New York: Peter Lang (= Theorie und Vermittlung der Sprache, 4).
Augst, Gerhard / Blüml, Karl / Nerius, Dieter / Sitta, Horst (Hrsg.) (1997): Die Neuregelung der deutschen Rechtschreibung. Begründung und Kritik. Tübingen: Niemeyer (= Reihe Germanistische Linguistik, 179).
Baudusch, Renate (1980): «Zu den sprachwissenschaftlichen Grundlagen der Zeichensetzung». In: Nerius, Dieter / Scharnhorst, Jürgen (Hrsg.) (1980): Theoretische Probleme der deutschen Orthographie. Seiten 193–230.
Baudusch, Renate (2000): Zeichensetzung klipp und klar. Funktion und Gebrauch der Satzzeichen verständlich erklärt. Völlig neu bearbeitet und erweitert von Ulrich Adolphs und Gisela Hack-Molitor. Gütersloh/München: Bertelsmann.
Berger, Dieter (1982): Fehlerfreies Deutsch. 2. Auflage. Mannheim (= Dudentaschenbuch, 14).
Berger, Dieter (1982): Komma, Punkt und alle andern Satzzeichen. 2. Auflage. Mannheim/Wien/Zürich: Bibliographisches Institut (= Dudentaschenbücher, 1).
Boettcher, Wolfgang / Sitta, Horst (1972): Deutsche Grammatik III. Zusammengesetzter Satz und äquivalente Strukturen. Frankfurt am Main: Athenäum (= Studienbücher zur Linguistik und Literaturwissenschaft 4).
Dové, Stephan (Redaktion) (2005): Vademecum. Der sprachlich-technische Leitfaden der «Neuen Zürcher Zeitung». Zürich: Neue Zürcher Zeitung.
Dückert, Joachim / Kempcke, Günter (Hrsg.) (1984): Wörterbuch der Sprachschwierigkeiten. Zweifelsfälle, Normen und Varianten im gegenwärtigen Sprachgebrauch. Leipzig: Bibliographisches Institut.
Duden (1991): Rechtschreibung der deutschen Sprache. 20. Auflage. Mannheim: Dudenverlag (= Duden, Band 1)
Duden (2004 ff.): Die deutsche Rechtschreibung. 23. Aufl. ff. Mannheim: Dudenverlag (= Duden, Band 1)
Duden (2005): Die Grammatik. 7. Auflage. Mannheim: Dudenverlag (= Duden, Band 4)
Duden (2001): Richtiges und gutes Deutsch. 5. Auflage. Mannheim: Dudenverlag (= Duden, Band 9).
Eggers, Hans (1980): «Derer oder deren? Zur Normenproblematik im Deutschen». In: Moderna Språk 74/1980. Seiten 134–138.
Eickhoff, Birgit / Haller-Wolf, Angelika (Redaktion) (2005): Wörterbuch neue Rechtschreibung. Was Duden empfiehlt. Mannheim: Dudenverlag.
Engel, Ulrich (2004): Deutsche Grammatik. Neubearbeitung. München: Iudicium.
Feldbusch, Elisabeth (1985): Geschriebene Sprache. Untersuchungen zu ihrer Herausbildung und Grundlagen ihrer Theorie. Berlin/New York: de Gruyter.
Flückiger, Walter / Huwyler, Max (2001): Welt der Wörter. 3 Bände. Zürich: Lehrmittelverlag des Kantons Zürich.
Frauengruppe der Schweizerischen Journalisten-Union (Hrsg.) (1984): Die Sprache ist kein Mann, Madame. Zürich: Schweizerische Journalisten-Union.
Fussy, Herbert / Steiner, Ulrike (Redaktion) (2001): Österreichisches Wörterbuch. 39., neu bearbeitete Auflage. Wien: öbv & hpt / Verlag Jugend & Volk.
Gallmann, Peter (1985): Graphische Elemente der geschriebenen Sprache. Grundlagen für eine Reform der Orthographie. Tübingen: Niemeyer (= Reihe Germanistische Linguistik, 60).

Gallmann, Peter (1992): «Das Komma beim Infinitiv». In: Typografische Monatsblätter 1/1992. Seiten 10–16.
Gallmann, Peter (1997): «Zum Komma bei Infinitivgruppen». In: Augst, Gerhard / Blüml, Karl / Nerius, Dieter / Sitta, Horst (Hrsg.) (1997): Die Neuregelung der deutschen Rechtschreibung. Begründung und Kritik. Tübingen: Niemeyer (= Reihe Germanistische Linguistik, 179). Seiten 435–462.
Gallmann, Peter / Sitta, Horst (1996): Die Neuregelung der deutschen Rechtschreibung. Regeln, Kommentar und Verzeichnis wichtiger Neuschreibungen. Mannheim / Leipzig / Wien / Zürich: Dudenverlag (= Dudentaschenbuch, 26).
Gallmann, Peter / Sitta, Horst (1996): Handbuch Rechtschreibung. Zürich: Lehrmittelverlag des Kantons Zürich.
Gallmann, Peter / Sitta, Horst (1998): Schülerduden Grammatik. Eine Sprachlehre mit Übungen und Lösungen. Unter Mitarbeit von Roman Looser. 4., aktualisierte und erweiterte Auflage (3. Auflage 1990). Mannheim / Leipzig / Wien / Zürich: Dudenverlag.
Gallmann, Peter / Sitta, Horst (2001): Deutsche Grammatik. 3., korrigierte Auflage (3. Auflage 1997, 2. Auflage 1990, 1. Auflage 1986). Zürich: Lehrmittelverlag des Kantons Zürich.
Gubler, Georg (1978): So ist's richtig. Merkblätter für Rechtschreibung im deutschen, französischen, englischen, italienischen Satz. 5. Auflage, bearbeitet von Erich Gülland. Zürich: Selbstverlag des Bearbeiters.
Günther, Hartmut / Ludwig, Otto (Hrsg.) (1996): Schrift und Schriftlichkeit. Ein interdisziplinäres Handbuch internationaler Forschung. 2 Halbbände. Berlin: de Gruyter (= Handbücher zur Sprach- und Kommunikationswissenschaft, 11.1 und 11.2).
Häberlin, Susanna / Schmid, Rachel / Wyss, Eva Lia (1992): Übung macht die Meisterin. Richtlinien für einen nichtsexistischen Sprachgebrauch.: Frauenoffensive.
Hallwass, Edith (1990): Deutsch locker, frisch, präzise. Ein vergnügliches Sprachtraining. Zürich.
Hallwass, Edith: Mehr Erfolg mit gutem Deutsch. München.
Heidolph, Karl Erich / Flämig, Walter / Motsch, Wolfgang (Leiter des Autorenkollektivs) (1981): Grundzüge einer deutschen Grammatik. Berlin: Akademie-Verlag.
Helbig, Gerhard / Buscha, Joachim (1999): Deutsche Grammatik. Ein Handbuch für den Ausländerunterricht. 19. Auflage. Leipzig / Berlin / München: Langenscheidt / Verlag Enzyklopädie.
Kaiser, Stephan (1969/70): Die Besonderheiten der deutschen Schriftsprache in der Schweiz. 2 Bände. Mannheim / Wien / Zürich: Bibliographisches Institut (= Duden-Beiträge, Hefte 30 a/b).
Kohrt, Manfred (1987): Theoretische Aspekte der deutschen Orthographie. Tübingen: Niemeyer (= Reihe Germanistische Linguistik, 70).
Ljungerud, Ivar (1955): Zur Nominalflexion in der deutschen Literatursprache nach 1900. Lund / Kopenhagen.
Ludwig, Otto (1989): «Die Karriere eines Großbuchstabens – zur Rolle des großen ‹I› in Personenbezeichnungen». In: Augst, Gerhard (Hrsg.) (1989): Orthographie. Velber: Friedrich (= Der Deutschunterricht 41/1989, Heft 6). Seiten 80–87.
Mentrup, Wolfgang (1983): Zur Zeichensetzung im Deutschen – Die Regeln und ihre Reform. Oder: Müssen Duden-Regeln so sein, wie sie sind? Tübingen: Narr (= Tübinger Beiträge zur Linguistik 209).

Meyer, Kurt (1989): Wie sagt man in der Schweiz? Mannheim: Bibliographisches Institut (= Dudentaschenbuch 22).
Nerius, Dieter (Hrsg.) (2000): Deutsche Orthographie. Mannheim: Bibliographisches Institut & Brockhaus AG.
Pusch, Luise (1984): Das Deutsche als Männersprache. Frankfurt am Main: Suhrkamp (= edition suhrkamp, NF 217).
Röhrich, Lutz (2003): Lexikon der sprichwörtlichen Redensarten. 6. Auflage. Freiburg: Herder-Verlag.
Ruf, Urs (Red.) (1987): Rechtschreibunterricht. Weinfelden: Schweizerischer Lehrerverein Zürich.
Sager, Max / Thiriet, Georges (2002): Regeln für das Maschinen- und Computerschreiben. Zürich: Verlag des Schweizerischen Kaufmännischen Verbandes.
Sitta, Horst (1971): Semanteme und Relationen. Zur Systematik der Inhaltssatzgefüge im Deutschen. Frankfurt.
Sommerfeldt, Karl-Ernst / Starke, Günther / Nerius, Dieter (Leiter des Autorenkollektivs) (1983): Einführung in die Grammatik und Orthographie der deutschen Gegenwartssprache. Leipzig: Bibliographisches Institut.
Weitershaus, Friedrich Wilhelm (1980): Satz- und Korrekturanweisungen. Richtlinien für die Texterfassung. Mit ausführlicher Beispielsammlung. Herausgegeben von der Dudenredaktion und der Dudensetzerei. Mannheim / Wien / Zürich: Bibliographisches Institut (= Dudentaschenbücher, 5).
Witzer, Brigitte (2003): Satz und Korrektur. Texte bearbeiten, verarbeiten, gestalten. Mannheim: Dudenverlag.
Zifonun, Gisela / Hoffmann, Ludger / Strecker, Bruno (1997): Grammatik der deutschen Sprache. 3 Bände. Berlin / New York: de Gruyter (= Schriften des Instituts für deutsche Sprache, Bände 7.1–7.3).

Zeitschriften:

Der Sprachdienst. Herausgegeben im Auftrag der Gesellschaft für deutsche Sprache, Wiesbaden.
Muttersprache. Herausgegeben von der Gesellschaft für deutsche Sprache, Wiesbaden.
Sprachspiegel. Herausgegeben vom Schweizerischen Verein für die deutsche Sprache (SVDS), Zürich.

Sach- und Wortregister

Die Nummern beziehen sich auf die Randziffern, nicht auf die Seitenzahlen.
Besonders behandelte Einzelwörter oder Wortteile sind kursiv gesetzt.

A

a, aa, ah, ä, ah 1028, 1044, 1052, 1055
ä Lautlehre 5
ä, e 1018, 1052
à Präposition 407
Aachener, Münchener, Oltener 1808
ab Präposition 408, 414
Abend 1122, 1155
abends 1123, 1155, 1748
aber beiordnende Konjunktion 417; Komma 1545; Strichpunkt 1514
abfragen 1739
abgeschlossen 60
abhandenkommen 1222
Abhängigkeit Konjunktionalgruppe 685; Nebensätze 851, 857, 864, 868; Präposition 402; Präpositionalgruppe 682; Satzglieder und Gliedteile 620, 633, 695
Abkürzung 1374; am Satzanfang 1109; Apostroph 1368; Bindestrich (Kupplungsstrich) 1234, 1358, 1360; Deklination 1380, 1383; Groß- und Kleinschreibung 1126; mehrteilig 1323; Schreibung 1376; Trennung 1320, 1323, 1326
Abkürzungspunkt 1005, 1376, 1379, 1382
Ablaut Ableitung 508; Flexion 14; Verb 34; Wortbildung 507, 508
ablehnen 1821
Ableitung 11, 513; auf *-ens* 331, 1155; auf *-er* 503, 1357, 1640; auf *-erlei* 248, 255; auf *-ig* 1220; auf *-in* 504, 1626; auf *-ler* 1640; auf *-s* 654, 1086, 1123, 1155, 1748; auf *-sch* 1174, 1310, 1357, 1367; Bindestrich (Kupplungsstrich) 1334, 1357; von Adjektiven und Partizipien 425; von Personennamen 1173, 1310, 1357; Wortbildung 502
Ableitung auf *-d, -t, -st* 1064
Ableitung von geografischen Eigennamen auf *-er* 307; Bildung 503, 1808; Bindestrich (Kupplungsstrich) 1357; in Straßennamen 1226, 1429; Schreibung 1174, 1225
Ableitung von geografischen Eigennamen auf *-isch* 1173; Bildung 1809; Bindestrich (Kupplungsstrich) 1357
Ableitung von Grundzahlen auf *-er* Nomen 248; Schreibung 1228, 1359
Ableitung von Personennamen Apostroph 1367
Ableitungsendung, -suffix 502, 508
Abscheu 104
Abschnittnummerierung 1408, 1409
abseits Präposition 411
absoluter Akkusativ 862
absoluter Nominativ 862
abwägen 1730
Abwandlung innere 14
abwesend 1814

abzüglich Präposition 411
Ach-Laut 7
acht 1151, 1152; Schreibung 1171
Acht geben, achtgeben 1211
Achtel 104; auch → Bruchzahl
achtens 248
achtgeben, Acht geben 1211
achtmal, acht Mal 248, 1231
Achtziger-, achtziger 1228, 1229
ad- 521
Adelsprädikat 707; Groß- und Kleinschreibung 1110
Adjektiv 12, 301, 678; Abgrenzung von Adverb 425, 1758, 1759, 1760; adverbial 305, 311, 425, 678; als Titel 710, 713; Apostroph 1367, 1368, 1369; Artikelprobe 253, 302, 425; attributiv 305, 306, 678, 1140; Bindestrich (Kupplungsstrich) 1347, 1356, 1357; Deklination 306, 308, 313, 315, 1716, 1719, 1720, 1723; Deklinationsart 315, 1720, 1723; drei gleiche Buchstaben 1025; endungslos 307, 310, 311, 313, 314; Ergänzungsstrich 1332; falsche Einsparung 1783; falscher Bezug 1761; falscher Zusammenzug 1783; Gebrauch 305, 683, 850; gereiht 1546; Geschlecht 774; Getrennt- und Zusammenschreibung 1214, 1216, 1235; grammatische Bestimmung 334; Groß- und Kleinschreibung 1133, 1701; in Eigennamen 1160, 1170; Komma 1546, 1552, 1556, 1564, 1578, 1582; Komparation 326, 1725, 1726; mit Konjunktion 686; mit Präposition 683, 1145, 1146; nach Personalpronomen 322, 325, 673, 721, 1720; nebengeordnet 1220, 1349; nominalisiert 305, 308, 324, 636, 710, 713, 1134, 1224; partitive Apposition 716, 720; possessiv 218, 1150; prädikativ 305, 310, 678; satzwertig 850; unübersichtlich 1347, 1347, 1356; Zahladjektiv 248, 253, 303, 321; Zusammensetzungen mit Abkürzungen, Einzelbuchstaben, Ziffern 1358, 1360; auch → Adjektivgruppe
Adjektivgruppe 634, 678; attributiv 1582; Getrennt- und Zusammenschreibung 1224; Komma 1552, 1564, 1578; Kongruenz 734; mit Konjunktion 686; mit Präposition 683; Satzanalyse 678; satzwertig 850; auch → Adjektiv
adjektivisch gebrauchtes Partizip I und II 44, 304, 678, 683, 1764, 1765, 1770; Apostroph 1368; Getrennt- und Zusammenschreibung 1216, 1235; Groß- und Kleinschreibung 1133; Komparation 332
adjektivisches Partizip I 45
adjektivisches Partizip II 48
Adverb Abgrenzung von Adjektiv 424, 425, 1758, 1759, 1760; Abgrenzung von Präposition 425, 1775, 1777; Artikelprobe 302, 425; auf *-ens* 1155; auf *-s* 654, 1123, 1155, 1231,1748; Bindestrich (Kupplungsstrich) 1236; Getrennt- und Zusammenschreibung 1213, 1222, 1236; Groß- und Kleinschreibung 1118, 1154, 1158; Komparation 431; konjunktionsähnlich 420;

Korrelat 693; mit Konjunktion 686; mit Präposition 683, 1158; nominalisiert 1157; Zahladverb 253; auch → Adverbgruppe

Adverb oder Adjektiv 1758, 1759, 1760

Adverb oder Präposition 1775, 1777, 1777

Adverbgruppe 634, 680; als Objekt 680; Korrelat 693; mit Konjunktion 686; mit Präposition 683; Satzanalyse 680; auch → Adverb

Adverbiale Adjektivgruppe 678; Adverbgruppe 680, 681; Akkusativ 1738; als Nebensatz 855; der Art und Weise 629, 630; der Zeit 627, 646; des Grundes 628; des Maßes 630; des Ortes 626, 646; im Akkusativ 646; im Genitiv 653; Konjunktionalgruppe 685; Maß 646, 1738; Partizipgruppe 678; Präpositionalgruppe 682; Satzlehre 623, 625

adverbiale Adjektivgruppe 678; auch → adverbiales Adjektiv

adverbiale Infinitivgruppe 1568

adverbiale Partizipgruppe 678; auch → adverbiales Partizip I und II

adverbiale Präpositionalgruppe 682

adverbialer Akkusativ 646, 1737, 1738; Datum 714; Komma 1562, 1591

adverbialer Genitiv 653, 1748

adverbiales Adjektiv 305, 311, 425, 678

adverbiales Partizip I und II 305, 311, 678

Adverbialsatz 851, 855

adversative Konjunktion 417; Komma 1545

AG 1734

Akkusativ 10, 134; absoluter 862; adverbial 646, 714, 1562, 1591, 1737, 1738; bei Präpositionen 405, 407, 409, 414, 1777; Kongruenz 661, 703, 725; Objekt 644; prädikativ 661; Reflexivpronomen 30, 31; Satzglieder und Gliedteile 643, 644, 646, 646, 661, 661

Akkusativ mit Infinitiv 662

Akkusativobjekt 27, 31, 644, 1736, 1738, 1769; Bezug auf Akkusativobjekt 622, 661; *es* 693; Passiv 84, 86; Reflexivpronomen 728, 1757; unpersönlich 690; Unterlassung der Falldeklination 144

Aktiv 10, 45, 49, 83

aktivisch → Aktiv

Akzent, Akzentzeichen 1013, 1094

Albtraum 1089

alle 1719; Indefinitpronomen 255; plus Adjektiv 322

allerhand Indefinitpronomen 255

Alles in seiner Macht stehende 1701

alles Mögliche Groß- und Kleinschreibung 1144

allzu Adverb mit Dativobjekt 649; plus Adjektiv 1217

Alphabet 1013

als bei Infinitivgruppe 423, 842; beiordnende Konjunktion 417, 418, 419, 686; Komma 1544, 1568, 1587; Kongruenz im Fall 722, 728, 729, 735, 1752, 1754, 1755, 1756, 1757; Kongruenz im Geschlecht 775;

Kongruenz mit Personalform 767; Unterlassung der Falldeklination 144; unterordnende Konjunktion 420, 422, 831

als Ganzes 1755

als ob unterordnende Konjunktion 422, 831

als solches 1756

als willkommenen Gast 1757

alt 307; Komparation 329

Alt und Jung 1138

Altersangabe 1228

am 232; beim Superlativ 290, 331

am besten Superlativform 330

am ehesten 431

am Ersten diesen Monats 1719

am Ersten jeden Monats 1719

am größten Superlativform 330

am höchsten Superlativform 330

am liebsten Superlativ 431

am meisten Superlativform 330; Zahladjektiv 253, 303

am mindesten Superlativform 330

am nächsten Superlativform 330

am wenigsten Superlativform 330; Zahladjektiv 253, 303

an Präposition 409, 684

an (die) Adverb 1775

andere, anderes Groß- und Kleinschreibung 1143; nach *jemand/niemand* 782; plus Adjektiv 323; Zahladjektiv 253, 1143

anders nach *jemand/niemand* 782

anerkennen 93

anfangen 88

anfangs Adverb 1155

Anführungszeichen 1502, 1531; bei Einzelwörtern 1539; Form 1531; Fremdwörter 1240; Stellung 1535, 1536, 1539, 1540; und Ausrufezeichen 1537; und Fragezeichen 1537; und Komma 1535, 1537, 1539, 1540; und Punkt 1536; und Strichpunkt 1535

angesichts Präposition 411

Anglizismus Getrennt- und Zusammenschreibung 1233

angst, Angst 1118, 1210

anhand Präposition 411; Schreibung 1222

anheim- 1222

anlässlich Präposition 411

annehmen 652

Anrede 1175; Geschlecht 778; im Brief 1114, 1175; Komma 1550, 1551; Satzäquivalent 859, 863

Anredefürwort → Anredepronomen

Anredenominativ 641; fremder 1715; Komma 1550, 1551; Satzäquivalent 863; Stellung 818

Anredepronomen 206, 641; nach Relativpronomen 740; Schreibung 1175

Anredewort → Titel, → Anredepronomen

anreihende Konjunktion 417; Komma 1544, 1592; Kongruenz mit Personalform 738, 748, 761

ans 232
anscheinend, scheinbar 1801
anstatt bei Infinitivgruppe 423, 842; beiordnende Konjunktion 417, 418, 686; Komma 1568; Präposition 411; Präposition oder Konjunktion 420
anstatt dass unterordnende Konjunktion 422
anstelle, an Stelle Präposition 411; Schreibung 1222
Anteil nehmen 1210
Anzahl 762
Apostroph 1005, 1363; Ableitungen von Personennamen auf *-sch* 1174, 1367, 1367; allgemeine Regeln 1364; bei Abkürzungen 1377; bei Eigennamen 1365, 1367; bei Initialwörtern 1383; Dialekt 1371; dichterische Sprache 1369; Genitiv 136, 153, 155; Gliederung von Zahlen 1405; Imperativ 71; Jahreszahlen 1406; ohne 1368; Pronomen *es* 1366; Satzanfang 1106, 1370; Trennung 1310; Umgangssprache 1370; Verb 1366
Appenzellerland, Appenzeller Land 1227
Apposition 664, 715; Beschränkungen im Genitiv 1746; Bindestrich (Kupplungsstrich) 1355; Datum 714; elliptisch 676; eng 664, 667; Komma 1551, 1557; Kongruenz im Fall 703, 1752, 1753, 1754, 1758; Kongruenz im Geschlecht 775; Kongruenz mit Personalform 769; locker 664, 665; partitiv 675, 715; Unterlassung der Falldeklination 144, 149
-ar 118, 141
Ar, Are 1646; Geschlecht 104
arabische Ziffern 1402
Are, Ar 104
Art und Weise Adverbiale 629
Artikel Apostroph 1368, 1370; bestimmter 230; Eigennamen 152, 156; falsche Einsparung 1778, 1785; falscher Zusammenzug 1778, 1785; in Eigennamen 1172; Satzanalyse 637, 677, 696; unbestimmter 256; Verschmelzung mit Präposition 232, 320, 696, 1785
artikelloser Eigenname Apostroph 1365, 1367; Apposition 705; Beschränkungen im Genitiv 1747; Genitiv 152, 1365, 1367
Artikelprobe Adjektiv 253, 302, 425; Adverb 302, 425; Indefinitpronomen 253
Assimilation 521
ästhetisches Prinzip 1008; Apostroph 1363; Bindestrich (Kupplungsstrich) 1333
astronomischer Eigenname Groß- und Kleinschreibung 1162
Atlas Genitiv 136; Plural 111, 126
Attribut 631; Adjektivgruppe 678; Adverbgruppe 680; als Nebensatz 856; falscher Bezug 1761, 1763; Genitiv 655; Grad 1170; Konjunktionalgruppe 685; Partizipgruppe 678; Präpositionalgruppe 682; pronominal 637, 677, 696; Satzanalyse 678
attributive Adjektivgruppe 678; auch → attributives Adjektiv

attributive Infinitivgruppe 1570
attributive Partizipgruppe 678, 848, 1764, 1765, 1770, 1797; auch → attributives Partizip I und II
attributive Präpositionalgruppe 682
attributiver Genitiv → Genitivattribut
attributives Adjektiv 305, 306, 678; Groß- und Kleinschreibung 1140; in Eigennamen 1160, 1170; Komma 1582
attributives Partizip I 45
attributives Partizip I und II 44, 305, 306, 848, 1764, 1765, 1770, 1797; Komma 1582
attributives Partizip II 48
Attributsatz 851, 856
äu Lautlehre 5
äu, eu 1018
auch beiordnende Konjunktion 417
auf beim Superlativ 1142; Präposition 409, 684
auf allen vieren 251
auf das Staffelbödeli, jenem Nagelfluhplateau ... 1754
auf dass unterordnende Konjunktion 422
auf Grund welchen Gesetzes 1719
Aufforderungssatz 821; Imperativ 72; Konjunktiv I 77; Satzschlusszeichen 1505, 1506
aufgrund, auf Grund Präposition 411; Schreibung 1222
Auflösung von Zusammensetzungen 1205, 1762, 1763
aufs 232; beim Superlativ 1142
aufs Neue 1146
aufseiten, auf Seiten 411; Schreibung 1222
aufwändig, aufwendig 1018
Aufzählung nach Doppelpunkt 1113; Strichpunkt 1515
Augment 43, 88; auch → Präfix (Partizip II)
aus Präposition 408
Aus aller Herren Länder 1774
Ausdrücke aus dem Englischen Getrennt- und Zusammenschreibung 1233
ausgebildeter Satz 801; Satzlehre 603
Ausklammerung 818, 845; Komma 1553, 1573; Relativsatz 1788
Auslassungspunkte 1502, 1523; am Satzanfang 1106; bei Einzelwörtern 1526; und Abkürzungspunkt 1525; und Satzschlusspunkt 1525; Wortzwischenraum 1524
Auslassungszeichen → Apostroph
Auslautverhärtung 7
Ausruf Komma 1550, 1551; Satzäquivalent 859, 863
Ausrufesatz 233, 237, 826; Satzschlusszeichen 1506
Ausrufewort → Interjektion
Ausrufezeichen 1502, 1506, 1550, 1551; Briefanrede 1114; Groß- und Kleinschreibung 1105, 1114; und Anführungszeichen 1537
Aussagesatz 823, 820; Satzschlusszeichen 1505
Ausageweise 10, 62; Gebrauch 68, 72, 77, 78, 80; Zeitformen 53; auch → Indikativ, → Konjunktiv I/II
ausschließende Konjunktion 417; Komma 1544, 1592

außer bei Infinitivgruppe 423, 842; beiordnende Konjunktion 417, 418, 686; Präposition 408, 414; Präposition oder Konjunktion 420; unterordnende Konjunktion 422
außerhalb falscher Zusammenzug 1702; Präposition 411
Auto fahren 1210
Autokennzeichen 1378
Autor Fallformen 141; Plural 119
Auxiliarverb → Hilfsverb

B

b, bb 1066
b, p 1089
backen 37, 1061
Backslash 1411
bald Komparation 431
Band 127
Bande 127
bange 1118
Bank 126
bankrott, Bankrott 1211
bankrottgehen 1211
Barbar Fallformen 141; Plural 118
Bau Plural 121, 126
Bauer 127, 141
be- Präfix 506
Beamter 325
bedeuten 27; mit Akkusativ 1736
Bedeutung Wort 8
Bedingungssatz 839; Konjunktiv II 78
bedürfen 652
Befehlsform → Imperativ
Befehlssatz → Imperativsatz
befinden (sich) 1764
befindlich 1764
Begleiter 201, 202; als Gliedteil 637, 677, 696; Satzanalyse 696; auch → Pronomen
Begleitergruppe 634, 637, 677; Satzanalyse 696
Begriffszeichen 1003, 1401, 1410
begründende Konjunktion 417
behände 1018
bei Präposition 408
beide Groß- und Kleinschreibung 1148; Indefinitpronomen 255; plus Adjektiv 322
beiderseits Präposition 411
beige 307
beim 232
Beiname 672, 706; Komma 1558
beiordnende Konjunktion 417, 420; Komma 1589, 1592; Kongruenz mit Personalform 738, 748; Satzanalyse 696; Stellung 818

bekommen Passivvariante 86
belämmert 1018
bellen 1732
beobachten Trennung 1313
bereits 1635
bereits schon 1617
Bergnamen 1226
Berufsbezeichnung 708; Apposition 669; Kongruenz im Geschlecht 775; auch → Titel
Bescheid geben, wissen 1210, 1211
Bescheidenheitsplural 1177
besitzanzeigend → possessiv
Besitzer, Besitztum Possessivpronomen 214, 215, 216, 260
besonders Komma 1555
besser Komparativform 330
bestimmter Artikel → Artikel
bestimmtes Geschlechtswort → Artikel
bestimmtes Zahladjektiv 248, 303; Groß- und Kleinschreibung 1136
bestimmtes Zahladverb 248
bestimmtes Zahlnomen 248
bestimmtes Zahlpronomen 247, 251; Groß- und Kleinschreibung 1151, 1153; in Eigennamen 1171; nominalisiert 1152; auch → Grundzahl
bestimmtes Zahlwort 248
Bestimmungswort 511, 520; Ergänzungsstrich 1330, 1331
betrachten 725
betrauen, betreuen 1802
betreffend Präposition 407
betreffs Präposition 411
Beugung 10
bevor Komma 1591; unterordnende Konjunktion 422
bewegen 37
beziehungsweise beiordnende Konjunktion 417; Komma 1544; Kongruenz mit Personalform 758; Schrägstrich 1417
Bezug auf Schreibung 1222
bezüglich → relativ
bezüglich Präposition 411
bilden mit Akkusativ 1736
Bildlegende Groß- und Kleinschreibung 1103; Punktsetzung 1505
Binde-s 515, 516, 518
Bindestrich 1005, 1411; Abkürzungen, Einzelbuchstaben, Ziffern 1358, 1360; Ableitungen 1357; Adjektiv 1347; als Gedankenstrich 1516; Anglizismen 1233; drei gleiche Buchstaben 1025; Eigennamen 1350; Ergänzungszeichen 1328; Fremdwort 1233; Gliederungszeichen (Kupplungsstrich) 1333, 1334, 1704; Groß- und Kleinschreibung 1120, 1121; in der Trennung 1302; in Paarformeln 1628; nebengeordnete Adjektive 1220; Nomen 1335, 1350, 1704; nominalisierter Infinitiv 1131, 1224; Straßennamen

1428; vor Suffix (Endung) 1359; auch → Ergänzungsstrich, → Kupplungsstrich, → Trennstrich
Bindewort → Konjunktion
binnen Präposition 414
Biologie 1167
bis 1411; Adverb 1360, 1416, 1775, 1777; Komma 1586; Präposition 414; Strich 1327, 1416; unterordnende Konjunktion 422
bis zu Präposition 1777
bisschen Groß- und Kleinschreibung 1148; Indefinitpronomen 255
bitte Interjektion 432; Komma 1551
bitten Komma 1576
Black Box, Blackbox 1235
bleiben Fall des Prädikativs 659; mit Infinitiv 1209
bleichen 37
Block 126
boll (bellen) 1732
Botanik 1167
brauchen Ersatzinfinitiv 58; Komma 1576; Konjunktiv II 76; modifizierendes Verb mit/ohne *zu* 25
brechen einfache Formen 99
brennen 34; Konjunktiv II 76
Briefanrede 1175; Groß- und Kleinschreibung 1114
bringen 34, 35
Bruchstrich 1411
Bruchzahl 104, 248; Dativ Plural 148; Geschlecht 1646; Groß- und Kleinschreibung 1125; Kongruenz mit Personalform 763
Buchstabe 3, 142, 1001; Groß- und Kleinschreibung 1128; stumm 1013; und Laut 1001, 1013, 1014, 1016, 1017; Verdoppelung 1013; Wortlehre 8; zur Nummerierung 1409
Buchstaben oder Ziffern 1403
Buchstabenlehre 1011
Buchstabenverbindung 3, 1013, 1014
Buchstabenwort → Initialwort
Buchtitel → Werktitel
Bund 126
bzw. Komma 1544; Kongruenz mit Personalform 758; Schrägstrich 1417

C

c, cc, k, kk, z in Fremdwörtern 1094, 1096
ch Lautlehre 7
Charakter Plural 111
-chen Suffix 502
Christus 1714
chs, cks, ks, gs, x 1093
ck Trennung 1306
ck, k, kk 1061, 1062
cks, chs, gs, ks, x 1093

D

d, dd 1066
d, t, dt, th 1083
da Pronominaladverb 426, 429; unterordnende Konjunktion 421, 422
da-, dar- Pronominaladverb 427, 680, 851; Trennung 1313
daher Pronominaladverb 426; Strichpunkt 1514
damit Pronominaladverb 427; unterordnende Konjunktion 422
dank Präposition 411, 414
Dank sagen, danksagen 1211
danke Interjektion 432, 1158
Danke sagen, danke sagen 1158
danksagen, Dank sagen 1211
dann Pronominaladverb 426
dar- Pronominaladverb 427, 680, 851; Trennung 1313
darstellen mit Akkusativ 1736
darum Pronominaladverb 426
das bestimmter Artikel 230; Demonstrativpronomen 222, 427; Relativpronomen 241, 1793
Das bedeutet ein großer Schritt vorwärts 1736
Das Buch, was ihr geschenkt wurde ... 1793
das heißt (d. h.) Komma 1555
das ist (d. i.) Komma 1555
Das Städtchen gehört zu einem der bestbefestigten, das ... 1791
das, was 243, 244, 1793
dasjenige Demonstrativpronomen 228
dass unterordnende Konjunktion 421, 422
dasselbe Demonstrativpronomen 226
dasselbige 227
Dativ 10, 134; bei Präpositionen 405, 408, 409, 414, 1777; Genitivsatz 411, 1745; Kongruenz 703, 718, 726; Plural 146; Reflexivpronomen 30, 31; Satzglieder und Gliedteile 648
Dativ-e 135
Dativ-n 146, 150, 413, 718, 719, 1774; Wegfall 147
Dativobjekt 649, 1738, 1769; Passiv 84, 86; Unterlassung der Falldeklination 144
Dativomanie 1754
Dativ-Plural-n → Dativ-n
Datum 714; Komma 1562; Schreibweise 1403
definiter Artikel → Artikel
Dehnungs-e 1035
Dehnungs-h 1013, 1022, 1035, 1044, 1049, 1053, 1057, 1060
dein Possessivpronomen 215, 217, 218; Schreibung 1176, 1177
dein, deiner Personalpronomen (Genitiv) 1717
deiner Personalpronomen (Genitiv) 208, 1717
deinesgleichen Indefinitpronomen 254
deinetwegen 209
deinige 218

Deklination 12; Adjektiv 313, 315, 325, 1716, 1719, 1720, 1723; Eigennamen 705; Helvetismen 1644, 1645, 1647; Kurzformen 1380, 1383; mehrteiliger Personenname 706; Nomen 109, 134; Pronomen 203; Titel 708, 711
Deklinationsart 12; Adjektiv 315, 1716, 1720, 1723; Nomen 135; Pronomen 229, 1719
dekliniertes Adjektiv 306, 308, 313, 315, 1720, 1723
dekliniertes Partizip I und II 306, 308, 313
Delfin, Delphin 1091
demonstratives Adverb 426
Demonstrativpronomen 221, 427, 430; falsche Einsparung 1782; falscher Zusammenzug 1782; Langformen 222, 1723, 1724, 1750; Schreibung 1148
denen 222, 242
denken 35; Komma 1576
Denkfehler 1623, 1625, 1789, 1792, 1814, 1821
denn beiordnende Konjunktion 417, 417, 419; Strichpunkt 1514
dennoch Trennung 1026, 1305
der bestimmter Artikel 230; Demonstrativpronomen 222; Relativpronomen 241
Der Blitz hat uns erschrocken 1727
Der klafterweise Preis 1759
Der Männerchor, an dessen diesjähriger Abendunterhaltung ich teilnahm 1723
Der Pfarrer und Sigrist der kleinen Gemeinde 1778
Der selten gewissenhafte Kassier 1815
Der Verwaltungsrat versicherte dem Direktor sein Vertrauen 1741
Der Vortrag von Dr. G. Künzler, früher Assistenten ... 1758
der, die, das bestimmter Artikel 230; Demonstrativpronomen 222; Relativpronomen 241
derartiges Groß- und Kleinschreibung 1144
deren 222, 242, 1724; plus Adjektiv 322, 1723; plus Genitiv 1750
derentwegen 223
derer 222, 1723, 1724
dergleichen Indefinitpronomen 255
derjenige, der ... 243
derjenige, diejenige, dasjenige 1724; Demonstrativpronomen 228
derselbe, dieselbe, dasselbe Demonstrativpronomen 226
derselbige, dieselbige, dasselbige 227
des, dessen 223
deshalb Pronominaladverb 426; Strichpunkt 1514
dessen 222, 242, 1724; plus Adjektiv 322, 1723; plus Genitiv 1750
dessentwegen 223
desto Pronominaladverb 426
deswegen Pronominaladverb 426; Strichpunkt 1514
Deutewort → Verweiswort, → Korrelat
deutsch, auf Deutsch 1133, 1139
Devisennahme und Abgabe 1703

Dezimalbruch Kongruenz mit Personalform 763
dezimale Abschnittnummerierung 1408
Dezimalkomma 1404
Dezimalpunkt 1404
Dezimalstelle 1404
Dezimalzahl 1404; Kongruenz mit Personalform 763
diakritisches Zeichen 1013, 1094
Dialekt Apostroph 1371; und Hochsprache 1633; auch → Helvetismus
Diathese → Handlungsrichtung, → Passiv
dich Personalpronomen 208; plus Adjektiv 322, 325, 721, 1720; Reflexivpronomen 30, 210; Schreibung 1176, 1177
dichterische Sprache Apostroph 1369
die bestimmter Artikel 230; Demonstrativpronomen 222; Relativpronomen 241
Die Bedürfnisse der Gemeinschaft als Ganzem 1755
Die bestmöglichste Ausnützung 1726
Die deutsche und französische Regierung 1778
Die Erörterung des Angstproblems als solchen 1756
Die gekündigten Bühnenkünstler 1769
Die maximalste Ausnützung 1725
die meisten Zahladjektiv 253, 303
Die nicht mehr zu erscheinenden Inserate 1770
Die optimalsten Ergebnisse 1725
Die reitende Artilleriekaserne 1761
Die Rüge Bundesrat Blochers 1773
Die SBB – erhöhen sie oder erhöht sie ihre Tarife? 1734
Die schweizerische Uhrenindustrie, die ihre Wurzeln in der japanischen Konkurrenz hat 1787
Die sich in voller Entwicklung befindliche Industrie 1764
die wenigsten 253; Zahladjektiv 303
Die Zurückbindung deren übergroßen Einflusses 1750
diejenige Demonstrativpronomen 228
Dienstagabend 1123
dienstagabends 1123, 1155
dienstags 1748
dienstags abends 1123, 1155
dies, dieses Demonstrativpronomen 225
Diese Bergtour kostete mir fast das Leben 1738
dieselbe Demonstrativpronomen 226
dieselbige 227
dieser, diese, dieses 224; Genitivform 1719
diesseits Präposition 411
Diminutiv, Diminutivsuffix 502
Diphthong Lautlehre 4; Schreibung 1078
dir Personalpronomen 208; plus Adjektiv 322, 325, 721, 1720; Reflexivpronomen 30, 210; Schreibung 1176, 1177
direkte Rede Anführungszeichen 1532; Zeichensetzung 1509, 1536
direkter Fragesatz → Fragesatz; Satzschlusszeichen 1507
Dissident 325

Divis 1301, 1411; als Gedankenstrich 1516; auch → Bindestrich, → Ergänzungsstrich, → Trennstrich
doch beiordnende Konjunktion 417; Interjektion 432; Komma 1545; Strichpunkt 1514
Doktor Kongruenz im Geschlecht 777, 778; Plural 119; Titel 710
Dollar Plural 131, 132
Doppellaut → Diphthong
Doppelname 1352
Doppelperfekt 1818
Doppelpunkt 1502, 1508; bei Aufzählungen 1512; bei Zahlen 1404; Groß- und Kleinschreibung 1111
Doppel-s 1067, 1072; Eigennamen 1424; Frakturschrift 1075, 1077; statt Eszett (ß) 1069; Trennung 1306
Doppelte (auf das ..., um das ...) 1623
doppelte Komparation 333, 1725, 1726
doppelte Verneinung 1620, 1622
doppelter Plural 113, 1706
doppelter Superlativ 333, 1725, 1726
doppelter Zusammenzug 1331
Doppelvokal 4; Schreibung 1078
dort Pronominaladverb 426
drei 251; Schreibung 1151, 1152, 1171
drei gleiche Buchstaben 1023; Adjektiv 1025; Bindestrich (Kupplungsstrich) 1341; Nomen 1025; sss und ßs 1071; Trennung 1311
drei Viertel 1125
dreien 251
dreier 251; plus Adjektiv 322
dreimonatig, dreimonatlich 1799
drohen 24; Komma 1576
Druck 126
Druckfehlerteufel 1656
Dschungel 104
du beim Imperativ 72, 640; nach Relativpronomen 740; Personalpronomen 206, 208; plus Adjektiv 322, 325, 673, 721, 1720; Schreibung 1176, 1177
Du frugst ihn, und er frägt zurück 1731
dünken Fall des Prädikativs 659
durch Präposition 407; Schrägstrich 1411
durch- trennbare oder untrennbare Verben 91
durch dick und dünn 1146
durchgehen 92
durchs 232
dürfen 23, 35; einfache Formen 100; Ersatzinfinitiv 58; Konjunktiv I 74
Dutzend 248; Groß- und Kleinschreibung 1153

E

e Lautlehre 5
e, ä 1018, 1052
e, ee, eh 1031, 1039, 1044, 1048

e/i-Wechsel 65, 66, 67, 74; Imperativ 70
Ebene der Rechtschreibung 1007
ebenso plus Adjektiv 1217
echt reflexives Verb 31, 728, 1757
Eck, Ecke 104
-ee 1024, 1031, 1051, 1095, 1638
e-Einschub 66, 74
ehe unterordnende Konjunktion 422
eher Komparativ 431
ei, eih, ai, au, äu, eu 1078, 1080
Eigenname Allgemeines zur Schreibung 1420; Apostroph 1365, 1367, 1368; Apposition 668, 671; artikellos 152, 705, 706, 1365, 1367, 1747; Beschränkungen im Genitiv 1747; Bindestrich (Kupplungsstrich) 1350, 1356; Eszett 1424; Genitiv 138, 152, 156, 1365, 1367, 1368; Groß- und Kleinschreibung 1159; mehrteilig 668, 706, 1159, 1352, 1355, 1356; mit Artikel 156; nebengeordnet 1350, 1352; Plural 1368; Unterlassung der Falldeklination 154, 156; auch → Personenname, → geografischer Eigenname, → Firmenname
eigennamenähnlicher Begriff 1160, 1170
ein bestimmtes Zahlpronomen 249; Groß- und Kleinschreibung 1143; Indefinitpronomen 255, 1718; unbestimmter Artikel 256, 258; Zahladjektiv 253, 1143
ein bisschen Groß- und Kleinschreibung 1148; Indefinitpronomen 255
Ein Diamant von unvergleichlichem Feuer und Reinheit 1783
Ein heruntergekommener Mensch kommt die Treppe hinauf 1806
Ein Mann ohne Skrupeln trägt die Koffern hinunter 1709
ein öfterer Fehler 1759
ein paar Groß- und Kleinschreibung 1148; Indefinitpronomen 255
Ein solcher Verlust reut einem sehr 1718
ein wenig Groß- und Kleinschreibung 1148; Indefinitpronomen 255
einander 212, 1213; Trennung 1313
Eine Tat, derer wir uns schämen müssen 1724
einem, einen Dativ, Akkusativ zu *man* 1718
einerseits 420
Eines der höchsten Ämter, das ... 1789
einfache Zeitform 53
einfacher Infinitiv Komma 1577
einfacher Satz 802, 805
einfacher Vokal 4
eingeleiteter Nebensatz 829
einige Indefinitpronomen 255; plus Adjektiv 322
Einleitewort Nebensatz 829; auch → Konjunktion, → Präposition, → Pronomen, → Artikel
einmal, ein Mal 248, 1231
Einräumungssatz 77, 839
eins 249, 250

einschließlich Präposition 411
Einschub Gedankenstrich 1521; Klammern 1527; Komma 1541, 1551, 1555; auch → Zusatz
einsetzen 50, 55, 1767
Einsparung Adjektiv 1783; Artikel 1778, 1785; Demonstrativpronomen 1782; Nomen 1140; Personalform 746; Possessivpronomen 1782; Präposition 1785; Verb, Hilfsverb 1786; auch → Ellipse
Einwohnerbezeichnung 503, 1225; Bildung 1808
Einzahl → Singular, → Zahl (Numerus)
Einzelbuchstabe Bindestrich (Kupplungsstrich) 1234, 1348, 1358, 1360; Groß- und Kleinschreibung 1128; Trennung 1308
Einzelfestlegung 1010
einzelne Groß- und Kleinschreibung 1144; Zahladjektiv 253
Einzelvokal Trennung 1308
einzige Groß- und Kleinschreibung 1144; Zahladjektiv 253
eislaufen 1210
ekeln 1740
-el Nomen, Plural 1709; Suffix 502
Ellipse 733, 859, 860, 1737, 1751; Adjektiv 1783; Apposition 676; Artikel 1778, 1785; attributives Adjektiv 1140; Demonstrativpronomen 1782; Komma 1551, 1584; Personalform 746; Possessivpronomen 1782; Präposition 1785; Verb, Hilfsverb 1786; auch → falscher Zusammenzug
elliptische Partizipgruppe Komma 1585
elsässische Ortsnamen 1812
Embryo Plural 111, 112
empfehlen 1042; Imperativ 70; Konjunktiv II 76; Präsensformen 65; Schreibung 1022
Endstellung der Personalform 817, 818, 823, 824, 826
Endung 13; Ableitung 502, 508; Apostroph 1365, 1367, 1368, 1369; bei Kurzformen 1380, 1383; Bindestrich (Kupplungsstrich) 1359; Ergänzungsstrich 1329; Flexion 19; Trennung 1303, 1304, 1310; Verkürzung 1030, 1031, 1032; auch → Suffix
endungslos 318, 507; Adjektiv 307, 310, 311, 313, 314; Apostroph 1365, 1368; bestimmtes Zahlpronomen 251; Fallform 135, 136, 138, 144, 146, 147, 153, 154, 156, 704, 706, 717, 718, 719, 735, 1752, 1774; Flexion 19; Genitiv 136, 138, 153; Imperativ 70, 71; Plural 109; Possessivpronomen 218; Pronomen 123; Titel 708, 712; Verbform 34, 39
enge Apposition 664, 667; Bindestrich (Kupplungsstrich) 1355; Komma 1558, 1559; Kongruenz im Fall 703; partitiv 675, 715; auch → Apposition
englische Ausdrücke Getrennt- und Zusammenschreibung 1233
-ens Ableitung 331, 425
entgegen Präposition 408
entgegensetzende Konjunktion 417; Komma 1545
entlang Präposition 414

Entscheidungsfrage 823
entsprechend Präposition 408
Entsprechung des Gesuches 1772
entweder – oder beiordnende Konjunktion 417; Komma 1544, 1548; Kongruenz mit Personalform 758
er Personalpronomen 206, 208
-er Ableitung von Grundzahlen 248; Nomen, Plural 1709; Suffix 503; auch → Ableitung von Eigennamen auf *-er*, → Ableitung von Grundzahlen auf *-er*
-er, -ler 1640
Er hing die Bilder an die Wand, aber sie hängen schief 1728
Er versprach an die dreißig alte Leute einen hohen Gewinn 1775
Ergänzung Satzlehre 621
Ergänzungsbindestrich → Ergänzungsstrich, → Bindestrich
Ergänzungsfrage 824
Ergänzungsstrich 1328, 1411, 1418; falscher Zusammenzug 1702; fehlender 1703; Groß- und Kleinschreibung 1703; verkürzte Paarformeln 1628; auch → Bindestrich
Ergänzungszeichen 1301; Bindestrich 1328
Erkenntnis 124
-erlei Ableitung 248, 255
erlöschen 37, 1727; Präsensformen 65
ermangeln 1742
ernst, Ernst 1118, 1211
Ersatz für Genitiv 138, 705, 715, 730, 1742, 1749
Ersatzinfinitiv 58
erschrecken 37, 1727; Imperativ 71; Präsensformen 65
erstens 248
Erststellung der Personalform 817, 823, 839
erwägen 1730
erweiterter Infinitiv Komma 1577
Erweiterung Getrennt- und Zusammenschreibung 1205
Erz- 1346
es Akkusativobjekt 689, 690, 693; als Korrelat 691; Apostroph 1106, 1366, 1370; beim Passiv 85; Gebrauch als Satzglied 688; Kongruenz im Geschlecht 780; Kongruenz mit Personalform 764; Korrelat 693, 851, 1571, 1577; Personalpronomen 206, 209, 427; Platzhalter 85, 692; prädikativer Nominativ 689; Stellvertreter 689; Subjekt 640, 689; unpersönlich 690
Es gibt kein besserer Vorschlag 1736
Eszett (ß) 1067; Eigennamen 1424; Ersatz durch Doppel-s (ss) 1069; Frakturschrift 1075, 1077; Trennung 1071, 1306
etliche Indefinitpronomen 255; plus Adjektiv 322
etwa 1822
etwas Indefinitpronomen 254; plus Adjektiv 1135, 1701
etwelche plus Adjektiv 322
etymologische Trennung 522, 1303, 1314
etymologisches Prinzip Trennung 1303
Et-Zeichen (&) 1003, 1410
eu Lautlehre 5

eu, äu 1018
euch Personalpronomen 208; plus Adjektiv 322, 325, 721, 1720; Reflexivpronomen 210; Schreibung 1176, 1177
euer Personalpronomen (Genitiv) 208; Possessivpronomen 215, 217, 218, 1716; Schreibung 1176, 1177
euer, eurer Personalpronomen (Genitiv) 1717
eurige 218
Euro Plural 131, 132

F

f, v, w, ph 1090
-fach 248, 1359, 1623
Fall 10, 12; Adjektiv 315; Apposition 703; bei Präpositionen 402, 405, 415, 1777; beim Verb 27; endungslos 135, 136, 138, 144, 146, 147, 153, 154, 156; Kongruenz 658, 658, 702, 703, 722; Nomen 134; Nominalgruppe 636; partitive Apposition 716; Personalpronomen 208; Pronomen 203, 259; Reflexivpronomen 30; auch → Nominativ, → Akkusativ, → Dativ, → Genitiv
fallen 1727
fällen 1727
falls unterordnende Konjunktion 422
falsche Wortwahl 1608
falscher Anschluss Relativsätze 1787, 1789, 1791, 1793, 1794
falscher Zusammenzug Adjektiv 1783; bestimmter Artikel 1778, 1785; Demonstrativpronomen 1782; Ergänzungsstrich 1702; Possessivpronomen 1782; Präposition 1785; Relativsatz 1794; Verb, Hilfsverb 1786
Familienname → Personenname
Fantasie, Phantasie 1091
fantastisch, phantastisch 1091
Farbadjektiv 307, 325; Bindestrich (Kupplungsstrich) 1349; Großschreibung 1137, 1146
Farbbezeichnung 307, 325; Bindestrich (Kupplungsstrich) 1349; Deklination 1137; Großschreibung 1137, 1146
Farbnomen 325; Bindestrich (Kupplungsstrich) 1349; Deklination 1137; Großschreibung 1137, 1146
Fehde 1049
feind, Feind 1118
Fels, Felsen 143
feminin → weiblich, → Geschlecht
Femininum → weiblich, → Geschlecht
fern Präposition 408
fest zusammengesetzt 88
feste Fügung aus Präposition und Nomen 1222
feste Wendung mit Adjektiv 1146
fester Begriff 1160, 1170
finden 661
finit 39; auch → Personalform
Firmenname 1734; Allgemeines zur Schreibung 1420; Apostroph 1367; artikellos 1367; Bindestrich (Kupplungsstrich) 1350, 1704; Et-Zeichen (&) 1410; Genitiv 1367; Schreibung 1163
flektieren → Flexion
Flexion 10, 11, 12; Homonymie 19; innere Flexion 14; Mittel 13, 19
Flexionsendung 13, 19
Flexionsform 10
Flexionsmerkmal 10
Flexionsmittel 13, 14, 19
Flexionssuffix 13, 19
Fließlaut 6
Flur 127
Flussname Genitiv 156
folgende, folgendes Groß- und Kleinschreibung 1144; plus Adjektiv 323
Fon-, Phon-, -fon, -phon 1091
Form Nebensätze 828; Satzformen 817; Satzglieder und Gliedteile 634
Formenlehre 1, 8; auch → Wortlehre
Fot-, Phot- 1091
Fragefürwort → Interrogativpronomen
Fragehauptsatz → Fragesatz
fragen Konjugation 1731
fragendes Fürwort → Interrogativpronomen
Fragenebensatz → indirekter Fragesatz
Fragepronomen → Interrogativpronomen
Fragesatz 233, 822; indirekter Fragesatz 833; Satzschlusszeichen 1506, 1507; auch → indirekter Fragesatz
Fragezeichen 1502, 1507; Groß- und Kleinschreibung 1105; und Anführungszeichen 1537
Frakturschrift 1075
Frau Titel 708, 777
Frau, -frau 122, 504, 1632
Freiburg, Fribourg 1811
fremder Plural 111, 112, 113, 120
fremdsprachiger geografischer Eigenname 1423, 1811
fremdsprachiger Personenname 1421
Fremdwort Anführungszeichen 1240; aus dem Englischen 1233; Bindestrich (Kupplungsstrich) 1233, 1340; Fallformen 136, 140; Genitiv 136; Getrennt- und Zusammenschreibung 1233; Groß- und Kleinschreibung 1121; Helvetismus 1638; mehrteilig 1121, 1233; Plural 111, 112, 113, 114, 1706; Schreibung 1036, 1045, 1063, 1065, 1068, 1087, 1094, 1098; Stil 1606; Trennung 522, 1303, 1306, 1307, 1313, 1314; Verwechslungen 1608, 1610; Wortbildung 519
Fribourg, Freiburg 1811
Friede, Frieden 143
frug, frugst 1731
früher 1758
Fugenelement Wortbildung 515
Fugen-s 515, 516, 518
Funke, Funken 143

Funktion Nebensätze 851, 857; Satzglieder und Gliedteile 615, 620, 633
Funktionsverbgefüge 645
für Präposition 407, 684; auch → *was für ein*
fürchten Komma 1576
fürs 232
Fürwort → Pronomen, 201
Fußnote Groß- und Kleinschreibung 1103
Futur I und II 10, 53; Gebrauch 60

G

g, gg 1066
Gämse 1018
Gänsefüßchen 1531
ganz 1755
gar (gar nicht, gar niemand) 254, 1631
gären 37
Gartenbäume und -Sträucher 1703
Gasthausnamen Anführungszeichen 1533
Gattungsbezeichnung Groß- und Kleinschreibung 1162, 1163, 1170
Gattungszahlwort 248, 255
ge- 43; beim Partizip II 88; Partizip II 13, 90; Präfix 506
gebären Präsensformen 65
geben 1036, 1736; Getrennt- und Zusammenschreibung 1211; Imperativ 70; Präsensformen 65
Gebrauch Adjektiv 305; Aussageweise 68, 72, 77, 78, 80; Imperativ 72; Indikativ 68; Infinitiv 44; Konjunktiv I 77; Konjunktiv II 78; Partizip I 44; Partizip I und II 305; Partizip II 44; Passiv 84; Pronomen 204; Verb 21, 32; Zeitformen 60
Gebrauchsweise → Gebrauch
Gedanke, Gedanken 143
Gedankenstrich 1411, 1502, 1516; doppelter 1521; einfacher 1518; und Komma 1521
gedeihen 1042
Gedenket unserer! 1717
Gedichtsatz Apostroph 1369
Gefallen 124
gegen Adverb 1775; Präposition 407, 684; Strich 1327, 1411, 1413
Gegen zehntausend Kinder wurde Verkehrsunterricht erteilt 1775
gegenseitig 212
gegenüber Präposition 408
Gegenwart 60
Gehalt 127
gehen 35; einfache Formen 99
gehören Passivvariante 86
gehören zu falscher Bezug 1792; plus Relativsatz 1791
gelernt 51
gemäß Präposition 408

gemischte Konjugation 34
gemischter Konjunktiv 1649
gemischter Plural 111, 112
gemischtes Verb 34
genauso plus Adjektiv 1217
Genitiv 10, 134; adverbial 653, 1748; Apostroph 136, 153, 155, 1365, 1367; attributiv → Genitivattribut; bei Präpositionen 405, 410, 414, 1745; Eigennamen 138, 152, 156, 707, 1365, 1367; Einschränkungen, Ersatz 1742; endungslos 136, 138, 153; Ersatz 138, 413, 705, 715, 730, 1742, 1749; Farbbezeichnung 1137; Fremdwort 136; Initialwort 138; Kongruenz 703, 705, 727, 729; Kunststil 138; Kurzformen 1380, 1383; Monatsbezeichnung 138; partitiv 150, 656, 715, 1744; possessiv 656; Satzglieder und Gliedteile 650, 653, 655; Sprachbezeichnung 138, 1137; Verwandtschaftsbezeichnung 155; Werktitel 157; Wochentag 138; Zeitungstitel 157
Genitivattribut 655, 715, 1772, 1774; Einschränkungen, Ersatz 1744; falscher Bezug 1763; Kongruenz 729; Satzanalyse 696
Genitivobjekt 651, 1741; Einschränkungen, Ersatz 1743; Passiv 84
Genitiv-s 135, 136, 412; Apostroph 1365, 1367; artikellose Eigennamen 152; Eigennamen 705, 706, 707; Kurzformen 1380, 1383; Pronomen, Adjektiv 1719; Wegfall 138
Genitivus obiectivus → Objektsgenitiv
Genitivus subiectivus → Subjektsgenitiv
Genosse Titel 710
genug Adverb mit Dativobjekt 649; Indefinitpronomen 255; Kongruenz mit Personalform 766
genügend Indefinitpronomen 255
Genus → Geschlecht
Genus Verbi → Handlungsrichtung, → Passiv
geografischer Eigenname Ableitung auf *-er* 1174, 1808; Ableitung auf *-isch* 1173; Allgemeines zur Schreibung 1420; Apostroph 1365; artikellos 1365, 1747; aus anderen Sprachen 1811; Bindestrich (Kupplungsstrich) 1350, 1356, 1357; Genitiv 152, 156, 1365, 1747; Groß- und Kleinschreibung 1162; nebengeordnet 1350, 1352; Pluraletantum 107, 1734; Trennung 1810, 1810; zweisprachig 1352
Gerade 325
gereihte Hauptsätze 1548
gereihte Nebensätze 1549, 1566
gern, gerne Komparation 431
gerochen (rächen) 1732
Gerundiv Partizip I mit *zu* 47, 1770
gesalzen, gesalzt 36
Geschlecht 10; Adjektiv 315; Bruchzahlen 1646; Helvetismen 1644, 1645; homonyme Nomen 123; Kongruenz 775; Maßbezeichnungen 1646;

natürliches → Sexus; Nomen 102; Personenbezeichnungen 773; Pronomen 203, 259; schwankendes 104
geschlechtsneutral Nomen 773, 1626, 1629; Pronomen, Adjektiv 774, 1630
Geschlechtswort → Artikel
Gesicht 126
gesinnt, gesonnen 1805
gespalten, gespaltet 36
gespiesen (speisen) 1733
gestern 1122, 1154
Gesucht sprachkundigen Korrespondenten 1751
getrauen 1740
Getrennt- und Zusammenschreibung 1201; Ableitung von Grundzahlen auf *-er* 1228; Ableitungen von geografischen Eigennamen auf *-er* 1225; Adjektiv 1214, 1216; Adjektivgruppe 1224; Adverb 1213; Anglizismen 1233; Fremdwort 1233; Infinitivgruppe 1224; Partizip 1215, 1216; Partizipgruppe 1224; Präposition und Nomen 1222; Prinzipien 1202; Straßennamen 1426; Verb 1206
Geviertstrich 1411; als Gedankenstrich 1516
Gewähr leisten, gewährleisten 1211
gewaltete Diskussion 1765
gewohnt, gewöhnt 1804
geworden, worden 90
gewunken (winken) 1733
gibst, gibt 1036, 1736
Glaube, Glauben 143
glauben 24; Komma 1576
gleichgerichtete Adjektive parallele Deklination 319, 321
Gleichheit 419
Gliederung von Zahlen 1404, 1405
Gliederungszeichen 1301; Bindestrich (Kupplungsstrich) 1333, 1334, 1704
Gliedsatz 851
Gliedteil 615, 619, 631; bei Konjunktion 685; bei Präposition 633, 682; Funktion, Abhängigkeit 620; Kern 615, 634; Reihung 812; Satzanalyse 695, 696; Überblick 635
Gliedteilsatz 851
glimmen 36
Globus Plural 117
GmbH 1734
gn Trennung 1307
Grad Nebensatz 1565, 1566; von Attributen 1170; von Nebensätzen 804, 864, 868
Grad Kongruenz mit Personalform 763
Gradzeichen 1360
Graf-, Graph-, -graf, -graph 140, 1091
gram 1118
Grammatik und Stil 1602, 1607
grammatische Bestimmung Adjektiv 334; Nomen 159; Partikel 433; Pronomen 259; Verb 95

grammatisches Merkmal 10
grammatisches Prinzip 1008; Apostroph 1363; Bindestrich (Kupplungsstrich) 1333; Getrennt- und Zusammenschreibung 1202; Groß- und Kleinschreibung 1102; Trennung 1303; Zeichensetzung 1501
Graphematik 1
gräulich 1018
Grenzzeichen 1301
groß Komparation 330
Groß- und Kleinschreibung Ableitungen von Eigennamen 1173; Ableitungen von geografischen Eigennamen auf *-er* 1174; Adjektiv 1160, 1170, 1701; Adjektiv und Partizip 1118, 1133; Eigennamen 1159, 1171; Ergänzungsstrich 1330, 1703; Farbbezeichnungen 1137, 1146; nach Briefanrede 1114; Nomen und Nominalisierungen 1116; Paarformeln 1138, 1139, 1146; Partikel 1154; Possessivpronomen 1177; Pronomen 1148, 1175; Satzanfang 1103; Sprachbezeichnungen 1137, 1139, 1146; Straßennamen 1431, 1432, 1433; Superlativ 1141; Überblick 1101; Verb 1130; verkürzte Paarformeln 1628; Zahlwort 1136, 1143, 1144, 1151, 1153
Großbuchstabe 1002; Eszett 1069; auch → Groß- und Kleinschreibung
Großbuchstabenabkürzung → Initialwort
größer Komparativform 330
Groß-I-Schreibung 1628; Trennung 1310
Grund Adverbiale 628
Grundform 9
Grundform (des Verbs) → Infinitiv
Grundmuster des deutschen Satzes 816, 818
Grundstufe (der Steigerung) → Positiv, → Komparation
Grundvokal 4; Flexion 14
Grundwort 511; Ergänzungsstrich 1329, 1331
Grundzahl (Kardinalzahl) 247; Ableitung auf *-er* 1228; Groß- und Kleinschreibung 1151, 1153; in Eigennamen 1171; mit Adverb 1775; nominalisiert 1152
Grußformel Groß- und Kleinschreibung 1158
gs, x, chs, cks, ks 1093
Guillemets 1373, 1531
gut Komparation 330

H

haben 35; einfache Formen 98; Gebrauch 32; Hilfsverb 22, 50, 53, 55; Komma 1576; modifizierendes Verb 24
Hahn 126
halb 248; Getrennt- und Zusammenschreibung 1220
-halb falscher Zusammenzug 1702
halber Getrennt- und Zusammenschreibung 1154; Präposition 411
Halbgeviertstrich 1411, 1412; als Gedankenstrich 1516
Hälfte 762

halt Interjektion 432
Halt machen, haltmachen 1211
halten Getrennt- und Zusammenschreibung 1211
haltmachen, Halt machen 1211
Handlungsrichtung 10, 83; auch → Passiv
hangen, hängen 37, 1728
hauen 37
Haufe, Haufen 142, 762
Häufige Fehler und Zweifelsfälle 1701
Hauptsatz 803, 805, 864; elliptisch 861, 863, 1584; Komma 1548; Reihung 1548; Satzarten 819; Zeichensetzung 1514, 1550, 1551; zusammengezogen 866
Hauptsatzart → Satzart
Hauptsatzform → Satzform, → Satzart
hauptsatzwertige Infinitivgruppe 843, 862
haushalten, Haus halten 1211
Heil Kräuter! 1704
heim- 1210
heißen 661; Akkusativ mit Infinitiv 662; Fall des Prädikativs 659
-heit 1032
Hektar, Hektare 1646; Geschlecht 104
helfen 25; Ersatzinfinitiv 59; Imperativ 70; Komma 1576; Konjunktiv II 76; Präsensformen 65
Helvetismus 1636; Deklination 1644, 1645, 1647; *-er* und *-ler* 1640; Geschlecht 1644, 1645; Maßbezeichnungen 1646; Pluralformen 1647; Verbalnomen 1642; Wortbedeutung 1643, 1644; Wortschatz 1639; auch → Dialekt
her- Trennung 1313; Verwendung 1806
Heraldik 1349
herausgehobene Satzglieder Komma 1552, 1554
Heris-au oder Heri-sau? 1810
Herr 139, 145, 1380; Titel 708, 710
Herz 142, 143
heute 1122, 1154
hie-, hier- Pronominaladverb 427, 680
hier Pronominaladverb 426
Hilfsverb 22, 53, 55; falscher Zusammenzug 1786; Passiv 83
Hilfszeichen 1005, 1301
himmelangst 1118
hin- Trennung 1313; Verwendung 1806
hingegen Komma 1545
hinsichtlich Präposition 411
hinter Präposition 409
hinter- trennbare oder untrennbare Verben 91
hinweisendes Fürwort → Demonstrativpronomen
historisches Ereignis Groß- und Kleinschreibung 1169
hoch Komparation 330
Hochsprache Apostroph 1364, 1370; und Dialekt 1633
Höchststufe → Superlativ, → Komparation
hoffen 24; Komma 1576
Höflichkeitsform 1175, 1177; Personalpronomen 207

Höflichkeitsgroßschreibung 1175, 1177
Hoheit 1032
höher Komparativform 330
Höherstufe → Komparativ, → Komparation
Homonymie 18; Flexion 19; Nomen 123
Homonymieprinzip 1008; Buchstabenschreibung 1016; Getrennt- und Zusammenschreibung 1203; Groß- und Kleinschreibung 1102
hören 25; Akkusativ mit Infinitiv 662; Ersatzinfinitiv 59
hundert, Hundert 1153
Hundertstel 248, 1125

I

i, ii, ie, ih, ieh 1014, 1022, 1031, 1034, 1035, 1043
i, j, y (Konsonanten) 1082
i, y (Vokale) 1081
ich nach Relativpronomen 740; Personalpronomen 206, 208; plus Adjektiv 322, 325, 673, 673, 721, 1720
Ich-Laut 7
Ideogramm 1003, 1401
-ies, -ys 120
-ig 1220, 1799; Suffix 505, 513
ihm Personalpronomen 208
ihn Personalpronomen 208
ihnen Personalpronomen 208
ihr beim Imperativ 72, 640; nach Relativpronomen 740; Personalpronomen 206, 208; plus Adjektiv 322, 325, 721, 1720; Possessivpronomen 215, 217
ihr, Ihr Schreibung 1175, 1176, 1177
ihrer Personalpronomen (Genitiv) 208
ihrerseits, Ihrerseits Groß- und Kleinschreibung 1175
ihresgleichen, Ihresgleichen Groß- und Kleinschreibung 1175; Indefinitpronomen 254
ihretwegen 209
ihrige 218
im 232; plus Adjektiv 1146
im Allgemeinen 1146
im Dunkeln 1146
Imperativ 10, 53, 821; Formen 69; Gebrauch 72; Subjekt 72
Imperativsatz 821; gereiht 1549; Komma 1549; Satzlehre 603
in Präposition 409, 684
-in 504, 773, 779, 1065, 1310, 1626, 1632
in Bezug auf Schreibung 1222
In den Ferien abwesend 1814
In der Ferne boll ein Hund 1732
In etwa 1822
in- und außerhalb 1702
indefiniter Artikel → Artikel
indefinites Adverb 426
Indefinitpronomen 252; Artikelprobe 253; Genitiv 1719; Kongruenz im Geschlecht 781; plus Adjektiv 674,

1135, 1701; plus Apposition 674; Pronomen 255; Schreibung 1148
indem unterordnende Konjunktion 422
Indikativ 10, 53, 62; Formen 63; Gebrauch 68; indirekte Rede 81; auch → Aussageweise
indirekte Rede 837, 838; Indikativ 81; Komma 1595; Konjunktiv 80, 1648
indirekter Fragesatz 233, 817, 833; Satzschlusszeichen 1507
infinit 40
Infinitiv 9, 54, 58; als Prädikatsteil 608; als Subjekt 747, 1569; Bindestrich (Kupplungsstrich) 1344; Form 41; Gebrauch 44; grammatische Bestimmung 95; Groß- und Kleinschreibung 1130; Komma 1567; Konjugationsart 34; mehrteilig (zusammengesetzt) 54, 83, 95; mit Verbzusatz 88; nichtsatzwertig 1572, 1576; nominalisiert 44, 636; Passiv 83; satzwertige Infinitivgruppe 840; Stellung 613, 818, 829, 840; verschränkt 1575
Infinitiv Passiv 83
Infinitiv Perfekt 54
Infinitiv Präsens 54
Infinitivgruppe adverbial 1568; als Subjekt 747, 1569; attributiv 1570; Bindestrich (Kupplungsstrich) 1224, 1344; Getrennt- und Zusammenschreibung 1224; hauptsatzwertig 843, 862; Komma 1567; Kongruenz 660, 734; mit Konjunktion 423, 840, 1568; nichtsatzwertig 1572, 1576; nominalisiert 1131, 1224, 1344; satzwertig, nebensatzwertig 840; verschränkt 1575
Infinitivpartikel → *zu* (Verbpartikel)
Infinitivsatz → Infinitivgruppe
infolge Gebrauch 1816; Präposition 411
Initialwort 1374; Apostroph 1368; Bindestrich (Kupplungsstrich) 1358, 1360; Genitiv 138; Groß- und Kleinschreibung 1127; Schreibung 1381; Trennung 1320
-innen, -Innen 1626
inner- und außerhalb 1702
innere Ableitung 507
innere Abwandlung 14
innere Flexion 14
innerhalb falscher Zusammenzug 1702; Präposition 411
ins 232
Interjektion 432; Groß- und Kleinschreibung 1154, 1158; nominalisiert 1157; Satzäquivalent 863; Zeichensetzung 1506, 1550, 1551
Intermezzo Plural 113, 1706
Interpunktion 1004, 1501; auch → Zeichensetzung
interrogatives Adverb 426, 824
interrogatives Pronominaladverb 833
Interrogativpronomen 233, 428, 824, 833; Stellung 817
intransitiv 28, 1727, 1769, 1772; Hilfsverb 55; Partizip I mit *zu* 47; Partizip II 49; Passiv 29, 84
irgendein Indefinitpronomen 255
irgendetwas Indefinitpronomen 254

irgendjemand Geschlecht 260; Indefinitpronomen 254
irgendwas Indefinitpronomen 254
irgendwelche Indefinitpronomen 255; plus Adjektiv 322
irgendwer Geschlecht 260; Indefinitpronomen 254
irre- 1210
-isch, -sch 1173, 1354, 1357, 1367, 1799, 1809

J

ja 1158; Adverb 1551; Interjektion 432; Konjunktion 1551; Zeichensetzung 1550, 1551
Ja 1158, 1821
Ja sagen, ja sagen 1158
Jahr Getrennt- und Zusammenschreibung 1228, 1229
Jahre nach Christi 1714
Jahreszahl 1403; Apostroph 1406
jammerschade 1118
jawohl Interjektion 432
je Präposition 407; Schrägstrich 1411; unterordnende Konjunktion 422
je ein Kongruenz mit Personalform 765
jeder Genitivform 1719; Indefinitpronomen 255
jeder Beliebige Groß- und Kleinschreibung 1144
jedermann 1631; Geschlecht 260; Groß- und Kleinschreibung 1148; Indefinitpronomen 254
jedoch beiordnende Konjunktion 417; Komma 1545; Strichpunkt 1514
jedweder Indefinitpronomen 255
jeglicher Indefinitpronomen 255
jemand 1631; Geschlecht 260; Indefinitpronomen 254; Kongruenz im Geschlecht 781; plus Adjektiv 781
jener, jene, jenes 224; Genitivform 1719
jenseits Präposition 411
Jesus Christus 1714
Jubilar Fallformen 141; Plural 118
Jung und Alt 1138
Junior Fallformen 141; Plural 119

K

k, kk, ck, cc 1061, 1062, 1066
Kaktus Plural 111, 117
Kalendertage 1168
Kardinalzahl → Grundzahl
Kasus → Fall; auch → Nominativ, → Akkusativ, → Dativ, → Genitiv
kein, keine Genitivform 1719; Indefinitpronomen 255; plus Adjektiv 322
kennen Konjunktiv II 76
kennen lernen, kennenlernen 1209
Kern des Gliedteils 615, 634; des Prädikats 606; des Satzes 605; des Satzglieds 615, 619, 634
Kiefer 127

klafterweise 1759
Klammern 1502, 1527; bei Wortteilen 1530; bei Zahlen 1409; eckige 1529; und Komma 1528; und Punkt 1528
klasse, **Klasse** 1118
Kleinbuchstabe 1002; Eszett (ß) 1069; auch → Groß- und Kleinschreibung
Kleinschreibung → Groß- und Kleinschreibung
Klima Plural 111, 116
Know-how 1236
Koffer 104, 1709
kohärente Infinitivgruppe 1567
Kollege Titel 710
Komma 1502, 1541; Adjektiv 1546, 1546, 1556, 1578, 1582; adversative Konjunktionen 1545; Anreden und Ausrufe 1550, 1551; Apposition 1557; bei *als, wie* 1544, 1552, 1563, 1587; bei *bevor, nachdem* 1591; bei *bis, seit, während* 1586; bei indirekter Rede 1595; bei *und/oder* 1544, 1548, 1566, 1589, 1592; bei Zahlen 1404; Beinamen 1558; Briefanrede 1115; Datum 1562; Einschub 1551, 1555; Ellipse 1584; entgegensetzende Konjunktionen 1545; gereihte Hauptsätze 1548; gereihte Nebensätze 1549, 1566; Hauptsätze 1592; herausgehobene Satzglieder 1552, 1554; Infinitive und Infinitivgruppen 1567; Konjunktionen 1544; Korrelate 1571; mehrteilige Nebensatzeinleitungen 1590; nachträgliche genauere Bestimmung 1553, 1555; Nebensätze 1565; Ortsangaben 1561; Partizip 1556, 1578, 1582; Partizip- und Adjektivgruppen 1564, 1578; Reihung 1543; Reihung von Satzgliedern und Nebensätzen 1589; Titel und Personenname 1559; und Anführungszeichen 1535, 1537, 1539, 1540; und Gedankenstrich 1521; Verweiswort 1547; Verweiswörter 1571, 1577; Zusatz (Nachtrag) 1551, 1552, 1553, 1555, 1564, 1580; Zusatz mit *wie* 1563
Komma Plural 116
Kommissar Fallformen 141; Plural 118
Komparation 10, 12; Adjektiv 326, 1216, 1725, 1726; Adverb 431; Partizip I und II 1216, 1219, 1220, 1725, 1726; Verbindung aus Adjektiv und Partizip 333
Komparativ 10, 326
Komposition → Zusammensetzung
Kompositum → Zusammensetzung
Kongruenz 701; Adjektiv 315; Akkusativ 661; Apposition 703, 1752, 1753, 1754, 1758; im Fall 658, 702, 703, 722, 1752–1758; im Geschlecht 773, 775, 1632; im Nominativ 659; in der Person 737; in der Zahl 742, 772; Konjunktionalgruppe 722, 1752–1757; Maßbezeichnung 716; Mengenbezeichnung 716; Nominalgruppe 658, 703; partitive Apposition 716; Pronomen 203; Subjekt und Personalform 737, 742
Konjugation 12, 20; schwankend 36
Konjugationsart 34, 35, 1727, 1728, 1731, 1732, 1733; auch → starke Konjugation, → schwache Konjugation

Konjunktion 416; anreihend 417; ausschließend 417; begründend 417; bei Infinitivgruppe 423, 840, 1568; bei mehreren Subjekten 738; beiordnend 417, 420, 685; entgegensetzend (adversativ) 417; Getrennt- und Zusammenschreibung 1202, 1217; Groß- und Kleinschreibung 1154; in Eigennamen 1172; Komma 1548, 1552, 1555, 1563, 1566, 1568, 1586, 1589, 1590, 1595; Kongruenz mit Personalform 748; nominalisiert 1157; Partizipgruppe 846; Satzanalyse 696; Stellung 685; Strichpunkt 1514; unterordnend 420, 421, 423, 830, 840, 846; vergleichend 417, 419
konjunktionale Infinitivgruppe 423, 840, 1568
Konjunktionalgruppe 418, 634, 685, 686; Komma 1552, 1563; Kongruenz im Fall 722, 1752, 1754, 1755, 1756, 1757; Kongruenz im Geschlecht 775; Kongruenz mit Personalform 767; Unterlassung der Falldeklination 144
Konjunktionalsatz 421, 817, 830, 834
konjunktionsähnliches Adverb 420
Konjunktiv gemischter 1649
Konjunktiv I 10, 53, 62; Formen 73, 74; Gebrauch 77; indirekte Rede 80, 836, 838, 1648; auch → Aussageweise
Konjunktiv II 10, 53, 62; Formen 73, 75; Gebrauch 78; indirekte Rede 80, 1648; würde-Form 79, 80; auch → Aussageweise
können 23, 35; einfache Formen 100; Ersatzinfinitiv 58; Konjugationsart 34; Konjunktiv I 74
Konsonant drei gleiche Buchstaben 1023, 1025, 1071; Lautlehre 3, 6; Schreibung 1033, 1082; s-Schreibung 1067, 1075; Verdoppelung 1061, 1067, 1072
Kontamination 1611
Konto Plural 112
kopf- 1210, 1211
kopfrechnen 1211
kopfstehen 1210
Korrektor Fallformen 141; Plural 119
Korrelat 851; *es* 691, 693; Komma 1571; Pronominaladverb 693; Satzanalyse 693
Korrigenda, Korrigendum 115
kosten 1738
kraft Präposition 411
kriegen Passivvariante 86
Kristall 124
Krüppelsätze 1795
ks, gs, x, chs, cks 1093
kündigen 1711
Kunststil Genitiv 138
Kupplungsstrich 1333, 1334, 1411, 1704; Abkürzungen, Einzelbuchstaben, Ziffern 1358, 1360; Ableitungen 1357; Adjektiv 1347, 1356; Anglizismen 1233; drei gleiche Buchstaben 1025; Eigennamen 1350; Fremdwort 1233; Groß- und Kleinschreibung 1120, 1121; nebengeordnete Adjektive 1220; Nomen

1335, 1350, 1704; nominalisierter Infinitiv 1131, 1224; Straßennamen 1428; vor Suffix (Endung) 1359; auch → Bindestrich
Kürzel 1374; Schreibung 1127, 1375
kurzer Vokal Lautlehre 4; Schreibung 1061, 1067
Kurzform 1374; Abkürzung 1374, 1376; Deklination 1380, 1383; Groß- und Kleinschreibung 1126; Initialwort (Buchstabenwort) 1374, 1381; Kürzel 1374, 1375

L

l, ll 1066
Landmann, Landsmann Bedeutung 517; Plural 122
langer Vokal Lautlehre 4; Schreibung 1028, 1034, 1044, 1060, 1067
Langform Demonstrativpronomen 222, 1723, 1724, 1750; Interrogativpronomen 235; Relativpronomen 242, 245, 1723, 1724, 1750
Lang-s 1075, 1076, 1077
längs Präposition 414
lassen 25; Akkusativ mit Infinitiv 662; einfache Formen 99; Ersatzinfinitiv 59; mit Infinitiv 1209
laufen Getrennt- und Zusammenschreibung 1211
laut Präposition 414
Laut 3; und Buchstabe 1013, 1014, 1016, 1017; Wortlehre 8
Lautlehre 1, 3, 7
Lautprinzip 1008; Buchstabenschreibung 1013; Trennung 1302; Zeichensetzung 1501
Lautverbindung 1014
Legende Groß- und Kleinschreibung 1103; Punkt 1505
lehren 25, 1132, 1739; Akkusativ mit Infinitiv 662
-lei 248, 255
leid, Leid 1118, 1210, 1211
leidtun 1210, 1211
-lein 502, 1032
-ler, -er 503, 1640
lernen 25
letzter, Letzter 1136
Letztstellung der Personalform 817, 818, 823, 824, 826
Leute, -leute 103, 107, 122, 1629
Leutnant 140
-lich 1799
lieber Komparativ 431
liegen Hilfsverb 57; Partizip II 51
Lie-stal oder Lies-tal? 1810
links Präposition 411
Liquida 6; Trennung 1307
Liter 1646; Dativ Plural 148; Geschlecht 104
Literaturangabe Komma 1561
lockere Apposition 664, 665; Beschränkungen im Genitiv 1746; Datum 714; Komma 1557, 1559; Kongruenz im Fall 703, 1752, 1753, 1754, 1758; Kongruenz mit Personalform 769; auch → Apposition

logische Bestimmung des Satzes → Satzanalyse
löschen 37, 1727; Präsensformen 65
Luftseilbahnprojekt auf den Pilatus 1763

M

m, mm 1066
-ma 116
machen Getrennt- und Zusammenschreibung 1211
Magistrat 140
Magnet 141
mahlen 1054
Majestätsplural 1177
Majuskel 1002; Eszett (ß) 1069; auch → Groß- und Kleinschreibung
mal, Mal, -mal 248, 1054, 1410; Getrennt- und Zusammenschreibung 1230
malen 1054
-malig 248
-mals 1231
Malzeichen 1410
man 1631, 1718; Geschlecht 260; Indefinitpronomen 254; Passiv 84
man/frau 1631
manch, manche Genitivform 1719; Indefinitpronomen 253, 255; plus Adjektiv 322
mangels Präposition 411
Mann, -mann 122, 129, 504, 1632
männlich 10; Nomen 102; Personenbezeichnung 504, 773, 1626, 1632; auch → Geschlecht
Maria, Mariä 1715
maskulin → männlich, → Geschlecht
Maskulinum → männlich, → Geschlecht
Maß Adverbiale 630, 646, 1738
Maß halten, maßhalten 1211
Maß Geschlecht 104
Maßbezeichnung 656; Abkürzung 1326, 1378, 1403; angelsächsische 1378; Apposition 675; auf -er, -el 125, 129, 148, 1646; Dativ Plural 147; Geschlecht 1646; internationale 1126, 1378; Kongruenz im Fall 716; Kongruenz mit Personalform 763; mit Bruchzahl 1125; Plural 125, 129; plus Gemessenes 715; Sonderzeichen 1403; Ziffern 1326, 1403; auch → Währungsbezeichnung
Maßeinheit → Maßbezeichnung
maßhalten, Maß halten 1211
Maxima, Maximum 115
maximal 1725
mehr Komparativform 330; Zahladjektiv 253, 303
mehr als Kongruenz mit Personalform 767
mehrere Groß- und Kleinschreibung 1148; Indefinitpronomen 255; plus Adjektiv 322
mehrfache Unterordnung Nebensätze 864; Satzglieder und Gliedteile 695

mehrteilige Nebensatzeinleitung Komma 1590
mehrteiliger Eigenname 706, 1159, 1352, 1355, 1356
mehrteiliger Infinitiv 54, 83, 95
mehrteiliger Personenname 706
mehrteiliges Fremdwort 1121, 1233
Mehrzahl → Plural, → Zahl (Numerus)
mein Possessivpronomen 215, 217, 218
mein, meiner Personalpronomen (Genitiv) 1717
meiner Personalpronomen (Genitiv) 208, 1717
meinesgleichen Indefinitpronomen 254
meinetwegen 209
meinige 218
Menge 762
Mengenbezeichnung 656; Apposition 675; Kongruenz 716; Kongruenz mit Personalform 763; plus Gemessenes 715; auch → Maßbezeichnung
-ment Plural 1647
Merkmal 10
Metapher 1613
Meteor Geschlecht 104; Plural 119
Meter, -meter 125, 129, 1646; Dativ Plural 148; Geschlecht 104
mich Personalpronomen 208; plus Adjektiv 322, 325, 721, 1720; Reflexivpronomen 30, 210
Million, Milliarde Abkürzung 1376; Zahlnomen 248
minder Komparativform 330
minimal 1725
Minimum, Minima 1706
Minuskel 1002; Eszett 1069; auch → Groß- und Kleinschreibung
Minusstrich 1411
minutiös, minuziös 1088
mir Personalpronomen 208; plus Adjektiv 322, 325, 721, 1720; Reflexivpronomen 30, 210
Mischung von s- und n-Deklination 142
miss- Präfix 506
missglückte Metaphern 1613
mit Partikel 435; Präposition 408, 684
Mit freundlichen Grüßen 1505
mithilfe, mit Hilfe 1222
Mitlaut 6; auch → Konsonant
mitsamt Präposition 408
Mittag Trennung 1026, 1305
Mittel der Flexion 13
Mittelfeld 816
Mittelform → Partizip I, → Partizip II
mittels Präposition 411
Mitternacht 1122
Modalverb 23, 58; einfache Formen 100
modifizierendes Verb 24, 58; Komma 1572
Modus → Aussageweise
mögen 23, 35; einfache Formen 100; Ersatzinfinitiv 58; Gebrauch 32; Konjugationsart 34; Konjunktiv I 74

Möglichkeitsform → Konjunktiv I, → Konjunktiv II
-möglichst 333, 1726
Moment 124
-monatig, -monatlich 1799
Monatsbezeichnung Genitiv 138
Montag ganzer Tag geschlossen 1737
morgen, Morgen 1122, 1154
Morphologie 1; auch → Wortlehre
Motor Plural 119
Multiplikation 1231, 1410
Münchener, Münchner 1808
Mundart Apostroph 1371; und Hochsprache 1633; auch → Dialekt, → Helvetismus
Münzbezeichnung Plural 131; auch → Währungsbezeichnung
Murmellaut, Murmelvokal 5
müssen 23, 35; einfache Formen 100; Ersatzinfinitiv 58; Konjunktiv I 74
Muta 7; Trennung 1307
Muta cum Liquida 1307
Mutter 126

N

n, nn 1066
nach Präposition 408, 684
nach rückwärts, nach vorwärts 1813
Nachbar 141
nachdem Gebrauch 1817; Komma 1591; unterordnende Konjunktion 422
Nachfeld 818; Komma 1553
nachklappende Verben 1788
Nachmittag 1122
Nachsilbe → Endung, → Suffix
nächst Präposition 408
nächster, Nächster 1136
Nacht 1124
Nächtlicherweise 1760
Nachtrag Komma 1541, 1553, 1555, 1564; mit *wie* 733, 1563; auch → Zusatz
nachträgliche genauere Bestimmung 1553, 1555
nah Komparation 330
nahe Präposition 408
näher Komparativform 330
Name → Eigenname, → Personenname, → geografischer Eigenname, → Firmenname
Name, Namen 143
namens Präposition 411
namentlich Komma 1555
nämlich 1054; beiordnende Konjunktion 417; Komma 1555
Nasenlaut 6
n-Deklination 135, 139, 142, 704, 735; auch → Unterlassung der Falldeklination

neben Präposition 409
nebengeordnet → Nebenordnung
Nebenordnung Adjektiv 1220, 1349; Bindestrich (Kupplungsstrich) 1343, 1346, 1349; Eigennamen 1350, 1352; Nomen 1343, 1346, 1419; Schrägstrich 1343, 1417, 1419
Nebensatz 803, 813, 864; elliptisch 861, 1584; Form 828, 829; Funktion 851, 857; Grad der Unterordnung 804; Komma 1549, 1565, 1566; Korrelat 691, 693; Reihung 1549, 1566; satzwertige Infinitivgruppe 840; Stellung im Satzgefüge 814, 815, 818; uneingeleitet 835, 839; zusammengezogen 811, 866
Nebensatzart 828; Form 829; Funktion 851, 857
Nebensatzform 829
Nebensatzplatzhalter 691; auch → Korrelat
Nebensatzreihe 809, 865, 867; Zeichensetzung 1549, 1566
Nebensatzverbindung 809, 865, 867; Zeichensetzung 1549, 1566
nebst Präposition 408
nehmen einfache Formen 99; Imperativ 70
nein 1158; Interjektion 432
Nein 1158, 1821
Nein sagen, nein sagen 1158
nennen 661; Konjunktiv II 76
Nennform 9
neutral → sächlich, → Geschlecht
Neutrum → sächlich, → Geschlecht
nicht Kongruenz mit Personalform 743; Satzanalyse 696
nicht – noch Kongruenz mit Personalform 757
nicht – sondern Kongruenz mit Personalform 756
nicht nur – (sondern) auch beiordnende Konjunktion 417; Kongruenz mit Personalform 756
nichtdekliniertes Adjektiv 307, 310, 311, 313, 314
nichts plus Adjektiv 1135, 1701
nichts als Kongruenz mit Personalform 767
nichtsatzgliedwertiger Nebensatz 857
nichtsatzwertige Infinitivgruppe 1572, 1576
niemand 1631; Geschlecht 260; Groß- und Kleinschreibung 1148; Kongruenz im Geschlecht 781; plus Adjektiv 781
-nis Suffix 1072
Nomen 12, 101, 636; Apostroph 1365, 1367, 1368, 1369; Bindestrich (Kupplungsstrich) 1335, 1350, 1357, 1704; Deklinationsart 135; drei gleiche Buchstaben 1025; Ergänzungsstrich 1330; Fall 134; Genitiv 1365, 1367, 1368, 1742, 1749; Getrennt- und Zusammenschreibung 1210, 1231; grammatische Bestimmung 159; Groß- und Kleinschreibung 1117; nebengeordnet 1419; unübersichtliche Zusammensetzungen 1335; Zusammensetzungen mit Abkürzungen, Einzelbuchstaben, Ziffern 1358, 1360; auch → Nominalgruppe
Nomen auf *-er, -el* Geschlecht 1646; Plural 1709

Nominalgruppe 634, 636; Apposition 664; im Akkusativ 643, 644, 646, 661; im Dativ 648; im Genitiv 650, 651, 653, 655, 1742, 1750; im Nominativ 638, 639, 641, 659; Kongruenz im Fall 658, 703, 722; mit Konjunktion 685, 686, 696; mit Präposition 683, 696; auch → Nomen
nominalisierte Infinitivgruppe 1344; Groß- und Kleinschreibung 1131
nominalisierter Infinitiv 44, 636; Getrennt- und Zusammenschreibung 1224; Groß- und Kleinschreibung 1130
nominalisiertes Adjektiv 305, 308, 324, 636; als Titel 710, 713; Getrennt- und Zusammenschreibung 1224; Groß- und Kleinschreibung 1134; nach Personalpronomen 325, 721, 1720; partitive Apposition 720
nominalisiertes Partizip I und II 305, 308, 324, 636; als Titel 710, 713; Getrennt- und Zusammenschreibung 1224; Groß- und Kleinschreibung 1134; partitive Apposition 720
Nominalisierung als Eigenname 1159; Getrennt- und Zusammenschreibung 1224; Groß- und Kleinschreibung 1116; Nominalgruppe 636; Partikel 1157; Possessivpronomen 1150; Pronomen 1149; Zahlpronomen 1152; auch → nominalisiertes Adjektiv, → nominalisierter Infinitiv, → nominalisiertes Partizip I und II
Nominativ 10, 134; absoluter 862; Anrede 641; Kongruenz 659, 703, 724; prädikativer 659; Satzglieder und Gliedteile 638, 639, 641, 659, 662; Subjekt 639, 639
nottun 1210
null 247; Schreibung 1151
Nulldeklination 135, 136
Numeralpronomen → Zahlpronomen
Numerus → Zahl (Numerus)
Nummer 1402, 1406, 1408, 1409; Apposition 671
Nummerierung 1408, 1409

O

o, oo, oh, ö, öh 1025, 1028, 1044, 1056
ob Präposition 414; unterordnende Konjunktion 422, 830, 834
Obacht geben 1211
oberhalb Präposition 411
obgleich unterordnende Konjunktion 422
Objekt Adverbgruppe als Objekt 680; als Nebensatz 853; Bezug auf Objekt 622, 661; Dativobjekt 649; Funktion 621; Genitivobjekt 651; im Akkusativobjekt 644; Korrelat 691, 693; Präpositionalgruppe 682, 684; unpersönlich 690
Objektsatz 851, 853; Korrelat 691, 693
Objektsgenitiv 656, 1772, 1773
Objektsprädikativ 622; resultativ 1214
obliegen 93

obschon unterordnende Konjunktion 422
obwohl bei Partizipgruppe 423, 846; unterordnende Konjunktion 421, 422
Occasion 1638
oder beiordnende Konjunktion 417; Einsparung des Artikels 1781; Komma 1544, 1548, 1566, 1589, 1592; Kongruenz mit Personalform 758; Schrägstrich 1417
offenbar 1801
oft, öfter, öfters 253, 431, 1759
ohne bei Infinitivgruppe 423, 842; Komma 1568; Präposition 407
ohne dass unterordnende Konjunktion 422
ohne Skrupeln 1709
ohne weiteres, ohne Weiteres 1145
Oltner, Oltener 1808
optimal 1725
-or 119, 141
orange 307
Ordnungszahl (Ordinalzahl) Adjektiv 248, 303; Groß- und Kleinschreibung 1136; in Ziffern 1325; plus Relativsatz 1793; Punkt 1407; Ziffern 1403
Ort 126; Adverbiale 626, 630, 646
Orthografie 1001
Ortsangabe Komma 1543, 1561
Ortsname 1422, 1808, 1812; Eszett (ß) 1424; Genitiv 152; Trennung 1810; auch → geografischer Eigenname
Ostern 1647
Otter 127
Oxy-, Oxyd, Oxid 1081

P

p, b 1089
p, pp 1066
Paar 248, 1148
paar (ein paar) Groß- und Kleinschreibung 1148; Indefinitpronomen 255
Paarformel Apostroph 1368; Groß- und Kleinschreibung 1138, 1139, 1146; Kasusformen 144; Kongruenz 753; Personenbezeichnungen 776, 1627; Sparschreibungen 1628; Trennung 1310
paarig Satzzeichen 1502
Pack 124
Papiersprache 1606
Paragrafzeichen 1410
parallele Deklination Adjektiv 319, 321
Parenthese 808, 838; elliptisch 861; Komma 1551
Park 1647
Partikel 12, 401, 1713; auf *-s* 654; Bindestrich (Kupplungsstrich) 1236; Geschlecht 104; Getrennt- und Zusammenschreibung 1212, 1222, 1236; grammatische Bestimmung 433; Groß- und Kleinschreibung 1118, 1154; in Eigennamen 1172; nominalisiert 1157; Verbpartikel → *zu* (Verbpartikel); auch → Adverb, → Interjektion, → Konjunktion, → Präposition
partitiver Apposition 675, 715
partitiver Genitiv 150, 656, 715; Einschränkungen, Ersatz 1744
Partizip I als Prädikatsteil 610; attributiv 45; Form 42; Gebrauch 45; auch → Partizip I und II, → Partizipgruppe
Partizip I und II adjektivischer Gebrauch 304, 678, 683, 1764, 1765, 1770; adverbial 305, 311, 678; als Titel 710, 713; Apostroph 1368; attributiv 44, 305, 306, 678, 848, 1582, 1764, 1765, 1770, 1797; Bezug 847; Deklination 306, 308, 313; elliptisch 862; falscher Bezug 1761, 1796; freier Gebrauch 1798; Gebrauch 44; gereiht 1546; Getrennt- und Zusammenschreibung 1215, 1216; Groß- und Kleinschreibung 1133; Komma 1546, 1552, 1556, 1564, 1578, 1582, 1585; Komparation 332, 1086, 1219, 1220, 1726; mit Konjunktion 686; mit Präposition 683; nominalisiert 305, 308, 324, 636, 710, 713, 1134; partitive Apposition 716, 720; prädikativ 44, 305, 310, 678; satzwertig 844; Stellung 613, 829; Superlativ 1219, 1220; auch → Partizip I, → Partizip II, → Partizipgruppe
Partizip II als Prädikatsteil 610; alte oder falsche Formen 1733; attributiv 48; Form 34, 43; Gebrauch 48; in Passivformen 83; Konjugationsart 34; mit Verbzusatz 88; oder Ersatzinfinitiv 58; Präfix 90; Stellung 818; auch → Partizip I und II, → Partizipgruppe
Partizipgruppe 634, 678; attributiv 848, 1582, 1764, 1765, 1770, 1797; Bezug 847; elliptisch 862, 1585; falscher Bezug 1796; freier Gebrauch 1798; Getrennt- und Zusammenschreibung 1224; Komma 1552, 1564, 1578, 1585; Kongruenz 660, 734; mit Konjunktion 686, 846; mit Präposition 683; Satzanalyse 678, 850; satzwertig 844; auch → Partizip I und II
Partizipialsatz → Partizipgruppe
Partizipsatz → Partizipgruppe
Passiv 10, 47, 48, 83; Gebrauch 84; Infinitiv 83; Prädikative 662
passivisch → Passiv
Passivvariante 86
Pastor Plural 119
per Präposition 407
Perfekt 10, 53, 1818; Gebrauch 60, 61; Infinitiv 54
Periodika, Periodikum 113, 115, 1707
Perserteppich 1227
Person 10; Kongruenz 737; Pronomen 206; Verbform 39
Personalendung 39, 66; Imperativ 69, 71
Personalform 39; als Prädikatsteil 606; Indikativ Präsens 63; Kongruenz mit prädikativem Nominativ 772; Kongruenz mit Subjekt 737, 742; Satzlehre 603; Stellung 613, 816–839

Personalpronomen 206, 209, 427, 851; Apostroph 1366; Genitivformen 209; Kongruenz 737, 742; nach Relativpronomen 740; plus Adjektiv 322, 325, 673, 721, 1720; plus Apposition 322, 325, 673, 721, 1720; Schreibung 1175

Personenbezeichnung Anrede 778; Anredenominativ 641; Genus 103; Geschlecht 504, 773, 1626, 1632; Groß-I-Schreibung 1310, 1628; Kongruenz im Geschlecht 775; nebengeordnet 1346; Paarformeln 1627; Pluraletantum 107; Wortbildung 503, 504

Personenname abgekürzt 1380; Ableitungen 1173, 1310; Allgemeines zur Schreibung 1420; Anredenominativ 641; Apostroph 1365, 1367, 1368; artikellos 705, 1365, 1367, 1747; Beschränkungen im Genitiv 1747; Bindestrich (Kupplungsstrich) 1350, 1356, 1357, 1420, 1428; Deklination 706; Eszett (ß) 1424; Genitiv 152, 1365, 1367, 1368; Groß- und Kleinschreibung 1161; Komma 1559; mehrteilig 668, 706; nebengeordnet 1350, 1352; Plural 1368; auch → Eigenname

persönliches Fürwort → Personalpronomen

Pfingsten 1647

Pflanzenbezeichnung Groß- und Kleinschreibung 1167

pflegen 24, 37; Komma 1576

ph, f, v, w 1090

Phantasie, Fantasie 1091

phantastisch, fantastisch 1091

Phon-, Fon-, -phon, -fon 1091

Phonetik 1; auch → Lautlehre

Phonologie 1; auch → Lautlehre

Phot-, Fot- 1091

Pizza Plural 112, 1706

Platzhalter 692; beim Passiv 85; Kongruenz mit Personalform 764; Satzanalyse 693

pleite, Pleite 1118, 1210, 1211

pleitegehen 1210, 1211

Pleonasmus 1615

Plural 10; doppelt 113, 1706; endungslos 109; Fallformen (Nomen) 146; fremd 111, 112, 113, 120, 1706; Fremdwort 111, 113, 114, 120, 1706; gemischt 111, 112; Helvetismen 1647; homonyme Nomen 123; Kurzformen 1380, 1383; Maßbezeichnung 129; Nomen 102, 106, 109, 1706; Nomen auf *-er, -el* 1709; schwankend 112; Umschreibung 121; Verbform 39; Währungs- und Münzbezeichnungen 131; auch → Zahl (Numerus)

Pluralendung → Plural, auch → Zahl (Numerus)

Pluraletantum 107, 1734; Geschlecht 103; grammatische Bestimmung 159

Pluralform → Plural, auch → Zahl (Numerus)

Pluralis Maiestatis 1177

Pluralis Modestiae 1177

Plural-s 109, 112, 113, 120, 1368, 1706; Initialwörter 1383

Plusquamperfekt 10, 53, 1818; Gebrauch 60

Plusquam-Plusquamperfekt 1818

Portionenlesart 258

Positiv 10, 326

possessiver Genitiv 656

possessives Adjektiv 218; nominalisiert 1150

Possessivpronomen 214; Deklination 217, 1716; falsche Einsparung 1782; falscher Zusammenzug 1782; in Titeln 1177; Kongruenz in der Person 737; Kongruenz mit Konjunktionalgruppe 731; Nominalisierung 1150

Prädikat 605; in Infinitivgruppen 840; in Partizipgruppen 844; Kongruenz mit prädikativem Nominativ 772; Kongruenz mit Subjekt 737, 742; Satzanalyse 695; Stellung 613, 816–844

Prädikativ 622, 730; Adjektivgruppe 678; als Nebensatz 854; Komma 1556; Konjunktionalgruppe 685; Partizipgruppe 678; Präpositionalgruppe 682, 684

prädikative Adjektivgruppe 678

prädikative Partizipgruppe 678

prädikative Präpositionalgruppe 682, 684

prädikativer Akkusativ 661; Passiv 662

prädikativer Nominativ 659; elliptisch 862; Kongruenz im Geschlecht 775; Kongruenz mit Personalform 772; Passiv 662

prädikatives Adjektiv 305, 310, 678

prädikatives Partizip I und II 44, 305, 310, 678

Prädikativsatz 851, 854

Prädikatsteil 605; Satzanalyse 695; Stellung 613, 816–844

Präfix Ableitung 506, 508, 520; Flexion 13; Hilfsverb 57; Partizip II 43, 88, 90; Trennung 522, 1304, 1312, 1313, 1314, 1318; Wortbildung 506, 508, 520

Präposition 402, 682, 684; Abgrenzung von Adverb 425, 1775, 1777; Apostroph 1368, 1370; falsche Einsparung 1785; falscher Zusammenzug 1785; feste Verbindung mit Nomen 1222; Groß- und Kleinschreibung 1154; in Eigennamen 1172; in Straßennamen 1432; mit Akkusativ 407; mit Dativ 408; mit Dativ oder Akkusativ 409; mit Genitiv 410, 1745; nominalisiert 1157; plus Adjektiv 1145, 1146; plus Adverb 1158; schwankende Rektion 414; Verschmelzung mit Artikel 227, 232, 320, 696, 1785; Wortstellung 403; auch → Präpositionalgruppe

Präposition oder Adverb 1775, 1777

Präpositionalgruppe 402, 403, 634, 682, 684; als Objekt 621; falscher Bezug 1763; in Partizipgruppen 845; Komma 1552; Kongruenz mit Personalform 768; mit Konjunktion 686; Satzanalyse 682; auch → Präposition

Präpositionalobjekt 682, 684

Präsens 10, 53, 73; Formen 63; Gebrauch 60

Präteritum 10, 37, 53; Formen 34; Gebrauch 60, 61; Konjugationsart 34

preisgeben 1210, 1211

Prinzip Apostroph 1363; Bindestrich (Kupplungsstrich) 1333; Buchstabenschreibung 1013; der Rechtschreibung 1007; Getrennt- und Zusammenschreibung 1202; Groß- und Kleinschreibung 1102; Trennung 1302; Zeichensetzung 1501
pro Präposition 407; Schrägstrich 1411
Promille → Prozent
Pronomen 12, 201; als Gliedteil 677, 696; als Korrelat 691, 1571; als Satzglied 636, 637; als Verweiswort 691, 1547, 1571, 1577; Apostroph 1366, 1368; Attribut 677, 696; Geschlecht 774, 1631; grammatische Bestimmung 259; Groß- und Kleinschreibung 1148, 1175; Kongruenz im Geschlecht 780; nominalisiert 1149; Unterarten 204
Pronominaladverb 426, 684, 824, 851; als Objekt 680; als Verweiswort 1547, 1571, 1577; Korrelat 693; Trennung 1313
pronominales Attribut 634, 637, 677; Satzanalyse 696
Prozent, Promille 1003, 1358, 1359, 1360
Prozent, Promille 1410; Kongruenz mit Personalform 763
Pseudo-Interjektion 432
Punkt 1502, 1505; bei Zahlen 1404, 1407, 1408, 1409; und Anführungszeichen 1536; auch → Abkürzungspunkt

Q

q, qu 1014
Quäntchen 1018
quellen 37; Präsensformen 65
Quellenangabe Anführungszeichen 1533

R

r, rr, rh, rrh 1066, 1092
rächen 1732
Rad fahren 1210
Rat 126
raten einfache Formen 99
rau, Rauheit 1080
Rechenaufgabe Kongruenz mit Personalform 771
recht, Recht 1118, 1155, 1222
rechtens Adverb 1155
rechts Präposition 411
Rechtschreibregel 1009
Rechtschreibung 1001
Rede → direkte Rede, → indirekte Rede
Redeblüte 1613
Referenz 1090
reflexives Verb 30, 31, 728, 1757, 1764; Hilfsverb 56; Partizip I mit zu 47; Partizip II 51
Reflexivpronomen 210; beim Verb 30; Kongruenz im Fall 728, 1757; Kongruenz in der Person 737; Satzanalyse 696; Schreibung 1175

Regel 1009
regelmäßige Konjugation 34
Regentenzahlen 706
regieren einen Fall 405
Reibelaut 6; plus l/r in der Trennung 1307
Reihe 762
Reihe, Reihung 806, 809, 810; Einsparung des Artikels 1781; Hauptsätze 1548; Komma 1541, 1543, 1548, 1549, 1550, 1551, 1566; mit Verweiswörtern 1547; Nebensätze 1549, 1566; Satzglieder und Gliedteile 812; Strichpunkt 1515
reiner Infinitiv 843
reitende Artilleriekaserne 1761
Rektion Präposition 405; schwankend 414
relatives Adverb 426
relatives Pronominaladverb 832
Relativpronomen 240, 428, 832; falscher Anschluss 1787, 1789, 1791, 1793; falscher Zusammenzug 1794; Kongruenz mit Personalpronomen 740; Langformen 242, 245, 1723, 1724, 1750
Relativsatz 240, 817, 832; Ausklammerung 1788; falscher Anschluss 1787, 1789, 1791, 1793, 1794; falscher Zusammenzug 1794; nach Personalpronomen 740; weiterführend 857
rennen Konjunktiv II 76
respektive beiordnende Konjunktion 417
Rest 126
resultatives Objektsprädikativ 1214
Reverenz 1090
reziprokes Pronomen 212, 1213; Trennung 1313
rhetorische Frage 825
rhetorisches Komma 1501
Rhythmus Genitiv 136; Plural 111
Rohheit 1032, 1056
römische Ziffern 1402, 1409
Ruck nach vorwärts 1813
rückbezüglich → Reflexivpronomen, → reflexives Verb
rückwärts 1813
Rüge Bundesrat Blochers 1773
Rund-s 1075, 1076

S

-s Ableitung 331, 425, 654; Adverbien 1748
s, ss, ß 1066, 1067; Frakturschrift 1075, 1077
Sachbezeichnung Kongruenz im Geschlecht 779
sächlich 10, 780; Nomen 102; auch → Geschlecht
salzen 36
Same, Samen 143
Sammelbezeichnung Groß- und Kleinschreibung 1162, 1163, 1170; Kongruenz mit Personalform 762; auch → Maßbezeichnung

samt Präposition 408
sämtliche Indefinitpronomen 255; plus Adjektiv 322
Sankt, St. 1357
Satz 801; Ausrufe, Anreden 863; einfach 802, 805; elliptisch 859, 860; Grundmuster 816; Hauptsatz 803, 805; Hauptsatzart 819; Nebensatz 803, 813; Nebensatzart 828, 857; Nebensatzform 829; Nebensatzverbindung 809; Parenthese (Schaltsatz) 808, 838, 861; Satzäquivalent 859; Satzarten 819; Satzformen 817; Satzlehre 602; Satzverbindung 807, 809; zusammengesetzt 802; zusammengezogen 810, 812, 866, 1594; auch → Hauptsatz, → Nebensatz
satzähnliche Fügung 859; Satzlehre 602
Satzanalyse 695, 864; Adjektivgruppe 678; Adverbgruppe 680; Artikel 637, 696; Konjunktionalgruppe 685, 685; Korrelat 693; Partizipgruppe 678, 850; Platzhalter 693; Präpositionalgruppe 682
Satzanfang Apostroph 1370; Groß- und Kleinschreibung 1103
Satzapposition 862
Satzäquivalent 859, 1758; Anrede 863; Ausruf 863; Komma 1550, 1551; auch → satzwertiger Ausdruck
Satzart Hauptsatz 819; Nebensatz 828, 857; Satzformen 816
Satzbestimmung → Satzanalyse
Satzbild 868
Satzform 817; auch → Nebensatzform
Satzfragment 859, 860
Satzgefüge 813, 864, 868; Zeichensetzung 1514, 1565
Satzglied 615, 616; Funktion, Abhängigkeit 620; herausgehoben 1552, 1554; Kern 615, 619, 634, 636; Komma 1541, 1552, 1554, 1589; mit Verweiswort 1547; Reihung 812; Satzanalyse 695; Stellung 816, 820, 821, 823, 824, 826; Überblick 635
Satzklammer 816, 818; Komma 1573
Satzlehre 1, 601
Satzreihe 807; Zeichensetzung 1548; auch → Satzverbindung
Satzschlusszeichen 1504
Satzverbindung 807, 808; Zeichensetzung 1548, 1594
satzwertige Adjektivgruppe 850; Komma 1578
satzwertige Infinitivgruppe 840; als Subjekt 747; Komma 1567; Kongruenz 660, 734
satzwertige Partizipgruppe 844; falscher Bezug 1796; freier Gebrauch 1798; Komma 1578; Kongruenz 660
satzwertiger Ausdruck 859; Anrede 863; Ausruf 863; Komma 1550, 1551; auch → Satzäquivalent
Satzzeichen 1004, 1501; Anführungszeichen 1531; Auslassungspunkte 1523; Doppelpunkt 1508; Gedankenstrich 1516; Klammern 1527; Komma 1541; Leistung und Übersicht 1502; paarige 1502; Satzschlusszeichen 1504; Strichpunkt 1513
saugen 36

SBB 1734
-sch 1310, 1357, 1367
schade 1118
schaffen 37
Schaltsatz 808, 838; elliptisch 861; Komma 1551
Schänke 1018
Schar 762
Scharf-s (Eszett, ß) 1067; Eigennamen 1424; Ersatz durch Doppel-s (ss) 1069; Frakturschrift 1075, 1077; Trennung 1071, 1306
scheinbar, anscheinend 1801
scheinen 24; Fall des Prädikativs 659; Komma 1576
schelten 661
Schema Plural 116
Schenke 1018
scheren 37
Schiffsnamen Anführungszeichen 1533
Schild 127
schimpfen 661
sch-Laut Genitiv-s 136, 153
schleifen 37
Schlussformel im Brief 1505
Schluss-s 1075, 1076
schmelzen 37, 1727
schnäuzen 1018
schneiden 35
Schrägstrich 1005, 1327, 1343, 1352, 1411, 1417; in Paarformeln 1628
schreien 1039, 1079
Schrift, Schriftsystem 1001
Schriftauszeichnung Werktitel 1107
Schriftlehre 1
Schriftsprache und Dialekt 1633; auch → Hochsprache
schuld, Schuld 1118, 1210
schuldig 652
schwache Deklination Adjektiv 315, 316, 318, 1720, 1723; Pronomen 229, 250, 1719
schwache Konjugation 34, 1727, 1728, 1731, 1732, 1733; alle Formen 97; auch → Konjugationsart
schwacher Konsonant 6
schwaches Verb 34, 1727, 1728, 1731, 1732, 1733; alle Formen 97
schwankende Konjugation 36
schwankende Rektion 414
schwankender Plural 112
schwankendes Geschlecht 104
schwarz auf weiß 1146
schwarze Magie 1170
schwarzes Brett 1170
Schweizer 1174, 1225
Schweizer Käse 1227
Schweizergarde 1225
Schweizerverein, Schweizer Verein 1227

Schweizervolk, Schweizer Volk 1227
schwellen 37
schwer verständlich, schwerverständlich 1220
s-Deklination 135, 136, 142, 412, 704; artikellose Eigennamen 152
See 124
Seele 1048, 1051
Seenamen 1226
sehen Akkusativ mit Infinitiv 662; Ersatzinfinitiv 59; Imperativ 71; Präsensformen 65
seid, seit 1084
sein 35; einfache Formen 98; Fall des Prädikativs 659; Getrennt- und Zusammenschreibung 1207; Hilfsverb 22, 49, 53, 55; Imperativ 71; Komma 1576; Konjunktiv I 74; modifizierendes Verb 25; Passivvarianten 86; Possessivpronomen 215, 217, 218
sein, seiner Personalpronomen (Genitiv) 1717
seiner Personalpronomen (Genitiv) 208, 1717
seinesgleichen Indefinitpronomen 254
seinetwegen 209
seinige 218
sein-Passiv 86
seit Komma 1586; Präposition 408; Schreibung 1084; unterordnende Konjunktion 422
seit, seid 1084
seitens Präposition 411
selber 227
selbst 227
Selbstlaut 4; auch → Konsonant
selig 1048
selten 1815
semantisches Prinzip 1008; Bindestrich (Kupplungsstrich) 1333; Groß- und Kleinschreibung 1102; Zeichensetzung 1501
Semikolon → Strichpunkt
senden 37; Konjunktiv II 76
Service 124
Sexus 103
s-Genitiv → s-Deklination, → Genitiv-s
sich 30; Reflexivpronomen 210, 1757
Sie wird betrogen und deshalb ihren Freund verlassen 1786
sie, Sie beim Imperativ 69, 72; nach Relativpronomen 740; Personalpronomen 206, 207, 208; Schreibung 1175
sieben 251
sieden 37
siehe 71
Silbe 1302
Silbentrennung → Trennung
Sinfonie, Symphonie 1091
Singular 10; Nomen 102, 106; Verbform 39; auch → Zahl (Numerus)
sitzen Hilfsverb 57; Partizip II 51
sitzen bleiben, sitzenbleiben 1209

Skrupel 1709
s-Laut Apostroph 1365; Frakturschrift 1075; Genitiv-s 136, 153; Lautlehre 7; Schreibung 1067; Verbformen 67
so Komma 1547, 1554, 1590; Pronominaladverb 426
so- zusammengesetzte Konjunktion 422
so, so- Getrennt- und Zusammenschreibung 1202, 1217
sobald Getrennt- und Zusammenschreibung 1202; unterordnende Konjunktion 422
sodass (so dass) Komma 1590; unterordnende Konjunktion 422
solange Getrennt- und Zusammenschreibung 1217; unterordnende Konjunktion 422
solch, solcher, solche, solches 229, 1756; plus Adjektiv 322
sollen 23, 35; einfache Formen 100; Ersatzinfinitiv 58; Konjunktiv I 74
Solo, Soli, Solos 1706
sonder Präposition 407
sondern beiordnende Konjunktion 417; Komma 1545; Kongruenz mit Personalform 756
Sonderzeichen 1403, 1410; Trennung 1326
Sortenbezeichnung Apposition 675; auch → Maßbezeichnung
Sortenlesart 258
Sortenplural 108
soviel Getrennt- und Zusammenschreibung 1202, 1217; unterordnende Konjunktion 422
sowie beiordnende Konjunktion 417; Komma 1544; Kongruenz mit Personalform 754
sowohl – als/wie (auch) beiordnende Konjunktion 417; Getrennt- und Zusammenschreibung 1202; Komma 1544; Kongruenz mit Personalform 755
spalten 36
Spargel 1644
Sparschreibung 1063; Paarformeln 1628
speien 1042, 1079
speisen 1733
spinnefeind 1118
spitze, Spitze 1118
s-Plural → Plural-s
Sprachadjektiv 325; Großschreibung 1137, 1139, 1146
Sprachbezeichnung 325; Deklination 1137; Genitiv 138; Großschreibung 1137, 1139, 1146
Sprachnomen 325; Deklination 1137; Großschreibung 1137, 1139, 1146
Sprechsilbe 1302
sprich Komma 1555
sprießen 37
spüren Ersatzinfinitiv 59
ss, ß 1067, 1069, 1424; Frakturschrift 1075, 1077
s-Schreibung 1067; Eigennamen 1424; Frakturschrift 1075
st Trennung 1305, 1309, 1311
-st Personalendung 39, 66; Superlativ 328, 1216, 1725, 1726; Verkürzung 1030, 1032

St., Sankt 1357
Stammform 34
Stammprinzip 1008, 1064; Buchstabenschreibung 1015
Stammregel 1017, 1033, 1064
stand- 1210
standhalten 1210, 1211
Stängel 1018
starke Deklination Adjektiv 315, 317, 318, 1716, 1719, 1720, 1723; Pronomen 229, 250, 1719
starke Konjugation 34, 1727, 1728, 1731, 1732, 1733; einfache Formen 99; Präsensformen 64; auch → Konjugationsart
starker Konsonant 6
starkes Verb 34, 1727, 1728, 1731, 1732, 1733; einfache Formen 99
statt bei Infinitivgruppe 423, 842; beiordnende Konjunktion 417, 418, 686; Komma 1568; Präposition 411; Präposition oder Konjunktion 420
statt- 1210
statt dass unterordnende Konjunktion 422
stattfinden, stattgefunden 50, 1765
stattgefundene Sitzung 1765
Staub saugen, staubsaugen 1211
-ste Superlativ 1086
stecken 37
stehen 35; Getrennt- und Zusammenschreibung 1209, 1211; Hilfsverb 57; Partizip II 51
stehen bleiben, stehenbleiben 1209
Steigerung → Komparation
-stel 104, 1125; auch → Bruchzahl
Stellvertreter 201, 202, 689; als Satzglied 636; Schreibung 1148; auch → Pronomen
steuern 1772
Stil und Grammatik 1601, 1602, 1607
Stilblüte 1613
stimmhaft 6
stimmlos 6
Stoffbezeichnung Plural 108; unbestimmter Artikel 258
Straßenname 1172; Allgemeines zur Schreibung 1425; Bindestrich (Kupplungsstrich) 1351, 1428; Getrennt- und Zusammenschreibung 1226, 1426; Groß- und Kleinschreibung 1431, 1432, 1433
Strauß 126
Streckenstrich 1411, 1415
Strich Formen und Gebrauch 1411; für *bis* 1327, 1411, 1416; für *gegen* 1327, 411,1413; in Listen 1411; in Tabellen 1411
Strichpunkt 1502, 1513; und Anführungszeichen 1535
stummer Buchstabe 1013
stundenweise 1760
stürzen Gebrauch 32
Subjekt 639; als Infinitivgruppe 1569; als Nebensatz 852, 1569; beim Imperativ 72; beim Passiv 1751; Bezug auf Subjekt 622, 659, 662, 847, 1796; Form 639, 640, 688; Funktion 621; Kongruenz mit Personalform 737, 742; Korrelat 691; Passiv 84, 84, 85, 86; Stellung 817; unpersönlich 690
subjektlos 72, 640, 737; Ellipse 860; Infinitivgruppe 660, 840; Partizipgruppe 660, 844; Passiv 84, 85; Prädikativ 660
Subjektsatz 851, 852; Komma 1569; Korrelat 691
Subjektsgenitiv 656, 1773
Subjektsinfinitiv 747
Subjektsnominativ 639
Subjektsprädikativ 622
Substantiv → Nomen
Suffix Ableitung 502, 508; Apostroph 1367, 1367, 1368, 1369; bei Kurzformen 1380, 1383; bei verkürzten Paarformeln 1628; Bindestrich (Kupplungsstrich) 1359; Ergänzungsstrich 1329; Flexion 13, 19; Trennung 1303, 1304, 1310; Wortbildung 502, 508; auch → Endung
Superlativ 10, 326, 1725, 1726; doppelt 333; Getrennt- und Zusammenschreibung 1216, 1219, 1220; Groß- und Kleinschreibung 1141; Partizip I und II 1219, 1220; plus Relativsatz 1793; Schreibung 1032, 1086
Suppletion 15
Symphonie, Sinfonie 1091
Synkope 520, 1313
Syntax 1, 601; auch → Satzlehre

T

-t 1032
t, d, dt, th 1025, 1083
t, th 1087
t, tt 1066
t, z, (ti, zi) 1088
Tageszeit 1748; Schreibung 1122, 1123, 1155
Täterbezeichnung 503
tausend, Tausend 1153
Tausendstel 1125
teil- 1210
Teil, -teil 124
teilnehmen 1210
teils 420
Teilsatz 802, 805
teilweise 420, 1759
-tel 104, 1032, 1125; auch → Bruchzahl
Tempus → Zeit
Tempusform → Zeitform
t-Endung 34
Tenor Plural 119
Tessin 124
th, t 1087
Thema Plural 112, 113, 116
Thermostat 141

ti, zi 1088
-tial, -zial 1088
-tiell, -ziell 1088
Tierbezeichnung 141; Groß- und Kleinschreibung 1167
Tiername Genitiv 152
Titel Apposition 669; Deklination 708, 711; Groß- und Kleinschreibung 1166; Komma 1559; Kongruenz im Geschlecht 777; nachgestellt 711; Schreibung 1177; auch → Überschrift
Tod, tot 1083
totschlagen 1083
t-Präteritum 34
tragen einfache Formen 99
transitiv 27, 31, 1727, 1769, 1772; Hilfsverb 56; Partizip I mit *zu* 47; Partizip II 48; Passiv 29, 84
trauen 1740
trennbar Verb 88, 1208, 1210, 1212
Trennregel → Trennung
Trennstrich 1302, 1411; auch → Trennung
Trennung 1302, 1304; etymologisch 522, 1303, 1313, 1314; Fremdwort 522, 1303, 1306, 1307, 1313, 1314; Ortsnamen 1810; typografisch 1316
Trennungsstrich → Trennstrich, → Trennung
Trennungszeichen → Trennstrich, → Trennung
trotz Präposition 411, 414
Tuch 126
Tumor Plural 119
tun 35; einfache Formen 99
Typenbezeichnungen 1227
typografische Trennregeln 1316
tz, zz 1061, 1062, 1066, 1095; Trennung 1305

U

u, uh, ü, üh 1060
über Adverb 1775, 1777; Präposition 409, 684, 1777
über- trennbare oder untrennbare Verben 91, 93
überdrüssig 652, 1743
Übereinstimmung → Kongruenz
überführen 93
überhandnehmen 1222
Überschrift Anführungszeichen 1532; Groß- und Kleinschreibung 1103, 1107; Punkt 1505
überschwänglich 1018
übersetzen 92
übrige Groß- und Kleinschreibung 1144
Üchtland 1811
Uhrzeit 1404; Komma 1562; Kongruenz mit Personalform 771
um Adverb 1775; bei Infinitivgruppe 423, 842; Komma 1568; Präposition 407, 684
-um 115
um- trennbare oder untrennbare Verben 91

um – willen Präposition 411
umfahren 92, 1212
Umgangssprache Apostroph 1370
Umlaut Ableitung 508; Flexion 14; Komparation des Adjektivs 329; Konjunktiv II 75; Lautlehre 4; Plural (Nomen) 109; Schreibung 1018, 1028, 1046, 1052, 1060; Verbformen 64, 66, 67; Wortbildung 507, 508
Umlautregel 1018
ums 232
umso Pronominaladverb 426
Umstandsbestimmung → Adverbiale
Umstandswort → Adverb
Umstellprobe Satzlehre 615, 616
un- Präfix 506
unbestimmter Artikel → Artikel
unbestimmtes Fürwort → Indefinitpronomen
unbestimmtes Geschlechtswort → Artikel
unbestimmtes Zahladjektiv 253, 303; Groß- und Kleinschreibung 1143, 1144
unbestimmtes Zahladverb 253
unbestimmtes Zahlpronomen → Indefinitpronomen
unbestimmtes Zahlwort 253
Unbestimmtheit Adverbien vor Grundzahlen 1775, 1777
und 738; beiordnende Konjunktion 417; Einsparung des Artikels 1781; Komma 1544, 1548, 1555, 1566, 1589, 1592; Kongruenz mit Personalform 749; Schrägstrich 1417, 1419
und das Komma 1555
und zwar Komma 1555
Und-Zeichen → Et-Zeichen
unecht reflexives Verb 31, 728, 1757
uneingeleiteter Nebensatz 835, 839
unfern Präposition 414
unfest zusammengesetzt 88, 1208, 1210, 1212
ungeachtet Präposition 411
ungezählte Groß- und Kleinschreibung 1144
Ungleichheit 419
Unglück Plural 121
unpersönliche Konstruktion 690
unpersönliches Objekt 690
unpersönliches Subjekt 690
unrecht, Unrecht 1118, 1222
unregelmäßige Konjugation 34
uns Personalpronomen 208; plus Adjektiv 322, 325, 673, 721, 1720; Reflexivpronomen 210
unser Personalpronomen (Genitiv) 208; Possessivpronomen 215, 217, 218, 1716
Unser gute Vater 1716
unser, unserer Personalpronomen (Genitiv) 1717
unsereiner Indefinitpronomen 254
unsereins Indefinitpronomen 254
unsrige 218
unter Adverb 1775, 1777; Präposition 409, 1777

Unter der Stabführung von Albert Steiner, unseres bewährten Dirigenten 1753
Unterart Pronomen 204
Unterführungszeichen 1005, 1373
unterhalb Präposition 411
Unterlassen der Falldeklination 136, 138, 144; Apposition 704, 706; bei *als/wie* 735; Dativ Plural 147, 1774; Eigennamen 154, 156; im Singular 412, 413, 704, 1742, 1749, 1751, 1752, 1758; partitive Apposition 717, 718, 719; Titel 708, 712; Werktitel 158
Unterlassen der Pluraldeklination 129, 131
unterordnende Konjunktion 420, 421, 830, 834; bei Infinitivgruppe 423, 840, 1568; Komma 1568; Partizipgruppe 846; Satzanalyse 696; Stellung 817
Unterordnung Abhängigkeit 851, 857; Nebensätze 813, 864, 868; Satzglieder und Gliedteile 695
unterscheidendes (diakritisches) Zeichen 1013, 1094
Unterstrich 1411
Unterzeichnete 51
untrennbar Verb 88
unübersichtliche Zusammensetzung 1335, 1347
unübersichtliches Adjektiv 1347, 1356
Unwirklichkeit 78
unzählige Groß- und Kleinschreibung 1144; Zahladjektiv 253, 303
ur- Präfix 506
-us 117
USA 107, 1734, 1735

V

v, f, w, ph 1090
v. (von) 1110, 1350
Verb 12, 20; alte oder falsche Formen 1727, 1728, 1730, 1731, 1732, 1733; Apostroph 1366, 1368, 1369; falscher Zusammenzug 1786; Gebrauch 21; Getrennt- und Zusammenschreibung 1206, 1236; grammatische Bestimmung 95; Groß- und Kleinschreibung 1130, 1132; modifizierend 1572; Stellung 613, 816–844; trennbar 88, 1208, 1210, 1212; untrennbar 88; zusammengesetzt 88, 1208, 1210, 1212
verbale Wortkette 609, 843, 862
Verbalnomen 730, 1642; Attribute 656, 1772
verbläuen 1018
Verberststellung → Erststellung der Personalform
Verbletztstellung → Letztstellung der Personalform
Verbpartikel → *zu* (Verbpartikel), → Verbzusatz
Verbzusatz 88, 434, 1208, 1210, 1212; als Prädikatsteil 607; Bindestrich (Kupplungsstrich) 1236; Getrennt- und Zusammenschreibung 1208, 1210, 1236; Hilfsverb 57; Stellung 613, 816, 818, 820, 821, 823, 824, 826, 829
Verbzweitstellung → Zweitstellung der Personalform
Verdienst 124

Verdoppelung Buchstaben 1013; Konsonanten 1061, 1067, 1072; Vokale 1028, 1043, 1044, 1046, 1051, 1055, 1059
verdunkelte Zusammensetzung 1063; Trennung 522, 1303, 1313, 1314
Vergangenheit 60
vergessen Imperativ 70
vergleichende Konjunktion 417, 419
Vergleichsform → Komparation
Vergleichssatz 77, 78, 1587
vergönnen 1635
Verhältniswort → Präposition
Verkleinerungsform 502
verkürzte Personenbezeichnung Trennung 1310
verkürzter Partizipialsatz Komma 1578
Verkürzung 859; auch → Ellipse, → falscher Zusammenzug
Vermischung von Ausdrücken 1608, 1625
vermögen Komma 1576
Verneinung doppelte 1620, 1622
Versalabkürzung → Initialwort
Verschiebeprobe Satzanalyse 695; Satzlehre 615, 616
verschiedene, verschiedenste Groß- und Kleinschreibung 1144; plus Adjektiv 323; Zahladjektiv 253, 303
Verschlusslaut 6; plus *n/l/r* in der Trennung 1307
Verschmelzung von Präposition und Artikel 227, 232, 320, 696, 1785; Apostroph 1368, 1370
verschränkt 1575
versichern 1741
versprechen Komma 1576
versuchen 24; Komma 1576
Verszeile Groß- und Kleinschreibung 1106
Vervielfältigungszahl Adjektiv 248, 303
Verwandtschaftsbezeichnung 708; Apposition 669; Genitiv 155; auch → Titel
Verwechslungen und falsche Wortwahl 1608
Verweiswort 691, 693, 1554; Komma 1547, 1571, 1577; auch → Korrelat
verzeihen 1042
Verzweifelt umherblickend, schlotterten ihm die Knie 1796
via Präposition 407
viel Getrennt- und Zusammenschreibung 1217; Groß- und Kleinschreibung 1143; Komparation 330; plus Adjektiv 323, 1135, 1701; Wortstellung 617; Zahladjektiv 253, 303, 307, 1143
Viertel Kongruenz mit Personalform 762; Schreibung 1125
Viertelstunde 1125
Virus Geschlecht 104; Plural 117
Visa, Visen, Visum 115, 1708
vis-à-vis Präposition 408
Vokal drei gleiche Buchstaben 1023, 1025, 1071; Lautlehre 3, 4; Schreibung 1014, 1018, 1022, 1028, 1033, 1034, 1060; Trennung 1308, 1309; Verdoppelung 1043, 1044, 1046, 1055, 1059

Vokalkürze 4, 1061, 1067
Vokallänge 4, 1034, 1044, 1060, 1067
Vokalwechsel Verb 34; auch → Ablaut, → Umlaut,
  → e/i-Wechsel
Vokativ 1715
voll 652, 715
vollends Trennung 1313
voller 715
Vollverb 26
vom 232
Vom Jugendhaus und den Jugendunruhen 1785
von Adelsprädikat 707, 1110; als Teil des Namens 1350; beim Passiv 84; Genitiversatz 411, 413, 1744, 1745, 1753; Namensbestandteil 707, 1110; Präposition 408, 684
von ... bis 1416
von fern 1146
von nah und fern 1146
von neuem, von Neuem 1145
vor Präposition 409, 684
vor allem Komma 1555, 1590
Vorfeld 616, 692, 816, 817, 820; Imperativsatz 821; Komma 1554
Vorfeldplatzhalter 692; auch → Platzhalter
Vorgangspassiv 86
vormalig, vormals 1758
Vorname → Personenname
Vorsilbe Hilfsverb 57; Trennung 522, 1304, 1312, 1313, 1314, 1318; auch → Präfix
Vorvorfeld 818
vorwärts 1813
Vorwort → Präposition
Vorzeitigkeit 60, 1817, 1818

W

w, v, f, ph 1090
w, ww 1066
wachsen 37
wägen 37, 1730; Präsensformen 65
während Komma 1586; Präposition 411, 414; unterordnende Konjunktion 422
Währungsbezeichnung Abkürzung 1326, 1378, 1403; Plural 131; Ziffern 1326, 1403
wann Pronominaladverb 235, 426
Wappenkunde Bindestrich (Kupplungsstrich) bei Adjektiven 1349
-wärts 1213
warum Pronominaladverb 235, 426; Trennung 1313
was Indefinitpronomen 254; Interrogativpronomen 234, 235, 428; Relativpronomen 243, 244, 428, 1793
was für Interrogativpronomen 239
was für ein Interrogativpronomen 238

was für welche Interrogativpronomen 239
was, das 244, 1793
Wasser 126
weben 36
Wechselpräposition 409
Wechte 1018
weder – noch beiordnende Konjunktion 417; Komma 1544, 1548; Kongruenz mit Personalform 757
wegen Präposition 411, 414
weiblich 10; Nomen 102; Personenbezeichnung 504, 773, 1626, 1632; auch → Geschlecht
weichen 37
Weihnachten 1647
weil unterordnende Konjunktion 422
-weile 1760
-weise 1759, 1760
weißer Schimmel 1615
weiterführender Relativsatz 857
welch, welcher, welche, welches Genitivform 1719; Indefinitpronomen 255; Interrogativpronomen 236, 237; plus Adjektiv 322; Relativpronomen 241, 242
wem → wer
Wemfall → Dativ, → Fall
wen → wer
wenden 37; Konjunktiv II 76
Wenfall → Akkusativ, → Fall
wenig Groß- und Kleinschreibung 1143, 1148; Indefinitpronomen (ein wenig) 255, 1148; Komparation 330; Kongruenz mit Personalform 766; plus Adjektiv 323, 1135, 1701; Zahladjektiv 253, 303, 1143
weniger 253; Komparativform 330; Zahladjektiv 303
weniger als Kongruenz mit Personalform 767
wenn Komma 1545; unterordnende Konjunktion 421, 422
wer Geschlecht 260, 1631; Indefinitpronomen 254; Interrogativpronomen 234; Relativpronomen 243
werden 35; einfache Formen 98; Fall des Prädikativs 659; falscher Zusammenzug 1786; Gebrauch 1786; Hilfsverb 22, 53; Konjunktiv II 79, 80; Partizip II 90; Passiv 83, 86, 90
werden-Passiv 86
Werfall → Nominativ, → Fall
Werktitel 637; Anführungszeichen 1533, 1540; Artikel 1108; Deklination 157; Groß- und Kleinschreibung 1103, 1107, 1164; Komma 1540; Kongruenz mit Personalform 770; Schriftauszeichnung 1107
wert 652
wert, Wert 1118
wes, wessen 235, 245
Wesfall → Genitiv, → Fall
wessen Interrogativpronomen 234; Relativpronomen 245
weswegen 428; Pronominaladverb 426
wett- 1210, 1211
wettmachen 1210

wettrennen 1211
Widder 1066
wider 1038; Präposition 407
wider- trennbare oder untrennbare Verben 91, 93
widerhallen 93, 1038
widerspiegeln 93, 1038
wie beiordnende Konjunktion 417, 417, 418, 419, 686; Getrennt- und Zusammenschreibung 1217; Komma 1544, 1552, 1563, 1587; Kongruenz im Fall 722, 733, 735; Kongruenz im Geschlecht 775; Kongruenz mit Personalform 754; plus Adjektiv 1217; Pronominaladverb 235, 426; Unterlassung der Falldeklination 144; unterordnende Konjunktion 420, 422
wie wenn unterordnende Konjunktion 422, 831
wieder 1038
wieder- trennbare oder untrennbare Verben 91
wiederaufnehmendes Pronomen 818, 851, 1547, 1571, 1577
wiegen 37, 1730
wieso Pronominaladverb 426
Wille, Willen 143
willens Adverb 1155
winken 1733
wir beim Imperativ 69, 72; nach Relativpronomen 740; Personalpronomen 206, 208; plus Adjektiv 322, 325, 673, 721, 1720
Wir ermangelten Lebensmittel 1742
Wir Freisinnige 1720
Wir wiegen unser Gepäck 1730
Wirtshausname 1172
wissen 34, 35; einfache Formen 100; Komma 1576; Konjunktiv I 74
wo Pronominaladverb 235, 426, 429
wo-, wor- Pronominaladverb 426, 428, 430, 680; Trennung 1313
Wochentag 1748; Genitiv 138; Groß- und Kleinschreibung 1155; mit Datum 714; Schreibung 1123
woher Pronominaladverb 426
wohin Pronominaladverb 426
Wohler, Wohlener 1808
wollen 23, 35; einfache Formen 100; Ersatzinfinitiv 58; Konjunktiv I 74
wor- Pronominaladverb 426, 428, 430, 680; Trennung 1313
worden, geworden 90
Wort 8, 9; Flexion 10; Wortbildung 501
Wort, -wort 126
Wortart 12
Wortbestimmung Adjektiv 334; Nomen 159; Partikel 433; Pronomen 259; Verb 95
Wortbildung 11, 501; Kurzformen 1374, 1381
Wortfolge → Wortstellung
Wortform 9, 10
Wortgruppe 615

Wortkette (verbale) 609, 843, 862
Wortlehre 1, 8
Wortstammregel 1017, 1033, 1064
Wortstellung 745; Prädikat und Satzglieder 816, 820, 821, 823, 824, 826, 829; Präposition 403; Satzgefüge 814, 815, 818; Satzlehre 613
Wortwahl 1608, 1633
Wortzwischenraum 1006
wundernehmen 1210
Wunschsatz 77, 827; Satzschlusszeichen 1505, 1506
... wurde mit 3536 Ja gegen 4124 Nein abgelehnt 1821
würde-Form 54, 79, 1650, 1652; indirekte Rede 80
wurst/wurscht 1118

X

x 1014
x, chs, cks, gs, ks 1093
x-beliebig, jeder x-Beliebige 1358

Y

y, i (Vokale) 1081
y, j, i (Konsonanten) 1082
Ypsilon 1081
-ys, -ies 120

Z

z, t, (zi, ti) 1088
z, zz, tz 1061, 1062, 1066, 1095; Trennung 1305
Zählheit 1032, 1056
Zahl → Grundzahl, → Ordnungszahl, → Ziffer
Zahl (Numerus) 10; Adjektiv 315; Kongruenz 742, 772; Nomen 106; Pronomen 203, 259; Verbform 39; auch → Plural
Zahladjektiv 248, 253, 303, 321; Artikelprobe 253; Groß- und Kleinschreibung 1136, 1143, 1144
Zahladverb 248, 253
Zählbarkeit 108, 258
Zahlbegriff 248, 253
zählen zu plus Relativsatz 1791
zahllose Groß- und Kleinschreibung 1144
Zahlnomen 248; Groß- und Kleinschreibung 1153
Zahlpronomen → bestimmtes Zahlpronomen, → Grundzahl, → Indefinitpronomen
zahlreiche Zahladjektiv 253, 303
Zahlwort 248, 253; Groß- und Kleinschreibung 1136, 1143, 1144, 1151, 1153, 1171
Zahlzeichen → Ziffer
Zehntel 248, 1125; Kongruenz mit Personalform 762
Zeichensetzung 1501; Anführungszeichen 1531; Auslassungspunkte 1523; Doppelpunkt 1508; Gedanken-

strich 1516; Klammern 1527; Komma 1541; Satzschlusszeichen 1504; Strichpunkt 1513; Übersicht 1502
Zeilenende 1302
zeit Präposition 414
Zeit 10, 12, 53, 60; Adverbiale 627, 630, 646
Zeitangabe Groß- und Kleinschreibung 1122; Komma 1562
Zeitenfolge 1817
Zeitform 10, 12, 53; Gebrauch 60
Zeitmessung 1404
Zeitungstitel Anführungszeichen 1533; Deklination 157;
Groß- und Kleinschreibung 1164
zeitweilig, zeitweise 1760
zi, ti 1088
-zial, -tial 1088
ziehen 35, 1041
zielend → transitiv
-ziell, -tiell 1088
Ziffer 247, 1003, 1228, 1229, 1231, 1402; Bindestrich
(Kupplungsstrich) 1358, 1360; Trennung 1325, 1326
Zins 126
Zitat 637; Adjektiv 1146; Anführungszeichen 1532;
Apposition 671; Bindestrich (Kupplungsstrich) 1339;
Deklination 157; Groß- und Kleinschreibung 1107,
1129, 1146; Subjekt 640
Zoologie 1167
zu Adverb 1217; Adverb mit Dativobjekt 649; beim Infinitiv
434, 435, 608, 840, 1567; beim Partizip I 434, 435,
1770; Getrennt- und Zusammenschreibung 1217,
1222; plus Adjektiv 1217; Präposition 408, 684, 1776;
Verbpartikel 24, 41, 42, 47, 86, 88
zufolge falsche Wortwahl 1816; Präposition 414;
Schreibung 1222
zugunsten, zu Gunsten Präposition 411; Schreibung 1222
zuhanden Präposition 411; Schreibung 1222
zuhause, zu Hause 1222
Zukunft 60
zulasten, zu Lasten Präposition 411; Schreibung 1222
zuleide Präposition 408
zuliebe Präposition 408
zum 232
zumuten, zutrauen 1803
zur 232
Zürcher, Züricher 1808
zurecht-, zu Recht 1222
zurechtlegen 1222
zurzeit, zur Zeit 1223
zusammengesetzte Zeitform 53, 55
zusammengesetzter Infinitiv 54, 83, 95

zusammengesetzter Satz 802
zusammengesetztes Verb 88, 1208, 1210, 1212
zusammengezogener Nebensatz 811, 866
zusammengezogener Satz 810, 812, 866; Komma 1594
Zusammensetzung 509, 513; Auflösung 1205; aus Präposition und Nomen 1222; Bindestrich (Kupplungsstrich) 1333, 1334, 1335, 1347, 1704; drei gleiche Buchstaben 1023, 1071; Ergänzungsstrich 1328, 1332; Getrennt- und Zusammenschreibung 1205; Groß- und Kleinschreibung 1119; mit Abkürzungen, Einzelbuchstaben, Ziffern 1358, 1360; mit Adjektiven und adjektivischen Partizipien 1216; mit Eigennamen 1350; nebengeordnet 1343, 1346, 1349, 1419; Nominalisierung 1224; Pleonasmus 1616; Trennung 522, 1303, 1304, 1311, 1313, 1314, 1318, 1321; unübersichtlich 1335, 1347, 1356; Verb 88, 1208, 1210, 1212; verdunkelt 522, 1063, 1303, 1313, 1314
Zusammentreffen dreier gleicher Buchstaben 1023;
Adjektiv 1025; Bindestrich (Kupplungsstrich) 1341;
Nomen 1025; sss und ßs 1071; Trennung 1311
Zusammenzug, doppelter 1331; Ergänzungsstrich 1328, 1702
Zusammenzug, falscher Adjektiv 1783; bestimmter Artikel 1778, 1785; Demonstrativpronomen 1782; Ergänzungsstrich 1702; Possessivpronomen 1782; Präposition 1785; Verb, Hilfsverb 1786
Zusatz Ellipse 861; Komma 1541, 1551, 1555, 1564, 1580;
mit *wie* 733, 1563; auch → Apposition
Zusatzumschreibung Perfekt, Plusquamperfekt 1818
Zustandspassiv 86
zutrauen, zumuten 1803
zuungunsten, zu Ungunsten Präposition 411; Schreibung 1222
zuwider Präposition 408
zuzeiten, zu Zeiten 1223
zwar Komma 1555
zwar – aber beiordnende Konjunktion 417
zwecks Präposition 411
zwei 251; Schreibung 1151
zweien 251
zweier 251; plus Adjektiv 322
zweierlei 248
Zweifelsfälle 1701
Zweitstellung der Personalform 613, 816, 817, 818, 820, 824, 836
Zwielaut 4; Schreibung 1078; auch → Diphthong
zwischen Adverb 1775; Präposition 409
Zwischenraum 1006; Gliederung von Zahlen 1405